书斋风云录
对日关系、地区秩序及中国史论集

王少普 著

上海社会科学院出版社
SHANGHAI ACADEMY OF SOCIAL SCIENCES PRESS

在汪道涵先生支持下，我方由郭绍烈先生、王少普以及郭南雁等组成的代表团，与日方由外交副大臣植竹繁雄领衔组成的代表团，每年一次，进行了三年三次交流，加深了相互了解。2001年9月9日在上海举行了总结仪式。汪道涵先生（左九）与日本外交副大臣植竹繁雄（左八）和双方全体代表参加了总结仪式并合影留念

2013年3月16日，"转型期日本的对华认知与对华政策研讨会"与会代表合影留念

2017年11月4日，出席"东亚的多彩发展与中日韩的贡献"国际学术研讨会与会代表合影留念

2019年10月26日,"海洋法前沿问题与中国海洋战略"青年论坛在华东政法大学举办,与会代表合影留念

2011年11月5—6日，上海交通大学举办"第二届中日美关系"论坛，与会代表合影留念

2019 年 11 月 24 日，与中国前驻日大使、中日友好协会常务副会长程永华先生合影

2019 年 3 月，和女儿王磊与日本早稻田大学著名教授依田熹家先生合影

1999 年 1 月 13 日，与复旦大学历史系余子道教授合影

2004年夏，中方上海国际问题研究院院长俞新天教授（后排右二）与新日中友好21世纪委员会日方委员五百旗头真教授（后排左四）率中日学者代表团进行学术交流后留影

少年时与祖父、父母、姐姐及弟妹们的合影

父母亲离休后，外出旅游时留影

2018年12月31日，与爱人金秋英在上海花园饭店日本驻沪总领馆招待会上留影

2018年3月6日，全家三代人聚餐为我庆祝生日

2019年3月，与爱人金秋英至日本旅游，在富士山前留影

Preface

序 一

高 洪

今年五月最后一天，接到上海王少普先生来信，得知先生"最近把历年所写文章作了汇总，约有六七十万字的《书斋风云录——对日关系、地区秩序及中国史论集》，目前已向出版社交付了初稿。"同时，少普先生在微信中提出由我为这本即将付梓的集子撰写一份序言，并陆续发来文集目录和自序作为参考。说真的，这份来自学长的殷切期望使晚学在荣幸之外颇有些惶恐——既不想辜负了同道先学的信任，也不想辱没了鸿篇巨制的光彩。思量再三，决心写下对先生为人为学的景仰与敬佩，并把自己由此发端的感想不揣僭越地置于自序之前，以引玉之砖的态度为精彩纷呈的学术论文、时事评论以及诗歌散文"报个幕"。

首先，少普先生之于我是"半师半友"的学长。尽管他本人历来低调谦和，一再讲"自己从事日本研究过程中，一直得到您和贵所的指导与帮助"，但平心而论，我从他的研究中汲取的知识营养远大于相互间的交流。尤其是近几年，我因工作原因经常往返于京沪之间，先生常把深奥且富有哲理的剖析娓娓道来，聆听先生宏论真的是"于我心有戚戚焉"。我们这一代人经历了中国日本研究逐步走向兴盛的过程，如果以"学科树"来描述，大致是在老一辈开创了日本历史、日本经济等"元学问"之后，开始在中国的日本研究根干之上，用自己的细化研究为其增添枝杈的工作。少普先生亦耕耘于此，但他高于同侪的地方在于同时使用出多种工具和方法。例如，在历史研究基础上既梳理剖析过近现代中日关系历史来龙去脉及重大事件，也反过来挖掘东方思想在中国历史进程中的独特作用。笔者至今记得《历史研究》刊登少普先生《论曾国藩的洋务思想》给研究界带来的轰动和冲击。而且，他对日本外交与经济关系的研究也带有跨越学科领域的交叉特征，并因此鞭辟入里、切中诸多研究问题的本质。

其次，少普先生的高远志向与勤奋精神令我深感敬佩。"志"是个会意字，上下结构为"士子"之"心"，即知识分子的理想和愿景。诚然，近现代中日关系曾是一个研究的处女地，可以下箸的问题点数不胜数。但是，假如没有发自内心的热爱与追求岂能30年矢志不渝，先生笔耕不辍的背后也必定贯穿着浓厚的学术理想与职责使命，方能毫不动摇地抵御现代社会中眼花缭乱的干扰和诱惑。记得清人涨潮有句妙语："能闲世人之所忙者，方能忙世人之所闲。"先生心无旁骛地专注学术研究，恰恰是家国情怀在巩固他的学术定力。借用少普先生自序所言："当中国处于崛起为世界强国之际，周边及国际战略界对此日趋关注与敏感，更要求我们注意思考、准确把握我国周边的战略环境。"我想，这大约就是中国知识分子"为文须有益于天下"的理想于今在少普先生身上的生动体现。同样道理，本次收录的近百篇当代时评，无论是对中日友好交流合作的鼓与呼，还是对日本右翼乃至日美同盟的批与驳，所蕴含的情理也在于此。至于书中收录的诗歌散文则是对其学术志向的另一种印证和诠释。

最后，出版界独具慧眼地将少普先生作品汇为文存实在是一桩"功德无量"的善举。对于今天中国的日本研究而言，一方面有太多的事情要做、有太多的问题亟待研究，另一方面研究工作边际效应递减和低垂的果实几乎被摘光这两个貌似矛盾但却同时存在的现实就摆在眼前。老一代学者正在回眸审视自己走过的道路，已经接棒和正在接棒的学术新秀也需要为自己的创新补充营养。尤其是在方法论意义上，少普先生归纳总结出"三点体会"真的是具有深邃思考的洞见，真的值得大家学习领悟。毕竟，历史的镜鉴、时代的前瞻对于置身当下的我们辩证地看待问题，进而推导出实事求是的科学结论同样不可或缺。这就是我向学术界隆重推荐《书斋风云录——对日关系、地区秩序及中国史论集》的本意。当然，我自己也将带着解决今天甚至明天疑问的期许，去重读王少普先生奉献给研究界的大作，并深信这样的学术旅程必将是不虚此行的。

2020年端午于北京

Preface

序 二

文章千古事

俞新天

　　王少普教授请我为他的文集作序。一般情况下我都婉言谢绝作序,不为别的,因为真正写好序,至少要读完全书,实在没有充足的时间。但是这次却不得不破例。与王少普在上海社科院同事18年,特别在历史所和亚太所合作更多。虽然后来我离开上海社科院到上海国际问题研究院,大家还是在国际关系研究和台湾研究的同行,开会研讨,参与项目,常有谋面。从1983年相识至今近40年,即使没有细读全书,对王少普也略有了解。因此作序就义不容辞,欣然从命了。

　　王少普热爱学术,学风严谨,勤于思索,笔耕不辍。王少普的研究具有自己的特点,依我浅见,概括如下。

　　第一为历史性。尽管王少普的主要研究领域为日本对外战略和政策、中日关系,亚太地区国际关系、台湾问题的日本因素等现实问题,然而其根底却从中国近代史而来,甚至要溯源至中国与日本数千年的历史。对于近代中国和近代日本的深刻了解,成了王少普的显著优势。马克思和恩格斯一贯强调历史学的重要性,从根本上人类只能通过自身的历史而学习经验教训。面对国际关系瞬息万变的事件和问题,有扎实的历史认识才不会眼花缭乱、心浮气躁,而能理清脉络,把握趋向。王少普曾在《历史研究》上发表过关于曾国藩洋务思想的论文,以历史唯物主义的锐利武器,客观剖析了曾国藩的贡献与局限。在当时否定一切帝王将相的思想余波中,这种声音有振聋发聩之效。特别是出自刚毕业不久的研究生之手，起点很高，获得了前辈与同行的肯定。他后来的日本研究也比较厚重，得益于此。而且历史学涉及人类生活的所有方面，巨大的包容性给予研究者无限的发展潜力，政治、经济、社会、文化和军事安全，研究者均可展现其才。

第二为战略性。智库的国际关系研究必须密切观察和分析国际局势变化与热点事件，王少普在这方面成果颇多，不仅撰写了相当多的论文，而且发表了大量的时评文章。但是，王少普的研究却更多地从战略角度剖析，自有立意和深度。从战略角度即指不局限于政策层面，更要从全局从总体从长远把握，然后再落实到某个具体问题上。记得在某重要的台湾问题研讨会上，王少普作为少数国际问题专家被邀参会。在台湾问题专家们发言之后，王少普提出，还是要从战略上认识日本对台政策和对两岸关系的举措。他的论证有理有据，另辟蹊径，令大家耳目一新，与会的领导非常赞赏。此后王少普被聘为全国海研中心兼职研究员。有些中青年研究人员背后称王少普为"王战略"，表达了对他学术造诣的尊重。

第三为创新性。创新是学术研究的灵魂，却是最难企及。只要看低水平重复仍然比比皆是，便知创新何等可贵。创新不是追求耸人听闻的标新立异，也不是食古不化、拾洋牙慧的异想天开，而是要坚持中国特色社会主义理论的立场、观点、方法，吸收一切人类文明成果，经过自己艰苦的思想劳动，提出独到之见，而且这些观点、见解和判断还要经得起时间的考验。王少普的论文曾专论中国应当建立国际统一战线，将朋友变得最多，敌人变得最少。从革命战争年代的成功，到新中国成立后的经验教训，直至今天中华民族伟大复兴，实践证明，这篇获奖论文始终具有现实感。王少普对日本的安全战略和防卫政策狠下功夫，较早警示日本成为"正常国家"的战略含义，分析日本借助美日同盟在地区内寻求主导的意图，以及日本在台湾问题、钓鱼岛问题、东海和南海争端中对中国战略的竞争和牵制。日本问题在中国牵动人们的情绪，在网络上经常有极端化的表现。学者坚持客观理性的态度，真正促进中日关系的健康发展，殊属不易。创新不仅要有独树一帜的识见，而且要有不随俗流的勇气，对于学者是品格的考验。

收入文集的除了学术论文之外，还有大量的时政评论文章，这是国际关系研究的一大特色，也是对社会大众渴求深度了解热点问题的回应。改革开放后，中国开始融入世界，中国人民满怀热情地睁眼看世界，逐步地投入了国际经济合作、文化交流和人员往来的潮流。国际研究专家学者的时评政论短小精悍,深入浅出,抽丝剥茧,揭示实质,弥补了新闻报道的不足,为全民进行国际事务和国际主义的教育。

有些人以为专家学者不接地气,枯燥无味,某些文艺作品加强了这种刻板印象。现实正相反,许多学者多才多艺,情趣盎然。王少普数十年来研习吴式太极拳,堪称精深。他与夫人在舞场上翩翩起舞,令人羡慕。这不仅于其个人是张弛有道,文武相济,贯通中西文化,兼收并蓄,而且也产生了诗词和散文作品,收入文集中,读之可悦身心,冶情志。

成熟的专家将成果结集出版,不使其散佚湮没,不为藏之名山,束之高阁,而希望留布于世,积累文化,惠及后人。古人将立功、立德、立言定为文人的至高目标,诚哉斯言。

文章千古事,得失寸心知。祝贺王少普论集的出版。是为序。

2020 年 6 月 19 日

Preface

自 序

自进入社会科学研究领域后,主要从事两方面的研究,前者为国际关系研究,主要是日本、中日关系,以及地区秩序研究;后者是历史研究。其间还写过一些诗词与散文。

本文集共分三部分:一、论文、二、时评、三、诗词及散文。时评其实也是一种论文,不过时效性强,大多一事一议;论文涉及的则是较大的题材,需要在更广阔的时空内,对所关注的问题进行论述。

本文集:

选论文三十七篇,为1985年至2015年间所撰。

选时评九十一篇,为2006年至2019年间所撰。

选散文五篇,为2001年、2008年、2016年间所撰。

选诗词十一首,为2012年至2020年间所撰。

我的学术生涯大致可以分为两段:一段主要在上海社会科学院历史研究所,任职助理研究员,从事历史研究。另一段则在上海社会科学院亚太研究所,任职副研究员、研究员、博士生导师、副所长,以及上海社会科学院日本研究中心主任。并任中华日本学会常务理事,上海市日本学会副会长、名誉会长;中国海洋发展研究会理事、上海国际关系学会常务理事、上海台湾研究会理事、上海统战理论研究会理事;国台办直属海峡两岸关系研究中心兼职研究员;兼任上海交通大学国际与公共事务学院环太平洋研究中心主任、日本研究中心主任,上海交通大学日本研究中心顾问,上海交通大学韩国研究中心副主任,复旦大学日本研究中心、韩国研究中心兼职研究员等。

我是1979年进入上海社会科学院历史研究所的。该所设于徐家汇一幢欧式小楼内,小楼和拱卫于其周围的几排砖瓦平房位于靠近藏书楼的葫芦形地块内,很安静。对甘坐冷板凳,耐得寂寞的史学研究者而言,实在是做学问的好地方。在这里,我第一次在中国史学界权威刊物《历史研究》上发表了论文《论曾国藩的洋务思想》。论文发表后,在史学界引起较大反响,《新华文摘》全文转载,人民出版社将其收入《洋务运动论文集》。

其后,在华东师范大学完成博士论文《中日近代化道路的比较研究》后,赴早稻田大学任访问学者。回国后不久,调入上海社会科学院亚洲太平洋研究所。在任期间,所著数次获奖,发表于2002年第3期《社会科学》杂志的论文《论当今国际统一战线及我国国际统一战线政策》获当年中共上海市委统战部理论研究特别奖;我为第一作者的专著《战后日本防卫研究》(上海人民出版社2003年5月出版),获上海市第七届(2002—2003年)哲学社会科学优秀成果奖。

本文集取名《书斋风云录——对日关系、地区秩序及中国史论集》,有两重含义:其一,强调这些文字非闭门造车之作,而是对历史风云的感受和观照。其二,说明本文集的主要论述内容是"对日关系、地区秩序及中国史"。

经过长期的研究生涯,我获得了一定数量的研究成果,同时对如何从事研究也积累了一些体会。主要有三:

一、任何时代的理论思维,都是历史的产物,但在不同的时代具有不同的形式、不同的内容。因此,无论是评价人物还是评价事件,都应力求搞清这些人物与事件所处的时代特点。在这个前提下,才可能对人物和事件作出全面而正确的分析与判断。脱离了对人物与事件所处时代特点的正确分析与认识,不可能对人物与事件作出全面而正确的分析与判断,甚至下笔千言,离题万里。

二、人类对自身,以及各种事物、现象、过程等等的认识,总会经历一个从现象到本质、从对本质不太深刻的认识到更深刻认识的发展过程。因此,对人物与事件的认识,可以不同意前人的观点,甚至批判前人的观点,但不能忽视前人的观点,前人的努力构成了认识深化过程中或大或小的阶段。了解这些阶段,继承、批判、扬弃各个阶段中形成的观点,有利于产生更为接近事物本质的认识。因此,我在撰写论文甚至时评时,都会搜寻一下相关内容,尽可能全面地了解已有成果与存在的问题,努力使自己能在现有基础上提供一些新的认识。

三、要辩证地看待包括自己研究成果在内的各种研究成果。应该看到,世界上的事物有其继承性,这使事物的本质具有稳定性的一面。但更应看到,世界上的万事万物都在不断变化中,特别是当今中国,正处于崛起为世界强国之际,国际战略界例如美日欧等国的战略界,对此日趋敏感与关注。这更要求我们注意辩证思考,不能停留在传统思维上,哪怕是曾发挥过重要作用的思维,而必须在深入观察上述变化的基础上,努力把握和预测新条件下国际战略环境、国际战略格局的变化,并争取及时建策,以获未雨绸缪之效。

目 录

序一 ·· 1
序二 文章千古事 ··· 1
自序 ·· 1

第一部分 论 文

沙俄与中日甲午战争 ··· 3
曾国藩洋务思想的形成、性质和作用 ······················· 13
试论近代爱国主义思想的历史发展 ························· 27
论左宗棠洋务思想的进步作用 ································ 39
论曾国藩的军事思想 ·· 45
东北亚经济关系特点及中国的对策 ························· 67
中日美三角关系调整与中日关系 ···························· 73
日本国家战略的调整 ·· 79
后冷战时期日本亚太经济战略的变化 ······················ 84
日本社会党分裂的由来及影响 ································ 92
日元升值的原因、趋势及对我国的影响 ··················· 98
封建时代中日小农经济的比较研究 ························· 105
当今日美安保关系的宏观思考 ································ 117
战后日本社会结构的变化 ······································ 128
影响当代中日关系的主要因素 ································ 137
论韩日关系 ·· 147

论日本现状及外交方针 …………………………………………… 153
日本与东北亚——地缘战略上的考虑 ………………………… 167
试论新时期中国共产党国际统一战线政策的变化与发展 …… 175
论战后日本对台政策的变化 …………………………………… 183
试论冷战后日本对朝鲜政策框架的基本特点 ………………… 194
日本经济的主要问题及其对策评论 …………………………… 202
中国的崛起与对日关系 ………………………………………… 210
伊拉克战争后东亚形势的变化及我国内外方针的调整 ……… 219
战后日本区域主义方针的形成与发展 ………………………… 233
从东南亚向亚太的扩展——试论冷战时期日本的区域主义 … 246
日本的新区域主义及中国的外交选择 ………………………… 254
东亚区域整合的宏观形势与东亚峰会 ………………………… 262
日本战略选择的结构性矛盾与中日关系 ……………………… 270
坚持从战略全局观察与处理中日关系 ………………………… 279
日本社会结构的变化与其内外政策 …………………………… 288
东亚多边合作中的日本因素 …………………………………… 297
多极化趋势下的中日美三国关系 ……………………………… 308
野田内阁激化钓鱼岛争端的内外因分析 ……………………… 317
警惕安倍内阁的危险倾向 ……………………………………… 327
围绕《波茨坦公告》展开的历史斗争 …………………………… 331

第二部分　时　评

中日友好的源头在民间 ………………………………………… 343
"融冰之旅"的关注与期待 ……………………………………… 344
解读《中日联合新闻公报》 ……………………………………… 346
"跛脚"安倍怎么走 ……………………………………………… 347
活动安排体现三大特点 ………………………………………… 349
后WTO时代的东亚多边合作 ………………………………… 350
"战略互惠"深入人心　"暖春之旅"备受期待 ………………… 351
不忘旧情，更建新谊 …………………………………………… 352

福田面临抉择 …………………………………………………… 353
透视北京奥运与中日关系 ……………………………………… 355
竞争、规则与道德 ……………………………………………… 356
福田辞职：无奈 ………………………………………………… 358
麻生执政与中日关系 …………………………………………… 360
麻生首相所信演说与中日关系 ………………………………… 361
中日韩如何救市？ ……………………………………………… 362
三大挑战下的日本对华外交 …………………………………… 363
加强中日战略互惠关系需要研究新形势 ……………………… 364
田母神为什么不认错 …………………………………………… 366
中日应加强合作共反海盗 ……………………………………… 367
值得期待的中日韩第一次首脑会议 …………………………… 368
东亚多边合作进步有利中日关系发展 ………………………… 370
日本今年会怎么"变" …………………………………………… 371
加强中日文化交流　促进两国关系转型 ……………………… 372
中日两国应积极扩大共同利益 ………………………………… 374
中日政界不妨互从哲学角度认识对方 ………………………… 375
扩大人的交流是联系中日两国的重要纽带 …………………… 376
日本判断中日美大三角关系的实和误 ………………………… 377
日本为何提议签订新《日美安保宣言》？ …………………… 379
自民党大势已去 ………………………………………………… 380
中日友好之根还是在民间 ……………………………………… 381
日本民主党胜利与中国对日外交 ……………………………… 382
认识未来中日关系发展中的不确定因素 ……………………… 384
推动东亚合作将成峰会亮点 …………………………………… 385
鸠山演讲透露日外交政策新意图：顺流而出　架桥求信 …… 386
"三边关系"的兴起与中日韩峰会 ……………………………… 388
早稻田大学与中国文化的渊源与走向 ………………………… 389
日美关系进入转型期 …………………………………………… 390
2009年中日关系的新气象 ……………………………………… 392
亚元主张与中日长远合作 ……………………………………… 393

中日关系十大新闻与民众的"好感度" ………………………………… 394
日美同盟深化与对华关系走向 …………………………………………… 395
日本对华贸易的现状与前景 ……………………………………………… 397
中日春节风俗相联　两国乐见睦邻友好 ………………………………… 398
丰田召回背后的日美竞争博弈 …………………………………………… 399
日美密约曝光与东亚政治互信 …………………………………………… 400
分散搬迁能否夹缝求生？ ………………………………………………… 402
推进东亚共同体与中日构建信赖关系 …………………………………… 403
中日关系令人关注的发展趋势 …………………………………………… 404
上海世博会提升中日文化交流热 ………………………………………… 406
鸠山的困境 ………………………………………………………………… 407
菅直人内阁经济政策与中日关系 ………………………………………… 408
日式民主正渐渐沦为民粹 ………………………………………………… 409
从丹宇大使的"爱国亲华"精神说起 …………………………………… 411
日本对华经济合作的新动向 ……………………………………………… 412
日本的改革与对华外交走向 ……………………………………………… 413
日本需克服战略选择的结构性矛盾 ……………………………………… 415
日本汇率政策与对美关系 ………………………………………………… 416
从《源氏物语》谈中日相邻之道 ………………………………………… 417
入TPP？日本陷两难 ……………………………………………………… 418
两大热点如何影响东亚 …………………………………………………… 420
日本对华贷款终结背后 …………………………………………………… 421
菅直人的窘境 ……………………………………………………………… 424
日本为何选择了TPP？ …………………………………………………… 425
沟口雄三访谈：如何重新审视中国 ……………………………………… 428
整编风波与日美关系 ……………………………………………………… 432
明治维新何以仿德国不学英国 …………………………………………… 433
解析日美在钓鱼岛问题上新动向——访学者王少普 ………………… 435
美国战略调整带来中日美关系新变化——博弈：平衡、不平衡、再平衡
　………………………………………………………………………………… 440
失衡的日本政坛 …………………………………………………………… 442

安倍首相请三思而后言 …………………………………………… 444
日本政要接连访华和中日关系发展前景——访学者王少普 …… 445
美日关系不稳定性将增强 ………………………………………… 450
走近日本养老服务 ………………………………………………… 451
安倍内阁须正视民意 ……………………………………………… 454
安倍参拜,美国为何失望 ………………………………………… 456
日本推诿归还核材料意欲何为——访专家王少普 ……………… 457
安倍推行右翼政策遭遇挫折 ……………………………………… 462
安倍政府解禁集体自卫权的危险性 ……………………………… 464
前事不忘,后事之师 ……………………………………………… 466
"8·15"谈日本战后发展道路 …………………………………… 468
安倍内阁"换血"有四重用意 …………………………………… 469
安倍解散众院的中日关系因素析——访专家王少普 …………… 470
日本自民党胜选维持独大局面 评论称或非吉兆 ……………… 474
国家神道 靖国参拜:日本走上歪道 …………………………… 476
安倍访美考验日美战略磨合3.0 ………………………………… 481
不调整国策,安倍重组内阁也无法摆脱困境 …………………… 483
中日邦交正常化45周年之际,安倍应想清楚这三点 …………… 485
世界战略态势发生变化 日本寻求改善对华关系 ……………… 488
安倍为何改口称"印太战略"为"构想"? ……………………… 489
2019年,日本怎么"变"? ……………………………………… 491

第三部分 诗词、散文

《中秋》 …………………………………………………………… 497
《镇江金山游》 …………………………………………………… 497
《迎春曲》 ………………………………………………………… 498
《贺新中国成立七十周年》 ……………………………………… 498
《迎元旦》 ………………………………………………………… 499
《白衣天使颂》 …………………………………………………… 499
《观壶口瀑布》 …………………………………………………… 500

《莫斯科红场游》 ………………………………………… 500
《阳澄湖游》 …………………………………………… 500
《葵园游》 ……………………………………………… 501
《滴水湖游》 …………………………………………… 501

心路 …………………………………………………… 502
母亲的心愿 …………………………………………… 506
观潮东瀛十五年 ……………………………………… 508
危机意识、学习能力、敬业精神 ……………………… 515

后记 …………………………………………………… 520

第一部分
论　　文

沙俄与中日甲午战争

中日甲午战争不但是日本对中、朝的侵略战争,也是国际资本主义在世界范围内争夺殖民地斗争的组成部分。沙俄积极参与了这场战争,对中、朝人民犯下严重的侵略罪行。

一

还在19世纪80—90年代,沙俄的扩张重点已移向远东。它一方面加速修建西伯利亚铁路;另一方面支持日本对朝鲜进行渗透和扩张。1888年,沙俄讨论远东问题的特别会议明确表示:日本"直到最近才又关怀到利用哪些方法才能保证上述国家(按:指朝鲜)不被中国所夺取。日本政府的此种方针,与我们的看法完全符合,我们应该竭力支持东京内阁的这一方针"[①]。

沙俄采取这种政策,是因为它当时在远东的力量有限,同时也取决于远东的国际条件。当时在远东势力最大的是英国,英国对沙俄在远东的动向早有戒心。1885年,英政府在给清政府的照会中明确提出英国的"大敌实在黑龙江之北",强烈希望"抗拒俄之东下"[②]。沙俄对远东的扩张,也势必与日本发生矛盾。同时沙俄要侵略中、朝,必然会激起两国人民的反抗。由于中、朝、英、日等国对沙俄在远东的扩张都持戒心,因此沙俄很担心会出现某种抵挡沙俄向远东扩张的联盟。例如,1885年朝鲜甲申事变后,日清签订天津专约,中、日关系出现了暂时缓和。沙俄甚至对这样一种关系也感到不安,惊呼"中日的联盟",使其地位"在各方面都感到非常困难。"[③]因而沙俄需要掩饰自己的扩张野心,并力图加剧中日以及远东各国间的紧张关系,以造成可乘之机。所以,当日本随着战争力量的增强,加紧对朝鲜进行渗透扩张时,沙俄立即表示支持。

此外,沙俄当时把老牌的资本主义国家——英国当作争夺远东霸权的主要对手。1887年4月26日沙俄讨论远东问题的特别会议即认为:如果占领朝鲜,"不仅会破坏我国与中国的关系,还会破坏我国与英国的关系,因为英国也觊觎上述国家。"[④]所以沙俄极力拉拢日本,图谋利用日本排挤清政府和英国在朝鲜势力的发展。

在这样的基础上,甲午战争前一个相当长的时间内,沙俄与日本在朝鲜问题上进行了某种程度的合作,甚至互通情报[⑤]。这对日本侵略中朝的阴谋必然发生助长作用。

二

1894年1月,朝鲜发生东学党起义,朝鲜统治阶级求助于清政府。清政府派叶志超率军赴朝。日本政府得讯后,急派驻朝公使大鸟圭介率军赶赴朝鲜,揭开了对中、朝侵略战争的序幕。

1894年2月26日,在远东局势出现新变化时,沙俄驻北京公使在给其外交部的急件中表示,"我们当然不能置身局外",并附呈窃取的清驻汉城商务代表袁世凯致李鸿章的一份密电⑥。5月20日,沙俄驻朝鲜代办致沙俄外交部电称:对朝事变"中国可能加以干涉"⑦。接此电后,沙俄即派"朝鲜人"号炮艇前往仁川观察局势发展。5月26日,沙俄驻东京公使在致外交部的密电中告称:英国"在巨文岛储有足够供全部太平洋舰队三个月用的给养。"⑧6月4日,在中国决定出兵朝鲜后,沙俄驻朝公使馆即向袁世凯提出质问:"华兵由韩请,抑自派?"袁答:"韩请。"李鸿章知沙俄有意干涉,便令袁世凯复以:"韩请我派兵助剿,此乃上国保护属邦老例,俟事竣华兵即回,与俄无涉,不必过问。俄若再来诘问,可直告之。"沙俄驻朝代办韦贝在天津晤见李鸿章,"于派兵助韩一事",也"晓晓致辩"⑨。

从上述情况,联系到1888年沙俄关于远东问题的特别会议即对清政府可能出兵朝鲜一事表示极大担心,并认为,如果清政府将军队留在朝鲜,沙俄则将采取"压迫中国的方式"⑩。可以清楚地看到,沙俄当时一方面对英国的动向保持高度警惕,同时担心中国出兵,会妨碍沙俄对朝鲜的扩张。

沙俄的这种忧虑,从当时日本对俄态度上也可以间接看出。在日本训令大鸟圭介率兵返朝后,日本外务大臣陆奥宗光即对沙俄驻东京公使希特罗渥说:"中国军队无论如何不会满足于对暴动的镇压与平定。而可能企图留驻朝鲜并控制朝鲜。""鉴于此,我国(日本)能不派兵至朝鲜监视中国的行动吗?"并表明:"日本派遣军队前往朝鲜目的纯为保护日本侨民以及公使馆和领事馆的安全。"⑪陆奥宗光这番话,主要反映日本利用远东国际矛盾掩盖其侵略的企图,但也表明当时在朝鲜问题上,沙俄与日本有一种共同利害,即担心清政府在朝势力的加强,会妨碍它们对朝鲜的侵略。

6月10日,日驻朝公使大鸟圭介率四百名海军陆战队抵汉城。但他发现情况意外平静,中国军队未有一兵一卒驻扎城内,东学党起义已失败。日本出兵的借口——保护公使、侨民,再也不能成立。大鸟担心日本如按原计划向朝鲜增兵,很可能会过早暴露侵朝野心,因而频电日政府,"力说现时我国若派过多之军队来朝鲜,使朝鲜政府人民,特别第三者之外人,抱无谓之疑团,外交上不可谓得策"。⑫但日本政府已成竹在胸。15日,陆奥宗光致电大鸟,令其无论如何不可撤退部队,并告诉他:"关于俄国出兵朝鲜之事,据本大臣与俄国公使谈话及驻英日本公使之电报观之,似无此虑。"⑬显然,在此之前,日本已直接或间接地摸清了沙俄对其出兵朝鲜的纵容态度,因而有恃无恐,继续向朝鲜增兵。

沙俄与日本的这种暧昧关系,致使当时流传着日俄密约侵朝的说法。清驻朝电报局官员李毓森致盛宣怀电即称:"今倭人之敢于如此者,难保不与俄人订有密约。中国如欲用兵,也非易之。"在盛宣怀转呈李鸿章的信件中还称:"恩都统来电,俄人暗中接济(日本)子药等事,必须急筹补救之策。"盛宣怀曾为这类说法在天津会晤沙俄外交官员,提出质问:"各国均说此次日本滋事有贵国在暗中帮助。有此事否?"⑭这些并非"空穴来风"的消息,对清政府抵抗日本侵略的决心造成相当大的压力。

三

在日本大规模出兵朝鲜后,由于出现了中日军队直接对峙的局面,沙俄的政策也开始有了新的变化。

1894年6月22日李鸿章会晤沙俄驻华公使喀西尼,请求俄国干涉,并表示:"朝鲜内政确有改革的必要","同意此改革问题应由俄、中、日三国全权代表以会议方式调查解决之。"喀西尼大为高兴,认为这样可以"增加俄国在远东势力"⑮,极力主张沙俄介入。

虽然沙俄政府十分希望得到喀西尼所说的好处,但在全面权衡情况后,拒绝了喀西尼的建议,采取了更加狡诈的政策。

1894年6月25日,沙俄外交大臣致电喀西尼,表示不能接受李鸿章建议,因为这个建议企图使俄国卷入纠纷,并取得俄国帮助⑯。10月27日,其给喀西尼的信件再次强调:沙俄的"目标是不为远东敌对双方任何一国的一面之词所乘,也不被他们牵累而对时局有偏袒的看法,否则将"限制"将来的"行动自由"⑰。很清楚,这是坐山观虎斗的政策,是以前的对日纵容政策的继续和发展,目的在于获取更大利益。无怪乎赫德当时说:俄国人在"等着梨子熟了落在手里,好捡便宜。"⑱

根据清政府当时派驻海参崴的情报官员李家鳌报告:沙俄为避免刺激日

本,严令其远东舰队停止到与日本接壤的库页岛进行年例航行,留驻海参崴,"不得越雷池一步"。⑲又说:"九月杪倭兵在图们江越界设帐,旋有俄猎户见之,询以越界何事?倭人佯作不知,但云驻守韩地,猎户告以此俄界非韩地,请速退,倭人即觍颜领罪而退","猎户回岖口威时,正杜督阅边到此,猎户即将此事详告杜督,……但闻倭兵设帐在图们江一带有四千之谱,此杜督委员越界探得着也。卑职愚以为俄人若欲寻衅于倭,从此足可启齿。而在杜督阅边事毕回岖,仍回伯利,想系佯作不动之势"。⑳一个"佯作不知",一个"佯作不动",沙俄的这种姿态,无疑给正在扩大侵略活动的日本以极大鼓舞。

为使这种两面态度不被清政府察觉,沙俄政府与其驻清公使的来往电文一贯使用密码。中日宣战后,为防止日本间谍传递情报,清政府按当时国际惯例,规定各国人员在中国发报一律使用明码。但沙俄却拒不按此规定办事。当其驻烟台领事用密码发报的要求被当地电报局拒绝后,其驻津外交官气势汹汹地责问天津海关道盛宣怀。盛宣怀回答说:"烟台为我国海军要地,岂容他人传递军情。前者线阻三日,我军均平安到韩,廿二因喀使急欲通电,是以开报,竟送广乙,高升,操江三船,已受深害。既有前车之鉴,断难再蹈复辙。"㉑这一对话表明,日军能够于1894年7月25日,在丰岛海面伏击中国运兵船,是与沙俄有密切关系的。

当日军大规模在朝鲜集结,占领仁川、开进汉城时,清政府驻朝官员曾连电李鸿章告急,水师提督丁汝昌也电李鸿章请求备战。但李鸿章正陶醉于喀西尼关于沙俄允许调停之说,乃电复驻朝官员谓:"顷俄使来告,已奉俄皇电谕,驻日俄使转致日廷,勒令照华议同时撤兵,再妥议善后云。似日不能不遵。速电叶请仍静待勿妄动为要。"同时并电丁汝昌:"日虽增军","并未与我开衅,何必请战","现俄国出为调处,或渐就范"㉒。

6月27日,日本第二次遣韩部队抵朝鲜。清驻朝官员再次告急。6月30日,丁汝昌再电李鸿章请调回在朝三舰,集中海军力量,候陆兵大队调齐,与日决战㉓。但是,同日沙俄驻华公使遣员告李鸿章:日虽不允撤兵,但保证不先挑衅。李鸿章得此信后,即复电清驻朝官员:"俄廷迭谕该使调处,必有收场。"㉔复丁汝昌电说:"日外部告俄使,在韩之兵如无他缘故,不先与华兵开仗。"㉕对丁备战之请,不置可否。

7月2日,清驻朝官员又致电李鸿章:日"似将有大兵续至","叶军居牙(牙山),难接济","应迅派兵商船全载往鸭绿或平壤以待大举。若以牙军与续兵相持,衅端一成,即无归路"㉖。前线军情如此严重,但李鸿章听信沙俄花言巧语,6日电总理衙门:"喀今午电俄京,甚切实。想此电到俄,或有办法"㉗。8日再电总理衙门:"闻俄廷连日电驻东使,语气甚紧"㉘。对前线将士备战要求,根本不予考虑。

日军乘此机会节节进逼,结果造成牙山战役失利。清军初战失利,不但士气受沉重打击,而且由于日军占领牙山,解除腹背受敌之忧,对今后的战局也发生了重大影响。

四

1894年底,日军继甲午海战后,开始向中国本土进攻,相继占领大连、旅顺。沙俄发现日本的侵略活动正在逸出其许可范围,日俄矛盾开始上升。

1895年2月1日,沙俄讨论远东问题的特别会议指出:"日本接连的军事胜利","使人担心上次会议中根本不能预见到的中日冲突的那些后果"㉙。根据这样的情况,特别会议决定:第一,增强俄国在太平洋的舰队。第二,争取其他资本主义强国的协同行动㉚。但特别会议同时指出:"我们至今还不知道日本的要求","假使日本的要求相当温和,我们仍应采取以前的不干涉政策"㉛。

日本明了沙俄意图,为尽可能长时间使沙俄对日本侵略中朝保持纵容态度,对将向中朝提出的侵略要求讳莫如深㉜;同时,要求沙俄帮助其诱迫清政府放弃抗战,提出乞和要求。

日本与中国相比是个小国,无法支持长期战争。1894年11月6日,美国为通过"调停"中日战争,扩大在远东的影响,曾照会日本政府,指出战争持久对日本不利㉝。日本此时也感:"中日战争非能永久继续。"㉞但日本决不能主动停战。因此日本力图诱迫清政府直接向其提出乞和要求。11月17日本交美国的复照即声言:"在中国政府尚未直接向帝国政府乞和前"不能停战㉟。

然而此时清政府迫于国内人民的抗战要求,尚未明确表示乞和愿望。在恭、庆亲王向慈禧、光绪汇报美使田贝调停活动时,光绪曾说:"冬三月,倭人畏寒,正我兵可战之时,而云停战,得毋以计误我耶?"㊱

沙俄为诱使中国在其允许的范围内与日本达成和议,积极配合了日本的逼降活动。

11月28日,沙俄外务次官密告日本驻俄公使:"一周前驻俄中国公使委托俄国政府仲裁战争",俄国已告他"媾和事件不若直接与日本交涉"。同时又对日本驻俄公使表示:"为日本国计,早日收拾战局,以得多额偿金为得策","俄国政府对日本占领台湾当无何等障碍",并说只要日本同意这些条件,"俄国为日本之利害,不辞随时周旋尽力。"㊲

在国际资本主义诱迫下，清政府不顾国内人民反对，于1月5日派遣张荫桓、邵友濂至日本乞和。但这时清政府尚指示张、邵，"如割地及力所不逮者，万勿擅许。"[38]

日本政府觉察清政府这时尚不愿满足其侵略要求，因此，在张、邵抵广岛前，已决定以拒绝张、邵的行动向清政府施加压力。张、邵到日后，果被日政府以"全权不足"为理由加以拒绝，日本同时将该事密告沙俄。

沙俄立即与日本站在一道逼迫清政府。2月24日，沙俄驻日公使施特罗渥拜会陆奥，表示了沙俄政府的态度：只要日本"宣言名义上及事实上承认朝鲜独立"，沙俄即能"劝告中国政府"，派遣具有"割地""赔偿"等全权的使节去日媾和。[39]日本立即复照沙俄表示："能得到俄国政府此种赞助，甚为欣悦"[40]

沙俄的这种态度，使日本更肆无忌惮，接连攻占牛庄、营口，直逼京津。

在这种情况下，清政府终于结束了要不要接受日本割地要求的争论，于1895年3月4日，授李鸿章以割让土地之权，至日本乞和。

3月下旬，当李鸿章在马关与日本谈判时，沙俄得到了日本要求割让辽东半岛的消息。其外交大臣立即上奏沙皇："日本所提和约条件中，最引人注意的，无疑是他们完全占领旅顺口所在地的半岛。"[41]在同一天的另一个奏文中，又说："我们要在太平洋上获得一个不冻港，为了便利西伯利亚铁路的建筑起见，我们必须兼并满洲的若干部分。中国在丧失朝鲜之后，没有任何港口可以让给俄国。"[42]可见，日本企图占领辽东，使日俄矛盾上升到一个新的阶段。

但即使在这时，沙俄仍未最后放弃劝告日本将其侵略要求限制在沙俄允许的范围内，以达成日、俄瓜分中、朝的妥协的企图。

鉴于沙俄的这种态度，日本驻俄公使4月11日给陆奥的电文说："本使窃思，俄国大概当不以兵力干涉。"[43]因而日本敢于继续出兵攻占我澎湖列岛。

为了缓和日俄矛盾，日本也做了些让步，曾企图以同意沙俄占领北满作为沙俄允其占领辽东半岛的交换条件。[44]1895年4月10日，日本在与清政府的谈判中要求割让的辽东半岛土地，与第一次提出的要求相比，向东南方向作了一些紧缩，[45]这也未尝不是对沙俄的一种姿态[46]。

但日本的这种交换条件绝对填不满沙俄的巨大扩张胃口。

五

当沙俄得悉日本提出的议和条件仍然包括割取辽东半岛，于是暴跳如雷。4月11日，在沙俄讨论远东问题的特别会议上，沙俄财政大臣维特声称："假使日本占领南满,对我们将是威胁,以后大概会引起朝鲜的全部归并日本"。因此,维特提议:对于日本,"最好现在就积极行动。"特别会议通过了这一主张[47]。

在这次会议前后,沙俄一方面以帮助清政府抵抗日本侵略为借口,积极扩充在中国东北的军事力量;同时加紧拉拢资本主义强国,力图增强对日干涉的力量。特别会议透露:在此期间,沙俄通过其驻"伦敦、柏林及巴黎代表征询英、德、法三国对今日中日间和谈的意见。"[48]

英国洞察沙俄在远东的扩张野心,决定利用日本力量抵挡沙俄的扩张,因而声称,它"没有理由干涉和谈。"

法国由于在欧洲与德国的紧张对峙,需要依靠沙俄在东线牵制德国力量;加之它本身也抱有扩大在远东殖民利益的愿望,所以很快表示愿意和沙俄"共同行动"[49]。

德国是一个后起的资本主义强国,在中日战争一个相当长的时间内,它采取观望态度。为吸引德国参加"干涉",1895年4月初,沙俄外交大臣即与德国驻俄公使在彼得堡谈判[50]。《马关条约》正式签订前,德国对远东问题开始了新的考虑,它一则想通过与沙俄合作,"转移俄国的视线于东方"[51];二则希望"同俄国一致行动",有可能自中国"取得一个地区作为军事基地"[52]。沙俄摸准德国意图,很快作出反应。俄国通过德国驻维也纳大使通知德皇:如果德国维持了和平,俄国愿意保证德国边疆的和平[53]。沙皇在答复德皇要求在中国获得一个港口的信件时,称这种要求为理所当然的[54]。以此为基础,德国参加了对日干涉。

1895年4月17日,日本胁迫清政府签订《马关条约》,俄日争夺远东霸权的矛盾更加尖锐。当天,沙俄即向德、法正式建议:三国采取共同行动,劝告日本"不要永久占领中国本土",如日本不接受此劝告,则由三国"对日本在海上采取共同军事行动"[55]。4月23日,三国向日递交照会,要求日本退还辽东半岛,限十五天内答复。

5月1日,日本政府分别对三国提出备忘录,主要内容为:除包括旅顺港在内的金州厅外,日本放弃对辽东半岛的"永久占领权",中国应以"相当款项"补偿日本[56]。

但旅顺港恰是沙俄在远东的一个极其重要的扩张目标。因此,沙俄内阁会议决定:"坚持最初劝告,毫不动摇"[57]。为进一步对日施加压力,沙俄并经喀西尼劝告清政府迟延对条约的批准[58]。

这使日本感到,如不满足沙俄要求,"有逐两兔而不能得一兔之虞"。5月

4日,日本内阁与大本营联合会议决定:"抛弃奉天半岛之永久占领"。次日照会三国。日俄矛盾又暂时缓和。

然而,这时在中国出现了新的变化。《马关条约》内容传出后,中国舆论大哗,强烈要求清政府废约。同时由于发生三国干涉还辽事,清政府部分官僚中产生了依靠三国力量修改甚至废弃条约的幻想。在这种情况下,清政府对批准和约表示动摇,指令两江总督刘坤一、署直隶总督王文韶重新考虑是和还是战[59]。

可是,清政府的幻想很快破灭。沙俄并非中国的朋友,其出面干涉还辽,不过是为从日本手中夺得更多赃物,清政府如不与日本签订屈辱条约,沙俄又有何赃物可分?

事实正是如此。当清廷想利用三国压力,要求日本延缓换约时,沙俄称:"缓换约,俄国委难照办"[60]。当清廷请求沙俄要求日本减少赎辽费用时,沙俄回称:"此数业经三国公议减之,日既复允,碍难再与商减。"[61]当清廷请求沙俄阻止日本割台要求时,沙俄称:"俄国不及顾台,亦不能再向日本说话。德国已由领事告台民不能保护,实无他策。"[62]在沙俄得知日本愿意满足其分赃要求时,更转而压迫中国早日答应赔偿辽费,与日换约:"俄主愿中国偿费早给,日兵早退。"[63]

于是,清廷只得派出伍廷芳至日换约。1895年10月19日,沙俄等三国与日本达成协议:中国须向日本补偿赔款三千万两;自中国偿清上述补偿赔款之日起三个月内,日军撤出辽东半岛。甲午战争按照俄、日对中、朝的分赃协议宣告结束。

通过三国干涉还辽,沙俄取得了在远东扩张的有利条件。它诱迫清政府与其签订《中俄密约》《旅大租地条约》等不平等条约,通过这些条约,沙俄不仅攫取中国东北地区的铁路权,使西伯利亚铁路穿越黑龙江、吉林抵达海参崴,而且将舰队开进旅顺湾,强租了旅顺、大连,曾被日本咬住的肥肉终于落入了老沙皇口中。它还积极向朝鲜扩张,使朝鲜当时主要沦入它的势力范围。

狡诈毒辣的老沙皇纵容日本政府挑起侵略战争,给中、朝人民带来巨大的灾难,而它则利用这场战争,猎取了久已垂涎的扩张目标。回过头来,重温恩格斯1894年所说的"我认为,中日战争是把日本作为工具的俄国政府挑拨起来的"[64],人们怎能不为革命导师这种鞭辟入里的揭露和深刻的观察力而叹服呢?

(原载《社会科学》1981年03期)

注释：
① 《红档杂志有关中国交涉史料选译》(以下简称《红档》)，张蓉初译，第 131 页。
② 转引自《中日甲午战争之外交背景》，王信忠著。
③ 《红档》，第 134 页。
④ 《红档》，第 131 页。
⑤ 《俄国的远东政策·1881—1904 年》，商务印书馆 1977 年中译本，第 30 页。
⑥⑦ 《红档》，第 3—4 页。
⑧ 《红档》，第 11 页。
⑨ 《清光绪朝中日交涉史料》，第 959 号、551 号。
⑩ 《红档》，第 135 页。
⑪ 《红档》，第 10 页。
⑫ 《蹇蹇录》，陆奥宗光著。见《中日战争》(近代史资料丛刊)第 7 册，第 152 页。
⑬ 《日支鲜关系》，转引自《中国甲午战争之外交背景》，第 176 页。
⑭ 《盛宣怀档案材料》。(以下简称《盛档》)，上海图书馆藏。
⑮⑯⑰ 《红档》，第 21、14、30、50 页。
⑱ 《帝国主义与中国海关》，第 7 编，第 49 页。
⑲ 《盛档》，《李家鏊致盛宣怀函·光绪二十年八月二十三日》。
⑳ 《盛档》，《李家鏊致盛宣怀函·光绪二十年九月十一日》。
㉑ 《盛档》，《巴随员问答记·光绪二十年七月初一日》。
㉒㉓㉔㉕ 《李文忠公全书、电稿》，卷 15。
㉖㉗㉘ 《李文忠公全书，电稿》，卷 16。
㉙㉚㉛ 《红档》，第 143、148、145 页。
㉜ 《蹇蹇录》，见《中日战争》(近代史资料丛刊)第 7 册，第 172 页。
㉝㉞㉟ 《蹇蹇录》见《中日战争》(近代史资料丛刊)第 7 册第 167 页。
㊱ 《六十年来中国与日本》，王芸生辑，第 2 卷，第 216 页。
㊲ 《蹇蹇录》，见《中日战争》(近代史资料丛刊)第 7 册，第 187—188 页。
㊳ 《六十年来中国与日本》，第 2 卷，第 238 页。
㊴㊵ 《蹇蹇录》，见《中日战争》(近代史资料丛刊)第 7 册，第 190 页。
㊶㊷ 《红档》，第 149、150、152 页。
㊸ 《蹇蹇录》，见《中日战争》(近代史资料丛刊)第 7 册，第 192 页。
㊹ 《德国外交文件有关中国交涉史料选译》，孙瑞芹译，第 1 卷，第 21 页。
㊺ 《六十年来中国与日本》，王云生辑，第 2 卷，第 292—331 页。
㊻ 《中日战争》(近代史资料丛刊)，第 7 册，第 48 页。
㊼㊽㊾ 《红档》，第 156、154 页。
㊿ 《列强对华外交》，第 90 页。
51 《德国外交文件》，第 9 卷，转引自《列强对华外交》，第 94 页。

(52)(53)(54)《列强对华外交》,第 94、95、144—145 页。

(55)《德国外交文件有关中国交涉史料选译》,孙瑞芹译,第 1 卷,第 29 页。

(56)《蹇蹇录》见《中日战争》(中国近代史资料丛刊)第 7 册,第 164—165 页。

(57)《俄德法三国干涉概要》,日外务省编《日本、外交文书》(补遗),第 1 册,第 717 页。

(58) 科士达:《外交回忆录》。转引自《列强对华外交》,第 110 页。

(59)《六十年来中国与日本》,王芸生辑,第 2 卷,第 372 页。

(60)(61)(62)(63)《中日战争》(近代史资料丛刊),第四册,第 56、201、383、118、108 页。

(64)《马克思恩格斯全集》,第 39 卷,第 285 页。

曾国藩洋务思想的形成、性质和作用

曾国藩原来是一个正统的封建理学家,以后演变为最早的洋务派大官僚。他在中国近代史上所以具有很大影响,不仅在于位高权重,还在于以他为代表,使传统的封建统治思想发生了重要的转变,从而建立起一种新的统治思想体系,其特点在于以对内维护三纲五常,对外讲究"忠信笃敬""守定和约"的伦理政治观念为体,以西方技术为用。要正确分析其洋务思想的形成、性质和作用,必须追寻和把握其整个思想体系的转变过程。

曾国藩从封建理学家到洋务派大官僚的思想转变过程,大致可分为三个阶段。第一阶段:第一次鸦片战争前后,曾国藩独崇程朱理学,从宇宙观到伦理政治观念奠定了其思想体系的基础。一般说来,他比理学中主敬派实际一些,具备着从地主阶级顽固派中分化出来的内在因素。第二阶段:道光末年至第二次鸦片战争,太平天国起义爆发,封建统治阶级产生了空前严重的危机感,曾国藩兼采汉学认识论和治学方法中的某些合理因素,开始注意西方情况,重视西方武器在战争中的作用。同时,曾国藩顽固维护封建伦理政治观念,自觉地反对太平天国向西方寻求真理与改革国内政治结合起来的进步方向。这一切,为其洋务思想的产生准备了条件。第三阶段:第二次鸦片战争后,与传统的封建统治思想相比,曾国藩的思想出现了具有新内容的变化,在伦理政治观念上由原来对内维护三纲五常、对外保持天朝至尊,转变为对内维护三纲五常、对外讲求"忠信笃敬""守定和约"。同时,他更重视引进西方技术的活动,认为是"救时之第一要务"。曾国藩的洋务思想至此基本形成。

一

曾国藩在中进士前,基本上是为博取功名而沉醉于科举词章。在考取进士,尤其是道光二十一年后,开始在学术思想上进行探索。

当时唐鉴由江宁藩司入官太常寺卿,曾国藩"从讲求为学之方"[1]。唐鉴是道光年间著名的理学家,为学"于宋宗程、朱,于明宗薛、胡,于清宗陆、张,排斥心宗最力,以为害道"[2]。曾国藩"事鉴尤谨,谓虽未执贽受业,固已心师之矣"[3]。

曾国藩从唐鉴研究理学,除因为理学自南宋以后就被奉为封建统治的精神支柱,欲求宦途飞黄腾达的士大夫必孳孳以求外,还有着更深刻的社会原因。第一次鸦片战争前后,中国的封建社会已经到了穷途末路,外而资本主义列强咄咄进逼,内而农民群众揭竿频仍;资本主义萌芽大大突破了明清之际的水平,暗中蚕食着旧制度的基础。这一切反映到意识形态领域,可以见到农民的平等要求,可以见到封建道德的崩坏,甚至"太庙孟秋时享,应行陪祀各员"也"到者甚少"④;可以见到一部分有识士大夫不满于清政府的腐败衰落,对封建专制主义的政治制度和意识形态作了某种程度的批判,力求打破万马齐喑的局面,思想日趋活跃。曾经为清初封建统治者的"文治武功"作点缀装饰而盛行一时的汉学,因埋首书斋,无补时艰,日渐走向末路。历来坚持"一学术,一道德"的清政府,对这种情况深感惶恐,力图靠发扬理学,制造镇压农民起义的舆论,并从思想上钳制地主阶级内部的反对派,来重振纪纲。于是把"宋学"重新抬了出来。曾国藩在这时潜心理学,正适应了这种政治需要。

曾国藩继承了朱熹"理一元论"的宇宙观,他说,"含生负气,必有以得乎乾道之变化,理与气相丽,而命实宰乎赋畀之始"⑤。主张理在气先,由理宰乎万物。为了维护这个客观唯心主义哲学体系的纯洁性和正统地位,曾国藩除了坚决反对"气一元论"的朴素唯物主义外,对主观唯心主义的陆、王心学也作了批判。曾国藩虽然没有系统的哲学著作,但他"理一元论"的宇宙观实际上是完整的。他在哲学上坚持这个宇宙观的目的,是为了维护以封建伦理政治观念作为统治宇宙的无上法则的地位。

曾国藩说:"以身之所接言,则有君臣父子,即有仁敬孝慈。其必以仁敬孝慈为则者,性也。其所以纲维乎五伦者,命也。"曾国藩认为反映封建社会君臣父子关系的仁敬孝慈及纲维五伦的道德规范是"性"和"命"决定的。在理学中"性""命""理"属同一范畴,"性浑论而难名,按之曰理"⑥。于是,封建的伦理原则被等同于至高无上的天理,"此其中有理焉,亦期于顺焉而已矣"⑦。自觉地服从封建伦理,就成了人们的本分。

曾国藩正是从这种高度出发,自觉地贯彻以维护君权为核心的封建伦理政治观念。他说:"臣子于君亲,但当称扬善美,不可道及过错;但当谕亲于道,不可疵议细节"⑧。"于孝悌两字上尽一分,便是一分学;尽十分便是十分学。今人读书,皆为科名起见,于孝悌伦纪之大,反似与书不相关。殊不知书上所载的,作文时所代圣贤说的,无非要明白这个道理。"⑨

曾国藩在这一阶段所建立的对理学的核心内容——以"理一元论"的宇宙观为哲学基础的封建伦理政治观念的信仰,终身未变。

在广泛的意义上说,对外态度属于伦理政治观念的范畴。中国封建统治者一向强调"天朝至尊""夷夏有别",《春秋》理想的"大一统"局面即包含"四夷进于诸夏"的内容,这实际是以维护等级秩序为特点的伦理政治观念在对外关系上的延伸。对内顽固维护封建伦理政治观念的曾国藩,此时在对外态度上坚持的基本是上述"天朝至尊""夷夏有别"的观念。1841年1月31日,他在日记中述及鸦片战争时说:"英吉利豕突定海,沿海游弋,圣恩宽大,不欲遽彰天讨。命大学士琦善往广东查办,乃逆性同犬羊,贪求无厌。"⑩1842年在《寄郭筠仙浙江四首》诗中谈到英军入侵,则说:"螳螂竟欲挡车辙,髋髀安能抗斧斤。"⑪《南京条约》签订后,曾国藩思想上虽然出现妥协倾向,如谄媚地赞颂道光皇帝决定议和是"上策"⑫,但1849年在家书中又称:"……英夷在广东,今年复请入城。徐总督办理有方,外夷折服,竟不入城。从此,永无夷祸,圣心嘉悦之至……"⑬字里行间显露着对外的虚骄态度和顽固情绪。

但是,封建统治的危机毕竟不是单凭"义理"能解决的。曾国藩注意到理学"罕言利"的伦理观念与解决封建统治面临的具体问题之间的矛盾,力图加以弥缝,与当时理学另一主要代表人物倭仁相比,有某些不同之处。唐鉴曾说倭仁为学"用功最笃实,每日自朝至寝,一言一动,睡作饮食皆有札记,或心有私欲不克,外有不及检,皆记出"⑭。这是理学中主敬派的特点,即认为程、朱已将全部问题解决,后来者只要按其原则躬行便可,因此专门在修身养性上下功夫,这一派别与实际距离更远,思想上更为顽固。曾国藩则比较注意解决封建统治面临的各种具体问题,表现在认识论上就更为重视"格物致知""即物穷理":"欲悉万殊之等,则莫若即物而穷理"⑮。具有理学中致知派的特点。

当然,理学的所谓"格物致知""即物穷理",主要是要人们领悟封建伦理。对此,曾国藩是很清楚的,在谈起"格物"内容时,他特别强调:"如事亲定省,物也,究其所以当定省之理,即格物也;事兄随行,物也,究其所以当随行之理,即格物也。"⑯其格物目的主要也是为了达到对封建伦理本体的大彻大悟。

但是,"格物致知""即物穷理"的认识方法并非没有一点合理因素,一方面它将封建伦理作为本体强加给万事万物,要求通过格物来体认此理,但在涉及一草一木、一事一物时,常识却又往往使其在某种程度上承认具体事物所固有的特殊本质和特殊规律。例如朱熹在观察草木时这样说:"虽草木亦有理存焉。一草一木岂不可以格?如麻麦稻粱,甚时种,甚时收。地之肥,地之硗,厚薄不同,此宜种某物,亦皆有理。"⑰这种认识论上的合理因素在曾国藩思想上也可看到。曾国藩说:"近世乾嘉之间,诸儒务为浩博。惠定宇、戴东原之流,钩研诂训,本河间献王实事求是之旨,薄宋贤为空疏。夫所谓事者,非物乎?是者,非理乎?实事求是,非即朱子所称即物穷理者乎?"⑱这段话主要表明了曾国藩力图将汉学实事求是的观点混同于"即物穷理",但也反映了他迫于清政府面临的"内忧外患"局面,注意到并不得不承认实事求是认识方法的影响和作用。以后,当曾国藩由排斥汉学转而为汉宋兼容时,此一合理因素则有进一步增加。

正因为这样,曾国藩比较重视经世致用。他刚从唐鉴学不久,即问:"经济宜如何审端致力?"[19]并将古来政事人物分类,随手抄记,"以备政事之考"[20]。在京当翰林时,看过魏源编的《皇朝经世文编》和《圣武记》:"七月初九彭山屺到京,接到四弟在省所寄《经世文编》一部"[21];"《圣武记》又阅一编毕","昔年在京阅过"[22]。在辛亥七月日记中更明确表示:"经济之学,吾之从事者二书焉:曰《会典》、曰《皇朝经世文编》。"[23]对清朝统治的弊病,在局部上,例如吏治、财政、练兵等方面的问题,有一定认识,并做了某种程度的揭露。这使他在思想上具备着从地主阶级顽固派中分化而出的内在因素。

二

第一次鸦片战争失败后,不平等条约从各方面保证了资本主义列强对中国的侵略,中国成为它们倾销商品和鸦片烟的市场,大量农民和手工业者因此破产;清朝政府为支付赔款和满足更加奢侈糜烂的生活需要,加重了封建剥削,阶级矛盾急剧尖锐。早已此伏彼起、连绵不断的农民暴动,终于汇成了伟大的太平天国起义。太平天国起义使清朝政府面临的危机更加严重。这次起义不但范围广、规模大,而且在近代条件下,带上了某些以往农民战争所不具备的特点,表现在它的纲领和思想中;在作战方法上,太平天国通过各种可能的途径,较大规模地采用了西方的先进武器,引起清朝政府极大的恐慌,两江总督怡良惊惧地奏称:"上海逆匪向洋人买铜火药帽,自来机火枪,虽大雨亦可利用。"[24]

曾国藩时任礼部右侍郎,并先后兼署兵部右侍郎、工部左侍郎、兵部左侍郎、刑部左侍郎、吏部左侍郎,为镇压太平天国起义积极出谋献策。咸丰二年(1852年)十一月奉旨以"前任丁忧侍郎"身份"帮同办理本省团练乡民"[25],开始了直接镇压太平天国起义的活动。

在此之前,曾国藩独崇理学,排斥汉学。这时,转而为汉宋兼容,"余于道光末年,始好高邮王氏父子之说"[26]。这种变化的产生,一方面是由于地主阶级在太平天国这样巨大规模的农民起义威胁面前,基于共同利害,需要"克己以和众"[27],加强本阶级的团结,因而要求在一定程度上摒除门户之见,讲求学术兼容。此外,汉学在认识论和治学方法上,确有某些合理因素,吸收它,可以弥补理学之不足。

"汉学"主要是指马融、郑玄等为代表的东汉古文经学。这一学派的治学方法在于从文字训诂探求经书本训。清代汉学发扬了这一特点。以反清复明为志的顾炎武,痛感明亡之一大原因为"以明心见性之空言,代修己治人之实学","置四海之穷困不言,而终日讲危微精一之说",首先打出"经学即理学"的旗帜,主张"君子之为学,以明道也,以救世也","事关民生国命者,必穷源溯本,讨论其所以然",并逐步形成了与其政治目的和务实态度相适应的一套治学方法,如"明流变""求证佐"、重视实地调查研究等,其中有些成为以后清代汉学家基本的研究和著述手段。同时,明末以来,资本主义萌芽和城市经济的发展,加之某些西方自然科学知识的传入,使国内在天文学、数学、语言学、地理学等方面的研究,都有新的进展。汉学家与"土苴天下之事实"的理学家不同,大多比较重视自然科学方面的成就。梁启超说:"我国科学最昌明者,惟天文算法,至清而尤盛;凡治经学者多兼通之。"这就必然进一步启示和推动汉学家在认识论和治学方法上的提高。但随着清政府统治的逐步稳定,特别在清政府加强文化专制统治、屡兴文字狱以后,汉学家日渐沉浸书本,脱离实际,暌违了顾炎武揭橥的"经世"之旨,因而使清代汉学在认识论和治学方法上的合理因素主要反映在古籍整理和文字考订等学术成果上。

曾国藩不是单纯的学问家,他要"救世",他承担着镇压太平天国、挽救清王朝灭顶之灾的责任。他不是从学术角度,而是从政治的需要出发,吸收和利用清代汉学认识论和治学方法中的某些合理因素,为封建统治渡过难关服务。曾国藩标榜:"近十余年","国藩于本朝大儒,学问则宗顾亭林、王怀祖两先生"。他主张系统了解汉学诸代表人物的治学门径:"学问之途,自汉至唐,风气略同;自宋至明,风气略同;国朝又自成一种风气。其尤著者,不过顾、阎(百诗)、戴(东原)、江(慎修)、钱(辛楣)、秦(味经)、段(懋堂)、王(怀祖)数人,而风会所扇,群彦云兴。尔有志读书,不必别标汉学之名目,而不可不一窥数君子之门径。"抨击迂儒"以为经世之道不出故纸之中,井蛙跳梁,良可笑耳"。要求求实:"不说大话,不务虚名,不行驾空之事,不谈过高之理。"他原来说:"自西汉以至于今,识字之儒约有三途:'曰义理之学,曰考据之学,曰词章之学'",现在则认为:"有义理之学,有词章之学,有经济之学,有考据之学",将与实际联系更为密切的经济之学由义理之学中独立而出为一门。原来完全拒绝自然科学,相信占验:"蕙西已来,始唤起,论连夜天象,西南方有苍白气,广如一匹布,长数十丈,斜指天狼星,不知主何祥也。"现在则注意到汉学家重视自然科学及由此而产生的进步:"国朝大儒,于天文历数之学,讲求精熟,度越前古。自梅定九、王寅旭,以至江、戴诸老,皆称绝学;然皆不讲占验,但讲推步。"⑩凡此种种,可以看出清代汉学家在认识论和治学方法上给予他的影响。这就使曾国藩的眼光比一般囿于理学范围的封建官僚实际得多,能够采用更多的手段去对付太平天国。为此,他开始看一些介绍西方情况的书籍,例如徐继畬的《瀛寰志略》;重视西方先进武器在战争中的作用,初建湘军时即多方采购洋炮,用以装备水师,"此次蒙皇上屡降谕旨,饬令两广督臣叶名琛购备洋炮,为两湖水师之用。现已先后解到六百尊来楚,皆系真正洋装、选验合用之炮"。⑪在总结湘潭、岳州两次战役取胜的原因时则说:"湘潭、岳州两次大胜,实赖洋炮之力。"⑫并加紧催请清政府用西方先进武器武装军队:"江面非可遽清,水前尚须增添,尤须有洋炮继续接济,乃能收越战越精之效。"⑬

应该指出的是,明末清初的一些汉学家虽然由于认识论和治学方法上包含有更多的合理因素,因而比较重视当时自然科学,包括西方自然科学的成果,但是,他们的思想体系仍然是封建主义范畴的,他们所接触的西方自然科学主要是由耶稣会传教士带来的历法、火炮、技艺等方面的知识,不包括近代自然科学的最重要的成果。这样的自然科学知识可以在局部范围内产生某些积极的影响,但对整个封建思想体系,却不会形成根本性冲击。相反,往往可以用来为封建王朝服务。曾国藩对西方自然科学的认识,从根本上说,没有超过汉学家。他主要是从手段上,而不是从基本观点和方法上去认识和接受西方自然科学知识的。他认为,"剑戟不利,不可以割断,毛羽不丰,不可以高飞",因而主张"讲求操兵造械之法"。⑭他在镇压太平天国起义的过程中,重视和引进西方武器,严格说来,不过是崇祯和康熙用洋人铸炮镇压农民起义或打击反清势力的政策在近代条件下更大规模地延续,非但不妨碍,相反恰恰服务于坚持封建伦理政治观念以维护封建统治的活动。而且,由于时代的条件,这种活动具有特殊意义的反动性质。如前所述,太平天国起义虽然基本还是一场单纯农民战争,但在国内外资本主义因素的影响和推动之下,包含了新的内容。它所开始的把向西方寻求真理与改革国内政治结合起来的方向,启示了中国谋取独立富强的正确道路。曾国藩敏锐地觉察到这一点,他在《讨粤匪檄》中声称:"自唐虞三代以来,历世圣人,扶持名教,敦叙人伦,君臣、父子、上下、尊卑,秩然如冠履不可倒置。粤匪窃外夷之绪,崇天主之教,自其伪君、伪相、下逮兵卒贱役,皆以兄弟称之,谓惟天可称父。此外,凡民之父,皆兄弟也;凡民之母,皆姐妹也……举中国数千年礼义、人伦、诗书、典则,一旦扫地荡尽……"⑮把太平天国在国内打击封建统治的斗争和向西方寻求真理的活动联系在一起加以讨伐,这就使曾国藩维护封建伦理政治观念的活动成为近代向西方寻求真理与改革国内政治结合起来的进步方向的明确对立物。它决定了曾国藩从西方接受的主要只能是殖民主义的奴化思想,因为这种思想的基本特点就在于保留中国的封建地主阶级,并使它们变为西方列强统治中国的支柱。

这一阶段,曾国藩在对外观念上,尚未发生根本性质的变化,他虽然开始承认"逆夷所长者,船也,炮也"㊻,但直至1857年,英法刚挑起第二次鸦片战争时,曾国藩尚认为:"自古称国富者以地大为富,兵强者以人众为强耳!英夷土固不广,其来中国者人数无几,欲恃虚声以慑我上国","此次与之确斗,彼必不能坚守,此后官兵之气日强矣!往时徐松龛中丞著书,颇张大英夷,筠仙归自上海,亦震诧之。鄙意彼蹈骄兵贪兵之二忌,恐不能久得"。㊼

由上可知,曾国藩从独崇理学,转而为汉宋兼容,虽不意味着其思想体系发生了带根本性质的转变,但维护封建统治的实际需要和认识论上合理因素的增加,却促使他开始了解西方。他对内顽固维护封建伦理、自觉与太平天国向西方寻求真理和改革国内政治结合起来的进步方向抗衡的活动,又为他接受资本主义奴化思想提供了条件。这一切,构成了他在思想上由一个封建理学家过渡到洋务派大官僚的桥梁。

三

1856年10月,第二次鸦片战争开始,太平天国起义方兴未艾,清政府陷于两面作战的危局,急于改变其对外思想和政策,以脱离困境。就在这一时期,曾国藩的思想发生了重要变化。

随着军事上的不断败北,曾国藩承认清政府的力量不足与资本主义列强抗衡了,他说,"当此积弱之际,断难与争锥刀之末"㊽。更明确地将农民起义视作威胁清王朝封建统治的心腹之患,在英法联军侵入北京,咸丰皇帝急诏曾国藩调兵保驾的关键时刻,曾国藩即在《奏复胜保请飞召外援折》中提出"俟该夷就抚",主张对英法侵略者妥协,以确保其围剿太平天国的战略部署。之后,更露骨地表示:"吾方以全力与粤匪相持,不宜再树大敌,另生枝节。庶几有容有忍,宏济艰难。"㊾

同时,曾国藩逐步摸清了资本主义列强对清政府的真实意图。太平天国初起时,资本主义列强曾企图利用中国内乱,从中渔利,因而暂时标榜"中立",并与太平军有过某种接触。但很快发现他们不可能从太平天国那里捞到什么特权,甚至连他们已经从清政府那里获得的东西都有丧失的可能性,于是便向清政府表示：西方列强"希望看到王朝强盛"。他们发动第二次鸦片战争，主要是因为清政府未同意按他们的要求修约而进一步施加压力。但这并不妨碍他们认为："维持当今朝代对西方国家有利"[50]。当英法联军以武力和攻入北京的行动逼迫清政府签订了天津条约及北京条约，达到目的后，即公开撕去中立伪装和清朝政府站在一道，疯狂镇压太平天国。这一过程，对曾国藩思想产生了重要影响，他在1864年6月10日的日记中感激涕零地写道："洋人十年八月入京，不伤毁我宗庙社稷，目下在上海、宁波等处，助我攻剿发匪，两者皆有德于我，我中国不宜忘其大者而怨其小者。"[51]

为了巩固和扩大经两次鸦片战争后取得的在华权益，资本主义列强力图促使清政府按照他们的愿望总结失败的教训。这种要求集中表现在赫德的《局外旁观论》和威妥玛的《新议论略》中。这两份文件的内容可以用威妥玛的话概括为8个字："内改政治，外笃友谊"[52]。所谓"内改政治"，主要是要求清政府能有效地镇压"内乱"；同时，兴办一些近代工厂企业及交通事业，以保证并扩大资本主义列强的在华利益。所谓"外笃友谊"，实际是要求清政府切实遵守与资本主义列强签订的一切不平等条约。资本主义列强注意到，为了达到上述目的，必须使清政府在对外观念上做一改变，建立起一种适应清政府与资本主义列强新关系的伦理政治形态。因此，赫德和威妥玛都激烈抨击了那种天朝至尊、夷夏有别的观念。赫德说，清政府"居官者初视洋人以夷，待之如狗"，"是以道光年间，始动干戈，嗣有条约"，"迨后因可赴京，以为更妥。乃大臣初次北上，仍以夷相待，违约阻止，复致兴兵"[53]。威妥玛更明确地说："中华天子尊崇最上，诸国之君，果欲相交，尚以不能平行，欲问衅起之原，实由此也。"[54]

上述因素，促使曾国藩将对外观念做了重要修改。他承认传统的伦理思想已不适合现状："承示驭夷之法，以羁縻为上，诚为至理名言。自宋以来君子好痛诋和局，而轻言战争，至今清议未改此态。"[55]用理学的客观唯心主义论证对外妥协的合法性，宣扬："洋人之患，此天所为，实非一手一足所能补救"[56]。将处理封建统治阶级内部关系的道德规范，扩大至资本主义列强，认为对待它们："根本不外孔子'忠信笃敬'四字。笃者，厚也。敬者，慎也。信，只不说假话耳，然却极难！吾辈当从此一字下手，今日说定之话，明日勿因小利害而变。"[57]到1870年，曾国藩更加明确地指出："伏见道光庚子以后办理夷务，失在朝和夕战，无一定之至计，遂至外患渐深，不可收拾。皇上登极以来，外国强盛如故，惟赖守定和议，绝无更改，用能中外相安，十年无事。"[58]对外妥协不再被当作"权宜"之计，而成了应该"坚持一心"的根本方针。如果说，第二次鸦片战争以前，曾国藩思想中的对外妥协倾向，与其封建的天朝至尊观念尚处于某种矛盾状态，那么在第二次鸦片战争之后，经过这种理论上的论证和修改，其对外妥协倾向与其伦理观念之间的矛盾基本消失了。从此，曾国藩思想的主体，即以“理一元论”的宇宙观为基础的封建伦理政治观念，不再是对内维护三纲五常、对外保持天朝至尊，而变化为对内维护三纲五常、对外讲究“忠信笃敬”“守定和约”。

天朝至尊观念的改变，认识论中某些注重实际的合理因素的增加，加之资本主义列强的推动，使曾国藩在镇压太平天国过程中产生的注意了解西方情况及重视西方武器的倾向有了进一步发展：“今日和议既成，中外贸易，有无交通，购买外洋器物，尤属名正言顺。”(59)咸丰十一年七月在《覆陈购买外洋船炮折》中，他提出：“购买外洋船炮，为今日救时之第一要务。”(60)表明他不再把这类活动当作只有局部意义的具体措施，而将其视为一种具有全局意义的政策。又说：“购成之后，访募覃思之士，智巧之匠，始而演习，继而制造，不过一二年，火轮船必为中外官民通行之物。”(61)同治二年，在安庆设军械所，用徐寿等试造轮船。接着又让容闳“前派西洋购办制器之器”(62)。同治四年，在他与李鸿章的倡导下，于上海设江南机器制造局，附设译书局。同时，曾国藩注意收罗各种了解西方技术和情况的人才，据容闳说：当时“总督幕府中亦有百人左右……凡法律、算学、天文、机器等等专门家，无不毕集”。(63)同治七年九月初二日，在《新造轮船折》中又提出由江南机器制造局设立学馆：“选聪颖子弟随同学习，妥立课程，先从图说入手，切实研究，庶几物理融贯，不必假手于洋人，亦可引伸另勒成书。”(64)同治十一年，更和李鸿章联衔会奏，派遣学生出洋留学。

由买船进而主张造船，由造船进而主张仿制工作母机，由仿制工作母机进而认识到“洋人制器，出于算学”(65)，主张了解西方在技术领域中的某些专门理论；同时鉴于“彼此文义扞格不通，故虽曰习其器，究不明夫用器与制器之所以然”(66)，而主张设立译书局，“专择有裨制造之书，详细繙出”(67)；由注意收罗各种了解西方技术和情况的人才进而主张有意识地培养和造就。凡此种种，表明这一阶段曾国藩对西方情况的了解，尤其是在技术方面，有了相当进步，与当时一般的封建士大夫相比，是高出一筹的。

应该指出，这时正是中国近代工业开始发生的时期，新旧思想的斗争非常激烈，这种斗争的一个重要内容就是中国要不要学习和引进西方先进技术。一些早期的资产阶级改良主义者力主学习和引进，这是希望跟上世界潮流的进步要求；而封建顽固势力却留恋闭关自守、关门称王，极力想把中国孤立于世界潮流之外。在当时的中国，要依靠早期资产阶级改良主义者的力量，在舆论和实际行动上突破顽固势力的阻挠，兴办起近代工业，是困难的。而曾国藩具有在镇压太平天国战争中膨胀起来的实力地位,他对学习和引进西方技术所表现出来的热情,对抵挡顽固势力的攻击,助长国内当时学习西方思潮的抬头和近代工业的兴起,客观上起了一定作用。这正是一些早期资产阶级改良主义者对他颇有好感的原因。

然而,曾国藩思想中的这些新的因素和主张,并不是独立存在的,它们受到曾国藩思想的主体,即对内维护三纲五常、对外讲究"忠信笃敬""守定和约"的伦理政治观念的指导和制约。

同治八年七月初四日,曾国藩作《劝学篇》示直隶士子,实际也是对其本人学术思想的一个总结。他进一步发挥了将"经济"由"义理"之中独立而出专为一门的思想,指出"义理"与"经济"的区别在于,前者"施功之序详于体,而略于用耳",后者则相反。从理论和学术思想上突出了"致用"的重要性。但这丝毫没有影响他以将三纲五常为基本内容的"义理"当作指导思想的根本立场,他主张为学的方法应该是:"以义理之学为先,以立志为本。"⑱所以,曾国藩尽管可以为了"致用",重视西方技术,但拒绝学习西方资产阶级的道德观念和政体制度,将资本主义与封建中国一强一弱的原因完全归之于技术装备上的差别:"凡恃己所有,夸人以所无者,世之常情也。忽于所习见,震于所罕见者,亦世之常情也。轮船之速,洋炮之远,在英法则夸其所独有,在中华则震于所罕见。"⑲他与李鸿章合奏选派幼童赴美,在所定章程中规定:为使学生出国后"不至囿于异学",在学习西文西艺的同时,必须"课以《孝经》、《小学》、五经及《国朝律例》等书","每遇房、虚、昴、星等日",还要"传集各童宣讲《圣谕广训》,示以尊君亲上之义"。⑳所谓"中学为体、西学为用"的洋务派理论纲领,实际是由曾国藩发明,张之洞不过作了继承、发挥和总结的工作。这就使曾国藩的买船、造船、制器、译书、育才等等活动带上了明显的半封建性质。而且由于洋务活动当时还处在初起阶段,曾国藩尚不可能如其后继者李鸿章等提出官督商办、官商合办等主张,基本上采用官办的方式造船、制器,其洋务活动的封建主义色彩就更为浓厚。

同时,从对外讲究"忠信笃敬""守定和约"的观念出发,曾国藩又认为:中国要自强"不宜在关税之多寡、礼节之恭倨上着眼",甚至对那种"处处媚夷艳夷而鄙华,借夷而压华"的卖国行为,也认为"远识者尚不宜在此等着眼"。㉑这就清楚地表明,他引进西方技术、谋求"自强"的活动,是在承认与资本帝国主义签订的一切不平等条约的合法性、连关税自主这样最起码的保护国内工商业发展的条件都不敢去争取的前提下进行的。由此必然产生半殖民地性质的结果。

以购船及造船为例,19世纪60年代初,曾国藩支持奕䜣接受赫德之说,经李泰国向西方购买船炮。但李泰国购买轮船后,却私自招募了六百多洋兵,并任命英国人阿思本为司令,建立了一支外国人组成的中国舰队。曾国藩承认:如此,则中国徒有节制之"虚号"[72]。显然,购买轮船"据为己物"的幻想落空。加之曾国藩等人认为当时"贼势实衰","此事议于二年以前,今昔时势小异",战胜太平军的大局已定,不愿外国侵略者来抢桃子。然而,又不敢得罪帝国主义者。因此,曾国藩建议将"此船分赏各国,不索原价",耗费一百四十五万七千两白银,解散了阿思本舰队。"今所购七船既已化为乌有,不得不另求造船之方"[73]。于是,一八六五年,曾国藩与李鸿章共同谋划在上海设立江南机器制造局。曾国藩承认:"制造轮船,系由总署与外国公使议定,为借法自强之一事"[74],又说:其所以主张设局造船,是因为"外海水师,极为当务之急。洋面迭有劫案,亟应从严剿捕,庶商船可以畅行,外国无所借口。"[75]表明江南制造局的设立,在很大程度上是适应了资本主义列强扩大在华市场和保护在华权益的需要。这类企业必然成为国际垄断资本的附庸,在发展上受到很大限制。江南制造局开设近二年后,曾国藩不得不承认,制造轮船"所用极大木材与铜板、铁板之类,无一不取材外洋,不仅铁之一项也。即专以铁言,如轮船应用通长大铁轴,断非中国所能铸造。设一旦无从购运,此事即当作罢论。纵能自设铁厂,亦复何为?"于是,原来颇为豪壮的"自造"等语,此时则变成"故目下只可乘此机会,量力试办,不复预计他日之何如"[76]的叹息了。

这种半殖民地性质的特征,不仅表现在上述方面,在曾国藩的外交活动中更为明显。尽管在某些时候和某些具体问题上,曾国藩可以与资本主义列强发生一些矛盾和对抗,但这种矛盾和对抗从来没有上升至主导地位,在资本主义列强的压力下,总是很快趋向妥协。1867年,当外国侵略者借中外修约之际,提出在中国设电报、筑铁路等要求时,曾国藩在上清廷的奏折中颇为激动地表示反对,甚至认为:即使"因此而致决裂,而我以救民生而动兵,并非争虚议而开衅","中无所惧,后无可悔也"[77]。但事隔不久,他在致郭嵩焘信中立刻否定了上述意见:"来示谓拙疏不应袭亿万小民与彼为仇之俗说,诚为卓识!鄙人尝论与洋人交际,首先贵一信字。信者不伪不夸之谓也,明知小民随势力为转移,不足深恃而犹借之以仇强敌,是已自涉于夸伪,适为彼所笑耳"[78]。这种情况,在曾国藩处理天津教案的过程中,得到进一步暴露。他认为,"目下中国海上船炮全无预备,陆兵则绿营固不足恃,勇丁亦鲜劲旅。若激动众怒,使彼协以谋我;处处宜防,年年议战,实属毫无把握",因而力主"从委屈求和处切实办事"。[79]最后,基本按照列强的无理要求了结了天津教案,以至他自己也不得不承认:"办理过柔,事后思之,深用自憾。"[80]

曾国藩这一阶段的思想变化，与传统的封建统治思想相比，具备了新的内容，概括说来即是：在伦理政治观念上，不再是对内维护三纲五常、对外保持天朝至尊，而转变为对内维护三纲五常、对外讲究"忠信笃敬""守定和约"。其重视西方武器，引进西方技术的活动则有了更大发展，并认此为"救时之第一要务"。这在当时条件下，对国内学习西方思潮的抬头和近代工业的兴办，客观上起了一定的助长作用。但由于这类活动从根本上说是以上述新的伦理政治观念为指导的，因而表现出明显的半殖民地半封建性质。如果说曾国藩在镇压太平天国运动期间采用西方武器，主要还是为了维护封建统治，严格说来，是崇祯和康熙用西洋武器镇压农民起义或打击反清势力的政策在近代条件下更大规模地延续，那么在此阶段，这类活动主要地具有了维护封建统治和适应外国侵略者扩大在华市场及保护其在华权益这样两种意义。这一切构成了曾国藩洋务思想的主要内容，标志其洋务思想基本形成。

　　综上所述，我们可以看到，就曾国藩洋务思想的主流来说，实质是封建主义文化特别是程朱理学与殖民主义奴化思想结合的产物。它的形成过程就是封建统治思想向半殖民地半封建统治思想转化的缩影。是当时在中国正逐步形成的半殖民地半封建的政治和经济在观念形态上的反映。清朝政府所以能够渡过太平天国起义及第二次鸦片战争的难关，进入一个相对稳定的时期，很大程度上得力于以曾国藩为代表建立的这种适合半殖民地半封建统治秩序的思想体系。后来的半殖民地半封建中国的统治者，无不对曾国藩顶礼膜拜，其基本原因也在于此。

　　但是，由于中国当时处于一种复杂的历史条件之下，即一方面遭受西方列强的侵略，同时又在西方列强的促使下产生了资本主义因素。曾国藩不是一个不学无术者，他由翰林而转入军界、政界，为了维护清朝统治，几乎利用了封建文化中一切可以利用的东西，同时也接受了西方的一些新鲜东西。就其思想主体来说，他是一个反动的客观唯心主义者，但由于时代的条件，由于封建文化和西方文化中某些合理因素的影响，使曾国藩与封建顽固派不同，在一定程度上做了一些适应历史变化的事情。这就使他的洋务思想中，包含了一些在当时有一定价值的具体内容。对此，是应该加以区别的。

（原载《历史研究》1983 年第 2 期）

注释：

① 《曾文正公全集·年谱》，卷 1，东方书局 1935 年版，第 4 页。

② 徐世昌:《清儒学案》,卷140,第1页。
③ 李肖聃:《湘学略·曾左学略·十五》。
④ 《清宣宗实录》,卷240。
⑤⑥《曾文正公全集·文集》,卷1,第1页。
⑦ 《曾文正公全集·文集》,卷1,第1页。
⑧ 《曾文正公全集·家书》,卷1,第26页。
⑨ 《曾文正公全集·家书》,卷1,第32页。
⑩ 《曾文正公手书日记》,中国图书公司1909年版。
⑪ 《曾文正公全集·诗集》,卷1,第2页。
⑫ 《曾文正公全集·家书》,卷1,第16页。
⑬ 《曾文正公全集·家书》,卷3,第86页。
⑭ 《曾文正公手书日记》,中国图书公司1909年版。
⑮ 《曾文正公全集·文集》,卷1,第17页。
⑯ 《曾文正公全集·家书》,卷1,第19页。
⑰ 《朱子语类》,卷18。
⑱ 《曾文正公全集·文集》,卷1,第18页。
⑲ 《曾文正公手书日记》,中国图书公司1909年版。
⑳ 《曾文正公手书日记》,中国图书公司1909年版。
㉑ 《曾文正公全集·家书》,卷1,第5页。
㉒ 《曾文正公全集·求阙斋日记类钞》,卷下,第45页。
㉓ 《曾文正公手书日记》,辛亥年七月。
㉔ 《清文宗实录》,卷123。
㉕ 《曾文正公全集·年谱》,卷1,第12—13页。
㉖ 《曾文正公全集,家训》,卷上,第20页。
㉗ 《曾文正公全集,书札》,卷2,第35页。
㉘㉙《亭林文集》,卷4,与人书二十五。
㉚ 《日知录》,潘来序。
㉛ 徐光启:《同文算指·序》。
㉜ 梁启超:《清代学术概论》,商务印书馆1921年2月版,第39页。
㉝ 《曾文正公全集·家书》,卷7,第226页。
㉞ 《曾文正公全集·家训》,卷上,第8页。
㉟ 《曾文正公全集·书札》,卷1,第7页。
㊱ 《曾文正公手书日记》,咸丰十年九月。
㊲ 《曾文正公全集·家书》,卷1,第26页。
㊳ 《曾文正公手书日记》,咸丰六年七月。
㊴ 《曾文正公手书日记》,道光二十三年二月十二日。

㊵《曾文正公全集·家训》,卷上,第4页。
㊶㊷《曾文正公全集·奏稿》,卷3,第77、78页。
㊸《曾文正公全集·奏稿》,卷3,第78页。
㊹《曾文正公全集·书札》,卷4,第58页。
㊺《曾文正公全集·文集》,卷3,第50页。
㊻《曾文正公全集·书札》,卷6,第103页。
㊼《曾文正公全集·书礼》,卷6,第103—104页。
㊽ 江世荣编注:《曾国藩未刊信稿》,中华书局1959年9月版,第15页。
㊾《曾文正公全集·奏稿》,卷16,第37页。
㊿ 马士·宓亨利:《远东国际关系史》。
(51)《曾文正公手书日记》,甲子年五月七日。
(52)《筹办夷务始末》,同治朝,卷40,第24页。
(53)《筹办夷务始末》,同治朝,卷40,第15、16页。
(54)《筹办夷务始末》,同治朝,卷40,第32页。
(55)《洋务运动》,第1册,第265页。
(56)《批候选训导计棠禀呈豫中采访记略摺》,转引自范文澜著《汉奸刽子手曾国藩的一生》。
(57)《曾文正公全集·书札》,卷18,第80页。
(58)《曾文正公全集·奏稿》,卷29,第49页。
(59)(60)(61)《曾文正公全集·奏稿》,卷14,第181页。
(62) 江世荣编注:《曾国藩未刊信稿》,第188页。
(63)《西学东渐记》,第86页。
(64)(65)(66)(67)《曾文正公全集·奏稿》,卷27,第95页。
(68)《曾文正公全集·杂著》,卷4,第60页。
(69)《曾文正公全集·奏稿》,卷14,第181页。
(70)《洋务运动》,第2册,第158页。
(71)《曾文正公手书日记》,同治元年五月。
(72)《曾文正公全集·书札》,卷22,第149页。
(73) 江世荣编注:《曾国藩未刊信稿》,第185页。
(74)《曾文正公全集·批牍》,卷6,第106页。
(75)《曾文正公全集·书札续钞》,卷6,第109页。
(76)《曾文正公全集·批牍》,卷6,第106页。
(77)《筹办夷务始末》,同治朝,卷54,第2页。
(78)《曾文正公全集·书札》,卷26,第218页。
(79)《曾文正公全集·书札续钞》,卷5,第104页。
(80)《曾文正公全集·书札续钞》,卷5,第107页。

试论近代爱国主义思想的历史发展

毛泽东是中国历史上伟大的爱国者,以他为代表的爱国主义思想是近代中国最科学、最完备的爱国主义思想,它成为指导中华民族摆脱被压迫民族的地位,自立于世界民族之林的伟大旗帜。这种爱国主义思想的产生不是偶然的,有其深刻的历史渊源,它是近代中国爱国主义发展的必然结果。

近代爱国主义的基本特点,一般地可以概括为以下三个方面:

(一)近代中国,一直处在帝国主义的威胁和控制之下,被瓜分甚至灭亡的危险如达摩克利斯之剑,时刻悬在中国人民的头顶。反对列强侵略,构成近代中国爱国主义的基本特点之一。

(二)近代中国,腐朽的封建统治阶级日益背离民族利益,逐步成为资本帝国主义控制中国的工具,中华民族要独立和进步,必须变更这种统治。改革或推翻这种统治,构成近代中国爱国主义的又一基本特点。

(三)近代中国历史是从19世纪40年代开始的,这时在欧美国家,早已发生了以蒸汽机和新的工具机为标志的工业革命,在资产阶级领导下所造成的生产力,以前所未有的速度和规模发展起来。农业的中国,被强行卷进以近代大工业为基础形成的世界资本主义市场,像一个龙钟老人陷入年轻力壮的强盗之中。中华民族要生存和发展,必须改变旧的生产方式。向西方学习先进的东西,构成近代中国爱国主义的另一基本特点。

这些基本特点,随着决定它的那些经济和政治条件的发展而深化,其过程大致可以分为四个阶段。在其最后阶段,形成以毛泽东为代表的爱国主义思想。

一

鸦片战争前夕,被腐朽的封建统治拖入贫困、内乱之境的中国,面临着西方列强由鸦片贸易开始的侵略。由于鸦片输入,中国外贸由出超变为入超,白银大量外流,银价飞涨,人民遭殃。从封建统治阶级中看,则形成一个嗜食鸦片和因保护鸦片走私而得益的集团,吏治败坏到了极点,本已不见天日的中国,更加黑暗。鸦片理所当然地受到中国的抵制。为保护这种罪恶的商品输出,英国悍然对中国发动了侵略战争。

为了挽救封建统治的厄运,一部分开明士大夫主张外御强敌、内修政治,在统治阶级内部形成了一个要求改革的派别。这个派别与当时整个中华民族的利益表现出相当程度的一致,其主要代表人物是龚自珍、林则徐、魏源等人。在国内高涨的民族意识推动下,由这个派别奏响了近代中国爱国主义的先声。

列强的侵略揭开近代中国历史的序幕,近代中国爱国主义当然首先包括了反对列强侵略的内容。早在1823年,龚自珍即指出:英国侵略者"实乃巨诈,拒之则扣关,狎之则蠧国。"①之后,又主张以断然措施禁烟:"其食者宜缳首诛!贩者、造者宜刎脰诛!"②林则徐同样警惕地注视着西方列强的侵略活动。当烟毒滋蔓,泛滥为害日甚一日时,他忧虑万分地向清廷进言:"若犹泄泄视之,是使数十年后,中原几无可以御敌之兵,且无可以充饷之银。"③力主禁烟。1839年,林则徐受命南下禁烟,严正宣告:"若鸦片一日未绝,本大臣一日不回,誓与此事相始终。"表明了坚决维护民族利益,与侵略者誓不两立的态度。鸦片战争期间,他任两广总督时,英国侵略者始终未能进入广东。魏源也亲身参加了鸦片战争,他尖锐抨击穆彰阿、琦善者流的卖国投降言行,斥责他们"全凭宝气销兵气",正确指出,对侵略者只能"以甲兵止甲兵"。④

一个腐朽的政府是无力维护本民族独立的。对民族危机的严重关切。必然导致改革政治的要求。鸦片战争前,龚自珍即尖锐揭露了封建王朝面临的严重危机,大声疾呼更法、改制。1838年,黄爵滋疏请严禁鸦片,以塞漏卮,林则徐为此奏称"鸦片流毒已甚,非难于革瘾,而难于革心","必直省大小官员,共矢一心,极力挽回,永绝浇风,此法乃不为赘设",指出:欲禁烟,必先整顿吏治。魏源更明确地阐述了反对侵略与改革政治的关系。他说:"中朝但断大官瘾,阿芙蓉烟可立尽。"⑤国家的命运"不忧不逞志于四夷,而忧不逞志于四境",如能做到"官无不材""境无废令",则"国桢富""国柄强",那么"何患于四夷,何忧乎御侮"。⑥

难能可贵的是,他们不仅提出了革新要求,而且顺应时代潮流,在一定程度上冲破了自然经济、宗法制度所造成的狭隘眼光的限制,率先主张"开眼看世界",向西方学习。林则徐亲自主持翻译、编写了一批近代最早的涉外书报,如《四洲志》《澳门新闻纸》《澳门日报》《华事夷言》等。1840年年初,他曾派人购到西式大炮四门,仿照研制;又从美国商人手中购到英制商船甘米力治号,改装为军舰。当时外人评价林则徐的这种做法是企图"变自由贸易有利于己",⑦魏源接受林则徐委托,编写了《海国图志》一书,详细地介绍了西方情况,提出"师夷长技以制夷"的重要思想,他期望经过这条道路,使落后闭塞的中国"风气日开,智慧日出,方见东海之民,犹西海之民"。⑧

仔细分析近代中国第一批爱国者所提出的救国方案,可以看到已具有抵御列强侵略、改革国内政治、向西方学习先进事物等近代爱国主义的基本特点。

继之而起的太平天国,进一步具体化了这种初期阶段的近代爱国主义。

太平天国在与西方国家的交往中,显示出崇高的民族自尊心。太平天国定都南京后,外国侵略者企图要挟太平天国承认其与清政府签订的不平等条约,太平天国严正表示:英人"不应再卖鸦片"。[⑨]对不平等条约采取否定的态度。美使麦克莲在给国务院的报告中无可奈何地承认:天王及其臣下成为中华帝国的主人后,指望他们承认与英、美、法三国所定条约,"是极不可能的"。[⑩]1861年年底,外国侵略者又以平分中国为诱饵,表示愿意帮助打倒清政府。洪秀全毫不为动,严词拒绝。如果说,地主阶级改革派由于其阶级地位的限制,没有也不可能正面阻止和反对清廷与西方列强签订不平等条约,那么,太平天国则公开表示并执行了这种正义的民族要求。

太平天国作为一次大规模的农民起义,在以武力打击封建统治的同时,广泛地宣扬了农民的革命民主主义思想,提出了《天朝田亩制度》,系统地反映了农民要求取消封建土地所有制的要求。它在揭露和批判封建统治的腐败黑暗方面所达到的广度和深度,是地主阶级改革派无法比拟的。尤其值得大书一笔的是,太平天国通过与内外敌人的残酷斗争,直觉地认识到资本帝国主义与清政府狼狈为奸的关系,洪仁玕就义前痛切留言:清政府"买通洋鬼,交为中国患"。[⑪]

太平天国就其根本性质而言,仍是一次旧式的农民起义,但由于国内外资本主义因素的影响和推动,包含了新的内容。以洪秀全、洪仁玕为代表的一批优秀知识分子,在向西方学习的问题上,与地主阶级改革派相比,表现出更加广阔的胸襟,凡是他们认识到的,并认为应该加以采用的西方先进的东西,都未曾拒绝。洪秀全冲破儒教限制,接受了早期基督教教义,从事革命宣传时,往往既引中国之经,又据"番国"之典,在军事上则大规模采用西方先进武器。对西方资本主义实际情况接触较多的洪仁玕,更提出了《资政新篇》,阐述了倡导发展资本主义的主张,洪秀全详细审阅,批改并公布了这个纲领性文件。

地主阶级改革派与太平天国在阶级利益上尖锐对立,但一定程度上的共同民族利益,却使两者在近代爱国主义的基本特点上表现出同一。当然,由于阶级地位的差别,同一之中又包含着不同一,后者显然高于前者。然而从总体上来看,地主阶级改革派与太平天国的爱国主义要求,没有构成近代中国爱国主义的不同发展阶段。太平天国坚定地表示了维护民族独立的决心,对腐朽的封建统治进行了有力的打击,但小生产者的地位,使他们不可能根本改变封建的生产关系和政治制度,定都南京后,其领导集团逐步向封建主义的蜕变说明了这一点。《资政新篇》有明确的资本主义倾向,但它基本是洪仁玕这样的先进知识分子,依据外国的情况,为中国设计的蓝图,中国还没有将其付之实践的阶级力量,所以并未实行。因此,尽管太平天国深化了地主阶级改革派提出的爱国主义要求,但仍然表现为一种初期形态。中华民族的救国方案,在近代工业发生以前,只能达到如此水平。

二

19世纪60年代以后,中国封建统治阶级内部逐渐形成一个洋务派集团,由他们主持创办了中国的近代工业。其后,中国的民族资本主义逐渐发生。在这个时期内,中国社会从经济基础到上层建筑发生了许多深刻的变化。如果说第一次鸦片战争后,中国开始了向半殖民地半封建社会的演变,那么经过洋务运动时期,中国的这种社会形态已见端倪。可以说,这个时期孕育了近代中国的全部社会矛盾,其后不过是矛盾各个侧面的发展及斗争的深化而已。

由于许多矛盾在这一时期尚处于初起阶段,客观事物的发展还没有完全暴露其固有性质,因而给人们认识这一段历史增加了困难。一个棘手问题,便是如何看待洋务派? 实际上,所谓"洋务派"只是一个惯用名称,而不是一个科学概念,它未能反映其所包含社会势力的内在差别,而根据这种内在差别,至少可以将洋务派分成两大部分,即洋务大官僚和早期改良派。洋务大官僚主要指奕䜣、曾国藩、李鸿章及以后的张之洞等人。早期改良派是以薛福成、陈炽、马建忠、郑观应等为代表的一批人物,社会地位相对较低,又大多出过洋、经过商、办过实业,与资本主义有更加直接的联系,这批人在洋务运动初起时,依附过洋务大官僚,以后都在不同程度上与其分道扬镳,有的还对洋务大官僚做过尖锐批判,成为资产阶级改良主义者的先驱。由他们开始,近代爱国主义的发展进入了新的阶段。

如果说鸦片战争和太平天国运动时期,中国的爱国者主要还是从鸦片输入和军事上感受到列强的侵略,那么早期改良派则开始意识到这种侵略构成了对民族资本发展的威胁。马建忠说:"中外通商而后,彼易我银之货岁益增,我易彼银之货岁益减,积三十年,输彼之银奚啻亿万! 宝藏未开,矿山久闭,如是银曷不罄,民曷不贫哉!"[12]郑观应在他早期著作《救时揭要》中,即针对列强的商品输入提出"寓兵于商"的思想,以后又明确指出:"兵之吞并,祸人易觉;商之相克,敝国无形。"[13]主张对列强进行与"兵战"相并列的"商战",要求废除不平等条约，收回内河及路矿权利，制订商律，裁撤把持中国行政大权的洋人，保护民族工商业，以加强与外国资本的竞争能力。这时，抵制外侮已不仅包括了维护民族自尊等内容，而且被视为争取国家富强的条件，列宁指出：只有"独立的民族国家，才造成了能够最充分发展商品生产，能够最自由、广泛、迅速地发展资本主义的条件"。[14]时代的前进，使早期改良派自觉不自觉地在某种程度上感觉到这一点。

早期改良派革新国内政治的要求，开始脱离封建窠臼，包含了新的内容。以郑观应为例，他最初曾对经过"官督商办"方式发展近代企业寄予很大幻想，但实践使他破灭了这种幻想，他叹道：电报局、轮船招商局、开平矿务局"以官督商办之故，不能与泰西竞争于世界舞台，此中国所以日居退败也"。[15]转而力主商办，要求"一切行商自主，有保护而绝无侵扰"，[16]并大胆抨击："外国动辄挟天子令诸侯，制百姓。"[17]这一切反映了民族资本摆脱帝国主义及封建主义的束缚而独立发展的要求。这种要求表现在政治上，形成了对君主立宪的追求。还在19世纪70年代，郑观应即把变法与议院联系起来，以后，多次上书清政府，要求立宪。

向西方学习，在洋务运动时期，已由引进先进技术，发展为兴办近代工业。早期改良派积极参加了这一活动。马建忠认为，必须"仿造外洋之货，以聚我未散之财"。[18]主张设厂、开矿、造铁路。郑观应则由买办、洋务企业经理人而转化为早期的民族资本家，他不仅提出"以商立国"的口号，而且成为在中国发展资本主义的实干家。

虽然，由于民族资本主义此时尚在萌发、形成阶段，力量极其软弱，早期改良派的许多主张还停留在议论或局限于少数人的行动上，但是，与鸦片战争至太平天国运动时期的爱国者相比，他们的方案毕竟反映了一种历史的进步，其主要标志在于把爱国和发展资本主义挂上了钩，至戊戌维新，这种情况表现得更为明显。

甲午战争后，洋务大官僚"自强""求富"的口号破产，民族资本得到了反对官办、官督商办的机会；而清政府为解决严重的财政困难，不得不放松对民族工商业发展的控制。这样，在19世纪末，就有更多的商人、地主、官僚投资于新式工业。据统计，此时商办企业的投资总额约相当于官办与官商合办企业的3倍，民族资本取得初步发展。这时，帝国主义对中国的经济侵略已从商品输入转为资本输入，开始直接掌握中国的经济命脉。继德国强占胶州湾后，帝国主义又掀起瓜分中国的浪潮。

民族危机与国内阶级斗争的发展，将民族资产阶级卷上了政治舞台，以康有为、梁启超为代表发动了戊戌维新,这是资产阶级改良派领导的一次爱国救亡运动。

资产阶级改良派通过办报纸、开大会、组织强学会、保国会,公开号召救亡。他们大声疾呼:"俄北瞰,英西眈,法南瞵,处四强邻之中而为中国,岌岌哉!"主张依靠群众救亡:"果能合四万万之人,人人激愤,则无不可为者,奚患于不能救!"如果说早期改良派将反对列强侵略与发展民族资本主义挂上了钩,那么,改良派则将这种要求在一定程度上变成了一个群众性运动,使其具有新的广度和深度。

在改革国内政治的问题上,改良派表现出更加明确的资本主义倾向,他们认为封建统治已是"千疮百孔,代甚一代",[19]靠洋务大官僚那种只变事不变法的手段,是不可能保存中国,并使之走上富强道路的,只有按照西方资产阶级的"新学""新政""新法""新器"进行改革,中国才有希望。他们更加详尽而热情地介绍和歌颂了西方的议院政治,梁启超说:"欧洲各国,百年以来,更新庶政,整顿百废,议政之权,逮于氓庶。故其所以立国之本来,每合于公理。"[20]并发动变法,以图实现君主立宪的政治主张。

为了支持这种政治主张,他们半生不熟地高唱从西方学得的自由、平等、民权等学说,引进进化论,大肆鼓吹"优胜劣败,物竞天择"的思想,在当时的中国起了耳目一新的作用。

然而,由于改良派本身的历史局限性,他们不可能积聚起实现其政治主张的力量,最后失败了。

义和团运动继之而起,"男的拿起刀,女的拿起枪,为的咱们国,为的咱们活",[21]与帝国主义强盗进行了一场泣天地、动鬼神的生死搏斗,表现了中国人民反帝爱国,争取民族独立的强烈要求和雄伟力量。虽然,由于中国资本主义经济的不发展,由于民族资产阶级软弱,其代表人物没有也不愿到农民中进行启蒙主义的宣传,加上封建统治者的愚弄,使这次运动夹杂着封建迷信和盲目排外的倾向,就其认识水平来说,没有达到改良派在这一时期所具有的程度,在帝国主义与封建主义的联合镇压下,义和团失败了,但由于这一运动的广泛,斗争的坚决,结局的悲壮,在号召与发动群众奋起反帝,特别是揭露清政府的奴才嘴脸方面,发生了深刻作用。孙中山即说:辛丑和约后,"清廷之威信已扫地无余,而人民之生计日蹙。国势危急,岌岌不可终日,有志之士,多起救国之思而革命风潮自此萌芽矣"。[22]无疑,义和团运动形成了近代爱国主义向更高水平发展的契机。

三

义和团运动失败后,被八国联军吓破了胆的清政府,公开表示要"量中华之物力,结与国之欢心",彻头彻尾地成为帝国主义侵略和奴役中国的工具。帝国主义则在极力维持这一卖国政府的同时,进一步向它索取巨额赔款和矿山、铁路、航运、财政、金融等主权。民族灾难空前严重。

正在发展着的民族资产阶级,更加深切地感到帝国主义和封建势力的压抑,城市工商业者的罢市等斗争时有发生,农民群众则举行了此伏彼起的抗捐反教暴动,就是中小地主也在寻找改变困境的办法。不满情绪、革命要求迅速增长。这种形势促使资产阶级革命派举起自己的战斗旗帜,在中国历史上第一次兴起了资产阶级革命运动。

资产阶级革命派从谋求世界民族平等的角度,阐述其反侵略立场,孙中山指出:"民族主义,即世界人类各族平等,一种族绝不能为他种族所压制。"[23]尖锐批判了帝国主义为阻挡中华民族崛起而制造的"黄祸论",指出:中国成了"一块用以满足欧洲野心的地方","黄祸论"就是适应这种野心而制造出来的,其实质"就是尽可能地压抑阻碍中国人"。[24]并满怀信心地预言,一旦"革新中国的伟大目标得以完成,不但在我们美丽的国家将会出现新纪元的曙光,整个人类也将得到更为美丽的前景"。资产阶级革命派直觉地意识到世界民族由于帝国主义的侵略而形成压迫民族与被压迫民族,孙中山即主张联合世界上以平等待我之民族共同奋斗,这与以前的爱国者把帝国主义的侵略当作一般的异族侵略,而仅从一国出发考虑反对这种侵略的思想相比,无疑有了很大进步,而更接近于对帝国主义本质的认识。

资产阶级革命派对帝国主义与清政府的关系,在认识上也更加深入。陈天华说:"财政权、铁路权、用人权一概拱手与洋人。洋人全不要费力,要怎么样,只要下一个号令,满清政府遂立刻实行。"[25]孙中山指出:"今有满清政府为之鹰犬,则彼外国者,欲取我土地,有予取予携之便矣。故欲免瓜分,非先倒满清政府,则无挽救之法也。"[26]这就使近代爱国主义包含的反帝反封建要求有机地联系起来,将"爱国"与"爱清政府"彻底划清了界限。

资产阶级革命派对近代爱国主义的最大贡献,莫过于向西方学到了民主共和国的思想。孙中山指出:"历史表明,在中国,朝代的生命,正像个人的生命一样,有其诞生、长大、成熟、衰老和死亡;当前的满清统治,自十九世纪初叶开始衰微,现在则正迅速地走向死亡。"[27]君主专制,君主立宪都"反夫进化公理",㉘中国"政治革命的结果,是建立民主立宪政体"。㉙孙中山完整地提出"驱除鞑虏,恢复中华,建立民国,平均地权"的革命派纲领。列宁高度评价了这种思想,指出它是"丝毫没有""允许中国专制制度与中国'社会改革'、中国立宪改革等等并存的思想",是"完整的民主主义"。㉚在这一点上,革命派以前的爱国者是无法望其项背的。正是在这种思想指导下,资产阶级革命派武装推翻了清朝统治,使民主共和的思想深入人心,取得了旧民主主义革命的一次巨大胜利。

中国人民经过半个多世纪的努力,以资产阶级革命派为代表,"在比较更完全的意义上",开始了"反对帝国主义和封建势力,为了建立一个独立的民主主义社会而斗争"的革命。然而,由于中国民族资产阶级的先天不足,即使其革命派提出的救国方案,也带有很大的局限性,如反帝不尖锐,在主张建立民主共和国的同时,对封建主义表现妥协,"平均地权"的方法"带有明显的空想色彩",等等。帝国主义不允许出现一个独立的民主的中华共和国,它联合中国的封建势力,共同向革命反扑,因此,辛亥革命虽然赶跑了一个皇帝,但最终并未完成民主革命的任务,在这个意义上来说,它失败了。近代爱国主义的科学化和完备化,唯有新兴无产阶级及其代表人物方能完成。

四

十月革命的胜利,给中国送来了马列主义,以五四运动为开端,标志着日益强大的中国无产阶级以独立的姿态登上政治舞台。中国的马克思主义者在曲折的斗争中,学会了以辩证唯物主义和历史唯物主义的崭新世界观分析和解决中国革命的问题。马克思主义与中国革命实践相结合的过程,也就是以毛泽东为代表的爱国主义思想的产生与发展过程。在这一阶段,近代爱国主义在其发展史上取得了最科学最完备的形态。

毛泽东深刻揭示了帝国主义的侵略,是造成近代中国灾难的主要根源。他指出:中国封建社会内部商品经济的发展,已经孕育着资本主义萌芽,如果没有外国资本主义的影响,也将缓慢地发展到资本主义社会,外国资本主义的侵入,促使中国发生了资本主义因素,把一个封建社会变成半封建社会,但是,帝国主义侵入中国的目的,绝不是要把封建的中国变成资本主义的中国,而是要把它变成殖民地半殖民地。为达此目的,帝国主义对中国采用一切军事的、政治的、经济的和文化的压迫手段,例如对中国发动侵略战争,抢占"租界",逼取赔款;强迫中国订立不平等条约,取得领事裁判权,把中国划为几个帝国主义国家的势力范围;控制中国一切重要的通商口岸,把中国变成其工业品市场,并使中国的农业生产服从于帝国主义的需要;对中国进行资本输出,直接利用中国的原料和廉价劳动力,压迫中国民族工业,阻碍中国生产力发展,等等。因此,毛泽东对中国近代史做了这样一个概括:"帝国主义侵略中国,反对中国独立,反对中国发展资本主义的历史,就是中国近代史。历来中国革命的失败,都是被帝国主义绞杀的,无数革命的先烈,为此而抱终天之恨。"㉛这就使中国人民对帝国主义的认识产生了一个巨大的飞跃,由外部进入本质,由直觉地感到应该反对帝国主义的侵略,进入到在理论上搞清了为什么必须反对帝国主义的侵略,以及反对帝国主义侵略与中国革命胜利的关系。对这一飞跃,毛泽东总结道:中国人民对于帝国主义的认识,"第一阶段是表面的感性的认识阶段","第二阶段才进到理性的认识阶段,看出了帝国主义内部和外部的各种矛盾,并看出了帝国主义联合中国买办阶级和封建阶级以压榨中国人民的实质"。㉜毛泽东为代表的爱国主义思想,最集中地体现了这一飞跃。

  毛泽东分析了中国封建社会的发展特点,指出:"地主阶级这样残酷的剥削和压迫所造成的农民的极端的贫苦和落后,就是中国社会几千年来在经济上和社会生活上停滞不前的基本原因。"㉝在此基础上,进一步分析帝国主义侵入中国后,地主阶级的新变化,指出帝国主义于买办阶级之外,"又使中国的封建地主阶级变为它们统治中国的支柱"。㉞在近代中国,地主阶级既是用封建制度剥削和压迫农民的阶级,又是帝国主义统治中国的主要的社会基础,是在政治上、经济上、文化上阻碍中国社会前进而没有丝毫进步作用的阶级。因此,毛泽东主张中国的民主革命应造成一个大的农村变动,以打倒封建势力。他批判了中国的资产阶级及其代表人物由于自身的软弱,没有也不敢彻底发动农民群众的错误,指出:孙中山提出了"平均地权"和"耕者有其田"的主张,"但是可惜,在他掌握政权的时候,并没有主动地实行过土地制度的改革。"㉟以毛泽东为代表的中国共产党人在中国历史上第一次提出彻底的反帝反封建的纲领,并制定、实行了关于土地革命的一系列正确方针和政策,把占中国人口最大多数的农民群众吸引到了民主革命的旗帜下,保证了民主革命的胜利。这就使近代爱国主义彻底摆脱了封建主义及对封建主义表示妥协的各种思想的影响,闪烁出无产阶级世界观指导下的革命民主主义的灿烂光辉。

  毛泽东总结了近代先进的中国人向西方学习的经验教训:自从1840年鸦片战争失败那时起,先进的中国人经过千辛万苦,向西方国家寻找真理。洪秀全、康有为、严复和孙中山,代表中国共产党出世前向西方寻找真理的一派人物。那时,求进步的中国人,只要是西方的新道理,什么书也看。学了这些新学的人们，在很长的时期内产生了一种信心，认为这些很可以救中国。帝国主义的侵略打破了中国人学西方的迷梦。很奇怪，为什么先生老是侵略学生呢？中国人向西方学得很不少，但是行不通，理想总是不能实现。俄国人举行了十月革命，创立了世界上第一个社会主义国家。这时，也只是在这时，中国人从思想到生活，才出现了一个崭新的时期，西方资产阶级的文明，资产阶级的民主主义，资产阶级共和国的方案，在中国人民的心目中，一齐破了产。中国人找到了马克思列宁主义这个放之四海而皆准的普遍真理，中国的面目就起了变化。历史的经验告诉人们：在中国共产党出世以前，先进的中国人效法西方之所以未获成功，基本原因就在于他们不懂得："资产阶级的共和国，外国有过，中国不能有，因为中国是受帝国主义压迫的国家。唯一的路是经过工人阶级领导的人民共和国。"⑧正是从这种科学的认识出发，毛泽东尖锐批判了那种离开建立工人阶级领导的人民共和国的斗争，谋求中国富强的空谈，指出：在一个半殖民地的、半封建的、分裂的中国里，要想发展工业、建设国防、福利人民，求得国家的富强，多少年来多少人做过这种梦，但是一概幻灭了。毛泽东正确阐述了中国革命与建设的关系，这就使近代爱国主义所包含的实现近代工业化的理想，由一种不断失败的追求，变成具有科学基础的蓝图。事实上，中国的工业化，正是在推翻帝国主义和封建主义的压迫，建立了人民民主专政的新中国以后，才初步实现的。

新民主主义革命的伟大胜利，在实践上证明了毛泽东代表的爱国主义思想的正确性。正是在他的指导下，中国人民经过艰苦卓绝的斗争，实现了中华民族近百年来的夙愿，推翻了帝国主义和封建主义的压迫，使新生的人民共和国如喷薄而出的朝阳，升起在东方的地平线上。

列宁在《哲学笔记》中曾经摘录过黑格尔这样一段话："因为结果包含着自己的开端，而开端的运动由某种新的规定性丰富了它。普遍的东西构成基础……在继续规定的每一个阶段上，普遍的东西不断提高它以前的全部内容，它不仅没有因其辩证的前进运动而丧失了什么，丢下了什么，而且还带着一切收获物，使自己的内部不断丰富和充实起来。"⑨将这一论述从唯心主义的歪曲下颠倒过来，置于唯物主义的基础之上，最好不过地说明了认识运动的辩证法。近代中国爱国主义思想的发展，正遵循了这一辩证法。由地主阶级改革派和农民阶级提出的近代爱国主义的初期要求，包含了近代爱国主义的基本特点，这些基本特点，经过复杂的前进运动，在其结果即以毛泽东为代表的爱国主义思想中，得到最终的丰富和充实，在近代爱国主义的发展史上取得了最科学最完备的形态。

在这个意义上说，以毛泽东为代表的爱国主义思想的形成与发展，是近代中国一切爱国者长期奋斗的结果，它继承和发展了近代爱国主义的全部精华，因而在中国有着最广泛的群众基础，代表了无产阶级的利益，代表了整个中华民族的利益，凡真心实意地期望祖国走上独立富强道路的人们，都会站到这一旗帜下，自觉地将爱国主义与共产主义的思想体系联系起来；并用自己新的奋斗，在新的历史条件下，使中华民族源远流长的爱国主义传统得到新的发展，为我们祖国赢得更加美好的未来。

（载上海市社联《中国近代爱国主义论文集》1984 年 6 月 1 日版）

注释：

① 龚自珍：《阮尚书年谱第一序》。
② 龚自珍：《送钦差大臣侯官林公序》。
③ 林则徐《湖南奏稿》卷五《宜重禁吃烟以杜弊源片》。
④ 魏源：《默觚下·治篇十四》。
⑤ 魏源：《江南吟十章》。
⑥ 魏源：《圣武记》叙。
⑦ 杰克·比钦：《中国鸦片战争》。
⑧ 魏源：《筹海篇》三。
⑨ 密迪乐：《在镇江与罗将军叙话录》见近代史资料丛刊《太平天国》YI，第 907 页。
⑩ 引自牟安世《太平天国》，第 244 页。
⑪ 《洪仁玕自述》。
⑫ 马建忠：《适可斋纪言》卷一。
⑬ 郑观应：《盛世危言》。
⑭ 《列宁选集》，第二卷，第 511 页。
⑮ 郑观应：《盛世危言后编》。
⑯ 郑观应：《唱和集》。
⑰ 郑观应：《盛世危言后编》。
⑱ 马建忠：《适可斋纪言》卷一。
⑲ 梁启超：《经世文新编序》。
⑳ 梁启超：《西政丛书序》。
㉑ 《义和团歌谣》，刘崇风等搜集，上海文艺出版社出版，第 83 页。
㉒ 《建国方略》，《孙中山选集》，第 174—175 页。
㉓ 《孙中山选集》，第 439 页。
㉔ 孙中山：《中国问题的解决》。

㉕ 陈天华：《警世钟》。
㉖ 《总理全集》，第 1019 页。
㉗ 孙中山：《中国问题的解决》。
㉘ 《孙中山选集》，第 67 页。
㉙ 《孙中山选集》，第 75 页。
㉚ 《列宁选集》，第二卷，第 424 页。
㉛ 《毛泽东选集》，第 640 页。
㉜ 《毛泽东选集》，第 265—266。
㉝ 《毛泽东选集》，第 587—588 页。
㉞ 《毛泽东选集》，第 592 页。
㉟ 《毛泽东选集》，第 976 页。
㊱ 《毛泽东选集》，第 1408 页。
㊲ 列宁：《哲学笔记》，见 1990 年人民出版社《列宁全集》，第 2 版第 55 卷，第 220 页。

论左宗棠洋务思想的进步作用

左宗棠是近代中国一位颇具盛名的人物。由于某些类似的情况，人们习惯将曾国藩、左宗棠、李鸿章相提并论，以他们作为洋务运动的重要代表。但是，深入剖析左宗棠的洋务思想，则可发现其与曾国藩、李鸿章有重要区别。如果说曾、李的洋务思想与鸦片战争期间形成的以穆彰阿为代表的投降集团的思想有丝缕万千的联系，那么，左宗棠的洋务思想则明显以林则徐等地主阶级改革派的思想为嚆矢。

左宗棠洋务思想的形成，经历了一个"U"形的曲折过程，大致分成三个阶段。

第一阶段：第一次鸦片战争前后，是左宗棠世界观形成时期，它提供了左宗棠洋务思想得以产生的思想出发点。

左宗棠二十岁时，侍御贺熙龄主讲城南书院。左宗棠以贺为师，"十年从学"，并手抄程朱派理学著作，精心研读。程朱理学给予左宗棠的思想影响是深刻的。

程朱理学将封建伦理抬到本体地位，加强了对人们思想言行的约束力，在整个封建社会后期，起了愚弄群众维护专制统治的恶劣作用。但由于程朱理学强调通过修身养性，达到"内圣外王"、优入圣域的境界，将培养气节，磨砺操守等问题提高到空前重要的地位，与释道相比，具有加强人的社会责任感、历史使命感的作用。在特定历史条件下，程朱理学所包含的这些要求，可以产生积极作用。左宗棠汲取了程朱理学中这些有价值的因素，重视意志、节操的培养，颇有古人"先天下之忧而忧，后天下之乐而乐"的遗风。他说："仆自童儿时，即知慕古人大节。"（《年谱·卷一》第4、5页）强调"贤圣于出处大节，只讲义命二字，断诸义以俟之命，故夷险一致，而进退绰然。"（《书牍·一》第28至30页）他认为："人生堕地必有死，死者体魄同蜕委"，因而追求一种"所贵浩气万古存，能塞苍冥立人纪"的境界（《诗集》第7页），这与文天祥"人生自古谁无死，留取丹心照汗青"的名句可谓异曲同工，相映成趣。正因如此，左宗棠相当鄙视那些只图科场得意、仕途顺利，而置国家、民族命运于不顾的士人："近世大夫竞习帖括，尚词章记诵，而经术早荒，骛利禄功名，而儒修罕觏。"（《咨礼》第33页）当然，左宗棠所讲气节、操守的内容无法脱离封建伦理的制约。但在列强的侵略严重损害中国独立的近代，他仰慕和效法古人威武不屈、富贵难淫的品格,确在一定程度上起了推动左宗棠站在中华民族立场上,反击外来侵略的作用。

左宗棠出身贫寒,屡试不第。艰苦坎坷的经历,使他比较懂得民间疾苦,早年就注意有关国计民生的实际学问,即经世致用之学,因而往往自觉不自觉地在认识论上张扬了唯物主义倾向。早年,在治地舆之学时,左宗棠即批判了那种只知据图依书的倾向,主张认真调查研究,详尽占有材料,搞清实际变化:"欲知往古形似,当先据目前可据之图籍,先成一图,然后辨令之某地即先朝之某地,又溯而上之,以至经史言地之始","欲知万位之实,当先知道里之数,欲知道里之数,当先审水道经由之乡,凡夫行旅舆程之纪、村驿关口之名、山岗起伏之迹,参伍错综以审之,直曲围经以准之,以志绳史,以史印志,方能弄通地舆之学"(《书牍·一》第2至3页)。

认识论上的唯物主义倾向,使左宗棠能够比较深入地察觉和揭露封建统治的具体弊病,尖锐地抨击吏治的腐败。同时,也使左宗棠在接受西方知识方面较少思想障碍,他说:"吾辈议事,胸无成见,苟有益于时局而事属可行,必无扞格。"(《书牍·四》第35页)第一次鸦片战争时期,左宗棠虽然僻居乡间,消息闭塞,但仍想方设法了解西方情况。他曾表示"欲即明代御佛郎机、荷兰方略策议及海防筹划、战守器械,参以时所闻见,著为论说"(《书牍·一》第19页)。在坚决主张抵抗英国侵略的同时,未如一班顽固派那样,盲目自大,笼统排外,而是比较清醒地评价了敌我双方优劣,认为:列强所恃在"炮大船坚"。并曾针对这种情况,设计了一些战术原则及作战方案。当然,由于在本体论上,左宗棠始终坚持客观唯心主义,信守封建论理,因而他对西方情况的了解,基本停留在军事、技术方面,也即所谓形而下的"艺事"上。

这个阶段,左宗棠世界观的基础是以程朱理学及经世致用之学为主要思想材料构成的,在本体论上,左宗棠坚持程朱理学的客观唯心论,信守封建论理;但由于经世致用之学的影响在认识论上具有一定的唯物主义倾向,使他能够比较深入地觉察和揭露封建统治的某些具体弊病,在接受西方知识上也较少思想障碍;同时,受理学建立主体意志结构要求的影响,左宗棠讲究"立志"、"修身",重视气节、操守,有较强的社会责任感和历史使命感,在尖锐的民族矛盾推动下,明确主张抗击列强侵略。这一思维模式,与地主阶级改革派基本相同。因此,可以说左宗棠是从地主阶级改革派立场出发,向洋务派转化的。

第二阶段:二次鸦片战争前后至1866年左右,这是左宗棠由地主阶级改革派立场出发,向洋务派大官僚转化的过渡阶段。

太平天国起义以巨大的规模和力量,给清政府造成了空前的危机,覆亡的恐惧使地主阶级内部各种派别在挽救封建统治的根本立场上,沆瀣一气,共同对付要求挣脱封建罗网的农民群众。

如果说早年的左宗棠主要从浓厚封建意识出发,反对农民军"犯上作乱",那么封官晋爵之后的左宗棠,由于切身利益与清政府直接相联,就更加坚定地以维护封建统治集团的根本利益为行动准则了。这种变化,使他必然在清政府面临农民军毁灭性打击的历史条件下,钝化了反抗外来侵略的锋芒。

第二次鸦片战争后,清政府外交上由"朝和夕战",转而为"守定和约,绝无改更",将对外妥协作为一种根本方针确定下来。对此,左宗棠虽有一定程度的保留,但基本赞同并执行了这一方针。原来他认为外国侵略者性如豺狼不可驯,现在则主张"人无中外,其好恶同则其情理一,忠信笃敬蛮貊可行,内治克修,远人自服"(《奏稿·三》第28至30页);原来坚持反对议和,现在则认为"从前和约迫于形势,不得不然,条约既定,自无逾越之理"(《书牍·八》第49至50页)。

第一次鸦片战争时期,由于经世致用思想的影响,左宗棠在认识论上具有一定的唯物主义倾向,要求了解西方情况,但没有明确提出引进和掌握西方长技的要求,这种要求是由镇压太平天国起义的需要引发并付之于实践的。1862年,左宗棠奏称:"因杭州宁波等府失守,沿各海口宜防,谕令迅速购买洋人船炮,以资攻剿。圣虑周详,实深钦服。臣等将来转战而前,必可终资其一。"(《奏稿·一》第64页)左宗棠和所有洋务派一样在国内阶级斗争的推动下,从维护封建统治的需要出发,开始将学习西方长技的要求较大规模地付诸实践。

应该指出的是,由于民族矛盾的客观存在,左宗棠在第一次鸦片战争时坚决抵抗外来侵略的思想并未消失殆尽,仍然对列强抱有相当大的敌意和戒心。当着曾国藩由于英法侵略者在第二次鸦片战争中未毁清政府的"宗庙社稷",而主张对洋人记大德忘小怨时,左宗棠在庆幸"根本幸尚无恙"之时,却恨气难消地说:"然辱甚矣!"(《家书》第10页)他虽然不得不同意"守定和约"的外交方针,但反对无限地满足侵略者贪得无厌的要求:"欲存国体,必难协夷情"(《书牍·六》第10页)由于这些思想的存在,当着历史条件发生新的变化后,他没有如曾国藩,特别是李鸿章那样,继续顺应中国沦为半殖民地的趋势,日益可耻地实行对外妥协,而是在力所能及的范围内,苦苦与这种趋势抗争,在这一阶段,由于时间较短,左宗棠的主要精力又集中于镇压太平天国的军事活动上,他的洋务思想未获得充分展开,表现出一种过渡性质,明显具备了自己的特点。

第三阶段：左宗棠洋务思想完备化时期

1866年，太平天国起义基本被镇压，民族矛盾重新突出，左宗棠的洋务思想随之发生变化。

首先，左宗棠感到镇压太平天国起义后，清政府实力有所增强，与列强相比，差距已不像以前那样悬殊。因此，左宗棠虽然在总体上仍然承认无力改变对外妥协的格局，但雪耻之心复萌，1870年明确提出"数十年之愤，无不雪之理"的要求（《书牍·十一》第32页）。其次，左宗棠比较清醒地认识到太平天国起义被镇压后，列强将以新的方式扩大对中国的侵略。因而提出了自己对外的主张：卧薪尝胆，反弱为强。"越勾践于吴，先屈意下之，汉文之南粤，卑词畏之。反弱为强，诎诎求伸，此智谋之士所优为，黄老术求所以通于兵也。古云圣人将动，必有愚色，图自强者必不轻试其锋，不其然乎。"（《书牍·十一》第44至46页）这一主张不要求即刻从总体上改变对外妥协的格局，但它力图将妥协由消极的屈从变为积极的策略，并最终达到自然雪耻，乃至于"岛国且将延颈跂踵以附中国，中国得以鞭棰使之"的目的（《书牍·十一》第27页）。这与那种"只顾目前，不卜将来如何结局"（《书牍·十一》第36至37页）的屈辱苟安态度相比，不能不说在较大程度上包含了维护民族利益的要求。

如何实现自己的对外主张呢？左宗棠提出的主要方法有二：

（一）反对给予外国侵略者已定和约之外的特权，"若于定约之外，更议通融，恐我愈谦，则彼愈亢，我愈俯，则彼愈抑，无所底极"。（《书牍·八》第50页）因而在局部上采取了坚决抵御列强侵略的态度。1870年，天津教案发生。当曾国藩屈从法国侵略者意图，杀人赔款，了结天津教案后，左宗棠对曾国藩不无微言："津事草草了结，侯相颇不为论所许，然当仓卒时，议论纷纭，莫敢执咎，侯相平日于夷情又少讲求，何能不为所撼。"（《书牍·十一》第26页）1871年，沙俄乘新疆各族人民反清起事之机，派兵侵占我国伊犁地区九城。英、俄与新疆的阿古柏反动政权相勾结，承认阿古柏为"独立国君主"，公然分割我国领土，使我国西北边疆出现严重危机。此时，左宗棠坚决驳斥了李鸿章的妥协主张，毅然率兵西征，平定阿古柏叛乱，挫败了英、俄分裂我新疆的阴谋。1875年，英国借口翻译官马嘉理被杀，向清政府提出横蛮要求，力图打开由缅甸进入云南通道，扩大对中国的侵略。李鸿章主张满足英国侵略的要求，1876年与威妥玛签订《烟台条约》。左宗棠极为气愤，点名道姓地指责李鸿章："擅淮军自雄久矣，既谓天下精兵无过淮军，又谓淮军不敌岛族，是天下古今有泰西无中国也。"（《书牍·十五》第50页）

1879年，清专使崇厚擅自与沙俄签订《交收伊犁条约》，使中国丧失大量领土和主权。在全国舆论压力下,清政府派曾纪泽赴俄谈判修改条约,并命左宗棠调兵备战。1800年,左宗棠"舆榇出关",将一直设于肃州(酒泉)的大营,移进至接近沙俄边境的哈密,作好了抵御沙俄侵略的战争准备,有力支持了曾纪泽争取与沙俄订立新的条约,挽回部分权利的外交斗争。

1882年,法国对越寻衅,力图将越南变为扩大对华侵略的基地。李鸿章反对援越而左宗棠主张援越抗法。1883年,法破南定,形势更见危急,时任两江总督的左宗棠立即奏告:"臣已与各将领明定赏罚,誓决死战,断无临事委去之理。"(《谢折》第43页)

(二)师夷长技以制夷。具体说,主要是学造轮船。师夷长技的要求,左宗棠在镇压太平天国起义的过程中已经产生,兴趣着重于枪炮,为军事需要服务,是一种仅带局部意义的具体策略,目的主要是对内。而在1866年奏请设立福建船政局以后,师夷长技不再限于为军事需要服务了:列强"之所以待我傲者,不过擅轮船之利耳",学造轮船,不但可以夺其所恃,而且"轮车机器、造铁机器皆从造船机器生出,如能造船,则由此推广制作,无所不可"(《奏稿·十八》第10至13页)。因此,"制造轮船,实中国自强要著"(《奏稿·四十一》第31至35页)。师夷之长技变为谋求中国自强的带有全局意义的根本方针,这种根本方针的主要目的在御外,比较注意自立自主,较少半殖民地性。左宗棠在奏请设立福州造船厂的同时,提出了"借不如雇,雇不如买,买不如自造"的主张,力图抵制列强利用转让技术的机会,向中国倾销落后商品及扩大对中国主权控制的恶劣作法,并希望经过自造,掌握西方先进技术,以图自强。左宗棠的自立自主要求,不仅表现在创办洋务企业时注意中国人独立地掌握西方技术,警惕洋人攫取企业的领导权,而且随着实践的发展,进一步提出支持"商办"企业的主张。这与李鸿章始终企图把私人资本纳入"官督商办"的框子,由封建官僚加以控制和利用的态度大相径庭,客观上有利于近代中国民族资本主义的发展,使其自立自主要求具备更深刻的内容。

由上可知,左宗棠的洋务思想确有在当时条件下较为进步的一面,这一面可以说是地主阶级改革派坚持抵御外来侵略的思想在新的历史条件下的曲折反映,在某些具体内容上并且有所发展。这正是我们将左宗棠与曾国藩、李鸿章等洋务派的大官僚,加以区别的根据所在。但是,左宗棠毕竟也是洋务派大官僚,特定的阶级地位使他无法摆脱已经在中国逐步形成的半殖民地半封建统治秩序的制约,他没有也不可能从根本上反对清政府"守定和约"的外交格局,因而人们可以寻找到他和曾国藩,甚至李鸿章相类似的妥协言行;他没有也不可能将师夷之长技的要求提升到效法西方思想观念、政治制度的高度,因而他顽固坚持封建伦理,反对道德、政治上"异端邪说"的例子更不少见。这使他的思想处于颇为激烈的内在冲突之中。左宗棠晚年目睹洋务事业诸多失利,连他一手操办,并寄予极大希望的福建船政局也"屡易其人,坠绪难寻",每况愈下(《奏稿·五十九》第 83 页),不能不发出"殊深愧惜"的叹息(《奏稿·五十九》第 83 页)。1885 年,左宗棠在一份类似遗嘱的奏稿中,陈述了坚持学造西方坚船利炮,以求自强的意见后,不无反省地说道:"臣老矣,无深谋至计可分圣主圣劳,目睹时艰,不胜愧愤"(《奏稿·六十四》第 6 至 8 页),道出了他对自己走过的求强之路已不那么自信,然而又苦于找不到另外途径的苦闷心境。这正是左宗棠站在封建统治的立场上,而又欲与中国日益深重的沦为半殖民地的趋势苦苦抗争的矛盾行为的反映。这是左宗棠的悲剧,也是时代的悲剧,第二次鸦片战争以后,新的阶级力量及其思想、政治代表问世以前,谋求中国自强的人们所能达到的一般来说只能是这个水平。从这个意义说,如果要在地主阶级改革派与资产阶级改良主义者之间寻找一个思想发展的中间阶段,左宗棠倒是一个典型。

(原载《湖南师大学报(哲学社会科学版)》1985 年 3 期)

论曾国藩的军事思想

曾国藩的军事思想主要是在镇压太平天国运动的过程中产生的，它适应了封建地主阶级与资本帝国主义在近代联合镇压以农民为主体的革命战争的需要，反映了这一类型战争的特殊规律。它的主要内容包括：一、懂得和善于从政治上考虑问题，力求为自己的军事活动争取有利的政治基础。二、区别团练、以练为主；效法戚继光私兵制度；强化政治教育和军事操练，建立一支由曾国藩等人直接控制的地主武装。三、在中国传统军事理论的基础上，提出一整套适合镇压太平军需要的战略战术原则，其核心要求是在实行战略上"围剿"、进攻的同时，坚持战役战斗中的以守为攻，步步为营，节节进击。四、学习西方近代军事的某些长处，在一定程度上改进中国旧式军队，提高其战斗力。

曾国藩是一个在咸丰、同治年间被清政府倚为干城的人物。他几乎参加了在此期间清政府进行的所有战争，特别是领导了镇压太平天国起义的战争。

曾国藩领导的镇压太平天国起义的战争，在中国近代军事史上具有重要研究价值，这不仅由于它规模大、时间长，而且因为以它为标志出现了近代中国的主要战争类型之一——半殖民地半封建社会的统治者与资本帝国主义相勾结，镇压以农民为主体的革命军队的战争。

正因为此，这场战争虽然在19世纪60年代末即结束了，但曾国藩经过这场战争形成的军事思想，却在中国近代史上发生了长时期的影响，它被以后半殖民地半封建社会的统治者奉为圭臬，经过不断补充，成为镇压革命战争的重要武器。而领导近代中国革命战争的人们，也在不断地研究由曾国藩开其端的这种军事思想，并寻找制服它的方法和途径，这种努力直到以毛泽东为代表的军事思想产生，才宣告成功。从这个意义上说，不研究曾国藩的军事思想，就无以搞清近代中国军事思想的发展及其特点。

曾国藩的军事思想是他所把握的战争指导规律的概括和总结。这种战争指导规律，从本质上说是由当时历史和战争的发展而决定的。当时历史和战争的发展呈现出下述特点：

第一，中国正在沦为半殖民地半封建社会，阶级矛盾、民族矛盾更加尖锐。太平天国起义，正是上述矛盾尖锐化的结果。这场起义从空前的广度和深度上对封建制度形成有力冲击，并在一定程度上打击了资本帝国主义的侵略。

第二，清政府的国家军队极其腐败，无法独力承担镇压太平天国起义的责任。

第三，与以往的农民起义相比较，太平天国建立了规模相当大的、比较稳固的根据地，与清王朝形成了长期的对峙局面。

第四，西方近代化的武器装备及战术等开始进入并影响中国。

第一个特点决定了曾国藩领导的战争是一场大规模的反革命战争，要取得这场战争的胜利，必须从政治上对国内关系做某种程度的调整，尽可能动员地主阶级参加战争，并争取资本帝国主义的支持。

第二个特点决定了曾国藩必须提出新的建军原则，以建立一支与清政府原有的国家军队不同的军队，承担起镇压太平天国的责任。

第三个特点决定了曾国藩从事的战争主要形式是"围剿"，他必须提出与这种战争形式相适应的战略和战术思想。

第四个特点决定了曾国藩可以而且必须促使其军队实现某种程度的近代化。

上述四方面，构成了曾国藩军事思想的基本内容。要把握曾国藩的军事思想，必须对这四方面依次加以剖析。

一

懂得和善于从政治上考虑问题，力求为自己的军事活动争取有利的政治基础，这构成曾国藩军事思想的重要内容之一。

曾国藩领导的镇压太平天国的战争，是一场维护腐朽的封建王朝的反革命战争，从长远的历史观点看，这样的战争要获得有利的政治基础是不可能的，但在特殊条件下，例如当革命一方在政策和策略上失误；特别由于太平天国当时还不可能从根本上提出切实可行的革命纲领，这时代表封建统治的一方，通过政策上的某种调整，而获得较为有利的政治基础，还是可能的。曾国藩正是这样做的。

（一）整顿吏治，减弱人民群众的敌对情绪

曾国藩认为清朝吏治腐败、官员鱼肉百姓，是造成农民起义的根本原因。早在1851年，他便在《备陈民间疾苦疏》中，分三项陈述了"民间疾苦"，并从吏治上分析了形成这些疾苦的原因。金田起义不久，曾国藩更明确指出："今春以来，粤盗益复猖獗，西尽泗镇，东极平梧，二千里中，几无一尺净土。推寻本原，何尝不以有司虐用其民，鱼肉日久，激而不复反顾。盖大吏之泄泄于上，而一切废置不问者,非一朝夕之故矣"。①

因此,他极力主张整顿吏治,以与太平天国争夺群众,改变政治上的不利地位。他提出文武官员的为官之道,在部属中倡行;希望清廷"罢捐扣廉俸赔补官亏之敝政,使自爱之吏,有以养其廉,不致苟且趋污,以虐取于百姓"。②当然,吏治败坏是腐朽的封建统治的痼疾,任何措施都不可能从根本上治愈,但由于曾国藩认识到这是一个对封建统治生死攸关的问题,给予高度重视,着力整顿,因此,多少取得一些收效,在一定程度上减弱了人民群众的敌对情绪。

(二) 以卫道相标榜,并利用地方主义、排外主义和太平天国政策上的失误,制造对太平天国的仇恨

庄子有言:"两军相对,哀者胜矣"。曾国藩是知晓这一道理的,他说:"兵者,阴事也。哀戚之意,如临亲丧;肃敬之心,如承大祭;故军中不宜有欢欣之象"。③要使部队产生并保持这种同仇敌忾的心理状态,关键在于师出有名,有能感动部众,维系人心的旗帜。

举什么旗帜呢?太平天国举的是反对民族压迫和阶级压迫的旗帜,义正词严,激动人心,具有很大号召力。曾国藩迫于清王朝统治下严重的民族对立和阶级对立,不敢直接举起效忠清王朝、维护封建土地制度的旗帜与太平天国对抗,只能煞费苦心地寻找一些既能为满汉地主阶级共同接受,又能愚弄落后农民的口号。他首先以卫道相标榜,在《讨粤匪檄》中攻击太平天国使"中国数千年礼义人伦、诗书典则,一旦扫地荡尽",涕泪皆下地号召地主阶级及其知识分子起而卫道:"此岂独我大清之变,乃开辟以来,名教之奇变!我孔子孟子之所痛哭于九原,凡读书识字者,又乌可袖手安坐,不思一为之所也!"④孔孟之道及其规定的封建伦理纲纪,经过封建统治者几千年的宣扬和灌输,一方面在士大夫阶层中造成巨大影响,另一方面在广大农民群众中也发生了潜移默化作用。因此,曾国藩举起卫道旗帜,不仅能激发地主阶级及其知识分子对太平天国的仇恨心理,而且会对相当一部分农民发生煽动作用。

其次,曾国藩还利用地方主义、排外主义和太平天国政策上的失误,制造对太平天国的仇恨。

太平天国起事于两广地区,其骨干和领导成员大多为两广人。曾国藩抓住这一点,诬太平军为"粤匪",别有用心地挑拨说:"粤匪处于安富尊荣,而视我两湖三江被胁之人曾犬豕牛马之不若",⑤力图把太平天国这样一场农民大起义歪曲为地方集团的称雄争霸,挑动两湖三江地区的群众与太平天国对立。

太平天国采用了西方基督教的原始教义和某些形式,结构自己的理论。曾国藩因此攻击太平天国:"窃外夷之绪,崇天主之教",⑥迎合封闭的农业社会长期形成的强烈排外心理,丑化太平天国。

《天朝田亩制度》的基本要求是废除封建土地所有制,但其理论基础是农民的平均主义,要求将所有土地没收后按平均主义原则重新分配,这就不仅打击了地主,而且损害了自耕农等小土地私有者的利益。曾国藩没有放过太平天国政策上的失误,攻击太平天国"谓田皆天王之田",使"农不能自耕以纳赋",⑦拉拢自耕农等小土地私有者和地主阶级站在一起,反对太平天国。

曾国藩以卫道为主要号召,同时利用地方主义、排外主义和太平天国政策上的失误,制造对太平天国的仇恨,树立起了具有一定煽动力的反革命旗帜,这就使他领导的反革命战争较易得到地主阶级及其知识分子的支持,对农民有更大欺骗性,并增强了部队的斗志。有人因此吹捧湘军,"人怀忠愤,如报私仇,千磨百折,有进无休"。⑧

(三) 张扬绅权,加强对农民群众的控制

太平天国以反对阶级压迫、民族压迫及满足农民的土地要求相号召,获得广大农民、手工业工人和下层知识分子的拥护,所向披靡,队伍不断扩大。为与此相抗衡,曾国藩在乡间极力张扬绅权,力图依靠士绅加强对农民群众的控制。他的主要做法有:1. 晓明利害,安定士绅人心。1852年,太平天国进入湖南南部后,曾国藩即在湘乡作《保守平安歌》,告诫士绅若闻警便逃,只能给自己造成更大损失,号召他们为保身家性命计,留下来齐心抵御太平天国。2. 镇压"莠民",保护绅权。太平天国对城乡封建秩序形成有力冲击,其影响所及之处,一般地主富户不敢公开同贫民作对。这使曾国藩大为惊恐,担心以绅权为中心的封建基层统治因此崩溃,力图加以挽救。在湖南,曾国藩提倡以本乡、本族士绅捕杀和捆送本乡本族敢于反抗之民,"轻则治以家刑,重则置之死地"。⑨还在其团练大臣公馆设审案局,审理被捕送之人。为使士绅能更积极地参与镇压农民反抗的活动,曾国藩将过去衙门办案的"一切勘转之文,解犯之费,都行省去,宽以处分,假以便宜",⑩为士绅捕送农民提供方便。对被捕送者,曾国藩严刑鞠讯,不拘成例。不到半年,被斩首、杖毙、监毙的即达二百多人。3. 鼓励士绅行小恩小惠。为了张扬绅权,加强对农民群众的控制,曾国藩一方面不惜大开杀戒,另一方面又鼓励士绅行小恩小惠,1851年6月,他便要求其弟在家乡"如朱子'社仓'之制","仿而行之",以使境"无饥民"。⑪企图通过此类办法欺骗贫苦农民,缓和阶级对立,巩固和扩大绅权。

(四) 力主"和戎",要求缓和与西方资本帝国主义的关系,并借助其力量镇压太平天国

曾国藩领导的镇压太平天国起义的战争,发生在第二次鸦片战争前后。

这时,中国的土地上有三股力量在角逐:以太平天国为主的农民起义军,以清王朝为总代表的封建力量,资本帝国主义侵略势力。第二次鸦片战争前,尚没有形成某两股力量联合以对付另一股力量的格局。第二次鸦片战争发生后,清王朝陷于列强侵略和太平天国起义的夹击之中,要摆脱两面作战的危局,便面临一个择敌问题,即以谁为主要敌人,曾国藩明确选择了后者:"吾方以全力与粤匪相持,不宜再树大敌,另生枝节。庶几有容有忍,宏济艰难"。[12]力主"和戎",以集中力量镇压太平天国。1858年、1860年,英法侵略者分别与清王朝签订了天津条约及北京条约,进一步扩大了它们在中国的侵略权益,转而向清政府提出愿意"助剿"太平军。清政府就此事三次征求曾国藩意见,从曾国藩复奏看,他认为"助剿"有利于早日扑灭太平天国起义,因而在总体上持赞同态度,主张:"嘉其助顺,听其进兵。我中国初不干求,亦不禁阻。或乘洋人大举之际,我兵亦诸道并进,俾该逆应接不暇,八方迷乱,殆亦天亡粤逆之会也"。[13]当然,他也对"助剿"表示过一定程度的顾虑,并曾提出一些限制性措施,如"同防上海则可,借攻内地则不可"[14]等,但并不是从根本上否定"助剿",而是为了防止侵略军借"助剿"索取过高代价,防止清王朝与列强渐趋和缓的关系因分赃不均而遭到破坏,"与其合而复离,不若量而后人"。[15]清政府认可了曾国藩的意见,采取了与资本帝国主义合作以镇压太平天国的立场,这就使地主阶级镇压农民起义军的战争,转变成为地主阶级与资本帝国主义联合镇压农民起义军的战争,从而大大加强了腐朽的清王朝的力量。

二

区别团练,以练为主;效法戚继光私兵制度;强化政治教育和军事操练,建立一支受曾国藩等直接控制的地主武装。这是曾国藩军事思想的重要内容之二。

清王朝原有的国家军队为八旗、绿营。八旗曾是满族一种有效的军事组织,但入关以后,由于清王朝推行民族压迫政策,赋予其种种特权,很快腐败,康熙年间从事的许多战争已不得不主要依靠绿营。但随着清王朝自身的腐朽,及其兵制固有弱点的发展,绿营也迅速衰落。因此,太平天国起义后,能以摧枯拉朽之势,很快控制了长江中下游的广大地区。

这种情况引起封建统治集团的极端焦虑,急于寻找对策,加以改变。

1851年4月,兼署兵部左侍郎的曾国藩上《议汰兵疏》,列举了清军的腐败状况:"兵伍之情状,各省不一。漳泉悍卒,以千百械斗为常;黔蜀冗兵,以勾结盗贼为业。其他吸食鸦片，聚开赌场，各省皆然，大抵无事则游手恣睢，有事则雇无赖之人代充；见贼则望风奔溃，贼去则杀民以邀功。章奏屡陈，谕旨屡饬，不能稍变锢习"。认为："医者之治疮痈之甚者，必剜其腐肉而生其新肉。今日之劣弁羸卒盖亦当量为简汰以剜其腐者，痛加训练以生其新者"，主张裁减绿营兵五万，实行"精兵"政策。⑯此疏虽未明确提出另起炉灶的主张，但表明曾国藩对清军的腐败状况相当了解，并在认真思考挽救方法。1853年1月，曾国藩被清廷委为湖南团练大臣，开始了实际的军事活动。在此前后，曾国藩苦心研究了历代兵制，对太平军也作了了解，逐步形成了自成体系的建军思想，使封建统治集团找到了重建凶悍的反革命武装的方法，组建成了湘、淮军，取代八旗、绿营，承担起了镇压太平天国的主要责任。

曾国藩建军思想的主要内容可以概括如下：

（一）区别团练，以团为根基、练为主干，造成受到士绅支持的、相对集中、比较正规、能独立承担作战任务的武装力量

团练原是由保甲制度产生出来的受士绅控制的民兵武装，主要任务是保卫本乡封建秩序。因团练有利于维护封建基层统治，所以清廷历来重视。嘉庆初年，清廷镇压白莲教起义时，便令有关地区普遍举办团练。太平天国起义后，清廷同样谕令各地，加紧兴办团练。1852年8月，曾国藩回籍奔丧，不久便奉到帮办湖南团练之旨。

曾国藩对团练的作用是肯定的，他10月9日抵达家乡，当天给京都家眷的平安信便称："家中老少平安，地方亦安静，合境团练武艺颇好，土匪可以无虞"。⑰10月30日信中又称："地方团练，我曾家人人皆习武艺，外姓亦多善打者，土匪决可无虞"。⑱之后，并致书湖南卅县所谓公正绅者，宣传举办团练的意义："团练之道非他，以官卫民，不若使民自卫，以一人自卫，不若与众人共相卫"。⑲在《敬陈团练查匪大概规模折》中又明确表示："团练乡民一节，诚为此时急务"。⑳

团练虽对维护封建基层统治能发挥相当大的作用，但由于受到本身固有的分散性、非正规性的制约，无法聚集强大力量，承担较大规模的作战任务。对此，曾国藩是清楚的，他认为：以团练"御粤匪，则仍不足"，"团练仅卫乡里，法由本团醵金养之，不饷于官，缓急终不可持"。㉑同时，曾国藩也知道团练如果举措不当，经办人员乘机搜括，结果会适得其反，逼迫更多群众响应起义。因此，他反对以"并村结寨，筑墙建碉，多制器械，广延教师，招募壮丁，常操技艺"的办法举办团练，因为这样多费钱，"民不乐从"，而主张以"不并村落，不立碉堡，居虽星散，闻声相救，不制旗帜，不募勇士，农夫牧竖皆为健卒，櫌锄竹木皆为兵器"的办法举办团练,因为这样少费钱,"民所乐从"。[22]但如此一来,则更增加团练的分散性、和非正规性。这种武装组织,如没有正规的武装力量作为支柱和依靠,非但在太平军这样强大的农民起义军打击下,会很快作鸟兽散,就连较大规模的会党造反也无法对付。而当时湖南的清军已大部分随向荣尾追太平军而去,湖南省城长沙和全省各地处于兵力空虚的状况。太平军攻克武昌后,声威更振,曾国藩时刻担心其回兵长沙。这迫使曾国藩急于在自己手里掌握一支集中的、正规化的武装力量。到哪里去寻找这样的武装力量呢?各省均自顾不暇,无兵可调;而且曾国藩对当时的清军已丧失信心,他曾说:"就现在之额兵,练之而化为有用,诚为善策。然习气太盛,安能更铸其面目,而荡涤其肠胃?恐岳王复生,半年可以教成其武艺,孔子复生,三年不能变革其恶习"。[23]因此,即使有额兵可调,曾国藩也未见得愿意要。几经斟酌,曾国藩决心借鉴募勇办法,另组军队。

于是,他由团练并论,转而主张区别团练,以练为主,认为:"团练二字宜分看:团即保甲之法,清查户口,不许容留匪人,一言尽之矣;练则制械选丁,请师造旗,为费较多"。[24]以后在向别人介绍其组建军队的经验时更加明确地阐述了这一思想:"团而不练者不敛银钱,不发口粮,仅仅稽查奸细,捆送土匪,即古来保甲之法。团而兼练者必立营哨,必发口粮,可防本省,可剿外省,即今日官勇之法。国藩于咸丰二年冬奉旨办团练时,即募乡勇一千另八十人在省集训","系在藩库支饷。余皆团而不练,不敛民财"。[25]在这一思想指导下,1853年,曾国藩建议当时的湖南巡抚张亮基将所调各县团练武装,改为募勇,训练成军,以对抗太平军和镇压本省各地会党活动。张亮基同意了曾国藩的意见,将调集省城的各县团练武装改为官勇,由湖南巡抚和团练大臣负责指挥,关发粮饷,这支武装被曾国藩称为"大团",其中湘勇一千另八十人,分为三营,是曾国藩直接招募训练的,以后便发展为凶悍的湘军。

曾国藩虽主团、练区别,以练为主,但同时仍很注意加强原来的团练,即以后被曾国藩称之为团的乡间保甲力量,重视团、练的联系和配合,他认为经团训练的乡民,是其重要兵源,他在给清廷的奏折中说:臣"于省城立一大团,认真操练,就各县曾经训练之乡民,择其壮健而扑实者招募来省,练一人收一人之益,练一月收一月之效"。[26]并以团为其镇压会党和农民起义军的重要辅助力量,也是在给清廷的奏折中,他说:"匪徒较多之地",臣当往"就近查办,所至常带兵勇数百,文武数员,以资剿捕之用,联络本地之乡团,使之多觅眼线,堵截要隘,以一方之善良,治一方之匪类,可期无巢不破,无犯不擒"。[27]很清楚,曾国藩是主张在团的基础上行练,以练为团的主干,而非以练代团,以练挤团。这就使曾国藩既能组建一支相对集中,比较正规,能够独立承担作战任务的武装力量,又使这种武装力量与一般官勇比较,能更直接地得到本地封建势力的支持。湘军组成后,远跨数省作战,屡受重创,但却能从湖南源源不断地获取兵员等方面的补充,一个很重要的原因即在于此。

(二)效法戚继光成法,实行以统帅为中心、以乡土为范围的私人募勇制度,同时注意选将、择勇,并提高部队待遇,以加强部队的团聚力,建立一支可以有效控制和指挥的军队

清王朝原有的国家军队绿营沿袭明代"军"之规制,实行的是"世兵制",兵有兵籍,与民籍分开,士兵家庭成员也编在兵籍,依赖服役者的饷银为生。这种制度使绿营不能挑拣兵员,无法汰弱留强,加之绿营饷薄,兵弁无法靠其赡养身家,多兼商贩活口,难以专心军事,结果造成绿营兵平时虚应操练,徒饰外观,战时难舍故居,甚至转雇乞丐流氓,顶替应召的散漫状况。清王朝为了防止军权下移,将绿营分防汛地,遇有战事方由各省各标杂乱抽调,凑成一军,因而使绿营将与兵不相属,兵与兵不相习,意志不齐,难以指挥,更加重其散漫程度。对绿营的这种弊端,曾国藩了解得相当透彻。1853年,他在致王鑫的信中便说:"盖近世之兵,屡怯极矣,而偏善妒功忌能,懦于御贼而勇于扰民,仁心以媚杀己之逆贼,而恨心以仇胜己之兵勇";㉘以后,在致江忠源的信中,更明确指出:"今日之兵,极可伤恨者,在败不相救四字,彼营出队,此营张目而旁观,哆口而微笑,见其胜则深妒之,恐其得赏银,恐其获保奏,见其败则袖手不顾,虽全军覆没亦无一人出而援手拯救于生死呼吸之顷者",并分析了造成这种状况的主要原因,"盖缘调兵之初,此营一百,彼营五十,征兵一千,而已抽选数营或十数营之多,其卒与卒已不相习矣,而统领之将又非平日本管之官。一省所调若此,他省亦若此。即同一营也,或今年一次调百人赴粤,明年一次调五十赴楚,出征有先后,赴防有远近,劳逸亦遂乖然,不能以相入,败不相救之故,半由于此。又有主将远隔,不奉令箭不敢出救者,又有平日构隙,虽奉令箭,故迟回不往救者"。㉙曾国藩认为,只有改变这种状况,加强部队的团聚力,建立一支上下一致、左右齐心、可以有效控制和指挥的军队,才能战胜太平天国。他说:"贼有誓不相弃之死党,吾官兵亦有誓不相弃之死党",㉚又说:"今日将欲灭贼,必先诸将一心,万众一心,而后可以言战"㉛

为达上述目的,曾国藩首先效法戚继光,建立起以统帅为核心的私兵制。1851年4月10日,曾国藩在《议汰兵疏》中提出法"明臣戚继光练金华兵三千人遂以荡平倭寇"事,㉜训练精兵。1853年,曾国藩奉旨帮办团练后,进一步主张"参访前明戚继光、近人傅鼐成法",㉝在绿营之外募勇练军。曾国藩晚

年在《湘乡昭忠祠记》中谈及湘军制度渊源时，称其"略仿戚元敬氏成法，束伍练技"。㉞可见湘军兵制主要本之于戚继光。

戚继光所练之兵称"戚家军"，与当时的国家军队"卫所军"不同。两者在总体上虽都听命于明廷，但前者是由戚继光自募、自练、自统的私兵，"兵为将有"；后者则完全属于封建国家，战时明廷派出统帅总领调自各卫之军，战后统帅交出军权，所属之军分归各卫，"兵为国有"。曾国藩看出处于颓败之势的清廷，其号召力和组织力已大非昔比，只有依靠私兵制，加强军队中部属对上级的依附关系，才能建立起一支内部比较一致的军队。所以，湘军自成立之初，便有一条不成文的规定：部属必须亲自招募，不得假手他人。曾国藩晚年奉旨训练直隶练军时，也极力推行这种方法，并阐述了实行这种方法的意义："勇营之制，营官由统领挑选，哨弁由营官挑选，什长由哨弁挑选，勇丁由什长挑选，譬之木焉，统领如根，由根而生枝，生叶，皆一气所贯通。是以口粮虽出自公款，而勇丁感营官挑选之恩，皆若受其私惠，平日既有恩谊相孚，临阵自能患难相顾"。㉟依靠这种私兵制，曾国藩建立起了一支以他为核心，层层依附，节节钤制的军队。使这支军队具有了比绿营强得多的团聚力。

其次，重视选将。

曾国藩认为："国家养绿营兵五十万，二百年来，所费何可胜计？今大难之起，无一兵足供一割之用，实以官气太重，心窍太多，漓朴散醇，真意荡然。"㊱因此他坚持以是否具有"忠义血性"为选将的根本标准。他说："带勇之人，第一要才堪治民，第二要不怕死，第三要不急急名利，第四要耐受辛苦"。"大抵有忠义血性，则四者相从俱至，无忠义血性，则貌似四者，终不可恃"。㊲又说："带勇之人，诚如来示，不苟乎全材，宜因量以器使；然血性为主，廉明为用，三者缺一，若失辅轵，终不能行一步也"㊳所谓"忠义血性"，便是忠于封建秩序，其上者能按程朱理学的要求，进行主观意志修养，在所谓"人欲横流"的封建末世，身体力行地坚持封建纲纪；其下者也不失"简默朴实"，即头脑简单，易于指挥，能坚决执行上司命令，出入死生之地而不悔。选拔和任用这样一批将领为骨干，易于提高部队镇压农民起义的自觉性，自上而下地在精神和意志上保持某种程度的一致，从而加强其团聚力。

再次，认真择勇。曾国藩择勇有两个原则：

其一，兵勇成分以"朴实而有农夫土气者"为主。曾国藩深知绿营的各种腐败习气，"武弁自守备以上无不丧尽天良"。㊴要驱使这种散漫懈怠、游滑偷惰的兵油子到百死一生的战场上去协力作战，是很困难的。因此，曾国藩规定湘军"募格须择技艺娴熟，年轻力壮，朴实而有农夫土气者为上。其油头滑面，有市井气者，有衙门气者，概不收用"。⑩在令湘军将领招募或简汰新兵时，屡屡告诫他们："无取浮滑之辈，而求土作之类，是为至要"，⑪"军营宜多用朴实少心窍的人，则风气易于纯正"。⑫所以，湘军勇丁多为募自湘乡、宝庆等山僻地方的山农。但绿营兵丁的种种恶劣积习，从本质上说，是由军队的性质决定的，湘军的性质与绿营并无根本不同。因此，那些朴实的山农，从伍久后，照样会产生绿营兵丁的恶劣习气，为了防止这种情况发生，曾国藩借鉴戚继光"澄定浑水，再汲新水"⑬的做法，提出以"抽帮换底，整旧如新"⑭的方针，不断整顿湘军，即在发现旧勇染上所谓"暮气"，或与会党有联系后，立刻加以遣撤，另行招募，以使其部队常保"土气"，便于控制和驱策。

其二，兵勇来源以统领家乡为主要范围。这样做，一方面可以利用乡土观念和同乡感情，进一步加强部队的团聚力，胡林翼便曾说："总以一方一县之人同在一营为宜，取其性情孚而语言通，则必力易齐也"；⑮另一方面，因了解勇丁底细，可以防止勇丁开小差及来历不明者混入，有利于加强对部队的控制。湖南巡抚骆秉章称赞这种做法说："夫用勇之多流弊，人人知之矣。湖南勇丁所以稍稍可用者，原于未募之初，先择管带，令其各就原籍选募，取具保结而后成军。成军以后，严加训练，层层节制，该勇丁均系土著生长之人，有家室妻子之恋，故在营则什长、百长、营官、将领得而治之，散遣归籍，则知县、团总、户长得而察之，遇有私逃，则营官将领禀知本省，得按籍捕之"。⑯因此，湘军带有浓厚的乡土色彩，有的甚至发展到极狭隘的地步，如刘蓉招兵，非但以湘乡为范围，而且定要湘乡娄底一区之人。这就使实行私兵制度的湘军进一步加强了个人控制的程度。

又次，提高薪饷。

饷银微薄是绿营衰败的重要原因。绿营饷章定制马兵月饷二两，战兵一两五钱，守兵一两，米则一律月支三斗。⑰该章定于清初，当时米贱，靠此饷银，绿营兵丁尚可养家活口。至道光年间，米已由康熙时的每石银三四钱，涨至每石银三两，但饷银仍为旧数。绿营兵丁生活难以维持，多兼商贩等业。这样部队必然涣散。为改变这种状况，曾国藩给湘军规定了大大高于绿营的薪饷待遇：陆师营官每月薪水银五十两，办公银一百五十两，夫价银六十两，共计二百六十两，其他各弁兵每月饷银为哨官九两，哨长六两，什长四两八钱，亲兵护勇四两五钱，伙勇三两三钱，长夫三两。统领则凡统至三千人以上的每月加银百两，统至五千人以上的每月加银二百两，统至万人以上的，每月加银三百两。水师饷银一般同陆师，唯哨官为陆师两倍，每月银十八两。⑱湘军许多将领仅依靠应得饷银，便积累起大笔财富，如李续宾统兵六年，积蓄已达数万两，彭玉麟在金陵陷于湘军之手后,私人应得近六十万两。这大大增强了湘军将弁勇丁的向心力,刺激起他们为清廷及曾国藩卖命的积极性。因而曾国藩曾不无自得地说:提高饷银,可以"养将领之廉,而作军士之气"。⑭

(三) 强化训练

曾国藩认为绿营战斗力低下,一个重要原因是缺乏训练。1853年7月17日,他在《会奏特参副将清德折》中称:"窃维军兴以来,官兵之退怯迁延,望风先溃,胜不相让,败不相救,种种恶习,久在圣明洞鉴之中。推原其故,总由平日毫无训练,技术生疏,心虚胆怯所致"。⑮以后,曾国藩在自己的战争实践中进一步体会到训练的重要性。他刚到长沙时,曾训练三营湘勇,用以镇压湖南会党起义,甚感得力。而后来派往江西作战的一千湘勇,则有两营从未训练过,结果一触即溃,伤亡惨重。曾国藩在给骆秉章的信中总结了这一教训,指出:"不练之兵断不可用。侍今年在省练过三营,虽不足当大寇,然犹可以一战。六月援江之役,新集之卒未经一日训练,在江不得力,至今懊悔",⑯因此,曾国藩建军非常重视训练,他甚至对胡林翼说:"鄙人训练之才,非战阵之才也",⑰。

曾国藩认为士兵之训练应该分"训"与"练"两部分,"训有二:训打仗之法,训作人之道。训打仗,则专尚严明,须令临阵之际,兵勇畏主将之法令,甚于畏贼之炮子。训作人,则全要肫诚,如父母教子,有殷殷望其成立之意,庶人人易于感动。练有二:练队伍,练技艺。练技艺,则欲一人足御数人;练队伍,则欲数百人如一人"。⑱因此,曾国藩的所谓"训",实际是政治教育、作风锻炼,曾国藩的所谓"练",便是技、战术的操演。

政治教育,作风锻炼的主要目的有二,一是使勇丁习惯于服从,二是培养部队紧张凶悍的战斗作风。反动军队中,士兵与将领的关系,从本质上说是一种阶级对立关系。因此,士兵对将领的服从,主要依靠棍棒即惩罚来养成和维持。曾国藩计不出此,而根据湘军实行私兵制度的特点,在很大程度上求助于孔孟之道及乡土情谊来养成和维持士兵的服从。曾国藩喻湘军为"家庭",以将领为父兄,士兵为子弟,他说:"将领之管兵勇,如父兄之管子弟。父兄严者,其子弟整肃,其家必兴;溺爱者,其子弟骄纵,其家必败"。⑲要求湘军将领以"仁""礼"治兵,他说:"带勇之法,用恩莫如用仁,用威莫如用礼。仁者,即所谓欲立立人,欲达达人也。待弁勇如待子弟之心,尝望其成立,望其发达,则人知恩矣。礼者,即所谓无众寡,无小大,无敢慢,泰而不骄也;正其衣冠,尊其瞻视,俨然人望而畏之,威而不猛也。持之以象,临之以壮,无形无声之际,常有懔然难犯之象,则人知威矣。守斯二者,虽蛮貊之邦行矣,何兵勇之不可治哉",⑳力求从心理上感化和慑服士兵,使他们比较自觉地"敬尊上",这比主要依靠棍棒等惩罚力量强迫士兵服从的作法,显然要高明。因此,湘军勇丁的服从习惯,其听命于上司的自觉程度远远超过清王朝的其他军队。光绪初年,王闿运作《湘军志》,尚说:"至今湘军尊上而知礼,畏法而爱民,犹可用也"。[56]

战斗作风的优劣,直接关系到部队战斗力的强弱。为了使湘军勇丁养成紧张、凶悍的战斗作风,曾国藩强调了一个"勤"字。他认为:"军勤则胜,惰则败","未有平日不早起,而临敌忽能早起者;未有平日不习劳,而临敌忽能习劳者;未有平日不能忍饥耐寒,而临敌忽能忍饥耐寒者"。[57]为使"勤"形成习惯,落实行动,曾国藩为湘军勇营规定了七条日夜常课:(1)五更三点皆起,派三成队站墙子;(2)黎明演早操一次;(3)午刻点名一次;(4)日斜时,演晚操一次;(5)灯时,派三成队站墙子一次;(6)二更前点名一次;(7)每夜派一成队站墙,唱更,以使湘军时时如临大敌,日夜不离操练,从而培养起紧张、凶悍的战斗作风。

在实行政治教育、作风锻炼的同时,曾国藩对湘军技、战术操练也给予高度重视。他关于技、战术操练的主要思想有二:

1. 重实用,反对练空架子。曾国藩说:"近年军中阅历有年,益知天下事当于大处着眼,小处着手"。"故国藩治军,屏去一切高深神奇之说,专就粗浅纤悉处致力"。[58]当时湘军、太平军的作战武器,基本还是刀矛及抬枪、鸟枪,作战方式主要用方形队阵,短兵相接。根据这种情况,曾国藩强调湘军练技艺以"刀矛能保身,能刺人","枪炮能命中,能及远"[59]为主,并规定:勇丁练纵步能上一丈高之屋,跳步越一丈宽之沟;练手抛火球,能至二十丈以外;练脚系沙袋,每日能行百里。阵法则以戚继光所制鸳鸯阵、三才阵等为主。

2. 练要至"极熟"。曾国藩认为技、战术操练要能发挥作用,不仅内容必须具备实用价值,而且要练至"极熟"的程度。他说:"技艺极熟,则一人可敌数十人,阵法极熟,则千万人可使如一人"。[60]因此,他要求营官以"鸡伏卵""炉炼丹"的毅力和功夫去训练勇丁:"练勇之道,必须营官昼夜从事,乃可渐几于熟,如鸡伏卵,如炉炼丹,未宜须臾稍离"。[61]

三

曾国藩早年,尤其在任兵部侍郎期间,读过不少兵书,对中国传统的军事理论相当熟悉,但他具有自己特点的战略战术思想,则是在镇压太平天国的战争中形成的。通过战争实践,曾国藩观察并了解到清军与太平军双方的长短优劣,在中国传统军事理论的基础上,提出了一整套适合镇压太平军需要的战略战术原则,其核心要求是,在实行战略上"围剿"、进攻的同时,坚持战役战斗中的以守为攻,步步为营,节节进击。这构成曾国藩军事思想的重要内容之三。

(一) 区别"窃号之贼"与"流贼",主张以"剪除枝叶并捣老巢"的"围剿"战略,镇压太平天国

太平军自金田起义至定都金陵前,实行的基本是进攻为主的战略方针,即"舍粤不顾,直前冲击,循江而东,略城堡,舍要害,专意金陵",㊷被打蒙了的清廷,难以很快聚集堵截力量,只能以向荣等人率军在后尾追。攻占金陵后,太平天国决定定都于此。这一方面使太平军有了以金陵为中心的较大规模根据地,开始改变原来流动的无依托作战状况;另一方面,太平天国的领导人未能正确对待定都之事,将金陵视作宁死不能放弃的地方,又背上了一个沉重包袱。这样,其战略方针便由进攻,逐步转变成以保守金陵为重点的防御,使清廷有了对其实行"围剿"的可能。

但清廷没有立即发现这种变化,并提出与这种变化相适应的战略方针。太平天国定都金陵后,向荣进至孝陵卫,设所谓江南大营,目的在于阻截太平军东向。胜保、琦善则在太平天国攻克扬州后,屯兵城外,设所谓江北大营,同时,清廷从各地调大量军队至北京、豫皖交界处及山东等地,目的在于阻截太平军北上。清廷这种战略部署,重点在堵截、防御,矛头主要指向太平军正面。这虽然可起阻滞太平军东向、北上的作用,但至多与太平军形成顶牛态势,而不可能置其于死地。太平天国发动于同时的北伐、西征,前者失败了,后者却胜利控制了长江两岸武昌、九江、安庆三大重镇,取得了安徽、江西、湖北东部大部分土地,使太平天国有了相当广阔的后方,一个很重要的原因,就是清廷将主要兵力集中于太平天国正面,未能有效钳制其后方。

曾国藩总结了清军与太平军作战的经验教训,认为农民起义军有"窃号之贼"与"流贼"之分,前者有根据地为依托,后者流动作战,他主张对处于两种不同战略态势的农民起义军,采用不同的战略方针实行镇压:"自古办窃号之贼与办流贼不同,剿办流贼,法当预防,以待其至,坚守以挫其锐,剿办窃号之贼,当剪除枝叶,并捣老巢"。㊸他看出太平天国自定都金陵后,已由"流贼"转而为"窃号之贼":"今之洪秀全据金陵,陈玉成据安庆,私立正朔,伪称王侯,窃号之贼也",㊹战略的基本特点也由进攻转而为"竭死力以护其本根"。㊺因而曾国藩提出改变原来的堵截、防御战略,而以"剪除枝叶,并捣老巢"即"围剿"战略镇压太平天国。他分析了太平天国定都金陵,尤其是扬州得而复失后的情况,认为皖北已成金陵重要依托和后方:"自洪扬内乱,镇江克复,金陵逆首凶馅久衰,徒以陈玉成往来江北,勾结捻匪,庐州、浦口、三河等处迭挫我师,遂令皖北糜烂日广,江南之贼粮不绝",⑥根据这一情况,将"剪其枝叶,并捣老巢"的"围剿"战略具体化为:"欲廓清诸路,必先攻破金陵,全局一振,而后江南大营之兵可以分剿数省,其饷亦可分润数处,欲攻破金陵必先驻重兵于滁和,而后可去江宁之外屏,断芜湖之粮,欲驻兵滁和,必先围安庆,以破陈逆之老巢",⑥这一战略方针的基本意图是首先夺取太平天国外围的战略要地安庆等处,造成"围剿"态势,再逐步收缩包围圈,将起义军压迫于孤立无援之地,最后加以消灭。

曾国藩提出的这一战略方针,得到了清廷的认可,由于贯彻这一战略方针,尤其在夺取安庆后,清廷才逐步从与太平天国对峙的局面中摆脱出来,转而造成"围剿"太平天国的态势。在这个过程中,清廷曾因北京遇攻、苏常告急,屡屡动摇,企图改变上述战略方针,但老谋深算的曾国藩却软磨硬顶,力排众议,死咬太平天国上游重镇安庆不放,终使其战略意图得已贯彻,将太平天国置于死地。

(二) 以守为攻,步步为营,节节进击,实现反客为主,力争战役战斗的主动

"围剿"战略,属于进攻型战略,围者取进攻态势,居于明处,被围者取防御态势,居于暗处;围者又是深入被围者腹地作战,其于地形、敌情等情况的了解,不如被围者;加之,当时所用兵器,仍以刀矛等冷兵器及鸟枪抬炮为主,使用这类兵器的战斗,对地形地物的依赖程度非常大,利于守而不利于攻。因此,围者虽有战略上的主动地位,但在战役战斗中却易陷入"客"势,而处于被动。在安徽等地打得湘军心惊胆战的英王陈玉成,便以善于在战役战斗中争取"主"势而著名。胡林翼说:"四眼狗惯以筑垒裹官军之后路与饷道"。⑧曾国藩说:"其好截扎官军后路,逼官军寻他开仗,令官军为客,他常为主耳","上半日以匪党拒我,下半日乘我疲乏,独自出巢,逞其猖獗耳"。⑨曾国藩如无计避免这种情况,其"围剿"战略必致落空。

经过屡次失败的教训,曾国藩提出了在战役战斗中明主客,反客为主的战术指导思想,力求避免战役战斗中的被动。何谓主客?曾国藩说:"守城者为主,攻者为客;守营垒者为主,攻者为客;中途相遇,先至故地者为主,后至者为客;两军相持,先呐喊放枪者为客,后呐喊放枪者为主,两人持矛相格斗,先动手戳第一下者为客,后动手,即格开而即戳者为主",⑩总之,守者,以逸待劳者、后发制人者为主,反之则为客。曾国藩认为:"主气常静,客气常动;客气先盛而后衰,主气先微而后壮。故善用兵者,最喜为主,不喜作客"。⑪因此,提倡在战役战斗中以守为攻,步步为营,节节进击。

但是战役战斗中的主客地位,往往与战略上的攻守形势密切联系,如果没

有一系列有效的战术原则做保证,战略上处于攻势的军队,要在战役战斗中成为守者、以逸待劳者、后发制人者,是很不容易的。在战争实践中,曾国藩逐步总结出下述战术原则,使湘军能够在战役战斗中以守为攻,步步为营,节节进击,从而实现反客为主的目的。

1. 慎战原则

慎战原则本是一般的军事指导原则,而对战略上处于进攻态势的军队来说,这一原则具有更为重要的意义。战略上处于进攻态势的军队,由于占有全局上的主动地位及优势力量,在战役战斗中易生骄矜之气,很容易忽视慎战原则。湘军便存在这种情况,曾国藩曾指出:"浪战浪追,为我军向来大弊"。[⑫]浪战浪追,在战役战斗中极易陷于"客"势,造成被动。因此,曾国藩将慎战原则规定为湘军的一条重要战术原则。一方面要求湘军在精神状态上对战役战斗持谨慎态度:"军事有骄气惰气,皆败事也。孔子之'临事而惧',则绝骄之源;'好谋而成',则绝惰之源";[⑬]另一方面强调"简练慎出",要求湘军将领"必须谋定后战,切不可蛮攻蛮打,徒伤士卒",[⑭]"宁可数月不开一仗,不可开仗而毫无安排计算",[⑮]从而避免因浪战浪追,而在战役战斗中陷于"客"势,造成被动。

2. "结硬寨,打死仗"

太平天国在战略上处防守地位,往往先居城池,而且在作战中很重视扎营筑垒,军行所至,每每筑垒如城,掘壕如川。因此,湘军进攻太平军,经常被迫屯兵于坚城之下,受阻于固垒之前,而陷入"客"势,处于被动,甚至导致大败。

为改变这种情况,曾国藩提出了"结硬寨,打死仗"的战术原则,即通过讲求扎营筑垒之术,使处于进攻态势的湘军,得以克服立足不稳的弱点,步步为营,稳扎稳打,从而避免"客"势,争得"主"势。曾国藩亲自研究过扎营筑垒方法,在这方面作了许多具体规定,如《营规扎营之规》规定了一般的扎营筑垒要求,其中包括营地的选择,垒墙的高低,壕沟的宽窄,梅花桩、鹿角、地刺等障碍物的用法,乃至厕所如何安排。因攻城之军,最易陷于"客"势,曾国藩对其扎营筑垒方法做了特殊规定,令攻城部队沿城挖筑双层壕墙,外层以拒援兵,内层以困守敌。1860年,湘军围困安庆时,便雇佣大批饥民,沿城构筑上述壕墙,内外两道,深宽各一丈,内壕困安庆守军,外壕拒来援之师,终于1861年9月攻陷安庆。此外,如夺九江、陷天京等战斗,湘军也使用了这种筑壕墙方法,而占有了战役战斗中的主动。

3. 重地势

湘军与太平天国的战争,就其方式而言,基本仍属中国古代战争范畴,这种战争的胜负取决于地势优劣的程度很大。占有良好地势者,进可攻、退可守,容易居于"主"势,取得主动;迫居不利地势者,往往进退失据,容易陷入"客"势,丧失主动。

因此,曾国藩对于地势的作用,无论从宏观角度,还是从微观角度都很重视。从宏观说,他很注意争夺太平天国上游地区,以取高屋建瓴之势,"自古平江南之贼,必踞上游之势,建瓴而下,乃能成功"。[76] 从微观说,他对作战之地的径溪、丘壑,都要求明察,"凡平原旷野开仗,与深山穷谷开仗其道迥别。去城四十里,凡援贼可来之路,须令哨长队长轮流前往该处看明地势,小径小溪,一丘一壑,细细看明,各令详述,或令绘图呈上,万一有出隘迎战之时,则各哨队皆已了然于心。古人忧学之不讲,又曰'明辨之',余以为训练兵勇亦须常讲常辨也"。[77] 在战役战斗中,曾国藩经常亲赴实地踏看地势,攻武昌时,他便曾乘小舟赴沌口观看地势。还曾向其弟曾国荃传授看地势之经验:"凡看地势察贼势,只宜一人独往,所带极多不得过五人。如贼来追抄,则赶紧驰回,贼见人少亦不追也。若带人满百,贼来包抄,战则吃贼亏,不战而跑回,则长贼之焰,两者俱不可。故近日名将看地势者,相戒不带队伍也。"[78] 并很赞扬王鑫注意让部属在战前了解地势、敌情的做法:"王璞山带兵,有名将风,每与敌遇,将接仗之前一夕,传各营官齐集,与之畅论敌情、地势,袖中出地图十余张,每人分给一张,令诸将各抒所见。"[79]

由于曾国藩的提倡,重视优良地势的抢占和运用成为湘军重要的战术原则。时人甚至以此特点作为"湘军派"的标志之一。王闿运在《湘绮楼日记》中便曾说:"与黄将论战事,颇称李希庵,与余所闻不同,亦以看地势为主,湘军派也"。这使湘军在战役战斗中,每每得以抢占冲要之地,反客为主,取得主动。例如,1859 年清廷命曾国藩统兵图皖,曾国藩定四路进兵安徽之策,其第三路以胡林翼主之,由英山、霍山以取舒城。胡林翼熟查地势,认为:"潜山县属之天堂,雄据山中,实为舒、桐、英、霍之总要,守此不失,可扼贼吭"。[80] "得潜山山内之天堂,与潜山山外附近之要道,实拊援贼之背而扼其吭"。[81] 因此,抢先派军占据天堂。太平军事先未审天堂地利之要,失去时机,待领悟后,天堂已落湘军之手,太平军几次争夺,均未成功。以后陈玉成率军亲援皖西,筑垒百座,在潜山小池驿三面围攻鲍超所率霆营二十余日,几乎将其歼灭。但因湘军占天堂地势之利,得以由该处出潜山高横岭、仰天庵,俯攻太平军之背,造成太平军失利,而解鲍超之围。以后又乘势进击,攻陷太湖,与另三路湘军呼应,陷安徽太平军于困境之中。

4. 防后路

湘军在战略上居于"围剿"、进攻之势,深入太平军腹地作战,要常保"主"

势,避免"客"势,在战术上则必须注意防后路。因此,曾国藩反复强调:"悬军深入而无后继,是用兵大忌","孤军无助,粮饷不继,奔走疲惫,皆散乱必败之道"。"用兵之道,最忌'势穷力竭'四字"。㊳主张湘军作战应"常存有余不尽之气",反对"初气过锐,渐就衰竭",反对"迈往无前,唯猛有余,好谋不足"。㊴

1854年10月21日,湘军攻占武昌后,曾国藩在给咸丰皇帝的奏折中,谈及欲东下,尚有三事可虑,其中两事就关系到防后路:其一"武昌窜出之贼……尚多,汉阳窜出之贼则截剿无几,现在逃归下游,蕲黄一带尚有数万,自岳州以下直至金陵数千里久已沦为异域,小民劫于凶威,蓄发纳贡,习为固然,虽经谕令薙发,而乡民畏贼之暴,狐疑观望,崇阳、兴国、蕲州、黄孝等处,乱民尤多,设官军稍有挫衄,则四面皆贼,饷道易断";其二"水陆两军,银钱子药丝毫皆给于湖南,此后去湘日远,不特饷项支绌,势难长久接济,且千里以外,转输尤艰,军火银米一有缺乏,军士溃散,前功尽弃"。㊵但咸丰皇帝急于求成,没有认真考虑曾国藩所虑之事,谕令曾国藩在未经营好后路的情况下,即率军东下,结果造成湖口惨败,武昌复失。曾国藩在总结战败教训时,指出:"臣等办理错谬之处盖有二端,武汉克复,当留重兵驻守,并当留战船数十号,以为后路声援,兹因江汉无战船,致该匪乘虚上窜,其失一;九江未破,遽攻湖口,冀通江西饷道,弁勇冒险轻进,致轻舟百余号陷入内河,一军分为两截,外江无小舟,内湖无大船,顿形薄弱,其失二"。㊶重点强调了后路未固,轻兵冒进的错误,婉转批评了咸丰皇帝的决策。这个教训对曾国藩是相当深刻的。在以后的战争中,再未见其与轻视后路的意见妥协。

四

学习西方近代军事的某些长处,在一定程度上改进中国旧式军队,提高其战斗力,这是曾国藩军事思想的重要内容之四。

第一次鸦片战争前,英国等资本主义国家随着工业革命的完成、科学技术的发展,军事也已开始实现近代化。第一次鸦片战争中,腐败的清政府以手执刀矛、采用传统作战方式的军队,与近代化的英军对垒,遭到惨败。这给曾国藩留下了深刻印象,他说:"逆夷所长者,船也,炮也"。㊷太平天国起义后,他承担了镇压太平天国的实际责任,继承了经世派的传统,主张以很实际的态度对待军事:"凡不思索考核,信口谈兵者,鄙人不乐与之尽言。遇有考究实事,多思多算者,未尝不好与讲明也"。㊸这就使他不像一班顽固派那样空谈义理、夷夏之防,而主张学习西方近代军事的某些长处,在一定程度上改进中国旧式军

队,提高其战斗力。其主张的具体内容包括三方面:

1. 引进西方先进武器,用以装备军队

曾国藩受理学影响,重视主观意志及精神的作用,不是一个唯武器论者,但他同时很重视武器在战争中的作用,认为:"剑戟不利,不可以割断,毛羽不丰,不可以高飞。"㉘初练湘军时,他坚持做好充分准备方能出战,准备的重要方面就是武器:"凡局中竭苦之器,概与讲求,而别为制造,庶几与此剧贼一决死战"。㉙因此,他不惜重金派人至广东购买大批洋炮,组织人力,反复研试,把它们安装在战船上,建成了中国当时最先进的内河水师。

随着战争实践的增加,曾国藩更加认识到引进西方先进武器装备军队的重要性,他总结湘军在湘潭、岳州两次战役中取胜的原因,指出:"湘潭、岳州两次大胜,实赖洋炮之力",加紧催请清政府用西方近代武器装备军队:"江面非可遽清,水前尚须增添,尤须有洋炮继续接济,乃能收越战越精之效"。㉚以后,因湘军将领每遇战斗往往多方索要洋枪洋药,供不敷需,曾国藩给他们泼了点冷水,例如给曾国荃的信便告诫他:"惟火药一项,望弟认真搏节,切莫大意,洋枪洋药,总以少用为是",㉛但这并不意味着曾国藩放弃了以西方先进武器装备军队的方针,相反其兴趣日益浓厚。

1862年5月底,曾国荃率湘军抵达天京城下,为了做好进攻天京城的准备,曾国藩千方百计搜求西方先进武器,亲自试验是否有效,然后送至曾国荃兵营。这方面的情况,他这段时期的日记、家书中多有记载。同治元年八月二十九日记称:"至城外试验炸弹、炸炮、冯竹渔新自广东买来者,将寄至金陵一用。故亲往一试,果能落地炸裂,火光大然";㉜同治元年九月二十三日记称:"早饭后","出外阅看炮车,广东所解来者";㉝同治元年九月二十五日致曾国荃信称:"药二万、银二万,及洋枪一批,日内准交轮舟拖带东下"。㉞同治元年十一月二十二日致曾国荃信又称:"弟信须洋药等物,余当带洋药万斤,洋帽二十万,洋枪四百杆,亲交弟处"。㉟

2. 创办近代军事工业,自造洋式武器

湘军日益发展的对西方先进武器的需求,促使曾国藩萌生自造洋式武器的愿望。1860年,清廷就沙俄表示愿意"助剿"太平军事征求各部院大臣和督抚意见,曾国藩即表示:"目前资夷力以助剿、济运得纾一时之忧,将来师夷智以造炮制船尤可期永远之利"。㊱之后,便开始了创办近代军事工业的努力。

1861年,曾国藩将原设于其大营的内军械所迁入安庆,创办安庆军械所,开始制造"洋枪洋炮"。1862年,以徐寿和华衡芳负责试制小火轮,次年,造成一只木壳小轮船,并派容闳去美国购买机器,以扩充安庆军械所。1864年湘军

攻陷天京，曾国藩将安庆军械所迁至江宁，改为金陵机器制造局。1865年，容闳自美国购买的机器运到，曾国藩即将金陵机器制造局迁往上海，与李鸿章原设上海的炮局等机构合并，建成江南制造总局，使清廷有了最早的近代军事工业。

3. 学习西方近代战术

曾国藩是以引进西方先进武器，为学习西方军事长处开端的，而西方先进武器的运用，势必引起战术上的某种变革。1862年，曾国藩便提出："洋人号令严明，队伍整齐，不专以火器取胜"，⑰对西方某些近代战术，尤其是队形、阵法表现出兴趣。其后，湘军特别是淮军部分采用了与西方近代武器装备相适应的队形和阵法，曾国藩对此表示了赞同和支持，同治四年八月二十八日记中便记述："出门看标字七营操演阵法，纯用洋人规矩，号令亦仿照洋人声口，步伐极整齐，枪炮极娴熟，余平日所见军队，不逮此远矣"。⑱

曾国藩的军事思想适应了封建地主阶级与资本帝国主义在近代联合镇压以农民为主体的革命战争的需要，反映了这一类型战争的特殊规律。在代表近代中国革命方向的新的阶级及其政治和军事领袖产生并成熟前，中国还没有一种进步的军事理论可以战胜它。因此，不仅曾国藩能将太平天国淹没入血泊之中，其后的半殖民地半封建社会的统治者都把这种军事思想作为镇压革命战争、维护反动统治的法宝，李鸿章、袁世凯如此，在蒋介石"围剿"红军的战略战术中同样可以看到这种军事思想的浓厚影响。

当然，曾国藩的军事思想也包括一些具有普遍意义的论述，中国近代进步的军事家，从这些具有普遍意义的论述中，获得过教益，例如蔡锷编过《曾胡治兵语录》，对曾国藩胡林翼军事思想的某些内容给以很高评价，并以此作为构造自己军事理论的思想材料之一。

但近代中国的革命阶级及其政治、军事领袖主要是在与曾国藩开其端的军事思想及其指导下的军事活动的长期对立斗争中，积累经验，总结教训，逐步操练得高其一筹的，以毛泽东为代表的军事思想正是在这个过程中酝酿形成的，自它产生以后，由曾国藩开其端的军事思想及其指导下的军事活动，在近代中国军事舞台上，便转入颓败之势，中国近代军事史终于得以揭开崭新的一页。

(原载《军事历史研究》1986年00期)

注释：

① 《曾文正公全集·书札》卷一。

② 《曾文正公手书日记》咸丰十一年八月十七日。
③ 《曾文正公手书日记》已未。
④⑤⑥⑦ 《曾文正公全集·文集》卷三。
⑧ 肖一山著：《曾国藩传》。
⑨⑩ 《曾文正公全集·书札》卷二。
⑪ 《曾文正公全集·家书》卷四。
⑫ 《曾文正公全集·奏稿》卷十六。
⑬ 《曾文正公全集·奏稿》卷十五。
⑭⑮ 《曾文正公全集·奏稿》卷十六。
⑯ 《曾文正公全集·书札》卷二。
⑱ 《曾文正公全集·奏稿》卷一。
⑰⑲ 《曾文正公全集·家书》卷一。
⑳ 《曾文正公全集·奏稿》卷一。
㉑ 《拙尊园丛稿》卷三。
㉒ 《曾文正公全集·奏稿》卷二。
㉓ 《曾文正公全集·书札》卷一。
㉔ 《曾文正公全集·书札》卷二。
㉕ 《曾文正公全集·书札》卷十三。
㉖ 《曾文正公全集·奏稿》卷一。
㉗ 《曾文正公全集·奏稿》卷二。
㉘㉙㉚㉛ 《曾文正公全集·书札》卷二。
㉜㉝ 《曾文正公全集·奏稿》卷一。
㉞ 《曾文正公全集·文集》卷四。
㉟ 《曾文正公全集·奏稿》卷二十八。
㊱ 《曾文正公全集·书札》卷十二。
㊲㊳ 《曾文正公全集·书札》卷三。
㊴ 《曾文正公全集·书札》卷四。
㊵ 《曾文正公全集·杂著》卷二。
㊶ 《曾文正公全集·书札》卷三。
㊷ 《曾文正公全集·书札》卷十。
㊸ 《曾文正公全集·书札》卷三十二。
㊹ 《胡文忠公遗集》卷六十一。
㊺ 《胡文忠公遗集》卷五十九。
㊻ 骆文忠奏议：《援军将领滥收游勇偾事请旨革讯折》。
㊼ 《乾隆钦定大清会典》卷十八。
㊽ 《湘军志》卷十五。

㊾《曾文正公全集·奏稿》卷十。
㊿《曾文正公全集·奏稿》卷二。
㉛《曾文正公全集·书札》卷十一。
㉜《曾文正公全集·书札》卷十。
㉝《曾文正公全集·书札》卷十三。
㉞《曾文正公全集·批牍》卷二。
㉟《曾文正公手书日记》己未八月三日。
㊱《湘军志》卷十五。
㊲《曾文正公全集·书札》卷十三。
㊳《曾文正公全集·书札》卷九。
㊴㊵《曾文正公全集·杂著》卷三。
㊶《曾文正公全集·书札》卷四。
㊷《太平天国》资料丛刊卷一。
㊸㊹㊺㊻㊼《曾文正公全集·奏稿》卷十一。
㊽《胡林翼书牍》卷二十。
㊾《曾文正公全集·书札》卷十。
㊿《曾文正公手书日记》己未。
㊼《曾文正公全集·书札》卷十五。
㊽《曾文正公全集·书札》卷五。
㊾《曾文正公手书日记》丙辰。
㊿《曾文正公全集·书札》卷五。
㊻《曾文正公全集·家书》卷五。
㊼《曾文正公全集·奏稿》卷十一。
㊽《曾文正公全集·家书》卷五。
㊾《曾文正公全集·家书》卷七。
㊿《曾文正公全集·书札》卷五。
⑧⓪《胡林翼奏议》卷三十八。
⑧①《胡林翼奏议》卷二十。
⑧②《曾文正公全集·书札》卷二十六。
⑧③《曾文正公全集·书札》卷五。
⑧④《曾文正公全集·奏稿》卷三。
⑧⑤《曾文正公全集·奏稿》卷五。
⑧⑥《曾文正公全集·书札》卷六。
⑧⑦《曾文正公全集·书札》卷二十五。
⑧⑧⑧⑨《曾文正公全集·书札》卷四。
⑨⓪《曾文正公全集·奏稿》卷三。

㉑《曾文正公全集·家书》卷八。
㉒㉓《曾文正公手书日记》。
㉔㉕《曾文正公全集·家书》卷八。
㉖《曾文正公全集·奏稿》卷十二。
㉗《曾国藩未刊信稿》,第 127 页。
㉘《曾文正公手书日记》。

东北亚经济关系特点及中国的对策

当今世界经济在向着一体化发展的同时,出现了明显的区域化、集团化趋势,已经基本成形的经济圈有北美自由贸易区和欧洲统一大市场。为适应这种变化,亚太地区各国也提出了建立相应经济圈的要求。但根据亚太地区的实际情况,人们普遍感到,今后一二十年内不可能在亚太范围内建立起统一而紧密的经济合作实体,因而人们将注意力集中到了更为现实的次区域经济圈的建立问题上。其中,受到广泛注意而又与中国关系密切的是东北亚经济圈。本文将对东北亚经济关系中与建"圈"有关的若干特点作一论述,并对中国的有关对策提出建议。

一

东北亚经济关系的显著特点之一是,境内各国及地区在经济发展程度上存在着很大差距,表现出明显的非均质性。

当今在关于经济圈的讨论中,出现了一种不可忽视的倾向,不少人热衷于以地缘关系为基础划分经济圈,似乎只要找到一些相近国家或地区的地缘联系,即可将它们划为一个经济圈。地缘关系确实是建立经济圈的一个基本条件,但当今区域性经济圈的产生,是以世界经济一体化程度不断提高为背景的。因此,决定经济圈的不仅是地缘联系,更重要的是某特定区域内经济发展在较高水平上达到的均质性程度。从目前已基本成形的欧共体和北美自由贸易区两大经济圈来看,其区域内经济发展水平和在此水平上达到的均质性程度,是全球范围内最高的。以人均国民生产总值为例,1991年欧共体内几个主要国家分别为:德国21 475美元,法国21 188美元,英国17 745美元,意大利19 511美元;北美自由贸易区中,美国为22 550美元,加拿大为21 500美元,墨西哥为3 200美元。各国都达到了相当高的水平,而且差距不大。这种较高程度的均质性,使以区域为范围的经济整合,较少碰到因发展上的差距而造成的利害冲突。

反观东北亚地区,虽然在这里可以找出包括日本、韩国、俄罗斯、中国、朝鲜、蒙古等国家的地缘联系,但这个地区的总体发展水平低于欧共体和北美自由贸易区,而且各国和地区之间的发展水平参差不齐,表现出明显的非均质性。也以人均国民生产总值为例,1991年日本为27 326美元,韩国为6 498美元,中国为330美元,蒙古等国则更低。这种情况势必阻碍域内各国和地区经济上的紧密结合。据1989年的统计,东北亚地区的俄罗斯、中国、韩国、朝鲜和日本五国在区域内的经济依存度仅达13.1%,如果把占区域内贸易总额44.1%的日、韩贸易去除,则区域内各国和地区间的经济依存度更将大为降低。如此低的经济依存度,决定了处于东北亚范围内的各国和地区之间缺乏一种较强的经济凝聚力。因此,虽然这一地区存在的产业结构梯度差异性、资源互补性、贸易多层化等情况,使各国和地区间有着从事经济交流的客观条件和主观要求,而且随着北美和欧共体贸易保护主义的抬头,这种交流会进一步加强,但在东北亚地区经济发展程度的非均质性情况没有明显改变之前,东北亚只能出现一种松散的以双边互补为主的经济合作圈,而不可能建立像欧共体和北美自由贸易区那样以区域经济高度一体化为特征的经济圈。

二

东北亚经济关系再一个重要特点是其开放性。当今世界上,由于全球范围经济联系的日益密切,任何经济圈都不可能不具有开放性。但在开放程度上却存在差别。以东北亚地区和欧共体与北美自由贸易区相比,前者若建成经济圈,其开放程度要超过后两者。造成这种情况的基本原因,在于日本等经济发达或比较发达的国家的主要经济利益不在东北亚,甚至不在东亚,而在欧美。近年来,由于日美经济摩擦的发展、由于欧共体和北美自由贸易区针对日本的贸易保护主义有所加强,东亚地区在日本全球经济战略中的地位有所上升,但现在还没有根据说日本全球经济战略的重点已由欧美转移到东亚。据统计,在1988年4月至1991年9月,日本对北美和西欧的直接投资总额分别达到925.97亿美元和429.24亿美元。两者合计,占同期日本对外投资总额的70.4%。近年来,由于北美自由贸易区采行歧视域外商品的政策,日本乃至韩国为绕过北美市场的关税和非关税壁垒,正增加对北美的投资,以更多地在当地建立生产基地。这对日本和韩国增加对东亚地区的投资显然将发生重要的牵制作用。

而在东亚,日本经济上的关注重点则是亚洲四小龙和东盟,不是东北亚地区。1988年5月,当时的日本首相竹下登的咨询机构经济审议会提出了"东亚经济圈"的构想,这是迄今为止,日本官方直接参与制定的关于建立包括日本在内的经济圈的最完整的方案。这一方案中,只包括了日本、亚洲四小龙和东盟。撇开其他原因,仅从上述地区的经济发展程度较高这一条件来说,建立这样的"东亚经济圈",对日本来说,也更现实、更有利可图。

正由于日本等发达和比较发达的国家,虽然在地理位置上属于东北亚地区,但其主要经济利益并不在东北亚,因而在考虑东北亚经济圈问题时,首先必然顾及其主要经济利益所在,而不可能以东北亚经济圈为中心,不可能像欧共体和北美自由贸易区那样,将保护本经济圈的利益放在主要地位,对圈外采取排他性的保护主义措施。这决定了东北亚地区若建成经济圈,其开放程度要超过欧共体和北美自由贸易区,甚至超过日本所设想的"东亚经济圈"。

此外,日本等东北亚国家与美国的特殊关系对东北亚经济圈的开放性也有重要影响。日本目前虽已在经济实力上接近美国,而且发展势头比美国好,但就综合国力而言,与美国还有较大距离。据1990年统计(按美国R.S克莱因"国力方程"计算)美国综合国力得分为318分,日本则为165分。日本要谋求经济和政治上的更大发展,离不开美国的支持。因此,日本在建立任何经济圈时,都会顾及美国的态度,而不会采取排斥美国的政策。这无疑会进一步加强东北亚经济关系的开放性。

正由于东北亚地区关系具有上述开放性或非排他性,因而东北亚经济圈的建立,对促进圈内经济合作起到有效作用,但在当今世界日益剧烈的经济摩擦中,却很难起到保护圈内利益的作用,尤其难以以该圈的成立去平衡北美自由贸易区和欧共体的形成对东北亚地区经济发展造成的保护主义压力。

三

东北亚经济关系的又一个重要特征是合作层次上的地方性。

首先,日本在目前和今后一个时期内,将主要由地方介入东北亚经济圈。形成这种合作意向的原因,除了前面所述日本的主要经济利益不在东北亚地区,因而日本不会将经济合作的重点放在东北亚外,还因为日本主要以地区加入东北亚经济圈,有利于改变日本国内经济结构的不平衡现象,促进其某些相对落后的地区更快发展起来。战后,由于日本经济对欧美的依赖性,在国土开发计划上,长期遵循的是面向太平洋的战略方向。因而从东京到长崎面向太平洋的产业布局,比日本海沿岸地区要集中得多,两地的经济发展水平存在较大差距,前者被称为"表日本",后者被称为"里日本"。近年来,随着日本整体经济水平的发展,其产业布局正在迅速向日本海海岸扩展,而日本的沿日本海海岸地区,与其邻近的韩国及朝鲜的西海岸地区,中国的辽宁、河北、山东省及江苏省沿岸地区,不仅基于生产要素的互补性,存在生产要素间的分工,而且相互之间多层的产业、贸易构造,正向着更高的程度发展。日本学者称这种多层的且正向更高程度发展的产业、贸易结构为具有东亚特征的分工关系,这种分工关系能够对区域内的经济发展发挥明显的牵扯作用。因而日本相当一部分学者积极倡议以地方为主体加入并促成东北亚经济圈。为达此目的,主张给予与东北亚经济圈有密切关系的地区以更多的权力,要求将政治改革中提出的"地方的时代"这一口号,与建立地方经济圈联系起来,也即向地方分权,要有利于建立地方经济圈,从而使"地方的时代"向"地方经济圈"的时代发展。

韩国目前关于东北亚经济圈的构想,也将重点放在地方上。韩国过去产业布局的重心在东海岸,为改变其东西部经济发展的不平衡状态,正加强对西海岸地区的开发。为此,韩国成立了"西海岸开发推进委员会",并于1989年制订了开发西海岸的计划。为了发挥区域内产业和贸易发展的相互牵扯作用,促进西海岸的开发,韩国希望以其西海岸地区和相邻的中国辽东、山东半岛及天津、河北等省市形成以中韩合作为主的"环黄海经济圈",并已在天津、青岛投资兴建工业区,还计划于1994—1995年投资于营口和秦皇岛,推进工业区建设。

中国受其本身经济发展的限制,在东北亚经济圈的形成和发展上所能发挥的作用和影响,目前还难以和日本相比。中国以怎样的方式参加东北亚经济圈,决定权当然在中国,但在尊重中国主权的范围内,和中国的全体还是和中国的局部、和中国的哪一局部进行合作的选择权却在东北亚经济圈的其他各国和地区,特别是在日本、韩国等发达和较发达的国家和地区。从目前来看,日本、韩国在构思东北亚经济圈时,主要的合作意向放在中国东北亚沿海一带基础设施、经济发展程度、投资环境较好的城市和地区,例如辽东半岛、渤海湾和山东半岛的沿海城市,其中像大连、天津、青岛、烟台等都颇受青睐,有的构想还希望将上海也纳入东北亚经济圈。因此,就中国目前的客观条件和外来合作意向看,中国也将主要由地方加入东北亚经济圈的合作。

综上所述,可知东北亚经济圈将是圈内各国以局部地区合作为主的地方性合作圈子,这种地方性使它与欧共体和北美自由贸易区相比,无论在对圈内外各国关系还是经济发展的影响程度上都处于较低的层次。

四

东北亚经济关系的另一个重要特征是不稳定性。在这里有着冷战遗留矛盾和新生矛盾的交叉、圈内矛盾和圈外矛盾的交叉,错综复杂的矛盾给东北亚经济关系的稳定发展带来一定影响。

　　冷战遗留的矛盾有日俄关系和朝鲜半岛的南北关系等。日本原来追随美国,成为远东地区抗衡苏联的主要阵地。苏联瓦解后,美俄关系改善,日俄关系也随之缓和。但由于日俄间存在"北方四岛"领土问题,因而两国间关系的发展并没有获得稳定的基础。日本坚持俄罗斯如不归还北方四岛,就不对其进行大规模经济援助,不为去俄罗斯投资的厂商担保,不签订日俄和平友好条约。而俄罗斯由于国内压力和其他考虑,没有同意日本的要求。1992年叶利钦还以突然推迟访日的行动表示了一种轻慢日本的态度。1993年6月,东京七国首脑会议前,日本外相武藤嘉文则指出:西方国家关于建立40亿美元的俄罗斯私有化基金的计划是没有道理的,只需5亿美元或更少一些就可以了。俄外交部为此表示吃惊。两国关系更见冷淡。自1991年年底,朝鲜南北双方先后签署了《北南和解、互不侵犯与合作交流协议书》及《关于朝鲜半岛无核化宣言》,双方关系有了明显改善。但之后由于美韩恢复"协作精神93"联合军事演习等原因,朝鲜宣布进入"准战时状态",并退出核不扩散条约,南北双方关系又为之紧张起来。它表示朝鲜半岛关系的改善,不会一帆风顺,还会有许多曲折和意料不及的变化。

　　除冷战遗留矛盾外,一些新的矛盾也在发展。如日韩关系。由于冷战结束,两国面临的共同威胁基本消失,但安全利益的考虑上分歧增强。1990年9月韩苏建交,日本事先毫不知情。为此,日本加速了与朝鲜邦交正常化的进程。韩国因此担心日本意在维持朝鲜半岛的分裂。于是,美国出面警告日本不要与朝鲜过快和解而破坏朝鲜半岛力量的微妙平衡。之后,日本放慢了速度,并要求以朝鲜开放核设施并接受国际检查为邦交正常化的前提,日韩之间的摩擦才缓和下来。但日韩在历史问题、贸易问题、技术转让以及外交等方面仍会继续摩擦,甚至出现某种程度的紧张关系。

　　东北亚地区各国的关系不但受到域内矛盾的影响,而且与域外的矛盾密切相关。当今世界上,美国力量虽有很大衰落,但实力还是最强的,仍想努力维持它在世界的霸权地位。因而美国亚洲政策的变化,美日关系、美中关系、美俄关系等变化都会影响东北亚地区各国的关系。例如克林顿就任总统后,美国国防部拟定了新的军事战略,将美国原来能同时在两个战场作战的战略,改变为在一个时期集中于一个战场作战的战略。韩国有关方面便担心美国的这种战略变化可能助长日本的军事大国化和地区霸权主义。

　　东北亚地区存在的上述复杂矛盾,使区域内双边和多边关系的发展具有较大的不可测性,这使东北亚各国和地区间经济合作的稳定性大为削弱。

五

综上所述，由于东北亚经济关系存在着非均质性、开放性、地方性和不稳定性等特点，因而正确把握这些特点，能帮助我们较好地处理区域内的经济合作，例如建立东北亚经济圈等问题。

东北亚经济关系中存在的非均质性，限制了日本等发达和较发达国家的参与热情，决定了东北亚经济圈如果成立，也只能是一种松散的经济合作圈子。据此，我们一方面应以积极的态度促进东北亚经济圈的形成，但对此不能寄过高的期望。目前应将主要精力放在互补性、共益性较大的双边合作项目上。

东北亚经济关系中的开放性，决定了该圈即使成立也不可能像北美自由贸易区或欧共体那样，在经济摩擦日益加剧的当今世界，对圈内经济发挥较强的保护作用。因而，我们在谋求东北亚经济圈建立的同时，应继续发展全方位的经济交流和合作，不以区域的排他性，而以市场的进一步多元化，来抗衡当今世界保护主义增强的负面影响。

东北亚地区经济关系中的地方性，决定了东北亚经济圈在合作范围和合作程度上的局限性。针对这种情况，我们应避免将经济交流与合作对象一般化，而应将重点放在各国与东北亚经济圈有重要利害关系的地方，如日本的日本海沿岸地区、韩国的西海岸地区等，并积极支持我国与东北亚经济圈有重要利害关系的地区加入上述交流与合作。

东北亚经济关系中的不稳定性，决定了东北亚经济圈如果成立，也具有相当大的可变性。因而，我们对东北亚经济圈的成立，应该采取积极而又谨慎的态度，多发展我们能把握的双边关系；对多边合作则应由小到大，例如对东北亚地区内条件相对成熟一些的环黄海经济圈可以多作些工作，以期逐步积累，扩大合作；对一些尚不具备的多边合作和整个东北亚经济圈的建立，则不宜急于求成。

（原载《亚太论坛》1993年6月期）

中日美三角关系调整与中日关系

为了适应冷战后国际形势及中日美三国自身发展的需要,冷战后的中日美三角关系有过多次调整,其中最重要的是1996年4月以日美发表有关安保关系新定义的共同宣言为标志的日美关系的调整,和1997年10月以江泽民主席访美时中美宣布建设性战略伙伴关系为标志的中美关系的调整。

一

冷战时期的日美关系是以美苏争霸为背景的双边关系,美国为了遏制苏联的扩张,在东亚建立起一条新月形防堵圈,日美军事同盟关系是这条防堵圈中最重要的环节。1951年签订、1960年修改的《日美安保条约》,构成了冷战时期日美军事同盟关系的条约基础。为了维持日美军事同盟关系,美国向日本提供了优越的经援和外贸条件,利用这些条件,日本经济获得快速发展,乃至对美国的全球经济地位构成了挑战。

冷战后,因苏联瓦解,苏联的主要继承者俄罗斯国力衰落,美国与日本失去了原有的主要威胁者,日美军事同盟的基础大为削弱,日本经济对于美国经济的挑战性变得突出。在这样的历史条件下,美国和日本对于日美军事同盟关系能否维持、在怎样的基础上维持,开始了新的考虑,例如1992年9月,美国著名思想库兰德公司发表研究报告称:冷战后,亚太地区最令人担心的不稳定因素,从长远看是日本的军事大国化问题。在日本则有"重亚"论,主张日本调整对美关系,重新回归亚洲。这一切反映日美关系进入冷战后的调整时期。

经过一段时间的观察和考虑,日美确认要维持和巩固日美同盟关系的新的基础。1992年初,美国国防部起草的《国防计划指针》(1994—1999年)中提出:苏联解体后,要防止新的大国崛起,保持美国"唯一超级大国的地位"。1995年初,美国国防部又提出《东亚安全战略报告》,指出美国东亚安全战略应有四根支柱,即:(1)美国在东亚的驻军,(2)美国与日本等国的同盟关系;(3)东亚的多边安全机制;(4)与中国的接触政策;并提出:"没有比我们同日本的双边关系更重要的了。"从而确认为了维持美国唯一的超级大国地位、为了保护美国在东亚的战略利益,美国仍然需要与日本的同盟关系。1995年1月中旬,日本首相村山富士访问美国,向美国总统克林顿倡议:日美建立"创造性伙伴关系",主张日美双方不要只关注经济问题,还应关注冷战后亚太地区存在的许多不稳定因素,加强日美安保关系,同时合作解决环保等全球性问题。1月20日,日本外务省发表《我国当前外交的主要事项》的文件,明确表示:"日美关系是日本外交基轴。日美关系由政治与安全保障、全球合作、经济关系这三根支柱组成",其中"日美安全条约是日美同盟关系的核心,今后也要坚持下去。"

正是在上述认识的基础上,1995年11月,克林顿与村山富士发表了《日美安全保障联合宣言草案》。1996年4月,克林顿又与桥本龙太郎发表了《日美安全保障联合宣言》。上述草案和宣言明确了冷战后日美两国的共同利益在于:"维护和平与稳定"、"防止地区纠纷"、"确保开放和安全的海上航线"、"确保两国及地区的繁荣、民主化、人权和推进市场经济"等,表明冷战后日美同盟的基础已由冷战时期共同对付苏联,转而为以美日合作主导东亚及至亚太秩序,从而赋予了日美同盟以新的内容和要求。

冷战后期,为了共同对付苏联的扩张威胁,中美恢复发展了外交关系。但冷战后,由于苏联解体,促使中美接近的战略基础削弱,加上90年代以来中国经济的迅速发展,使中国显示出不寻常的崛起势头,美国一部分人中因此产生了"中国威胁论",这使"遏制"政策在美国对华政策中一度占了上风。从1989年美国宣布对华"制裁",停止高层互访,到1995年5月李登辉访美和1996年3月的台湾海峡危机,中美之间冲突不断。与此同时,美国的对华政策处于激烈争论之中。主要由于5方面的原因,美国以"遏制"为主的对华政策逐步让位于以"接触"为主的对华政策。(1)李登辉访美引发的台湾海峡危机,使美国决策层认识到了台湾问题在中美关系中的分量,如继续违反中美三个联合公报中有关台湾问题的既定原则,会从根本上破坏中美关系。(2)冷战后,经济利益的考虑,在美国全球战略中日益突出。中国经济的发展对美国构成巨大的吸引力,争夺中国市场成为美国考虑对华政策的重要因素之一。克林顿总统曾说:"中国和美国加在一起占全球贸易的近16%,占全球产值的30%,我们能否在地区和全球……达到使贸易更加自由、更加开放的目标,部分取决于中国和美国双边关系的强弱。"(3)中国是安理会常任理事国,而且随着中国国力的增强及独立自主和平外交的推进,中国的国际地位更见增高。美国要稳妥处理防止核扩散、打击恐怖活动、保护环境、维护东亚等地区稳定问题,没有中国的合作是难以成功的。(4)中美关系紧张,会使美国在中日美三角关系、中日美俄四边关系、中日美欧俄五边关系等重要的多边关系中的地位下降,削弱美国的全球影响能力。(5)中国在坚持原则立场的同时,提出并努力遵循处理中美关系的十六字方针："增加信任、减少麻烦、发展合作、不搞对抗"，促进了中美关系的缓和。

美国对华政策的转变，使中美关系开始了冷战后的重要调整。1997年10月，江泽民主席访问美国，中美两国发表《中美联合声明》，首次提出，中美"共同致力于建立中美建设性战略伙伴关系"，表示中美将在"能源和环境合作"、"经贸关系"、"和平核合作"、"法律合作"、"两军关系"、"科技、教育和文化交流"等六大方面进行合作；并再次写明"中方强调，台湾问题是中美关系中最重要最敏感的核心问题，恪守中美三个联合公报的原则，妥善处理台湾问题是中美关系健康稳定发展的关键"；同时承认"中美在人权问题上存在着重要分歧"。1998年6月，克林顿总统访华，中美两国首脑宣布互不将各自控制下的战略核武器瞄准对方，并就防止核扩散和裁减大量杀伤性武器的问题达成了协议。克林顿总统还公开重申对台湾的"三不"原则，即：不支持台湾独立；不支持"一中一台、两个中国"；不支持台湾加入任何必须由主权国家才能参加的国际组织。这样便将中美关系放在了与中美两国乃至世界的长远和全局利益相联系的更为广泛和坚实的基础之上。同时，美方明确支持的"三不原则"有效限制了台湾问题向着损害中美关系的方向发展，从而使中美关系转入了建设性战略伙伴关系的良性轨道。

二

日美关系和中美关系在冷战后的重大调整，使中日美三角关系表现出新的特点：

1. 三角关系趋向稳定

冷战后的中日美关系，继承了冷战时期中日美关系的某些特性，处于不平衡之中，特别在1995—1996年，日美安保关系新定义，使中日美关系处于严重的失衡之中。一方面是日美军事合作和安保范围的扩大，另一方面是中美在台湾海峡的对峙。这种状态发展到极端，有可能使中日美三角关系破裂为点和线的关系，即中国一点与日美一线的关系，不仅中美对峙，而且日本也将被卷入与中国的对峙之中，从而破坏东亚乃至亚太的和平与稳定，造成中日美三国及东亚和亚太地区其他各国的重大损失。中美关系的加强（虽然由于中美之间不可能建立军事同盟关系，日美关系的密切程度仍然明显超过中美关系），使中日美三角关系的两边相对接近，中美关系和日关系趋向相对平衡，中日美三角关系破裂为点线关系的可能性削弱。

2. 三角关系中双边关系的重要性表现出新的层次性

由于美国是世界唯一的超级大国,日本是经济力量仅次于美国的世界经济大国,而且日美之间以军事同盟关系为基础建立了密切的合作关系,这使日美双边关系对东亚乃至亚太具有重要的影响力。中国是一个世界性的政治大国,具有安理会常任理事国的地位,但经济力量较为软弱;而且冷战后相当一个时期内,中美关系未能被放置到适当的合作基础上,中美处于一种不信任状态,这使中美关系在亚太的影响力削弱。中国和美国虽然同为安理会常任理事国,由于经济力量的软弱,中国的国际影响力不及美国;由于历史及地理条件等原因,日本对美国存在较大的依附性,这使中日关系的影响力要低于日美关系和中美关系,在这个意义上说,中日美三角关系中双边关系的影响力曾显出如下层次性,即:日美关系、中美关系、中日关系。

但由于中国经济的快速发展,以及中美关系的调整,中美关系的潜在影响能力逐步显示出来,例如在防止扩散和裁减大量杀伤性武器问题上,在保持南亚和朝鲜半岛的稳定问题上,中美关系的影响力便超过了日美关系,这使中美关系的重要性正在超过日美关系,而使中日美三角关系中双边关系的层次性逐步转变为:中美关系、日美关系、中日关系。

3. 三角关系中中日美三国的外交地位发生了新的变化

原来的中日美三角关系中,由于中美关系的疏远和不信任,日本占据了较为有利的外交地位。为了遏制中国,美国必须获得日本的合作和支持。为此,美国一再声称:日本是美国最重要的盟国,而且不惜忍痛在经济摩擦上对日本作出让步,以换取日本的战略合作与支持。而中国由于与美关系的疏远和不信任,特别在中美关系紧张之时,必须努力发展与日本及欧洲等国家和地区的关系,以平衡美国的压力。这使日本往往能在中美之间获得一种调停或帮助者的地位。例如1989年西方各国对中国实行制裁后,日本率先呼吁解除对华制裁。

中美关系改善后,美国凭借其强大的综合国力,和与东亚地区中日两个大国都保持良好关系,大大加强了对东亚和亚太地区的影响力,在中日美三角关系中获得了有利的外交地位。日本却因中美关系的改善,其原来在中日美三角关系中所占据的有利地位,受到了一定程度的削弱。以至于美国驻日大使福利1998年6月30日在克林顿总统尚在中国访问时,便急急忙忙出面说:"我们很高兴而且很骄傲正在与中国建立更积极的关系","但在亚洲,美国的主要双边伙伴关系是与日本的关系,就像在过去数十年中那样,而且就我所见,这种关系将持续到下个世纪。"以此安抚日本的忧虑。

三

调整后的中日美三角关系表现出的新特点,必然给予中日关系以重要影响,这种影响主要表现为:

1. 加强了中日关系的稳定性。笔者在拙作《论中日美关系》中曾指出中日关系有很大的脆弱性,原因之一是因为"中日关系就其影响程度而言,处于较日美关系、中美关系低的层次,更大程度上受到日美、中美关系的制约"。因此,日美关系、中美关系的任何重要变化,都将影响中日关系,特别是日美关系与中美关系的不平衡发展,更有可能给予中日关系以负面影响。日美安保关系新定义后,美日一部分人曾试图利用美日关系的加强,给中国施加压力,1996年9、10月间,中日两国因钓鱼岛问题发生争端时,日本就有报纸宣传:日美安保条约适用于钓鱼岛。结果,造成中日关系的低落。而中日美三角关系经两次调整后,日美关系与中美关系趋向平衡,这就使少数人企图利用中日美三角关系中某种双边关系以孤立或削弱第三国的企图难以实现,从而加强了中日关系的稳定。从全局而言,这是有利于中日关系发展的。

2. 中日必须以宽广的胸怀,面对中日美三角关系的新变化。中日美三角关系的调整,使中美关系的影响力和重要性在增强。就全局而言,中美两个安理会常任理事国的双边关系在影响力和重要性上不及与其他国家的关系,是不正常的,与冷战后世界各国希望联合国在解决国际争端、处理国际事务方面发挥更大作用的要求不相适应。中美关系在影响力和稳定性上的增强,不仅有利于中国参与东亚、亚太乃至世界冷战后新秩序的建立,而且对于地区和世界稳定,对于促进联合国在世界范围发挥主动、积极的作用,更是一种建设性变化。日本应以宽广的胸怀支持这种变化。中国也应欢迎日美之间不针对第三国的双边关系的发展,支持日美从事有利于地区和世界稳定与繁荣的合作,从而使中美关系与日美关系得到平衡发展,为中日关系的发展创造更为良好的国际条件。

3. 中日关系的发展面临新的要求。冷战后日美关系和中美关系的调整,使中日美三角关系中日美和中美双边关系有了突破性发展,稳定性和重要性都有所增强。相对而言,中日关系虽也适应冷战后的需要,有所调整,但其主要成果体现在双边经济合作的加强,而在其他方面基本继承了冷战后期的调整成果,没有新的重要突破。这使中日关系的发展势头相对中美关系和日美关系而言,有所弱化。而且值得警惕的是在中美和日美关系取得一定发展成果后,在日本和中国都出现过少数轻视中日关系的言论,持这种言论的人不了解当今国际关系的整体性,特别像中日美这样重要的三角关系,弱化了任何一方,都会对整体平衡造成负面影响。就中日关系而言,如果因为中美、日美关系发展了,就轻视中日关系,不仅会直接削弱中日关系,而且还会因中日关系的削弱,降低中日两国在对美关系中的地位,从而造成中美、日美关系的不稳定。因此,在中美、日美关系获得发展的同时,不仅不应轻视中日关系,反而应以更积极的姿态促进中日关系发展。

在当前,如果日本能采取以下确保日本走和平道路的措施,则中日关系将会获得冷战后的突破性发展:(1)日本政府应在正确认识历史的基础上,像德国那样制定有关禁止以军国主义为宗旨的极右势力活动的法律;(2)日本政府应明确宣布日美安保条约的所谓"周边有事"不包括台湾。在此前提下,中日双边关系的稳定性和重要性都将明显提高。从而进一步促进中美、日美关系的发展,从而使中日美三角关系对东亚、亚太乃至世界的稳定与繁荣发挥更重要的作用。

(原载《社会科学》1998年第12期)

日本国家战略的调整

随着日本经济实力的迅速膨胀,特别是在苏联解体、冷战结束、国家利益对各国外交活动的影响空前增强的形势下,日本逐步改变原来一味追随美国的姿态,开始探寻新的国家战略。

一

冷战后的日本应该成为怎样的国家？日本国内现在比较集中的意见有三种：一为"普通国家论"；二为"中等国家论"；三为"民权、福利论"。

所谓"普通国家论"的主要内容为：战后日本虽然克服了经济混乱和萧条,并使之大幅度增长。但同时,日本在政治上与"普通国家"的距离越来越远,出现"经济一流、政治三流"的情况。日本若想改变这种情况,在国际上担当重要责任和角色,必须成为一个为国际社会所接受的"普通国家"。所谓"普通国家",有两个要素,"一是国际社会中被认为是当然的事情,就当然负起责任去做。不要用日本国内的通则,也不要受到国际社会的压力后才不得已去做。"[①]二是将地球环境的保护视为人类共同的课题,日本应该尽自己最大的能力去协助他国。为了成为"普通国家",日本在国内必须做到：1. 加强民主主义的集中化,形成有力的领导中心；2. 在追求国家利益时,不仅考虑短期的、具体的、即物的目标,而更要考虑中长期的、一般的、抽象的目标；3. 改变日本国民习惯于过平稳、舒适的生活,只希望与国际社会做最小限度交往的想法。

在外交上,则应该与美国和欧洲共同行动,积极参与新世界秩序的构筑,为国际社会作贡献。为此,日本需要调整自卫队战略,将"专守防卫战略"改为"创造和平战略"。而要保证新战略顺利形成和实施,必须修改宪法,在宪法中明确指出,自卫队参加创造和平的活动,不属日本宪法第九条所禁止的国权发动之列。

很明显,所谓"普通国家论",反映了日本追求与其经济地位相适应的新的国际政治地位的强烈愿望。它适应冷战后世界出现的多极化趋势,力图通过变更或强化领导体制、法律规范、外交姿态、国民意识等,使日本取得积极参与国际事务的更大权力和能力,不仅在经济上,而且在政治上,能与当今世界主要大国平起平坐,并努力促成美欧日共同占据主导地位的国际秩序。

"中等国家论"则认为：日本在第二次世界大战中遭到失败的基本原因，就是日本自不量力，错误地把自己视为大国。当今，随着日本经济实力的膨胀，在一部分人中又滋生出新的大国意识，这是必须警惕和反对的。主张日本应该参照瑞典、挪威、加拿大等"中等国家"的情况，为自己在国际政治中定位，并像瑞典等国那样，以严守中立的外交姿态，积极参与联合国领导下的维持和平活动。这派意见也要求日本积极参加国际活动，提高日本在国际上的政治地位，但希望将它定位在一个符合日本实际力量的恰当程度上。

"民权、福利论"则主张坚持日本现行的和平宪法，将主要精力放在改革国内政治、扩大民众权力和发展经济、提高民众生活水平上，使日本不仅成为经济大国，而且成为文化大国、生活大国。这派意见反映了日本民众对日本政坛上久兴不衰的权钱交易等腐败行为的反感，以及对日本生活水准一直落后于欧美等发达国家的不满，要求将解决国内问题放在首要地位。

二

日本在海部、宫泽任内阁首相时，其国家战略带有"普通国家论"色彩。

1990年，时任日本首相的海部在给美国前总统布什的亲笔信中便提出："必须以日美欧三极主导来形成世界新秩序。"[②] 同年，时任日本外务省次官的栗山尚一更根据日本与美欧经济实力的对比状况，具体指出：在20万亿美元的世界国民生产总值中，美国、西欧各占5万亿元，日本占3万亿元。因而，日本应按5比5比3的原则在未来的国际新秩序中占据一极。

1991年，苏联解体，日本的上述要求变得更为强烈。1992年1月，时任日本内阁首相的宫泽踌躇满志地指出："具有强大经济力和以此为背景的影响力的日本，在建立新的世界和平秩序中承担怎样的责任和发挥怎样的作用，受到了国际社会的关注"，宣称："将与美国合力，为构筑世界和平秩序，共同承担全球规模的责任。"[③] 为了突出日本在未来国际新秩序中的地位，宫泽还强调：未来的国际新秩序"不是一国或少数特定国家领导下确立的秩序，不是世界帝国，而是世界共和国，日本应发挥主导作用。"[④]

为了实现上述目标，日本积极开展了争当联合国常任理事国的活动。1991年12月19日，日本驻联合国大使波多野敬雄明确表示：日本打算在联合国开展活动，"争取在5年内成为安理会常任理事国。"[⑤] 1992年10月，日本外相渡边美智雄声称："日本负担了联合国资金的12.45%，比英、法、中三国之和还要多，仅次于美国居第二位，完全有资格成为常任理事国。"[⑥] 11月，时任日本首相的宫泽喜一在与智利总统艾尔文会谈时表示:"在新的国际形势下,联合国的作用日渐增大,但联合国的机构却自第二次世界大战后一直没有任何变化,日本准备在联合国发挥更大作用。"⑦日本外务省并制订了争取在1995年成为安理会常任理事国的计划。日本著名评论家山田勉先生指出:日本此举是为了"在约半个世纪前打败日本的联合国中取得一席支配地位,名副其实地彻底摆脱战后。"⑧

此外,日本还在海部内阁期间为海湾战争提供了130亿美元,帮助美国打赢了这场战争。在宫泽内阁期间,强行在国会通过了《联合国维持和平行动合作法案》,派遣自卫队参加柬埔寨的联合维持和平部队,并在1992年6月23日通过的下年度预算的概算要求标准中,将有关防卫费用增加了3.6%。

一时间,日本要成为与其经济实力相称的世界政治大国的愿望表现得咄咄逼人。但日本这种愿望的实施遇到了障碍和挑战。就在海部首相提出欧美日三极为主导建立世界新秩序的建议不久,时任美国总统的布什便于1991年3月1日提出了由美国主导世界新秩序的构想,对日本的建议表示了公开的轻视。之后,美国、英国、法国、加拿大等国首脑为世界新秩序而频繁接触,积极磋商,日本却被冷落在外。

1992年1月31日安理会首脑会议上,宫泽首相提出改组联合国机构的问题后,英国首相梅杰立刻反驳,说他认为联合国机构目前工作状态很好,没有必要对联合国安理会机构进行改组。自1972年尼克松任总统以来,美国多次表示支持日本成为安理会常任理事国,但1992年4月,时任美国副国务卿助理约翰·波尔顿却发表演讲,指出:"美国的立场是:日本应该在一个合适的时候成为安理会常任理事国,但目前还不是时候。如果日本表示出这种愿望,那么印度、埃及、德国、尼日利亚和巴西也会对此表示关心。如果增加5个常任理事国,那么非常任理事国将增至26或27个","目前尚未有研究取消否决权的设想。"

日本强行通过《联合国维持和平行动合作法案》,派出自卫队参加联合国维持和平部队,而且由于法案本身的规定存在不少含糊之处,例如是由联合国还是由日本政府来判断战乱当事人是否接受援助等,因此不仅在国内招致反对,而且引起世界、特别是亚太地区曾遭受日本侵略的国家的警惕。

三

1993年8月,细川就任日本内阁首相,日本的国家战略开始新的调整。

正在调整的日本国家战略很难以前面提到的"普通国家论"、"中等国家论"、"民权、福利论"作单一概括，而似乎是这三种观点修正后的组合。其具体表现如下：

1. **在外交上将原来急于成为世界政治大国的高调姿态，变成较为低调的姿态。**细川上任至今尚未发表过类似海部、宫泽所发表过的那种建立由欧美日共同主导的世界新秩序的言论。上任伊始，便在8月10日的记者招待会上承认日本发动的太平洋战争是"侵略战争"。8月23日，在"所信表明演说"中，虽将"侵略战争"改为"侵略行为"，但在接受日本自民党总裁河野洋平质问时，仍表明：关于过去的战争，"两次发言都表明了我的认识。"⑨

此外，在成为安理会常任理事国的问题上，也由以往的"志在必得"改为"顺其自然"。细川首相的特别助理田中秀征指出："在目前的状况下急欲成为安理会常任理事国是不好的。如果希望做安理会常任理事国，联合国成员国就可以向日本提出要求。倘若被推举，我们则能够提出要求。"⑩

2. **外交上较为低调的姿态，并不意味着日本当今的国家战略完全不受"普通国家论"的影响。**1993年9月29日，日本防卫厅在全国举行了10年来最大的一次陆海空三军自卫队综合演习。细川首相宣称："有必要建设能够同国际形势戏剧性地展开相对应的、有效的防卫力量。也有必要考虑科学技术的进步。总之，旧态依然如故是不行的。"日本防卫次官畠山解释说："首相要求的不光是数量上的缩减，而且是看得着的质上的变化。这是一种通过技术革新来替换人手的想法"。为此，《日本经济新闻》载文指出：细川首相和著名的"普通国家论"者小泽一郎的自卫队改组论，"相似之处处处可见。特别是在重视防卫力的尖端化和效率化这点上具有共同点。"⑪

3. **根据日本已进入老龄化社会的特点，主张建立起超越明治以来的发展经济至上主义的行动观念。**也就是说要改变过去以牺牲国民福利为代价发展经济的做法，而更为重视国民的福利。细川首相在题为《21世纪的蓝图》的新年讲话中指出："日本已成为居世界第一位的长寿国，在此情况下，有必要完善可以支撑这个社会的基础。为此我想开展以下工作：改革退休金制度，对临时工人实行社会保险制度，建立育儿带薪休假制度，'修改黄金计划'，完善护理休假制度，制定治癌新10年战略等"；并主张推进地区建设，使地方和大城市都有各自的吸引力；还要求让全国90%以上的人能够使用上下水道，高速公路网由现在的600公里延伸到1.4万公里，让全国98%的人能在一小时内到达高速公路入口；此外，还要制订"21世纪住宅计划"，使人均住宅面积增加30%，住宅费用降至目前的三分之二，城市公园要扩大二倍。这些主张明显带有"民权、福利论"的色彩。

＊　＊　＊

由于日本在国际经济中占有重要地位，因而日本国家战略的调整，不仅为日本国民所关注，也为世界所注目。

日本目前在政治结构和经济结构上都处于重大调整时期。由于这种调整尚未告一段落，这使日本的政治结构和经济结构带上了不确定性。这种不确定性，决定了日本目前的国家战略也带上了不确定性。因而，上述日本国家战略调整的三种表现，不能视为日本对未来的明确选择，这种明确选择将伴随日本政治结构和经济结构调整的基本完成而形成，对它的观察和把握尚需时日。

（1994年2月成稿）
作者单位：上海社科院亚太所
（原载《亚太论坛》1994年2月期）

注释：

① 小泽一郎《日本改造计划》。
②《国际政治研究》1993年第三期。
③《读卖新闻》1992年1月24日。
④《国际政治研究》1992年第三期。
⑤《读卖新闻》1991年12月20日。
⑥⑦⑧《世界月刊》1993年第一期。
⑨《朝日新闻》1993年8月26日。
⑩《每日新闻》1993年9月23日。
⑪《日本经济新闻》1993年12月22日。

后冷战时期日本亚太经济战略的变化

战后日本亚太经济战略的酝酿是在20世纪60年代，其标志是"日本经济调查协会"1962年5月提出的"太平洋经济合作方向"报告。

当时世界正处于东西对立的冷战时代。作为酝酿阶段的日本亚太经济战略有如下特点：（1）主要意图在实现出口市场和资源来源的多样化；（2）受冷战格局制约，加上亚太地区内部经济联系不密切，当时日本亚太经济战略的重点在太平洋东部以及南部的发达国家，严格说还不能称为完整的亚太经济战略。

1978年，大平正芳就任日本首相后，正式把促进与环太平洋地区各国的经济文化交流作为新内阁的外交战略提了出来。他倡议在太平洋地区建立一个松散的连带，主张日本在其中发挥以下作用："首先要对地区内各国提供经济协作和技术协作，同时提供稳定的农产品、原材料、加工的销售市场，降低农产品的关税，谋求日元在内部的流通，扩大人员交流。"[①]它标志着战后日本亚太经济战略的形成。当时世界以东西对立为主要特征的冷战格局，已演变为以中美苏大三角为主要特征的冷战格局。在世界经济格局中，呈现美国、联邦德国、日本三极态势。这时的日本亚太经济战略与酝酿阶段相比，出现了新的特点：（1）开始从"太平洋时代"这样的战略高度考虑亚太经济战略；（2）已包括争夺世界经济格局中主导地位的意图；（3）由于东亚经济上的迅速成长，日本对东亚，特别是东盟诸国及韩国等的重视程度大为增强；（4）由于冷战格局的变化和中国实行了改革开放，与中国的经济合作也被包括进日本的亚太经济战略。

20世纪80年代后期，世界及日本的情况开始了新的重要变化。这些变化的主要内容有：（1）以美苏对立为主要特征的冷战基本结束；（2）冷战的结束，使西方发达国家间原已存在的以贸易摩擦为基础的矛盾迅速上升，日本持续保持着世界上最高额的贸易顺差，与欧美发达国家的经济关系尤显紧张；（3）日本经济实力不断增强，并成为世界最大债权国，但日本国民的生活质量却低于欧美发达国家；（4）日元自1985年后继续升值；（5）东亚地区成为世界经济发展最快的地区，而且继续保持着蓬勃的发展势头，中国的改革开放事业进展顺利，1992年明确宣布将计划经济转入社会主义市场经济。

以上述变化为背景，日本亚太经济战略出现了新的变化。

一

经济战略的考虑更密切地与安全保障等问题联系到一起。冷战结束,日本的安全保障问题面临新的局面。正如日本新生党代表干事小泽一郎指出的:"冷战下的美国,为了要把日本建为对抗共产势力的防波堤,本来应该由日本自己负担的和平自由代价,都由它来承担","冷战结束后,美国再也没有理由代日本负担这个成本","为了不让日本经济崩溃,日本自己非得负担代价严守世界的和平与自由不可。"②因而日本在考虑经济战略时,势必将其更密切地与日本的安全保障等问题联系到一起。1993年8月23日,时任日本首相的细川护熙在众参两院的演说中强调:他"重视日本作为亚太地区一员的作用","将和亚太地区各国在经济和政治两方面从事比以往更为紧密的对话和合作"。显示了把政治和经济结合起来规划亚太问题的意向。

可以预见,政治特别是安全保障问题今后对日本的经济战略,包括亚太经济战略的影响将日益增强。

二

强调国际协调,努力将日本经济结构由原来的出口第一主义变革为内需主导型,同时扩展生产国际化道路。

日本外贸顺差的持续上升,与各发达国家经济摩擦的不断加剧,给日本和世界经济的发展带来很大困难。加上日元日趋坚挺,日本已很难像以往一样通过不断扩大出口谋求经济发展,而必须寻求新的出路。

1986年东京发达国家首脑会议前夕,日本"国际协调经济结构调整研究会"发表了报告书,即所谓《前川报告》,指出:战后40年来以产业为中心与出口第一主义的经济政策及制度必须调整,以建立与新形势相适应的"国际协调型的经济结构"。为使该报告书具体化,同年5月,日本政府制定了《经济结构调整推进纲要》。9月,又由日本经济审议会设立了经济结构调整特别部会,并于1987年5月发表了《经济结构调整的指导方针》,指出:为建立与新形势相适应的"国际协调型的经济结构",需要在国际范围内实行以没有通货膨胀的持续增长、纠正对外不平衡、稳定汇率为目标的国际性的政策协调。为此,日本应将经济结构变革为内需主导型,稳固地走上实现协调的对外平衡的道路;美国应削减财政赤字;欧洲各国要克服经济僵化;解决发展中国家累积债务的问题。1987年7月,日本经济企划厅综合计划局在考虑上述政策方向的前提下,作为战后日本政府第三次中长期发展战略的研究成果,发表了《走向21世纪的基本战略》。

这一切表明:追求国际协调,努力将日本经济结构变革为内需主导型的方针,是日本全局性的中长期经济发展战略方针,日本的亚太经济战略当然也必须贯彻这一方针。同时,日本加快扩展生产国际化的道路,即发展国际分工,在世界范围内实现整个物质生产的过程,使产业间投入产出的转换超越国界,并通过跨国直接投资——流出的与流入的——来关联国内与国外产业的体系。1993年10月,日本通产相熊谷宏在新加坡与东盟诸国的工业贸易部长会晤时,提出了日本的所谓"一揽子产业合作"方针,主要内容为:支持各国扶植中小企业的政策;充实培养技术人才的制度;加强保护知识产权等。据法新社新加坡10月10日电,在会晤时,日方提出通过向该地区投入更多的技术以及把劳动密集型工厂转移到中国和印度支那来帮助该地区提高工业水平。东盟对此已表示接受。这明显反映出日本在东亚扩大国际分工的意图。

三

密切联系太平洋东西两岸,按两条腿走路的方针规划亚太经济战略,并以亚太为日本世界经济战略的重点。

之所以如此,首先因为这种做法能使日本经济及安全保障利益获得最可靠的保证。

就经济而言,位于太平洋东西两岸的北美和东亚地区已成为日本最主要的贸易伙伴。据1991年的统计,日本和北美(美国、加拿大)的贸易额为1 515亿美元,居日本对外贸易额的第一位;日本和东亚(韩国、中国台湾地区、中国香港、新加坡、印尼、马来西亚、菲律宾、泰国、中国)的贸易额为1 350亿美元,居第二位。[③]北美和东亚已成为日本对外贸易两根最主要的支柱,失去或削弱任何一根,都将使日本经济遭受严重损失。

就安全保障而言,北美和东亚对日本具有头等重要的作用。苏联的解体虽然削弱了日美同盟关系的原有基础,但由于日本认为在其周围继续存在对其构成威胁的因素,所以,日本仍然需要美国的保护。这使冷战结束后的历届日本内阁都继续宣称:日美关系是日本外交关系的基轴。东亚地区是日本的所在地,出于地缘政治的考虑,日本将与其近邻中国、朝鲜半岛、东盟诸国的关系视为日本安全的另一基本要素。中日建交后,特别是随着冷战的结束,日本历届内阁都宣称：日中关系是与日美关系同样重要的关系。细川护熙就任首相后，便强调要"进一步改善与中国、韩国、东盟诸国等近邻诸国的关系"，表示了在外交上对东亚地区的重视。

其次，因为包括太平洋东西两岸的亚太地区在美国的全球战略中，正取得日益重要的地位。

由于东亚经济充满活力的增长等因素，美国在亚太范围的经济利益日见重要。加上冷战结束后，美国与欧洲在经济与安全等问题上的摩擦和分歧日趋严重。在这种情况下，美国开始将其注意力越来越多地转向亚太地区。1993年7月7日，美国总统克林顿在日本早稻田大学演说中首次提出建立一个"在分享力量、分享繁荣以及对民主价值共同承担义务基础上的太平洋共同体"。[④]7月10日，在韩国国会的演说中又重申了这一主张，明确阐述了主要由北美和东亚组成的"新太平洋共同体"对于美国所具有的重要战略意义。

尽管日美经济上存在着严重矛盾，但作为世界上数一数二的两个经济大国，它们在经济上的相互渗透和依存程度又超过与世界上其他任何地区和国家。这使摩擦和协调并存于日美关系之中，在一般条件下协调占据日美关系的主导地位。因此，正在担心因北美自由贸易区的建立而导致美国保护主义进一步抬头的日本，对于美国将太平洋东西两岸联成一体考虑其国家前途的战略方针当然表示欢迎。这必然促使日本更积极地密切联系太平洋东西两岸，按两条腿走路的方针，规划其亚太经济战略。

再次，还因为这有利于日本协调太平洋两岸正在形成的区域性经济圈的关系。

太平洋两岸近年来正逐步形成一些区域性经济圈，除东岸的北美自由贸易区外，目前发展势头较为明显的有西岸的东盟自由贸易区，而且东盟各国还希望扩大这一经济圈。

随着太平洋西岸经济的高速增长，太平洋东西两岸的经济联系日益密切，各自在对方的经济发展中占据着日益重要的地位。但两岸也存在着矛盾。由于东亚地区的区域性经济圈，主要以发展中国家为主形成，很难在完全对等的条件下与发达国家从事贸易竞争，因而它们以各种方式明确表示抵制美国等经济大国控制东亚经济的企图。

在太平洋东西两岸都有着重要经济和安全利益的日本，希望在上述矛盾中居于调停者的地位，以巩固和提高其在两岸乃至世界上的地位。为此日本也必须密切联系两岸，按两条腿走路的方针，规划其亚太经济战略。

由于太平洋东西两岸在经济和安全保障上对日本具有头等重要的意义，

因此,包括太平洋东西两岸的亚太地区必然成为日本世界经济战略的重点。

随着东亚经济的持续高速增长,和美国等国家在战略上向亚太地区的逐步倾斜,亚太地区将成为日本争夺世界经济主导权的主战场。

四

实行有层次的亚太区域经济政策。

(一)北美和东亚是日本亚太经济战略的重点,对北美以协调为主,对东亚以发展为主

亚太地区是日本世界经济战略的重点,但日本在亚太范围内并非平行推进。由于北美和东亚在经济和安全保障上对日本具有头等重要的意义,因此,北美和东亚理所当然成为日本亚太经济战略的重点。但由于北美和东亚情况的差异,日本对两地经济政策的侧重点有所不同,对北美重点在于协调,对东亚重点在于发展。

北美主要指美国,是当今世界经济领域中日本的主要合作伙伴和竞争对手。由于日本经济的迅速发展和美国经济的相对迟滞,日美经济实力的对比正向着有利于日本的方向发展。日本对美国的贸易顺差1992年达到487亿美元,占美国全部贸易逆差的57.8%,1993年继续上升,据1994年2月17日美国统计为593亿820万美元。对此,美国极为不满,采取强硬态度,逼迫日本让步,并于1994年2月日美最高峰会议上,由克林顿总统向细川首相提出指标性削减贸易赤字方案。而日本在忍痛让步的同时,一再抱怨日美之间贸易不平衡的原因不是单方面的,并由细川首相拒绝了克林顿总统提出的指标性削减贸易赤字方案。日美贸易关系更显紧张。

种种情况表明,日美经济关系当前需要的主要是协调,否则将给日美经济关系造成破坏性影响,更不用说发展了。关于协调的方针,1987年7月,日本经济企划厅综合计划局主张:"首先,必须削减美国的财政赤字和加强日本西欧的内需扩大等宏观政策的国际协调;第二,进一步促进市场开放以完善竞争条件,使劳动力、资本等生产要素在产业部门间得到顺利的移动,进行供给面的结构改革。"1994年2月17日,在日美高峰会议破裂后,细川首相一方面要求美国遵循自由贸易的原则,反对其依据本国的法律,单方面对日本制裁;另一方面要求日本加速市场开放,内容大致有四:(1)放松限制;(2)促进输入及投资;(3)严格执行独占禁止法;(4)改善政府调控。当今日本在谋求对美经济关系的协调上,贯彻的基本是上述方针。

东亚地区近几十年来不断创造出新的经济奇迹。据1992年统计,东亚地区的经济平均增长率在6.5%以上,而这一年世界经济的平均增长率仅为1.8%。经济的迅速增长,使东亚市场潜在的巨大吸收能力逐渐显示出来,这为日本在东亚地区的发展提供了有利条件。1992年,日本向该地区的出口比1991年增长14%,而向美国的出口仅增长7%。

日本在东亚着重于发展,不仅由于东亚经济高速增长,还因为东亚经济结构呈现出明显的梯形级差态势。这个梯形级差态势为日本适应国内经济结构调整,向外转移淘汰产业,以及扩大海外投资提供了有利条件。

此外,日本在东亚着重于发展,还因为根据人口学统计,日本人口和劳动力增长率已接近于零,而在东亚有着世界上最庞大,且教育程度仅次于发达国家的廉价劳动大军。

正因为东亚无论在商品吸收能力,还是在经济结构的调整和劳动力的供给等方面,都能为日本今后的发展提供较好的条件,因此,日本必然将发展作为其在东亚政策的重点。

(二)东亚的重点在韩国、新加坡、中国台湾、中国香港等新兴工业化国家和地区及东盟诸国

1990年,唯一由日本官方参与制定的地方经济圈设想——"东亚经济圈"的成员,除日本外,便是东亚新兴工业化国家和地区及东盟诸国,而不包括中国。这不是偶然的,它反映了日本亚太经济战略中东亚地区的重点所在。

之所以确定这样的重点,原因在于:

(1)东亚新兴工业化国家和地区及东盟诸国的经济发展程度在东亚处于较高的水平,日本更易与它们形成较为稳定的经济关系。根据东亚各国和地区的经济发展水平,大致可将它们划分为四个层次:日本处于第一层次;韩国、新加坡、中国台湾、中国香港处于第二层次;东盟诸国处于第三层次;中国等国则处于第四层次。20世纪70年代以来,伴随韩国、新加坡、中国台湾、中国香港工业化程度的提高,日本与它们的水平国际分工明显发展,产业内国际分工和企业内国际分工逐步形成。东盟诸国与日本间的国际分工从总体上看还处于垂直分工阶段。但近年来,随着东盟各国技术水平的提高和亚洲新兴工业化国家和地区劳动成本的提高,日本与东盟各国按生产工序进行的产业内分工正在形成。而中国对日贸易属典型的垂直型国际分工,而且这种状况难以在较短的时期内根本改变。据日本经济研究中心会长金森久雄估计,到2000年,亚洲新兴工业化国家和地区的对日贸易将转为黑字,中国则可能出现近200亿美元的赤字。

以垂直型国际分工为基础的经济关系,一般说来不如以水平型国际分工为基础的经济关系稳定。出于经济上的考虑,日本更愿意将亚洲新兴工业化国家和地区及东盟诸国作为其在东亚的经济重点。

(2) 亚洲新兴工业化国家和地区及东盟诸国与日本社会制度相同,冷战时期有过以美国为首的同盟关系。日本以它们作为其在东亚的经济重点,符合日本在安全保障问题上的考虑。

(三) 对华经济方针是努力发展的同时,希望有所牵制

中国自改革开放以来,特别是在 90 年代,经济取得了飞速发展,引起世界各国的注目。日本与中国同处东亚,一衣带水,日本对中国当然更为关注。而且,如前所述,无论就经济发展还是安全保障而言,亚太地区均是日本的战略重点所在。而亚太地区要谋求经济发展、安全保障,没有中国的发展和合作是困难的。因此,日本支持中国的改革开放,希望日中经济关系得到稳定的发展。这可以说是日本对华经济方针的主导方面。

近年来,日中经济关系在原来的基础上有了较大发展。

1991 年,日中贸易额首次突破 200 亿美元;1992 年突破 250 亿美元;1993 年估计突破 300 亿美元。日本已上升为中国的头号贸易伙伴。

除贸易外,日本对华投资也有明显进步,主要表现在:(1) 投资额增加。1991 年为 599 项、8 亿美元;1992 年增为 1 805 项、21 亿美元;1993 年 1—3 月达到 567 项、55 亿美元,比上年同期增长近 20%。(2) 投资的产业结构有所升级。90 年代前日本对华投资主要集中于宾馆、酒店等服务业。90 年代后,主要集中于钢铁、机械产业和一些软件技术开发项目上。(3) 对华投资的大型企业增加。90 年代后,三菱、松下、佳能、新日铁等大型企业,以及日商岩升、东棉公司等日本著名的综合商社开始对华进行大型项目的投资。(4) 对华投资由原来的企业市场经济行为转向谋求国际分工。

日本经济界的一些重要人士从长远的眼光看,积极主张进一步发展日中经济关系,并特别强调日本向中国转移国内产业及扩大国际分工方面的合作。例如日本兴业银行顾问小林实先生指出:"今后日本企业在本国内必须缩小规模时,可以完全将其设备搬到中国",日本企业应该"把中国当作生产、供给、销售的最佳组合的国际分工的一环来把握"。[⑤] 上述意见在相当大的程度上反映了日本经济界对未来日中经济合作内容的期待。

但由于对中国潜在能力的不必要疑惧,以及对中国社会主义制度的不理解或偏见,在日本朝野中始终存在一种希望对中国有所牵制的要求。此外,还由于担心中国的政局能否稳定,政策能否持续,而存在反对以积极态度考虑日

中经济长期合作规划的意见。这些都在一定程度上限制了日中经济关系的进一步发展。

(原载《社会科学》1994年第10期)

注释：
① 1978年大平正芳在自民党总裁选举时的政策演说。
② 参见《日本改造计划》。
③ 日本《世界周报》1993年9月14日,第15页。
④ 日本《每日新闻》1993年7月8日。
⑤ 日本《读卖新闻》1993年10月4日。

日本社会党分裂的由来及影响

1995年1月16日，由日本社会党内政策集团新民主联盟会长山花贞夫等议员组成的"民主自由新党准备会"举行该会全体社会党议员会议，正式决定成立国会内新会派"民主联合民主新党俱乐部"，同时山花明确表态说：所有参加新会派的社会党议员已经做出最后决断，脱离社会党，在1月17日递交成立新会派申请的同时，提出离党申请。后因兵库县南部大地震，成立新会派被迫决定延至通常国会召开之后，但日本社会党分裂已成定局。本文试就日本社会党分裂的由来及影响进行论述。

一

日本社会党成立于1945年11月2日，是一个传统意义上的左翼社会民主政党。当时它的纲领和政策，基本反映了日本国内工农群众反对垄断资本的斗争及国际上社会主义力量反对帝国主义势力的斗争。日本社会党规定自己为"阶级的群众政党"，"代表城乡广大劳动人民的利益"，"消灭人剥削人的制度"；党纲中明确本党的三大任务为：（一）保证国民政治自由，建立民主制度；（二）排斥资本主义，推行社会主义，提高国民生活水平；（三）反对帝国主义，团结各国人民实现永久和平。该党在对外政策上长期坚持反对日美安全条约，主张"缔结日美中苏等主要国家参加的集体互不侵犯条约或安全保障条约"，反对PKO法案；认为自卫队的存在不符合日本宪法，反对扩充自卫队，坚持非武装的中立道路；不承认"君之丸"和"君之代"为国旗和国歌；反对建立核电站。该党承认议会政治，参与议会竞选及其他活动，主张以此为基础，争取国民支持，以民主、和平的方式，实现社会主义。日本社会党的主要社会基础是日本工会总评议会，六七十年代时，日本工会总评议会拥有451万左右的会员。

在1947年4月的总选举中，日本社会党获得最多票数，成立了以其为主导的联合政权。但除了这一届政权，至1994年6月成立以社会党委员长村山富市为首相的内阁以前，日本社会党一直处于在野党的地位，它以最大的在野党身份，参与日本政坛活动，对长期执掌日本政权的自民党发挥了重要的制约作用，成为所谓1995年体制不可缺少的构成因素。

日本社会党成立之后,党内曾经发生过两次较大分裂。一次是五十年代末,社会党内的右派俱乐部成员、约40名国会议员,脱离社会党,于1960年1月成立民社党,否定社会党"阶级的群众政党"之说,主张建立"国民政党",要求以渐进的方式,建立社会主义的福利国家。另一次是七十年代末,部分社会党议员"依据自由和民主主义,积累渐进的改革",实现"新的紫玉的社会主义社会",因而脱离社会党,成立"社民联",作为市民层的集结。

以上两次分裂,虽然没有从根本上动摇社会党的地位,但从以上两次分裂的倾向看,社会党传统的左翼纲领和政策正受到党内右翼力量日益严重的挑战。这是战后、特别是日本经济高速发展后,国内阶级关系和国际冷战格局的变化在日本社会党内的反应。它预示着日本社会党内更大分裂的酝酿。

二

进入80年代中后期,特别是苏联解体,世界冷战体系瓦解,日本社会党面临的国内外形势发生了更为明显的变化。就日本国内而言,日本经济从高速增长进入一个稳定增长时期,不仅国民生产总值,而且人均国民生产总值也跃居世界前列。在这种条件下,日本的国内阶级关系发生重要变化,劳、资对立较前明显缓和。据日本有关方面调查,日本有80%—90%的人认为自己属于中产阶级;加上国铁和电话电报公司陆续实现民营化,原来有力支持日本社会党左翼纲领和政策的国有企事业工会被严重削弱,取代日本工会总评议会的"日本工会总联合会",标榜超党派,对日本社会党的支持程度大为降低。这使日本社会党的国内基础动摇。而苏联解体,世界冷战体系瓦解,则使东、西方对立基本消失,和平与发展成为世界的主旋律。日本社会党原来支持东方战营,反对西方势力的对外政策也失去了存在的依据。对这种严重的变化,日本社会党未能做出正确的预测和相应的纲领及政策变动,这使日本社会党的传统纲领和政策,很大程度上失去了现实性,从而大大削弱了社会党对其党员和国民的吸引力。在1993年7月18日第40届众议院选举中,日本社会党遭到了战后以来最大的挫折,其众议院席位从135席降至70席,党的副委员长和田静夫、资深议员高译寅男、上田哲等人均落选。

这种情况,迫使社会党必须寻找新的出路。实际上在此之后,社会党的基本纲领和政策开始出现向传统意义上的保守立场倾斜的趋势。其最初的表现是加入1993年8月由新生党、新党等七党一派联盟支持成立的细川内阁。细川内阁基本由从自民党分裂出来的所谓新保守势力控制,其内政外交政策与自民党政权无根本区别。对此,社会党并没有从其传统立场出发加以反对,而解释说参加内阁的6名社会党议员,只是作为内阁成员服从政府的统一方针,而社会党本身仍然保持其传统的基本立场和政策。企图以此来掩盖其基本立场和政策的变化,防止党内因这种急剧转变发生大规模分裂。

由于当时内阁首相不是社会党党员,社会党上述作法尚能弥缝于一时。但到1994年6月,社会党与自民党、先驱新党联合取得政权,由社会党委员长村山富士出任首相、组建内阁。这时,社会党便面临着要么放弃政权,要么公开改变传统立场和政策的两难选择。村山富市审时度势。选择了后者。他在就任首相后不久,便在众议院全体会议上明确表示:"自卫队符合宪法"。之后,又在参议院全体会议上说:"非武装中立的政策其作用已经结束",并同意在学校里就"日之丸"和"君之代"进行指导。

村山的讲话,实际上是对日本社会党传统立场和政策的公开否定。这在日本社会党内引起强烈反应。一部分社会党左派议员认为:"如此轻率地改变党的理念和原则,实在令人难以接受,我们已经不知道应该做什么好了。"社会党副书记长五岛说:"如果只说到'日之丸'和'君之代'已经在国民中固定下来这种程度就好了。但是,讲过火了。不知究竟要走到何种地步。"但是由于日本社会党的传统政策已变得缺乏现实基础。如村山富市原来是日本社会党内左翼的代表,由他出面对日本社会党传统立场和政策作保守化转变,较易取得党内传统意义上的左翼谅解。日本社会党原委员长长山花贞夫、书记长久保亘等代表的右翼力量则一直主张做这种转变。所以,在1994年9月3日于永田町举行的日本社会党临时代表大会上,便通过了"在当前政局问题上的基本姿态"的决议,在该决议中明确写进了自卫队存在合乎宪法,坚持日美安全条约等问题,认可了村山的讲话。但决议通过,并不等于在社会党内没有反对意见。就在这次临时代表大会上,由福冈县等三十道县的代表联名提出一份修正案,主张对上述决议草案做以下三项修正:1. 改变政策仅限于在村山任首相时期;2. 如通过草案,就必须删除"现在的自卫队符合宪法"等内容;3. 把"坚持"日美安保条约,改为"维持"日美安保条约。此项修正案在付表决时,获152票赞成,222票反对,9票无效,被否决。

这次临时党代表大会,使社会党内坚持传统立场的派别与主张修改传统立场的派别之间的矛盾和分歧公开化了。后者虽然占了上风,但从投票结果看,反对派仍然占有相当大的力量。而日本社会党党章规定,如果要通过新的纲领性文件,则必须由出席党代表大会三分之二以上多数的代表投赞成票,方才可以。这使主张修改传统立场的派别感到,要在社会党内达到使社会党从根本上转变立场和政策的目的相当困难。因而,1994年10月1日,社会党书记长久保亘以书记长名义发表了题为《关于政界改组的对策与选举合作》的讲话,明确提出:"(社会党)要抓住组建能够领导21世纪的民主、自由新党的时机";并提出:"政界会向(保守、新保守、社会党与民社组成的自由势力)三级结构发展,但最终将形成社民势力与新保守势力这两大势力。"公开表示了组建新党,争取成为日本政界之一极的愿望。

10月22日,日本社会党选举对策负责人会议批准了久保亘关于建立新党的构思。

10月24日,村山就久保亘的上述构思发表讲话,指出:"要看具体情况,把社会党和民社党的自由主义势力团结在一起,就将建成一个新党",表示同意解散社会党以建立新党。

12月6日,久保亘在国会记者招待会上,公布了社会党宣言起草委员会拟定的《1995年宣言》草案。该草案明确了将成立"民主自由新党";并把新党规定为"宽容的市民政党",把公正、共生、和平和创造性作为"基本价值";提出要把"实现成熟社会"作为新的社会目标。该草案还对社会党建立以来的历史作了总结,认为"社会主义的反体制思维的政策手段,在战后资本主义的活力面前有其局限性";明确指出:该党要同社会主义路线诀别,强调:"要以《1995年宣言》继承(党的)历史,以新的政治力量建立起更广泛、更巩固的基础。"该草案还表示:自卫队符合宪法,要坚持日美安保条约。

很显然,日本社会党的主要领导成员对成立新党,改行所谓符合当时形势的立场和政策并无根本分歧。这使社会党的消亡,仅仅成为一个时间问题。

但是由于党内所依托的力量基础不同,更由于在现政权中处于不同地位,日本社会党领导成员中对何时成立新党,以什么方式成立新党等问题存在重要分歧。

以山花贞夫等人为代表的党内右翼势力,(1994年8月底、9月初,这派力量成立了社会党内的政策集团——"新民主联盟")。主张尽早于1995年1月20日例行国会举行前成立新党,如果在社会党内无法就这个问题取得举党一致,可以将社会党一分为二,以全党分裂的方式成立新党。

而村山由于担任现内阁首相,不希望社会党分裂,因为这会影响现政权稳定,因而希望能举党一致地转变为新党;同时希望这种转变能够延迟进行,因为1月10日村山将访美,3月21日左右将访华,4月将举行统一的地方选举投票,7月23日左右为参议院选举,如果社会党因成立新党问题公开分裂,将严重削弱村山内阁的基础,给其外交活动带来重大负面影响,甚至导致村山内阁垮台。1994年12月9日,村山接见记者,发表讲话,指出"要全力以赴避免党内分裂,主张在党内进行充分讨论,以全党的立场,而不是从派别的角度去探讨新党问题"。同时自民党、社会党内有人主张改组内阁,将久保亘拉入内阁,以缓和他与村山的矛盾,迟延社会党的分裂。

但上述呼吁和努力,未能得到山花贞夫和久保亘的响应。1995年1月6日,山花召开"新民主联盟"大会,提出成立"民主自由新党准备会"。

1月8日,村山和山花举行紧急会谈,协商避免社会党分裂。村山主张:社会党应举党一致考虑成立新党问题,对山花所主张的一定要赶在1月20日国会例行会议前成立新党感到不可理解。山花则坚持己见,认为现在是成立新党的最佳时机,结果会谈不欢而散。

1月12日,新民主联盟再次由山花贞夫主持召开会议,确认将于1月16日召开筹备会大会决定成立新会派。而村山首相对此表示说:"从以往的惯例来说,对脱党、组织新会派者将予以除名"。社会党终于公开分裂。

三

日本社会党公开分裂,将发生怎样的影响?这是人们所关心的问题。

首先,会直接削弱村山内阁的基础,加速村山内阁的垮台。据估计以"新民主联盟"为基础组成的新会派,能够争取到30名左右社会党议员参加。虽然山花贞夫等曾表示:成立新会派后仍然支持村山政权,即使脱离社会党也不当在野党。但这一表态究竟有多大真实性,是令人怀疑的。村山即说:"山花说支持村山政权,要巩固政权的基础。然而,让人感到他并不会那样做。有令人不能同意,不能理解之处。"山花把近一半的社会党议员拉走,一方面严重削弱了社会党的力量,进一步降低了该党的声望,人们原来已预计社会党在今年4月举行的同一地方选举中将遭到新的失败,山花的行动,无疑雪上加霜;另一方面,由于社会党议员的减少,使联合党政权在议员内的票数减少,面对议员人数仅次于自民党的新进党之咄咄逼人的攻势,村山内阁将陷入岌岌可危的境地。与新会派关系密切的民社党已加入新进党,如果新会派也与新进党携手,村山内阁则必定垮台。

其次,削弱了社会党的力量乃至加速了社会党的消亡,将使日本政坛上失去一支重要的制约力量。众所周知,日本社会党曾是反对日本重新武装、坚持和平宪法的重要力量。冷战后,其领导层和右翼派别虽然在自卫队、PKO法案等问题上修正了自己的立场,但这种转变在社会党内遇到激烈反对,而且由于党的传统不同,社会党与自民党党员在对待许多重要问题上的态度是有区别的。例如近年来,自民党议员中频频发生否定日本在二战中侵略责任的讲话,社会党议员中却未有此事;自民党议员中不断有人去参拜靖国神社,社会党议员中也未见此事。因此,社会党与其他一些政党相比,在总体上仍然是日本国内一支主张日本走和平发展道路的重要力量,它的削弱乃至消亡,会使日本目前一部分人所主张的大国战略获得更好的抬头机会。对此,是值得引起注意的。

再次,有利于当前正在酝酿的代表新旧保守势力的两党轮流执政局面出现。日本社会党分裂之后,虽然山花贞夫、久保亘等人希望通过成立新党,建立起不同于新旧保守势力的社民势力,但一则从他们提出的新党纲领来看,已大大接近于新旧保守势力的主张,原来社会党的特点几乎已丧失殆尽;二则分裂之后成立的新党人数大为减少,更显得势单力寡。原来村山希望通过举党一致的转变,建立起一个拥有 100 名议员的新党,现在社会党的分裂,使这一愿望成为泡影。

(原载《亚太论坛》1995 年 1 月期)

日元升值的原因、趋势及对我国的影响

自今年2月份以来,国际金融市场发生激烈动荡,其中特别引人注目的是日元对美元的急剧升值,一度攀高至80日元兑换1美元。日本是中国的头号贸易对象,与中国经济关系密切。因此,日元对美元的升值趋势如何、日元的急剧升值对中国会产生怎样的影响,便成为人们眼中关注的问题。上海要建成为能发挥"一个龙头、三个中心"作用的现代化大都市,对国际金融环境更需密切关注。本文将就此发表一些个人意见。

一

"二战"后,日元对美元的比值,除了固定汇率制期间稳定在360日元兑换1美元外,自1971年所谓"尼克松冲击",特别是1973年日美两国实行浮动汇率制以来,一直处于节节攀升的状态,大幅度升值目前是第四次,前三次为1971—1973年;1976—1978年;1985—1987年。

日元对美元升值的重要原因是:战后相当长的时期内,日本一直保有比美国高的劳动生产率和低的通货膨胀率。以此为基础,日本取得了对美国的巨额贸易顺差。1978年,日本对美国贸易黑字突破100亿美元大关。之后持续增长,去年达到了660亿美元。这使日美贸易摩擦越演越烈。在这样的背景下,美国方面不断对日本施加压力,要求日元升值,以减少日本出口。1985年9月,西方5国财长达成"广场协议",决定提高本国货币对美元的比值,其中日元升值最大,由1985年的220日元兑换1美元,升值为1986年的160日元兑换1美元。但由于日对美贸易顺差的基础原因如上所述,因此并非仅靠日元升值即能解决的,加上日本经济应变能力强,通过扩大内需、调整产业结构,及产业的海外转移等方法,在相当大的程度上消化了日元升值的负面影响。因此,日元的升值并未能有效遏止住日本对美国贸易顺差的增长。相反,这种顺差的增长却持续地推动日元升值。

日元对美元升值更为深层次的原因是:日美两国生活方式的重要区别。日本是一个资源极端缺乏的东方国家,受生存环境的逼迫和儒教文化的熏陶,历来重视储蓄。而美国则是一个资源丰富的西方大国,优越的生存环境和西方文化的影响,使美国民族历来不太注意储蓄。据1988年的统计,日本的总储蓄率达33.5%,而美国则只有15.2%。这种差异反映到行政举措上,便导致两国财政政策的差异。日本在财政预算上很少赤字,即使有赤字,由于国内储蓄率高,也可通过发行国内债券弥补。而美国的财政赤字巨大,1994年达2 000亿美元,国内储蓄率又低,难以通过发行国内债券弥补亏空。这样,美国便主要以两项办法予以弥补:(1)利用美元作为储备货币和国际支付手段的地位,增印美钞,流向世界各地,转嫁赤字。(2)举借外债。目前美国的纯债务达5 550亿美元以上。1992年美国银行欠国际市场的短期债务为400亿美元,到1994年年底猛增为2 000亿美元。另据统计,如今外国人手中掌握有6 500多亿美元的美国国库券,而外国人在美国的资产则超过3万亿美元。相比之下,日本的对外纯债权1989年年底便达272.56亿美元。

美国所欠下的巨额债务,以及美元长期以来对日元、马克等货币的贬值,造成国际资本市场对美元信赖度的严重降低。这种降低,目前已达到了世界许多国家和地区希望改变自己的货币储备结构的程度,即适度抛出美元,买进日元、马克,以避让汇率风险。据美国《商业日报》报道:澳大利亚、新加坡、印度尼西亚、泰国以及中国台湾、香港地区都在悄然减少外汇储备中的美元份额。在澳大利亚,储备银行的美元数额已从1994年6月的46.1亿美元下降到1995年2月的32.4亿美元,其日元储备则从约合20.4亿美元增加到32.5亿美元。另据《华尔街日报》报道,印度尼西亚中央银行美元储备占外汇储备总额的比例已降到50%以下,而日元储备的比例则从1994年3月的36%上升到现在的38%。世界所出现的这种变化储备货币结构的潮流,其能量之大,绝非一般外汇投机交易所能比拟,这必然迫使美元急剧下跌,特别是碰到一些偶然的诱发因素时(例如美国出资200亿美元解救墨西哥金融危机,美国会未通过美财政预算平衡案,日本阪神大地震等),跌风更甚,这种跌风转而更推动了许多国家和地区改变储备货币结构的潮流,这甚至迫使美元跌到其实际价值之下。据戈德曼-萨克斯投资银行计算,美元目前的购买力平价是1美元相当于185日元,或3.25德国马克。

二

目前,这场国际金融风潮的发展趋势如何呢?

由于直接诱发这场金融风潮的若干偶然因素背后存在的是上述基本原因,尽管偶然因素可以在相对短的时间内得到排除或缓解,但上述基本原因则在相当长的时间内是难以消除的;而且在所有这些因素的综合作用下,目前的金融风潮已导致世界许多国家和地区开始了改变货币储备结构的行为。因此,此次风潮不是翻滚于大海表面的波浪,而是来自海底深处的涌动。为此,国际金融界许多专家已发出警告:此次金融风暴正动摇着以美元为基础货币的国际货币体制,并且判断:货币区域化的潮流正在出现。

从目前作为世界主要储备货币所有国的美、德、日三国对这次金融风潮的态度来看,上述论述不无道理。

美国对这次金融风暴表现得异常冷静,它目前主要关心的是维持国内经济的复苏和北美自由贸易区的稳定,对日元和马克等货币体系的稳定与否并不十分关心,美国可以为解除墨西哥的金融危机投入200亿美元,对日本等国要求美国为制止美元对日元和马克等货币的贬值而提高利率的要求却置若罔闻。英国《经济学家》周刊为此指出:"联邦储备委员会和克林顿政府给人留下的印象是,他们更乐于容忍美元疲软,而不愿通过提高利率再次来紧缩国内经济。"

原因何在?其一在于美国有庞大的国内市场,外贸在其国内生产总值中只占11%;其二在于美国对在北美自由贸易区内的加拿大和墨西哥的贸易额几乎占美国贸易额的30%,而且美元目前对加元和墨西哥比索的比值是上升的,而对货币坚挺的德国和日本的贸易则不到总额的20%。因此,按照贸易加权计算,美元对其主要贸易伙伴货币比值自去年年底到现在只下跌了5%。

由于以上原因,美元的贬值目前在美国并没有导致因进口货价格上升而加剧通货膨胀;也没有因出口增加而造成国内原材料紧张,并对工资和通货膨胀形成压力等情况。今年3月,美国的通货膨胀率为0.3%,工业生产继续增长,失业率有所下降。所以,美国并不着力维护美元的国际价值,这对美国来说确已有力不从心之感,它的关注重点放在维护美元在国内及在北美自由贸易区的购买力上。可以判断,只要美国国内的通货膨胀继续持续在较低的水平上,只要北美自由贸易区的金融环境稳定,美国就不会采取可能影响其经济复苏的提高利率等措施。这使对美元信任度较高的区域呈现向北美自由贸易区收缩的态势。

日本希望遏止日元对美元的急剧升值,因为这不利于日本这个贸易大国的出口,会影响其经济复苏速度。最近日本政府出台的"日元升值紧急经济政策"包括:(1)消除经济复苏前景中产生的迷惘感,使现在的经济复苏基调变得更加确实,同时,为了确保日本经济的中长期发展,将灵活地寻求振兴内需;(2)进一步大幅度缩减现在已有下降倾向的经常收支盈余,同时,为促进市场准入状况的改善,将提前实施放宽限制计划;(3)将寻求迅速地扩展日元升值获得的利益,此外,要为因日元升值而严重受到损失的企业及就业者采取补救措施,还要对扩大经济领域等经济结构改革以及金融和证券市场等方面扩充提供解决问题的措施。

从上述措施来看,日本政府的政策目标主要在于加强日本消化日元升值负面影响的能力,并进一步扩大其正面利益,而不在于直接遏止美元对日元的贬值。虽然日本也采取了将官定利率由1.75％降低到1％这样较为直接的干预措施,但一则这一措施出台太晚,国际金融界普遍认为已错过时机,二则其力度太小,对稳定国际汇率影响不大。日本如要下决心稳定目前的国际货币体制,还是有办法的,这就是将其巨额贸易盈余向美国做长期投资,或购买美国债券。但日本出于本国利益不愿这样做,因为此前日本在美国的直接投资已因美元贬值而损失4 000亿美元,加上阪神地区在震后重建又牵制了相当大一部分日本资金。在这种情况下,日本只能一方面采取措施消化日元升值的影响,另一方面积极准备应付世界货币体制的重大变化,努力推动日元的国际化。

早在80年代,日本政府便采取了一系列促进日元国际化的措施,加快了日元国际化的进程。1993年,在日本的进出口贸易中,以日元计价的比重分别占21.6％和40.7％。当时日元在各国的外汇储备中所占比重平均为3.1％,而在亚洲国家中的比重为17.5％。在这次金融风暴中,上述比重又有明显提高。虽然日元要成为国际货币还有距离,例如日本在建立起金融商品可以自由交易的金融市场等方面尚有不足,但日元将成为亚洲主要地区货币的趋势已日渐明朗。实现日元国际化对日本至少有四项好处:(1)有利于日本政治、经济地位的提高;(2)有利于日本金融业的发展;(3)有利于在国外发行债券和吸引外国借贷;(4)有利于促进对外投资。因此,日本金融界相当普遍的看法是实现日元国际化,使日元成为亚洲的基础货币,才是日本摆脱日元对美元升值之负面影响的根本出路。去年6月底左右,日本通产省已召开研讨会,就促使日元成为亚洲基础货币的问题作了理论探讨。估计日本今后会进一步推进这方面的工作。东京银行与三菱银行合并为拥资8 100亿美元以上的世界首屈一指的超级银行,不能不说没有上述考虑。

德国对这次金融风暴并没有表现出多大的忧虑,它认为只要马克不升到1.25马克比1美元,对德国经济便不会有多大影响。而且马克对美元的升值有利于巩固德国在欧洲的金融中心地位。所以,德国也并没有采取及时有力的措施干预马克对美元的升值。

从以上分析可以看到,目前的金融风潮确已和世界货币体制的动摇及金融版图由一极向三极的改变联系到一起。因此,国际金融界目前的动荡很可能持续到构成新的国际货币体制的基础条件形成为止。日本方面已有专家预言,日元对美元的升值很可能逼近70日元比1美元。就目前的形势来看,此话并非危言耸听。如果我们漠视事态发展的这种严重性,而将这次金融风潮视为一般的汇率变动,以所谓"心理防线"等一般情况下的经验来预测这次金融风潮的趋势,我们将在经济甚至政治对策方面处于被动地位。

三

日元升值会给中国带来怎样的影响?我们应取怎样的对应措施?

日元升值给于中国的影响可分为外交与经济两方面。

就外交而言,日元升值进一步强化了日元在亚洲经济中的地位,特别是日本目前正积极为国际货币体制的变化做准备,进一步推动日元的国际化。虽然这一目标的实现还需时日,但这种趋势对亚洲各国而言已是相当明确的事情。由于日元成为亚洲的基础货币,在目前形势下,对亚洲,特别是东亚部分国家和地区利大于弊,例如可以增加对日本的出口、可以减少对日本的债务负担、有利于发展区域内的国际分工,等等。因此,东亚不少国家和地区对日元的国际化是持欢迎态度的。日元成为亚洲的基础货币,将进一步强化日本在亚洲的经济中心地位。以此为背景,日本朝野存在的争当政治大国的愿望将更为强烈,日本希望成为联合国常任理事国的要求也将得到更为广泛的支持。在这种条件下,如何处理中日关系,是目前就应认真研究的问题。特别是在当今日本政坛上出现了一种政党保守化的倾向,原来在日本反战最激烈的左翼政党受到很大削弱。以此为背景,日本接二连三地出现内阁成员否定侵略责任的事情。今年2月,社会党提出"不战议案",却受到同为执政党的自民党及在野的新进党中不少成员的强硬反对。这些情况已引起世界,特别是东亚国家的注意。如何支持日本的民主力量,使日本在亚洲乃至世界发挥更大作用的同时,能坚定地走和平道路,这是伴随日元升值日本经济、政治地位继续升高,中日关系中又一应认真研究的课题。

就经济而言,日元升值给予中国的影响可说有利有弊。有利之处主要在于:

1. 可推动日本对华投资增长。由于日元升值,日本国内生产成本上升,商品出口价格也随之上升,日本经营出口产品的企业利润会因之下降。为避免损失,日资企业将以更大规模向海外,特别是东亚地区的中国、东盟及亚洲"四小龙"转移。目前日本制造业的海外生产比例约为70%,这一比例将进一步上升。据日本金融专家分析,日元的汇率如保持在100日元兑1美元,日本以家电、电子和汽车为首的出口产业还有利可图,如日元升值到90日元兑1美元,那么上述产业会失去若干优势,不得不向海外转移。现在日元对美元币值已升至80日元之内,上述产业向外转移的迫切性当然更为强烈。中国应抓住这一机会,更多地引进中国需要的日资企业。

2. 有利于扩大中国对日出口。日元升值使日本进口海外产品的能力和欲求大大提高。日本政府关于日元升值对策也强调要进一步扩大内需。在这种情况下,日本对亚太商品的吸纳会增加。1994年,亚太地区68%的贸易是在本地区进行的,超过了欧洲联盟间的63%。随着日元的升值,这一比例会进一步升高。这将对亚太,特别是东亚各国和地区的经济发展产生牵动作用。据日本野村综合研究所对近几年日元汇率变动与亚洲经济增长关系的分析,日元对美元的汇率每上升1%,亚洲新兴工业化国家和地区的经济增长率就上升0.16个百分点。中国应抓住机会,努力扩大对日出口。

3. 促使东亚国际分工扩大,为中国提供新的产业结构调整机会。日元升值迫使日本向外实行产业转移,为了防止产业"空心化",日本必须加快产业结构调整步伐,大力发展高新技术产业和高附加值产品。同时,日元的升值,又使亚洲一些国家和地区例如"四小龙"与日本的同类出口产品价格竞争力相对提高,韩国今年第一季度以化学工业产品和电器电子产品为龙头的出口与去年同期相比增长率高达35%。这更迫使日本加速产业结构调整,以集中精力增值自身的高技术产业。在这种情况下,日本某些过去还想留在国内的资本密集型和技术密集型产业也会向外转移。这就为东亚国家实行新的产业结构调整提供了机会。目前,亚洲"四小龙"正努力发展出口创汇产业,以更多地进入日本市场。东南亚一些国家也不放弃机会,在努力发展资本和技术密集型产业。我国也应抓住这一机会,以推动我国产业机构进一步作适合当前亚太经济发展潮流的变动,特别是内地,努力在扩大的国际分工中,获得更大的比较利益。

不利之处主要在于:(1)加重了我国的债务负担。目前,日元债务占我国外债总额的比重已达1/4左右。我国所借日元债务,相当大一部分要以美元偿还,由于日元对美元的升值,所还美元额大大增加。即使以日元偿还的部分债务,由于我国的外汇储备主要是美元,要以美元购得日元还债,日元的升值也使美元支出迅速增加。这大大加重了我国的债务负担。据测算,日元对美元每升值一个百分点,我国偿还日元债务要多付两亿美元。(2)中国向日本进口先进技术的难度增加。其原因有二：一是由于日元升值，迫使日本企业加快向海外转移，为了避免产业"空洞化"，日本必须更加严格地限制高新技术的出口，以使日本企业能在企业大量外移的情况，通过技术上继续占据上游地位，保持经济上的优势。二是我国对日本的技术进口多数是以日元计价结算的。在日元升值的情况下，我国以美元购得日元支付从日本的进口，势必增加我国负担，不利于我国从日本引进先进技术。

针对以上情况，我国应有以下考虑：

1. 增强汇率风险意识。目前的汇率风险意识，已不是一般意义上的汇率风险意识了，它不但应该包括对美元与日元等汇率变化的严密监视和预测，还应看到这次汇率风潮已引发国际货币体制的变化，对未来日元能否成为亚洲的基础货币，及美元的地位等较长期但已很具现实性的问题也要及时研究，早做准备。

2. 改变技术进口的地区结构，由更多国家和地区进口先进技术，以减少日元升值在这方面的不利影响。

3. 减少日元债务在我国外债总额中的比重，适当增加美元等软币的比重，以防止我国因日元升值而继续加重债务负担。

（原载《亚太论坛》1995年4月期）

封建时代中日小农经济的比较研究

小农是封建时代的主要群体,农业社会生产力的重要体现者。小农经济的状况,在相当大的程度上决定着一个国家存在及发展的独特性。本文将着重论述封建时代中日小农经济的重要区别。

一

德川幕府时期日本本百姓[①]的经济地位与中国自耕农的经济地位相比,比较稳定。形成这种特点的根本原因在于幕藩制的日本是以对本百姓的直接剥削为基础的。

日本中世纪时,班田制瓦解以后,形成庄园制。到战国时期,战国大名取代了原来的庄园领主及守护大名,在各地建立领国。战国大名极力缩小各小领主的权限,力图实现对百姓的直接剥削。至织田信长、丰臣秀吉,特别是德川幕府时期,通过兵农分离、检地等方式进一步强化了上述倾向。经过逐步努力,将军和各大名确立起他们对本百姓的直接剥削。本百姓缴纳的年贡,成为日本幕藩制国家的基本经济来源。这样,领主阶级便不得不在强化剥削的同时,尽量设法稳定本百姓的经济地位,以保证足够数量的剥削对象。其措施,大致可分为三个方面:

1. 利用超经济的强制手段,迫使本百姓与土地建立牢固的联系。例如,"一地一作人"制度,身份制中关于本百姓世代相袭不许改行他业、不许离开土地的规定,1643年的《禁止土地永久买卖令》,1673年的《分地制限令》等等。这些超经济的强制手段在迫使本百姓严格依附于土地的同时,起了稳定本百姓经济地位的作用。

2. 在极力榨取本百姓剩余劳动的同时,在一定程度上注意不侵吞本百姓的必要劳动。日本领主阶级为了满足挥霍欲望,必然千方百计增征年贡。但是年贡征收量侵吞到本百姓的必要劳动时,进行简单再生产的条件便遭到破坏。在这种情况下,就会出现大批本百姓破产,甚至"废村"(整个村落的百姓弃地不耕),结果往往导致"百姓一揆"(农民起义)。所以,日本领主阶级要维持其统治的"长治久安",在极力榨取本百姓剩余劳动的同时,往往在一定程度上注意不侵吞本百姓的必要劳动。贞享元年(1684年),幕府对沼田领地捡地时,便曾纠正了沼田氏将田地等级各抬高一级的做法,降低了该领地上本百姓所负担的年贡量,从而使该领地上的本百姓体制从濒于崩溃的局面中再建起来。

3. 对地主的中间剥削采取既保护又给以一定限制的政策,以迟缓本百姓内部的分化,保证领主阶级有稳定的剥削对象。随着农业生产力和商品经济的发展,一部分富裕本百姓及商人通过押进土地、投资开发新田等方式转化为新兴地主,这使农田使用权的实际持有情况变得非常混乱,甚至使幕府定期进行的捡地也很难开展;而且,作为幕藩统治机构末端的村役人,有相当一部分也转化为新兴地主。在这种情况下,领主阶级要保证年贡收入,巩固统治秩序,必须将新兴地主组织到其统治体系中去。这使领主阶级被迫对土地政策进行调整,一定程度上承认新兴地主阶级进行中间剥削的权利。元禄八年六月提出的《关于处理质地问题的十二条备忘录》,放宽对于土地抵押的限制,便是上述转变的标志。这种政策加速了农村的两极分化,对本百姓经济地位的稳定构成很大威胁。本百姓数量的减少必然影响领主阶级的年贡收入。因此,享保七年(1722年)四月,幕府颁布《流地禁止令》,宣布撤回《关于处理质地问题的十二条备忘录》。《流地禁止令》指出:百姓押出的田地到期无力归还借款即成死押,是套用江户町抵押宅基地的方法。在农村实行这种方法,必然使大量田地集中到富裕的本百姓及持有金钱的町人手中,造成土地耕种权的转移。这与禁止田地永久买卖的原则是相违背的。因此,今后对将抵押田地变成死押的做法一概不予承认。《流地禁止令》并对地租额作了限制,规定地主将押进土地佃出而收取的地租不得超过该地押金额的15%;而押出土地者只须每年偿付所得押金的15%,不再支付利息,付清之后,土地即可赎回。《流地禁止令》颁布后,不少地方发生了穷苦农民向地主讨还田地的斗争,造成农村统治秩序的混乱。这是领主阶级始料不及的,因而到享保八年八月,便宣布撤回《流地禁止令》。但是新制定的法令,在不少方面仍然继续了《流地禁止令》的精神。由于领主阶级采取了上述对地主的中间剥削既保护又限制的政策,在一定程度上延缓了农村的阶级分化。据统计,到1873年7月明治政府颁布地租改正法令时,佃耕地在全国耕地中所占比例不过30%左右;到19世纪80年代初,佃耕地在全国耕地中所占的比例才达35.9%[②],可见,当时日本小农中占据多数的还是具有自耕条件的本百姓。

与日本幕藩统治者以本百姓为直接剥削对象的情况不同,中国封建统治者主要依靠地主剥削广大小农。宋人王柏即说:"农夫输于巨室,巨室输于州县,州县输于朝廷,以之禄士,以之饷军,经费万端,其如尽出于农也,故曰民养官矣。"[③]随着地主土地所有制的发展,这种情况更为明显。到明朝,土地兼并日趋严重,大批农民失去土地。这时,封建国家原来实行的以户和丁为征发对象的赋税制度已很难维持,因而开始改行"一条鞭法",局部地区也有"摊丁入亩"的。到清朝康熙、雍正年间全面推行"摊丁入亩",它不以户和丁为征发对象,而按田亩征收,从现象上看,它在一定程度上减轻了无地或少地农民的负担。但实际上,地主可以把增加的赋税负担通过地租转嫁给佃户。因而,"摊丁入亩"并非是对农民的仁政,而是封建国家适应地主土地所有制的发展,将剥削方式在更大程度上转变为依靠地主剥削农民。在这种情况下,保持尽可能多的自耕农对封建国家来说已不那么重要了。相反,由于田亩绝大多数集中在地主手里,封建国家按田亩征收赋税,保证地主最大限度地榨取农民的剩余劳动,对封建国家获得足够的赋税收入便显得更为重要了。因此,中国的封建统治者,尤其在地主土地所有制充分发展的封建社会后期,不像日本幕藩统治者用相当大的力量阻止本百姓分化那样去保持自耕农的地位,这使中国封建社会自耕农的经济地位远不如日本本百姓那样稳定,19世纪60年代前后中国自耕农数量缺乏一个较为准确的统计数字,但根据一些片断材料和较后一些的统计数字,可以估计出当时中国农民中自耕农的数量要低于佃农。例如,康熙四十二年(1703年)八月,康熙皇帝在第四次东巡后所发表的谕文中即说:山东"田间小民俱依有身家者为之耕种"[④],1946年王亚南先生著《中国经济原论》一书曾将中国租耕地(即佃耕地)在全部耕地中所占的比例估计为60%。[⑤]显然,中国自耕农的比例远低于日本具有自耕条件的本百姓的比例。这正说明了中国自耕农的经济地位远不如日本本百姓那样稳定。

二

本百姓和水吞百姓作为独立的生产单元,构成日本封建社会最基层的生产结构;自耕农和半自耕农作为独立的生产单元,构成中国封建社会最基层的生产结构。这两种小农经济结构的基本形式都是农耕生产与家内手工业的结合,主要是耕与织的结合,但结合的牢固程度有相当大的差异。前者较易分解,后者具有更大的凝固性。造成这种差异的原因是复杂的,但有一点应该引起充分重视,这就是日本有较中国高的农业劳动生产率,因而剩余产品也较中国充分。这使日本小农,特别是本百姓更有可能积蓄一定数量的剩余劳动,从而突破家内手工业的限制,发展专业化、商品化的手工业生产。

日本之所以能有较中国为高的农业劳动生产率,关键是中国小农承受着比日本小农更高的剥削率。如前所述,中国自耕农的经济地位不如日本本百姓稳定；日本小农中居多数的是本百姓，本百姓的经济地位与中国的自耕农相似；而中国小农中居多数的则是半自耕农、佃农，半自耕农、佃农的经济地位与日本的水吞百姓相似。本百姓、自耕农与水吞百姓、半自耕农、佃农相比，如果都经营相同面积的土地，前者可以比后者多占有一个净租量。这使本百姓、自耕农的经济地位明显优于水吞百姓、半自耕农、佃农，由于日本小农中居多数的是本百姓，中国小农中居多数的是半自耕农、佃农，所以，从总体上完全可以推测中国小农承受着比日本小农更高的剥削率。

中国小农承受的剥削率比日本高，还有以下原因：

1. 由于日本领主阶级与土地的联系比较松散，这使他们增加剥削量的努力受到一定影响。例如，年贡是根据土地单位面积的标准产量即"石盛"按比例折算的，但因为捡地间隔时间较长，所以石盛一般并不能准确反映当时土地单位面积的实际产量即"宛米"。随着农业生产力的发展，"宛米"一般都要高于捡地时所定的石盛。以享保三年中穗积村（位于距大阪四里半处）本百姓七郎兵卫所耕田地为例，宛米共计超出石盛82%。⑥高出石盛的产量，在征收年贡时是不计算在内的，这在实际上便降低了年贡征收率。

中国的地主阶级绝大多数居住在乡村，一般说来对实际产量了解得更加清楚，因而往往能够比较频繁地调整剥削率，得以在更大程度上将农民通过改良土壤、改进农业生产技术等方式而增加的剩余劳动攫取去。

2. 日本幕藩统治者是以本百姓为直接剥削对象的。为了保持足够数量的本百姓，大都对地租额作一定限制，在《流地禁止令》中曾规定地租额不得超过土地押金额的15%。此外，幕藩统治者对高利贷的利息率也有较严格的限制。据统计，元文元年借贷年利率规定为20%；其后至天保十三年为15%；天保十三年后为12%。⑦

中国封建国家是依靠地主阶级剥削和统治广大小农的，因此，封建国家与地主阶级在剥削农民的剩余劳动方面，矛盾较小，共利性较大。由于封建国家按田亩征收赋税，而田亩绝大多数集中在地主手里，只有让地主最大限度地榨取农民的剩余劳动，才能保证封建国家的赋税收入。因此，中国封建国家对地租率一般没有严格的限制，这使中国农民所承受的地租剥削较日本为重。在中国"见税什五"和对分制是历代普遍盛行的剥削状况。"农民用自己的工具去耕种地主、贵族和皇室的土地，并将收获的四成、五成、六成、七成甚至八成以上，奉献给地主、贵族和皇室享用。"⑧因为同样的原因，中国的高利贷利率也较日本高。在中国，历代利息率有高有低，但一般都在100%左右。据记载，清时"称贷者，其息恒一岁而子如其母。"⑨

3. 中日两国小农承受剥削率的差别,由于两国人口数量的悬殊,变得更加明显。

日本的继承制度为长子继承制。幕藩统治者实行这种政策的目的在于防止因分地析产而造成本百姓数量减少。但这种政策却使本百姓长子以外的其他子女失去继承家业及土地的权力。这在日本造成了重长子,轻其余子女的社会心理状态,因而,日本农村中相当普遍地流行着称为"子间引"的风俗。即是说,去掉其余的孩子,以保证继承家业的长子能够长成。据记载"元禄年间日本农民一夫一妇还生子女五六人甚至七八人以上",到宝历年间后,"生一二人后,便不再生,余皆间引。"⑩这使日本人口总数长期徘徊不前,"18世纪中叶达到3 000万的日本人口。到19世纪中叶为止的一百多年间,几乎没有什么增加。"⑪

中国的继承制度是析产制,相对来说不易导致重长子轻其余子的心理状态。康熙五十一年(1712年)又颁布"滋生人丁永不加赋"的诏令,贫苦农民不再以"生子为不祥",不少家庭还希望通过多生育,增加劳动人手以改变贫困状况。结果导致人口猛烈增长。清初人口为5 000万左右;到道光二十年(1840年)时,则达到412 820 000人;咸丰元年(1851年)为432 164 417人。⑫

上述中日两国不同的人口增殖情况,使两国的人口总数之比由17世纪中叶的大约5比1,急速变化为19世纪中叶的11比1。

再看一下中日两国在17世纪中叶至19世纪中叶耕地和人口增长率的区别。日本江户时代初期耕地约为163万町步,明治初期耕地约为305万町步⑬,耕地增长率大约为87%。人口增长率则约为50%。中国康熙十八年(1679年)耕地为5 492 577顷,咸丰元年(1851年)达7 716 254顷⑭,耕地增长率大约为40%。人口增长率则大约为300%。日本的耕地增长率超过人口增长率约37%,中国的耕地增长率则负于人口增长率约260%。

从上述分析中可以明显看到,中国社会及经济发展承受着远比日本为重的人口压力。中国社会及经济发展承受的过重的人口压力所造成的后果,在乾隆初期就开始表现出来。当时米价腾贵,许多省的封疆大吏皆说:原因在于"户口渐增","百病以人多为首"。在地主土地所有制更加发展,土地兼并日趋严重的情况下,沉重的人口压力,必然导致农村劳动力过剩,使佃户陷于租地不易的窘困境地。而地主则可以利用佃农的竞相争租,大幅度地增加地租。这无异雪上加霜,使中国小农承受的剥削变得更加沉重。

中国小农承受的较日本小农更重的剥削率,势必使中国小农从事再生产的条件较日本小农更为困难,也使中国小农的生产积极性较日本小农更为低落。因此,中国封建社会后期的农业劳动生产率与日本相比不能不处于较低的状况。据统计,日本在17世纪末时上等水田石盛为稻米一石七斗至二石[15],取其中则为一.八五日石,按田地等级每降一等递减二斗的标准计算,平均石盛则为1.55日石/反,折合279公斤/反。另据美国西里尔·E·布莱克等人统计,当时日本的粮食产量为2.5吨/公顷[16]。而当时中国南方单位面积产量约为稻米2石/亩,折合120公斤/亩。日本一反约合中国1.5亩。中国南方每1.5亩的平均产量则为180公斤。所以,日本每反耕地的平均产量比中国南方每1.5亩耕地的平均产量约高出99公斤,折合中国市斤为198斤。中国北方的粮食产量更为低下,"北方种田一亩,所获以斗计。"[17]如果以全国范围的平均产量与日本相比,相差会更大。

日本农业劳动生产率较中国高,这使日本小农更有可能积蓄起一定数量的剩余劳动。据美国西里尔·E·布莱克等人统计,德川幕府时期日本许多藩生产的粮食,"一般比它们的农村人口消耗的粮食至少多出百分之二十或百分之三十。"[18]中国农业劳动生产率较低,这就使中国小农可能积蓄的剩余劳动量远不如日本。即使在农产量较高的江南地区,小农仅靠农业收入维持生活的,"十室之中,无二三焉"[19]。北方则"收获除先完官外,大率不足糊口。"[20]马克思指出:"超过劳动者个人需要的农业劳动生产率,是一切社会的基础,并且首先是资本主义生产的基础。"[21]由于日本农业劳动生产率较高,能够提供比中国多的剩余产品,这就使日本从事农业的人口和从事手工业的人口具有了比中国大的实行分工的可能,从而使日本的手工业,主要是纺织,能较早地在更普遍的程度上突破家内手工业的规模,形成社会分工。

此外,中国人口压力远较日本大,这就使中国小农家庭的劳动力剩余要比日本小农家庭严重,家内分工的发达程度往往超过日本。日本小农一般的家庭人口为四至五人,显然不可能有如中国小农那样细密完备的家内分工。这种细密完备的家内分工使中国小农经济生产在人力、物力和时间的节约上显出较高的优越性。这种优越性使不可能有较多资金投入手工业形成专业化商品生产的中国小农,更加着重于从发展家内分工中挖掘生产潜力。这样,不仅进一步加强了耕种与纺织的结合,而且使纺织中纺纱与织布等各道工序的分离也较日本困难。18世纪初叶,日本"已能在各国产地看到专以采购籽棉、去籽、纺纱、织制条纹布或素布等专业者。"[22]德川幕府后期,纺织中各道工序的分工日益发展,到19世纪初叶,"按皮棉、棉纱、棉布等商品种类形成分工市场","不仅广泛地达到尾张西部,而且在一宫、岩仓、起等地"出现[23]。而中国鸦片战争前,即使在江南、华北、鄂中等棉手工业最发达的地区,纺织中各道工序的分离程度也很低。以棉纱生产为例,仅在江南地区一些城镇中,有一些妇女日纺纱数两出售以糊口;在个别地方,一些擅长纺纱的农户中出现有很少数的专业纺纱者,出现有"布经团"的市场,显然这还谈不上纺与织的地区分工。因而,广大农民主要是自纺自织,纺与织等各道工序紧密结合,很少分离。上述情况,使中国小农经济结构的凝固性在较大的程度上超过了日本。

三

列宁在论述封建社会向资本主义社会过渡的必要条件时曾指出:"在资本主义的历史发展中有两个重要关键:(1)直接生产者的自然经济转化为小商品经济;(2)小商品经济转化为资本主义经济。"[24]这是一条带普遍意义的规律。但是在不同的国度中,上述转化的具体过程会表现出很大差异。以中日两国论,在幕府后期,日本农民已基本实现了向商品经济小生产的转化;而中国农民在鸦片战争前,乃至鸦片战争后一个相当长的历史时期内,仍然基本处于自然经济形态。造成这种差异的原因,除前所指出的日本农业劳动生产率比中国高,小农经济结构较易分解外,还有一个重要原因即两国自然经济形态的不同。

日本在太阁检地以前,曾有一个庄园经济占主导地位的历史时期。大化改新时日本建立过班田制,但为时不久便逐步瓦解,开始出现庄园。从九世纪起,庄园主开始争取不输不入权。所谓不输,即对国家不输租税,不承担杂役;所谓不入,开始时指国衙检田使等政府官吏不得进入庄园,后扩大到由庄园主掌握庄园内的司法权和警察权。取得不输不入权,庄园主便获得了完全领主权。这种庄园至12世纪在日本各地已经普遍化。日本庄园内的土地由庄园的专属农民耕种。领主阶级利用超经济强制的权力,迫使庄园的专属农民按照其需要进行分工,承担"夫役"、"年贡"、"杂公事"等剥削。"杂公事"是实物地租,专指稻谷以外的其他农业和手工业产品。据《醍醐杂事记》记载,仁安元年(1166年)曾祢庄进献给领主的"杂公事",计有丝柏皮绳、海藻、青苔、粗布、凉粉、神马草(献给神社的马草料)、点心、酒、丝等;柏原庄进献的有木炭、草包、饲草、垫子、菖蒲、火把子、丝柏皮绳、木桶、饭柜、勺子等[25]。可见,领主的各种需要基本是庄园内部的农业和多种手工业予以满足的。显然,日本的庄园与西欧中世纪的庄园相类似,是一种有着比较发展的分工,因而能够保持较高自给程度的经济实体。这是一种较为纯粹的自然经济形态。进入近世,日本庄园制没落,原来主要居住庄园专属农民的村落,成为以本百姓为主的小农的居住点。但是,原来庄园内部较为发展的分工在各个村落里仍然留存下来。由于这种情况的存在,当整个社会的商品经济有了新的发展,日本农村便更易于形成专业分化及社会分工,从而促进了以交换为目的的商品经济小生产的发展。

中国封建社会是地主制经济占主导地位。地主制经济下的主要劳动者是佃农及耕种自己土地的自耕农,他们都是以小家庭为单位,依靠家庭劳力从事农作的小农。这种小农作为一种经济实体,内部一般只能形成耕种与纺织的家内分工。加上中国封建政权实行中央集权制,地主的超经济强制力与西欧及日本的庄园主相比远为逊色,这就使中国的地主较难利用特权迫使农民按照其需要进行分工。又由于中国地主与佃户的关系不如西欧及日本庄园专属农民与庄园主的关系稳定,因而同一地主的各个佃户也难以像庄园专属农民那样形成固定的分工。显然,中国的小农作为一种经济实体,与西欧、日本的庄园制相比,具有规模小、分工不发展的特点。这是一种非纯粹形态的自然经济,这种自然经济内部的分工程度较低因而形成专业分化及转化为社会分工都比较困难,而这必然影响农民向商品经济小生产的转化。

基于上述原因,在鸦片战争之前,日本农民基本实现了向商品经济小生产的转化,而中国农民则基本上仍然处于自然经济形态。这种区别,主要表现在下述方面:

其一,日本农村有了较多的以价值增值为目的的商品经济小生产者,而中国农村占绝大多数的仍然是以生产使用价值为主的农民,进入流通的主要是满足自己需要后余下的部分产品。

据幕府在19世纪初对全国110个村的调查,有20%～25%的农民兼营工商业[①]。到19世纪中叶,这个比例当更高。随着农业劳动生产率的提高和社会分工的发展,农业也进一步商品化。一方面谷物越来越多地转化为商品,据八木哲浩先生统计,1775年至1865年日本重要的稻米产地西摄所种稻米的平均商品化率达到了46.3%。此外,以桑、茶、楮、漆、红花、蓝、麻(棉)等所谓"四木三草"为代表的经济作物的栽培也大大发展[②]。由上可见,日本农村工商业者再加上从事经济作物栽培的农民,两者在总数中所占的比例是相当高的,他们已不是以生产使用价值为目的的旧式农民,而成为以价值增值为目的的商品经济小生产者。

而鸦片战争前后的中国农村,虽然不能说没有专业分化和社会分工,但程度相当低;虽然不能说没有以价值增值为目的的商品经济小生产者,但占绝大多数的仍然是以生产使用价值为目的的旧式农民,其生产过程基本不受价值规律的制约。这种情况甚至到了20世纪30、40年代还没有多大改观。美籍学者黄宗智先生曾根据日本"南满铁道株式会社"研究人员20世纪30年代在华北平原33个自然村实地调查的资料做过有关研究。这33个村中除4个村的非农业户所占比例不详外，其余29个村的非农业户占总户数的平均比例仅为16.3%[28]。而这29个村庄中包括属于石家庄市市郊的东焦村和属于济南市市郊的南权府庄，以及靠近唐山、北京、天津、石家庄等城市的一些商业化程度较高的村庄。如上推至鸦片战争前后，以全国范围论，比例当远远低于16.3%。此外，根据对33个村中的1个，即丰润县米厂村的研究，黄先生发现即使按"最低价值"来计算当地贫农户的自家劳动，"得出的农场（即小农家庭所耕种的土地——笔者注）'净利润'仍是一个负数，也就是说，他们的劳动所得低于市面工资价格。"[29]这些农户之所以会在边际报酬下降至市面工资以下时，仍继续投入劳动力进行生产，显然是因为对一个有剩余劳动力及挣扎于饥饿边缘的贫苦农民家庭来说，谋求生存是放在第一位的，而不像受价值规律支配的经营式农业那样，绝不会在成本超过报酬的情况下继续投入劳动力。米厂村靠近天津，在20世纪30年代的中国尚属商业化程度高的村庄。如果也上推至鸦片战争前后，以全国范围论，农民的生产过程与价值规律相背离的情况当更严重。

其二，日本农村在专业分化及社会分工较为发展的基础上，出现了商业资本深入生产领域及支配生产的情况；而中国农村由于专业分化及社会分工发展较低，就一般情况而言，商业资本尚未深入生产领域，更未取得支配生产的地位。

在日本农村，随着商品经济小生产的发展，出现了为数可观的新兴在乡商人。例如河内八尾周围地区，19世纪中叶，在乡商人已达184人。其中不乏像池田家那样每年从事白棉布交易达12 191匹至20 471匹的商人[30]。事实正如守屋典郎先生所指出的那样："随着农民商品生产的增大，农村商人在农民中间到处成长起来。"[31]日本农村与中国农村相比，有着专业化分工和社会分工较为发展的特点。由于具备这一特点，在乡商人发展起来后，便易于通过"放纱收布"或"放机收布"等方式，使商业资本深入生产领域乃至支配生产。反映上述观点的史料很多，如尾张西部地区木曾川东岸的42个村庄中，1844年（天保十五年）有织户322户，织机1 435台，其中"出机"，即租赁来的织机便有471台。[32]到德川时代后期，这种由商业资本家支配的家庭工业，在农村纺织工业中占据了主要地位。而中国由于土地可以自由买卖，商人往往根据传统的"以末致财，用本守之"的原则从事经济活动，将经商所积累的资金用于购置田产，加上中国农村专业分化及社会分工程度远较日本为低,这使中国的商业资本较难深入农业的生产领域,更谈不上取得支配地位了。以棉纺织业为例,像日本在德川幕府后期所出现的包买商,在中国是在20世纪有了机制纱以后才出现的。

其三,德川幕府后期,日本农村已出现一定数量的手工作坊和手工工场;而中国在鸦片战争时期,手工业基本上仍然属于农民的家内劳动。

由于日本农村以价值增值为目的的商品经济小生产者不断增多,势必加速了两极分化。如丹北郡的池田家,在延宝年间只有地9石,由于兼营棉布生意,到1867年(庆应三年)持有土地达到40石[33]。日本农村的手工作坊主及手工工场主的重要来源之一便是富裕农民。例如和泉宇多大津村,在1843年(天保十四年)时共有277户人家,其中235户与棉织业有关。在这235户中有14家织户,共有家族劳力46人,雇佣劳力47人,各户平均拥有劳力为7人,其中最大的一家织户,拥有家族劳力4人,雇佣劳力23人。这样的织户实际便是由富裕的农民棉手工业者中产生的手工作坊主[34]。又由于日本在乡商人大量出现,商业资本深入生产领域,这也为进一步组织手工作坊及手工工场提供了良好的基础,成为日本农村手工作坊主及手工工场主的另一重要来源。

综上所述,可知通过富裕农民的上升及在乡商人的投资,到德川幕府后期,日本农村已出现了相当数量的手工作坊及工场手工业,有些还达到了较大的规模,如武州,在天保年间(1830—1844)便有使用百余人的棉织业手工工场[35]。

而中国由于农业劳动生产率较日本低,农业能够提供的剩余产品少,加上土地自由买卖程度比日本高,富裕农民中连手工作坊主都很难产生,更不要说工场手工业主了。又由于中国的商业资本较难深入农民的生产领域,更没有如日本的商业资本那样对农民的家庭工业取得支配地位,因而经过商业资本的进一步组织而形成工场手工业也较日本困难。当然,这并不是说清末中国就没有工场手工业,例如,根据今人调查,山东淄川县栗家庄有一个地主兼丝织机房主的毕家,到道光二十年(1840),他家的恒盛机房也已有20张机。但这是我国发现的在鸦片战争前丝织业工场手工业的唯一实例。因此,尽管当时中国部分先进地区经济中的资本主义因素的最发达程度可能不一定亚于日本,但如果就其普遍程度而言,从目前掌握的资料看,中国与日本仍有相当明显的差距。

※　　　　　※　　　　　※

从以上的比较中我们可以看到,在封建社会后期,日本小农的发展就总体状况而言超过中国小农,其内部包含有更多适合近代化的因素。这使日本由封建社会向近代化社会的转变要较中国顺利。在日本明治维新时期,改革派发动的倒幕运动,便得到了豪农以及下层农民的广泛支持;而在中国的戊戌维新中,康有为等维新派在农民中却没有任何基础,义和团甚至把保国会当作通洋贼子加以讨伐。毛泽东的著名论断:"严重的问题在于教育农民",正是建立在对中国农民特殊情况的深沉观察之上的。

新中国成立后,中国彻底废除了封建土地所有制,在农村中进行了建立新的生产关系的尝试。改革开放以来,农村实行联产承包制,农民的经济地位发生很大变化,生产力得到进一步解放。但我们仍应看到中国农民的独特历史状况留下的深刻烙印,注意引导农民清除各种封建沉淀引发的非现代化思想,帮助他们增强市场观念,发展社会协作要求,推进民主教育,强化法制精神,开拓国际意识,提高科学文化水平等等。只有这样,中国才能伴随着现代化进程,造就出一代新农民,而一代新农民的产生则将为中国的现代化提供坚实的社会基础。

(原载上海社科院《学术季刊》1995年第3期)

注释:

① 指登录在日本领主"检地账"上的农民,是向领主缴纳年贡的主要成员。
② 中村吉治:《日本经济史》下卷,1957年版,第98页。
③ 《赈济利害书》,见《鲁斋集》。
④ 《山东通志》卷首。
⑤ 王亚南:《中国半封建半殖民地经济形态研究》,第210页。
⑥ 福山昭:《近世农村金融的构造》,雄山阁版,第47页。
⑦ 《近世大阪的物价和利息》,第46页。
⑧ 《毛泽东选集》卷二,第594页。
⑨ 李兆洛:《凤台县志·论食货》,见《皇朝经世文编》卷三三六。
⑩ 津下刚:《近代日本农史研究》,第115页。
⑪ 张萍:《日本的婚姻与家庭》,第68页。
⑫⑭ 根据《清朝文献通考》、《清朝续文献通考》、《清朝通典》、《清朝通志》、《清实录》、《左华录》、《清史稿》的有关资料统计。
⑬ 井上清:《日本历史》(中译本)中册,第348页;《历史中学事典》,第302页。
⑮ 日石,每日石为十日斗,每日斗为十日升,每日升合1.804公斤。
⑯⑱ 西里尔·E·布莱克等著:《日本和俄国的现代化》(中译本),商务印书馆1984年版,

第 93、94 页。
⑰ 伊会一：《敬陈末议疏》，见陆跃：《切问斋文钞》卷十六。
⑲ 《清朝续文献通考》卷六十，《市籴五》。
⑳ 于汝川：《栖霞县志》光绪，卷一，《物产》。
㉑ 《马克思恩格斯全集》卷 25 第 885 页。
㉒ 守屋典郎：《日本经济史》（中译本）第 14 页。
㉓ 大藏永常：《棉圃要务》，见《日本科学古典全书》卷十一，第 260 页。
㉔ 《列宁全集》卷一，第 77 页。
㉕ 小野武夫：《日本庄园制史论》，第 226、91 页。
㉖ 山口和雄：《日本经济史讲义》，第 51 页。
㉗ 原田伴彦：《历史研究》，1985 年第 5 期，第 172 页。
㉘ 根据黄宗智《华北的小农经济与社会变迁》一书第 321 至 328 页的附表计算。
㉙ 同上书，第 197 页至 324 页。
㉚㉝ 安冈重明：《商业的发展和农村构造》，见宫本又次编；《商业性农业的展开》。有斐阁 1955 年版。
㉛ 守屋典郎：《日本经济史》（中译本），第 14 页。
㉜ 盐泽哲夫、川浦康次：《寄生地主制论》，御荣的水书房 1957 年版，149 页。
㉞ 津田秀夫：《幕末期的雇佣劳动》，见《土地制度史学》八号。
㉟ 土屋乔雄：《日本经济史》（中译本），第 105 页。

当今日美安保关系的宏观思考

苏联解体，冷战结束，国际关系发生根本变化。东西对立，美苏争霸不复成为国际关系的主要内容，原西方国家间的同盟也因而派生出新的格局。其中美日两国因其国际地位的重要及原有关系的特殊，两国安保关系在冷战后的构成，为世界，特别是亚太各国所注目。1995年11月20日，《日美安全保障联合宣言草案》发表，标志着日美安保关系进入一个新阶段。了解和把握日美安保关系的变化，对于正确处理中美关系、中日关系，特别是后冷战条件下中国国际安保环境问题，具有重要意义。本文拟从日美安保关系的新基础、日美安保关系的新调整等方面对此问题进行论述。

一

冷战时期，特别是20世纪70年代后，日美安保关系的基础是共同遏制苏联在远东地区的扩张。在美国是为了与苏联争夺世界霸权；在日本则是为了保证其国家安全，并获得维持经济高速发展的国际环境。

苏联解体，冷战结束，日美安保关系原有的基础大为削弱。为此，日美两国都有为数不少的人主张无需继续保持日美安保关系。1995年10月《日本经济新闻》进行的一次民意测验表明：40%的日本人希望废除日美安全条约。而同年11月2日，美国政府的智囊团之一"凯托研究所"则公开发表研究报告，建议美国政府必要时解除日美安全保障条约。

在上述压力之下，日美两国要继续保持安保关系，首先需要阐明的便是后冷战条件下日美安保关系的基础。为此，《日美安全保障联合宣言草案》指明："日美安全条约为结束冷战发挥了重要作用，它作为美日两国以及亚洲太平洋地区和世界安全繁荣的基础，应该继续发挥其作用。"日本《世界周报》对此发表评论说："冷战后，日美安全条约已从过去冷战时代那种以遏制远东苏军的行动为目的的性质变为由日美合作来加强亚洲稳定的性质。"（1995年10月17日）点明了冷战前后日美安保关系基础变化的核心内容。为什么日美合作加强亚洲的稳定，构成后冷战条件下日美安保关系的基础呢？原因如下：

1. 亚太地区在后冷战时期对日美的战略意义日益重要

冷战时期美苏争霸的重点在欧洲，日美安保条约对美国苏联争夺世界霸权的战略来说,发挥的主要是侧翼支援的作用。冷战结束后,亚太,特别是东亚地区经济发展迅速,成为世界经济中最具活力的地区。美国与亚太地区贸易额已是其同欧洲贸易额的1.5倍,同南美贸易额的3倍。1994年3月,美国设定的未来十大新兴市场中,有6个国家和地区在亚洲。这使亚太地区在美国全球战略中的地位明显上升。1993年7月,克林顿总统在日本早稻田大学明确提出了建立"新太平洋共同体"的主张,认为"太平洋地区能够并将成为我们美国人民的一个就业、收入、合作、思想和增长的庞大来源"。其后,美国副国务卿琼·斯佩罗就"新太平洋共同体"发表讲话,指出:"北美本身的市场规模之大仍然是世界最大的经济增长的引擎,但正是亚洲有着世界上增长最快和最生气勃勃的经济。如果我们要对付冷战后世界的挑战,我们必需共同努力。"① 在1995年2月27日美国国防部发表的"东亚战略报告"中更直截了当地说:"亚洲—太平洋地区目前是世界上经济最活跃的地区,仅凭这一点,它的安全于美国的前途有着至关重要的影响。"

对日本来说,亚太特别是东亚地区,冷战后其战略意义也明显上升。1989年,日本从亚洲的进口增长至490亿美元,首次超过从美国的进口;1992年,从亚洲的进口更占到日本总进口额的45%,是从美国进口的2倍。以出口而言,1992年,日本向东亚地区的出口比1991年增长14%,而向美国的出口仅增长7%。在投资方面,1985—1992年,日本对亚洲的投资总额上升到600亿美元,成为对亚洲投资的头号国家。据日本通产省统计,自1991年4月至1992年3月,日本在亚洲的公司创利4 870亿日元,在欧洲的公司只创利66亿日元,在北美的公司则出现了2 080亿日元亏损。经济利益的转变,使明治维新后一直奉行"脱亚入欧"的日本亚洲意识大为增强。1993年1月,时任日本首相的宫泽喜一在泰国发表题为"亚太新时代与东盟"的演说,提出亚太外交四原则,将日本对亚太外交放到重要的战略地位。现任日本首相桥本龙太郎在其上任不久的施政演说中便明确提出:"无论对于我国,还是世界经济,亚太地区的重要性都在逐年增加,我国将进一步发展加强与该地区的合作关系。""我们将制定一个增强这种合作凝聚力的、内容充实的'行动计划',为该地区的进一步发展发挥巨大作用。"②

由于冷战后美日在亚太地区的战略利益迅速上升,因此,维持亚太的稳定,便理所当然地成为保护和发展美日全球利益的重要一环。

2. 美日在亚太地区存在重要的共同利益

日本经济的迅速发展、实力的空前增强,使日美的竞争明显加剧,特别在经济方面。为改变美国对日贸易赤字不断增长的局面,美国甚至不惜对日本动用"超级301条款"等单边措施进行制裁。但从美日关系的全局来看,这些矛盾和冲突尚未占据主导地位,占据主导地位的仍是相互需要和利用。因为,在世界,特别是亚太地区,美日两国有着重要的共同利益。这些共同利益,根据《日美安全保障联合宣言草案》所言,可以概括为以下若干方面:

(1)"维护和平与稳定"。苏联解体,冷战结束,西方发达国家在国际新秩序中占据了有利地位。其中,特别是美国、日本、欧洲集团。它们有巨大的既得利益需要保护,都不愿意从根本上破坏现存秩序,并希望今后的世界能向着美、日、欧三足鼎立的局面发展,而美国更希望永久保持一超独霸的局面。但世界并未完全按照它们的愿望变化,出现了许多新的不安定因素。1992年1月,苏联解体后不久,时任日本首相宫泽喜一便指出:"以意识形态的对立和核对峙为背景的秩序瓦解后,代之而起的是民族纷争的加剧和核扩散的发展。世界局势因此显得更不确实,更不安定。"上述不安定因素若失控,将危及美日等占据优势地位的现有秩序。这使美日在"维护和平与稳定"方面,必然寻找共同语言。

(2)"防止地区纠纷"。冷战结束后,在世界经济加速一体化的背景下,大国之间发生全面战争的危险降到了历史上的最低点。但地区纠纷的危险非但存在,而且较之冷战时期有所增长。海湾战争、波黑冲突便是明证。亚太地区,特别是东亚也有不少可能导致地区冲突的热点或潜在热点。这些地区冲突很多都涉及美日的重大利益。美国防部东亚战略报告称:"亚洲的特点是多样化——民族、宗教、文化、语言和地理多样化。历史遗留下来的敌对情绪仍很强烈;缺乏协调一致。从中日首次战争到中苏对抗以及朝鲜、越南和柬埔寨的冲突,大国不断在亚洲发生对抗和冲突。虽然我们在亚太不再面临苏联的霸权主义威胁,但我们仍面临朝鲜半岛军事威胁的挑战以及重新出现的一系列复杂的紧张局面。"联手防止这些地区冲突发生或扩展便构成美日又一重要的共同利益。

(3)"确保开放和安全的海上航线。"美日的经济都是世界规模的,开放和安全的海上航线可说是美日经济的生命线。亚太水域的许多重要航线都维系着美日的重要利益。美国防部东亚战略报告对东亚的若干海上领土争端表示了明确的关切。例如:"美国敦促和平解决南中国海问题,强烈反对任何国家威胁使用武力或者使用军队来维护领土要求。美国对于这些相互提出的领土要求的法律依据不表态,但愿意帮助和平解决这场争端。在这种情况下,应该指出,美国认为公海是国防领地。由于我们对维持联系东南亚、东北亚和印度洋的通道具有战略利益,因此我们必须拒绝任何超越海洋法公约许可的领海要求。"1996年年初,日本前首相中曾根在一篇文章中声称:"从阿留申群岛到南太平洋,实际上是从印度洋到中东海湾地区,日美安全保障条约必须在防止和制止冲突方面发挥作用。支撑日本经济的油轮在这一地区来来往往,这是日本最重要的地区。"③ 上述共同要求,明确显示"确保开放和安全的海上航线"是美日的共同利益所在。

(4)"确保两国及地区的繁荣、民主化、人权和推进市场经济。""民主""人权"等所谓"自由和民主主义原则"是美国一直标榜和坚持的,也是第二次世界大战以来,日本立国的基本原则之一。苏联解体后,美国更为卖力地宣扬这些原则,目的在于凸显其价值观的优越性,从而在政治和意识形态领域巩固和扩大美国在全球的领导地位。日本也想通过进一步宣扬和倡导这些原则,提高自己在政治和意识形态领域的地位,帮助日本成为政治大国。强调政治和意识形态上的共同性,也有利于缓和日美在经济等方面的摩擦。而世界上现有的社会主义国家都在亚太地区,这使日美宣扬政治和意识形态的共同性更具有现实用意和针对性。"推进市场经济",对美日来说有政治上的用意,更主要的是要求自由贸易范围扩大,这将使面临就业压力、出口减少等经济困境的美日获取更大的市场。由此可见,美日间上述重要的共同利益,必然推动它们共谋亚太地区的稳定。

3. 美日都不可能独自维持亚太稳定,需要两者间的合作

美国虽然在冷战后成为世界唯一的超级大国,但其相对国力衰落。海湾战争表明,如果没有西方其他发达国家,特别是日本、德国在经济上的支持,美国连这场较大规模的局部战争也很难打赢。在中东如此,在亚太地区同样如此。而且,日本在亚太地区对美国来说具有战略作用,这从美国防部的东亚战略报告中可以看出,该战略报告认为:"美国在亚太的安全保障政策成功与否取决于对日本基地的使用权和日本对美国军事行动的支持。""美国在日本的基地位置优越,可以将美国部队迅速部署到该地区几乎任何出乱子的地方。由于美国与太平洋战场相距遥远,确保有权使用在日本的基地对于我们遏制和击败入侵的能力起了关键作用。"虽然美国同日本、欧洲在维护现行秩序方面有许多共同之处,但美国、日本、欧洲间的关系并非等边的,欧洲对美国的独立性远远超过日本,日本仍然需要美国的保护。这使美国能更多地利用日本来维护其在亚太乃至全球的利益。正因如此,美国防部东亚战略报告宣称:"没有比我们同日本的双边关系更重要的了,这是我们的太平洋安全政策及全球战略目标的根本,我们同日本的安全联盟是美国在亚洲的安全政策的关键。

不仅美国和日本,而且整个地区都把这看成是维护亚洲稳定的一个主要因素。"

对日本来说,苏联的解体,虽然大大削弱了来自北方的威胁,但日本并未感到它已处在一个安全的环境之中。1995年10月,日本前首相村山富市在参加自卫队纪念日阅兵式时,发表"内阁总理大臣训示",声称:"世界依然存在着许多动荡不定的因素。在我国周边,围绕着朝鲜半岛、南沙群岛,至今处于不稳定的状态中,并且,像我国北方领土这样的问题尚未解决。此外,在经济引人注目地增长的背景下,中国和东盟国家出现了谋求国防力量充实和现代化的动向。""1996年,中国和法国进行了核试验,我认为这是极其令人遗憾的。"基于日本对周边形势的上述认识,考虑到日本目前的自卫力量、和平宪法对其军事发展的限制,以及受国土狭窄、缺乏战略纵深、缺乏能源等特殊国情的制约,日本在安全方面绝不会拒绝美国的合作与保护。苏联解体后不久,时任日本首相宫泽喜一便指出:"日美安保体制,是亚太地区和平与繁荣不可缺少的框架,我国今后将继续坚持这一体制。"④以后的日本历届首相都坚持了这一立场。现任日本首相桥本龙太郎在其施政演说中明确表示:"日美安全保障形成了日美合作关系的政治基础,对亚太地区的和平与繁荣发挥着不可缺少的作用,我国要坚持这个体制。"⑤

二

日美安保关系基础在冷战后发生了变化,日美安保关系内容也必然随之调整。就目前情况而言,冷战后日美安保关系的调整,主要有以下几方面:

1. 由日本追随美国的主从型关系,转变为日本具有更大独立性的伙伴型关系

日美安保条约是在日本与美英等国签订旧金山和约的同一天签订的。从理论上说,旧金山和约签订后,美国便结束了对日本的占领。但实际上,很长一个时期中,日本仍然在美国的占领之下。因此,冷战时期的日美安保关系,特别是50、60年代,是在美国控制日本的条件下展开的。加上当时日本的决策层有意利用美苏矛盾,力图通过执行对美一边倒的外交政策,获得美援,复兴日本,主观上采取了仰承美国鼻息的姿态。这更增强了日本依赖美国的程度。美日安保关系的这种主从色彩,从《日美安保条约》的1951年文本中可明显看出,该条约称:"日本已于本日和盟国签订和约。该和约生效后,日本将无有效工具来行使它自卫的自然权利,因为它的武装已被解除。""因此,日本希望与美利坚合众国签订一个安全条约","日本希望美利坚合众国在日本国内及周围驻扎其武装部队,以防止对日本的武装进攻,作为日本防御的临时办法"。显然,这是一个保护者与被保护者的条约。

但从80年代以来,特别是冷战结束后,情况不同了。首先,日本的实力今非昔比,经济上成为世界上头号债权国。美国不仅在东亚,而且在全球范围内都有许多问题要求日本合作。这就使日本不愿再在对美关系上处于从属地位。从细川护熙到桥本龙太郎,已有一任又一任日本首相在各种问题上对美国接二连三地说:"不!"1995年9月冲绳发生美军轮奸日本少女事件后,克林顿总统不得不对愤怒的冲绳人说:日美关系"是一种非常特殊的关系,这种关系比以往任何时候更重要。我希望不要仅仅由于冷战已经结束而放弃这种关系"。⑥当然,这并不意味着日本不再重视对美关系,日美关系仍然是日本外交的基轴。但日美之间已由过去的主要是日本有求于美国,而转变为日美互有所求;日美安保关系也由过去的主从型转变为伙伴型。在1995年公布的《日美安全保障联合宣言草案》中,时任日本首相村山富市已完全没有了冷战初期日本首相乞求保护的可怜相。而以平等的姿态与克林顿共同宣布:"美日同盟将建立起两国的稳定关系。"

2. 由有明确的假想敌,转变为有重点的均衡防卫

冷战时期的日美安保关系有明确的假想敌。朝鲜战争结束之后,特别是50、60年代,日美安保关系根据美国的所谓"遏制战略"展开,将苏联、中国和朝鲜作为假想敌,其中苏联为主要假想敌。60年代至70年代,美国由"遏制战略"转而实行了"大规模报复战略",在远东的战略方针是"遏制中国、牵制苏联"。日本与此密切配合,先后制订了三个针对中、朝两国的秘密作战计划,代号分别为"三矢""天龙""奔牛"。70年代以后,苏联军事力量的膨胀,对日美构成严重威胁,美苏争霸斗争加剧。同时,中苏关系恶化。在这种情况下,美日先后与中国改善了关系。日本认为:中国、朝鲜"对日本构不成直接威胁","苏联对日本既有侵略能力又有侵略意图",再次明确地把苏联视为主要假想敌。

冷战结束后,苏联解体,俄国陷入巨大的经济和内政困难之中,无力他顾。国际关系趋向和缓。在这种条件下,日美安保关系不再具有明确的假想敌。1995年11月28日日本内阁确定的新《防卫计划大纲》在分析周边的不安全因素时,仅笼统地概括说:"依然存在不明朗、不确定的因素,比如朝鲜半岛继续存在紧张局势。"在这样的认识指导下,日本原来一直以对付北方威胁为重点的防卫部署,逐步转变为均衡防卫。但没有明确的假想敌,并不等于没有防卫重点。据说在日本新《防卫计划大纲》中原来写有"我国周围存在着包括核武器在内的巨大军事力量"语句,后因在国会讨论时,社会党认为:这种说法"实际上是提出中国威胁论"而被删掉。这表明日本对周边力量的消长是有所考虑的。这在日本防卫力量的部署上也得到反映,在采取均衡部署的同时,日本适当加强了对西面的警戒。例如:航空自卫队的主力部署在本州和九州地区;海上自卫队将部分舰艇由神奈川县基地调往长崎县基地,等等。

3. 由日美合作抗衡苏联,转变为谋求建立以日美关系为基础的东亚乃至亚太新秩序

冷战时期日美安保关系的主要目的在于抗衡苏联,是一种对手明确的同盟关系。冷战结束,日美安保关系与其说是为了对抗而存在,不如说是为了在东亚乃至亚太地区建立起以日美关系为基础的新秩序而结合的。

冷战结束后,东亚乃至亚太地区原有秩序瓦解,出现了所谓力量真空,原来被冷战掩盖的一些矛盾显性化。东亚与欧洲、北美相比有一个明显特点,即从近代以来在东亚地区内部从未形成稳定的中心力量,在东亚充当中心力量的来自于东亚外部的国家或地区,例如英国和美国。冷战结束之后,美国力量包括军队之所以仍然能够在东亚存在,除美国主观上要求留下,以保护其在该地区的利益外,很重要的原因是东亚有若干国家和地区仍然需要借助美国,达到东亚内部平衡。但是东亚毕竟与以往不同了,东亚是世界上经济发展最快的地区,它需要并正在由其内部形成自己的中心力量。其中最引人注目的有:中国、日本、东盟诸国家。可以说东亚内部新的中心力量的产生之日,也就是东亚新秩序形成之时。美国担心东亚新的中心力量的形成会排挤它在东亚的存在。日本由于本身的弱点很难完全依靠自己成为东亚的中心力量,希望在美国的支持下达到目的。日本青山学院大学教授、日本国际论坛理事长伊藤宪一便明确表明:"只靠亚洲地区内的势力难以实现势力均衡。如果是这样,那么,若不在亚洲地区以内维持亚洲地区以外的大国美国的军事力量,亚洲秩序则不可能形成。"[7]

这就使日美在东亚乃至亚太具备了新的合作要求,这种合作不再是与苏联的抗衡,而是以在东亚乃至整个亚太建立起以美日关系为基础的新秩序为目标。在1995年11月公布的《日美安全保障联合宣言草案》中,村山富市与克林顿明确表示:"日美安全条约为结束冷战发挥了重要作用,它作为日美两国以及亚洲太平洋地区和世界安全繁荣的基础,应该继续发挥其作用。"由于日美在冷战时结盟就是为了遏制苏联等国,因而日美关系对苏联等国具有明显敌对性。冷战后,日美合作则是为了在东亚乃至亚太建立起以它们为核心的新秩序,这使日美关系一方面对于影响它们成为中心力量的国家或地区具有排斥性,但同时要建立起东亚乃至亚太新秩序必须得到东亚、亚太国家和地区,特别是主要国家和地区的合作,这又使日美关系对东亚、亚太地区的国家和地区具有了某种程度的相容性。总之,冷战后的日美关系相对冷战时期日美关系而言,排他性有所减弱;谋求与各种力量协调,并成为力量中心的要求增强。

在上述要求的推动下,日美两国对建立东亚乃至亚太多边安全机制,表现出日益强烈的兴趣,希望利用目前已有的多边对话或组织机构形成多边安全机制,例如建立美日中朝韩俄对话机构,使东亚地区论坛乃至 APEC 具备多边安全组织的作用,等等。1995 年 11 月 17 日,克林顿总统便明确表示:"我希望,到下个世纪初,我们能看到其他国家同日本和韩国合作,从而将我们大家在该地区共同承担的责任的范围扩大。"又说:"我们现在正同欧洲人共同努力,争取有史以来首次建立起一个统一的欧洲,而致力于和平的伙伴关系就是实现这一目标的途径之一","这是我希望在世界各地都出现的局面。"[8]11 月 19 日日本首相村山及美国副总统戈尔在 APEC 会议的记者招待会上表示:亚太经合组织会议的议题今后不应只是经济问题,应该扩大到政治和安全保障问题。[9]

4. 日美由地区性的军事合作为主,转变为全球性的多元合作

日美安保关系在冷战时期强调的主要是地区合作,即在远东遏制苏联的扩张,这当然主要在于军事方面。冷战结束以后,日本实力增强,来自北方威胁减弱,美国战略意图也由与苏争霸,转变为在全球范围建立以美国为唯一超级大国的新秩序,同时大国利益的竞争往往不表现为国家间的直接冲突,而表现为争夺世界组织主导权的斗争,军事力量及意识形态的竞争在国际上也不再属于首要地位,经济等因素发挥着较以往重要得多的作用。这样就促使日美安保关系由地区性军事合作为主,转变为全球性的多元合作。在 1995 年 2 月美国国防部发表的东亚战略报告中这样描述日美关系:"没有比我国同日本双边关系更重要的了,这是我们的太平洋安全政策同全球战略目标的根本。"显然,报告把日美安保关系放到了全球性安全保障位置上。据说在 1995 年 11 月村山首相与克林顿总统举行会谈,发表《日美安全保障联合宣言草案》前,美方曾要求日方把原来只限于"日本"和"远东"的日美防卫合作范围,扩大到"整个亚洲太平洋地区"或"全世界",遇到了日本社会党等方面的反对。[10]在草案公布时,虽然未明确将上述要求写进去,但却写进了这样的话,日美首脑声称:两国首脑认识到,"无论在地区性的问题上还是世界性的问题上,两国间紧密的防卫合作是日美同盟的基础","防止核武器等扩散,维持和平行动,防卫日本的领空,进行人道主义援助越来越重要"。适应这种转变的需要,日本在1995年11月提出的新《防卫计划大纲》中明确增加了日本自卫队今后应介入的新领域:(1)对付大规模的自然灾害和恐怖主义;(2)参加联合国维和行动;(3)推进安全对话和防卫交流;(4)在军备管理和裁军领域进行合作。

5. **由对付共同敌人的安保关系,转变为兼具防卫及相互遏制的双重复杂关系**

冷战时期,由于日本实力尚弱,无法脱离美国,加上双方面临严重共同威胁,因而当时日美安保关系虽然也有控制与反控制的斗争,但主要是对付共同敌人的安保关系。冷战结束后,情况不同了,双方虽然存在巨大的共同利益,但竞争加强了,1985年4月,美国参议院全体一致通过了对日表示不满的决议。之后美国学者彼得·德鲁克和詹姆斯·法罗兹分别提出了"敌对贸易论"和"遏制日本论"。1989年9月,美国联邦调查局局长韦伯斯特预测苏联威胁减少后世界将进入后冷战时代,认为:"我们的政治、军事盟国也是经济竞争对手。在高技术等几乎所有领域,只要与美国利害关系有关,美国制定政策者就会把眼光转向竞争机会不平等的领域,不仅将关注对生产的投资,而且将注视我国经济竞争对手的战略。"其后,联邦调查局拟定了题为《日本2000年》的日本危险论报告,并提出封锁日本的政策。[①]日本报刊甚至认为:克林顿上台后,其最优先的课题之一就是重视对日一揽子经济磋商和加强国家情报战略。该战略的表现是改组中情局,改革国家保密局窃听制,其目的不单纯为了"经济安全保障",还为了削弱日本经济竞争力。

在这种情况下,美国与日本保持安保关系、继续在日本驻军,就不仅是为了保卫日本,保卫美国在远东的利益,而且增加了新的内容,即控制日本,防止脱离美国、发展成对美国构成威胁的力量。1995年9月4日,美国助理国防部长奈在东京记者招待会上明确提出:"日美安全条约不仅能使美军在前方的活动成为可能,而且还能起到防止日本及其他区域内国家进行扩军竞赛的作用。"[②]1995年11月8日美国《波士顿环球报》刊登署名文章《美日之间的安全联盟据认为是脆弱的》,也明确地表达了上述意图:"如果日本加强军备,就将促使中国和韩国的军事开支进一步增加。"对美国的这种意图日本是清楚的,美国政府的智囊团之一"凯托研究所"11月2日提供的研究报告便称:日本的当事者认为日美安全保障体制中包含着防止日本成为军事大国和不稳定因素出现的"对日本不信任"的意图。

日美安保体制在冷战后出现的这种二元倾向,使日美安保关系远较冷战时期复杂,这使日美在许多重大问题上显得很不协调,例如在对联合国改革问题上,在对亚太地区政治经济合作形式及方法上,在对中东若干问题上,在对北约东扩问题上,日美都表现出重大分歧。

6. 突出了双方在发展高科技军事力量方面的合作要求

20世纪90年代初的海湾战争证明了高科技军事力量在现代战争中具有极为重要的作用。因此,加强高科技军事力量已成为现代各国发展军事力量的方向。1995年9月19日美国公布了新的国家安全科学技术战略,以及克林顿总统为该报告所写前言。在前言中克林顿称:"科技方面的投资对战略是至关重要的,它使我们能继续处于新发展的优势地位,这样,我国的武装部队依然在训练、装备和备战方面最为优良。"

日本和美国在军事高科技研究方面各有千秋,强调这方面的合作,能使双方都取得自己所需的东西,从而加强双方力量。例如日美现正合作进行的FSX飞机研制便是明显的例证。该飞机以美国的F16C型机为基础,安装日本制主动式相控阵雷达,全面采用日本制碳素复合材料,等等。改型后的新一代支援战斗机性能将超过现在的F16C型。

当然这种合作,除为加强双方力量外,还包含了相互控制及竞争的需要。这从1995年11月2日美国科学研究委员会提交的一份报告中可以明显看出。该报告指出:日本政府长期以来一直拒绝向美国麦克唐奈——道格拉斯公司转让日本独自的"LES"引擎技术。此外,日本电气公司和富士通拥有的砷化镓技术,京陶公司的半导体插件技术是美国急需的推进宇宙开发的重要技术,日本方面也舍不得提供。报告提出:在整个冷战时代,美国为了加强日本的防卫力量,一直积极地向日本提供军事技术。现在冷战结束,使美国单方面向日本提供防卫技术合理化的时代已经结束了。为此,报告主张美国政府要求日本政府取消妨碍提供与转让技术的武器出口三原则等,密切日美在科学技术方面的相互关系。[13]

在新的基础上,日美安保关系正在出现以上述内容为特征的调整,这种调整尚未完成,还有可能出现新的特点,日本新首相桥本与美国总统克林顿在1996年1月份的会晤中,便有新的调整内容。而调整的趋势无非有三种:(1)较为顺利地完成,全面建立起适应冷战后形势要求的日美安保关系;(2)部分完成,使日美安保关系在有许多矛盾的情况下,得以存续,但由于合作不力,对世界、亚太、东亚无法发挥美国所设想的核心或基础作用;(3)基本失败,美日摩擦加剧。以上趋势何种成为现实,并不完全取决于美日的主观愿望,更取决于美日力量的客观消长,例如美国力量在东亚的衰落程度,日本自主防卫要求的强化程度,以及东亚、亚太和世界各种力量的变化,等等。就目前的诸条件观察,美日安保关系未来的各种调整趋势中,最有可能成为现实的是第二种。

(原载《社会科学》1996 年第 7 期)

注释：

① 美新署旧金山 1993 年 9 月 28 日英文电。
② (日)《朝日新闻》1996 年 1 月 23 日。
③ (日)《产经新闻》1995 年 1 月 10 日。
④ (日)《读卖新闻》1992 年 1 月 24 日。
⑤ (日)《朝日新闻》1996 年 1 月 23 日。
⑥ 美联社华盛顿 1995 年 11 月 17 日英文电。
⑦ (日)《诸君》1995 年 10 月号。
⑧ 法新社华盛顿 1995 年 11 月 17 日英文电。
⑨ 共同社 1995 年 11 月 19 日报告《日美认为亚太经合组织会议今后应讨论政治和安全保障问题,有国家表示反对》。
⑩ (日)《世界日报》1995 年 11 月 6 日。
⑪ (日)《选择》月刊 1989 年 11 月号。
⑫ (日)《世界周报》1995 年 10 月 17 日。
⑬ (日)《共同社》1995 年 11 月 12 日消息。

战后日本社会结构的变化

战后日本社会结构的变化，是研究当代日本问题的出发点。本文拟通过对影响战后日本社会结构变化主要因素的分析，论述战后日本社会结构的变化。

一、第二次世界大战后期日本统治集团保存"国体"的努力

继日军在中途岛和瓜达尔卡纳尔岛惨败之后，1944年上半年，美军又先后攻占了马绍尔、特鲁克及塞班等岛屿。1944年11月24日，美国的B29型轰炸机首次空袭东京。在中国战场上，中国人民的抗日战争也节节胜利。据不完全统计，1944年仅中国解放区各战场对日作战便达两万多次，毙伤日伪军26万余人，俘日伪军6万余人，收复国土8万余平方公里，解放人口1200万。曾猖狂一时的日本法西斯败象明显。在此情况下，如何处置战后日本，特别是天皇，便成为人们关注的问题。

1944年2月，美国参议院外交委员会和英国外交大臣艾登发表谈话，要求"将天皇处以绞刑"[①]。1944年7月，当时的中国国民参政会通过决议，主张："中国应提议宣告天皇是对战争、对日本在中国及太平洋地区的残暴行为负主要责任的战争罪犯。盟国欲建设新的民主的日本，则应将国民从旧的政治观念中解放出来。日本皇室乃至封建主义及侵略之根源，应予废除。"同时，随着战争发展，日本普通民众的生活日渐艰难，口粮和衣服全部实行配给制，包括土豆和杂粮在内，每人每天的主食只有300克，蔬菜、鱼类等副食品的供给量只及战前的1/3，食油和糖根本不供应。民众衣不蔽体，面带菜色，不满情绪日甚一日地增强和蔓延。这使日本统治集团感到他们的统治地位也即所谓"国体"受到来自内外两方面的挑战。他们决意为维护"国体"而尽最后努力。1944年7月，天皇对时任日本首相的东条英机表示："首先，当此关头必须立即采取措施以重新确立统帅权，否则将危及更高一层。"[②]明确将维护日本天皇的地位，也即日本"国体"提到了首要地位。1945年2月16日，曾任日本首相的近卫文麿向天皇呈递奏折，主张："在维护国体方面最为担忧的，与其说是战败，毋宁说是随着战败而可能发生的共产主义革命。苏联对欧洲各国，表面上

虽采取不干涉内政的立场,但实际上却在积极干涉他国内政,欲将这些国家的政治引向亲苏的方向。""回顾国内情况,实现共产主义革命所必需的一切条件正日趋具备。这就是,生活的贫困,工人发言权的增大,对英美两国敌对情绪强烈而引起的亲苏气氛,军部中一伙人的革新运动,利用这个运动兴起的所谓新官僚运动,以及在幕后对此进行操纵的左翼分子日益活跃的秘密活动等等。"明确提出了防止国内共产主义革命,以维护"国体"的要求。针对这种要求,天皇表示说:"梅津(时任日本参谋总长)和海军说,只要将敌人引至台湾决一死战定能重创美国,我想在此基础上再进行讲和更有利。"6月6日,日本最高战争指导会议讨论通过了《战争指导基本纲要草案》。6月7日,该草案由内阁会议通过。6月8日,御前会议作了最后决定。该纲要强调:"要以尽忠信念为动力,集地利、人和这些有利条件战斗到底,以维护国体、保卫皇土、达征战之目的。"③

但战争并不承认日本一厢情愿的要求,只按照自己的逻辑进行。6月21日,冲绳日本守军全军覆没。这使日本统治集团部分人感到顽抗到底,只会使他们丧失统治地位,破坏他们希望维护的国体。据内大臣木户幸一的《木户日记》记载,他于7月25日向天皇进言:"军部在本土作战打开局面的计划是不可靠的,其结果将招致敌人的空降部队在全国各地着陆,大本营沦为阶下囚,这绝非凭空虚构。而尤其要认真考虑的是,社稷之所在'三种神器'将因此而丧失。皇室2 600余年的象征一旦丧失,皇室、国体也势必难以维持。考虑到这些,忍痛实现讲和已成为当务之急。"④7月26日,盟军发布《波茨坦公告》,要求日军立即投降。但日本铃木首相却在军部的推动下,于28日发表声明拒绝《波茨坦公告》,表示:"《波茨坦公告》只是《开罗宣言》的翻版,我们将不予理会。我们将坚定不移地把战争进行到底。"⑤8月6日,美军在广岛投掷了原子弹。8月9日,苏联对日宣战,并加入《波茨坦公告》。

局势明显到了最后关头。这时,天皇才不得不接受外务大臣东乡等人的意见,以保留皇室为附加条件,接受《波茨坦公告》。对此,天皇作了如下解释:"军部一再说要进行本土作战,而九十九里滨防御工程至今未完成,军部的话经常得不到兑现。这怎么能打胜?当然,解除我忠勇军队之武装,惩罚因尽忠尽义而承受战争责任者,实有于心不忍之处。但现在必须忍受这些实难忍受之痛苦。想当年明治天皇在三国干涉情况下的心情,朕只能忍痛赞成东乡派意见。"⑥9月2日,天皇发布了接受《波茨坦公告》诏书。接着,在泊于东京湾的密苏里号战舰上,举行了盟军接受日本投降仪式。外务大臣重光葵在参加投降仪式前,曾上奏天皇说:"臣认为正式接受《波茨坦公告》后日本将成为民主国家的一员，但这并不违背日本以往的传统。……—君万民的传统今后将有所体现并进一步发展，这样做从本质上决不违背传统。"天皇答复说："朕与你看法完全一致。望据此完成使命。"⑦表示了日本统治集团在日本投降后，将努力使日本的变革不影响其"一君万民"传统的决心。

盟军占领日本后，于9月11日发布第一次战犯逮捕令。时任日本首相的东久迩宫，唯恐盟军彻底追究日本战犯责任，主张由日本自行审判战犯。为此上奏天皇，天皇表示："敌方所列举的战犯均为竭忠尽义之人，如以朕之名义处罚他们，实在于心不忍，难道就没有重新考虑的余地吗？"⑧反映出天皇及其为首的统治集团深感赖以存在的社会基础正被损坏。

二、美国对战后日本社会结构的改造

太平洋战争时期，日本对美国发动突然袭击，给美国造成重大伤害，使美国切身感受到日本军国主义的危害。因此，在战争接近胜利，考虑对日本的战后处置时，美国希望能对日本的社会结构作较大改造，以摧毁日本军国主义的存在基础，使日本不复成为美国的威胁。

因此，美国最初考虑在战后废除日本的天皇制。1944年2月，时任美国战时情报局远东作战副处长的拉铁摩尔系统阐述了这种意见，他认为："日本的侵略政策不只是日本军部、军国主义制定的。日本自明治以来就通过天皇的神话树立起一种狂热的国家主义，并由财阀控制了政治。天皇制是何等地容易为极端分子所利用，这一点已经得到证明……。对美国来说，企图利用天皇以及所谓'上层'或财界、实业界方面的所谓自由主义稳健分子，以求日本投降后得以安定的想法，将会重犯第一次世界大战后的凡尔赛和会给侵略成性的德意志以复活的机会的错误。如果不废除天皇制，不彻底解散财阀，对日本问题的处理就无从谈起。"⑨

但是，由于日本军队在太平洋诸岛的坚决抵抗，给美军造成严重伤亡，美国政府担心因此在美军官兵中造成厌战情绪，转而重视主张保留并利用天皇以促使日本早日投降的意见。1944年5月，美国国务院远东司司长格鲁提出："天皇是唯一能使日本稳定的力量，只有天皇有足够的力量强制日军停止在中国的战斗，而靠军部首脑是无法使日本彻底投降的。如果不支持天皇，我们就会背上沉重的包袱，无限期地管理面临崩溃的7 000万人口的社会。"⑩

上述意见，最终被美国决策层采纳。1945年5月9日，美国国务卿赫尔向日本军部作了如下表示："我们曾经指出，既然当时日本国民对天皇表现出盲目的献身精神,以外力废除天皇制的尝试恐怕就不会取得效果。""我们认为,日本的政治制度把天皇制作为日本军国主义的工具。因此我们指出:'如果要肃清日本的军国主义,就必须粉碎这种紧密的关系。在任何情况下,日本的最高权威都必须是同盟国的军政府。如果要保留天皇制,有三种方式可供选择:不交给他任何权能;交给他所有的权能;交给他某些权能。'""我们感到最理想、最可取的是第三种方式。"⑪实际上,美国正是按照第三种方式行事的,保留天皇,但对他的权能作了很大改变和限制,例如颁布废除神道特权的指令,迫使天皇发表"人间宣言",并在新宪法中规定天皇只是日本"国家统一的象征",否定了原来军国主义天皇制下主权在天皇的规定。将天皇礼仪化,建立起象征型天皇制。

除改造天皇制外,美国还着力于否定原有的"军部独立"体制。"军部独立"体制在日本军国主义体制的形成和发展中发挥了无可替代的作用,是日本军国主义体制的重要支柱,它是依据日本明治宪法中关于内阁对天皇负责而不对议会负责,军队统帅权直属于天皇而不准政府和议会干预等规定形成的,为军人专权和对外扩张提供了方便,使军部及军人成为日本社会结构中不受监督的特殊部分。美国占领日本后,于1945年11月30日撤销陆军省、海军省,遣散了原有的700多万日军,并在新宪法中废除了天皇对军队的统帅权,在《自卫队》法中规定:"内阁总理大臣代表内阁握有对自卫队的最高指挥监督权","防卫厅长官接受内阁总理大臣的指挥监督,统括自卫队的队务。但是,对于接受陆上幕僚长、海上幕僚长及航空幕僚长监督的部队及机关,防卫厅长官的指挥监督,通过上述幕僚长进行",从而否定了原有的军部独立体制,使军事组织及军人不再成为日本社会结构中不受监督的特殊部分。

日本财阀集团是日本原有社会结构中最具经济实力的部分。日本资本主义工业化的特点与欧美国家不同,主要不是从轻工业起步,而是在实现军工业生产为主的重工业近代化过程中,带动轻工业实现近代化。这就决定了日本资本主义工业化过程从开始就带有军事性质。为了追求高额利润,由明治政府扶持起来的三井、三菱、安田、住友等财阀集团,积极推动军部对外扩张,为日本军国主义体制的形成,提供了物质基础。美国占领日本后,于1946年1月向日本派出财阀调查使节团,该团团长在调查后表示:"财阀"是战争的手段。使企业分散,更合于和平目的。"⑫确立了促使财阀解体,以促使日本中产阶级抬头的政策,因此勒令三井、三菱、住友等财阀解散,整顿"控股公司",将旧财阀所占股份分解为许多小股份。并挑选一批愿与美国合作的财界人士,重建了日本的金融资本体制。从而削弱了旧财阀力量，使日本中产阶级得以冲破垄断寡头的压制，在日本社会中较快地发展起来。

日本在明治维新之后，否定了原来的领主制，确立了其近代土地制度，即寄生地主制。寄生地主制与日本军国主义体制的形成有着密切关系。首先，依靠征收高额地税，使日本政府获得较为充裕的资金，维持庞大的官僚机构和军队，这使日本的官僚机构和军队必然带上明显的封建主义色彩。其次，寄生地主制虽然否定了领主对农民的直接控制，但又使广大农民套上了租用剥削的枷锁，大批新兴地主依靠高额佃租生活，妨碍了近代资本主义农业的发展，农民处于贫困状态，购买力低下。日本国内市场的扩大步履艰难，使日本资本主义经济对国外市场形成极大依赖性，构成日本强烈的对外扩张欲望。与日本寄生地主制密切相关的封建性、扩张性，是促成日本军国主义体制成长的重要催化剂。因此，美军在占领日本后，从推动日本实行非军国主义的目标出发，要求日本实行农地改革。日本政府曾两次提出改革方案，但其目的仅在于缓和佃农和地主间的矛盾，扶植自耕农，以抑制农民运动，而不在于废除寄生地主制。因而，方案遭到了美国的否定。经过盟国对日理事会的多次讨论，1946年6月17日，盟军总司令部对日本发出了"关于第二次农地改革的劝告"。日本政府被迫接受这一"劝告"，制订了《关于彻底实行农地改革的措施纲要》。根据这一纲要，通过了有关法令。并于1947年3月正式开展农地改革，收到较大成效。据统计，1955年日本农户总数中，自耕农所占比重从第二次世界大战结束时的32.8%上升为61.9%，纯佃农则从28.7%下降为5.1%。[13]显然，经过农地改革，日本的寄生地主制被废除，日本农业转变为保持小农经营形态的资本主义性质的农业。

从以上分析中可以看到：第二次世界大战后，美国在世界反法西斯力量推动下，为了在日本推进非军国主义化，对日本原有的社会结构做了重要改造，作为军国主义体制主要支柱的旧天皇制、军部独立体制，或被改变，或被废除，旧财阀势力，特别是寄生地主势力受到沉重打击。这使日本军国主义体制的存在基础被严重削弱。但是美国为了减少占领日本的损失，在形式上仍然保留天皇制，而且在削弱日本军国主义体制存在基础的同时，密切注意防止左翼力量抬头，在确立冷战政策后，更把"日本共产党要夺取政权"视为"日本安全的最大危险"。[14]因而极力压制工人运动，与日本垄断资产阶级携手，培养所谓"稳健分子"，也即原日本统治集团中的亲美派人物，例如币原喜重郎、吉田茂等人，以他们为核心形成日本新的领导阶层。

三、第二次世界大战后日本各派社会政治力量对日本前途的不同主张

第二次世界大战后日本社会政治力量大致可以划分为三，即右翼保守力量、左翼进步力量及极右势力。这三种力量对日本的前途各有不同的主张。

日本右翼保守力量的社会基础是日本资本家阶级及自耕农。政治上的代表主要是自民党。自民党依靠大多来自资本家阶级及自耕农的选票执掌政权，从财界得到雄厚的政治资金，通过组阁和建立地方政府，聚集起一批有决策及行政能力的专家，形成政管财三位一体的权钱统治体制，在第二次世界大战后，基本左右了日本的发展方向。

自民党所反映的日本右翼保守力量对第二次世界大战后日本前途的主张大致包括以下内容：

1. 反共、反法西斯主义，要求建立欧美式的所谓资产阶级民主政权。给予战后日本政治以极大影响的政治家吉田茂，曾任日本自民党前身自由党总裁。早在1945年日本投降前便主张："日本无论谁说什么，如果不与英美交好，就绝不是繁荣之国。因此，与英美的战争必须早日结束。即使在与英美的战争中失败了，国体也绝不会毁灭。但如果国体赤化，那就只有灭亡。"[15]1946年2月22日，日本自由党发表反共声明，称："日本自由党的夙愿是维持天皇制，对大权事项严肃改正，不给军阀官僚以可趁之机，而且尊重人权，在各界振兴自由正义的活动，鼓舞民风，以建设明朗的新日本为急务"，"观察目前政治形势，极右的法西斯崩坏，直接落入极左的危险甚大"，"我们坚持正义和稳健的政治信念，重新认识保守主义民主政党应该承担的使命，更感责任重大，必须对共产主义表明断然的态度"。[16]1955年11月15日自民党公布的"立党宣言"明确表示："我们立党的政治信念：第一，一心迈步于议会民主政治的大道上。因而，彻底排除一切以暴力和破坏、革命与独裁为政治手段或者思想。第二，以个人的自由和人格的尊严为社会秩序的基本条件，因而，反对以权力为依据的专制和阶级主义。"[17]

2. 政治、外交上追随美国。吉田茂主张：战后"日本外交的根本方针必须放在对美亲善这个大原则上"。[18]承认："战败后的整个占领时期，日本的对内外政策，在很大程度上受对美关系的支配，这是事实，也是必然的。"[19]1955年11月，日本自民党成立时发表的"党的政纲"中提出："将外交基础放在和自由民主主义诸国的协力和提携之上"[20]"自由民主主义诸国"中，当然首先便是美国。

3. 实行先经济、后军备的发展方针。战败的日本选择怎样的道路实现复兴和发展,这是战后日本面临的重要选择。当时日本右翼保守力量的重要政治代表人物吉田茂对此做了如下论述,他说:"日本的现状不能只根据军事上的要求而决定兵力的数量。目前,充实国家的经济力量以安定民生乃是先决问题。日本由于战败,国力消耗殆尽,如同一匹瘦马,如果让这匹晃晃悠悠的瘦马承担过度的重载,这就会累垮。"㉑在相当长的时期内,日本以此方针作为国家战略的重要指导思想。

日本左翼进步力量是日本工人阶级、中下层知识分子、下层自耕农。政治上的代表是共产党、社会党。日本共产党对战后日本前途的主张为:

1. 要求建立独立、和平、民主的新日本。日本共产党成立后,为推翻专制主义天皇制,废除封建土地所有制,反对发动侵略战争,争取人民民主,进行了坚决斗争。战后,日本共产党确定了新的斗争目标,这就是"尽最大努力扩大和加强我们的党,使它成为一个成熟的马克思列宁主义的党、人民群众的先锋的党;团结一切民主力量,巩固广大的民族解放民主统一战线,以完成党所担负的建立一个独立、和平、民主的新日本的历史任务。"㉒

2. 主张与中苏等社会主义国家建立友好关系,反对美国的侵略政策。冷战时期,世界分裂为东西两大阵营,日本共产党站在东方阵营一边,认为:"目前,当美帝国主义者正在把日本变为侵略亚洲的最大基地的时候,日本同苏联和中国建立友好关系,对于巩固亚洲的和平,建立亚洲及太平洋地区的集体安全具有重大的意义。"㉓

日本社会党是由第二次世界大战前日本几个合法的社会民主主义政党如劳动农民党、社会民众党等在战后联合组成的,党纲上规定自己为"劳动阶层的结合体"。内部存在左派和右派的激烈斗争,在50、60年代的相当长的时期内,左派基本上占据优势。日本社会党对战后日本前途的主张为:

1. 要求日本成为在政治上实行"民主主义",经济上实行"社会主义"的国家。

2. 反对日美"安全条约",要求日本坚持"非武装中立"。日本社会党明确表示:"愿意根据和平共处五项原则和万隆会议十项原则,建立和扩大亚洲各国之间的和平友好关系。""根据和平共处五项原则,万隆会议十项原则和日本和平宪法的基本精神,不参加任何军事集团,不保有任何外国军事基地,争取消一切军事集团,由此实现和平共处。""由于日美'安全条约',使日本处于同美国结成军事同盟的现状之下,日本首先需要废除日美'安全条约',同时实现日本宪法中不保有武装的规定。"㉔

日本极右势力曾经有过相当多数量的组织,在推动日本走上侵略道路方面发挥了重要作用。战后,其中237个团体被作为"极端的国家主义团体,恐怖秘密团体"而解散,日本的极右势力受到削弱,但以后由于美国占领政策发生变化,以及日本自民党政府反对左翼力量的政治需要,日本极右势力乘机复苏,成立了大众党、菊旗同志会等新团体,大东塾、大日本生产党等战前团体也先后恢复活动。60年代,各极右势力团体,曾联合组成"全日本爱国者团体会议",在日本政府的支持下,与日本全学联等左翼力量对抗,并曾制造了暗杀日本社会党中央执行委员长浅沼稻次郎等血腥恐怖事件。战后日本极右势力除继承战前日本极右势力以"天皇主义"和"国家主义"为中心的思想特征外,又举起了"亲美""反共"的旗帜。政治主张主要表现为:(1)恢复天皇的传统地位,绝对忠诚于天皇;(2)反对社会主义和共产主义;(3)加强和美国的军事同盟。

综上所述,由于日本原统治集团在第二次世界大战时期并未受到摧毁性打击,该集团为保持其利益和维护原有的"国体",做了千方百计的努力。而美国为了减少战胜日本的代价及冷战的需要,对日本原统治集团维护原有"国体"的努力作了妥协。这使战后日本社会结构带有很深的战前日本社会结构的痕迹。同时,美国按其自身社会模式和价值观念对日本作了重要改造,使战后日本社会在很大程度上变成类似美国那样的有众多中产阶级,但仍以垄断资产阶级为主导的"民主自由"社会。在这个社会中起领导作用的是反映右翼保守力量要求的自民党。而代表左翼进步力量的共产党、社会党,在东西对立的冷战格局下,作为在野党,对自民党发挥了牵制作用,同时对代表日本军国主义传统的极右势力起了抵制作用,促进了战后日本社会结构的相对平衡。日本政坛的所谓"五五年体制"正是在这样的基础上建立起来的。

(原载《亚太论坛》1997年5月期)

注释:

① (日)祢律正志著:《天皇裕仁和他的时代》中译本,世界知识出版社1998年版,第188页。
② (日)赤间刚著:《昭和天皇的秘密》,三一书房1990年版,第95页。
③ (日)同上书,第97页。
④ (日)同上书,第98页。
⑤ (日)同上书,第98页。
⑥ (日)《木户日记》,转引自《昭和天皇的秘密》,第102页。

⑦（日）转引自《昭和天皇的秘密》第108页。
⑧（日）同上书,第110页。
⑨（日）《天皇昭和史》,岩波书店1991年版第222页。
⑩（日）同上书。
⑪（美）赫尔:《回忆录》转引自《天皇昭和史》第232页。
⑫（日）《世界史中的日本占领》日本评论社1985年4月10日第180页。
⑬（日）蜡山政道著《日本的历史》(26)《复苏的日本》中央公论社1976年版,第75页。
⑭（美）G.凯南《1925—1950年的回忆》巴坦图书公司1969年版第415页。
⑮（中）杨栋梁《日本历届首相小传》新华出版社1987年版,第201页。
⑯（日）日本国政问题调查会:《日本的政治》1985年版第65—66页。
⑰（日）同上书,第286页。
⑱㉑（日）吉田茂:《十年回忆》世界知识出版社1964年版。
⑲（中）杨栋梁《日本历届首相小传》新华出版社1987年版,第204页。
⑳（日）日本国政问题调查会:《日本的政治》1985年版第291页。
㉒㉓（中）《日本问题文件汇编》第二集,世界知识出版社1958年版,第292、291页。
㉔（中）《日本问题文件汇编》第四集,世界知识出版社1963年版,第77页。

影响当代中日关系的主要因素

中日关系正常化至今已有25周年。回顾这25周年的历程,可以发现影响中日关系的基本因素大致有三:(1)政治及安全因素;(2)民间友好活动;(3)经济交流。根据这三项因素在不同条件下的变化,可以看到25年来的中日关系跨越了两个时期、三个阶段。两个时期:冷战时期和后冷战时期;三个阶段:70年代,80年代,90年代。深入剖析不同时期不同阶段中日关系的特点,对于了解中日关系的发展规律,总结处理中日关系的经验,增强把握中日关系未来的能力都具有重要意义。

一

20世纪70年代是中日关系恢复正常化阶段。中日两国之所以能够在70年代实现关系正常化,并非偶然,是因为影响中日关系的三大要素都发生了有利于中日关系正常化的重要变化。

1. 从政治及安全保障上的战略考虑,由于苏联在与美国争霸中渐呈领先态势,美国为强化其战略地位,致力于改善中美关系,这使追随美国外交战略的日本也被迫调整中日关系。

战后,日本政府决定利用当时东西方的对立和矛盾,采取向美国一边倒的政策,化敌为友,依靠美国的保护和支持,实现日本的所谓复兴。为此,日本政府秉承美国意志,于1952年与台湾蒋介石当局缔结所谓《日华条约》,对新生的社会主义中国采取不承认和敌视态度,使中日两国失去了正常交往的可能。为了中日两国人民的长远利益,中国政府和人民为中日两国关系正常化作了长期不懈的努力。但日本政府对中国方面的努力,在相当长的时期内基本未采取合作态度,这种情况直到70年代才发生了根本性的转变。1972年2月,美国总统尼克松访问中国并与中国发表了《上海公报》。阻隔中美正常交往的冰山解冻,中美开始了实现关系正常化的历程。中美之所以采取这样重大的历史性措施,是由于国际战略格局发生了变化。其一,美苏军事力量的对比正发生不利于美国的变化。其二,苏联领导人的大国沙文主义,使曾经为盟国的中苏之间发生了严重分歧,这迫使中国脱离以苏联为首的原东方阵营,采取依托第三世界,联合第二世界,反对美苏、特别是苏联霸权主义的政策和策略。

上述变化构成了中美结束20年对立,跨越太平洋握手的基础。

当时日本执行的基本上仍然是吉田茂时期的低姿态外交路线,即重经济、追随美国的世界战略,以此换取日本的安全和经济发展。尼克松访华后,日本的对华政策开始转变。田中角荣出任首相后,立即将中日关系正常化问题提上了议程。他认为:"在安全保障问题上,世界上有三个据点,即柏林墙、朝鲜的三十八度线和古巴。这是东西方的三个接触点。必须使这三个接触点不发生纠纷,否则就无远东的和平。有了中美日三国的等边三角形关系,就可以维护远东和平,日本与中国的邦交正常化,是比在亚洲成立NATO(北大西洋公约组织)更强有力的安全保障。"田中敏锐地把握了世界战略格局的新变化,并从这种新变化出发,要求对中日关系作新的定位。在这样的基础上,日本政府开始响应中国方面早在1957年即发出的呼吁,于1972年9月29日在北京与中国政府发表联合声明,宣布中日邦交正常化。6年之后,即1978年8月12日,中日两国又签订了和平友好条约。在签约之前,日本园田外相指出:"我认为,缔结日中条约具有成为美国的世界战略一环的意义。"又说:"中苏纠纷激化不好办,为使中苏间关系稳定,有必要使中国稍微强大些。我想日本现在援助中国是适宜的。"这表明当时日本发展中日关系确实包含有适应美国世界战略的变化,联华以遏制苏联扩张的要求,这成为中日两国在70年代实现关系正常化的政治基础。

2. 中日民间长期友好来往,使中日两国在70年代实现关系正常化具有深厚的民众基础。

战后至1972年,虽然由于当时的日本政府追随美国的冷战政策,中日两大邻国处于没有正式外交关系的不正常状态之中,但与其他没有正式外交关系的国家关系相比,中日关系却具有一个明显特点,即中日保持了长期的友好往来。这就为以后中日关系的正常化,奠定了深厚的民众基础。

中日间之所以在国家关系不正常的状态下,能保持长期的民间友好来往,主要有以下原因:(1)中国实行了正确的对日政策。早在1953年9月28日,周恩来总理在接见日本拥护和平委员会主席大山郁夫教授时便指出:"日本军国主义分子的对外侵略罪行,不仅使中国人民和远东各国人民遭受了巨大损失,同时更使日本人民蒙受了空前未有的灾难。我相信日本爱好和平的人民将会记取这一历史教训,不再让日本重新军国主义化和重新对外侵略,以免日本重新蒙受比过去和现在更加深重的灾难。"这表明中国政府很早就坚持立足民间外交,以通过中日两国人民的奋斗,突破美国和日本政府在中日关系中设置的障碍,实现中日关系正常化。这就为中日民间的长期友好往来,打开大门,提供了基本条件。(2)中日两国有过2000年的友好往来历史。早在公元前中国汉朝时期,中日间便有了交往。此后的2000余年来中日两国一直未间断友好往来。这种长期的友好往来,以及两国文化之间,特别是中国文化对日本文化的深刻影响,使中日民众之间形成无法割断的历史联系。正像为推动中日关系正常化作出重要贡献的古井喜实先生指出的那样:"时光流传,沧桑多变,在历史悠久的文化交流和将近半个世纪的忧患苦难中,两国人民之间产生了难以根除的亲近感和情谊,今天还在继续着。彼此间有着超越意识形态和社会制度以及道理上难以言表的亲近感情和情趣。"(3)当时的日本民众中有相当多的人在战后对日本侵略中国抱有深重的内疚。第二次世界大战后,日本军国主义者发动侵略战争的真相部分地得到揭露;同时中国人民对日本战俘采取了人道主义立场,宽大处理,并遣送他们回国;对战争时期留在中国的日本遗孤,抚养成人,愿意回国寻亲的,协助他们返回日本。两相对照,使日本有相当多的人对日本侵略中国抱有内疚,愿意通过推动中日友好来减轻罪责。(4)当时的日本存在较为强大的左翼力量。冷战时期的国际斗争带有意识形态对立的特点,当时的日本存在明显的阶级对立,共产党、社会党等日本左翼政党通过各种群众活动,反对当时美国及日本政府坚持的敌视社会主义中国的政策。他们的主张与活动有力促进了中日民间友好运动的发展。

3. 中日经济发展的新需求,推动了中日关系的发展。

20世纪60年代末、70年代初,日本经济经过恢复和高速增长阶段,一跃成为世界第三经济大国。在这之后,日本开始了自身经济调整,同时在发展中碰到某些困难,这些因素强化了日本经济界发展中日经济关系的要求。这些因素主要有:(1)70年代初日本经济开始转变主攻方向,将60年代的主攻方向——发展资本密集型的重化工业,转变为重点发展知识密集型产业。这种产业结构的调整,必然使日本要求将原有的劳动密集型和部分资本密集型产业转移到海外。当时日本对华虽然还没有直接投资,但是中国丰富而廉价的劳动力,对日本的海外直接投资,肯定具有巨大吸引力。在日本实行新的产业结构调整之时,这不能不成为推动日本经济界发展对华关系的动力。(2)1973年秋的石油危机使实际石油价格猛涨3倍,对石油进口大国日本的经济造成严重冲击,以此为转折点,日本经济结束了高速增长时期。1974年度,日本经济出现战后第一次负增长。这种局面迫使日本不得不千方百计开辟新的石油供应源,一衣带水,而当时石油产量又正处于不断增长时期的中国必然引起日本的注意。(3)70年代美国出现了战后最严重的经济危机,通货膨胀,劳动生产率增长无力。而当时的日本经济基本属出口导向类型,随着经济发展，对美贸易黑字逐年增长，导致日美贸易摩擦日益剧烈。为了缓解这种摩擦，日本被迫努力实现市场多元化，开辟新的贸易渠道。这无疑是日本经济界发展对华经济关系的又一动力。

而当时的中国为了打破美国的经济封锁，早在20世纪50、60年代，便在周恩来总理对日贸易三原则指示下，努力发展对日经济关系。尤其是1976年"文化大革命"结束后，中国发展对外经济交流的要求进一步增强。1978年2月16日，在北京签订了中日长期贸易协定，要求在协定有效期内使中日双方输出的总金额达到100亿美元左右。

正是上述三大要素，即国际战略格局的变化、中日民间友好的发展、中日经济交流的需要，构成了70年代中日关系正常化的基础。其中发生主要作用的是前两项要素，而第三项要素虽然也具有不可忽视的影响，但在当时的中日关系中并不占居主要地位。因此，当时的中日关系基本是民众推动的、基于政治安全保障上的互有所求而形成的关系。

二

中日关系在70年代实现正常化之后，至80年代形成了一个发展的高潮阶段，出现这个阶段的原因，是由于影响中日关系的三大基本要素推动中日关系发展的进一步变化。

1. 在政治及安全保障领域，出现了以下变化：

（1）中国实行改革开放，广泛发展对外交流；日本对中国的改革开放抱有自己的期望，并从这种期望出发，对中国的改革开放表示支持。1978年，中国共产党十一届三中全会确定将全党工作的重心转移到经济建设上来，全力推进中国的现代化事业。根据这一方针，80年代中国加速了改革开放。邓小平1982年在中共第十二次全国代表大会上要求："坚定不移地实行对外开放政策，在平等互利的基础上积极扩大对外交流。"1984年3月，邓小平在与日本首相中曾根康弘的谈话中指出："要把中日关系放在长远的角度来考虑、来发展。第一步放在21世纪，还要发展到22世纪、23世纪，要求永远友好下去。这件事超过了我们之间一切问题的重要性。"这表明中国将对外开放视为实现现代化的基本国策之一，而发展中日关系是对外开放的重要内容。

日本了解中国政策的上述重大变化，随即表示支持。1979年12月6日，大平首相提出对中国经济协助三原则时说："对于中国的近代化我国将尽力协助。"日本持上述立场主要基于如下考虑：首先，80年代初，中国刚刚结束"文化大革命",经济濒于崩溃,日本有些人很担心中国克服不了自己的困难,陷入混乱,从而损害日本。从这种担心出发,日本欢迎能使中国经济得到发展的改革开放,认为这有利于中国避免混乱、有利于避免因中国混乱而给日本造成难民问题等诸多消极影响。其次,冷战以来美国一直将以西方政治制度及意识形态改造世界作为其全球战略的重要组成部分,日本是追随这一战略的。日本的一部分战略家认为,"日本支持中国实行改革开放,有利于中国接受西方政治制度及意识形态,能够促使中国走上西方的民主自由道路。这样,可以使中国从力图打破现状的势力,转变为维持现状的势力。"再次,希望支持中国的改革开放,加强中日经济交流,使日本获得更大的市场。出于以上考虑,日本对中国1978年以来确定的改革开放的路线和方针表示出了未曾有过的热忱态度,这在客观上有利于中日关系的密切化。

（2）苏联的扩张势头更加咄咄逼人,使日本更为明显地感受到来自北方的威胁。1978年12月,越南在苏联支持下向柬埔寨发动大规模武装入侵。次年12月,苏联出兵入侵阿富汗。同时苏联为了抗衡美中日关系的发展,在远东大力扩充军备,特别是海上力量。到80年代初,苏联太平洋舰队增加27万吨位,成为苏联最大的远洋舰队,并在远东部署10多枚SS-20中程核导弹,首次在北方四岛部署一个现代化师。这使日本更为明显地感受到来自北方的威胁,1980年,日本政府首次在国会宣布苏联是日本的"防卫对象国"。日本接连几任首相都明确谴责了苏联的对外扩张。上述立场必然促使日本向坚决反对苏联霸权主义的中国靠拢。

（3）日本外交方针开始新的转变,中日关系在日本外交中的地位上升。70年代末、80年代初,美国国际地位进一步下降。在经济上,1980年美国国民生产总值由1970年占世界国民生产总值的30.2%下降到22%;在军事上,美国在与苏联的对峙中明显被动;政治上美国的影响力也大为削弱。在此时期,日本的国际地位逐渐上升,特别明显地表现在经济上。实力的增强,以及因担心美国与苏联争霸不力而影响西方共同的战略利益,使日本在80年代对其外交方针作了新的调整。日本新的外交方针的一个重要特征,就是要求改变吉田茂以来日本外交的低姿态和被动状态。中曾根首相提出:"要在世界政治中扩大日本发言权,不仅增加日本作为经济大国的分量,而且增加作为政治大国的分量。"上述日本新外交方针的特点,必然改变中日关系在日本外交中的地位。如果说过去日本主要是追随美国,以及从抵御苏联威胁保障日本安全角度出发实现中日关系正常化;那么现在日本则是从主动与美国、欧洲、中国等合作,在全球范围内遏制苏联的扩张态势,同时谋求日本全球性的国际政治地位、力图使日本成为世界一极的角度出发处理中日关系。战略要求的提升，必然使中日关系在日本外交中的地位相应上升。1982年日本首相铃木指出："中国面向何方,对西方的安全保障具有重要意义。"

2. 在双方政府的推动下，中日民间交流更为深入广泛。

在80年代，除了原来推动中日民间交流的基本因素仍然都存在外，中日两国政府对民间交流表示出更为重视的姿态。中日民间交流变得更为深入广泛，在70年代努力的基础上，到80年代，随着中国改革开放政策的实施，中日经济合作迅速发展。首先是中日贸易额大幅增长，1972年为10.39亿美元，1980年达到89.08亿美元，1985年达到164.2亿美元，占中国当年外贸总额的29%，使中国上升为仅次于美国的日本第二大贸易对象国。其次是资金合作明显增长。中日之间的资金合作始于1979年，在80年代，日本向中国提供了多种形式的贷款和援助，中国一些金融机构和企业也以发行债券等形式从日本民间筹措资金。在中国利用外资的国别构成中，日本一直居于领先地位。再次是日本对华直接投资扩大。1984年开始至1990年年底，日本对华投资项目累计达1392项，协议金额为33.13亿美元，仅次于中国香港、澳门和美国等地区及国家而居第4位。又次是中日技术合作有所进步。1979年至1990年，中国使用中央外汇从日本引进的技术项目累计金额达84.6亿美元。至1986年以前，日本在中国的技术贸易进口国别中一直居领先地位。

综合以上要素，可见在此期间，中日在内政外交上带战略意义的共同利益明显扩展，加上经济合作及民间交流的扩大，推动中日关系形成了友好的高潮阶段。正是在此阶段，双方达成了处理中日关系的四原则，即"和平友好，平等互利，互相信赖，长期稳定"。

三

20世纪90年代，世界进入后冷战时期，1972年以来的中日关系随之开始了第三阶段。在此阶段，影响中日关系的三大因素发生了并非完全有利于中日关系发展的变化，使这一阶段的中日关系呈现出较为复杂的状态。

1. 中日两国在政治及安全保障上的战略考虑出现重要变化。

(1) 曾经作为日本主要"防卫对象国"的苏联解体，日本的安全环境大为改善。戈尔巴乔夫上台后，在其外交"新思维"的指导下，缓和了与美、日的关系。1990年开始，日本不再将苏联作为"防卫对象国"。1991年，苏联解体后，独联体国家陷入经济停滞、政治动荡的窘况，对日本的威胁更为减弱。1992年的《日本防卫白皮书》指出:"国际形势总的正在向着好的方向发展,东西方之间全面的军事冲突以及引起这种冲突的大规模武力纷争发生的可能性比防卫计划大纲制定时(1976年10月)更少了。"安全环境的变化,使曾经促使中日邦交正常化、促使中日关系出现友好高潮阶段的政治基础——中日美抵御苏联对外扩张的共同要求不复存在。这势必削弱原有的中日关系。

(2) 中国平息了1989年的政治风波,使美日明显降低了对中国改革开放将改变中国政治制度的期望。日本和美国等西方国家一起对中国采取了所谓"制裁措施",暂时停止了对中国的第三批日元贷款,中止了两国政府间高级官员的接触。之后,日本政府虽然先于美国等西方国家取消了对中国的制裁,但日本明显降低了对中国改革开放将改变中国政治制度的期望。这势必降低日本对中国改革开放政策的支持程度。海部首相在90年代初提出的ODA四原则不能说没有这方面的考虑。

(3) 中国经济发展迅速,正逐渐成为政治大国兼经济大国;日本努力提高政治地位,正由经济大国争当政治大国。两个国势均在上升中的邻国,相互警戒感增强。90年代,中国并未在西方的制裁之下崩溃,在经过必要的调整之后,经济有了更快的发展。西方一些机构按购买力平价来估计中国的经济实力,甚至认为1990年中国的人均国民收入已超过1 950美元,到2010年,中国的经济实力有可能超过美国。这显然高估了中国的经济实力,但中国正在崛起为经济大国的趋势则是明显的。随着中国经济力量的增长,中国军事现代化的程度也有所提高。同时,日本争当政治大国的活动更趋积极。日本主张应按各国国民生产总值和对联合国及国际社会的财政贡献程度,来决定各国在安理会的地位。同时在军事上也出现一些新的动向,1992年6月,日本国会强行通过了《关于联合国维持和平活动合作法》(PKO法)和《关于派遣国际紧急援助队法修正案》,为日本自卫队向海外派遣提供了法律依据。冷战后经过调整的日美安保关系,实际已将中国作为重要的未经公开宣布的防卫对象。

(4) 日台政治关系90年代以来明显加强。由于对华警戒心的加强,以及日本追求政治大国的需要,1991年5月,日本政府作出了两个重要决定:① 日本外务省亚州局首次向财团法人"日台交流协会"派出干部,使这一民间组织具有了官方色彩。② 允许副部长以下的国家公务员可以不持外交官护照,以私人身份在经济及贸易等实务性问题上同台湾地区当局接触。其后,台湾地区"外交部长"钱复及"行政院副院长"徐立德相继被允许访日。日台政治关系得到明显加强。

(5) 中日之间存在着维护东亚、亚太地区和平稳定的共同要求。中国的经济发展正在关键时刻,中国要实现现代化,必须与国际社会加强联系。因此,中国希望维护东亚、亚太的和平与稳定。日本是一个能源和资源主要依靠进口的国家,其市场和投资不仅在美国占有很大份额,在亚洲也越来越多,这使海上运输道路的通畅和自由贸易的维持对日本来说至关重要,日本担心冷战后频发的地区冲突危机破坏支撑日本安全的上述基本要素,因此,对维护东亚、亚太的和平与稳定表示出很大的关心。

2. 民间友好活动的削弱。造成这种情况的原因是复杂的,主要在于:(1) 冷战之后,日本政坛趋向保守,左翼力量大为削弱,同时左翼力量的政策、主张也与冷战时期出现了很大不同,对中日民间友好活动的推动力量远远不如冷战时期。(2) 日本战后一代已成长起来,这一代人对中日交往历史缺乏切身了解,很少有日本老一代民众中所抱有的侵华内疚感。(3) 随着日本经济力量的增强及国际影响的扩大,"日本人又渐渐地恢复了信心。从正门赶走的民族主义,又从后门悄悄地溜了进来"。以这种民族主义为基础,日本屡屡发生否认侵略的言行。(4) 部分民众对中国的核政策不理解,反对中国为自卫而进行的极为少量的核试验。这使中日间友好活动有所削弱。

3. 中日在经济上的相互依赖程度加强,出现一体化趋势。

90年代,中日经济关系获长足发展,原来中日间的经济关系以贸易为主,90年代以来已发展为由贸易和直接投资为主的经济关系。在贸易方面,1996年中日双边贸易额已突破600亿美元。不仅数额增加,而且贸易结构也进一步趋向合理,过去中国对日本出口的大宗商品是原油,1983年占中国对日出口的41%,到1993年仅为8.2%。同时中国对日出口的工业制品不断增加。1985年占出口比重的27%,1993年达到69%,特别是机械、机器,占到中国对日出口的12.6%。在直接投资方面,1990年日本实际对华直接投资金额为5亿美元,1992年增加到7.1亿美元,1993年达到13.2亿美元,比上年增长85.9%,1994年增至20.8亿美元,又比上年增长57.6%,1995年上升为31.1亿美元,比上年再增长49.5%。

中日贸易结构的趋向合理,与日本对华直接投资的增加是相辅相成的。日本对华直接投资的增加,使中国得以增加对日工业品出口;日本则因中国购买力的增强,得以向中国出口更多中国所需的技术含量高的产品。中日目前相互依赖程度提高的经济合作关系,日益导致经济上的一体化趋势,中日都不仅在本国而且在两国之间追求资源的合理配置,以增强竞争力,扩大效益。这种联系使中日关系的经济纽带空前增加。

综合以上分析,可以看到冷战以后的90年代中日关系有三大特点:一是中日之间在政治及安全领域的对立和不信任感在上升,但维护东亚、亚太地区和平与稳定的要求趋强;二是中日民间友好活动削弱;三是中日经济合作的规模和水平明显扩大和提高。显然,中日关系已经从70年代以来以政治及安全保障上的共同要求为主导的关系,转变为90年代以密切相关的经济利益为主导的关系。如果将影响中日关系的三大基本要素视为矢量,那么可以看到在中日关系25年来的第一、第二阶段,这三个矢量基本指向了两个方向,即有利于中日友好关系发展的方向和不利于中日友好关系发展的方向。这就使中日关系的未来出现了发展和逆转两种可能。1996年,中日关系降低到两国邦交正常化以来的最低点,正是上述情况的反映。

在人们已习惯于以"友好"两字概括中日关系时,冷静揭示中日关系在第三阶段的变化,指出其存在逆转的可能,有利于人们正确评价中日关系的现状,并采取积极对策,防止中日关系逆转,使中日关系在经过适应冷战后形势的必要调整之后,进入更加成熟和稳定的阶段。

为此,中日双方首先必须努力在政治及安全领域建立相互信任,并将维护东亚、亚太地区和平与稳定的要求转化为两国及其他有关国家都能接收的现实政策和行动。在这方面,以下问题应该引起充分重视:(1)从根本上消除"中国威胁论"的观点。中国在历史上就不是一个扩张主义的国家。现在,中国专心致力于经济建设,更加需要一个和平环境,中国大力发展同周边国家的睦邻友好关系,不愿意成为任何国家的威胁。(2)日本希望成为政治大国,如果把这种政治大国理解为对东亚、亚太,乃至世界和平承担更多和更大责任的国家,那么这样的政治大国越多越好。问题在于,日本必须取得其他国家特别是日本周边国家的信任。为此,日本应该对过去的侵略历史深刻反省,"前事不忘,后事之师",可以考虑像德国一样,制定必要的法律,禁止极右组织活动,不允许再发生否认侵略的言行。(3)日美安保关系应该严格限定为双边关系,不应包括有威胁其他国家的内容。(4)日本必须放弃与台湾地区发展政治关系的努力,在理论和实践上坚持一个中国的原则,这是符合中日两国利益,有利于东亚、亚太和平与稳定的战略选择。(5)可以由中日及其他有关国家共同考虑,在和平共处五项原则的基础上,形成具有东亚特色的多边安全机制,保障东亚的和平与稳定。

同时,中日两国政府应更加重视中日民间友好活动,努力改变现在民间友好活动弱化的情况。如果说,任何国家间外交关系的发展都应得到民众的支持,那么由于中日之间有过不幸的过去,中日关系的发展就更加需要两国民众的支持。这种支持要是被削弱,中日两国政治家在处理中日关系时的选择余地将大大缩小。为了推动中日民间友好活动的发展：(1) 中日应重视舆论导向，实事求是地向本国民众介绍对方情况，摈弃一切歪曲历史、歪曲现状的言论。(2) 在民众中倡导健康的民族自尊心，反对狭隘民族主义、盲目排外、民族优越感及民族歧视。(3) 加强广大青年的交流，使双方青年了解历史、了解中日友好关系的来之不易，了解对方，加深感情，为中日关系的长期发展奠定基础。

此外，要十分珍惜正在顺利发展的中日经济交流，中日经济交流由 50 年代小规模的民间贸易发展到今天的程度来之不易，而且这种经济交流正在上升为中日关系的主要基础，在当前中日两国在政治及安全保障领域的关系和民间友好活动有所削弱的情况下，珍惜中日之间呈上升态势的经济交流，对于推动中日关系的发展，便显得格外重要。为此，必须防止动辄以经济手段制裁对方，由于经济上一体化程度的提高，这种制裁往往是打了对方也伤了自己，非但达不到迫使对方妥协的目的，还会进一步伤害双方感情，扩大在政治及安全保障领域的对立，恶化中日关系。

（原载《东北亚研究》1997 年 4 月期）

论韩日关系

韩日关系是东北亚地区重要的国家间关系。近来韩日关系较为紧张，日本有的报刊因此称韩日关系为"玻璃关系"。为了正确了解韩日关系，有必要对以下问题进行考察：冷战时期的韩日关系；当前韩日关系的主要问题以及韩日关系的未来走向。

一

韩日关系正常化是以1965年签订的《日韩基本条约》为标志的。在此之前，韩、日两国虽然各自都是美国的盟国，而且在朝鲜战争期间有过密切合作，但两国关系却一直处于紧张状态。

造成当时韩日关系紧张的主要原因有如下几点：

1. 日本的殖民统治严重伤害了韩国人民的民族感情，使第二次世界大战后的韩国仍然保持着强烈的"反日"情绪。日本在明治维新后迅速走上了对外扩张的道路，于1910年强迫朝鲜李氏王朝签订了《日韩合并条约》，对朝鲜半岛进行了长达36年之久的殖民统治。统治非常残酷，除了在军事、政治、经济上进行镇压、奴役和掠夺之外，在文化上还迫使朝鲜半岛人民日本化，到1938年，甚至不准朝鲜半岛人民说朝语。这一切严重伤害了朝鲜半岛人民的民族感情。因此，在第二次世界大战结束后，韩国仍然保持着强烈的"反日"情绪。而当时的韩国总统李承晚为了使自己能在韩国人民中维持"抗日英雄"的形象，以巩固个人统治，有意识地推动韩国民众中的"反日"情绪，更加剧了两国的对立。

2. 战后的日本统治者没有认真清除殖民主义的影响，对朝鲜民族仍然抱有明显的优越感。例如居住在日本的韩国人继续被日本社会看轻。在日韩侨社会地位低下的状况，为韩国民众所知；加上韩国民众认为日本战后之所以能够复兴，是由于利用朝鲜战争的机会，在美国获得大批"特需"订单，韩国人遭罪，日本人得利，而日本人却继续歧视韩国人，这更激起了韩国民众对日本的愤怒，影响了两国关系的改善。

3. 韩日双方对战后日本对韩赔偿问题的看法，距离过大。韩国李承晚政府要求日本政府对日本在朝鲜半岛实行殖民统治而给韩国造成的损失，赔偿

20亿美元。而日本方面却主张韩国不是第二次世界大战的"战胜国",不应索取战争赔款。

4. 韩日双方在韩国领海线的划定问题上相持不下。韩日是隔海相望的两个邻国。因此,领海线的划定成为影响两国关系的重要因素。韩国李承晚政府坚持以18至60海里作为韩国的领海线划定依据,这样就把朝鲜半岛周围的广大海域划为韩国的领海。而日本则主张按当时盛行的3至12海里的标准划定韩国领海。对领海的不同认定标准,导致韩日两国在有争议海域的直接冲突。日本渔民无视韩国方面规定的领海线,经常闯入其中捕鱼。韩国渔船设备落后,无法与日本渔船竞争,便出动由美国装备的海军舰艇,扣留日本渔船,逮捕日本渔民。

由于以上原因,韩日关系在战后相当长的时期内,一直处于紧张状态。这种紧张状态大致维持到60年代中期。促使这种紧张状态缓和的基本原因有二:(1) 美国的撮合;(2) 韩国经济发展的需要。

美国自50年代便开始了改善韩日关系的努力。美国这样做完全出自美国的战略利益。其一,为了稳固地将韩日两国共同组合进反对东方阵营的冷战体系之中。第二次世界大战结束,也即世界冷战时代的开始。美国原来以日本为其在远东阻遏所谓"共产主义威胁"的关键阵地。朝鲜战争发生以后,韩国也成为美国从日本到菲律宾的"新月型"反共防卫圈的重要环节。为了保持这一防卫圈的稳固,美国需要韩日改善关系。其二,美国希望通过改善韩日关系,让日本分担美国对韩国的经济负担。战后,韩国李承晚政府在外交上实行坚决反共、彻底靠美的方针,除美国及其最紧密的同盟国外,很少和其他国家发展关系。因此,在当时的世界上韩国只同23个国家和地区有外交关系。在经济上则搞闭关自守的"进口替代"。整个50年代,韩国的出口额仅有2亿美元。这使韩国成为当时亚洲经济上最落后的国家之一,几乎完全靠美援过日子,成为美国沉重的负担。为了减轻自己的负担,美国希望促成韩日关系改善,以让在实现经济腾飞的日本分担对韩国的经济负担。出于以上原因,当时的美国总统及内阁成员反复向韩日双方做工作,说明改善关系能给两国带来的利益,以及两国对立下去的危险;美国驻东京及汉城大使,更是穿梭往来,为促成韩日谈判及签订《日韩基本条约》起了重要的穿针引线作用。

韩日关系改善的另一基本原因是韩国经济发展的需要。如上所述,韩国经济在李承晚政府时期,一直处于困境之中。为了摆脱这种经济困境,朴正熙集团掌握政权后,在经济上主张以"出口导向"战略取代原来的"进口替代战略"。为此,韩国在国际上开始致力于改善和扩大外交关系。当时已成为世界资本主义市场重要成员的日本,因此成为韩国谋求改善关系的重要对象。1962年,朴正熙集团的重要成员金钟泌同当时的日本外相大平就改善韩日关系达成了默契。以后,日本的援助和贷款便开始输入韩国,大大密切了韩日经济关系。这为韩日关系的全面改善提供了重要基础。

基于以上原因,韩日终于在1965年走到一起,签订了《日韩基本条约》,实现了两国关系正常化。

为了签订《日韩基本条约》,与李承晚政府时的立场相比,朴正熙政府做了重大让步。例如将李承晚政府时向日本索要的20亿美元赔款改为8亿美元,其中5亿还是贷款;又如将韩国的领海划定标准,由18至60海里,改为12海里,规定12海里以外的海域为"共同捕鱼区"。朴正熙政府的决定,在韩国民众中激起强烈反对,成千上万的学生拥上街头,举行了大规模的抗议活动。这表明,当时韩日关系的改善主要还是统治者的行为,缺乏民众的广泛支持。

除了韩国民众的反对外,《日韩基本条约》本身也存在着一些会引起重大矛盾的问题。例如:对1910年的《日韩合并条约》只含糊其词地写上了"双方确认,1910年8月2日以前,日本帝国与大韩帝国之间缔结的所有条约与协定已经无效",而并没有对该条约本身的性质进行界定。又如:将韩国认作"朝鲜的唯一合法政府",却未明确其领土管辖范围。

但由于当时冷战及韩日经济发展的需要,在韩日关系中占据了主导地位,这就掩盖或者淡化了上述问题,使韩日关系自1965年始,直至冷战结束,以美国为轴心,大致保持了较为稳定的合作关系。韩日两国的经济,在此期间分别取得了程度不同的重大发展。

二

20世纪90年代初期,苏联解体,冷战结束。与整个世界格局的变化一样,韩日关系也发生了新的变化。特别是近年来,韩日关系出现了较为紧张的态势。造成这种紧张态势的基本原因有两个方面:(1)冷战时期被抑制的矛盾有所上升;(2)双方力量对比出现新的不平衡。

就第一方面而言,大致有以下三点:(1)20世纪60年代中期,韩日关系改善缺乏广泛民众支持,因而基础较弱的问题日益显露。如前所述,由于日本对朝鲜半岛实行过长期殖民统治,留下了严重的后遗症。战后,囿于当时的冷战形势,许多问题未得到良好解决。因此韩国民众的"反日"情绪一直没有能疏解。60年代中期,朴正熙政府服从于冷战及韩国经济发展的需要,谋求改善韩日关系,韩国民众的"反日"情绪成为这种政策的重大障碍。当时朴正熙政府是采用高压政策将韩国民众的"反日"情绪压了下去,但并未能从根本上疏解。冷战结束后,情况不同了,南北朝鲜的问题虽然还没有解决,但韩国与周边其他大国的关系都获得了根本性的改善,韩国政府没有必要也不可能继续沿用原有的高压政策来对付民众的"反日"情绪。正是在这样的背景下,韩国民间要求进一步清算当年日本侵略罪行的活动活跃起来。例如战时从军"慰安妇"问题。近年来各国民间就此问题向日本提出赔偿诉讼的有五项,其中有三项是由韩国人提出的:韩国人"从军慰安妇"诉讼,釜山从军"慰安妇"女子挺身队要求谢罪赔偿诉讼,在日本韩国人从军"慰安妇"要求归国赔偿诉讼。又如被强迫去日本当劳工问题,与此问题有关的各国民间要求日本赔偿诉讼案有九项,其中有五项是由韩国人提出的:光州千人诉讼,韩国人战时劳工牺牲者赔款诉讼,西伯利亚滞留韩国人要求日本赔款的诉讼,萨哈林残留韩国人要求赔款的诉讼等。(2) 1965年缔结的《日韩基本条约》所存在的漏洞,变得突出化了。如前所述,1965年缔结的《日韩基本条约》存在一个重要漏洞,即未对1910年《日韩合并条约》的性质做明确界定。因此,在条约签订伊始,韩日两国围绕此问题便产生了重要分歧。当时的日本首相佐藤荣作在国会里说:《日韩合并条约》的缔结是双方站在平等的立场上,根据各自的自由意志决定的。而韩国政府当时即指出:《日韩合并条约》是非法的殖民地占领下缔结的,从它缔结之日时起便是无效的。但由于当时韩日在冷战中的共同利益,一定程度上淡化了两国在此问题上的矛盾,使得当时日本的错误认识没有在韩国引起强烈的反应。冷战结束后,情况就不同了,曾经被冷战掩盖住的一部分日本政要对过去的侵略历史缺乏反省的情况显得突出起来,并且在韩国引起强烈反应。例如今年10月5日日本首相村山富士在参院的答辩会上一方面对日本当年在朝鲜半岛实施殖民统治而给当地人民带来的苦难表示深刻的反省,但同时又说:"1910年的《日韩合并条约》,处于当时的国际关系等历史条件下,在法律上是有效地缔结和实施。"此言一出,在朝鲜半岛激起强烈反应。韩国外相孔鲁明针锋相对地向日本政府表示:"1910年的《日韩合并条约》是违反韩国国民意愿的,是在强大的外来压力之下被迫缔结的。因此,村山首相的讲话在韩国国内受到各种各样的批判。"为此,10月13日村山首相在众院预算委员会答辩时承认自己在10月5日的讲话有若干表达不充分之处,认为:"《日韩合并条约》的签订仅仅在形式上是由双方'合意'的,联系到当时的历史背景,可知此条约不是平等条约。"但这些做法并未能完全平息韩国民众的愤怨之气,在韩国已经出现了要求正式修改《日韩基本条约》的要求。(3)曾因被冷战形势限制的国家关系,冷战后有所发展。例如朝鲜民主主义人民共和国接受了日本在稻米方面的人道主义援助,使两国关系有所改善。新的正在形成的国家关系格局,势必对原有的国家关系格局带来影响。韩国方面便认为朝鲜民主主义人民共和国正排除韩国政府在发展与美国、日本的关系。韩国总统金泳三因此对日本方面说:"韩国正密切注视着日本和朝鲜关系的发展。""日本如果越过韩国推进日朝关系,将使韩国国民认为日本在妨碍南北统一,因此恶化对日感情,损害韩日关系。"

就第二方面而言,大致有以下两点:(1)韩日贸易发展不平衡。韩国自60年代中期,特别是朴正熙政府提出和实施"出口导向型"的经济发展战略以来,经济有了快速进步,逐步由一个落后的农业国,转变为一个新兴工业化国家。韩国对日贸易结构也由过去的垂直分工型向着水平分工型转变。这使韩国越来越难以容忍其对日贸易中长期存在的高额赤字,这种赤字在1994年达到120亿美元,1995年估计将超过160亿美元。韩国总统金泳为此告诫日本方面:日本如继续对韩国保持如此高的贸易黑字,势必影响韩国国民的对日感情。要求日本通过技术合作、扩大对韩投资,以及增加日本内需等方法减少对韩贸易黑字。(2)日本争当政治大国的意愿及军事力量的发展,引起了韩国的疑虑。日本在成为世界上仅次于美国的超级经济大国后,一直在谋求成为世界性的政治大国,争当安理会常任理事国便是从属于上述目标的重要步骤。与此同时,日本的军事力量也在不断增强。1991年版的《防卫白皮书》首次提出了"军事力量的机能靠其他手段和力量无法取代,军事实力是国家安全的最终保证"的论断。在此思想指导下,日本的防卫费用逐年增加,目前正在实施的1991年至1995年度的《中期防卫力量整备计划》预算经费高达1 773.6亿美元,与上期费用相比,超出285.5亿美元,这使日本的防卫费用仅次于美国,位居世界第二。由于拥有充足的经费,使日本能够有效地提高武器装备的现代化程度。90年代以来,日本自卫队武器装备的现代化和高科技化迅速发展,已在装备水平和更新周期上赶上了美国。海军尤为突出。目前日本海上自卫队拥有世界上最先进的武器装备系统和亚洲最大规模的驱逐舰队,扫雷能力居世界第一,反潜能力仅次于美国,总体作战能力超过英国。缘于地缘政治的关系,加上日本不断出现部分政要否定侵略罪行的言论,使韩国对日本政治、军事力量的发展,表现出一定程度的疑虑。韩国政府在亚洲国家中首先明确表示反对日本成为安理会常任理事国。

由于以上原因,韩日关系在冷战后又呈现出一种较为紧张的态势。未来韩日关系的发展,在很大程度上取决于以上问题的解决情况。但同时应看到,目前韩日关系的紧张态势和 60 年代中期以前韩日关系的紧张态势有很大区别。当今,和平与发展已成为世界的主流,全球经济一体化的进程更使韩日这两个在经济上已具有密切关系的邻国,进一步加强了经济上的相互依赖度。因此,韩日之间虽然有着一些重要分歧,但发展和改善两国关系的主张,在两国间仍占着主导地位。如同韩国前外务部长官韩升洲所言:"韩日两国在地理上相邻,在经济和国际政治方面宿命般地互为必要,所以必须合作。事实上,两国间基本上正在建起一种互惠的合作关系。为了我们自身的国家利益,所以必须使韩日关系合理地向着未来发展。这就是我们不能使韩日关系为历史所俘虏的理由。"

希望韩日关系能沿着有利于韩日两国及朝鲜半岛和东亚乃至世界和平的方向发展。

(原载《亚太论坛》1995 年第二期)

论日本现状及外交方针

正确把握日本现状及其外交方针,是制定我国对日政策的基本依据之一。本文拟对此进行分析。

一、日本现状

(一) 政治

1. 政治基础的变化

战后日本政治的基础性因素主要有两个:一是国际上东西对立、社会主义阵营与资本主义阵营的对立;二是国内阶级对立,工人阶级、贫苦市民与资本家阶级的对立。以这两大因素的影响为基础,形成所谓"1955年体制",即自民党掌握政权,社会党、共产党等在野,对自民党形成某种程度的制约。

冷战后,日本政治的基础性因素发生重要变化:(1)东西对立格局瓦解,两极格局转变为"一超多极"。社会主义意识形态对日本的影响大为削弱。(2)工人阶级白领化,贫困阶层减少,中间阶层增加,阶级对立弱化。摆脱战败国地位的民族要求及改善生活福利条件的经济要求等因素成为影响日本政治的重要因素。(3)新型集合群体对政治的影响力正在超过原有的利益集团。例如:高龄者群体,随着日本社会的高龄化,这个群体的特殊要求对日本政治的影响势必增强。又如:包括负责公共事业的官僚集团在内的中央、地方政治与民间共同出资建立的事业团体。再如:类似丰田、松下、本田等完全融入国际市场的跨国集团。(4)媒体传媒手段的迅速发展,大大加强了媒体对政治的影响力,也使国民通过媒体直接了解和参与政治活动的可能性明显增强。由于日本政治的基础性因素发生了重要变化,"1955年体制"瓦解,日本政治出现了新的局面。

2. 新保守主义占据政坛主导地位

新保守主义是日本保守主义在冷战后的发展。日本保守主义的立场在自民党的前身自由党的党纲中已表现出来,即内则反共、反军国主义,坚持西方世界的所谓民主体制及自由贸易、市场经济;外则接受波茨坦公告,追随并依靠美国保护其安全。20世纪80年代,特别是冷战以来,日本保守主义提出了新的主张,形成新保守主义,其新主张集中表现为:(1)"强政治,弱行政""小政府,大社会";(2)要求摆脱战败国地位,成为"普通国家";(3)使日美同盟地区化,以增强对东亚地区事态的干预能力;(4)修宪,使日本得以行使"集体自卫权"。新保守主义力量基本集中在自民党、自由党内,其代表人物主要为中曾根、桥本龙太郎等,以"自自联合"为基础的小渊内阁贯彻的是新保守主义的政治主张。

新保守主义能在政坛占据主导地位的主要原因为:(1)保守主义传统价值观在冷战后影响扩大;(2)美国的支持;(3)随着新世代的成长,国民中希望日本成为"普通国家"乃至政治大国的要求增强;(4)日本经济持续低迷,政治长期动荡,使部分日本国民中出现了呼唤强势政治的要求;(5)冷战后,面对中国的崛起,以及东亚热点问题变数的增加,日本安全上的危机感及追求安全优势的愿望趋强。新保守主义与右翼势力有联系,但新保守主义不等于右翼势力,右翼势力的基本特征是极端民族主义。

3. 自民党威望下降,共产党、社民党基本稳住阵脚,新民主党、公明党力量有所扩展

新保守主义虽然在日本政坛占据主导地位,但执政党自民党的威望明显下降。1955年体制瓦解后,自民党几经努力,虽重掌政权,但必须以内阁内外合作的方式维持,过去一党称雄的局面难以再现。例如小渊内阁只有通过"自自合作"(自民党与自由党的合作),在众议院争取到自由党的35席,才能获得298席的稳定多数,而且即使如此,参议院席位仍不过半数。与此同时,日本共产党、社民党等左翼政党已逐步从后冷战初期所受的冲击中恢复过来,基本稳住了阵脚。在去年由社会党改建而成的社民党第四次代表大会上,土井多贺子党首表示要坚持"集结社会民主主义势力"的政治方针,在1999年众院关于日美防卫合作指针相关法案的讨论中,土井多贺子明确表示该法案给和平和日本宪法带来了危机。[①]日本共产党从外交、安保、生活、经济,民主主义三个层面对自民党为代表的新保守主义主张作了批判,指出由于苏联解体,日本安保体制从根本上失去了存在理由。新日美安保体制的形成,加剧了与冲绳县民、与争取和平和主权的日本国民、与宪法和平原则、与亚洲各国国民的矛盾;指出由于采取从属美国和大企业利益第一的方针,对平民增税、牺牲平民的福利及生活,使国民的生活困难加剧;指出日本的民主主义也陷入深刻的危机之中,修改宪法和复活军国主义的要求公然抬头。[②]1999年5月21日,在东京举行了由共产党和社民党等党派团体发起的5万多人反对新日美防卫合作指针的集会。由于日本左翼政党的政策取向明确以"和平"和"国民利益"为目标,在日本国民中赢得一部分支持。日本共产党的地方议员至1999年1月已达

4 123人，在各党中位居第一，其次才为自民党，较共产党少465人。今年4月举行的44道府县评选中，自民党议席又减少16席，共产党议席增加54席。日本中间力量政党也有所扩展，以白领阶层为主要依托的日本新民主党，在众参两院共拥有131议席，成为日本第二大政党。公明党在众参两院共拥有65议席。这两大在野党，特别是新民主党政策取向更多地倾向"国民利益"，与自民党，特别是自民党内的"国家利益"派存在较大的政治分歧，在日美防卫合作指针问题上，民主党要求对"周边事态"作比较严格的限定，强调必须是"具有可能发展成为对日本的直接攻击的危险"的事态，对"自自联合"政权发挥了一定的制约作用。

由于自民党威望下降及左翼和中间力量政党的相对发展，日本在可以预见的未来不会出现两大保守政党轮流执政的局面，基本上会是自民党联合自由党这样的保守小党或某中间力量政党组成联合政权，而左翼和中间力量政党则作为主要的在野力量，对其形成一定程度的制约。

4. 日本右翼势力有所抬头，但难以成为日本政坛主导力量

战后，由于美国冷战政策的庇护等原因，日本右翼势力一直未被根本铲除。冷战后，日本政坛保守化使右翼势力受到鼓舞，它们利用国民，特别是年轻一代希望摆脱战败国地位的心情，煽动极端民族主义情绪，集中表现在否定侵略历史上。加上日本政坛长期动荡，"十年九相"，经济持续低迷，民众生活困难增加，在选民中出现了呼唤强势政治的要求，这也为右翼势力提供了扩大影响的可乘之机。石原当选东京都知事便是一例。

但右翼势力难以成为主导日本政坛的力量，因为：（1）包括美国在内的国际力量反对右翼势力上台，右翼势力上台，会导致美日关系紧张，削弱美国在东亚的地位。（2）日本保守力量及其政府，也反对右翼势力上台，这会破坏其赖以存在的"民主体制"。石原慎太郎当选东京都知事后，日本驻美大使斋藤邦彦立即强调："对狭隘、过激的民族主义再度抬头的任何可能性都必须给以深切的注意。"（3）和平理念在日本国民中占据主导地位。此次石原慎太郎当选东京都知事主要不是因其极端民族主义主张获得支持，而是因为东京都市民对东京都存在的包括财政困难等大量问题迟迟未获解决表示不满，希望有一个"实行力"较强的人出面解决这些问题。据统计，投石原票的人中54%是出于上述理由，因认为石原政策主张好而投其票的只占13%。

（二）经济

1997年，日本经济由不景气转入衰退，GDP持续两年负增长。导致这种状况的直接因素有日本泡沫经济的破裂、亚洲金融危机的影响，以及桥本内阁

1996年错误判断经济形势,过早地将政策重点由刺激景气转移到解决财政赤字上来等。结果,导致有效需求不足的状况进一步恶化,表现为消费不旺、投资过剩。

如果日本经济衰退仅由以上因素造成,解决的难度尚不很大,但是实际上还有更深层次的因素,这就是日本战后形成的"制造业为主、出口导向和过度投资"的赶超型经济结构已不合时宜。日本政府几经挫折,特别是经过桥本内阁的失败教训,基本把握住了造成日本经济衰退的上述直接和深层次的病因。针对病因,小渊内阁提出了紧急经济对策,并由经济战略会议发表了反映日本中长期经济规划方向的"中间报告"。

紧急经济对策针对的是造成日本经济衰退的直接因素,主要内容为:一是稳定金融体系,防止信贷收缩。为此,成立了金融再生委员会,制定了金融机能再生法和金融机能早期健全化法,分别由政府出资18兆和25兆日元,建立了政府保证框架,以防止金融体系的全局性危机,并加强对存款者的保护,防止"惜贷"和融资收回,以确保对中小企业和骨干企业的信贷供给。二是恢复需求。在谋求以公共需求为中心的一定程度景气的同时,希望通过恢复民间消费,顺利地转向以民需为主导的经济发展。为此,设立了"产业竞争力委员会",按立效性、扩展性、未来性的选择要求,着重从四个方面促进需求恢复:(1)加紧发展面向21世纪的尖端电子等四大先导项目。(2)实施"生活空间倍增战略计划"。(3)实施"产业再生计划"和"雇佣活性化综合计划"。(4)通过对社会资本的重点整顿、加强对情报通信、科学技术、环境、福利、医疗、教育等领域的投资。

日本中长期(10年)经济规划的方向则着重于经济结构的改革,强调:(1)改革日本型的雇佣、工资体系和社会保障体系,设法恢复中长期的财政平衡。(2)针对日本"护送船队"式的政府干预、保护过多而造成的部门庞大、资源分配人为倾斜的状况,进行各种体系改革,以实现资本、劳动、土地等全部生产要素的有效利用和最佳配置。(3)针对日本经营的非效率化和以土地担保为基础的日本型间接金融体系的机能低下状况,加紧构筑与21世纪的日本相适应的新的企业经营和金融体系。

从日本上述经济政策的实施来看,可说初有成效。金融体系的动荡期基本结束,日本"金融再生委员会"已宣布日本的金融体系恢复稳定,日本的经济危机不再是双重危机。新兴产业牵动日本经济发展的作用也逐步有所体现,IC用陶瓷、数字相机、可取代发电厂的家用燃料电池、电器和燃油两用环保型汽车发动机等新技术、新产品正在投放市场。日本各企业,特别是大企业对职工进行的适应日本新产业发展的知识更新教育对产业结构的调整也发生了重要的促进作用。目前,在日本出现了股价反弹和降低失业率、住宅需求恢复和调整库存的好兆头。在这种情况下,小渊首相访美时所表示的要力争在1999财政年度使日本GDP达到0.5%增长的发言,不能说完全没有根据。而且日本克服当前经济困难的对策是和日本中长期经济规划的方向紧密相联的。日本当前经济困难的克服,将同时为日本经济结构更新换代提供重要条件。据估计,正在形成的信息通信、环保、老年医疗保健等新兴产业群,到2010年的雇佣规模将达到1 827万人,占全体就业人口的近1/3,市场规模将达561万亿日元,超过1998年日本GDP(495万亿日元)。完成了日本经济结构的更新换代,日本经济会进入低速稳定增长时期。因日本的经济规模大,低速稳定增长仍将使其在相当长的时间内位居世界第二的经济地位。从日本历史及其现在采取的经济对策看,不能过低评价日本渡过经济难关的能力和未来的经济发展水平。当然,这样说也不应导致对目前日本经济恢复状况过于乐观,日本总研调查部长高桥进即指出:日本"目前经济恢复势头得益于巨额的财政投入",还不能说是"民间需求主导的自主的经济恢复"。日本产业界也普遍认为:"设备和就业过剩情况依然严重,企业的重组在今后将成为通货紧缩的巨大压力。"③日本1998年度一般会计税收11年来首次跌进50兆日元,较当初预算少9兆日元。④1999年的税收估计会更少。税收减少,将制约日本公共投资的增加。总之,日本经济有好转,但要从根本上渡过难关还需要巨大努力。

(三) 防卫

1. 防卫意图

冷战时,特别是1979年苏联入侵阿富汗以来,是日本"直接面对苏联威胁的时代",日本以苏联为其主要防卫对象。冷战后,日本认为:世界在全局上出现了多极化趋势,但军事上则是美国的一极局面。由于东西对立格局的解体,发生包括全面核战争在内的世界规模的武装冲突的可能性大大减少,但另一方面出现了新的不安定因素,日本防卫厅顾问、原统合幕僚长会议议长西元徹也提出了六种危险:(1)因民族、宗教、领土、资源等对立而发生地区纷争的危险。(2)发生恐怖行动、海盗行为,以及大量难民出现和流入的危险。(3)大量破坏性武器及其运输手段扩散的危险。(4)类似印尼最近的情况,因政治经济的混乱导致社会的混乱,这种混乱除在一国内扩大外,在最坏的情况下,有扩展至全部地区的危险。(5)出现地区性霸权国家的危险。(6)能源、粮食等重要资源的需求失去平衡的危险。西元徹还列举了日本今后应关心的若干具体问题:(1)在美、中、俄等大国关心和利害交错的地区,这些大国如何行动？（2）朝鲜半岛何时、以怎样的程序统一，统一后的朝鲜半岛变成怎样的政体？庞大的南北军事力量如何再组？其间，北朝鲜会"软着陆"，还是会发生内部崩溃？万一崩溃，其过程怎样？（3）东中国海大陆架的资源问题、钓鱼岛的所有权问题何时、怎样解决？（4）中国军事的现代化以什么为目标、将进行到什么程度？周边国家如何对应中国军事现代化的发展？（5）"一国两制"在香港的实施趋势如何？台湾问题能否和平解决？（6）南中国海的所有权、资源问题如何解决？（7）印度进行核试验及加入核俱乐部，对核武器向巴基斯坦、中东、北朝鲜的扩散将发生怎样的影响？其结果如何？（8）在中东的许多不确实、不透明的问题如何发展？（9）里海周边地区的石油开发等问题如何展开？

从以上列举的六大危险及若干具体问题来看，日本关心的安全问题大致包括五个层面：（1）本土安全；（2）交通线安全；（3）资源安全；（4）地区安全；（5）全球安全。这五个层面是密切联系，相互影响的，重点在前四个层面上。由于这四个层面中既包括有日本合理的安全利益，也涉及其他国家合理的安全利益，如何处理两者的矛盾和冲突，成为判断日本防卫意图性质的重要依据。

从目前情况看，在上述四个安全层面上，出现了日本超越本国合理的安全利益，追求安全优势的倾向，因而强化了与周边国家安全利益的冲突；再加上美国新世界战略的推动，以1999年5月新日美防卫合作指针相关法案的通过为重要标志，日本的防卫意图明显突破了"专守防卫"的限制。之所以出现上述情况，主要有六个原因：（1）日本是一个资源贫乏、缺乏战略纵深的岛国，同时又是一个拥有世界规模经济的国家。国情上的这一基本矛盾，使日本除对本土安全外，对交通安全、资源安全、地区安全具有极大的危机感和敏感性。（2）中国正在作为一个强国崛起，这是日本近代以来前所未遇的变局，日本从其对中国的错误认识出发，对中国的防范要求强化。（3）冷战后，东亚因某些热点问题而引发地区性冲突的可能性增大。（4）冷战后美国在军事上一极独霸的局面，削弱了对美国以及美日军事同盟的制约力量。（5）为了继经济大国后成为政治大国，日本希望增强其军事地位。（6）东亚尚未形成各国能够接受的多边安全机制。

日本防卫意图明显突破"专守防卫"的限制，是东亚局势趋向紧张的重要原因，值得警惕。但目前尚没有充分证据说明日本的防卫政策已转变为扩张政策，准确地说目前日本的防卫政策是一种借助美国力量，以更加积极的姿态追求本国安全优势的防卫政策，其目的是在东亚乃至亚太地区建立以美日为中心的安全秩序。这种目的超越了日本合理的安全利益,而且使日本有可能追随美国卷入对他国内政的干涉。

2. 防卫力量

可从防卫力量的四项重要因素分别加以考察,即防卫力量的规模、现代化水平、敏捷反应程度、基础。

日本防卫力量的规模。陆上自卫队151 836人;海上自卫队43 842人;航空自卫队45 606人;统合幕僚会议人员1 356人,共计242 640人。战车、火炮等主要火器共计8 090具。舰艇共计152艘,36万4千吨。飞机共计1 797架。拥有一定数量的约29种对空、对舰、对坦克导弹。受美国核保护伞保护。与中国军事力量的规模相比,日本较小。

日本防卫力量的现代化水平。居于世界领先地位,装备精良。陆军拥有世界最先进的90式战车154辆,时速70公里,自重50吨,搭载有120毫米战车炮。海军拥有"金刚"型宙斯盾级护卫舰4艘,基准排水量为7 250吨,搭载有美制最新防空战斗系统,可依靠三维雷达和高性能电脑自动识别、跟踪200个以上的目标,可同时以导弹打击几百公里以内的20个目标,较普通护卫舰的战斗力提高6倍。另拥有1998年3月下水的号称大型运输舰,实则接近轻型航母的"大隅"号舰,日本准备再建三艘此类舰,届时将形成编队。还拥有世界最先进的P-3C反潜巡逻机100架,每机载有2枚射程为130公里的"鱼叉"式导弹。空军拥有现代化迎击机300架,其中,F15主力战斗机194架,仅次于美国。还有150架F2对地和对舰攻击机。日本的火箭运输能力达到了相当高的水平,已成功地将30余颗卫星送上了太空。日美已作出决定,共同研制TMD,而且日本正依靠其强大的经济和技术能力,提高军事装备的国产化程度。曾任日驻美公使、外务省情报调查局长的岗崎久彦认为,从军事装备而言,"日本确是世界第二的军事力"。[⑤]与中国军事力量的现代化程度相比,日本显然占有较大优势。

日本防卫力量的敏捷程度。这取决于人员、军需物资在数量、训练程度和质量上的准备程度。从目前掌握的情况看,日本自卫队的训练程度是相当高的,近年来又强调自卫队不能因冷战结束而松懈应有的"紧张感",努力加强情报、指挥、通信系统以及运输、补给、装备、卫生等后方支援系统。新防卫合作指针的贯彻,会使日美不仅在日本本土,而且在本土外的协同作战能力大为增强,这些因素将使日本防卫力量的敏捷反应程度进一步优化。但是当武装冲突的规模较大、延续时间较长时,日本防卫力量的反应程度会明显转缓,造成这种情况的主要原因是兵源的限制,受日本人民和平理念的影响,参加自卫队在日本青年的职业选择中排于很后面,目前其自卫队满员率只有89.1％,如果日本参与非正义的军事活动,这种限制将更大。

日本防卫力量的基础。指的是自卫队基地、驻扎地、港口、飞机场,以及教育、研究设施和军营等状况。日本防卫设施占有的土地面积约为其国土总面积的0.37％,即1 397平方公里,其中包括在日美军专用的314平方公里土地,设施是相当充分的,但日本防卫设施的发展和加强也受到若干条件的制约。日本是一个高度工业化和人口密集度较高的国家,防卫设施往往与所在地居民利益发生冲突,在日美军的防卫设施更是如此。日本如果参与师出无名的军事活动,受到的制约将更大。

二、日本外交决策体系、外交方针及对华政策

(一)日本外交政策的决策体系

1. 日本首相居于外交决策体系的顶端

战后日本宪法规定将外交关系的处理委托于政府。首相代表内阁,拥有指挥和监督行政各部的权力、拥有罢免国务大臣的权力。首相居于外交决策体系的顶端。这个决策体系最核心的成员一般包括外相和其他有力的阁僚、有关的高级官僚、执政党的领导成员。

2. 执政党、上层官僚、财界和国际关系学界是影响外交决策的直接力量

日本执政党的首脑一般为内阁总理,而且内阁的外交政策在争取国会承认时需要执政党议员的支持,因此执政党对外交决策的影响是显而易见的。以自民党为例,设有政务调查会及下属机构外交调查会,还有安全保障调查会等,对党的外交、防卫政策做调查立案。政务调查会侧重于政策性审议,其审议通过的法案要移交自民党总务会审议认可。总务会侧重于政治判断。按自民党的惯例,遇重要的外交问题,在内阁讨论之前,首先要在自民党的总务会议上讨论并获得承认。由于有此关系和机制,自民党不同派阀的不同外交主张对内阁的外交决策具有重要影响。

执政党对外交决策的影响很大,但由于其在情报的收集、分析等方面无法和政府有关机构相比,基本上依靠政府有关机构提供的情报和建议作出判断。自民党政务调查会便设置有与政府省厅相对应的部会,要提交政务调查会审议的法案首先需要部会审议,有关省厅官房长官、官方总务课长、主管局长和课长等参加部会审议。从而形成官厅制定方案,执政党在国会外非正式场合以非公开方式进行事先审议,然后利用其在国会中拥有的多数席位通过的机

制。这就使上层官僚,特别是外务省官僚在情报收集、分析和外交计划的制订等层面上成为对外交决策具有更直接影响的力量。

值得注意的是20世纪90年代以来,日本防卫厅在日本对外政策上的发言权增大,1995年7月,日本防卫厅设立了"培养信赖关系和军备管理局",直属该厅,负责日本的涉外军事活动。1995年12月,日本防卫厅设"情报本部",直属于统合幕僚长会议,拥有近1 600人。[⑥] 1997年11月,日本外务省成立"安全保障政策委员会",就军事外交与防卫厅密切合作。1996年年底,日本防卫厅高级官员宣布,长期以来笼罩在防卫厅的疑云现在部分已经消散。防卫厅在制定日本安全保障政策等方面的发言权已经增大,在日本外交决策中的地位已有较大提高。[⑦]今年4月,防卫长官在众议院防卫指针特别委员会会议上的答辩因过于露骨,甚至引起外务省不满,认为其与外务省"尚未进行充分的讨论就公布了出来"。[⑧]

日本财界特别是经济4团体,是能够直接影响日本外交决策的重要的机构外压力团体。干预国民收入再分配的能力是日本政治家争到选票和政治资金的最重要筹码,通过支持某些政治派别来谋求利益则是各利益集团获取利益的最基本途径之一。自民党国会议员因与不同的利益集团关系密切而分别被称为"农林族""国防族""商工族"等族议员。在对华关系决策方面,特别值得注意的是与中国大陆、与中国台湾有密切经济关系的利益集团,以及与国防工业有密切关系的利益集团。

当代国际关系的复杂与多元化,使外交决策越来越需要听取有关专家,特别是国际关系学者的意见。日本历届首相大多有自己的以学者为主组成的私人咨询机构,日本外务省在对华政策方面不但拥有自己的研究机构——国际问题研究所,而且与日本各大学及研究机构的中国问题研究学者保持着稳定的联系。这使日本国际关系学者能够对日本的外交决策发挥重要的有时甚至是直接的影响。

3. 国会对外交决策具有一定的制约作用

国会是立法机构,首相在外交关系的处理和条约缔结等问题上,承担有向国会报告和获得国会承认的义务。国会与政府各省厅相应的常设委员会中包括有外交委员会,负责审议有关外交法案。由于国会外交委员会在情报收集和分析等能力上低于外务省,加上日本国会议员极少无视所属政党的意见投票,因此,日本国会对外交决策的制约能力远比美国国会低,基本上没有发生过执政党通过内阁提出的重大外交政策被国会否决的事。但近年来,由于自民党实力的削弱,国会的制约能力有所增强。

4. 选民对外交决策具有不可忽视的影响

日本实行所谓"民主制",国会及内阁的产生以国民的直接选举为基础,因此选民对外交决策具有不可忽视的影响。但由于选举周期较长、选民难以获得完备的外交关系情报、很少有选民具有专业水平的外交分析能力,以及选民利益差别等原因,选民不可能对日本外交决策发生即时、直接的影响,而主要是对具有利益广泛性、在常识范围内能作出判断且长期发生作用的外交决策发生影响。

(二) 日本的外交方针

冷战后,特别是东亚金融危机后,世界及亚太地区形势发生了新的变化,日本的外交方针也做了相应调整。

1. 避免经济环境恶化和加强日本在东北亚安全地位,是当前日本外交的最重要目标

争当政治大国是20世纪80年代日本提出的外交目标,现在也并未放弃这一目标。但是由于日本经济的持续衰退,及日本此次在东亚金融危机中的软弱表现,使日本在东亚的政治地位实际下降了。同时,又发生了朝鲜试射卫星等问题。在这种情况下,避免经济环境恶化和加强日本在东北亚安全地位,成为当前日本外交的最重要目标。小渊首相去年11月表示:"我任职以来,曾两次和克林顿总统举行首脑会谈,就严峻的世界经济情况和东北亚地区的安保问题达成了两国密切合作的一致意见。"⑨就以后日本所采取的外交行动看,基本是围绕上述两个目标展开的。

2. 强化"日美基轴关系",同时出现了争取中国支持其与美国争夺亚洲经济利益的倾向

80年代末、90年代初时,美国经济萧条;而日本经济的结构性问题尚未暴露,发展势头仍然较好;中国的经济规模尚小,而且处在调整期中。这时,日本一部分战略家提出未来世界应形成"美日欧"三级格局,1989年时任日本外交次官的栗山尚一提出,"对中小国家来说,国际秩序基本上是大国赐予的","日本外交必须尽快从中小国家的外交转为大国外交",并主张,"世界国民生产总值(GNP)1988年为20万亿美元,其中美国和西欧各为5万亿美元,日本为3万亿美元","要建立新秩序,离不开这5∶5∶3的合作"。⑩1992年2月,日本驻联合国大使小和田恒指出:"国际格局正处于新的历史变动期","美国一极说明显是错误的。"⑪但进入90年代中后期,美国经济复苏,日本经济转入萧条,中国经济经过调整后获得持续高速发展。在这种背景下,日本对美国的依赖性又有强化,关于建立美日欧"三级格局"的主张基本匿迹,而更多地强调当

今世界是美国领先的"一超多强"格局,要求协调日美矛盾,坚持外交仍"以日美关系为基轴"。去年小渊首相在其所做演讲中便表示"日美关系是我国外交的基轴",并促使日美防卫合作指针在众参两院获得通过。但这并不能消除日本与美国在经济上的巨大摩擦。1999年5月美炸我驻南使馆后,中美关系转入低潮,日本出现了争取中国支持日本与美国争夺亚洲经济利益的倾向。最近,日本外务省经济事务局官员明确谴责IMF在东亚金融危机中与美国大企业密谋合作,趁火打劫,重提了为亚洲的共同利益,建立AMF。

3. 更加强调以维护现存秩序为背景,发展中日关系

早在80年代末,日本就提出了"世界中的日中关系",但当时其意图还不是很明朗。1998年江泽民主席访日,小渊首相明确表示:"今后,日中作为对整个亚太地区的和平与发展负有责任的国家,不能仅仅考虑两国间关系,而应面向国际社会,进一步发展对话和交流。"[12]也就是说两国间的有关问题必须放在多边范围内考虑,不能影响亚太地区现存秩序和格局,表明了要将中日关系置于现有秩序制约下加以发展的意向。

4. 以2000年缔结日俄和平条约为目标,发展日俄关系

俄罗斯力量衰退,使其在亚太的影响力大为削弱,但其联合国安理会常任理事国的地位、尚拥有的军事力量、巨大的发展潜力,使其仍成为谋求亚太外交平衡的重要借助力量。因此,近年来,日本加强了对俄外交。小渊任首相后,再次强调要以2000年缔结日俄和平条约为目标,发展日俄关系。

5. 加强与韩国及东南亚国家的关系,以改善外交地位

1998年朝鲜试射卫星,同时美国的侦察卫星发现朝鲜有可能建设了"秘密核设施"。这成为促进日本进一步发展对韩关系的动力。小渊首相便强调:针对上述问题"日本要与美国、韩国紧密合作,采取相应对策。今后也要为这一地区的安定尽力尽心"。[13]

东南亚在经济上与日本的密切关系、东南亚各国在东亚地区具有的独特外交平衡能力,以及其重要的地理位置,使日本战后一直将东南亚作为重要的外交对象。此次东亚金融危机,日本因未能发挥应有的作用,对东南亚的影响有所削弱。自1998年年底,日本抓住东南亚金融体系重建、经济趋向好转的机会,对东南亚增加了300亿美元的援助,并提出设立"亚洲货币危机援助资金",以扩大对东南亚的影响。

(三)日本各有关方面对中国的政策主张

1. 自民党及自由党

自民党内的主流派从中曾根、桥本龙太郎,到现在的小渊惠三,以及自由党小泽一郎,对中国的崛起抱有较大警戒感。自民党主流派不接受前干事长加藤紘一关于将中国台湾明确排除于日美安保范围之外的主张,而以"如果放任不管,有可能发展成为日本的直接攻击"这样的模糊提法来界定"周边事态"。小泽一郎则明确主张"周边事态"应包括朝鲜半岛、中国台湾地区和俄罗斯。1999年5月2日,在日本宪法纪念日前夕,日本自民党和自由党都表示应根据形势变化,修改宪法。这种要求,具体到安全保障问题上,便是希望获得"集体自卫权",以在军事上取得更大的行动自由,其中包含有加强对华防范的内容。[14]

但是由于对华关系是仅次于对美关系的、影响日本国家根本利益的外交关系,因此,日本自民党主流派在对中国抱有较大警戒感的同时,主张稳定地发展中日关系。

2. 外务省及防卫厅等有关省厅

外务省是负责处理外交关系的省厅,在对华关系上总体态度还是积极慎重的。1999年4月对防卫厅长官关于"周边事态"等法案的答辩,外务省表示了不满,认为:"'内战'、'内乱'只能理解为是基于台湾发生战事的设想,它可能会刺激中国。"[15]日本驻华大使谷野表示,"日本与中国之间的和平友好合作关系,不仅符合中日两国的利益,也是亚洲与世界的和平与稳定不可或缺的要素",对此,"日中双方必须保持坚强的意志和不懈的努力"。[16]主张尽快落实江主席访日时中日双方达成的协议,特别强调"关于青少年交流的协议""关于环境保护方面的合作""关于科学产业技术方面的合作"。[17]

但原为日本外务省国际问题研究所研究员的中居良文认为:"中国目前以经济建设为自己的第一目标,希望和平的国际环境,避免与在亚太地区有重大利益的日本、美国冲突,但是中国对台湾、南沙群岛、尖阁列岛的现状是不满意的,中国对上述地方提出主权要求,有可能与在亚洲有共同利益的日本、美国发生冲突。"[18]

对中国的所谓"民族主义"抱有反感和警惕。日本外务省顾问松永信认为:"日本国内有军国主义倾向,中国国内有民族主义倾向,美国也有类似的思潮。这些都是妨碍国际合作的,必须加以防止和克服。"[19]

防卫厅是负责日本安全事务的省厅,习惯于从所谓最坏事态出发考虑问题,是日本各省厅中对中国最具戒备感的省厅。如前所述,日本防卫厅顾问、前统合幕僚长会议议长西元彻在1998年提出的9项有关所谓日本安全的具体问题中有4项是直接与中国有关的。1998年的《防卫白皮书》表示:对中国"推进核战力及海、空军战力的现代化,对中国扩大海洋活动范围,今后应继续注意"。要求"中国在国防政策、军事力量等方面进一步提高透明性"。[20]

3. 财界

一部分与国防工业及在台湾有更大经济利益的财界人物,对中国抱有较强的警戒感,甚至敌视态度。但财界主流,特别是与中国有较密切经济关系的财界人士,对中日关系基本采取的是维护的态度。1999年3月,日本经济同友会安保问题委员会代表委员长近藤刚发表了关于安全保障问题的建议,主张重新估价有关集体自卫权的宪法解释,完备有事法制。但同时他指出,"中国既是政治大国又是经济大国。对经济界来说,和中国的贸易是非常重要的","将'周边事态'说成是地理范围,是粗野的议论,不应刺激中国"。[21]

4. 国际关系学界

其主流派的意见是在对中国保持必要戒备和制约能力的同时,寻找维护和发展中日关系的途径。庆应大学的小岛朋之教授认为:中国外交的一个侧面是全方位的协调外交,这是因为中国要发展经济,"必须获得亚洲、日本、美国的合作",但是"中国外交的危险侧面现在已经能够看到,而且将来也不会有很大的改变",这个危险的侧面便是"中国的最终目标是成为'富强的大国'",表现在外交战略上就是"现在说反霸权、反帝,将来则是帝国主义,以霸权为目标",因而主张为了防止中国建立霸权,"必须建立和加强以日本和美国为中心的与亚洲其他各国合作的体制、某种协调的安全保障体制,并将中国拉入该体制之中"。[22]庆应大学国分良成教授认为,"日中关系在以经济为基础的同时,正在转变为包括政治安全保障在内的更加全球性的关系","由于日中关系的基础发生了变化,为了在今后两国也能维持安定良好的关系,应该进行努力"。"第一,要以两国双边关系的发展为基础,努力使这种双边关系在亚太地区多国间的协议中相对化。""第二,为了建立安定的日中关系,为了亚太地区的安定,健全地发展美中和日美关系是极为重要的。""第三,在日中关系全球化的同时,在日中关系的新世代登场的同时,应该进一步扩大日中民间水平的交流网络。"[23]

5. 民众

1998年11月7—10日,日本《时事世论调查特报》在包括全国13大市在内的157个地点,对2 000名20岁以上的各年龄段的男女日本人作了"喜欢国""讨厌国"和"重要国"的调查,其中喜欢美国的占46.5%,喜欢中国的占10.7%,讨厌美国的占4.7%,讨厌中国的占14.4%。但在列举的亚洲诸国中,喜欢中国的比例是最高的,远远超过印度、韩国等。认为对日本最重要的国家,首位是美国,占63.5%,其次便是中国,占52.5%,不但超过亚洲其他地区和国家,而且远远超过欧洲诸国和俄罗斯。根据这样的数据可以说,一方面由于各种复杂因素,在日本民众中对中国的不理解、恐惧、亲近感削弱等倾向有所发展,但另一方面仍然存在对中国友好及重视和发展中日关系的深厚基础。

(原载《日本研究》1999年03期)

注释:

① 《读卖新闻》1999年1月22日。
② 《前卫》1999年第2期第38—39页。
③ 《朝日新闻》1999年4月27日。
④ 《日本经济新闻》1999年6月2日。
⑤ (日)PHP研究所:《アッアは油断大敵》,1997年9月版,第217页。
⑥ 《防卫学研究》第19号第68页。
⑦ 日《产经新闻》1995年12月24日。
⑧ (日)《东洋经济周刊》1996年10月5日。
⑨ (日)《每日新闻》1999年4月22日。
⑩ (日)《每日新闻》1998年11月27日。
⑪ 栗山尚一:《剧变中的世界形势与日本外交的轨道》,载日本《世界经济评论》1990年,第4期。
⑫ (日)《世界经济评论》月刊,1992年4月号。
⑬ (日)《世界经济评论》月刊,1992年4月号。
⑭ (日)《世界经济评论》月刊,1992年4月号。
⑮ (日)《每日新闻》1998年11月27日。
⑯ (日)《每日新闻》1999年4月22日。
⑰ 日本驻华大使谷野1999年3月2日在中日关系史学会的演讲。
⑱ 同上。
⑱ 中居良文:《中国の脅威ナヒ日中、米中关系》。
⑲ 日本外务省顾问松永信在沪访问谈话。
⑳ 防卫厅编:《防卫白皮书》平成10年版,第68页。
㉑ (日)《朝日新闻》1999年4月3日。
㉒ PHP研究所:《アッアは油断大敵》1997年9月18日版,第92—94页。
㉓ 劲草书房:《日米中安全保障协力を目指しつ》,1999年1月20日版,第32—33页。

日本与东北亚——地缘战略上的考虑

一、

就地理概念而言,日本是一个完全意义上的东北亚国家。东北亚无论在经济还是政治上都是世界战略要地。这里是亚洲经济最发达的地区。这里有海洋通往大陆的跳板;有连接东北亚与东南亚的海上走廊。这里除了日本外,还有中国、俄罗斯两个大国。美国不仅与东北亚隔洋相望,而且东北亚是其两洋战略的重要一侧,为了保护在东北亚的战略利益,美国除了与日本、韩国结成军事同盟,还在东北亚驻军近10万。因此,无论就日本是东北亚国家而言,还是就东北亚自身的战略价值而言,东北亚对日本都是生死攸关的地区,是日本首先希望保持安定并借助美国力量获得主导权的地区。但是由于历史的原因,由于冷战遗留问题的影响,由于地缘战略关系等复杂因素,东北亚又是日本外交最感困难的地区。这使日本的东北亚政策带上了其独特性。正确分析日本的东北亚政策,不但对于正确了解日本的对外战略和政策,而且对于正确评估东北亚的形势,具有重要的意义。

二、

一个国家的对外政策从根本上说是由其国家利益决定的。日本的核心国家利益有五方面,即:防止、遏制外国军事力量自外部或以内外结合的方式对日本的攻击威胁;防止、遏制外国军事力量对日本海上交通线的攻击威胁;巩固日美同盟;确保主要的全球体系(贸易、金融市场、能源供应、环境等)的稳定和可持续发展;在对中国保持一定的制约力量的同时,维持和发展中日合作关系。这五方面和东北亚地区都有关系,特别和东北亚地区的两大热点问题,即朝鲜半岛问题和台湾问题有更为现实的密切关系。日本东北亚政策的基本出发点是保护上述国家利益,其内容大致包括三个方面。以下分别加以分析:

1. 以日美同盟为基础,提高对地区事态的干预能力

去年的日本《防卫白皮书》在论及亚太形势时指出:"在亚太地区,各国的安全保障观呈多样化状态。自60年代以来,中国便作为第三极存在,即使在冷战时期,亚太地区也未形成明确的两极对峙结构。冷战结束后,远东俄军出现了量的削减和军事态势的变化。但是包括核战力在内的大规模军事力量依然存在,伴随经济力量的扩大,不少国家在实行军事力的扩充和现代化。朝鲜半岛的诸问题还没有解决,依然作为不透明、不确实的因素存在。"①根据对形势的上述认识,日本再次确认了其亚太政策的主要内容是以日美联盟为基础,加强对地区事态的干预能力,上述《防卫白皮书》指出:"在这样的情况下,以美国为中心的两国间的同盟和友好关系,以及以此为基础的美军的存在,对于保持这个地区的和平与安定继续发挥着重要的作用。"②亚太如此,东北亚地区更是如此。

为了落实上述政策内容。根据1996年《日美安保宣言》的规定,早在1997年日美便签署了《新日美防卫合作指针》,1999年由国会通过了《周边事态法案》、《自卫队修正法案》、《日美相互提供物品和劳务协定修正案》,使日本从军事计划到法律框架作好了配合美军对东亚,特别是对东北亚等地区进行军事干预的更加充分的准备。这种准备的重点是针对朝鲜半岛和台湾海峡的。

日本历年的《防卫白皮书》均指出:"朝鲜半岛在地理和历史上与日本有密切的关系。朝鲜半岛的和平与安定,对包括日本在内的东亚整个地区的和平与安定是重要的。"③日本决定与美国共同研制TMD的公开理由便是朝鲜的导弹威胁。去年2月,即《新日美防卫合作指针》及其有关法案通过不久,日美便举行了针对"周边有事"的图上演习。日本幕僚长统合会议、陆海空各幕僚本部、驻日美军司令部等共200人参加了演习。该演习设想朝鲜越过三八线进攻韩国,在事态扩大后向韩国发射导弹,并派游击队侵入日本国内。其演习内容包括:A. 日自卫队向反击朝鲜的美军提供后方支援。B. 针对朝鲜的可疑船只,以"海上警备行动"加以应付。C. 以"治安出动"镇压游击队。D. 在弹道导弹飞向日本时,实行"防卫出动"。今年6月南北举行了高峰会谈,朝鲜半岛出现缓和形势,日朝关系也随之缓和,日朝关系正常化谈判正在进行。但即使在此情况下,日本仍未放松对朝鲜的防范和加强对朝鲜半岛突发事件干预能力的努力。去年的《防卫白皮书》如往年一样强调:"北朝鲜的导弹开发与核武器开发疑惑相配合,不仅是给亚太地区而且是给整个国际社会带来不安定的要因。"④对朝鲜的动向继续表现出深切的疑虑。

对日本来说,维护和发展中日友好合作关系,关系到其全局利益。因此,在涉及台湾问题时,"一个中国"的原则是日本首先需要考虑的。但日本在台湾海峡有海上交通线等重大利益。因此,台湾海峡一直是日本极为关注的地区。去年5月,台湾民进党人陈水扁当选台湾"总统"后,拒不承认一个中国的原则,台湾海峡的局势更趋紧张。日本对台湾海峡也更为关注。日本前首相中曾根康弘在其去年7月出版的《21世纪日本的国家战略》一书中说："在我国的周围,有和俄国的北方领土问题、和北朝鲜的国交调整问题,但是我想说:今后成为最大问题的是中国和台湾关系问题。"并提出了"以维持现状为中心"的处理台湾问题的五原则⑤。因此,可以说防止台湾海峡出现损害日本国家利益的事变,是日本对台湾问题的基本立场。所以,日本一直在不公开反对"一个中国"原则的同时,追随美国增强干预台湾问题的能力。日本前内阁官方长官梶山静六曾明确表示《新日美防卫合作指针》中所指的"周边有事"包括中国台湾。以后虽然由于中国方面的抗议,日本政府否认了梶山静六的说法,但仍坚持"周边有事"是事态概念的模糊说法,不肯明确将台湾排除在外。其目的在于以这种压力使中国难以实现在万不得已时以武力解决台湾问题的要求,使海峡两岸保持不统、不独、不战的现状。这在目前和可以预见的未来,是一种最有利于日本国家利益的状态。去年11月2至19日,日美继中国燕山演兵之后,在日本全国各地演习场和日本周边海域举行了大规模军事演习,日美双方共出动2.1万人、舰艇20艘、飞机300余架。有评论说:此举显示了日美在台湾问题上牵制中国的意向。

2. 加强多边协调活动

以日美同盟为基础,提高对地区事态的干预能力,是日本关于东北亚的最基本的政策。但是当今的国际格局呈现多极化状态,而且东北亚的热点问题大多有大国乃至多国斗争的背景。在这种情况下,东北亚的问题不可能仅由日美两国说了算。日美如想凭借军事同盟,强行推行两国意愿,必将从根本上破坏东北亚的和平与稳定,其结果也将损害日美的利益。因此,在以日美同盟为基础,提高对地区事态的干预能力的同时,日本很重视并在努力加强多边协调活动。日本《防卫白皮书》指出:"在亚太地区还没有出现像欧洲那样的在军备管理和裁军等方面的包括整个地区的安定化的动向。但是,近年来,在这个地区,对地区内的政治、安全保障的关心也在增高。因而,两国间军事交流的机会在增加,关于地区内安全保障的多边对话也在努力进行。这种努力对解决区域内安全保障上的各种问题将作出怎样的贡献,正在成为今后的课题。"⑥

日本在东北亚的多边协调活动是多层次、多方面的。主要的包括日美韩协调,日中韩协调,以及借助ARF加强与东北亚各国的多边协调等。

日美韩协调可谓日本在东北亚地区最核心的多边协调关系。日韩关系中存在历史问题、领土争端等复杂因素,但这两个国家都与美国建立了双边军事同盟关系,日本《防卫白皮书》一贯认为:"在韩美军与韩国的国防努力相配合,维持朝鲜半岛的军事平衡,对于抑制朝鲜半岛大规模武力纷争的发生发挥着重要作用。"⑦明确支持美国在韩国驻军,表明日韩两国在对朝问题上存在着重要的共同战略利益。这构成日美韩协调的基础。

1998年8月朝鲜发射大浦洞导弹后,日本除了以此为借口,在国会通过了与美国共同研制TMD的议案外,进一步加强了与美韩的协调。10月,金大中访日,两国发表了《联合宣言》,一致同意将"过去的问题"告一段落,日韩关系有了进一步改善。2000年5月,日本在该年度的《外交蓝皮书》中指出:朝鲜的"粮食和经济状况仍然严峻","但尚未看到有威胁现体制的反体制动向"。又指出:朝鲜很有可能部署劳动导弹,并正在努力实现弹道导弹的远程化。根据对形势的这种分析,《外交蓝皮书》提出了针对朝鲜的基本方针,即:与韩国和美国紧密合作,在有利于东北亚和平与稳定的情况下,努力推进与朝鲜的邦交正常化,采取既对话又遏制的平衡政策⑧。

去年6月南北高峰会谈后,朝鲜半岛形势有所缓和。日本对此一则以喜一则以忧。喜的是认为南北缓和有利于东北亚的稳定,忧的是感到南北缓和可能使东北亚的局势更为复杂。时事社去年9月24日便称:"日韩在对朝政策上的合作可能出现混乱"。为了避免在复杂局势下陷于被动,日本更加强调日美韩的协调。早在南北高峰会谈前夕,日本首相森喜朗便与参加小渊葬礼的美国总统克林顿、韩国总统金大中会谈,确认了三国在对朝政策上协调一致的重要性。去年9月在第150届国会上,森喜朗再次表示:政府"要在同美国和韩国进行密切合作的同时,为东北亚地区新时代的到来而竭尽全力。"⑨

日中韩协调是去年来日本日益重视的一种多边协调。1999年11月,在马尼拉中日韩三国政府首脑首次举行了会谈。日本首相小渊并建议将这种会谈制度化,以后每年定期举行。日本近年来之所以日益重视日中韩协调,主要原因有3点:A.日中韩较易合作。日中韩三国间不仅每两国都有正式的外交关系,而且无论在政治上还是经济方面都有较好的合作关系,比较容易协调。B.中日韩协调在东北亚更具代表性和开放性,加强日中韩协调,有利于缓和日美韩军事同盟关系在东北亚造成的对立和不安,有利于将多边安全关系扩大到整个东北亚地区。中曾根在其所著《21世纪日本的国家战略》一书中便主张:"东北亚的日中韩三国首脑会谈是必要的","如果有必要还可以让美国,将来让北朝鲜、俄罗斯也加入进来。"⑩C.由于历史问题和现实战略利益上的分歧,中日双边关系在保持友好合作的同时,不时出现摩擦。日本因而认为将中日双边关系放在一种多边框架中处理,对日本更为有利。D.日中韩是东北亚地区最具经济实力的国家,日中韩协调有利于东北亚经济合作。E.日中韩都是ARF的成员国,加强日中韩协调,有利于发展东北亚与东南亚的合作。

借助 ARF 加强与东北亚各国的多边协调。日本很重视 ARF 的作用,近年来设想按照促成信赖、预防外交、解决纷争三个阶段目标,推进 ARF 的发展。促成信赖是日本目前正在做的,在这个问题上,日本关心的是两件事:A. 确立参加国坦率交换意见的惯例。B. 制定决定地区内各国行动基本原则的"行动规范"。但在东北亚地区,目前还没有像 ARF 这样地区内各国都参加的多边协调组织,日本希望借助 ARF,按照它的设想,推进东北亚各国的多边协调。因此,它积极主张 10 加 3(东盟 10 国加中日韩)会议的召开;在南北高峰会谈后,积极主张朝鲜参加 ARF 的活动。

3. 努力与周边各国改善双边关系

日本是东北亚国家,在东北亚有着重要的周边关系,如日中关系、日俄关系、日朝关系。如不使这些关系保持稳定,日本在东北亚不可能获得和平的发展环境。因此,日本在巩固日美同盟、加强多边协调的同时,努力谋求与周边各国改善双边关系。

中国是位于日本近邻的处于上升中的社会主义大国。与中国保持稳定的友好合作关系,对日本来说,无论在政治、安全,还是在经济上都有巨大的利益。因此,中日关系是日本在外交上仅次于日美关系的一种双边关系。一方面,日本在与美国联手对中国进行防范,去年的日本《防卫白皮书》第一次明确宣称日本在中国的导弹射程内,扩大了在安全问题上与中国的矛盾。同时,又在努力谋求中日关系的改善。1998 年 11 月,日本首相小渊惠三与中国国家主席江泽民一起发表了面向 21 世纪、规范中日关系发展框架的第三个重要文件——《联合宣言》,将跨世纪的中日关系定位于致力于和平与发展的友好合作伙伴关系,使发展中日两国长期稳定的睦邻友好合作关系作为各自的一项重要国策确定下来,为冷战后中日关系的发展提供了重要保证。

在双方的努力下,中日友好合作关系在深度和广度上都达到了新的水平。两国领导人每年互访;建立政府间热线电话;中日友好城市、友好省县已结成 252 对;人员往来由每年不足 1 万人次发展到 180 万人次,中日还将在 5 年内实现 1 500 人规模的青年互访交流;两国贸易额已由 1972 年的 11 亿美元增加到 1999 年的 662 亿美元。朱镕基总理去年访日,使双方增信释疑,达成了军舰互访等协议,进一步发展了包括安全领域在内的各方面的合作。这表明,中日双方希望在克服摩擦中努力保持双边关系的稳定与发展。

但值得注意的是美国布什新政府东亚政策的调整对于日本对华政策的影响。去年 10 月,美国以阿米塔其为首的跨党派小组发表了关于建立美国和日本"成熟伙伴关系"的报告,主张把日美关系从"分担负担"转变为"分享权力",

要求大幅度提升日本在日美同盟和东亚安全事务中的地位和作用。今年1月,日本《选择》杂志发表题为《美中"伙伴关系"的终结》一文,声称:"虽然不能断言中国会成为21世纪国际政治、军事和经济的焦点,但是从亚洲来看,至少北京掌握着朝鲜半岛和台湾海峡的局势是否会加剧的关键。小布什政权在短期内将受到考验的是遏制中国,特别是避免其成为台湾海峡和南中国海的威胁。但是,毫无疑问,其方针是在中国从亚洲地区霸权主义向世界大国迈进的情况下,美国驱使盟国采取大规模包围中国的战略。"如果布什新政府的对华政策如上所分析,日本并且给予配合,中日关系将受到很大伤害。

俄罗斯是一个重要的大国,虽然近年来力量衰退,但其仍拥有世界第二位的战略核武器,是联合国的常任理事国。但由于俄罗斯在东北亚的军事力量大为削弱,日本已不再视其为重要威胁,而在一定程度上将其作为东北亚乃至东亚战略平衡的借助力量。因而俄罗斯是日本重要的外交对象,是日本谋求地区安全和稳定以及政治大国地位时不能忽视的力量。近年来,日本加强了对俄外交。1997年日俄两国领导人签署了2000年内缔结和平条约的协议,去年4月森喜朗首相又访问了俄罗斯。由于日俄之间存在的领土争端难以很快解决,日俄之间在去年未能缔结和平条约,日本谋求改善对俄关系的努力仍会继续。但是如果日本一味配合美国追求在东北亚的绝对安全优势,则日俄关系的改善是困难的。

朝鲜是一个小国,日本至今和它没有正式的外交关系。日本认为朝鲜的体制高度集中且军事化,朝鲜不但拥有110万军队,而且拥有导弹,还有试制核武器的嫌疑,因而将朝鲜作为重要的威胁。在1998年8月朝鲜试射大浦洞导弹后,日本有一部分人主张日美合作对朝鲜的导弹基地采取先发制人的办法加以摧毁。日本决策层未采纳这一意见,而继续采取了与美韩密切合作,在高度防范并对朝鲜施加巨大压力的同时,保持与朝鲜的接触,谋求朝鲜的对外开放,力求将朝鲜纳入美日占主导地位的东亚国际秩序中来。去年6月南北高峰会谈后,日本加强了日朝关系正常化的步伐。9月,森喜朗首相在第150次国会的施政演讲中说:"关于日朝关系,也出现了进展,比如7月底举行了日朝外长会谈,继此之后于8月底举行了第10次邦交正常化谈判。政府将坚忍不拔地进行邦交正常化谈判,与此同时,将为解决人道主义方面的问题和安全保障方面悬而未决的问题而竭尽全力。"[11]

但是由于美国新政府对朝政策尚未明朗,而且表现出某种强硬态度,日本对朝关系的改善,也出现了微妙的变化。今年元旦,日本首相森喜朗在谈及日本外交方针时表示:对于同朝鲜邦交正常化谈判问题,日本大可不必着急,重要的是坚持消除障碍的立场⑫。其后,日本外交次官川岛裕就日朝邦交正常化问题说:"日朝谈判对日本来说在某种意义上是遗留下来的最后一个战后处理问题","可以想见,日本将向北朝鲜提供相当数额的经济合作。但是关于按照这一方向来解决两国关系的问题,日朝两国还存在诸多分歧。此外,这种形式的正常化,是否会有助于实现朝鲜半岛的稳定,对日本来说也是一个重要的课题。我们必须在看准这一问题的基础上来解决问题。""日朝谈判不仅是日朝之间的事,而且还与整体的南北关系和美朝关系密切相关。"⑬未来日朝关系的改善如何发展,在很大程度上,将受到美朝关系发展的影响,这是令人关注的。

三、

综上所述,可以看到日本的东北亚政策中存在积极和消极两种因素。其积极因素为:日本东北亚政策的主要目标是追求东北亚的和平与稳定。这构成日本与东北亚各国合作的基础。其消极因素为:1.受美国东亚政策的影响太大。2.在安全上追求的是以日美同盟为基础的优势稳定,而不是以各国平等为基础的稳定。其最明显的例证便是日美共同研制TMD,此举将打破东北亚以及东亚的战略平衡,带来严重的后果。3.没有从根本上放弃干涉他国内政的方针。特别明显的表现在不肯明确宣布"周边有事"不包括台湾等问题上。

日本东北亚政策中的消极因素显然不利于日本与东北亚各国发展友好合作关系,这是日本外交在东北亚感到困难的症结所在,也不利于东北亚的和平与稳定。为东北亚、东亚乃至亚太地区的和平大局计,日本应考虑对其东北亚政策作新的修改。

(原载《亚太论坛》2001年第一期)

注释:

① 日本防卫厅编:《防卫白皮书》(平成12年版),第3页。
② 同上。
③ 日本防卫厅编:《防卫白皮书》(平成12年版),第34页。
④ 日本防卫厅编:《防卫白皮书》(平成12年版),第41页。
⑤ (日)中曾根康弘:《21世纪日本的国家战略》,第54页。
⑥ 日本防卫厅编:《防卫白皮书》(平成12年版),第61页。

⑦ 日本防卫厅编:《防卫白皮书》(平成12年版),43页。
⑧ (日)共同社5月9日电。
⑨ (日)《每日新闻》2000年9月22日。
⑩ (日)中曾根康弘,《21世纪日本的国际战略》。第59页。
⑪ (日)《朝日新闻》2000年9月22日。
⑫ (日)《朝日新闻》1月2日。
⑬ (日)《世界周报》2001年1月2日至9日。

试论新时期中国共产党国际统一战线政策的变化与发展

统一战线是中国共产党的重要法宝之一,通过统一战线,中国共产党在不同历史时期,最大限度地缩小了敌对面,扩大了朋友面,保证了革命与建设较为顺利的发展。中国共产党的统一战线包括紧密联系各有侧重的两大部分,即国内统一战线与国际统一战线。以1978年的十一届三中全会为标志,中国共产党进入了一个新的历史时期。在这一时期,中国共产党的国际统一战线政策与国内统一战线政策一样,出现了明显的变化与发展。

一

中国共产党国际统一战线政策变化与发展的主要依据是对时代性质的不同认识。中国共产党过去的国际统一战线政策是以当今时代是帝国主义与无产阶级革命时代的认识为理论基础的,而1978年后的国际统一战线政策则是以和平与发展是当今世界主题的认识为理论基础的。

根据列宁、斯大林、毛泽东的分析,帝国主义与无产阶级革命时代有以下基本特征:其一,帝国主义是垄断的、腐朽的、垂死的资本主义。列宁指出:"首先必须给帝国主义下一个尽量确切完备的定义。帝国主义是资本主义的特殊历史阶段。这种特殊性分三个方面:(1)帝国主义是垄断的资本主义;(2)帝国主义是寄生的或腐朽的资本主义;(3)帝国主义是垂死的资本主义。"[①]

其二,帝国主义战争不可避免。列宁指出:"帝国主义战争,即争夺世界霸权、争夺银行资本的市场和扼杀各弱小民族的战争是不可避免的。"[②]

其三,帝国主义是无产阶级社会革命的前夜。列宁论述说:"帝国主义战争是社会主义革命的前夜。这不仅因为战争带来的灾难促成了无产阶级的起义,而且因为国家垄断资本主义是社会主义的最完备的物资准备,是社会主义的入口,是历史阶梯上的一级,从这一级就上升到叫社会主义的那一级,没有任何中间级。"[③]

其四,被压迫民族的解放斗争成为无产阶级反对世界帝国主义的革命战线的重要组成部分。斯大林指出:"十月革命的伟大的世界意义,主要的是:

第一,它扩大了民族问题的范围,把它从欧洲反对民族压迫的斗争的局部问题,变为各被压迫民族、各殖民地半殖民地从帝国主义之下解放出来的总问题;第二,它给这一解放开辟了广大的可能性和现实的道路,这就大大地促进了西方和东方的被压迫民族的解放事业,把他们吸引到胜利的反帝国主义斗争的巨流中去;第三,它从而在社会主义的西方和被奴役的东方之间架起了一座桥梁,建立了一条从西方无产者经过俄国革命到东方被压迫民族的新的反对世界帝国主义的革命战线。"④

其五,在美国和中苏之间存在广大的中间地带。毛泽东指出:"美国反共是把它当作个题目来作文章,以达到他们另外的目的","美国在北美洲处在这个中间地段的那一边。苏联和中国处在这一边。美国的目标是占领处在这个广大中间地带的国家,欺负他们,控制他们的经济,在他们领土上建立军事基地,最好使这些国家都弱下去"。⑤

其六,全球各国可划分为三个世界。毛泽东指出:"我看美国、苏联是第一世界。中间派,日本、欧洲、澳大利亚、加拿大,是第二世界。咱们是第三世界。""美国、苏联原子弹多,也比较富。第二世界,欧洲、日本、澳大利亚、加拿大,原子弹没有那么多,也没有那么富;但是比第三世界要富。""希望第三世界团结起来,第三世界人口多啊。"⑥

正是在对时代特征上述认识的基础上,中国共产党确定了其在不同历史阶段的基本任务和新中国成立后的两次外交方针——"一边倒"、"一条线",并围绕基本任务和外交方针,组织过三次大规模的国际统一战线,即20世纪三、四十年代反对日本帝国主义的国际统一战线,五、六十年代反对美帝国主义的国际统一战线,七、八十年代反对苏联霸权主义的国际统一战线。1978年十一届三中全会召开后,中国共产党进入了一个新的历史时期。之所以称为新的历史时期,从根本上说是因为对时代的认识发生了变化,认为和平与发展成为当今世界的主题。1984年5月29日邓小平指出:"现在世界上问题很多,有两个比较突出。一是和平问题。""二是南北问题。"⑦这里所说的南北问题,实际也就是发展问题。1985年3月4日邓小平更加明确地指出:"现在世界上真正大的问题,带全球性的战略问题,一个是和平问题,一个是经济问题或者说发展问题"。⑧

关于当今的和平状况,邓小平的判断包括了两方面的重要内容:

其一,霸权主义和强权政治仍是当今和平的主要威胁,要维护世界和平必须反对霸权主义和强权政治。他说:"中国在毛泽东主席和周恩来总理领导的时候,就强调反对超级大国的霸权主义,并认为霸权主义是战争的根源。""所以反对超级大国的霸权主义也就是维护世界和平。粉碎'四人帮'以后,我们制定中国的国策,同样也是反对霸权主义,维护世界和平。"⑨

其二,制约战争的力量在发展。他说:"我们多年来一直强调战争的危险。后来我们的观点有点变化。我们感到,虽然战争的危险还存在,但是制约战争的力量有了可喜的发展。日本人民不希望有战争。欧洲人民也不希望有战争。第三世界,包括中国,希望自己发展起来,而战争对他们毫无好处。第三世界的力量,特别是第三世界国家中人口最多的中国的力量,是世界和平力量发展的重要因素。"⑩

关于当今的发展状况,邓小平的判断包括了三方面的重要内容:其一,大多数发展中国家处于贫困状态,急待发展。他指出:"第三世界有一部分国家开始好起来,但还不能说已经发达了,而大部分国家仍处于极其贫困的状态。"⑪

其二,南北国家的经济发展差距越来越大。他指出:南北问题"在目前十分突出。发达国家越来越富,相对的是发展中国家越来越穷。"⑫

其三,世界经济已成整体,南方国家的经济发展没有北方国家的协助,没有南方国家之间的互相协助,是不行的;南方国家的经济如不能发展,北方国家的经济发展也是没有出路的。他指出:"南北问题不解决,就会对世界经济的发展带来障碍。解决这个问题当然要靠南北对话,我们主张南北对话。不过,单靠南北对话还不行,还要加强第三世界国家之间的合作,也就是南南合作。"⑬他又指出:"欧美国家和日本是发达国家,继续发展下去,面临的是什么问题?你们的资本要找出路,贸易要找出路,市场要找出路,不解决这个问题,你们的发展总是要受到限制的。""现在世界人口是四十几亿,第三世界人口大约占世界人口的四分之三。其余四分之一的人口在发达国家","很难说这十一二亿人口的继续发展能够建筑在三十多亿人口的继续贫困的基础上。"⑭

同时,邓小平深刻地阐述了和平与发展的关系,指出:和平是发展的必要条件,而发展则是核心问题。他说:"如果西方国家坚持干涉别国内政,干涉别国的社会制度,那就会形成国际动乱,特别是第三世界不发达国家的动乱。第三世界国家要求有稳定的政治环境来摆脱贫困。政治不安定,谁还有精力搞饭吃?更谈不上发展了。"⑮又说:"和平问题是东西问题,发展问题是南北问题。概括起来,就是东西南北四个字。南北问题是核心问题。"⑯

在对时代的上述新认识的基础上,中国共产党确定了其在新时期的基本任务和新时期的外交方针。同时,邓小平指出:在新时期,"统一战线仍然是一个重要法宝,不是可以削弱,而是应该加强,不是可以缩小,而是应该扩大。"[17]在此基础上,中国共产党的国际统一战线政策出现了重要变化和发展。

二

(一)新的国际统一战线政策为中国共产党在新时期的基本任务,即实现现代化、完成祖国统一、维护世界和平服务,重点是为实现现代化,也即为发展服务

在帝国主义与无产阶级革命的时代,中国共产党将自己的事业视为世界无产阶级和被压迫民族解放事业的组成部分。在抗日战争中,毛泽东曾经指出:"目前共产党人在全世界的任务是动员各国人民组织国际统一战线,为着反对法西斯而斗争,为着保卫苏联、保卫中国、保卫一切民族的自由和独立而斗争。"[18]在抗美援朝时,毛泽东指出:我们决定派志愿军援助朝鲜同志,"因为如果让整个朝鲜被美国人占去了,朝鲜革命的力量受到根本的失败,则美国侵略者将更为猖獗,于整个东方都是不利的。"[19]以后又指出:"亚洲所有的革命者和政党应当团结起来,反对帝国主义。一二个国家的力量是不够的,团结起来,力量就大了。"[20]显然,无论在新民主主义革命还是社会主义革命时期,中国共产党都将自己的事业与世界革命相联系,努力满足反帝斗争需要。为此,毛泽东明确指出:中国与其他第三世界国家"有共同目标,第一是反对帝国主义,第二是建设国家"。[21]新中国成立后中国共产党的国际统一战线主要是围绕反帝这一任务组织的。

在新时期,由于世界范围内民族独立任务的基本完成,由于世界资本主义与社会主义体系的重要变化,由于经济全球化的迅速发展,反帝不再是世界大多数国家和人民第一位的普遍要求,和平与发展取而代之成为人们最关心的问题,成为当今世界的主题。中国共产党适时地将自己的基本任务转变为实现现代化、完成祖国统一、维护世界和平。这三项任务是相互联系,互为条件的,其中最关键的是第一项任务——实现现代化,也即解决发展问题。正如邓小平指出的:"中国能不能顶住霸权主义、强权政治的压力,坚持我们的社会主义制度,关键就看能不能争得较快的增长速度,实现我们的发展战略。"[22]因此,此时建设任务重于反霸任务。在可预见的未来,反霸的目的主要是为我们的建设和发展争取更好的国际环境。当然,在某些时刻,例如当霸权主义破坏我国主权、领土完整,破坏一个中国的原则,直接染指或支持台湾独立,危及我国安全与统一时,反霸斗争会上升到第一位。但在一般情况下,从全局和长远的观点看,必须把建设问题放在第一位,咬定青山不放松,尽快实现我们的发展战略。这时,我们才可能具备从根本上战胜霸权主义的条件,促使世界秩序向着有利于世界大多数国家、向着更加公平合理的方向发展。中国共产党的国际统一战线在目前所服务的正是这样的目标。显然,在新时期,中国共产党的国际统一战线的建设性重于革命性,也就是说,中国共产党在新时期的国际统一战线主要不是为了调动千千万万革命大军去破坏一个旧世界,而是为了争取更多力量的支持与配合去建设一个新世界,为实现现代化、完成祖国统一、维护世界和平服务,重点是为实现现代化,也即为发展服务。

(二) 按和平共处五项原则建立国际新秩序,是新时期中国共产党国际统一战线的旗帜

"得道多助,失道寡助",旗者,道也。任何统一战线都必须有自己的旗帜。过去,中国共产党是以反帝、反霸作为国际统一战线的旗帜。在新的历史时期,按和平共处五项原则建立国际新秩序,成为中国共产党国际统一战线的旗帜。邓小平说:"处理国与国之间的关系,和平共处五项原则是最好的方式。其他方式,如'大家庭'方式,'集团政治'方式,'势力范围'方式,都会带来矛盾,激化国际形势。总结国际关系的实践,最具有强大生命力的就是和平共处五项原则。"㉓邓小平又说:现在需要建立国际经济新秩序,也需要建立国际政治新秩序。要建立新秩序,和平共处五项原则最经得住考验。㉔

第一,这是因为和平与发展成为当今世界需要解决的最主要问题,成为世界人民最普遍的要求。而要解决这样的问题,满足这样的要求,在旧的国际政治经济秩序下是无法完成的,现存的国际政治经济秩序必须改造。而当今世界只有以和平共处五项原则作为框架,才能建立起各国不论大小、强弱、贫富,都能独立平等交往的国际政治经济新秩序。因为,在政治上,它最符合现代国际关系的民主精神,最适合国际格局多极化和各国国家形态多样化的现实。在经济上,它最体现公正合理、平等互利的原则,有利于促进各国共同发展,缩小南北差距,适应经济全球化的潮流。因此,按和平共处五项原则改造当今的国际政治经济秩序,符合当今世界大多数国家和人民的根本利益。

第二,和平共处五项原则与联合国宪章相符,具有国际社会公认的法理依据,是反对人权高于主权、利用人权推行霸权的最有力的旗帜。

第三,和平共处五项原则自50年代被提出以后,经受了长期的历史考验,在合理解决国际争端,处理国与国关系中,发挥了重要作用,显示了强大的生命力,已经为国际社会广泛认识。

第四,和平共处五项原则具有很大的包容性,不仅为发展中国家所支持,也容纳了美国等发达国家的正当利益,是一项多赢原则,以它来改造国际秩序,有利于减少矛盾,缓和冲突。

第五,只有在和平共处五项原则得到充分尊重的条件下,中国共产党在新时期的基本任务——实现现代化、完成祖国统一、维护世界和平才能实现。

由于上述理由,按和平共处五项原则建立国际新秩序,成为中国共产党新时期国际统一战线的旗帜。因为它所具有的正义性、合理性与包容性,在国际社会正得到日益强烈的响应。

(三)新的国际统一战线政策贯彻中国共产党在新时期独立自主的和平外交方针

新中国成立后,根据当时的历史条件,中国共产党先后制定了五六十年代"一边倒"和七十年代"一条线"的外交方针。"一边倒"就是倒向以苏联为首的社会主义阵营,反对以美国为首的帝国主义阵营。"一条线"就是按照大致的纬度从日本到欧洲到美国划一条线,同时团结这条线以外的国家,共同对付当时扩张势头最严重的苏联霸权主义。当时的国际统一战线政策先后贯彻了上述两项外交方针,五六十年代主要是孤立和打击美帝国主义,七十年代主要是孤立和打击苏联霸权主义。

进入八十年代,历史条件发生了变化,根据新的历史条件,中国共产党提出了独立自主的和平外交方针。新的国际统一战线政策贯彻了这一方针。

首先,这表现在中国共产党的国际统一战线不再在一个相当长的时期内固定指向某一个明确对象,而是从中国人民和世界人民的根本利益出发,根据事情本身的是非曲直,独立自主地确定自己的立场和态度。例如,"六四"之后,中国在坚决反对美国为首的西方对中国实行制裁的同时,利用矛盾,促使日本等西方国家改变态度,放弃制裁政策,使美国为首的针对中国的制裁同盟陷于瓦解。再如,中国在争取香港回归时,合情合理地照顾了世界各国、包括美国在香港的利益,最大限度地孤立了英国少数阻碍香港回归中国的保守势力,顺利地实现了香港的回归。又如,在人权问题上,中国坚决反对美国借口人权,推行霸权的做法,同时努力争取到发展中国家和部分西方国家的支持或同情,从而一再挫败了美国以人权反华的图谋。

其次,这表现在中国超越意识形态、社会制度和传统做法的限制,努力寻找和平解决争端的方法。邓小平说:"世界上有许多争端,总要找个解决问题的出路。我多年来一直在想,找个什么办法,不用战争手段而用和平方式,来解决这种问题。"[⑳]中国提出并用"一国两制"的方法和平解决了香港、澳门问题,使中国与英国、葡萄牙的关系避免对立,转入更加顺利发展的道路。邓小平又说:"我还设想,有些国际上的争端,可以先不谈主权,先进行共同开发。"㉖。中国超越意识形态、社会制度和传统做法的限制,努力寻找和平解决争端的方法,使新时期中国共产党的国际统一战线具有了最大的包容性,保证了中国共产党能在世界上最大限度地团结一切可以团结的力量,朋友交得最多,敌人减到最少。

(四)新的国际统一战线政策体现了中国共产党在新时期重要的战略、策略方针——冷静观察、稳住阵脚、沉着应付、韬光养晦、有所作为

五六十年代,中国共产党拥护苏联为社会主义阵营的头,反对以美国为首的帝国主义阵营。七十年代,中国共产党提出了三个世界的理论,依靠第三世界,争取第二世界,利用美苏矛盾,集中力量反对苏联的霸权主义。

在新时期中国还当不当这个头?八十年代末、九十年代初,苏联解体前后,邓小平提出了著名的战略、策略方针:冷静观察、稳住阵脚、沉着应付、韬光养晦、有所作为,明确回答了上述问题:不当头。根据这一战略、策略方针,中国共产党在国际上采取的方针,就是稳住阵脚,把中国自己发展起来,不张扬,韬光养晦,少说多干。发达国家对中国始终是有戒心的,中国的态度是朋友还要交,但心中有数。不随便批评别人,指责别人,过头的话不讲,过头的事不做。埋头实干,发展自己,而且越发展越谦虚。第三世界有一些国家希望中国当头,但中国绝对不当。这是一个根本国策。这个头中国当不起,自己力量不够,当了绝无好处,许多主动都失去了。不当头,中国可以避免承担许多与中国力量不相称的责任,可以避免许多不必要或现在尚无取胜条件的对抗。这样,中国可以防止树大招风,可以防止战线过长,从而将一切能够集中的力量集中到需要解决的最重要的问题上。但是任何统一战线都有一个头,有一个领导权问题,不当头是否意味着我们放弃领导权?并非如此,不当头是从我国总体外交战略出发,就世界范围而言,这表明当今不存在组织针对某一目标的世界性国际统一战线的需要和可能;而且,不当头也符合不称霸的原则,从长远看,更有利于推动世界多极化的发展。但是在某些问题上,例如在反对中国实现现代化的问题上、在破坏中国国家统一的问题上、在某些直接威胁地区特别是东亚和平的问题上,仍然存在组织国际统一战线的需要和可能。在这些问题上,中国应当而且必须有所作为,特别在前两个问题上,中国不出头,没有任何人会为我们出头。我们必须通过国际统一战线,最大限度地孤立反对中国实现现代化的国际势力,最大限度地孤立破坏中国国家统一的国际势力,最大限度地孤立威胁地区特别是东亚和平的国际势力。

综上所述,可知中国共产党的国际统一战线政策在新时期发生了重要变化。新的国际统一战线政策在指导中国的国际统战工作方面发挥了重要作用。但是，正如邓小平1990年在分析冷战后国际形势时所指出的那样："现在国际形势不可测的因素多得很，矛盾越来越突出，过去两霸争夺世界，现在比那个时候要复杂得多，乱得多。怎样收拾，谁也没有个好主张。"在这种情况下，国际统战工作的条件、对象、目标等都变得很不稳定，也更加困难，历史对中国共产党的国际统战工作提出了更高的要求，传统的国际统一战线经验已不完全适用，我们必须及时总结新经验，努力研究新情况，创造性地解决新问题，不断地充实和发展中国共产党的国际统一战线政策，才能适应当今错综复杂的国际斗争的需要，保证中国共产党在新时期基本任务的完成。

（原载《亚太论坛》2001年第2期）

注释：

①②③《列宁全集》，第23卷，第103页，第24卷，第426页，第25卷，第349页。

④《斯大林选集》，人民出版社1979年版，上卷，第126页。

⑤⑥《毛泽东外交文选》，中央文献出版社1994年12月版，第159页，600页。

⑦⑧⑨⑩⑪⑫⑬⑭⑮⑯《邓小平文选》，第3卷，第56页，105页，104页，105页，106页，56页，56页，106页，360页，105页。

⑰《新中国统一战线50年》，台海出版社1999年版，第176页。

⑱⑲⑳㉑㉒㉓《毛泽东外交文选》中央文献出版社1994年版，第32页，139页，563页，565页，356页，96页。

㉔《邓小平外交思想论文集》世界知识出版社，1996年版，第44页。

㉕㉖《邓小平文选》，第3卷，上海人民出版社1993年版，第49页。

论战后日本对台政策的变化

日本政府如何处理对台关系是中日关系中的一个重大原则问题。第二次世界大战后，随着日本情况及国际和东亚形势的变化，日本的对台政策发生过并正在发生着重要变化。综观这种变化，可以发现日本的对台政策始终带有两面性。正确地认识和对待这种两面性，促使其正面因素增加，限制和削弱其负面影响，是处理好中日关系的极为重要的方面，需要我们认真对待。

一

1943年，中美英三国开罗宣言声明：三大盟国对日宣战的目的之一"在使日本所窃取于中国之领土，例如满洲、台湾、澎湖列岛等，归还中国"。1945年，中美英苏波茨坦公告宣布："开罗宣言之条件必将实施，而日本之主权必将限于本州、北海道、九州、四国及吾人所决定其他小岛之内。"[①]同年日本发表乞降照会，宣布接受波茨坦公告。这表明台湾归还中国已定，日本今后如要和台湾发生关系，必须在中国中央政府许可的范围内进行。但1952年日本违背上述声明、公告和照会，与败踞台湾的蒋介石集团签订了和约，这使日本政府在战后的对台关系上迈出了错误的第一步。

影响日本政府做出上述抉择的根本原因是讨好美国，以图复兴的战略需要。

众所周知，明治维新后，日本在几十年时间内使经济和军事力量获得急剧膨胀，但因国土狭小等地理和自然条件而造成的一些重大缺陷，如资源贫乏、缺乏战略纵深等不可能根本改变。因此，日本在推行其扩张政策时，总是注意与一个强大国家结盟，在其支持和掩护下，向其他较弱的地方进攻。战后，日本被严重削弱，为争取复兴，日本更加明显希望运用争取大国支持、保护的策略。币原喜重郎在《终战善后策》中便宣称："概各国之关系，既无百年之友，亦无百年之敌。今日，联合国各国之间在许多重大事件上利害各异，随着时局之进展，各国间将出现抗争对立，面临相互合作与支持之问题，如我对策得当，则今日之敌亦不难成为明日之友。"

日本宣布无条件投降后，美国以盟军的名义对日本进行了军事占领。占领初期，美国的对日政策较彻底地贯彻了《波茨坦公告》精神，例如解除日本武装,制定新宪法,规定日本永远放弃国权发动战争,逮捕战犯,等等。但随着国际形势的变化,特别是苏联力量的增强、亚洲民族解放运动和中国革命的发展,美国开始将所谓共产主义的威胁视为主要危险。1947年3月,美国总统杜鲁门发表宣言,声称要"遏止共产主义向全世界扩张",发起东西方冷战。以此为背景,美国的对策开始由摧毁日本法西斯主义转向将日本纳入美国的冷战轨道。

日本政府察觉到美国对日政策的重大变化,为早日结束被占领状态,改变政治上、经济上的孤立地位,以图复兴,很快调整外交方针,采取了向美国一边倒的立场。

1950年5月,日本藏相池田勇人访美,向美方秘密传达了日本首相吉田茂的意见:对日和约缔结后,如果美方不便提出美军驻日问题,可由日方提出,而且驻日美军的任务不限于防卫日本,也包括确保亚洲地区的安全,明确表示了日本被占领状态结束后,继续追随美国的意向。

在日本的迎合下,旧金山片面媾和条约达成,该条约虽然规定日本放弃对于台湾和澎湖列岛等的一切权利,但却未按《开罗宣言》和《波茨坦公告》规定,明确上述岛屿归还中国。之后,日美间又签署了《日美安全保障条约》《日美共同防御协定》。

旧金山片面媾和条约达成后,美国便策划日本与占据台湾的蒋介石集团缔结和约。

由于中华人民共和国政府已有效地控制了中国的绝大部分领土,是中国唯一的合法政府。日本若以蒋介石集团为缔结"和约"的对象,势必将自己置于与中华人民共和国对立的地位,这将给日本的政治、经济、安全带来重大负面影响。因此,此举当时便受到日本社会党、共产党、劳农党等政党的反对。为日本国家利益计,吉田茂开始时对此问题采取了谨慎态度。1951年10月30日他在参议院就上述问题答辩时说:"日本现在有权选择缔结和约的对象了,但不能轻率地行使这一权利。"美国察觉到日本政府的犹豫,立即施加压力,表示:如果日本政府不同中华民国签订和约,美国政府就不批准旧金山对日和约。

这时的日本不仅在外交、安全上已选择美国作为其复兴的主要支持,而且经济上对美国的依赖度大大加强,1950年6月朝鲜战争爆发后,大批的美国军需订单使战后破败的日本经济获得了转机。据统计,1950年日本通过美国军需订单收入达1.49亿美元,占全部外汇收入的14.8%;1951达5.91亿美元,占全部外汇收入的26.4%;1952年达到8.24亿美元,占全部外汇收入的36.8%。

因此,面对美国的压力,日本政府很快便放弃了开始时所持的谨慎态度,于1952年4月28日与占据台湾的蒋介石集团缔结了所谓"日华和平条约"。事后,吉田茂在其《十年回忆》第三卷中说:"当时在朝鲜战场上,由于共产党中国的参战,使战争呈现了极其激烈的状态,美国国民对北京政权的感情也从而恶化到了极点。因此,媾和独立后的日本在北京和台湾之间究竟选择哪一方为建交的对象,便成为了美国特别关心的重大问题。万一日本为贸易和其他经济上的利益所动,而同北京政权之间开始建立某种友好关系,美国对共产主义国家的政策将不得不发生很大的动摇。因此,日本才决定在美国参议院批准和约和其他条约之前,向美方表示:日本只同国民政府恢复邦交。"

二

吉田内阁之后,有几届日本内阁在日中两国民间友好往来的推动下,希望摆脱美国外交轨道,较为自主地发展对华关系。鸠山内阁外相重光葵便曾以政府声明形式宣布:"不管其意识形态如何,我国愿意和世界各国建立外交关系。"但由于当时冷战格局未变,日本的一些有识之士虽然看到以台湾地区的蒋介石集团作为中国的代表,而不与中华人民共和国建立正常关系,有损日本利益,在当时却未能改变这种局面。例如鸠山首相一方面希望发展与中华人民共和国的关系,另一方面却想以"两个中国"的方式处理对台关系[②]。而一些坚持反共反华的日本领导人,甚至将吉田内阁时确定的对台关系方针,在错误的道路上进一步向前推进,例如岸信介担任首相后不久便亲访台湾地区,对蒋介石说:"中国大陆现在处于共产主义的统治下","共产主义对日本的渗透,中国比苏联更可怕;因此,在这个意义上,如果收复大陆,对我们来说是非常好的"[③]。

到20世纪60年代末,70年代初,形势发生了重大变化。

其一,冷战格局由美苏为首的东西方对立,演变为以美、中、苏大三角为主的关系。由于赫鲁晓夫以大国沙文主义态度对待中国,导致中苏关系恶化。中国执行独立自主的外交方针,国际地位大为提高。而美国在与苏联争夺霸权的斗争中处于守势,希望通过改善美中关系,增强自己的全球战略地位。以此为背景,1972年2月美国总统尼克松访华,双方发表了联合公报,中美关系获得突破性进展。

其二,日本经济迅速发展,经济实力已接近美国,这使日本对美国的相对独立性明显增强。战后,日本依靠美国的庇护和援助,经济获得迅速复兴和发展。1956年日本的国民生产总值为250亿美元,1970年达到近2 000亿美元,成为资本主义世界中仅次于美国的经济大国。同时期中,美国的经济力量却相对削弱。实力地位的变化,使原来日本对美国的依赖关系,明显增加了竞争的因素。1971年7月6日,时任美国总统尼克松指出:"20年前,日本生产500万吨钢,今天能生产1亿吨,两年后可能超过美国";又指出:"西欧和日本都是我们的朋友和盟国,但又是我们的强大对手,它们为了在世界上争夺领导地位,同我们进行着竞争,而且竞争得很厉害。"

其三,中国经过20年左右的建设,基本形成了独立的工业体系,国民生产总值有了明显的提高,经济实力增强。西方国家越来越看好中国市场。英国政府首先摆脱美国限制,取消了对中国的禁运。之后,其他西欧国家也纷纷以延期付款等方式增加对华出口,密切了同中国的经济关系。而在此期间,由于日本岸信介内阁和佐藤内阁的阻挠,中日间以民间方式从事的贸易却有所减少。正承受着日益增强的日美贸易摩擦压力的日本企业界人士担心丧失中国市场。

其四,受国际形势变化和中日民间友好往来的推动,日本舆论强烈地要求实现中日邦交正常化。任何一个参与竞选的政党,如果反对日中邦交正常化,便无获胜可能。

以此为背景,田中内阁作为对美国"越顶外交"的回报,抢在美国前面,与中华人民共和国实现了邦交正常化。日本政府处理对台关系的方针,随之发生根本变化。这从1972年9月29日中日签订的联合声明中可以清楚地看出:

首先,在中日联合声明序言中:"日本方面重申站在充分理解中华人民共和国政府提出的'复交三原则'的立场上,谋求实现日中邦交正常化的这一见解。"所谓日中"复交三原则",即(1)中国只有一个,中华人民共和国。中华人民共和国政府是代表中国人民的唯一合法政府,坚决反对"两个中国""一个中国、一个台湾""一个中国、两个政府"或类似的无理主张。(2)台湾是中华人民共和国领土不可分割的部分,坚决反对"台湾归属未定论"和"台湾独立"阴谋。台湾问题是中国内政问题,任何外国不得干涉。(3)所谓日台条约,是中华人民共和国已经成立之后签订的,因此是非法的无效的,必须废除。

其次,在中日联合声明的第二条中,日本政府表示:"承认中华人民共和国政府是中国的唯一合法政府";在第三条中,"中华人民共和国政府重申:台湾是中华人民共和国领土不可分割的一部分",而日本政府则表示"充分理解和尊重中国政府的这一立场,并坚持遵循波茨坦公告第八条的立场"。

此外,日本外相大平正芳还以外相声明的方式宣布:"作为日中邦交正常化的结果,日华(台)条约宣布结束。"

上述方针构成了战后日本对台关系新的原则基础,这是一个正确的基础。但日本部分人士对上述方针的理解与中国是有距离的,在贯彻上也不彻底。例如,1972年9月在中日进行邦交正常化谈判时,时任日本外务省条约局长高岛益郎便指出:"中方主张'台湾是中华人民共和国领土不可分割的一部分',对此,日本政府不能完全赞同中国的立场。因为中国政府的统治权实际上并没有到达台湾。而且日本政府已经通过旧金山和约放弃了对台湾的一切权利和权利依据,日本政府没有资格谈论它的归属问题。"④日本外相大平正芳则在联合声明签订后向中方提出:"现有的外交关系就转到你们这边来了,但现在实际存在的日台关系还是要保持。这是我们的殷切希望。"⑤中日邦交正常化后,日本允许台湾地区在东京设立了"亚东关系协会",以非官方形式与台湾地区继续保持着联系,特别是密切的经济联系。

造成上述情况的主要原因:

一是当时美国虽然希望借助中国力量遏止苏联的扩张,但仍然希望保持其通过与日本、韩国、中国台湾地区各自签订的双边防卫条约而在远东形成的韩国—日本—中国台湾地区防线,不愿看到日本以断绝同台湾地区的关系为代价实现日中邦交正常化。1969年11月,日本首相佐藤与美国总统尼克松会谈并发表联合公报称:"总统谈到了美国对中华民国承担的条约义务并表示将信守这个条约。总理大臣表示维护台湾地区的和平与安全对日本的安全是极为重要的因素。"1972年8月31日,日本首相田中在赴中国实现邦交正常化前夕,与美国总统尼克松会谈并发表联合公报,强调维护并有效执行日美安保条约的重要性。美国总统新闻发布官为此解释说:"日本的中国政策与美国的安保条约并不矛盾。日本不会以任何形式做出背离美国利益的事。"

二是日本在台湾地区有重要的经济利益。当时日本与台湾地区的贸易量超过与大陆的贸易量。在台湾地区从事贸易与其他工作的日本人达4 000人左右。每天有上千日本人去台湾地区旅游。在日本国内也有相当一部分人依靠对台贸易为生。

三是日本执政的自民党内存在具有相当力量的亲台势力。在实现中日邦交正常化时,该党设立了一个"日中邦交正常化协议会",确定日中邦交正常化的基本方针之一为:鉴于我国与"中华民国"的关系颇深,"谈判要在千方百计保持原有关系的基础上进行。"在自民党讨论该方针时,亲台派议员尚不满意,表示:"大多数人的意见是应该保持包括外交在内的原有一切关系。希望按多数人的意见办。"结果将上述方针中的"要千方百计保持原有关系"更改为"必须千方百计保持原有关系,突出了继续保持对台关系的必要性。"⑥

四是蒋介石当年的对日"怀柔"态度,在日本仍有影响。蒋介石集团在1945年抗日战争胜利后,宣传"'不念旧恶'及'与人为善'为我民族传统至高至贵的德性"。要求以此"德性"对待战败的日本,并于1952年在与日本签订的非法"和约"中宣布放弃对日本要求战争赔偿。这使部分日本人对蒋介石集团抱有好感。一些日本亲台派政客利用这种好感,反对断绝与台湾的关系。

以上消极因素的存在,使日本的对台关系虽然有了正确的原则基础,但仍然具有不稳定性。

三

自20世纪80年代后期以来,日本对台关系出现了不少反常现象。例如:

1987年日本司法机关按"两个中国"的立场处理光华寮问题,中曾根内阁以三权分立为理由予以默认。

1993年5月底,台湾地区"全国工商协进会"理事长辜振甫率大型产业代表团访日,时任日本通产相的森喜朗出席并讲了话。

1993年秋天,日本通产审议官松壮三郎访问台湾地区。

1993年10月,日本经团联会长平岩外四访问台湾地区,与李登辉"总统"以及台湾地区财界首脑进行了会谈。

1994年3月,辜振甫率领280人的大规模产业代表团访问日本,时任日本通产相的熊谷弘出席并讲了话。

1994年9月,日本村山内阁不顾中国政府的严重抗议,允许台湾地区"行政院副院长"徐立德以所谓2002年亚运会申办委员会主任的身份入境,日本文相与谢野并与徐立德"互换了名片,谈到了希望相互加强文化交流,等等"。⑦徐立德在日本谈到日本与台湾地区的关系时说,"如果完全没有高级官员的接触,是不能想象的",表示要为实现李登辉"总统"出席明年在大阪举行的亚太经合组织会议而努力。他还以"行政院副院长"的头衔向日本遭受原子弹轰炸慰灵碑献花圈。并与自民党亲台派议员组成的"日华关系恳谈会"成员聚餐,席间台湾"教育部长"郭为藩声称:"为了中华民国理应得到的国际地位,我们必须与日本实现关系正常化,徐副院长的访日为此打开了大门。"⑧事实表明,徐立德去日本并非为了申办亚运会,而是去从事分裂中国的活动,他自己也承认:"不能说访日没有政治意义。"⑨又说:"(访日)表明了'中华民国'(台湾)的存在意识和存在价值。"⑩日本共同社为此评论说:徐立德的访日"实际上提高了日台关系的规格。"⑪

上述现象的出现并非偶然,有其深刻的原因:

一是苏联解体,冷战结束,美国没有了全球范围的主要威胁和竞争对手,不再将中国作为美国全球战略中的重要借助力量。曾经追随美国以苏联作为主要假想敌的日本,在苏联解体后,对中国战略作用的估价,发生类似美国的变化。

二是中国从80年代以来,实行改革开放政策,特别是1992年邓小平南方讲话发表之后,社会主义市场经济的建设取得突破性发展。1992年中国的经济增长率达到13%,据预测至2020年,中国的经济规模将达到与美、日相当的程度。中国的发展,使日本担心东亚乃至亚太地区的平衡被打破。日本国民经济研究协会理事长、著名经济学家叶芳和在其近著《21世纪的中国与日本的对华政策》一书中便主张:"日本应制定以中国成为超级大国为前提的新战略,并要考虑到中国经济成功会导致亚太安全态势发生巨大变化。"

三是随着经济力量的进一步强大,日本正在积极争取成为政治大国,希望未来的世界成为由美、欧、日三极主宰的世界。例如日本前防卫厅长官中西启介主张:"从对联合国提供资金和拥有的经济影响来说,日本和德国等国应该立于其中心位置。如果从日本和德国在世界经济中占的地位和力量来考虑,再继续保持二次大战后的格局是不自然,也是不应该的。经济大国即政治大国,当然应充分利用其力量造福于世界。"⑫为此,日本担心中国的存在和发展会妨碍其实现上述目标。中西启介便称:"中国的经济发展,对日本肯定是一种威胁。"⑬

四是台湾地区自李登辉掌权后,实行所谓民主改革,在某种程度上改善了台湾地区当局在西方国家中的形象。加之经济发展,外汇结余增加,使台湾地区有条件在国际间开展积极的外交活动,着力推销其"一国两府"等主张,日本是其重要的争取对象。李登辉便频频会见日本各界人士,催促日本更多支持台湾地区。

五是日本在台湾地区的经济利益有进一步发展。据1981年的统计,台湾地区对日本的出口额为24.768亿美元,进口额为59.247亿美元;日本对台湾地区贸易顺差为34.479亿美元。至1992年,台湾地区对日本的出口额上升至88.937亿美元,进口额上升至217.898亿美元;日本对台湾地区贸易顺差上升至128.96亿美元。

六是苏联解体后,有一部分日本人不相信中国海峡两岸能统一,并能长期稳定地生存下去。例如,日本法政大学法学系教授铃木佑司等人在他们所撰

《进入大竞争时代的亚洲》之文中,便明确表述了这种看法:"我们不应该忘记,华人占地球全人类20%以上。如此庞大的帝国一直长期存在,这在历史上是绝无仅有的。而且,庞大的帝国的统治常常导致极端的政治不稳定。这正如不久前苏联解体所经历的那样。因此,如果有人主张说中国将来有可能作为超级大国——从某种意义上讲现在已经是超级大国而获得生气勃勃的发展,那么它多少应该拿出中国会作为政治实体而永远存在下去的证据。然而,在目前这是谁也无法办到的事情。"[18]基于以上原因,80年代后期,特别是苏联解体以来,在日本,认为应该而且能够提升日台关系的想法有所抬头,一系列日本对台关系的反常现象随之而生。其目的除了扩大日本的经济利益外,很重要的一点是某些人想利用台湾,以迂回曲折的方式牵制中国大陆。这样,可以使日本既能对中国大陆有所制约,又可避免双方的正面冲突,使东亚的力量能够形成一种有利于日本的平衡。

四

20世纪90年代中后期以来,日本的对台政策有了进一步变化。这主要表现在:

1. 加强了要求中国政府放弃武力解决台湾问题的军事及外交压力

在军事上,上述要求突出地表现在以下三个重要文件中:(1) 1995年11月28日日本安全保障会议与内阁会议通过的新《防卫计划大纲》;(2) 1996年4月17日美日政府签署的《日美安全保障联合宣言》;(3) 1997年9月23日日美公布的新《日美防卫合作指针》。

新《防卫计划大纲》的指导思想是:"摆脱冷战时代被动的安全政策","实行主动的建设性的安全政策"。为此,日本为其安全政策确立了三个基本方向:(1) 积极参与世界和地区规模的"多边安全合作";(2) 充实和加强日美同盟体制;(3) 保持与发展"可靠高效的防卫力量"。

《日美安全保障联合宣言》为冷战后的日美安全体制作了再定义,扩大了日美安全体制的适用范围。该宣言强调:日美安保是"维护亚太地区的稳定与繁荣的基础",明确表示"就日本周边地区可能发生的事态对日本的和平与安全产生重要影响时的日美合作问题进行研究"。

新《日美防卫合作指针》具体规定了在平时和"日本受武装入侵时以及应付对日本和平与安全有重要影响的周边事态时"双方的防务合作安排。

上述三个重要文件,明确地反映出冷战后的日本将其安全考虑由本土及交通线扩大到了东亚乃至亚太地区。上述文件发表不久,1997年8月18日,时任日本官房长官、被视为日本政界"台湾帮""盟主"的梶山静六便公开扬言:日美防卫合作范围包括台湾地区。同年11月,日本自民党外交调查会代理会长安倍晋三在接受《政界》杂志采访时明确表示:"在谈到周边地区范围时,必须以《日美安保条约》为基础,所以,这一地区就是指菲律宾以北,理所当然地包括台湾海峡在内。这是常识。因为没有必要特意去刺激中国,所以就不对包括哪些地区作限定。但是,要把这一用词中包括台湾在内的意思转达给中国。"并露骨地宣称:"美国的航空母舰从日本的基地出发,驶向台湾海峡,就可以对中国的武装入侵防范于未然。"[15]此前,安倍还去了台湾,与时任台湾"行政院长"的萧万长接触,萧要求日本"把新《日美防卫合作指针》搞成实实在在的东西。"1999年年初,时为日本执政党之一的自由党党首小泽一郎两次在记者招待会上宣称:"周边事态"包括俄罗斯、朝鲜半岛、中国及中国台湾。

1999年5月24日,日本参议院继众议院之后通过了《周边事态措施法》《自卫队法》及《日美相互提供物资与劳务协定》修订案,为新《日美防卫合作指针》的落实提供了法律框架。在审议上述法案的过程中,日本政府列举了六种"周边事态"。其中包括"日本周边即将爆发武力冲突""某国发生内乱或内战并扩大到国际范围,不再是单纯的国内问题",等等。这些"周边事态"之所指,不言自明。

2000年3月18日,主张"台独"的台湾民进党候选人陈水扁在台湾"总统"竞选中获胜,为防止台独势力进一步发展,中国大陆加强了反台独准备。台湾海峡的局势变得更为严峻。日本追随美国加强了对中国的军事压力。

2000年9月,日本首相森喜朗决定设立"有事法制"。同月,美日安全保障协议委员会决定为了加强美日两国间的军事合作,设立"美日共同指挥所"。11月2日至19日,美军和日本自卫队在日本和日本周边海域举行了新《日美防卫合作指针》及其相关法案通过后的首次大规模军事演习。

2001年度日本《防卫白皮书》首次对海峡两岸的军事力量做了对比,认为大陆在陆军力量上处于绝对优势,但登陆进攻台湾本岛的能力有限,而台湾地区在海军和空军力量上处于优势;并认为中国大陆增强军事力量对台湾地区构成的"威胁",已经演变成"实质性的军备竞赛",强调要关注"今后大陆与台湾实现军事力量现代化和美国售台武器等方面的动向。"[16]在加强军事压力的同时,在外交上日本也对中国增强了压力。

1997年3月,日本自民党外交调查会发表《外交政策的指针》说:"必须要求两岸关系和平地向好的方向变化发展,防止出现紧张局势,从而有损于亚太地区期望的变化。"2000年3月18日台湾地区选举后，日本政府多次向中国政府提出"希望当事者之间通过协商和平解决台湾问题"。

2. 发展与台湾地区的政治关系

2000年3月18日，民进党候选人陈水扁在选举中获胜后，时任日本自民党总裁的小渊惠三便指示自民党要与民进党建立联系渠道，增加交流。其后，日本执政党之一的公明党两位众议员羽田一嘉、富田茂之至台湾地区与陈水扁会谈，双方表示"今后要努力加强交流"。日本东京都知事石原慎太郎、自民党议院干事长村上正邦等人赴台参加陈水扁的就职仪式，与陈水扁、李登辉等接触、会谈。2001年4月20日，不顾中国政府的一再反对，日本森喜朗政府允许李登辉以治病名义访日。为了推动日本政府允许李登辉访日，日本保守党议员小池百合子等成立了"促进李登辉在日本治疗超党派国会议员之会"，日本前经济财政大臣麻生太郎、内阁官房长官安倍晋三与之作了密切配合。5月9日，又成立了自民党"日本台湾友好议员联盟"。

对于日本的上述动向，台湾地区积极迎合并加以推动。陈水扁上台后，民进党籍立委立即配合对日本展开所谓"议会外交"，组织"立法委员"赴日访问，并广泛邀请包括日本执政党和在野党在内的各方人士访台。

发生上述变化的基本原因有二：

首先，自20世纪90年代中期以后，日美初步完成了冷战后双方战略关系的调整，重新确立了战略同盟关系的基础。在《日美安全保障联合宣言》中，概括了亚太地区不稳定因素："朝鲜半岛局势持续紧张，包括核武器在内的军事力量依然大量集中在这一地区。悬而未决的领土问题、潜在的地区争端、大规模杀伤性武器及其运载工具的扩散等。"这些所谓不稳定因素，或明或暗地将中国包括在内。布什新政权成立后，将战略重心由欧洲向亚太转移，对中国的遏制要求进一步加强，美国的台湾地区政策也随之由原来的维持海峡两岸"不统、不独、不战"的"模糊战略"，转为明确帮助台湾地区提高对大陆的军事抗衡能力、防止大陆对台湾地区使用武力的"清新战略"。为使日本能更好地配合美国的战略需要，2001年4月，美国副国务卿阿米蒂奇访日时明确向日本提出尽快修改和平宪法，以取得集体自卫权。上述变化，必然推动日本在台湾地区问题上态度的变化。

其次，由于中国大陆力量的增长，海峡两岸的力量对比日益向着不利于台湾的方向发展。同时，由于台湾政权落到了民进党人手中，台独倾向加强。这使得在台湾海峡发生武装冲突的可能性明显增加。在2000年7月出版的日本前首相中曾根所著《21世纪的日本国家战略》一书中，中曾根便明确地表示：

在日本周围，"今后成为最重大问题的是中国和台湾的关系问题。"

由于以上原因，90年代中后期以来，日本反对中国大陆在台湾问题上使用武力的立场变得更为强硬。

但由于维持良好的中日关系，对日本的国家利益具有极为重要的意义，日本的对台政策虽然出现了上述变化，在可预见的未来，日本的主流意见仍会是将日台关系的发展控制在不至于从根本上伤害中日关系的范围内。

综上所述，可以清楚地看到战后日本的对台政策始终带有两面性。这种两面性的具体表现会因东亚的国际环境、日本的国家利益，以及两岸的分裂程度与力量对比等方面的变化而变化，但只要支撑这种两面性的根本原因未消除，这种两面性便会始终存在。正确地认识和对待这种两面性，促使和增强日本对台政策中正面因素的增加，限制和削弱日本对台政策中负面因素的影响，是处理好中日关系的一个极为重要的原则，这是需要我们认真对待的。

(原载《面向太平洋》第9期)

注释：

① 《日本问题文件汇编》，第一集，世界知识出版社1995年出版，第4页。
② 《朝日新闻》1955年3月11日。
③ 《朝日新闻》1957年6月4日。
④ 永野信利著：《中日建交谈判记实》中译本，时事出版社1989年版。
⑤ 同上，第59页。
⑥ 同上，第32—33页。
⑦ 共同社，10月4日东京电。
⑧ 共同社，10月6日东京电。
⑨ 共同社，10月4日东京电。
⑩ 共同社，10月6日东京电。
⑪ 共同社，10月6日东京电，
⑫ (日)《宝石》杂志，1994年7月、8月期。
⑬ (日)《宝石》杂志，1994年7月、8月期。
⑭ (日)《经济学人》周刊，1994年9月6日号。
⑮ 本泽二郎著：《日本政界的台湾帮》，日本数据屋出版社，1998年版。
⑯ 日本防卫厅编：《防卫白皮书》，2001年版。

试论冷战后日本对朝鲜政策框架的基本特点

由于特殊的地缘条件、历史原因和现实战略利益的影响,战后特别是冷战后,朝鲜一直是日本外交和安全中一个不可忽视的对象,但朝鲜却是亚洲唯一与日本没有外交关系的国家,日朝关系正常化交涉几经波折,仍处于僵持状态,难成正果。

为了把握冷战后日朝关系及朝鲜半岛周边国际局势的发展趋势,正确认识日本对朝鲜政策框架的基本特点是必要的。如果以一句最简单的话来概括日本对朝鲜政策框架的基本特点,那么可以这样说:这是一种在对美协调的大框架内,以安全利益为主、以绑架疑案与历史问题挂钩为基本策略方针的多因性协调的政策框架。本文试就此进行论述。

一、日本对朝鲜政策的多因性分析

日本对朝鲜政策受到多种因素的影响和制约,是一种多因性政策,带有很大复杂性。影响和制约日本对朝鲜政策的主要因素有以下几种:

1. 历史问题

日本曾对朝鲜半岛实行了长达36年的殖民统治,给朝鲜半岛人民带来很大的痛苦和灾难。因此,日本和朝鲜半岛两国之间存在历史问题。而且,由于朝鲜北部历史的特殊性,日本和朝鲜之间的历史问题显得更为严重。日本东京大学名誉教授和田春树认为,这种特殊性主要表现在以下三方面:

首先,朝鲜北部民众与日本殖民当局在宗教信仰上发生过激烈斗争。朝鲜北部在历史上是朝鲜半岛基督教的中心,特别是平壤,有许多教会。日本侵占朝鲜后,强迫当地教民改信神道教,受到以平壤长老派教会为主的坚决抵制,朱基彻牧师为此被关死狱中。

其次,朝鲜北部是当年共产主义运动和抗日斗争兴起的重要地区,受到过日本殖民当局的残酷镇压。金日成主席就曾被悬赏追捕。

再次,朝鲜战争爆发后,由于日本给予美国全力支持,日朝关系更为恶化。当年日本不仅承担了美国的军需生产,不仅为对狂轰滥炸朝鲜的美国 B-29 轰炸机提供军事基地,而且派出 1 200 人、54 艘扫雷艇参加了对朝鲜的扫海作战。[①]

由于以上因素,历史问题在日朝关系中变得更难以解决。

2."拉致"问题

"拉致"即绑架。1977至1978年,在日本海岸发生了多起日本人特别是日本青年男女突然失踪的事件。1997年2月,逃亡到韩国的原朝鲜工作人员提供的证词,表示失踪的日本少女横田是被朝鲜有关机关绑架去的。由此,在日朝之间形成了"拉致疑惑"即"绑架疑案"问题。

最初日本警方认定绑架疑案有7件10人。2002年3月12日,八尾惠在东京地裁就"绑架疑案"提供了新的证词。据称,八尾惠曾是日本极"左"组织的成员,其丈夫柴田泰弘元在潜入日本活动时被捕。八尾惠的证词称:她由于对金日成的"主体思想"抱有兴趣,1977年2月去了平壤,在那里参加了日本的极"左"组织。1978年,日本极"左"组织的领导人田宫高吕对她说:"为了使日本金日成主义化,发现、获得、培养能成为革命核心的日本人是我们今后的任务。"1983年1月,田宫在平壤又指示她找人说:"25岁以下的女性,什么人都可以。"为此,八尾找到了在伦敦与她相识的有本惠子,有本惠子当时23岁,八尾以帮助找工作为由接近了她,并对她说:"去社会主义国家旅游很有意思。"在取得了她的信任之后,便将她交给朝鲜劳动党联络部的金,并与金一起经莫斯科去平壤,之后便没有了消息。据此,日本警方将"绑架疑案"认定为8件11人。②

对"绑架疑案"问题,日朝双方立场的距离很大。日方要求调查被朝鲜绑架去的日本人是否平安,并要求交回日本。而朝方不承认有绑架问题,只同意按一般的"行踪不明者"处理这个问题。由于这个问题强烈地涉及日本的国民感情,因此一被提出,便成为日朝交涉中一个极为重要也极为棘手的问题。

3. 安全保障问题

安全保障问题主要是指朝鲜的核武器开发疑点和导弹开发等问题。

日本认为:"朝鲜历来存在开发核武器的疑点。"③ 1993年2月,朝鲜拒绝了国际原子能机构(IAEA)的视察要求,同年3月宣布退出核不扩散条约(NPT)。这使日本对朝鲜开发核武器的怀疑大为加强。1994年10月,朝美签订"核框架协议",朝鲜以美日韩帮助其建设用于和平目的的轻水反应堆等为交换条件,同意放弃发展核武器。但这并未完全消除日本对朝鲜的怀疑。1998年初,又出现了朝鲜在本国西北部建设秘密地下核设施的传说,这一传说在日本引起强烈反应,甚至有意见主张如果上述传说被证实,美日应对朝鲜的地下秘密核设施进行先发制人的打击。5月,美国派相关人员至朝鲜进行视察,并在6月发表报告说在视察时未发现地下秘密核设施。这一报告虽然暂时平息了由上述传说引发的风波,但日本对朝鲜核武器开发疑点的关注仍未有懈怠。日本认为:"朝鲜核武器开发疑点不仅关系到日本的安全,而且从反对大规模杀伤性武器扩散的观点看,这也是一个涉及整个国际社会利益的重要问题。对这个问题的解决而言,朝鲜能否诚实地履行核框架协议是重要的。因此,今后必须继续密切地对此进行观察。"④

朝鲜的导弹开发是日本关注的又一重要问题。根据日本方面的情报,20世纪80年代中期以后,朝鲜在生产与装备飞毛腿B、C型导弹的同时,向中东各国出口了这两种型号的导弹。到90年代,朝鲜又着手开发劳动号导弹及比劳动号导弹射程更远的导弹。1993年5月,朝鲜在面向日本海进行的导弹发射试验中使用的很可能是劳动号导弹。1998年8月,飞越日本上空的则是以大蒲洞1号为基础的弹道导弹。朝鲜正在开发射程更远的大蒲洞1号导弹,这种导弹是利用飞毛腿的第1级、劳动号的第2级而形成的两级液体燃料推进式弹道导弹,射程在1 500公里以上。朝鲜可能还在开发射程达到3 500—6 000公里的弹道导弹。

因此,日本判断说:"朝鲜从加强军事能力,开展政治外交和获得硬通货的立场出发,将开发弹道导弹放在很优先的地位,并在切实地推进导弹射程的远程化。"同时强调:"朝鲜的导弹开发,核武器开发的暧昧状况,不仅是给亚太地区,而且是给整个国际社会带来不安定的重要原因。"⑤

另外,日本对朝鲜的生化武器也表示了很大的担心,认为:"朝鲜拥有若干生产化学剂的设施和相当数量的化学剂。""在生物武器方面也拥有一定的生产基础。"⑥

4. 日美韩协调问题

日朝关系的改善,不仅受到日朝双边因素的影响,而且受到其他国家特别是美韩的影响。

冷战时期,在东北亚存在两个对立的三角关系,即苏中朝对美日韩。20世纪60、70年代苏中朝三角关系开始破裂,至90年代初,苏联解体,这一三角关系便不复存在。但美日韩三角关系仍然存在,而且根据国际形势的变化,作了调整和扩展。

日本依赖美日韩三角关系特别是日美军事同盟关系,谋取其在东北亚乃至东亚的安全利益。同时,日本的行动也受到这个三角关系的制约。日本在发展对朝关系时受到美韩特别是美国牵制的事例并不少见。

1961年4月,日本通产省发布《输出贸易管理规则》及《关于标准结算的省令》,批准与朝鲜进行直接贸易。其后,日朝贸易有了较好的发展。美国对此密切关注。1987年6月,美国提请日方注意:日本向朝鲜出口的大型卡车可能被改装为导弹发射台。日本政府为此向有关企业发出要求"自肃"的行政指令,并停发出口所需的"新车证明书",导致日本对朝鲜的卡车出口完全停止。

1990年9月,日本自民党副总裁金丸信与社会党副委员长田边诚率两党代表团访问朝鲜,与朝鲜劳动党发表了"三党联合声明"。虽然由于各种原因,金丸信等人的行动被日本政府称为"私人外交",但还是开启了冷战后日朝官方对话的大门。其后,由1991年1月至1992年11月,日朝举行了8次正式会谈。由于这些会谈事先并未和美韩有过充分的协调,因此引起美韩的警惕。在会谈开始前,美国方面即一再表示:日朝关系正常化必须与朝鲜接受国际原子能机构的核检查、与南北关系的改善挂钩,否则美国不会认可日朝关系的实质性进展。[7]当时的美国驻日大使并以美国卫星拍摄的朝鲜有关军事活动的照片,批评日本方面对形势严重性认识不足。[8]当时的韩国总统卢泰愚也多次强调:日朝关系的发展应遵循"日韩优先协商的原则",应与南北对话、与朝鲜接受核检查挂钩。其后,日本以朝鲜拒绝接受核检查为理由,结束了冷战后日朝第一阶段的关系正常化交涉。

二、影响日本对朝鲜政策主要因素的结构性关系

日本对朝鲜政策框架是多因性的,但影响日本对朝鲜政策框架的多种原因并非以同样的影响力平行存在,而是紧密联系日本国内外条件的变动,形成一种相互影响相互制约的结构性关系。

冷战后,日朝关系正常化交涉大致可分为三个阶段。在此,将结合这三个阶段的情况,分析影响日本对朝鲜政策框架主要因素的结构性关系。

日朝关系正常化交涉的第一个阶段开始于1991年的1月。

在这一阶段,影响日本对朝鲜政策框架四大因素的第2项因素"绑架疑案"尚未提出。同时,在这一阶段,朝鲜有意通过对日关系正常化,打破苏联解体给朝鲜在外交和经济上带来的困境。而日本则正处于经济上的鼎盛时期,有建立美日欧三极世界的考虑,与美国尚未就冷战后的日美安保关系达成共识,可谓战后独立性最强的时期。应该说与以后几个阶段相比,在此阶段,日朝关系实现正常化是困难最小的。但由于美韩的牵制,以及日本不能同意朝鲜不接受国际原子能机构的核检查,最终导致日朝第一阶段交涉在1992年11月破裂。

日朝关系正常化交涉的第二阶段自1994年10月开始。

美朝在1994年10月签订了"核框架协议",美朝关系有所改善,围绕朝鲜核开发问题形成的朝鲜半岛紧张局势趋向缓和。在这种情况下,1995年3月,日本联合执政三党代表团以森喜朗为团长访问了朝鲜,与朝鲜劳动党举行会谈并发表了四党声明,一致同意为实现两国关系正常化而努力。日本并向严重缺粮的朝鲜提供了50万吨大米。

但由于当时朝鲜正处于金日成主席丧期,难以正式开始日朝关系正常化交涉。至1997年夏,金日成主席三年丧期结束不久,双方便开始了重开外交关系正常化交涉的预备性谈判,日本并将此谈判升级为外务省亚洲局审议官级。但1997年2月逃亡到韩国的原朝鲜工作人员,提供证词说失踪的日本少女横田是被朝鲜有关机关绑架的。因此,在这次预备性谈判中,"绑架疑案"被提出来了。

通过预备性谈判,两国就尽早开始外交关系正常化交涉、朝鲜的日本人妻子访问日本、设立两国红十字会联络协议会,以及对在朝鲜的日本人是否平安进行调查等问题达成了共识。但后来朝鲜方面没有对在朝日本人是否安全的问题进行调查,日本方面认为这是一种欺诈外交。⑨日朝关系正常化交涉陷入困境。

1998年8月,朝鲜发射的导弹飞越日本列岛上空,朝鲜说是发射卫星,日本认为是试射大蒲洞导弹。为此,9月1日,日本政府向朝鲜政府提出严重抗议,要求朝鲜停止导弹开发与输出,同时,宣布暂停与朝鲜外交正常化的交涉,暂停粮食援助及与KEDO的合作,暂停日朝间的包机航行。同时,日本以此为理由,在国会通过了与美国合作研制TMD及周边有事等法案。韩国外交安保研究院尹德敏教授指出:"现在的日本和过去的日本不同,在军事介入朝鲜半岛问题上正在扩大其领域。"⑩第二阶段的日朝关系正常化交涉破裂。

日朝关系正常化交涉的第三阶段自1999年12月开始。

在此之前,1998年10月,主张对朝实行"阳光政策"的韩国总统金大中访问日本,希望日本在对朝政策上加强与韩国的协调。1999年9月,朝美就检查金仓里地下设施达成协议,朝鲜同意暂停导弹发射。10月,朝美双方通过在新加坡的非正式接触,确认双方立场回到1998年8月朝鲜发射导弹事件之前。

在上述背景下,1999年12月,以原首相村山富市为团长的日本各政党代表团访问了朝鲜。在双方的谈判中,同意将"绑架疑案"、日本人妻子访问故乡、粮食援助作为"人道主义"问题,放在一起加以解决。但是朝鲜方面代表金容淳提出:"绑架"一词不妥,应是"行踪不明者",并约定由红十字会对"行踪不明者"进行再调查。⑪

在上述基础上,2000年1月,日本首相小渊在施政演说中提出日朝交涉的目标包括三项内容:外交关系正常化、人道主义问题、安全保障问题。

2000年4月,日本与朝鲜重开了停止达7年之久的关系正常化交涉。7月,日本河野外相和朝鲜白南淳外相就双方努力建立友好善邻关系达成了共识。7月和10月,日本高野幸二郎大使与郑泰和大使举行了大使级会谈。其间,森喜朗首相曾委托访问朝鲜的金大中总统向朝鲜方面表示了实现两国关系正常化的"强烈愿望",并对朝鲜追加了50万吨粮食援助。

但在会谈中,日朝间的重要分歧仍然难以弥合,朝鲜方面将历史清算放在首要地位,要求日本政府对在朝鲜的殖民地统治谢罪和赔偿。日本方面则表示以村山首相的谈话作为谢罪的基准,赔偿则应以日朝双向的请求权作为处理方针,并希望按日韩关系正常化的模式即经济合作的方式来解决此问题。同时日方还对朝鲜提出了绑架问题和导弹开发问题。而朝鲜方面只同意对行踪不明者进行调查,完全否认存在绑架问题。由于双方立场差距过大,会谈无果而终。

在日朝会谈前后,朝韩关系、美朝关系却取得较大进展。2000年6月,朝韩举行了高峰会谈。朝鲜国防委员会第一副委员长赵明录访问了美国,美国国务卿奥尔布赖特访问了朝鲜。这使日本不得不重新考虑对朝政策。著名的日本朝鲜问题专家、庆应大学教授小此木政夫认为:"在南北和平与美朝和平的'两重冲击'下,即使付出极大的代价,可能日本政府也不得不追求日朝关系的正常化。"⑫

就在此时,美国政府换届,布什上台,对朝鲜采取了比克林顿政府严厉的政策。2001年6月6日,布什总统在其政策声明中对朝鲜提出以下要求:在履行核框架协议方面要有改善;导弹计划要接受检查和限制,并禁止出口;削减常规武器,配置在前沿的兵力和远距离火炮要后撤。"9·11事件"发生以后,布什总统更指名朝鲜为"邪恶的轴心国"。美国对朝政策的变化,使日本扭转了对朝关系上的孤立被动态势,并适应美国的需要,转而以较为强硬的态度对待朝鲜,以迫使朝鲜作出更大的让步。在发生可疑船只沉没后,日本宣布停止对朝鲜的粮食援助。日朝关系陷入低潮。

综观冷战后日朝关系正常化交涉的三个阶段,可以发现影响日本对朝政策框架的4个因素具有如下关系:

1. 安全保障利益是日本对朝鲜政策追求的第一位目标

日本对朝鲜关系正常化交涉的首要目标是本国的安全保障利益。在上述3个阶段的交涉中,日本最关心的问题都是朝鲜的核以及导弹问题。导致双方在第一、第二阶段交涉破裂或关系后退的主要原因不是因为朝鲜拒绝核检查,就是因为朝鲜发射导弹。在第三阶段的交涉中,朝鲜虽然已与美国就金仓里地下设施接受检查达成协议,而且同意暂停导弹发射,但日本仍然坚持提出导弹开发问题,可见日本对此问题的重视。

2. 美国对朝鲜政策是主导日本对朝鲜政策方向的首要因素

安全保障利益虽然是日本对朝鲜政策追求的第一目标,但日本的安全保障利益不但取决于日朝关系,更取决于日美关系,保持与美国的协调关系是日本安全战略和外交方针的基轴。这使日本很难有完全独立的对朝政策,日本的对朝鲜政策基本上服从于美国从其全球战略出发制定的对朝政策。例如,在第一阶段的交涉中,日本开始时表示了较为强烈的改善对朝鲜关系的积极性,但由于美国与韩国的牵制,转而采取了相当谨慎的态度。在第三阶段的交涉中,虽然在历史问题与绑架疑案问题上,日朝的距离很大,但由于朝美、朝韩关系迅速改善,日本被迫不得不准备作出更大的让步以改善日朝关系,避免孤立。其后,只是由于美国对朝鲜政策趋向强硬,日本才没有作出这种外交选择。

3. 要求历史问题与绑架疑案同时解决,既是日本国内政治的需要,也是日本对朝鲜政策的重要策略方针

历史问题是日朝关系正常化无法回避的问题,对此日本有充分的思想准备。绑架疑案则是日本对朝政策框架中更具主动性的内容。在与历史问题相联系的道歉与赔偿问题上,日朝双方距离甚大。为了国内政治的需要,也为了牵制朝鲜的要求,日本坚持将绑架疑案与历史问题同时解决,这成为日本对朝政策框架的重要策略方针。从第二阶段交涉提出绑架疑案以来,日本一直坚持这样的方针。小此木政夫教授认为,这使日本在日朝关系正常化交涉中除了经济援助以外,又多了一张牌。[13]

综上所述,可知日对朝政策框架确是一种在对美协调的大框架内,以谋求安全保障利益为主、以绑架疑案和历史问题挂钩为基本策略的多因性协调政策。日本对朝鲜政策框架的这种基本特点,是由冷战后日本的国际国内条件所决定的,在这些条件没有发生根本变化的情况下,日本的对朝鲜政策框架将继续这一模式。

(原载《世界经济研究》2002 年第 5 期)

注释:

① (日) 和田春树:《现在再开日朝交涉为什么是必要的?》,《世界》2002 年 1 月号,第 192—

194页。
② (日)小此木政夫:《日本外交战略的尝试》,《CHUOKORON》2002年5月号,第54—55页。
③ (日)《防卫白皮书》,平成十二年版,第38页。
④ (日)《防卫白皮书》,平成十二年版,第39页。
⑤ (日)《防卫白皮书》,平成十二年版,第39—41页。
⑥ (日)《防卫白皮书》,平成十二年版,第36页。
⑦ (日) MASAO OKONOCI:《Japans policy toward North Koren》, Jpan Center for Internateional Exchange《THE JCIE PAPERS》(英文版),第25期。
⑧ (日)小此木政夫:《日本外交战略的尝试》,《CHUOKORON》2002年5月号,第60页。
⑨ (日)小此木政夫:《日本外交战略的尝试》,《CHUOKORON》2002年5月号,第61页。
⑩ (日)尹德敏:《可疑船事件显示的朝鲜的穷迫之状》,《CHUOKORON》2002年3月号,第115页。
⑪ (日)小此木政夫:《日本外交战略的尝试》,《CHUOKORON》2002年5月号,第62页。
⑫ (日)小此木政夫:《日本外交战略的尝试》,见《CHUOKORON》2002年5月号,第63页。
⑬ (日)《CHUOKORON》2002年5月号,第62页。

日本经济的主要问题及其对策评论

处于内外交困中的日本经济,岁末前后又频频报忧。其一,日本内阁将新财政年度日本经济的增长目标由年初所定的1.7%调低为负0.1%;其二,日元再贬,已突破1美元兑133日元的水平。如此状况,使得如何评价日本经济,成为人们普遍关心的问题。本文将试就此问题作一论述。

一、实力强、问题大

日本经济存在强大的实力,这从一系列统计比较中即可以看出。以GDP论,2000年美国为99 631亿美元,日本为47 496亿美元,德国为18 724亿美元,日本高居世界第二,是居世界第三的德国的2.5倍。以对外收支顺差论,由于日本商品的强劲竞争力,日本的对外收支顺差长期居世界第一,2000年的贸易顺差为1 166亿美元。以外汇储备论,2000年年末,日本的外汇储备超过3 616亿美元,居世界第一。以海外总资产论,至2000年底,日本的海外总资产约为32 046亿美元,占全球海外净资产的一半以上。以对外纯资产论,2000年达到11 579亿美元,较之1990年增加了2.53倍,仍为世界最大债权国。这一切清楚地表明:当今世界,日本仍是美国以外最大经济强国。

但日本经济的强大实力,并不能掩盖其存在的严重问题。日本经济的根本问题在于其经济转型的严重滞后。20世纪80年代前后,日本经济追赶发达国家的任务基本完成。其后,恰遇美国经济适应知识化、信息化的需要进入重要调整期。按理,日本应顺应国内外条件的变化,将其在追赶时代形成的经济结构以及与此相适应的经营思想作深刻调整,才能促使日本经济顺利向成熟型转变。但日本没能充分认识转型的必要,在相当长的时期内,延续着追赶期的发展模式和经营思想。结果,大量过剩资本不是投入知识化、信息化时代更加强调的技术创新和产业创新,而是流向房地产和股市,导致经济泡沫,特别是资产泡沫。以股价为例,1985年的日经指数为12 977,1989年跃升至最高点为38 130。以地价为例,1985年的日本全国市区街道地价指数为69.2,1991年跃升至最高点为110.5。其后,便是经济泡沫的迅速崩溃。股价从1989年末明显下跌,到2000年日经指数跌至14 410。现在在1万点左右徘徊,仅有最高点时的1/4。地价从1992年后便一直下跌,地价指数至2000年仅为

72.3,是最高点时的 1/2 强一些。这给日本带来银行坏账、投资跌落、消费低迷、财政赤字等诸多后遗症,造成日本经济长期滑坡。70 年代日本经济的年平均增长为 5％左右,80 年代为 4％左右,90 年代则只有 1.7％。而 90 年代中美两国的年平均增长则分别达到 10％和 3.2％。

具体而言,目前,日本经济难题主要集中在四大矛盾上:

1. "惜贷"与投资、消费的矛盾

根据日本的金融制度,从事银行业务需要大藏省的认证并交付营业许可证。银行都由大藏省控制。因此,社会上普遍认为:只要有大藏省的营业许可证,金融机关就不会破产。在这种氛围下,泡沫经济时期,日本银行以各种名义向与不动产等关联的企业作过剩融资。

日本泡沫经济破灭后,由于地产、股票的价格大幅急剧下跌,日本金融界在泡沫经济时期借出去的一部分钱变成了巨额坏账,使日本金融机构背负大量不良债权。据日本政府统计,日本各银行的呆账、坏账总计达 32 万亿日元(约 2 630 亿美元),而有关专家认为实际数字比这还大许多,要达到 150 万亿日元。

坏账使银行借贷能力削弱,日本各银行加强了融资审查,造成"惜贷"局面。无贷则投资必减。而且日本是间接金融占主导地位的国家,多数企业通过向银行贷款的方式筹集资金,这就使"惜贷"造成的负面影响更为广泛和严重。据统计,1998 年至 2000 年的企业设备投资分别为 21.4％、−10％、5.6％,下降幅度很大,明显超过以往历次萧条时期。同时,企业破产数持续增加,1996 年为 14 000 家左右,1998 年达到 18 985 家。2001 年 1 至 5 月份,有 1 724 家,同比,增加了 12.5％。

企业投资减少,破产增加,势必造成从业人员收入下降,或者失业,导致民间消费支出减少。据统计,日本民间消费支出增长率 1997 年为 1.2％,1998 年为 1％,1999 年、2000 年也只有 1.2％。

因而 2001 年度的日本《经济财政白皮书》指出:日本经济低迷的主要原因在于金融机构的不良债权,只有彻底解决这一问题,才能提高日本经济的潜在增长力。

2. 巨额财政赤字与扩张财政政策的矛盾

90 年代以来,为了恢复景气,日本历届政府基本采取了以凯恩斯理论为基础的扩张财政政策,扩大公共投资,增加需求。这一政策在局部和短期上发挥了一定作用。例如实施大规模财政扩张政策的 1996 年和 2000 年,日本的 GDP 都出现了一定的增长。

扩张财政政策虽然对日本的经济起了一定的支持作用,却没有,也不可能从根本上解决日本经济存在的深层次问题,日本经济始终未走上自律性恢复的良性轨道,政府的公共投资略有减少,经济便呈现出更严重的下滑趋势。这迫使日本政府必须不断地扩大公共投资,以刺激经济。据统计,在1992年8月至2000年10月,日本政府采取的多次大规模综合经济对策中,便投入经费129.1万亿日元。

如此巨额投入,势必造成财政赤字的急剧增长。目前日本国家及地方的财政赤字已超过666万亿日元,达到其GDP的120％至130％左右。政府预算中超过1/3的部分依靠贷款,达到其GDP的6.7％。在发达国家中属情况最糟的。有意见认为,如此高额的财政赤字,已使日本财政面临溃崩局面。

这种状况限制了日本政府继续采取强力的财政扩张政策。为了减少财政赤字,日本必须紧缩支出,增加税收。去年3月通过的2001年度预算方案中的一般会计岁出,仅比上一年度增加了1.2％(48.658 9万亿日元)。小泉组阁后,决定在2002年度将新发国债控制在30万亿日元以内。但是,日本经济同时又处于通货紧缩状态。消费物价连续两年低落,1999年下降0.5％,2000年下降0.7％。为此,2001年度日本《经济财政白皮书》不得不承认:日本现在物价持续下跌的通货紧缩"给经济带来了严重影响",首次正式表明日本政府将采用"物价稳定数值目标",设定通货膨胀目标。这又要求日本继续实行扩张财政政策,刺激消费。但实行这种政策,必然又导致财政赤字上升。

当年,桥本龙太郎就因未处理好这一矛盾而下台。现在的小泉政府继续面临这种两难选择,举步维艰。

3. 结构调整与失业率增高的矛盾

在经济全球化的背景下,日益明显地出现了各国资源受国际市场调节,在全球范围内配置的趋势。中国等发展中国家利用劳动力价格便宜等后发优势,在制造业显示出强大的发展势头。而日本因劳动力价格昂贵等因素,其庞大制造业的国际竞争力已今非昔比。要摆脱经济困境,日本必须大规模调整其产业结构。

根据日本首相官邸产业构造改革和雇佣对策本部的设想,今后的日本主要将通过全方位提高社会服务水平和国民生活质量来推动日本经济的发展。因此,日本国内的产业结构,将不再以制造业为主,而将发展重点转到旅游、商业、信息通信、环境保护、能源开发、物流、交通、金融保险、医疗卫生、老年护理、教育科研等方面。为了推动这种调整,日本政府对新兴产业给予各种优惠,例如:减免税收、低息贷款、产业基础保证金的债务担保、持股优先、上市审批优惠等等,相对之下,制造业的发展条件则差得多。

上述情况迫使制造业方面的大量企业要转移到国外去,以降低劳动成本,争取新的发展机会。这种大规模的产业结构调整,在相当长的一段时间内,势必导致日本失业率增高。据日本政府统计,最近日本的完全失业率已达5.5%,若加上隐性失业,则此数字更高。节节攀高的失业率已成为日本经济结构调整的重要障碍。如果失业率高到动摇了人们对改革政策的支持,则日本经济结构的调整将陷困境。

4. 官僚垄断与提高效率的矛盾

历史上,日本的近代产业是在明治政府植产兴业政策的扶植下发展起来的。由于日本资本主义发展的特殊性,官商结合、官僚垄断一直成为日本资本主义的特征之一。

据统计,目前日本特殊法人有77家、认可法人有86家。这些法人团体利用其官僚背景、经营特权,垄断相关行业,成为改革经济、提高效率的重要阻力。

为了改变这种情况,小泉上任后表示要逐步将这些团体"私有化",并决定在本财政年度减少对其财政投入1万亿日元(约80亿美元)。但由于各种既得利益集团的阻碍,不但"私有化"难化,而且进一步激化了自民党内部的派别斗争。不打破官僚垄断,则难以提高效率;要对官僚垄断挑战,则改革难度势必增加。日本经济的复苏,面临的不仅是经济阻力,还有政治阻力。

二、短期难振、长期有望

鉴于日本经济的困难情况,日本历届政府先后采取了10余次大规模的景气恢复对策。比较小泉改革方案与当年桥本龙太郎的"六大改革"和小渊惠三的"21世纪日本的构想",可以发现这些方案有相似的内容,都包括有放松管制、促进内需、重视创新等改革要求,但也确有各自的特点。

桥本时期,日本的经济尚未跌到谷底,1996年其经济的实际增长率曾达到3.5%。这使桥本内阁对日本经济存在问题的严重性估计不足,将经济政策的重点放到经济及财政的结构改革和减少财政赤字、平衡收支之上。结果进一步限制了内需的发展,加之东亚发生金融危机的外部条件,1997年日本经济增长率跌到1.8%,1998年跌到-1.1%。

小渊上台,接受桥本的教训,强调不能同时追求恢复景气和再建财政两个目标。因而其改革方案突出了教育立国、科学技术创造立国,突出了提高国民生活质量。其目的在于扩大公共投资,刺激内需,恢复景气。经此努力,1999年、2000年日本经济增长率分别上升为0.8%和1.5%。

森喜朗上台,其经济上追随小渊时的扩张财政政策,无自己的创意。但如前所述,此次日本经济衰退绝非一般的萧条,扩张财政政策只能激升于一时,却难治衰退于根本,且其扩大的公共投资,不少流入被官僚把持、效益低下的公共部门,生效不大;另外由于日本财政背负大量赤字,实行扩张财政政策的力度也有限。因此,森喜朗组阁不久,日本经济再次呈现疲软之态。

小泉就是在这样的情况下上台的。小泉内阁成立后,于2001年6月26日由其经济财政咨询会发表了《今后经济财政运营及经济社会结构改革的基本方针》,提出了经济结构改革的7大计划。包括:(1)民营化与放松限制。其宗旨是民间能做的尽量让民间做。在此宗旨下,根本改变公共金融机构的职能,大力发挥民间金融机构的作用;积极推进民营化,开始探索国营邮政等事业的民营化以及进一步放宽能源、电气通信等领域的政府限制问题;努力改造特殊法人,减少给特殊法人的补助金;将竞争原理及民营管理方法引入医疗、福利、教育等主要由公共部门承担的领域。(2)支援挑战者。即进一步创造鼓励创业、有利竞争的环境。例如在2到3年的时间内从根本上解决不良债权问题。再如改革税制等制度,加大对股票投资的支持力度,促使间接金融方式更快向直接金融方式转变。又如强化市场监督制度,使自由竞争的原理能进一步贯彻于市场。(3)改革社会保障制度。努力在公共和个人共同分担的原则下,进一步完善社会保障制度。(4)知识资产倍增计划。通过教育改革和以生命科学、信息技术、环境、超精密技术材料等为重点的科研开发,加倍增长日本的知识资产,在新的高度上实现人才和科学技术大国的目标。(5)生活维新计划。建立尊重个性,男女共同参与,可以舒适地劳动和生活的社会基础。通过实现这样的生活维新计划,创造出巨大的就业机会。(6)地方自立与活跃化计划。重新分析国家和地方负担,改革国库补助金制度及地方交付税制度,增强地方行政财政权限和发展本地产业、改善居民生活的责任。(7)财政改革计划。例如严格控制国债发行,在2002财政年度将新发国债限制在30万亿日元以内,之后努力实现财政收支平衡,以逐步减少巨额财政赤字。又如取消在资源分配上对公共事业与非公共事业的区别对待,代之以有弹性的重点分配方法。

小泉改革方案的重点在1、2、7项。比较与前两任的做法,小泉做法的特点在于:(1)对困难的估计比较充分。小泉表示为了克服经济困难,需进行必要的改革与调整,准备承受2至3年内经济成长率因此而走低的后果。(2)对官僚垄断体制开刀的决心较大。小泉强烈主张改革和压缩公共部门,特别是邮政事业。(3)解决不良债权问题和控制财政支出的决心更大,表示要在3年内彻底消灭各种金融机构的不良债权,将新发国债控制在30万亿日元以内。(4)努力发展新兴经济和服务行业,以吸纳经济结构调整而产生的多余劳动力。

从目前情况来看,小泉实行经济改革具备其有利条件:(1)由于小泉内阁对经济改革的困难说得比较充分,加上以往历届内阁在经济改革上的挫折事实,使日本举国上下对克服经济困难的艰巨性和长期性有了较前充分的心理准备,这使小泉内阁不至于因短期的经济效益不佳而失去民众支持,有可能获得较长的实施其改革计划的时间。(2)官僚垄断体制是削弱日本经济体制活力的痼疾,不解决这个问题,日本经济难以增强竞争力。小泉敢于将解决这一问题提到日程上来,不但有利于推动日本经济体制的更新,而且有利于增强民众对他的支持,获得推动改革的更大力量。(3)以往历届日本政府虽然未能从根本上克服日本的经济困难,但他们所采取的一些措施,为日本克服经济困难积累了条件。例如据统计:至2000年的5年内,日本政府投入的景气对策资金将近130兆日元;国家预算内用于设备技术开发的资金为1 000兆日元左右;每年的民间设备投资超过GDP的14.6%,5年累计超过450兆日元;民间投入的研究开发费用,5年累计不少于160兆日元。在这些巨额投入下,日本在高新技术(例如数码技术、超导技术、纳米技术、生物技术、常温核应用技术等)的开发和应用上取得了相当大的进展,为目前日本经济结构的调整,准备了比以往任何时候都要好的物资、技术条件。

但小泉经济改革也具有其不利条件:首先,天时不利。如前所述,小泉遇到的经济困难与其前任一样,是一种深层次原因造成的、需重大调整才能解决的问题,这需要时间,需要民众对其经济改革方案的长期支持。但目前恰遇世界性经济衰退,"9·11事件"又使日本的国外需求更加低迷,日本的经济困难犹如雪上加霜。据日本经济新闻社制定的"日经产业景气指标",今年第一季度日本制造业为-38.2,非制造业为-30.8,都呈恶化之态。这种情况,使小泉很难拿出显著的经改成绩维持民众对其经济改革方案的长期支持。因此,小泉虽然获得了较其前任高得多的支持率,但因"东风不与周郎便",小泉很可能仍然难以赢得解决经济困难的足够的时间。其次,人心难和。小泉经济改革方案明确包括有向官僚体制开刀的内容,壮则壮矣,难实难也。日本前外长田中真纪子最近的被迫辞职,在本质上反映的正是当今日本政坛上强大的官僚势力与改革派政治家之间的矛盾,其中包括有经济领域官僚垄断利益的曲折反映。在这种压力下,小泉已开始了妥协,田中真纪子因此批评小泉变成了反对改革的力量。由于小泉的妥协,小泉内阁来自民间的支持率开始下降,据日本时事社统计,2月份比1月份下降了21.3个百分点,下降到46.5%。这一切表明:小泉的经济改革虽然有其有利条件,但也有其特殊困难。因此,人们可以寄希望于小泉的经济改革为日本经济走出困境积累更多条件,但难以期望日本经济在小泉任内发生根本性好转。

2000年12月4日,日本经济财政相竹中平藏向内阁会议提出的2001年度《经济财政白皮书》指出:2000年后期半年到2001年初,景气后退的可能性很大;预计到2002年后半年,景气将出现恢复的动向。今年2月4日,日本首相小泉在国会发表的施政演说中则表示:在2004年后,日本方能实现"以民间需求为主导的稳定的经济增长"。可见小泉内阁对日本经济困难的克服也作了较长期的准备。在这种情况下,乐观的估计,日本经济完成转型,走上良性循环的轨道,需要5年时间;保守的估计,则需要10年时间。可谓短期难振,长期有望。

日本经济短期内难振甚至恶化的态势,去年对日元汇率发生了明显影响,造成日元持续的大幅度贬值。据日经通货指数计算,截至2001年度交易截止日(12月28日),日元日经通货指数为97.1%,较2001年初下跌了9%,是世界32种主要货币中跌幅最大的。日经通货指数是用主要国家的外汇汇率以国别贸易额比重加权平均算出的实际有效汇率的一种,比较准确地反映了一国经济实力与汇率的关系。因此,上述数字表明:目前日元贬值的根本原因是受制于其经济颓势特别是企业的持续倒闭。

值得注意的是日本有关当局对日元贬值采取了听之任之的态度,日本经济财政省官员黑田东彦宣称:日元贬值只是修正过高的日元汇价。日本经济财政大臣竹中平藏今年1月8日访美时表示:日本政府没有操纵日元汇率,最近日元贬值没有背离日本经济表现的基本面。这不能说是一种对日本和东亚经济负责的态度。东亚经济在美国和日本经济衰退的影响下,正处于相当困难的境地。目前,日本经济确实有困难,但如对日元贬值继续采取听之任之的态度,很可能造成东亚货币的竞相贬值,从而引发新一轮的东亚乃至世界金融危机,最终不仅给东亚各国及世界而且给日本自身也造成更为严重的困难。日本有关当局应从更长远的利益考虑,尽可能采取有力措施,减少日元汇率的波动,力争为东亚也为日本经济的更好发展创造一个稳定的金融环境。

(原载《世界经济研究》2002年第2期)

参考资料：

1. 日本《经济财政白皮书》。
2. 日本经济财政咨询会：《今后经济财政运营及经济社会结构改革的基本方针》。
3. "21世纪日本的构想"恳谈会：《21世纪日本的构想》。
4. 《东洋经济统计月报》。
5. 《日本统计年鉴》。
6. 《日本经济新闻》。
7. 吉川洋：《处在转换期的日本经济》，岩波书店1999年版。
8. 吉野直行等编：《公共投资的经济效果》，日本评论社2000年版。

中国的崛起与对日关系

从20世纪80年代以来,中国在克服各种艰难险阻的过程中,成功地推进改革开放,经济保持了持续高速增长的势头,综合国力有了明显增强。这使中国的崛起,在当今世界成为一种现实可能,各国战略家在考虑其国家战略时,都不会忽视这种可能。日本作为一个在地理上与中国一衣带水的国家,更是如此。因此,生发出各种议论都会直接或间接地影响到中日关系的发展。这表明,客观地认识和评价中国的发展对中日关系的影响,已成为正确处理中日关系不可忽视的课题。

一

中国的发展使中日在经济领域的竞争有所增强,但更为日本经济、为日本期望的东亚区域经济合作提供机会。

中国经济强劲而持续的发展势头被普遍看好,据日本《东洋经济》周刊预测,即使50年后中国的人均国内生产总值只相当于发达国家的1/4,中国的国内生产总值仍将占到全世界的20%。如果中国的人均生产总值达到发达国家的4/5,那么中国的经济规模将超过美国、欧元区的水平。而目前国内生产总值占世界15%的日本,到21世纪中叶,其国内生产总值将只占到世界的5%—6%。[①]

这种前景使一部分日本人感到恐慌,甚至影响到他们的对华态度,日本《东京新闻》指出:"日本人对经济的自信产生动摇,认为中国通过经济发展,不仅可能使中国成为政治大国,而且可能使中国成为经济大国。这种'威胁'使日本人对中国的看法发生变化,使日中之间的对立更加严重。"[②]

但是,如果以客观的态度,冷静地分析中国经济发展对日本的影响,可以发现虽然它使双方在经济领域的竞争有所增强,但更为日本经济、为日本期望的东亚区域经济合作提供了机会。日本内阁府经济社会综合研究所情报交流部助理日下部英纪和经济社会研究调查员森藤裕指出:"中国的比较优势目前还不过是丰富的劳动力,与在技术实力上拥有比较优势的日本形成对比。因此,在现阶段,日中关系与其说是竞争关系,不如说是互补关系。例如,以美国从日本和中国的进口来说,日本和中国处于竞争关系的产品只不过占16%,处于互补关系的产品则占84％。"③这一分析是客观的。

首先,让我们看一下日本经济从中国经济发展中获得的机会。

中日贸易的迅速增长,给日本经济提供了更加广阔的发展天地。

据统计,中日在实现邦交正常化之初,两国间的贸易额只有11亿美元,到2002年已增加到1016亿美元。中国已成为日本仅次于美国的第二大市场。

2002年,日本从中国的进口额首次超过了美国,占到日本全部进口额的16.1％。大量价廉物美的食品、服装、家用电器等中国商品,成为日本民众难以割舍的日常伴侣。

2002年,中国从日本的进口也有明显增长,中国已成为日本商品重要的"需求吸纳者"。日本综合研究所主任研究员向山英彦认为,中国进口继续增长的可能性很大,这是因为:(1)外资的进一步流入,使国际分工更加细密;(2)随着收入水平的提高,对海外产品的需求增加;(3)以资源领域为中心,开发进口将增加。日本经济研究中心主任研究员石田和彦认为:"伴随着对中国直接投资的增加,在竞争力和技术方面占优势的日本生产资料等对中国的出口将继续增加",加上美国经济复苏等有利因素,"日本实际产品和服务出口将顺利增加,在2003年度将增加6.6％,2004年度将增加8％"。④

中国吸收外资能力的迅速增强,为日本调整和提升产业结构提供了良好的中间基地。

20余年的改革开放,使中国的投资环境在世界上具有了名列前茅的竞争能力,劳动力之丰富和廉价,更是举世无双。2003年1—7月,海外对华投资额为295亿美元,比上年同期增长22％。⑤而日本恰逢产业结构的调整和提升进入一个关键时期。20世纪90年代以来,日本加快发展以电子技术、生物技术和新材料技术为重点的高技术产业,取代轻工、纺织、钢铁、造船、普通机械等传统产业在经济中的地位。如此内涵丰富、涉及面广泛的产业结构调整和提升,需要大量资金支持。这就必须使原有的产业得到妥善安排,既为新产业让出位置,又能为新产业的建立提供必要的资金。向海外转移"夕阳产业",成为经济全球化条件下日本产业结构调整和提升的一个不可或缺的中间环节。迅速发展的中国吸纳了大量日本直接投资,为日本提供了一个调整和提升产业结构的强大中间基地。据日本经济产业省的统计数据,日本制造业在海外销售额与国内销售额之比,1990年为6.4％,1995年为9％,2000年达到14.5％。

其次,让我们看一下中国经济发展为日本期望的东亚区域经济合作提供的机会。

冷战后,经济全球化迅速发展。经济全球化发展的直接后果之一是区域经济合作的兴起。这是因为,经济全球化使竞争变得更加激烈。在这种情况下,获得超国界的更大范围内的生产要素流动与配置的优惠条件,便成为在竞争中获胜的必要前提。

正是在这样的背景下,出现了欧美两大区域经济集团迅猛发展的情况。

欧美两大区域经济集团的发展,不但在它们互相之间,而且给东亚造成了相当大的压力。对这种压力感觉最强烈的是与欧美处于同一发展层面上的日本。

日本著名经济学家小岛清认为,面对欧美区域经济集团的发展,日本不得不思考"EU 和 FTAA,欧元和美元将建立什么样的后冷战新世界经济通货秩序呢?"⑥ 对这个问题,小岛清教授认为:美国在将北美自由贸易协定(NAFTA)扩大为全美自由贸易协定(FTAA)的同时,"以 APEC 为轴心,将亚太地区以自由贸易协定加以组织化",从而以"FTAA 和 APEC 这两翼势力圈作为基础",建立一个"压倒于扩大的欧洲的美国所主导的和平"。⑦ 为此,他主张:"美国在 APEC 的指导作用太强,必须抑制美国出风头的领导","要把 APEC 变成由东亚主导的组织",并主张:"最好的选择是建立一个开放的亚洲经济圈(AEC)","使其发展成为能够与欧洲及西半球对等协商"的一极。⑧

中国的发展,有力促进了东亚区域经济合作。据统计,对包括日本在内的东亚周边国家,中国作为"需求吸纳者"的作用迅速扩大。2002 年,韩国对华出口的依赖度已达到 14% 左右,菲律宾的对华出口比上一年增加了 65.4%,位居榜首;马来西亚的对华出口增加了 49.8%;中国台湾地区增加了 39.2%;新加坡增加了 37.5%;韩国增加了 22.2%。日本综合研究所主任研究员向山英彦指出:"在整个 90 年代,亚洲经济加深了区域内的相互依赖关系。不过,与此同时,也加强了对美国的依赖。要减少美国的影响,扩大亚洲区域内的市场则不可或缺。为此,应解决如下几个课题:(1)日本经济恢复活力;(2)中国加强'需求吸纳者'的功能;(3)推进东亚区域内的经济统一,创建自由贸易区。"⑨

2002 年的日本贸易白皮书强调了日本必须加强东亚经济合作的方针。白皮书指出:"无论是在交通、通信技术和贸易结构上,都有赖于国与国之间的互相配合。基于此,东亚地区也有必要配合'聚集型产业'型的经济模式产生变化。"白皮书认为,日本正步入战后第三次的产业结构改革。第一次产业结构改革,局限于日本国内。第二次产业结构改革使日本开始走向世界,尤其着重于和亚洲"四小龙"等新兴工业化经济体的合作。在第三次产业结构改革中,日本必须走向世界,特别是放眼中国。

2003年6月，日本国际论坛理事长伊藤宪一等专家向小泉首相提出一份名为《东亚经济共同体构想及日本的作用》的政策建言，呼吁东亚各国和地区积极行动起来，创建东亚经济共同体。该政策建言指出："欧盟在不断扩大和加强一体化，美洲出现了美洲自由贸易区，世界区域化的倾向在加强，东亚也已经缔结了各种各样的自由贸易协定等，把这些协定统一到一个理念及目标下，这符合经济的合理性。"并强调："从政治（特别是安全）和经济两方面考虑，东亚经济共同体没有中国参加是不行的。中国这个大国参加可以说是建立东亚经济共同体的前提条件。"

显然，日本只有依托东亚区域经济合作的发展，才可能平衡来自美欧区域经济整合的压力，获得新的经济发展机会，而正是中国的发展，才使东亚区域经济合作成为可能。

二

中国的发展使中日在安全领域的竞争有所增强，但更为中日乃至中日美之间形成平衡的良性互动关系，为东亚多边安全机制的建立提供了机会。

中国的发展使中国能够以更多一些的资金加强军事现代化建设，以有效保卫辽阔的幅员。这使一部分日本人感到担忧。2003年8月10日，在中国外交部部长李肇星访问日本时，日本《产经新闻》便发表社论，主张日本外相川口明确向中国表示："中国军事力量的增强，可能成为对日本生存至关重要的问题。"

其实，与中国需要保卫的幅员相比较，中国军事力量的加强是相当有节制的，而且中国实行的是积极防御的战略方针，"人不犯我，我不犯人"，这使中国日益成为东亚乃至亚太地区重要的稳定力量。

中日美三角关系是东亚地区最为重要的三角关系。冷战后期，这组三角关系曾发挥了遏制苏联向太平洋地区扩张的作用。当时，中国对日美军事同盟的存在表示了理解。冷战后，1996年4月，日美发布两国安保条约新定义，将遏制中国确定为两国军事同盟关系的重要目标。中日美三角关系因此出现了巨大裂痕，中国对日美安保关系的存在与发展表示了强烈警惕。

但随着中国的发展，中日美三角关系中的巨大裂痕呈现淡化趋势，出现了向良性互动关系转化的某些条件与可能。

首先，中国加入WTO，使中国经济进一步融入经济全球化的潮流，维护与完善自由贸易原则，同样上升为中国重要的国家利益。这使中国与其位居一二的贸易伙伴日美基础性的共同利益变得更加坚实。美国国防部副部长沃尔福威茨这样的鹰派人物也对中国带来上述变化的改革开放加以肯定，说中国找出了一条"如何进行改革的道路。朝鲜政权如果不想瓦解，它必须走中国的道路"。⑩

再次，在这一基础上，由于从"9·11事件"到伊拉克战争期间世界和东亚形势的深刻变化，美国虽未放弃遏制中国的战略要求，但在可预见的未来，反对恐怖主义与防止大规模杀伤性武器的扩散占据了美国安全战略的头等地位。美军太平洋总部下属的亚太安全研究中心指出："尽管中美在伊拉克战争问题上意见不一，但反恐战争仍为中美两国提供了有限合作的机会。"⑪

其次，目前美国的当务之急是改造中东，分化欧洲，对东亚则更重视稳定。这加强了美国的对华合作要求。

随着亚洲的迅速发展，冷战后，这一地区在美国安全战略中的地位日益提升。2001年美国《四年防务评估报告》第一次将这一地区放到了欧洲和中东的前面，作为美国全球安全环境首先分析的地区。布什政府中出现了将美国的战略重心向亚太地区转移的主张。

但"9·11"特别是伊拉克战争后，中东、欧洲、亚洲在美国安全战略中的地位发生了重要变化。

一是美国的中东政策以改造为主。美国国务院政策规划办公室主任哈斯声称："中东'各国的政治制度和经济开放性'相对匮乏。美国在太长时间里容忍了穆斯林中东内部的所谓的'民主制度例外'"，"我们是在吃了大亏以后方才领教到，封闭的政治体系滋生不符合美国或者世界利益的不满和极端主义。因此，我们正通过鲍威尔国务卿于2002年12月启动的中东伙伴关系倡议支持民主和政治改革。"⑫

二是美国的欧洲政策以分化为主。伊拉克战争硝烟未散，美国前国务卿基辛格便指出："当人们把注意力集中到伊拉克的战后重建时，美国必须面对一个更为深刻的问题，那就是如何应对大西洋联盟内的震动。"⑬美国国防部部长拉姆斯菲尔德提出了"老欧洲"与"新欧洲"之说，严厉抨击"老欧洲"，赞扬"新欧洲"。著名国际关系学者、哈佛大学教授亨廷顿也认为欧盟必须重新定义："欧盟将形成两个集团，一个是以德国和法国为首，另一个速度慢些，在决策方面与德法保持距离。"⑭美国耶鲁大学资深研究员沃勒斯坦则认为，伊拉克战争后，美国有三大目标：一是改造中东，二是在国内争取最大规模的军事开支，三是打垮欧洲。⑮

三是美国的东亚政策以稳定为主。美国威尔逊国际学者中心亚洲项目部发表的《布什总统的亚洲政策中期评估》报告指出："'9·11'事件和由此产生的反恐战争已经逐渐笼罩了美国亚洲政策的所有其他方面"。美国国防部副部长沃尔福威茨强调：东亚地区"未来的安全和稳定对我们自己的安全至关重要"。⑯

显然，中东的自成体系为以伊斯兰教为精神武器与美国抗衡的势力提供了广泛的基础，因此，美国要"改造"之；欧洲统一的不断加强，使美国可能面临一个强大的对手，因此，美国要"分化"之；美国在东亚占有优势，有既得利益需要保护，东亚内部又存在难以协调的矛盾，美国不担心东亚联合起来反美，担心的是东亚因陷入动荡不安的纷争之中而丧失自己的优势和利益，因此，美国要"稳定"之。

上述情况必然会迟延甚至改变美国战略重心的东移。

在这样的情况下，中美关系有了明显改善。《布什总统的亚洲政策中期评估》指出："'9·11'事件使得应当把中国看作一个'战略伙伴'，还是'战略竞争对手'问题展开的一场毫无结果的辩论结束了。人们现在很少听到布什行政当局官员在就任以前的年代里作为主要言论的对中国的攻击。"⑰

日本对中国的迅速发展保持了高度警惕。小泉咨询机构提交的《21世纪日本外交基本战略》认为："中国军事力量的增强可能成为日本及其周边国家的严重威胁。"日本成立了"有事法制"，并主张适应美国安全战略调整的机会，争取集团自卫权和将自卫队改变为正式军队。对日本的这种动向，美国表示了支持，美国国防部亚洲负责人说："这等于奠定了日本安全保障政策的基础，是重要的成果。"美国国防部副部长沃尔福茨声称："20多年来，我一直密切注意日本的动向。有时日本迈出的步子很小，但绝对没有后退，日积月累，就会产生重大的变化。"⑱

上述情况值得中国注意。但沃尔福茨所说的"重大的变化"带来的后果具有双重性：一方面将使日本有能力更加积极地适应美国新安全战略的需要，特别是帮助美国加强对"不稳定的弧形地区"亚洲段的控制；另一方面也将增加日本的独立性。这就使美国在支持日本发展军事力量的同时，必须考虑如何形成制约这种力量的能力，以免尾大不掉。

而且，由于东亚在经济与安全上对日本的极端重要性，保持东亚的和平与稳定是日本战略利益的重要要求之一，与中国的对抗与冲突只能导致东亚的动荡与混乱。因此，只要中国崛起的势头不发生重大挫折，日本在加强自身军事力量和对美配合能力的同时，必然要求将同中国的交流与合作提高到一个新的水平，以防止中日关系陷入紧张与冲突。小泉咨询机构提交的《21世纪日本外交基本战略》便主张："在追求与美国的共同目标的同时，应该拥有自己的坐标轴，并开展互补型外交。"

综上所述，可以看到，美日联手对付中国的条件正在发生变化，这使中美日三角关系可能向着一种更为平衡的方向发展。美国约翰斯·霍普金斯大学中国问题研究处处长戴维·兰普顿便主张："政府应该鼓励在中国、日本和美国之间举行三边安全对话，以使三方关系保持尽可能最大限度的稳定。"[19]美国国防大学教授库格勒认为："美国需要构建一个成熟的平衡体系，这对于中国及全亚洲而言尤其重要。"[20]

冷战后特别是1997年东亚金融危机以来，东亚的多边合作要求不断加强，构成这种要求的基础性因素是发展区域经济合作的需要。中国的发展，使这种需要成为现实可能。中国与东盟缔结关于10年内建立自由贸易区的协议、中日韩建立自由贸易区的考虑等等都是这种情况的反映。经济上的这种需要，必然推动政治安全上多边合作的发展。因此，出现了ARF成员的扩大，《南海各方行为宣言》的签订等。"9·11事件"特别是伊拉克战争以来，随着中日美关系向着更加平衡的方向发展，无疑将使东亚多边合作出现新的发展局面。

三

中国的发展使中日在文化领域的竞争有所增强，但更为双方加强交流、加深理解、吸取更多的文化营养提供了机会。

中日两国是东亚乃至世界的文化大国。在古代，中国文化对世界特别是东亚发生了重要影响。在日本的"早期历史时代"，日本"从外国进口的东西大部分来自唐代统治下的有世界观念和异国情调的中国社会。在这一时期中，唐代中国社会对日本的巨大影响，使日本吸收了相当可观的国际文化"。[21]

到近代，因各种复杂的原因，中国落伍，日本却经明治维新而崛起。吸取西方先进文明而改进的日本文化，在东亚占据了引领风骚的地位。

第二次世界大战后，在一片废墟上，日本完成了赶超发达国家的任务，迅速成为世界上仅次于美国的经济大国。伴随这一"奇迹"，日本文化再次成为人们注目的对象。20世纪80年代，中国刚打开国门时，成千上万青年选择邻近而又发达的日本作为留学对象。家用电器、新潮服装、流行发型、日本料理，在欢快的卡拉OK声中进入中国。在那时，日本文化无疑又焕发出诱人的魅力。

以上述情况为背景，日本人对中国人在潜意识上存在一种优越感。正如天儿慧与园田茂人教授指出的："当然，自古便作为文化大国而骄傲的中国，必须认识在现代国际社会应该通过文化交流而促进相互理解的重要性。但是，在叹息'以前的中国人虽然贫乏但是朴实'，讨厌'陷入拜金主义'的中国人的日本人的头脑里,显然存在发达国家的优越意识。"[22]

但是,到20世纪80年代后期,日本经济泡沫破裂,陷入以通货紧缩为主要特征的经济不景气状态。而在这一时期,中国经济持续保持着8%左右的高成长率。这使国际上对日本文化的态度由赞扬转变为批判。原来介绍日本"发展神话"的著作汗牛充栋,现在分析日本"发展神话"崩溃原因的论述比比皆是。

这促使日本政治家思考如何防止日本文化地位的低落。前日本首相中曾根指出:"不能只限于经济的国际化,我痛感到,如果不使我国在文化、政治方面积极发挥世界性作用,也不会成为真正的国际国家。"

正是这种危机感,使日本恢复了正视各种文化的态度与能力,"高度国际文化的时代到来了,日本应全身心地投入进去"。[23]小渊首相的智囊班子"21世纪日本的构想恳谈会"在其变革主张中,呼吁进一步提高日本人的学习能力,其中包括增强国际交往能力,甚至主张考虑在政府的刊物中和因特网的主页上使用英语和日语两种语言,逐步把英语变成第二个公共语言,从而使日本人能更好地对外交流和学习世界长处。

同时,日本开始重视中国的文化发展潜力和影响力。中曾根指出:"在21世纪,以中国、印度为首的亚洲诸国,即使在科学技术的世界也是富有实力的国家,它们会站到我国的前面。在21世纪日本周边诸国中,特别应该注意的国家首先是中国,其次是俄罗斯。"[24]栗林纯夫等指出:"邓小平提出'改革开放'后经20余年,中国无论在外交上还是经济上,与外界的联系加深。中国作为一个大国,对地区的影响扩大,同时,中国也在接受国际环境的影响。"[25]

如果说,在中国改革开放的初期,主要是中国向日本学习,文化交流呈单向态势,那么现今两国的文化交流,日益转变为双向态势。在日本出现了学习中文的热潮,许多日本人愿意到中国来工作。日本驻上海总领事馆两位美丽的女领事嫁给了中国小伙子,这在以前是难以想象的。日本甚至还在研究和学习中国的改革经验,以为本国改革的参考。

双向文化交流的发展,推动文化交流的重点由官方扩展至民间,交流规模日益扩大。据统计,1950—1979年的30年间,访问中国的日本人总共不过20万人,而到20世纪的90年代,每年都达到100万人。

多渠道的来往、多视野的观察,不断加强文化交流的深度。日本的中国问题专家天儿慧教授等评价说:"在这一时期中,日中文化交流由以友好为目的的会话转变为以理解为目的的对话。"[26]例如,对历史认识问题,便不仅从政治层面,而且尝试从文化层面加以分析。

以双向文化交流不断加深为基础的中日关系,虽然由于去除了距离美而产生出新的矛盾,但却因更加深入、准确地把握双方之间存在的问题,而能更加理智、有效地加以处理。

随着中国的发展,中日文化交流的双向态势将更加明显,势必为中日两国提供更多的文化营养。"岁月两千玉帛,春秋八十干戈",漫长的中日文化交流史,将因中国的崛起而绽开更加绚丽的花朵。

(原载《世界经济研究》2003年第12期)

注释:

① (日)《东洋经济》(周刊)2003年7月5日。
② (日)《东京新闻》2003年8月10日。
③ 《日本工业新闻》2002年12月11日。
④ 《日本经济新闻》2003年8月19日。
⑤ 《现代周刊》2002年11月15日。
⑥ (日)小岛清:《太平洋经济圈的生成》序2,第47、96、97页,第82页。
⑦⑧ (日)小岛清《太平洋经济圈的生成》序2,第47、96、97页,第82页。
⑨ 《通商白皮书》2002年日本。
⑩ 2003年5月31日在新加坡亚洲安全会议上的讲话,见6月2日新加坡《海峡时报》。
⑪ 《亚太国家对美国安全政策的反应》,2003年3月发表。
⑫ 2003年5月22日在华盛顿凯南研究所晚宴上的讲话。
⑬ (阿根廷)《号角报》2003年4月11日。
⑭ (德)《商报》2003年6月10日。
⑮ 《评论》2003年4月14日,美国宾厄姆顿大学费尔南德·布罗代尔中心出版。
⑯ 2003年5月31日在新加坡亚洲安全会议上的讲话。
⑰ 2003年3月美国威尔逊国际学者中心亚洲项目部发表。
⑱ (日)《读卖新闻》2003年6月7日。
⑲ 2003年3月19日在参议院外交委员会东亚和太平洋事务小组委员会就中国崛起的影响问题举行的听证会上提供的证词,发表于尼克松网站。
⑳ 《"阻吓"成为一个战略概念》,(美)《战略论坛》2002年12月,第196期。
㉑ 日本外务省编印:《日本文化史》,1992年版,第4页。
㉒ 《日中交流的四个半世纪》,(日)东洋经济新报社,第116页。
㉓ 《世纪日本的国家战略》,(日)PHP研究所2000年9月版,第204页。
㉔ 《21世纪日本的国家战略》,(日)PHP研究所2000年9月版,第266页。
㉕ 《中国持续增长的可能性》,(日)人和文化社1998年12月版,第333页。
㉖ 转《日中交流的四个半世纪》,(日)东洋经济新报社,第106页。

伊拉克战争后东亚形势的变化及我国内外方针的调整

伊拉克战争后,世界与东亚的形势已经或正在发生着重要变化:美国一超地位的加强以及单边主义与多极化矛盾的发展,落后国家的被冲击和现代化要求的加强,世界军备竞赛更加激烈,美国对中东、欧洲、东亚政策的重要调整,美国与东亚的关系向着较为稳定的方向发展,中日美三角关系出现了向更为平衡的方向发展的可能,东亚多边合作要求趋强,等等。正确认识当今形势的变化,将使中国的内外方针适时地作出正确调整。

冷战后的国际格局由原来的两霸对峙转而为一超多极,美国成为唯一的超级大国,在这样的国际格局下,美国的安全战略开始了重要调整。

布什政府以新保守主义和进攻性现实主义为指导,批评了克林顿政府的"接触战略",认为该战略低估了美国的实力,不能确保美国在未来能够避免或者战胜潜在对手的挑战,主张充分利用美国在20年左右的战略机遇期中所拥有的"无与伦比"的力量优势,改造世界,确保和扩大美国在世界范围内的绝对安全优势和主导地位。

"9·11事件"的发生,使反对恐怖主义,特别是防止大规模杀伤性武器与恐怖主义的结合在美国的安全战略中上升到前所未有的地位。2002年9月至12日,布什政府先后提出了《美国国家安全战略》《全国国土安全战略》《应对大规模杀伤性武器的国家战略》。这三个报告,构成了完整的美国新安全战略,标志着美国的安全战略方针由冷战时期的"确保相互摧毁"的平衡方针,根本性地转变为争取绝对优势的方针。"实力基础"取代了原来的"威胁基础"。在这样的方针下,美国的战略结构开始向着核武器、高科技常规武器、导弹防御系统的新三位一体方向转变。

如何评价美国安全战略的转变?这是一个涉及诸多因素的复杂问题,首先需要明了的是美国安全战略转变是在怎样的世界潮流下展开的,对此问题,著名未来学家托夫勒的意见值得重视,他认为:"美国处于目前的地位的原因不仅仅在于其'无与伦比的军事力量'和一部分强硬派梦想成为'21世纪的罗马帝国',而且还在于美国在转瞬间的历史潮流中引导了伴有新型社会关系的知识经济。这样的社会和经济变化的组合威胁到农业社会与产业国家的价值观、制度和生活方式。"[①]在这样大背景下展开的美国安全战略具有了两重意义：一是保护美国导引世界潮流的"伴有新型社会关系的知识经济"；二是利用自己在当今"独领风骚"的特殊地位，推动现行国际秩序向着有利于美国的方面发展，以最大限度地获取全球化的利益。从谋求世界和平与发展的愿望出发，应该说第一重意义有积极性，第二重意义带有很大消极性。

伊拉克战争是美国新安全战略的重要实践。伊拉克战争后，世界和东亚形势已经或正在发生着许多重要变化。正确认识这种变化，是中国调整战略方针与政策的基本前提。

一

美国的"一超"地位加强，但美国以武力"输出民主"，强化了美国的单边主义与世界多极要求的矛盾，特别是与欧洲的矛盾加深。

美国绕开联合国发动对伊战争，并迅速取得胜利，加强了美国的"一超"地位。2003年日本《防卫白皮书》认为：国际关系正朝着以美国为中心的新型关系发展。但世界多数国家反对美国以武力"输出民主"，反对美国在没有得到联合国同意的条件下，以先发制人的外部打击方式颠覆伊拉克这样一个主权国家的政权。这种矛盾是冷战后美国的单边主义与世界多极要求的矛盾，这种矛盾虽然未发展到无可挽回的地步，在总体上不存在形成反美统一战线的可能，但其矛盾的深刻程度是前所未有的，美国的重要盟国法德不仅政府代表在联合国投票反对美国攻打伊拉克，而且民众对美国的单边主义也表达了高度的警惕和反对，以哈贝马斯、德里达等为代表的知识分子积极呼吁打造"核心欧洲"，反对美国霸权主义。

如果说世界多数国家围绕伊拉克问题与美国发生矛盾的主要原因在于反对美国拥有蔑视现行国际秩序和不遵守现行国际关系准则的特权，那么欧洲与美国的矛盾则具有更深刻的原因，那便是争夺世界货币霸权的矛盾。

罗伯特·吉尔平正确地指出："美国霸权的基础是美元在国际货币体系中的作用和它的核威慑力量扩大到各个盟国。"②冷战结束，欧洲不再需要美国的核保护伞，以欧洲强劲的经济联合为基础的欧元问世，更使第二次世界大战后美元的霸权地位首次遭遇挑战。2002年12月欧元区的债券市场规模（国内债和国际债发行额总计）达到9.4万亿美元，为美国的一半，以欧元结算的国际债网络发行额比欧元诞生前增加了一倍，与以美元结算的国际债在规模上已不相上下；目前在世界贸易中，以美元结算和以欧元结算分别占到50％与30％左右，在东欧10国加入欧盟后，以欧元结算的比例将更大幅度地增加，世界各国的中央银行以及投资家在资产运作和外汇储备中出现了提高欧元比例的趋势。由于这种变化,已有专家预测"世界开始朝着美元和欧元的两极货币体制方向稳步迈进"。③在上述背景下,加之围绕伊拉克问题美欧发生分歧,使欧洲流向美国的资金大为减少,2001年为4 502亿美元,2002年减至2 264亿美元。

美国是一个长期保持高贸易赤字的国家,据统计,2002年美国的贸易赤字达到创纪录的5 034亿美元,2003年将接近6 000亿美元。美国是依靠美元的特殊地位维持其"赤字经济"的,从而达到以虚拟资产交换各国物质产品的目的。因此,美国很难允许欧洲挑战美元的霸权地位。美国发动第一次海湾战争、科索沃战争、伊拉克战争,都包含有削弱欧洲,打击欧元的目的。可以预计,为了维护美元的霸权地位,美国还会有类似的行动。这就使欧洲反对美国进攻伊拉克,不仅出于维护现行国际关系准则的需要,而且带上了更深层次的要求,这样的矛盾是很难通过外交层次的协调加以弥缝的。随着欧洲统一的加强、经济结构的深入调整、欧元地位的进一步上升,美欧矛盾还会有更深入和广泛的发展。

二

伊拉克战争对生产方式、社会关系、政治体制、意识形态严重落后于世界发展潮流的国家和地区造成了很大冲击。

美国之所以能在伊拉克战争中迅速取胜,除了军事上的绝对优势外,与萨达姆政权的落后性有着重要关系。萨达姆侵略科威特,想以攻城略地的方式扩大财富,在世界面前输了理;萨达姆在伊拉克搞独裁统治,在国内输了理。而且由于美国军事革命的成功,把打击目标较大程度地集中于萨达姆政权及其军事力量,减少了对普通民众的伤害,从而更大程度地集中于将萨达姆政权从伊拉克民众中孤立出来。这使萨达姆政权难以在国内外争取到广泛同情与支持,扩大了与美国的力量差距,乃至不堪一击。

伊拉克战争基本结束后,美国总统布什于2003年5月1日发表讲话,强调美国发动战争是为了从萨达姆政权下"解放"伊拉克人民,表示在伊拉克实行"民主"之前,美英联军将继续留在伊拉克,并声称:"从欢欣鼓舞的伊拉克人的脸上,我们还看到了人类自由的永恒魅力。几十年的谎言和恐吓并不能使伊拉克人去热爱压迫他们的人,也不能使他们希望继续遭受奴役。"④从现行国际关系准则看,布什的讲话无理至极,但萨达姆政权的落后性,确为布什提供了可乘之机。

萨达姆政权以超过人们预想的速度被来自美英的外部打击所推翻,提供了许多教训,其中非常重要的一条是:在世界文明的发展潮流进入具有划时代意义的转折阶段,而且各文明的联系空前密切的今天,应该也可以坚持文明的独特性,但不能以其为保护落后的理由,为了成功反击外来侵略,必须顺应和尽快缩短与世界文明发展潮流的差距。

美国人打击伊拉克,目的是将自己的利益强加给世界,但起到的将是惊醒世界的作用。根据各国特点,成功地发展市场经济与民主政治、推进本国的现代化乃至后现代化的要求会与反对单边主义的要求同样加强。

三

美国争取绝对优势的战略方针正打破世界现有的战略平衡,世界将出现新的军备竞赛。

在美国争取绝对优势的战略方针指导下,美国的国防战略开始了结构性调整,要求逐步改变过去偏重核武威慑的思路,积极争取全面优势,加强各领域特别是外空与高科技方面的能力,并模糊核武门槛,增强战略回应的灵活性。以此达到如下目的:(1)实现对友邦的安全承诺;(2)使敌方知难而退;(3)进行威慑;(4)威慑不成则坚决击退对方。

为此,美国采取了一系列重要行动,如退出1972年签订的美苏反导条约,退出《生物武器公约核查议定书》的谈判,冻结1996年签订的《全面禁止核试验条约》等;同时,积极发展导弹防御体系、低当量核武和高科技领域的常规武器,特别是隐形技术、精确制导激光、电磁等新武器,努力使自己摆脱国际条约的束缚,放手争取全面优势。

美国争取绝对优势的战略方针和行动已经并将继续打破现有的战略平衡,使世界出现新的军备竞赛趋势。2003年2月27日,法国总统希拉克强调:"任何一国独大的国际社会,都总是一个危险,会引起人们的反应。"⑤伊拉克战争硝烟未散,俄罗斯专家便大声疾呼:"俄罗斯军队最重要的改革任务是:即使克服不了美国、西方和俄罗斯军队之间的技术差距,那么也阻止差距的危险性扩大。"⑥美国努力发展导弹防御体系的行动,迫使中国也不得不采取相应行动,美外交学会表示:"我们认为中国将竭尽全力确保美国的导弹防御系统无法剥夺它发动和给予报复性二次打击的能力。"⑦

这种军备竞赛趋势,不但表现在大国关系中,还表现在恐怖主义与大规模杀伤性武器扩散的加强上。恐怖主义与大规模杀伤性武器扩散会危及世界的正常秩序和整个人类的生存环境。因此,美国反对恐怖主义与防止大规模杀伤性武器扩散的要求得到世界多数国家的支持。但是,在美国的这一战略要求中包含着深刻的内在矛盾,这些内在矛盾会造成恐怖主义与大规模杀伤性武器扩散的加强,例如:

反恐上的双重标准和利用反恐扩大美国势力范围,严重削弱了美国反恐要求的正当性,增加了恐怖主义滋生和繁衍的土壤。

美国常规军事力量与其他国家差距的迅速增加,迫使一些国家不得不通过发展大规模杀伤性武器而获得安全保障。

先发制人战略,使美国降低了使用核武器的门槛,低当量核武的使用,更刺激其他一些势力或国家发展核武的要求。

总之,只要美国不改变其追求绝对优势的战略方针,上述军备竞赛的趋势将继续发展,美国战略家布热津斯基为此忧心忡忡地指出:"如果没有促进国际社会深刻认识以美国为首采取集体行动的全球性合法领导地位,缺乏如何发挥这种领导作用的慎重思考,这个世界可能逐渐堕落成暴力加剧的弱肉强食之地。"[8]

四

中东、欧洲、亚洲在美国安全战略中的地位发生重要变化。

随着亚洲的迅速发展,在美国安全战略中的地位日益提升。冷战后美国《四年防务评估报告》第一次将这一地区放到了欧洲和中东的前面,作为美国全球安全环境首先分析的地区。布什政府中出现了将美国的战略中心向亚太地区转移的主张。

但"9·11"特别是伊拉克战争后,中东、欧洲、亚洲在美国安全战略中的地位发生了重要变化,可以这样说:

美国的中东政策以改造为主。

美国国务院政策规划办公室主任哈斯声称:中东"各国的政治制度和经济开放性相对匮乏。美国在太长时间里容忍了穆斯林中东内部的所谓的'民主制度例外'。""我们是在吃了大亏以后才领教到,封闭的政治体系滋生不符合美国或者世界利益的不满和极端主义。因此,我们正通过鲍威尔国务卿于2002年12月启动的中东伙伴关系倡议支持民主和政治改革。"[9]

美国的欧洲政策以分化为主。

伊拉克战争硝烟未散，美国前国务卿基辛格便指出："当人们把注意力集中到伊拉克的战后重建时，美国必须面对一个更为深刻的问题，那就是如何应对大西洋联盟内的震动。"⑩美国国防部部长拉姆斯菲尔德提出了"老欧洲"与"新欧洲"之说，严厉抨击"老欧洲"，赞扬"新欧洲"。著名国际关系学者、哈佛大学教授亨廷顿也认为：欧盟必须重新定义。"欧盟将形成两个集团，一个是以德国和法国为首，另一个速度慢些，在决策方面与德法保持距离。"⑪美国耶鲁大学资深研究员沃勒斯坦则认为：伊拉克战争后，美国有三大目标：一是改造中东，二是在国内争取最大规模的军事开支，三是打垮欧洲。⑫

美国的东亚政策以稳定为主。

美国威尔逊国际学者中心亚洲项目部发表的《布什总统的亚洲政策中期评估》报告指出："'9·11'事件和由此产生的反恐战争已经逐渐笼罩了美国亚洲政策的所有其他方面。"美国国防部副部长沃尔福威茨强调：东亚地区"未来的安全和稳定对我们自己的安全至关重要"。⑬

显然，中东的自成体系为以伊斯兰为精神武器与美国抗衡的势力提供了广泛的基础，因此，美国要"改造"之；欧洲统一的不断加强，使美国可能面临一个强大的对手，因此，美国要"分化"之；美国在东亚占有优势，有既得利益需要保护，东亚内部又存在难以协调的矛盾，美国不担心东亚联合起来反美，担心的是东亚因陷入动荡不安的纷争之中而丧失自己的优势和利益，因此，美国要"稳定"之。

上述情况必然迟延甚至改变美国战略重心的东移。

五

美国为实现其战略目标，将更加重视大国关系。

布什政府的《国家安全战略报告》主张："我们寻求创造一种有利于人类自由的均势"，"我们将积极致力于把民主、发展、自由市场和自由贸易的希望带到世界每一个角落"。伊拉克战争后，美国国务院政策规划办公室主任哈斯用更明确的语言指出：今天，"我们压倒一切的目标应当是创建一个这样的世界，其中的大多数国家政府、组织和人民都欣然接受各种安排，以使之得以实现共同的利益，这些安排反映着共同的价值观"。⑭上述立场反映美国新安全战略具有以往安全战略无可比拟的"进取性"，即要求按美国的价值观改造与安排世界。

美国很清楚，如此"宏伟"的目标依靠美国一家的力量是无法实现的。伊拉克战争时美国未能获得欧洲特别是法德以及俄罗斯和中国等大国的支持，在道义上付出了重大代价,这更使美国感到需要通过多边途径特别是与大国的合作,实现其单边色彩浓厚的目标,亨廷顿指出:"德国和法国、俄罗斯、中国、印度和巴西都是些地区性大国,它们都想在它们各自所属的地区起主导作用。这就注定了将发生利益冲突,当前的世界格局已发生变化,我们已不处在冷战时期的两极世界中,而是在一个结构发生变化的由一个全球性超级大国构成的世界中。""未来国际问题的解决将取决于超级大国与地区大国的合作。"⑮

同时,美国感到冷战后中国、俄罗斯等大国的重要变化,为美国与这些国家的合作提供了新的基础,布什政府的《国家安全战略报告》认为:"俄罗斯处在充满希望的过渡之中,正在走向民主的未来","中国领导人正在发现,经济自由是国家财富的唯一源泉"。因此,美国与这些国家"日益被共同的价值观团结在一起"。

为此,布什政府的《国家安全战略报告》已表示:"我们坚持自己的传统和原则,不用我们的实力来争取单边的优势";强调:"今天国际社会面临17世纪民族国家兴起以来建立大国和平竞争而非持续备战的世界的最好机会。"伊拉克战争后,美国再次对大国作出了合作姿态,美国国务院政策规划办公室主任哈斯声称:"从历史的观点看,当今的国际体系的最积极的方面,是世界力量的主要聚集地——欧洲、俄罗斯、中国、日本和美国——之间并没有不可调和的矛盾。遏制和对抗曾经是冷战的特征,现在却让位于协商与合作的格局。"⑯弗吉尼亚大学教授、米勒公共事务中心主任菲利普·泽利科指出:布什政府"正努力将普遍原则与大国政治融合在一起,几个世纪以来,世界政治结构一直是被大国之间的敌对关系所决定的。而现在,美国有可能与每一个大的全球力量中心建立积极的合作计划,这种合作是建立在对社会组织方式的基本原则取得虽不完美但异乎寻常的共识基础之上的。"⑰

显然,"9·11"特别是伊拉克战争之后,美国在促使大国发生其所希望的变化的同时,在对大国进行各种形式的遏制、削弱努力的同时,将加强与大国合作的要求提到了重要地位,正在并将继续积极争取大国对其战略目标的理解和支持。

六

美国与东亚地区的关系向着较为稳定的方向发展。

首先,由于随着东亚经济的迅速发展,美国与东亚的经济关系已经发展到了谁也离不开谁的地步。美国威尔逊国际学者中心亚洲项目部2003年3月发表的《布什总统的亚洲政策中期评估》,形象地描写了当今美国与亚洲特别是东亚密切的经济关系:"美国日益向西眺望,越过太平洋,放眼广袤的亚洲,美国的货物和资本向西流动,从而为美国工人创造就业机会,为美国公司创造利润,来自亚洲的向东的商业洪流则给人留下更加深刻的印象;美国的消费者们对于亚洲工厂所生产的汽车、电脑、玩具和T恤衫,看来是欲壑难填。"

东亚国家在对美贸易中几乎都处于出超地位,这使东亚拥有了世界第一的外汇储备。据统计,欧元区的外汇储备为2 614亿美元(至2002年10月底),而东亚仅日本和中国大陆的外汇储备便分别达到4 786亿美元(至2003年1月底)和2 864亿美元(至2002年底)。

美国高额的贸易和财政赤字的一半以上是由日本介入市场购入美元,以及中国等亚洲国家用政府资金对美投资填补的,朝日生活资产经营研究所高级研究员吉川雅幸指出:"以与美国相关的国际资本流动的情况看,总的来说,欧洲作为欧元货币区在增强独立性;日本资本流动停滞,持续地受到美元贬值和欧元升值的压力,而另一方面在长期通货紧缩的状况下,必须避免出现美元和日元比价超过1∶115的日元升值局面;亚洲其他国家实行的近似于对美元的固定汇率制,当前由这些国家形成了一种美元区,政府资本大量流向美国,开始出现地区化症状。"[18]所以,可以毫不夸张地说:当今美元的地位和美国经济主要是由东亚各国在帮助支撑着。因此,稳定东亚是美国经济不可或缺的要求。

其次,反对恐怖主义与大规模杀伤性武器扩散,上升到美国新安全战略的头等地位,增加了与东亚的共同利益,缓解了与东亚一些国家的矛盾。《布什总统的亚洲政策中期评估》认为:"'9·11事件'对美国的亚洲政策起到了彻底转变的影响。""行政当局长期的亚洲问题议程已经被放在次要地位,从属于美国打击国际恐怖主义、对伊拉克战争的阴森逼近的可能性,以及在扩散破坏稳定的技术和材料问题上不断加重的担忧等相互重叠的若干攻势。"

同时,由于恐怖主义对东亚各国的安全构成现实威胁,近年在印尼和菲律宾相继发生严重爆炸事件,中国境内有"东突"恐怖活动的发生。而且,在东亚存在大规模杀伤性武器包括核武器扩散的条件与可能。这一切使东亚各国在反对恐怖主义与大规模杀伤性武器的扩散方面与美国存在共同要求。美军太平洋总部所属亚太安全研究中心认为:"中国官方在不扩散问题上的观点近几年来开始向美国靠拢。随着国力和影响力的增强,中国的全球前景看好,一些战略制定人士开始认识到,此类技术扩散对中国的全球利益是有害的。"[19]正因如此,"9·11事件"后,美国与东亚各国的关系有了进一步的发展。

再次,由于历史及发展程度的原因,东亚尚未形成独立的、涵盖整个地区的多边安全机制,地区安全环境非常复杂。美国在维持东亚的现存秩序方面有着重要影响,无论是在朝鲜半岛的对立、海峡两岸的对立,还是在南海争端,乃至中日关系中,美国都是造成现存状态的一个基础性因素。这种状况制约了东亚各国因伊拉克战争而与美国发生对立的可能。

伊拉克战争期间,东亚各国出于自身安全环境的考虑,或作为美国的盟国支持对伊战争,或虽反对对伊战争但采取了较为现实的克制态度。日本舆论界分析小泉政府在伊拉克战争等问题上采取追随美国立场的原因时便指出:"如果日本搁置向伊拉克派遣自卫队,不仅'世界中的日美同盟'关系会很快褪色,而且还可能影响良好的日美关系。首相本人曾对制定新法,派遣自卫队持慎重态度。但是,出于对日美关系的考虑,最终对制定新法开了绿灯。"[20]美国前国务卿基辛格指出:"在伊拉克危机期间政策变化最小的国家是中华人民共和国。中国改革的进程还没有结束,中国的领导有了很大变化,中国需要长期的和平。因此,这个被很多人在布什执政初期视为战略对手的国家有可能在长期内成为一个建设性的伙伴。"[21]

在美国与东亚国家之间,没有因伊拉克战争发生类似美国与法德俄那样的对立。伊拉克战争之后,美国国防部副部长沃尔福威茨评价说:"太平洋地区如今非常平静,是它历史上最平静的时期之一。"[22]以上综合原因,使伊拉克战争后美国东亚政策的重点放到稳定上。

在这种背景下,加上朝鲜半岛地缘战略条件的限制,布什政府虽然将朝鲜与伊拉克一样宣布为"邪恶轴心国"之一,但却难以用对伊拉克的办法对付朝鲜。对伊拉克,布什政府不惜采取单边打击的方式,对朝鲜,布什政府给出的方案却是"需要采取多边方法来解决"。[23]朝鲜半岛核危机的发展尽管存在许多变数,但和平解决是主要可能。

七

中日美三角关系出现了向更为平衡的方向发展的可能。

中日美三角关系是东亚地区最为重要的三角关系,冷战后期,这组三角关系曾发挥了遏制前苏联向太平洋地区扩张的作用。当时,中国对日美军事同盟的存在表示理解。冷战后,1996年4月,日美发布两国安保条约新定义,将遏制中国确定为两国军事同盟关系的重要目标。中日美三角关系因此出现了巨大裂痕,中国对日美安保关系的存在与发展表示了强烈警惕。

但是20世纪90年代末,特别是9·11事件和伊拉克战争以来,中日美三角关系中的巨大裂痕呈现淡化趋势,出现了向良性互动关系转化的某些条件与可能。

首先,中国加入WTO,使中国经济进一步融入经济全球化的潮流,维护与完善自由贸易原则,同样上升为中国核心的国家利益。这使中国与其居一、二位的贸易伙伴日美基础性的共同利益变得更加坚实。美国国防部副部长沃尔福威茨这样的人物也对中国的改革开放加以肯定地说:中国找出了一条"如何进行改革的道路,朝鲜政权如果不想瓦解,它必须走中国的道路"。㉔

其次,在这一基础上,如前所述,由于从"9·11事件"到伊拉克战争期间世界和东亚形势的深刻变化,美国虽未放弃遏制中国的战略要求,但在可预见的未来,反对恐怖主义与防止大规模杀伤性武器扩散占据了美国安全战略的头等地位。美军太平洋总部下属的亚太安全研究中心指出:"尽管中美在伊拉克战争问题上意见不一,但反恐战争仍为中美两国提供了有限合作的机会。"㉕

再次,如前所述,目前美国的当务之急是改造中东,分裂欧洲,对东亚则更重视稳定。这加强了美国的对华合作要求。

在这样的情况下,中美关系有了明显改善。《布什总统的亚洲政策中期评估》指出:"'9·11事件'使应当把中国看作一个'战略伙伴'还是'战略竞争对手的问题展开的一场毫无结果的辩论结束了。人们现在很少听到布什行政当局官员在就任以前的年代里作为主要言论的对中国的攻击。"㉖

日本对中国的迅速发展保持了高度警惕。小泉咨询机构提交的《21世纪日本外交基本战略》认为:"中国军事力量的增强可能成为日本及其周边国家的严重威胁。"日本成立了"有事法制",并主张适应美国安全战略调整的机会,争取集体自卫权和将自卫队改变为正式军队。对日本的这种动向,美国表示了支持,美国国防部亚洲负责人说:"这等于奠定了日本安全保障政策的基础,是重要的成果。"美国国防部副部长沃尔福威茨声称:"20多年来,我一直密切注意日本的动向,有时日本迈出的步子很小,但绝对没有后退,日积月累,就会产生重大的变化。"㉗

上述情况值得中国警惕。但沃尔福威茨所说的"重大的变化"带来的后果具有双重性:一方面将使日本有能力更加积极地适应美国新安全战略的需要,特别是帮助美国加强对"不稳定的弧型地区"亚洲段的控制;另一方面也将增加日本的独立性。这就使美国在支持日本发展军事力量的同时,必须考虑如何形成制约这种力量的能力,以免尾大不掉。

而且,由于东亚在经济与安全上对日本的极端重要性,保持东亚的和平与稳定是日本战略利益的核心要求之一,与中国的对抗与冲突只能导致东亚的动荡与混乱。因此,只要中国崛起的势头不发生重大挫折,日本在加强自身军事力量和对美配合能力的同时,必然要求将同中国的交流与合作提高到一个新的水平,以防止中日关系陷入紧张与冲突。小泉咨询机构提交的《21世纪日本外交基本战略》便主张:"在追求与美国的共同目标的同时,应该拥有自己的坐标轴,并开展互补型外交。"[28]

综上所述,可以看到美日联手对付中国的条件正在发生变化,这使中美日三角关系可能向着一种更为平衡的方向发展,美国约翰斯·霍普金斯大学中国问题研究处处长戴维·兰普顿便主张:美国"政府应该鼓励在中国、日本和美国之间举行三边安全对活,以使三方关系保持尽可能最大限度的稳定。"[29]美国国防大学教授库格勒认为:"美国需要构建一个成熟的平衡体系,这对于中国及全亚洲而言尤其重要。"[30]泰国《亚洲日报》记者郜士评论说:"东亚可能形成美中日加强合作的新格局。""这是一个微妙而敏感的新游戏,它使这三个国家前所未有地联合起来,却也充满了陷阱,三方中任何一方的突然举动都会引起另外两方的警惕。"[31]这一评论敏锐而准确地反映了中日美三角关系正在发生的变化。

八

东亚多边合作要求趋强。

伊拉克战争结束后不久,美国国防部副部长沃尔福威茨表示:"我们可能加强已经确定的关系以便在亚洲保持一种积极的安全态势,促进更广泛的多边合作。""尽管亚洲的多边合作机制出现的时间不算很长,但是他们给这个地区的国家带来了很大的和平解决问题的希望。"[32]对发展东亚地区的多边合作表现出一种积极姿态。

这种积极姿态的出现,首先是随着东亚在美国全球战略中的地位变化而产生的。为了稳住东亚,必须推进东亚的多边合作。

同时,也由于伊拉克战争之后,朝鲜半岛核危机问题变得更加突出,朝鲜希望通过与美国签订互不侵犯条约的方式解决危机,但是美国不同意。一则因为如果与朝鲜承诺互不侵犯,将大为削弱美国对朝鲜半岛的影响能力;二则美国在东亚的盟国日本与韩国不愿意美国与朝鲜达成这种双边承诺,因为这将增强朝鲜对它们的外交地位;三则美国希望和朝鲜关系密切的中国与俄罗斯共同承担起朝鲜半岛无核化的责任。在这种情况下,美国加强了促进东亚多边合作的努力。美国国防部副部长沃尔福威茨强调:"只有同平壤进行认真安排的多边接触,这个问题才能得到和平解决","如果我们大家一起来面对平壤反社会的挑衅行为(出口导弹、贩卖毒品、漠视国际义务)构成的挑战,如果我们一起用该地区的国家可以接受的可核实条件来对付朝鲜,我们至少会有和平解决问题的机会"。⑧

冷战后特别是 1997 年东亚金融危机以来,东亚的多边合作要求不断加强,构成这种要求的基础性因素是发展区域经济合作的需要。东盟自由贸易区的建立、中国与东盟缔结关于 10 年内建立自由贸易区的协议、中日韩建立自由贸易区的考虑等等都是这种需要的反映。经济上的这种需要,必然推动政治安全上多边合作的发展。因此,出现了 ARF 成员的扩大,《南海各方行为宣言》的签订等。"9·11 事件"特别是伊拉克战争以来,美国随着东亚政策的调整,对东亚多边合作表现出的积极姿态,无疑将使东亚多边合作出现新的发展局面。

九

新形势下,我国内外方针应适时作出调整。

综上所述,可知美国新安全战略的提出与展开,对世界和东亚形势的影响是巨大而深刻的。对中国而言,有挑战也有机遇,我国的内外方针应适时作出调整。为此,以下几个带有战略意义的问题是值得注意的:

1. 继续深化改革开放,在世界范围内,确立中国顺应潮流而又负责任的大国形象。如果从国家与市场关系的角度看待中国的改革开放的话,可以将中国的改革开放概括为三个阶段。第一阶段,是将市场从政府的强大控制中解放出来并加以逐步完善;第二阶段,主要在一国范围内调整政府与市场的关系;第三阶段,从国际竞争与协调的角度,考虑政府与市场关系的协调。加入WTO 以及"9·11 事件"与伊拉克战争后形势的变化,要求中国更自觉地将改革开放推进到第三阶段。在这一阶段,我们必须更多地考虑如何将当今世界文明发展潮流中具有普遍意义的要求结合中国的条件加以实行,必须在坚持中国利益的同时,更多地考虑对地区乃至世界承担我们应该承担的责任,从而在世界范围内确立中国顺应潮流而又负责任的大国形象。这不仅是我国改革开放事业继续发展的需要,也是我国在外交上争取战略主动的需要。

2. 应正确认识美国的两重性。美国一方面是一个在当今世界文明发展潮流中占据领先地位的国家,另一方面又是一个单边主义严重的国家。前者决定了我国必须积极发展与美国的合作,后者决定了我国必须对美国保持必要的警惕和抗衡能力,并和世界各国合作,以限制美国单边主义的破坏性。从长远的眼光看,除非发生美国的单边主义威胁到我国核心利益的情况,我国应把争取与美国合作作为重点。只有争取到有利于发展的环境与条件,实现中国的崛起,才能在制约美国的单边主义方面发挥更大作用,推进世界多极化和国际关系民主化。

3. 当前出现了改善中美关系和推动中日美三角关系向着更加平衡的方面发展的有利条件。应抓住时机,因势利导,通过发展中美关系,带动中日关系,通过加强中日合作,促进中美关系,努力使中美日三角关系向着形成良性互动关系的方向发展。那种公开宣称美国为最危险的敌人,想通过离间美日关系来改善中国战略地位的主张,在当今条件下不但难以达到目的,反而可能使现在出现的有利变化发生逆转,在战略上是不可取的。

4. 应顺应当前东亚多边合作的良好势头,积极地参与和推动东亚多边合作活动。支持美国在东亚多边活动中发挥积极作用,同时通过东亚多边合作的稳定与机制化,限制美国的单边主义。在获得必要的安全保证的条件下,东北亚区域经济合作会有长足的发展,这有利于有关各方的事业。中国应该以一种更宏大的气魄对待东北亚多边合作,考虑和设计中美朝韩日俄多边合作活动,努力为东北亚争取一个良好的发展前途。

(原载《面向太平洋》第 11 期)

注释:
① 《世界的变化与冲突》载日本《读卖新闻》2003 年 5 月 4 日。
② (美)罗伯特·吉尔平著:《国际关系政治经济学》,经济科学出版社 1989 年版,第 157 页。
③ 《日本经济新闻》2003 年 6 月 19 日。
④ 美联社 2003 年 5 月 1 日电。
⑤ 《时代周刊》2003 年 3 月。
⑥ "想要和平,就得正确备战",见俄罗斯《消息报》2003 年 5 月 8 日。
⑦ 美国外交学会《中国的军事实力》,见该会网站。
⑧ 《华尔街日报》2003 年 12 月 23 日。
⑨ 2003 年 5 月 22 日在华盛顿凯南研究所晚宴上的讲话。
⑩ (阿根廷)《号角报》2003 年 4 月 11 日。

⑪（德国）《商报》2003年6月10日。
⑫《评论》4月14日，美国宾厄姆顿大学费尔德·布罗代尔中心出版。
⑬ 2003年5月31日在新加坡亚洲安全会议上的讲话。
⑭ 2003年5月22日在华盛顿凯南研究所晚宴上的讲话，美国国务院信息局发表。
⑮（德国）《商报》2003年6月10日。
⑯ 同上。
⑰（美国）《国家利益》季刊2003年春季号。
⑱《日本经济新闻》2003年6月19日。
⑲《亚太国家对美国安全政策的反应》2003年3月。
⑳《东京新闻》2003年6月14日。
㉑ 2003年4月11日阿根廷《号角报》。
㉒ 2003年5月31日在新加坡亚洲安全会议上的讲话，见6月2日新加坡《海峡日报》。
㉓ 同上。
㉔ 2003年5月31日在新加坡亚洲安全会议上的话话，见6月2日新加坡《海峡时报》。
㉕《亚太国家对美国安全政策的反应》2003年3月。
㉖ 2003年3月美国威尔逊国际学者中心亚洲项目部发表。
㉗ 见（日本）《读卖新闻》2003年6月7日。
㉘《日本经济新闻》2002年11月29日。
㉙ 见2003年3月19日在参议院外交委员会东亚和太平洋事务小组委员会就中国崛起的影响问题举行的听证会上提供的证词，发表于尼克松网站。
㉚ 见美国国防大学战略研究学院2002年12月出版的第196期《战略论坛》文章《"阻吓"成为一个战略概念》。
㉛（泰国）《亚洲日报》2003年4月19日。
㉜ 2003年5月31日在新加坡亚洲安全会议上的讲话，见2003年6月2日新加坡《海峡时报》。
㉝ 2003年5月31日在新加坡亚洲安全会议上的讲话，见6月2日新加坡《海峡时报》。

战后日本区域主义方针的形成与发展

本文着重分析战后日本如何经由东南亚—亚太—东亚三个阶段,逐步形成独特的区域主义立场和政策。

一

从日本首相岸信介战后首访东南亚到在东京召开首次东南亚开发部长会议,是战后日本区域主义立场和政策的第一个发展阶段,可称东南亚区域主义阶段。

在这一阶段,日本的区域主义和政策,有以下主要特点:

(一) 以东南亚为重点

1957年5月、11月,日本首相岸信介首次访问了东南亚的缅甸、泰国、柬埔寨、老挝、马来亚、南越等国,提出了建立东南亚开发基金和技术训练中心的设想,明确了日本的区域性国际经济合作方向。

1966年4月,日本外相椎名在东京举行的首次东南亚开发部长会议上强调:对亚洲各国经济开发予以积极协助,是日本推进亚洲外交的重要一环。日本首相佐藤在会上表示:日本愿意为"开发"东南亚"提供援助"。在日本的推动下,会议倡议成立"促进东南亚经济发展中心",研究和制订"开发计划"。

战后,日本之所以以东南亚为重点倡导区域经济合作,首先是因为东南亚"地区化"水平的提高。这时,由于冷战框架的限制和经济全球化水平的相对低下,亚太、东亚地区主要还是作为地理意义上的区域"被动"存在。而东南亚各国除了地缘上的联系外,在经济、政治、安全等方面已开始建立地区性联系,正在向着"主动的主体"方向发展。例如,1961年7月,菲律宾、泰国、马来西亚成立"东南亚联盟"。1967年8月,印尼、马来西亚、菲律宾、新加坡、泰国外长会议发表"曼谷宣言",宣布成立"东南亚国家联盟"(东盟),以"通过共同的努力,促进本地区的经济增长、社会进步和文化发展"[1]。这使日本有可能将与东南亚各国的合作,提升为与东南亚地区的合作。

其次,是因为日美贸易摩擦的开始和增加。1955年,日本加入《关贸总协定》,确立了贸易立国方针。1959年,日本对美国贸易开始转为顺差,当年顺差额为1.13亿美元。而在此期间,美国的国际收支持续恶化,其综合收支逆差由

1951至1955年间的62亿美元增至1958至1960年间的115亿美元。战后日美贸易摩擦由此开始和增加。美国政府在1959年关贸总协定东京大会上,要求日本对美国大豆、生铁等10种商品实行贸易自由化,否则将对日本商品采取进口配额制。这种强硬态度迫使日本不得不在逐步实行贸易自由化的同时,加强海外市场的开拓。

东南亚因具有以下条件而成为日本加强海外市场开拓的首选之地。首先,东南亚坐拥马六甲海峡,有大量日本不可缺少的资源,对日本具有极为重要的战略意义。其次,当时东南亚国家在战后基本被置于美国的势力范围,而日本为美国盟国。这使东南亚和日本在政治与安全上具有共同利益。再次,日本在战后通过所谓赔偿,与东南亚各国已经建立了密切的经济联系。

(二) 主要通过"经济外交"的方式推动与东南亚地区的合作

1955年,岸信介提出:"加强与自由主义国家的合作,推进对东南亚各国的经济外交。"② 1959年,日本外务省进一步阐述了经济外交的内容,主张通过"官""民"和"国际机构"等各种渠道,推动与东南亚地区各国的经济合作。③

由于当时东南亚各国经济水平相当落后,迫切需要发展资金。适应这种需要,日本对东南亚经济外交,开始主要通过"赔偿"进行。据统计,日本以实物等形态,共向以东南亚国家为主的11个国家支付了总额相当于15亿美元的赔偿。以后,转入以贷款为中心进行。1958年,日本出资54亿日元,设立东南亚开发基金。之后,又设立了海外经济合作基金。还作为最大的出资国,推动成立了亚洲开发银行。日本通过贷款援助东南亚国家的同时,有力推动了向这些国家的出口。

(三) 以对美国关系为中心

东南亚虽然在战后成为日本区域主义的重点,但这时的日本区域主义是一种以对美关系为中心的区域主义。安全上,日本与美国在1951年9月签订"日美安保条约",接受美国的保护。经济上,美国市场对日本而言,仍具有决定性的意义。从贸易来看,直至1960年,日本出口的27%、进口的35%依靠美国市场;从吸引外资来看,1950—1962年日本取得的海外贷款的90%来自美国;从引进技术来看,1950—1960日本引进的1 356件甲种技术中的大多数是美国的。

正因如此,战后日本虽然是在和美国贸易摩擦加强的背景下开始考虑其国际经济合作方针、亮出区域主义旗号的,但却相当谨慎地注意与美国在东亚的战略要求相协调。日本首相佐藤荣作要求外务省的官员"不仅要确保出口市场,而且要站在维护自由与和平的高度来研讨同东南亚的经济合作。"④

(四) 排他的、分裂的区域主义

日本以对美关系为中心的态度，使当时日本的区域主义基本被纳入美国的冷战战略框架之内，必然成为一种排他的、分裂的区域主义。这种区域主义的排他和分裂性，主要表现在对社会主义国家的排斥上。

例如，日本对东南亚各国进行赔偿，唯独将越南排斥在外。又如，旧金山对日片面和约生效后，日本成为"巴黎统筹委员会"成员国，并与美国签订了对华禁运的秘密谅解协定，严格禁止所有战略物资和其他重要商品及技术设备对华出口。[5]1957年，岸信介访问台湾，对蒋介石表示，"在使大陆恢复自由的问题上，日本是有同感的"，[6]对新中国表示了强烈的敌意，对华经济关系被限制在小规模的民间贸易上。

正因为如此，日本著名东南亚问题专家波多野澄雄认为：20世纪50年代日本开发东南亚的路线有两种："其一是日美协力开发东南亚，即所谓'反共经济圈'路线。岸信介政权时代的东南亚开发基金构想、佐藤荣作政权时代的东南亚开发部长会议都属于此。其二虽然是小规模的，但却与'反共'路线保持距离，以'亚洲一员'的立场，在现实中探索广泛的经济合作可能性，这是以'科伦坡计划'为象征的路线。随着越南战争的深入，前一条路线占据了压倒的优势。"[7]

二

从三木武夫外相提出"亚洲—太平洋构想"，至冷战后日美安保条约新定义的完成，是战后日本区域主义立场与政策发展的第二个阶段。可称亚洲太平洋区域主义阶段。

亚洲太平洋区域主义阶段又可分为两个小的阶段：(1) 从三木武夫外相提出"亚洲—太平洋构想"、大平首相提出"环太平洋连带构想"三原则，至日本积极响应澳大利亚建议参加APEC，可称为日本向亚洲太平洋区域扩展经济合作阶段。(2) 从日本提出以东盟扩大外相会议作为亚太地区的"政治对话"场所，至冷战后日美安保条约新定义完成，可称为"双轨接触"阶段，即日本在发展亚太经济合作的同时，力图在亚洲太平洋区域建立以日美安保关系为中心的安全合作体系阶段。

以下，分别按上述两个小阶段，分析日本区域主义立场与政策的特点。

(一) 向亚洲太平洋区域扩展经济合作阶段

在此阶段，其区域主义的特点为：

1. 区域合作范围更为广大，由主要考虑与东南亚各国的合作，扩大为与亚洲太平洋各国特别是与太平洋五国及东南亚各国的合作

1967年年初，日本外相三木武夫正式提出"亚洲—太平洋构想"，主张太平洋地区的日、美、加、澳、新五个发达国家加强合作，共同开发东南亚。1968年，在东京成立太平洋贸易发展会议。1969年，在东京召开亚洲太平洋合作委员会部长级会议。日本显示出努力推动亚洲太平洋地区经济合作，并在其中发挥主导作用的姿态。1980年，日本首相大平正芳提出了"环太平洋连带构想"三原则：(1)实行面向世界的开放性地区主义；(2)以实现自由的开放性相互依赖为目标；(3)新构想以已有的双边和多边合作关系为基础，并互为补充。三原则确立了日本关于亚洲太平洋地区合作的指导方针。上述原则精神为以后几届日本内阁所继承。1989年11月，日本积极支持并参加了由澳大利亚建议召开的APEC部长级会议，促使APEC成立。

之所以会发生这样的变化，主要原因在于：

首先，亚太地区经济联系的加强。东亚地区经济的快速增长有力推动了亚太地区的经济联系。在20世纪60年代以来，日本经济实力长足进步，到1986年，GDP已上升到仅次于美国的水平。其后，亚洲四小龙实现经济崛起。泰国、马来西亚等东盟国家的经济也出现了迅速发展的局面。美国成为东亚地区重要的资金、技术提供国和主要的出口市场，同时，也吸引澳大利亚、新西兰等国家将经贸中心东移。其次，中国实行改革开放，逐步建立起市场经济体制，融入世界主流经济体系，进一步加强了亚太各国的经济联系。这使日本有要求也有可能将其区域经济合作扩展至整个亚太地区。

其次，世界范围内经济区域化发展的压力。随着以关税贸易总协定和世界货币基金为主导的全球自由经济体制的发展，区域性经济集团的合作要求也在进一步加强。例如，1966年5月，西欧"共同市场"六国决定完全取消六国间工业品关税；12月，欧洲自由贸易联盟七国决定提前三年完全取消相互间的工业品关税。这种趋势，必然迫使日本将区域经济合作的目光，由东南亚向更大的地区投射。

1965年5月，在日澳经济贸易联合委员会第三次会议上，日方代表永野重雄强调："世界经济国际性的合作，统一化的动向，无论如何正在以各种各样的形式在各地区进行，世界经济现在已经进入了一个重新组合的阶段，完全能够找出在围绕太平洋的5个发达国家之间说明可以确立经济合作体制的几点要素。"⑧

再次，加强与太平洋地区海洋国家的合作，适应了日本当时防止苏联对外

扩张的战略需要。20世纪60年代以后,苏联对外扩张的势头不断加强。1979年12月,苏军入侵阿富汗,引起日本更大的警惕,日本有关方面认为:"美国的军事力量已不能对其盟国与友好国家提供曾经有过的非常密切的安全保障。"⑨这使得日本希望寻求更加广泛的合作,以改变单独依赖美国的状况。

同时,日本一直极为重视海洋安全,1972年,大平正芳首相就在《太平洋共同体》杂志发表文章强调:"日本是位于亚洲的海洋国家","日本的生存与繁荣及其安全和名誉都取决于环绕日本的海洋的安全"。

上述情况,必然推动日本加强与太平洋地区海洋国家美、澳、新、加等国的合作。发展亚太区域经济合作的要求,因适应了这种战略需要而变得更加强烈。

此外,1973及1978年的两度石油危机,促使日本多方位地寻找资源与能源供应地,也加强了日本与亚洲太平洋国家的合作。1980年1月,大平首相出访澳大利亚,主要目的便是要求与澳确立在资源和能源方面的依赖关系,结果促使澳承诺作为"可靠的供应国",最大限度地给予合作。

上述需要,必然推动日本扩大区域合作范围。

2. 通过扩大区域合作,积极谋求在亚洲太平洋地区经济合作中的主导地位

随着日本经济实力的增强,日本国际地位得到明显提升。首先是日美关系趋向平等化,1974年11月20日,日美两国首脑在东京发表联合声明,宣称美日作为太平洋国家,"已发展起密切的互利关系,这建立在平等原则的基础上"。⑩

20世纪70年代中期,日本成为"七国首脑会议成员"后,其影响力向更大范围扩散,日本力图推动国际格局向"日美欧"三极方向发展。为此,日本积极谋求在亚洲太平洋地区经济合作中的主导地位。1976年,大平正芳在担任自民党干事长后不久就指出:"如同美国对中南美各国、西德对欧洲共同体各国、欧洲共同体对非洲各国给予特殊关照那样,我国对太平洋地区各国也应给予特殊关照。"⑪其后,大平又表示:"亚洲各国要求经援时,日本务必决心给予,否则亚洲各国间的关系就不能顺利发展。这是美国在亚洲发挥多年的作用。不过,我们不能希望美国永远这样做下去。"⑫在上述方针的指导下,1977年,日本对亚洲的援助额超过了美国。并在同一年宣布了今后5年内扩大政府开发援助一倍以上的计划(以后缩短为3年)。

3. 以松散性的地区合作,适应亚太各国和地区发展差距较大的状况

早在1965年5月,在日澳贸易联合委员会会议上,日方代表便指出:"太平洋地区当前还不可能确立像欧洲那样的统一体制",主张"以结合程度较低的体制出发,经过相当的年月,逐渐加深合作程度"。[13] 1976年,大平担任自民党干事长,在设计太平洋地区合作时,明确提出:太平洋地区"既有发达的工业国家,也有资源丰富的发展中国家,还有工业化程度比较高的国家。由于发展阶段不同,不可能像欧洲共同体那样实现区域联合。在提法和政策的实施上都应慎重从事,似乎可以建立一种'松散'的合作关系。"[14]

4. 淡化政治安全色彩,强调经济合作

战后,日本奉行的是先经济后军备的发展方针。这一发展方针对外表现为:在政治安全上追随美国的同时,力求扩大经济合作范围。20世纪70年代初,中日建交,又值"美国明确的优势无论在军事还是经济方面都终止了"。[15]这使日本在推进亚洲太平洋地区合作时,更注意淡化政治安全色彩,强调经济合作。大平首相主张:太平洋地区各国"建立一种不涉及政治和军事而以经济合作和文化交流为中心的开放的、松散的联合"。[16]

5. 以开放性的地区合作,谋求经济区域化与自由贸易两方面的利益

在新的条件下,日本提出了将区域合作扩大到亚洲太平洋地区的主张,但这并不意味着日本会放弃与其他地区的合作,日本谋求的是经济区域化与自由贸易两方面的利益,主张的是"开放性的地区合作"。大平首相在介绍"环太平洋连带构想"时便强调:"环太平洋各国之间的合作也绝非为了建立排他性的国家集团。其最终目的是为了造福于太平洋各国以及最大限度地促进整个人类的幸福和繁荣。"[17]

(二)主张"双轨接触"

在发展亚太经济合作的同时,力图在亚洲太平洋区域建立以日美安保关系为中心的安全合作体系。在此阶段,日本区域主义的特点为:

1. 主张"双轨接触",在发展亚太地区经济合作的同时,着力于推动亚太地区的安全对话与合作

苏联解体,冷战结束,世界安全形势发生重要变化。日本政府认为:发生世界规模战争的可能性大幅度降低,但地区性冲突、民族冲突、大规模破坏性武器扩散等危险在增加,出现了"威胁多样化"的状况。为应对这种变化,日本政府主张扩大亚太地区合作的内容。

1991年年初,日本外务省形成了关于亚太区域合作的新思路,即佐藤(时任日本外务省情报调查局长)草案,要求在发展经济合作的同时,开展政治对话,认为这种政治对话应以中小国家为主的东盟扩大外相会议为中心,并呼吁扩大政治对话的范围,特别要将俄罗斯、中国包括进来。[18]该思路为日本政府所接受。1992年2月,日本首相宫泽公开提出"双轨接触"的口号,主张以东盟扩大外相会议为亚太地区的政治对话场所,而以 APEC 为亚太地区经济合作场所。

"双轨接触"方针的提出,标志着日本区域主义开始向着地区安全合作与地区经济合作全面结合的方向转变。

2. 加强日美安保关系,推动冷战后的亚太安全秩序向以日美关系为核心的方向发展

"双轨接触"虽然要求在推进亚太经济合作的同时,发展亚太的安全合作,但是日本所希望的亚太安全合作,是一种以日美同盟为核心的安全合作。日本前首相中曾根具体描述过这种安全合作体系:"为了维护亚洲和太平洋地区的和平,日美安全条约、美韩同盟条约、美国和澳大利亚的同盟条约已经铺设在海底","另一方面也要努力建立安全保障机构,比如同俄罗斯、中国、北朝鲜、韩国,或者把美国也包括进来,建立东北亚安全保障的协调机构,促进交流、培养信任关系、防止发生纠纷、以及在发生纠纷时共同制止"。很显然,这种体系不是出于国际关系民主化的理想,而是一种霸权稳定结构。

1995 年 2 月,在日美共识的基础上,美国国防部发表了《东亚战略报告》,认为:"我们同日本的安全联盟是美国在亚洲安全政策的关键。不仅美国和日本,而且整个地区都把这看成是维护亚洲稳定的一个主要因素"。[19] 1996 年 4 月,《日美安全保障共同宣言》正式发表,认为冷战后,维持和发展日美安保关系,有利于"确保两国及地区的繁荣、民主化、人权和推进市场经济"。经过上述约定,日美安全条约由原来以保卫日本本土为主,扩大为确保美日在亚洲太平洋地区安全与经济利益。这一变化,表明日本在配合美国,推动冷战后的亚太安全秩序向以日美关系为核心的方向发展。

3. 发展对华合作关系的同时,加强对中国的防范与制约,成为日本区域主义政策的重要内容

中国的崛起是 20 世纪 90 年代以来亚太地区的另一重要变化。这给予日本的区域主义以重要影响。在发展对华合作关系的同时,加强对中国的防范与制约,成为日本区域主义政策的重要内容。

冷战结束后不久,日本防卫厅顾问、原统合幕僚长会议议长西元提出了日本可能面临的六大危险,其中之一为"出现地区性霸权国家的危险",联系西元在同一讲话中提出的日本今后在地区中应关心的若干具体问题,可以清楚地看到,西元担心的是中国成为"地区性霸权国家"。这些具体问题中有"东中国海大陆架的资源问题、钓鱼岛的所有权问题何时、怎样解决?""中国军事的现代化以什么为目标、将进行到什么程度? 周边国家如何对应中国军事现代化

的发展?""南中国海的所有权、资源问题如何解决?",等等。

由于存在上述担心,日本力图将中国拉入美日所主导的区域安全体系中,以便在发展对华合作关系的同时,加强对中国的防范与制约。例如在考虑亚太地区安全对话时,日本政府官员便认为:冷战以后,亚太地区包括大国关系在内,仍然处于不安定、不确实的状况。如有一个美、中、俄、日都在内的讨论场所,即使各国的政策不一致,至少也可以了解相互在考虑什么。特别是地区大国中国正在日益强烈地显示其存在,使中国参加国际安全保障政策的讨论是必要的。[20]

三

从日本提出关于建立亚洲货币基金的建议,到小泉首相提出建立"东亚共同体",是战后日本区域主义立场与政策发展的第三个阶段。可称东亚区域主义阶段。

在此阶段,日本区域主义立场与政策的主要特点为:

(一) 东亚认同感加强,希望建成以东亚区域经济一体化为基础的多层经济合作框架

这时,东亚区域内的经济联系有了迅速发展。20世纪90年代末,东亚区域内的贸易已占其贸易总额的50％以上,21世纪初,有了更大增长。例如到2002年,亚洲接受日本的出口,占到日本出口总额的43％,创历史最高纪录,其中绝大部分是东亚地区接受的,而接受最多的是中国,这使中国取代美国,成为日本最大的进口国。

东亚区域内密切的经济联系,不仅反映为区域内国家与地区在经济发展上的相互促进,而且反映为经济危机一旦发生,便可能在整个区域内的扩散。1997年,首先在泰国、马来西亚、印尼等国发生的金融危机,便迅速波及东盟其他国家,以及韩国、中国台湾地区,甚至日本、中国等东亚国家和地区。这种"一损俱损,一荣俱荣"的密切经济联系,加强了日本对东亚区域的认同感。

同时,EU与NAFTA的快速发展(2004年,东欧及中欧的10国将进入EU;2005年,NAFTA将整合中、南美形成美洲自由贸易区),更提升了日本推进东亚区域合作的紧迫感。

这使日本自东亚金融危机后,形成了所谓"多层的经贸政策"概念,即全球范围的WTO政策,亚太范围的APEC政策,东亚范围的FTA政策,希望建成以东亚区域经济一体化为基础的多层合作框架。在上述政策的指导下,日本对东亚区域经济一体化表现出了以往少有的热心。

1990年,马来西亚总理马哈蒂尔提出成立东亚经济集团,日本不敢呼应。1997年9月,日本却不顾美国的反对,提出了由日本、中国、中国香港和中国台湾以及新加坡共同出资建立亚洲货币基金的建议。

1997年12月15日,在日本的支持和参与下,首次东盟-中日韩领导人非正式会议召开,讨论了21世纪东亚的发展前景、东亚金融危机和如何深化东亚区域联系。次年,在东盟-中日韩领导人第二次会议上,日本与其他国家一起,接受韩国总统金大中的提议,成立了"东亚展望小组",规范东亚合作的长远蓝图。2001年,"东亚展望小组"提交了研究报告,主张以建立"东亚共同体"作为东亚合作的长远目标。

2002年7月,日本与韩国在两国政府、产业、学校代表共同参加的研讨会上,开始讨论两国缔结自由贸易协定的问题。2002年11月30日,日本与新加坡签订了包括自由贸易协定在内的新时代经济合作协定。

2003年6月,日本"国际论坛"向日本首相小泉提出政策建议"东亚经济共同体构想及日本的作用",主张日本积极行动起来,推动创建"东亚经济共同体"。同年12月,在日本与东盟特别峰会发表的《东京宣言》里,写入了建立"东亚共同体"的主张。

(二) 建立东亚自由贸易区,以占据东亚区域经济合作的主导地位

首先同东亚发达国家新加坡、韩国形成自由贸易区(FTA)。然后逐步扩大,其扩大顺序大致为:中国香港、台湾,及中国东南沿海发达地区,东盟,整个中国。

日本之所以以新加坡、韩国等东亚的发达国家作为自己建立自由贸易区(FTA)的首选对象,有技术层面上的原因,例如新加坡是一个城市国家,与日本农产品贸易比重非常低,因此,双方决定农产品市场开放议题不列入协商范围。这使日本与新加坡建立自由贸易区比较容易。但是日本这样做,更有战略层面上的考虑,这就是首先争取东亚发达国家的合作,以占据未来东亚共同体的主导地位,抢占先机之利。日本"国际论坛"便主张:在2005年首先由日新韩成立东亚自由贸易区,以让日韩新自由贸易区成为"发展的经济共同体——东亚共同体的重要核心"。然后,再考虑分阶段扩大。日本"国际论坛"设计的东亚共同体成立阶段是,在日韩新成立自由贸易区后,可以考虑让中国"沿海的经济特区作为经济地区先参加,即分不同的地区,分先后参加不同领域的经济合作"。中国台湾和香港地区"也应作为独立的经济地区参加东亚经济共同体"。[②]其后,才是整个中国。而与整个东盟,则拟在2012年前实现建立自由贸易区的构想。

显然,日本设计的东亚区域经济合作路径,既不是"10+3"(东盟自由贸易区+中日韩自由贸易区),也不是三个"10+1"(东盟+中国自由贸易区,东盟+日本自由贸易区,东盟+韩国自由贸易区)的合并。因为,经过这条路径,日本都难以取得东亚区域合作的主导地位。日本希望的是首先建立以其为核心的日新韩自由贸易区,然后像摊大饼一样,分阶段扩展到整个东亚地区。

(三)防止中国在东亚区域经济合作中取得主导地位,同时争取中国的合作

但东亚经济合作的进程,不可能完全按照日本希望的逻辑展开。2001年11月6日,第5次中国-东盟领导人会议决定在10年内建立中国-东盟自由贸易区。对此,日本感到震惊,"对于日本而言,东盟是一个特殊地带,如果东盟向其他国家倾斜,日本将无法保持内心的平衡"。结果,"为了与东盟共同探讨自由贸易协定,日本政府也慌忙同意设立日本-东盟加强经济合作专家小组"。㉒显然,对正在崛起的中国,日本是心存疑忌的。因此,在日本推进东亚区域经济合作的指导思想中,包含有防止中国在该区域经济合作中取得主导地位的考虑。

日本虽然担心中国在东亚区域经济合作中取得主导地位,但也很清楚:"从政治(特别是安全)和经济两方面考虑,东亚经济共同体没有中国参加是不行的。中国这个大国参加,可以说是建立东亚经济共同体的前提条件。"㉓

正是出于上述既要防范又想合作的矛盾立场,2002年11月,当中国提出中日韩就三国缔结自由贸易协定问题开展共同研究时,日本首相小泉回应说:"应该从中长期角度进行探讨,我将关注进展情况",㉔表现出慢慢来,但并不拒绝的态度。

(四)努力提高日本在东亚地区内的军事地位,同时注意推动东亚地区内的多边安全合作

值得注意的是,日本在加强东亚区域经济合作的同时,适应东亚安全形势变化、美国建立全面优势地位战略和日本成为"普通国家"的需要,正进一步加强其东亚军事强国的地位。2003年,日本有学者建议日本构筑"多重遏制机制":(1)日美同盟的"扩大式遏制机制";(2)以导弹防御体系为基础的"拒绝式遏制机制";(3)突破"专守防卫"概念,建立灵活的防卫力量,实现"独自遏制机制"。㉕实际上日本已经在这样做了。

首先,这表现在日美安全保障的战略重点由"保卫日本",转为对付"周边地区紧急事态"。1999年4月27日和5月24日,日本国会先后通过《周边事

态法》等三个相关法案。2000年2月,日美举行首次针对"周边有事"的图上演习。该演习假想朝鲜越过三八线进攻韩国,在事态扩大后,向日本发射导弹,并派武装游击队入侵日本国内,占据和破坏原子能发电站等重要设施。自2001年的日本《防卫白皮书》始,日本明确宣称"台湾海峡的安全是日美安保条约的对象"。上述情况表明日本的所谓周边有事,重点在东亚地区特别是朝鲜和台湾海峡。

其次,表现在日本以东亚地区的所谓威胁为重点,加强军事力量特别是实施导弹防御体系的研制和部署。日本已经通过修改《防卫计划大纲》和制定《2001—2002年中期防卫力量整备计划》,将建立导弹防御体系确立为今后日本防卫力量建设的重要任务,既参与美国的导弹防御体系,又独自研发。预定在2006年年初,组成一支一体化的反导弹力量;在2008年前后,拥有建立反导弹系统的全部主战装备。日本的导弹防御体系一旦建成,不但能增强对付朝鲜导弹的能力,还将削弱中国导弹的威慑力量,从而大大提升其在东亚地区的军事地位。

日本加强在东亚军事地位的努力,造成东亚各国关系不同程度的紧张,为缓和这种紧张关系,日本对推进东亚地区安全合作表示出更大的兴趣。与政府关系密切的日本和平·安全保障所在主张与美国合作建立导弹防御体系的同时便强调:"中国在增强自身的弹道导弹和核武器的同时,反对他国建立导弹防御体系,这种态度是自相矛盾的。我国应要求建立包括中国在内的东亚军备管理体制。为此,将导弹防御体系和地区军备管理政策联系起来,推进核裁军和军备管理是必须的。"[25]

此外,反恐和防止大规模杀伤性武器扩散的要求,也使日本更加积极于推进东亚地区安全合作。日本参加了朝核问题的两次六方会谈;与中韩东盟达成共识,将"10+3"框架运用于安全领域,共同打击跨国犯罪,以促进东亚地区的和平与发展。

(五) 坚持开放的地区主义,力争在美国的支持下推进东亚地区合作

日本加强东亚区域合作的主张,虽然基于东亚认同感的加强,并带有与欧洲共同市场和北美自由贸易区竞争的意图,但出于整体战略利益的考虑,实行的仍然是一种"开放的地区主义"。

为了打消美国对日本加强东亚地区合作的疑虑,日本一些学者已开始游说美国。日本经济产业研究所高级研究员、美国乔治华盛顿大学西格尔亚洲研究中心访问学者宗象直子便向美国有关方面表示:"协助东亚实现经济统合,符合美国的国家利益",其理由是:(1)日本经济的前景是否光明,依赖于日本能否灵活运用亚洲的活力;(2)东亚相互依存度的增强,可以加深相互理解,增强预见性,缓和地区紧张,减轻美国安全保障的负担;(3)如果日本在东亚一体化过程中能够成为被邻国信赖的领袖,对美国而言,日本将是更有价值的同盟国。[20]

显然,日本不仅不想将美国排除在外,反而希望争取美国的支持与合作,获得东亚地区领袖的地位。

综上所述,可知战后日本的区域主义立场和政策,经历了一个由小范围向大范围、由经济合作向经济合作与政治安全合作相结合、由单层框架向多层框架、由推动一般的经济合作向推动经济一体化转变的过程。在这一过程中,日本的东亚认同感与占据东亚主导地位的要求同时上升。这将使中日之间产生新的合作与竞争,如何使这种合作与竞争纳入良性轨道,是当今中国在考虑中日关系与东亚多边合作时,必须正视的新课题。

(原载辽宁大学日本研究所《日本研究》2004年02期)

注释:

[1] 卫林等编:《第二次世界大战后国际关系大事记》,中国社会科学出版社,1991年版,第391页。

[2][6] (日)田尻育三等著:《岸信介》,吉林人民出版社1980年版,第133、149页。

[3] (日)《我国外交的近况》,1959年度第23页。

[4] 《战后日本外交》,中国社会科学出版社1996年版,第283页。

[5] (日)田中明彦:《日中关系1945—1990》,第45页。

[7] (日)《战后外交的形成》,山川出版社1994年版,第216页。

[8][13] (日)倭岛英二:《日本外交的革新》,鹿岛研究所出版会1965年版,第40、40页。

[9] (日)综合安全保障研究俱乐部:《综合安全保障战略》,1980年7月2日。

[10] 鹿岛和平研究所编:《日本外交主要文书年表》,第3卷,原书房1985年版,第741页。

[11][14][15] (日)《大平正芳的政策纲要资料》。

[12] (日)鹿岛和平研究所编:《当今世界事务中的日本》,日本时报公司1971年英文版,第219页。

[16] 1980年1月17日在澳大利亚与弗雷泽总理的会谈。

[17] 1980年1月17日在澳大利亚墨尔本市国立图书馆所作讲演《太平洋时代的创造性合作关系》。

[18] (日)防卫学会主编:《新防卫论集》,第25卷第3号,1997年12月,第51页。

[19] 新华社华盛顿1995年2月27日电。

[20] (日)平松贤司(日本外务省综合外交政策局安全保障政策课长):《亚洲太平洋型安全保

障机构成立吗?》,见《外交论坛》1999 年特别篇第 118—119 页。
㉑（日）《东亚经济共同体构想及日本的作用》,见《世界周报》2003 年 7 月 8 日。
㉒㉔（日）津上俊哉:《中国崛起,日本该做些什么?》中译本,李琳译,第 41、45 页。
㉓（日）《东亚经济共同体构想及日本的作用》,见《世界周报》2003 年 7 月 8 日。
㉕（日）神保谦一:《抛开"基础防卫力量"设想,采取"多重遏制机制"》,见《世界周报》2003
　　年 8 月 29 日。
㉖（日）和平与安全保障研究所编:《亚洲的安全保障》(2001—2002),朝日新闻社发行,
　　2001 年版,第 29 页。
㉗（日）《日本应下定决心加入到东亚经济统合中去》,见《论座》2002 年 8 月号。

从东南亚向亚太的扩展
——试论冷战时期日本的区域主义

伴随经济全球化深入发展而兴起的区域合作,成为影响当今国际关系的重大潮流。在这一潮流中,与已建 EU 和 NAFTA 的欧洲、北美相比,东亚虽稍为逊色,但其区域合作要求也日益突出。如何正确认识和推动东亚区域合作,已成为我国外交的重大课题。而要正确认识和推动东亚区域合作,必须了解东亚各国区域主义的由来与现状。

何谓区域主义?有各种各样定义。从功能主义出发者认为:"区域主义是为便于履行一系列相互联系的功能而谋求的一个单一空间"[①];从世界政府角度出发者认为:区域主义"是介于世界政府与主权国家之间的妥协方案,是具有共同利益而非普世利益的国家能够凭借一起工作的工具"[②];从国家与区域关系出发者认为:区域主义是"组建以区域为基础的国家间的集团"[③]。笔者认为,上述定义从某个角度看都有可取之处,但涵盖性不足,容易造成区域主义研究的片面性,对区域主义应该给出以下更具普遍性的定义:区域主义是反映与指导因某些特殊内部联系而构成的特殊区域内各国或次区域间区域性合作及与外部关系的思想、理论与政策、方针。

本文从上述定义出发,着重分析冷战时期日本区域主义的变化与发展。

一

从日本首相岸信介战后首访东南亚到在东京召开首次东南亚开发部长会议,是冷战时期日本区域主义的第一个发展阶段,可称为东南亚区域主义阶段。

1957年5月、11月,日本首相岸信介首次访问了东南亚的缅甸、泰国、柬埔寨、老挝、马来西亚、南越等国,提出了建立东南亚开发基金和技术训练中心的设想,明确了日本的区域性国际经济合作方向。1966年4月,日本外相椎名在东京举行的首次东南亚开发部长会议上强调:对亚洲各国经济开发予以积极协助,是日本推进亚洲外交的重要一环。[④]

战后日本之所以以东南亚为重点倡导区域合作,首先,是因为日本追随美国,拒绝与中国等国家实现关系正常化,这使当时日本的区域主义无法包括更广泛的区域。

为了防止日本因追求经济利益而导致对外战略的动摇,美国也有意推动日本向东南亚发展。例如东京盟总表示:由于日本难与美元区平衡贸易,应"使日本经济与亚洲和远东经济一体化,而不是与美国经济一体化"。⑤1951年,美国又决定把日本的劳务赔偿与贸易联系起来,采取具体步骤改善日本与东南亚等索赔国的关系,以推动日本向东南亚发展。

其次,是因为东南亚"地区化"水平的提高。

这时,由于冷战框架的限制和经济全球化水平的相对低下,亚太、东亚地区主要还是作为地理意义上的区域"被动"存在。而东南亚各国除了地缘上的联系外,在经济、政治、安全等方面已开始建立地区性联系,正在向着"主动的主体"方向发展。例如,1967年8月,印尼、马来西亚、菲律宾、新加坡、泰国外长会议发表"曼谷宣言",宣布成立"东南亚国家联盟"(东盟),以"通过共同的努力,促进本地区的经济增长、社会进步和文化发展",标志着东南亚区域主义的正式形成。⑥这使日本有可能将与东南亚各国的分别合作,提升为与东南亚地区的合作。

再次,是因为日本经济的发展和日美贸易摩擦的增加,迫切要求日本开拓新的海外市场。

战后,日本利用在朝鲜战争中为美国生产"特需"的机会,使经济获得了较快恢复,到20世纪50年代中期,日本的经济已经超过了战前水平。1955年,日本加入关贸总协定,确立了贸易立国方针。1959年,日本对美国贸易开始转为顺差,当年顺差额为1.13亿美元。而在此期间,美国的国际收支持续恶化,其综合收支逆差由1951至1955年间的62亿美元增至1958至1960年间的115亿美元。战后日美贸易摩擦由此开始和增加。美国政府在1959年关贸总协定东京大会上,要求日本对美国大豆、生铁等10种商品实行贸易自由化,否则将对日本商品采取进口配额制。这种强硬态度迫使日本不得不在逐步实行贸易自由化的同时,加强海外市场的开拓。

在上述背景下,日本以东南亚为主要对象的区域主义开始形成,并具有以下主要特点:

1. 以对美国关系为中心,发展与东南亚的合作关系。

东南亚虽然在战后成为日本区域主义的重点,但这时的日本区域主义是一种以对美关系为中心的区域主义。从贸易看,直至1960年,日本出口的27%、进口的35%依靠美国市场;从吸引外资看,1950至1962年日本取得的海外贷款的90%来自美国;从引进技术看,1950至1960年日本引进的1 356件甲种技术中的大多数是美国的。

正因如此,战后日本虽然是在和美国贸易摩擦加强的背景下开始考虑其国际经济合作方针、亮出区域主义旗号的,但却相当谨慎地注意与美国在东亚的战略要求相协调。日本首相佐藤荣作要求外务省的干部"不仅要确保出口市场,而且要站在维护自由与和平的高度来研讨同东南亚的经济合作"。[7]

2. 主要通过"经济外交"的方式推动与东南亚地区的合作。

1955年,岸信介提出:"加强与自由主义国家的合作,推进对东南亚各国的经济外交。"[8]1959年,日本外务省进一步阐述了经济外交的内容,主张通过"官""民"和"国际机构"等各种渠道,推动与东南亚地区各国的经济合作。[9]

由于当时东南亚各国经济水平相当落后,迫切需要发展资金。适应这种需要,日本对东南亚经济外交,开始主要通过"赔偿"进行。据统计,日本以实物等形态,共向以东南亚国家为主的11个国家支付了总额相当于15亿美元的赔偿。以后,转入以贷款为中心进行。1958年,日本出资54亿日元,设立东南亚开发基金。之后,又设立了海外经济合作基金。还作为最大的出资国,推动成立了亚洲开发银行。日本通过贷款援助东南亚国家的同时,有力地推动了向这些国家的出口。

3. 排他的、分裂的区域主义。

日本以对美关系为中心的态度,使当时日本的区域主义基本被纳入美国的冷战战略框架之内,必然成为一种排他的、分裂的区域主义。这种区域主义的排他性和分裂性,主要表现在对社会主义国家的排斥上。例如,日本对东南亚各国进行赔偿,唯独将越南排斥在外。又如,旧金山对日片面和约生效后,日本成为"巴黎统筹委员会"成员国,并与美国签订了对华禁运的秘密谅解协定,严格禁止所有战略物资和其他重要商品及技术设备对华出口。[10]对新中国表示了强烈的敌意,对华经济关系被限制在小规模的民间贸易上。

正因如此,日本著名东南亚问题专家波多野澄雄指出,20世纪50年代日本开发东南亚的路线有两种:"其一是日美协力开发东南亚,即所谓'反共经济圈'路线。岸信介政权时代的东南亚开发基金构想、佐藤荣作政权时代的东南亚开发部长会议都属于此。其二虽然是小规模的,但却与'反共'路线保持距离,以'亚洲一员'的立场,在现实中探索广泛的经济合作可能性,这是以'科伦坡计划'为象征的路线。随着越南战争的深入,前一条路线占据了压倒的优势。"[11]

二

从三木武夫外相提出"亚洲-太平洋构想",至冷战后日美安保条约新定义的完成,是冷战时期日本区域主义发展的第二个阶段。可称为向亚洲太平洋地区扩展经济合作的区域主义。它的产生,与当时世界及亚太国际条件的变化密切相关。

首先,当时美国的霸权地位有所下降,公共产品的提供能力减弱,在坚持全球性多边贸易体制的同时,开始转向地区主义。

1971年,美国对外贸易出现了20世纪以来的首次赤字,达到27亿美元。到1985年,美国的财政赤字和贸易赤字分别高达2 123亿和1 485亿美元,美国成为一个纯债务国。这使得美国在坚持全球性多边贸易体制的同时,开始转向地区主义。1979年,在参加总统竞选时,里根明确表示:"建立包括美、加、墨在内的自由贸易区将是他的一项重要追求。"[12]在就任总统后,里根对环太地区的合作也表示出很大的兴趣,他在1983、1984年分别访问日本、韩国、中国时,强调了亚太地区的重要性,认为"未来属于太平洋和太平洋国家"。[13]

其次,环太平洋地区的经济联系有了明显发展,日本在环太地区的经济影响扩大。

20世纪60年代以来,日本经济实力长足增长,到1986年,GDP已上升到仅次于美国的水平,成为世界头号债权国。其后,亚洲四小龙实现经济崛起。泰国、马来西亚等东盟国家的经济也出现了迅速发展的局面。东亚地区经济的快速增长,使美国成为东亚地区重要的资金、技术提供国和主要的出口市场,与东亚的经济联系日益密切。此外,也吸引澳大利亚、新西兰等国家将经贸重心东移。

随着日本经济实力的上升和环太经济联系的发展,日本在环太地区的经济影响在扩大。20世纪70年代以来,日本对外贸易的60%—70%集中在环太地区,对外投资和对外援助的80%分布在环太地区。[14]日本对外经济关系呈现出以环太为中心的新格局。

再次,苏联对环太地区的扩张加剧。

20世纪60年代后期以来特别是1979年入侵阿富汗后,苏联在环太地区的扩张势头急剧上升,其1/3的武装力量集中到远东,太平洋舰队的实力上升为苏联四大舰队之首,地面部队由60年代的20个师增加到1984年的53个师,并向北方四岛派驻了1.4万人的守备部队,直接威胁日本和美在日基地的安全。这使日本认为:"美苏间的军事平衡,无论在全球还是在地区都发生了变化。其结果,美国的军事力量已不能对其盟国与友好国家提供曾经有过的非常密切的安全保障。"[15]

又次,发展中国家的力量有所增强,成为影响环太地区国际格局的重要因素。

环太地区拥有众多的发展中国家,20世纪60年代以来,其力量和集体认同感都有所增强。日本认为:"新的南方势力的抬头已成事实。如果南方势力的要求由变更现状,进而否定现状,将对国际政治、经济构成大的威胁。"[16]同时,日本还担心"苏联以不断增强的军事力量为背景加强对第三世界渗透的情况",将造成对西方不利的结果。[17]

在这样的背景下,1980年,大平内阁首先正式提出了"环太平洋合作构想"的要求,主张向环太平洋地区扩展经济合作。其后的铃木、中曾根、竹下内阁继承了大平内阁的主张,并分别作了一定程度的修改和补充,形成了较为完备的贯穿整个20世纪80年代的日本环太平洋区域主义框架。其基本特点如下:

1. 加强与美国等发达国家的合作,重点争取东盟、中国等发展中国家的支持,迂回地孤立苏联。

战后日本的外交方针是以现实主义的霸权稳定论为理论基础的,加入并维护以美国霸权为中心的国际体系,在这个国际体系中谋求本国的国家利益。但自20世纪年代后期特别是苏军入侵阿富汗以后,美国的霸权出现衰微趋势,苏联则步步进逼,不但危及美国为中心的国际体系,更在日本所在的环太平洋地区对日本构成了直接威胁。这使日本感到忧心忡忡。大平首相的私人咨询机构"综合安全保障研究俱乐部"1980年提出"综合安全保障战略"。该战略在分析当时的形势时指出:"今天,基本由美国独立维持的国际体系、'美国支撑的和平时代'已结束,而转变为由各国合作维持的国际体系、'各国分担责任的和平'时代。在这样的国际体系中,日本仅追求本国的经济利益是不行的。"[18]

大平首相的"环太平洋合作构想"几乎是在提出"综合安全保障战略"的同一时间提出的。因此,"环太平洋合作构想"中,始终贯穿着一个重要思想,即防止当时的国际体系因苏联的挑战而崩溃。为了达到上述目的,"环太平洋合作构想"强调加强与美国等发达国家的合作,重点争取东盟、中国等发展中国家的支持,在加强环太平洋合作时,迂回地孤立苏联。

1978年11月,大平为竞选自民党总裁提出"环太平洋合作构想"时便强调:"我们必须以日美友好为基轴。"[19]大平任首相后,针对越南入侵柬埔寨、苏联入侵阿富汗,日本加强了与中国的关系,1979年12月向中国提供第一次日元贷款;增加了对泰国、巴基斯坦等国的战略援助;冻结了对越南、阿富汗的经济援助。大平并表示:"应由欧洲统筹委员会研究并采取适当措施,其中包括采取限制对苏出口等措施。"[20]

1989年3月,竹下首相在给澳大利亚总理的信中阐明了环太合作的三条方针,其中第三条主张:美国和加拿大是重要的合作对象国。中国应作为正式成员,但苏联只能作为列席代表。[21]

显然,在"环太平洋合作构想"中,日本虽然一再声称只进行经济、文化和技术等领域的合作,但实际上有强烈的针对苏联的安全考虑,只是为了避免刺激苏联,讳言而已。

2. 在加强美日合作的同时,防止美国贸易保护主义抬头和地区主义上升带来的损害,并利用美国力量的衰落,扩大影响,争取亚太合作的主导权。

1976年,大平正芳在担任自民党干事长后不久,就指出:"如同美国对中南美各国、西德对欧洲共同体各国、欧洲共同体对非洲各国给予特殊关照那样,我国对太平洋地区各国也应给予特殊关照。"[22]这反映了在20世纪70年代后期,随着日美贸易摩擦加剧,在美国出现贸易保护主义抬头和地区主义上升倾向的背景下,为了避免这种情况给日本造成损害,日本力图将环太平洋地区发展作为自己所主导的地区。

同时,日本利用美国力量的衰落,积极在亚太地区扩大自己的影响。大平担任自民党干事长时就表示:"亚洲各国要求经援时,日本务必决心给予,否则亚洲各国间的关系就不能顺利发展。这是美国在亚洲发挥多年的作用。不过,我们不能希望美国永远这样做下去。"[23]在上述方针的指导下,1977年,日本对亚洲的援助额就超过了美国;到1989年,日本年度开发援助额已接近90亿美元,超过美国,居世界第一位。

伴随日本提供公共产品能力的增加,日本在亚太地区的地位大幅上升。1988年8月,布什在竞选总统时表示:应该以分担责任为美国对日政策的核心,可以由美国在军事方面,日本在援助第三世界方面分别发挥领导作用。[24]

3. 开放的地区主义,以多边合作为重点。

适应形势的变化,日本提出了"环太平洋合作构想"的主张,表现出了更为强烈的区域主义倾向,但日本是一个全面依赖国际市场的国家,不可能将区域合作与全球自由贸易原则对立起来,日本谋求的是全球自由贸易原则下的区域经济合作利益。

1980年1月17日,大平首相在介绍"环太平洋合作构想"时便强调:"环太平洋各国之间的合作也绝非为了建立排他性的国家集团。其最终目的是为了造福于太平洋各国以及最大限度地促进整个人类的幸福和繁荣。"[25]5月29日,"环太平洋合作研究组"向大平首相递交的最终研究报告提出了环太合作的三原则:(1)实行面向世界的开放性地区主义;(2)对外是全球主义,对内以建立自由的开放性相互依赖关系为目标;(3)不排斥地区内已有的双边和多边合作关系,以其为基础,互为补充。

4. 以松散性的地区合作,适应亚太各国和地区发展差距较大的状况。

亚太地区经济发展程度参差不齐。因此,早在1965年5月,在日澳贸易联合委员会会议上,日方代表便指出:"太平洋地区当前还不可能确立像欧洲那样的统一体制",主张:"以结合程度较低的体制出发,经过相当的年月,逐渐加深合作程度。"[21]1976年,大平担任自民党干事长,在设计太平洋地区合作时,明确指出:太平洋地区"既有发达的工业国家,也有资源丰富的发展中国家,还有工业化程度比较高的国家。由于发展阶段不同,不可能像欧洲共同体那样实现区域联合。在提法和政策的实施上都应慎重从事,似乎可以建立一种'松散'的合作关系。"[22]

综上所述,可知冷战时期日本区域主义的第一阶段属于区域主义理论中的所谓"旧区域主义",是日本政府适应冷战需要作出的安排,具有类似西欧区域主义的以意识形态和社会制度划线的特性,同质包容,异质相斥。同时,由于在安全、经济上对美国的巨大依赖,这时的日本区域主义与西欧区域主义都表现出以美国霸权为中心的特性。

而在冷战时期日本区域主义发展的第二阶段,出现了由"旧区域主义"向"新区域主义"转变的趋势。这时的日本区域主义仍带有异质排他性,主要是指向苏联,但由于中日美关系的改善,中国还是社会主义国家,却已被包括在日本区域主义的范畴。这使第二阶段的日本区域主义,表现出比第一阶段更大的开放性。同时,由于美国力量的衰落和日本力量的上升,日本区域主义表现出填补美国力量空白和力图主导区域经济合作的特性。

无论是在冷战时期的第一阶段还是第二阶段,由于日本面对的合作对象的多样性,使日本区域主义无法像西欧区域主义那样重制度建设而必须将实际合作放在首位。因此,当时日本政府设想的区域合作,基本是在被自由政府间主义视为"低级政治范畴"的"功能"领域,例如:成立"太平洋技术交流中心""太平洋生产率组织""亚洲专利中心",实行煤炭合作计划、通信合作,等等。在合作原则上,强调的是对话和在取得一致意见基础上的合作。

(原载《东北亚研究》2004年8月期)

注释:

[1] Paul Taylor, "Regionalism: Ideas and Deeds," in A.J. Groom and Paul Taylor ed. *Frameworks for Inter-national Co-Operation*, London: Pinter Publishers, p.167.

② J. W. Burton, "Regionalism, Functionalism, and UN's Arrangements in Regional Security," quoted from Taylor and Groom ed., *International Organization*, *Conceptual Approach*, p.350.

③ Louis Fawcett, "Regionalism in Historical Perspective," in Louis Fawcett and Andrew Hurrell ed. Regional-ism in World politics; Regional Organization and Order; Oxford University press, 1995/1997, p.11.

④⑥ 卫林等编:《第二次世界大战后国际关系大事记》,中国社会科学出版社1991年版,第369页、391页。

⑤（美）威廉·S.博顿著:《太平洋同盟》,威斯康星大学出版社1984年版,第110页。

⑦ 冯昭奎等著:《战后日本外交(1945—1995)》,中国社会科学出版社1996年版,第283页。

⑧（日）田尻育三等著:《岸信介》(中译本),吉林人民出版社1980年版,第133页。

⑨（日）《我国外交的近况》1959年度,第23页。

⑩（日）田中明彦著:《日中关系1945—1990》,东京大学出版会1991年版,第45页。

⑪（日）《战后外交的形成》,山川出版社1994年版,第216页。

⑫ 周茂荣著:《美加自由贸易协定研究》,武汉大学出版社1993年版,第24页。

⑬《人民日报》1984年4月20日。

⑭ 赵凤彬等编:《日本对外经济关系》,中国对外经贸出版社1988年版,第68页。

⑮⑱（日）综合安全保障俱乐部:《综合安全保障战略》1980年7月2日。

⑯ 同上。

⑰（日）铃木首相的讲话,见1979年1月12日《朝日新闻》。

⑲㉒㉗（日）《大平正芳的政策纲要资料》。

⑳（日）《朝日新闻》1980年1月26日。

㉑ 转引自吴学文:《日本外交轨迹》,时事出版社1990年版,第226页。

㉓（日）鹿岛和平研究所编:《当今世界事务中的日本》,日本时报公司1971年英文版,第219页。

㉔（日）《每日新闻》,1988年8月9日。

㉕（日）在澳大利亚墨尔本市国立图书馆所作讲演《太平洋时代的创造性合作关系》。

㉖（日）倭岛英二:《日本外交的革新》,鹿岛研究所出版会1965年版,第40页。

日本的新区域主义及中国的外交选择

伴随经济全球化迅猛发展而兴起的区域合作,成为影响当今国际关系的重大潮流。

在这一潮流中,与已建立欧洲共同市场(EU)和北美自由贸易区(NAFTA)的欧洲、北美相比,东亚虽稍为逊色,但其区域地位也日益突出。如何正确认识和推动东亚区域合作,已成为我国外交的重大课题。而要正确认识和推动东亚区域合作,必须了解东亚区域内各国的区域主义要求。

本文着重分析1997年东亚金融危机以来日本区域主义的变化与发展。

一

从1997年东亚金融危机期间日本提出关于建立亚洲货币基金的建议,到2003年小泉首相主张建立"东亚共同体",反映了后冷战时期日本区域主义进入一个以东亚一体化为目标的新的发展阶段。

在此阶段,日本的东亚认同感加强,其区域主义更多地带上了东亚色彩,在经济和安全上加强了对东亚的关注以及占据东亚地区主导地位的努力。

发生上述变化的主要原因如下:

1. 东亚区域内的经济联系有了迅速发展。"一损俱损,一荣俱荣"的密切经济联系,加强了日本对东亚区域的认同感

20世纪90年代末,东亚区域内各国和地区的经济发展水平明显提升,水平贸易比例增大,区域内贸易已占东亚贸易总额的50%以上,21世纪初,有了更大增长。例如,2001年日本对东亚的贸易额为35%,超过了对美国的25%、对欧盟的14%。到2002年,亚洲接受日本的出口,占到日本出口总额的43%,创历史最高纪录,其中绝大部分是东亚地区接受的,而接受最多的是中国,这使中国取代美国而成为日本最大的进口国。

东亚区域内密切的经济联系,不仅反映为区域内国家与地区在经济发展上的相互促进,而且反映为经济危机一旦发生,便可能在整个区域内扩散。例如1997年,首先在泰国、马来西亚、印尼等国发生的金融危机,迅速波及东盟其他国家,甚至日本、韩国、中国香港及台湾等地区。

这种"一损俱损,一荣俱荣"的密切经济联系,加强了日本对东亚区域的认同感。

2. 日本原有的二重经济结构变得难以维持

战后的日本经济,是一种二重经济结构,即有国际竞争力的产业和低效率产业同时并存,有国际竞争力的产业获得的利润通过各种再分配,保护了低效率产业的存在。由于当时日本经济处于高速增长时期,低效率产业给日本经济造成的损失被掩盖了。20世纪90年代初期,日本经济进入长期徘徊时期,加上人口的高龄化,使日本很难期待其内需有较大的发展。而此时正值经济全球化迅速发展,各种资源超越国界,在地区甚至全球范围内配置,国际竞争加剧,二重经济结构难以维持。在这种情况下,日本唯一的出路是改造经济结构。对内,将竞争机制引入低效率产业,并创造良好的环境,吸引海外人才和资金;对外,最大限度地利用东亚迅速发展带来的机会,例如将生产据点转移到近邻诸国,充分利用当地的廉价劳动力和其他资源,以增强国际竞争力。这使日本必然地将眼光进一步转移到东亚。

3. APEC成立后,由于内部分歧严重,其作用主要是论坛,很难发挥整合环太地区经济的机制性作用,在这种情况下,发展东亚合作的要求加强

美国原想将APEC建成由其主导的融政治、安全、经济于一体的共同体,但受到了其他许多成员的抵制,因此,将重点放到了促进贸易和投资自由化上。而亚洲许多国家和地区关心的是如何加强区域和全球经济技术合作。如何协调两者之间的矛盾,一直是APEC的难题。在1997年11月召开的APEC温哥华会议上,发达国家关心的仍然主要是推进贸易自由化问题,开始甚至不准备讨论东亚金融危机问题。这更引起了东亚国家的不满。包括日本在内,东亚国家普遍感到仅有APEC是不够的,需要考虑东亚的地区经济合作。

4. 欧洲共同市场(EU)和北美自由贸易区(NAFTA)的迅速发展使日本感到,如不获得东亚地区合作的支撑,可能失去世界经济中三极之一的地位

2004年5月,欧洲共同市场(EU)扩大为25个国家,今后还会有国家参加。北美自由贸易区(NAFTA)则将扩大到34个国家,成立美洲自由贸易区(FTAA)。为此,日本前驻联合国大使谷口诚大声疾呼:"培育作为EU、NAFTA、东亚这新的三极构造中的一极的东亚经济圈将关系到日本的生存和未来的发展。"[1]

5. 此外,中国在东亚地区的经济地位和经济影响力的提升,使日本对参与东亚地区经济合作具有了更大的紧迫感

近年来,随着中国经济的发展,中国在东亚地区的经济地位和经济影响力也在提升。第5次中国—东盟领导人会议决定在10年内建立中国—东盟自由贸易区。对此,日本感到震惊,"对于日本而言,东盟是一个特殊地带,如果东盟向其他国家倾斜,日本将无法保持内心的平衡"②。这使日本对参与东亚地区经济合作具有了更大的紧迫感。

二

在上述情况下,日本的区域主义更多地带上了东亚色彩,表现出新的特点:

1. 明确将东亚共同体确定为日本区域主义的长远目标

1990年,马来西亚总理马哈蒂尔提出成立东亚经济集团。由于美国反对,日本不敢呼应。1997年9月,东亚金融危机后,日本却不顾美国的反对,提出了由日本、中国、中国香港与中国台湾地区以及新加坡共同出资建立亚洲货币基金的建议。

1997年12月15日,在日本的支持和参与下,首次东盟—中日韩领导人非正式会议召开,讨论了21世纪东亚的发展前景、东亚金融危机和如何深化东亚区域联系。次年,在东盟—中日韩领导人第二次会议上,成立了"东亚展望小组",规划东亚合作的长远蓝图。2001年,"东亚展望小组"提交了研究报告,主张以建立"东亚共同体"作为东亚经济合作的长远目标。

2003年6月,日本"国际论坛"向日本首相小泉提出政策建议——"东亚经济共同体构想及日本的作用",主张日本积极行动起来,推动创建"东亚经济共同体",引起小泉的重视。同年12月,在日本与东盟特别峰会发表的《东京宣言》里,日本与东盟各国一起,提出了建立"东亚共同体"的主张,明确将东亚共同体确定为日本区域主义的长远目标。

2. 开始重视自由贸易区(FTA),特别是与东亚有关国家建立自由贸易区(FTA),形成了所谓"多层的经贸政策"概念,即:WTO政策、APEC政策与FTA政策的同时并存

日本原来一直倾向于以WTO为主的多边贸易政策,但由于北美自由贸易区(NAFTA)等迅速发展带来的压力,加之自由贸易区(FTA)具有涉及范围小、谈判缔结速度快、持续性强等特点,因此,在东亚金融危机后,日本开始重视自由贸易区(FTA)问题。在确立建立东亚共同体的目标后,日本更从此目标出发,考虑和部署与东亚有关国家建立自由贸易区(FTA)的问题。

1999年初,日韩两国开始探讨建立FTA问题,并在2002年7月,设立了由两国政府、产业及学校代表参加的共同研讨会。在此基础上,2003年12月,日韩就建立两国间FTA,开始了政府间的正式谈判。

2000年3月,日新开始就建立FTA进行磋商。2002年1月,日本与新加坡签订了包括自由贸易协定在内的《新时代经济合作协定》。同年11月,该协定生效。

2002年11月,日本与东盟签订了《总括性经济合作构想共同宣言》,决定在今后的10年中,日本尽早与东盟的全体成员,在贸易、投资、科学技术、能源、环境等广泛的领域内,实现包括FTA在内的经济合作。2003年12月,日本与泰国、菲律宾、马来西亚等国,达成了就建立FTA开始政府间交涉的合作意愿,并进行了一轮会谈。

3. 首先同东亚发达国家新加坡、韩国建立自由贸易区(FTA),占据东亚区域经济合作的主导地位

日本"国际论坛"主张:在2005年首先由日、新、韩成立东亚自由贸易区,继而让日、新、韩自由贸易区成为"发展的经济共同体——东亚共同体的重要核心"。然后,可以考虑让中国"沿海的经济特区作为经济地区先参加,即分不同的地区,分先后参加不同领域的经济合作"。台湾和香港"也应作为独立的经济地区参加东亚经济共同体"[③]。其后,才是整个中国。

日本之所以以东亚的发达国家新加坡、韩国等作为自己建立自由贸易区(FTA)的首选对象,有技术层面上的原因。例如新加坡是一个城市国家,与日本农产品贸易比重非常低,这使日本与新加坡建立自由贸易区比较容易。但是日本这样做,更有其战略层面上的考虑,反映了日本希望在未来的东亚共同体中占据主导地位的意图。

4. 强调建立所谓"质量高"的FTA

日本认为,中国拟与东盟建立的自由贸易区(FTA),是发展中国家之间的自由贸易区(FTA),实现的基本上是物的贸易的自由化;而日本作为发达国家,在建立自由贸易区(FTA)问题上,能够提出更高的质量标准;不仅要求实现物的贸易的自由化,还应该包括进一步的内容,可以以此掌握在东亚建立自由贸易区(FTA)和发展共同体的主导权。为此,日本学者建议,在建立自由贸易区(FTA)时应考虑加入以下内容:(1)例外于自由化的品种、项目应尽量少,原产地规则要尽量缓和,实现透明化;(2)降低服务成本;(3)在废除关税的基础上,制定有关贸易投资自由化、顺利化的规则;(4)建立有关知识产权的标准和认证制度;(5)确立解决纷争的方法,这种方法与WTO解决国与国之间纷争的方法不同,应该包含有能够解决民间企业与当地政府间具体问题的内容;(6)在经济和技术合作方面,应考虑在自由贸易制度的基础上,帮助对方中小企业形成和提高能力④。

5. 争取中国的合作,同时担心中国在东亚区域经济合作中取得主导地位

在日本推进东亚区域经济合作的指导思想中,包含有防止中国在该区域经济合作中取得主导地位的考虑。2001年11月6日,第5次中国—东盟领导人会议决定在10年内建立中国—东盟自由贸易区。结果是,"日本政府也慌忙同意设立日本—东盟加强经济合作专家小组"⑤。日本虽然担心中国在东亚区域经济合作中取得主导地位,但也很清楚:"从政治(特别是安全)和经济两方面考虑,东亚经济共同体没有中国参加是不行的。中国这个大国参加,可以说是建立东亚经济共同体的前提条件。"⑥

2002年11月,当中国总理朱镕基提出中日韩就三国缔结自由贸易协定问题开展共同研究时,日本首相小泉回应说:"应该从中长期角度进行探讨,我将关注进展情况"⑦,表现出了"慢慢来,但并不拒绝"的态度。

6. 对美合作先于东亚区域合作,力争在美国支持下推进东亚区域合作

没有中日两国在战略上的和解与合作,东亚不可能实现一体化。但中日两国在战略上的和解与合作,特别是这种和解与合作同实现东亚一体化的目标相联系,显然不符合美国的战略利益。美国前总统安全顾问布热津斯基,早在上个世纪90年代便强调:"日本迷失方向,或者走上重新武装道路,或者单独同中国搞妥协,都会导致美国在亚太地区的作用寿终正寝,并将排除美、日、中在地区内稳定的三角安排出现的可能。"⑧日本很清楚美国的战略利益所在。同时,日本的战略利益在目前及今后一个很长的时期内也不允许日本摆脱与美国的同盟关系。因此,日本加强东亚区域合作的主张,虽然基于东亚认同感的加强,并带有与欧洲共同市场和北美自由贸易区竞争的意图,但出于整体战略利益的考虑,对美合作仍然被置于东亚区域合作之上。

2002年1月,小泉访问东盟时提出了"总括性经济协作构想",该构想不但包括东盟和中日韩,还包括澳大利亚、新西兰甚至美国。其目的之一,便是为了打消美国对日本加强东亚地区合作的疑虑。日本一些学者建议向美国方面表示:"协助东亚实现经济统合,符合美国的国家利益",其理由是:(1)日本经济的前景是否光明,依赖于日本能否灵活运用亚洲的活力;(2)东亚相互依存度的增强,可以加深相互理解,增强预见性,缓和地区紧张,减轻美国安全保障的负担;(3)如果日本在东亚一体化过程中能够成为被邻国信赖的地区领袖,对美国而言,日本将是更有价值的同盟国⑨。

7. 努力提高日本在东亚地区的军事地位,同时希望推动东亚地区内的多边安全合作

值得注意的是,日本在加强东亚区域经济合作的同时,正利用美国进行全球战略调整的机会,进一步加强其东亚军事强国的地位。日本有学者建议日本构筑"多重遏制机制",即:(1)日美同盟的"扩大式遏制机制";(2)以导弹防御体系为基础的"拒绝式遏制机制";(3)突破"专守防卫"概念,建立灵活的防卫力量,实现"独自遏制机制"[10]。

同时,日本对推进东亚地区安全合作表现出兴趣。日本和平与安全保障所在主张与美国合作建立导弹防御体系的同时便强调:"我国应要求建立包括中国在内的东亚军备管理体制。为此,将导弹防御体系和地区军备管理政策联系起来,推进核裁军和军备管理是必须的。"[11]

此外,反恐和防止大规模杀伤性武器扩散的要求,也使日本更加积极于推进东亚地区安全合作。日本参加了朝核问题的三次六方会谈;与中、韩、东盟达成共识,将"10+3"框架运用于安全领域,共同打击跨国犯罪,以促进东亚地区的和平与发展。

三

综上所述,东亚金融危机后,日本的东亚认同感明显加强,其区域主义正由推动一般的经济合作向推动东亚一体化的方向转变。虽然,在东亚一体化的内容、实现路径上,日本与中国及东亚其他各国还存在许多重要分歧,但对东亚的未来,自明治维新以来,日本毕竟第一次与东亚各国有了基本相同的选择。这使日本与中国及其他东亚国家形成了重要的共同利益。当然,日本占据东亚主导地位的要求也同时在上升。上述情况将使中日之间产生新的合作与竞争,如何使这种合作与竞争纳入良性轨道,是当今中国在考虑中日关系与东亚多边合作时,必须正视的新课题。联系世界及东亚形势的总体变化,我们似应作以下对策考虑:

1. 努力促使中日美关系向更加平衡与合作的方向转化

冷战后,中日美关系成为影响东亚多边合作的最重要的三角关系。"9·11"事件后,中日美关系出现了重要变化:以经济全球化为背景的世界多极力量的发展,使美国认识到其"领导地位"无法离开国际合作特别是地区大国的支持。因此,在"9·11"事件特别是伊拉克战争后,美国强调伙伴关系是其对外战略的核心,在东亚加强美日同盟的同时,也"设法与中国建立建设性的关系";中国的崛起,为日本摆脱经济困境提供了巨大的机会,日本大幅度增加了对华投资,两国经济关系中产业内分工的比例迅速增长,其密切程度是空前的;日本现在虽然仍将对美合作置于东亚区域合作之上,但建立东亚共同体的目标,必将使其在越来越大的程度上回归亚洲;中国正以负责任的大国姿态积极参与东亚事务。上述变化,使中日美三角关系出现了向着更为平衡与合作的方向转化的可能。

为了使这种转化由可能变为现实,在对美关系的战略上不宜选择拉日对美的方针,而应支持美国在东亚发挥建设性作用;在对日关系上,应在原来坚持的原则基础上,客观评价战后日本的进步,以更加主动的姿态,促进中日民众之间的相互了解和友好关系,从而推动中日美三角关系向着更为平衡与合作的方向发展,为东亚多边合作与中国的和平发展创造条件。

2. 加强对东盟与韩国的工作,推动东亚多边合作在平等互利的原则基础上发展

日本在东亚国家中拥有最强大的经济力量,中国应支持日本在东亚多边合作中发挥重要作用。中国无意在东亚多边合作中谋求主导地位,也不赞成日本谋求这样的地位。东亚多边合作的发展,应建立在平等互利的原则基础上。

由于中国分量重,日本虽然有联合新、韩,掌控东亚共同体的意图,但难以实现。我们应支持东盟与韩国等中小国家在发展东亚多边合作乃至建立东亚共同体中发挥领头作用,创造条件早日与东盟及韩国建立自由贸易区,并以此推进中日合作。

3. 东亚多边合作的发展应分阶段进行

由于东亚国际关系的复杂性,东亚多边合作的目标应有近期和中远期之分,其发展是多阶段的。在近期,应以加强中国与东盟的多边合作和在六方会谈的框架内稳定朝鲜半岛为主,并支持东盟和韩国等中小国家在发展东亚多边合作中发挥领头作用。同时,以对东盟与韩国的合作,推动中日乃至中日美关系的发展。在中期,应以建立中、日、韩 FTA 为中心,推动中、日、韩合作关系的发展。在远期,应考虑在"10＋3"或东亚峰会的基础上,建立对美国、欧洲开放的东亚共同体。

4. 在一个中国的原则下,考虑中国台湾地区参加东亚多边经济合作的途径

东亚双边和多边自由贸易区的发展,对中国台湾地区构成压力。中国台湾地区会积极要求与日本、韩国、东盟建立自由贸易区。日本等国出于政治、经济利益，也在呼应。在东亚经济联系日益密切的背景下，似应参考WTO等的做法，在"一个中国"的原则下，同意中国台湾地区参加东亚经济共同体。

5. 合作开发能源特别是液化煤应成为推动东亚多边合作的重要突破口

能源、环境保护、反恐等正成为东亚地区迫切需要解决的问题，应在多边合作的框架内，以更加积极的态度考虑具体解决方案。据美国橡树岭国家研究室研究报告，中东及北非石油产量在2016年达到高峰后将迅速下跌。乐观地估计，如美国地质调查所认为，至多到2040年，世界石油将基本耗尽。中日韩石油供应都严重依赖中东地区，这是一个需要尽快加以调整的格局。中国大陆煤炭储藏量为10 000亿吨，如果利用日本的NEDOL液化煤技术，在煤炭产地生产液化煤，其成本远低于目前石油的国际市场价格，可大大减轻中、日、韩等国对中东石油的依赖。因此，由东北亚国家合作研究与开发液化煤是一个具有现实合作要求与条件的重要课题，应提到议事日程上来，作为推动东亚多边合作的重要突破口。

（原载《社会科学》2005年第6期）

注释：

① （日）谷口诚：《提倡东亚经济圈》，《世界》2003年10月号。

② （日）津上俊哉：《中国崛起，日本该做些什么？》，日本经济新闻社2003年版，第41页。

③ （日）《东亚经济共同体构想及日本的作用》，《世界周报》2003年7月8日。

④ （日）木村福成：《日本的FTA战略》，《东亚》2004年4月号。

⑤⑦（日）津上俊哉：《中国崛起，日本该做些什么？》，日本经济新闻社2003年版，第41、45页。

⑥ （日）《东亚经济共同体构想及日本的作用》，《世界周报》2003年7月8日。

⑧ （美）布热津斯基：《大棋局》（中译本），上海人民出版社1998年版，第249页。

⑨ （日）经济产业研究所高级研究员、美国乔治华盛顿大学西格尔亚洲研究中心访问学者宗象直子：《日本应下定决心加入到东亚经济统合中去》，（日）《论座》2002年8月号。

⑩ （日）神保谦一：《抛开"基础防卫力量"设想，采取"多重遏制机制"》，《世界周报》2003年8月29日。

⑪ （日）和平与安全保障研究所编：《亚洲的安全保障》（2001—2002），朝日新闻社2001年版，第29页。

东亚区域整合的宏观形势与东亚峰会

2004年11月29日,第八届东盟与中日韩领导人会议决定2005年在马来西亚举行首届东亚峰会。东盟与中日韩等国领导人认为:在当前国际和地区形势下,东亚各国应继续采取切实措施,加强在政治、经贸、投资、社会、人文等领域的合作,推动本地区的和平、稳定和发展,共同朝着东亚共同体的目标迈进。这一决定,标志着东亚区域整合进入新的重大提升阶段。正确认识这一阶段东亚区域整合的宏观形势,对东亚区域整合的顺利发展具有重要意义。

一、东亚区域整合的基本条件趋向成熟

平等的多边合作是现代国际秩序的重要特点之一。纵观东亚历史,从未有过现代意义上的较为全面的多边合作。东亚历史上有过三种国际秩序:华夷秩序、"大东亚共荣圈"、冷战秩序。

华夷秩序是东亚以中国为中心、以农业文明为基础的一种国际秩序。这种秩序"虽然是若干国家的联合体制,但其中各国之间并不发生直接关系,而是完全由与'中华帝国'的直接关系规定的一元化上下秩序构成的。"[①]

"大东亚共荣圈"是当年日本政府企图在东亚建立的一种国际秩序。1940年8月1日,日本外相松冈洋右首次用"大东亚共荣圈"的提法取代了"大东亚新秩序"的口号,企图通过武力征服,在亚洲和大洋洲建立起殖民地半殖民地统治秩序,并以此为基础,与英美争夺世界霸权。日本的做法,遭到了亚洲和大洋洲各国的坚决反抗。

冷战秩序是以美苏争霸和在美苏"相互确保摧毁战略"基础上形成的一种相对平衡的国际秩序。这种国际秩序,导致东亚属于不同阵营的国家在意识形态、军事、经济上的全面分裂与对抗。

但是战后特别是冷战以来,有利于东亚多边合作的条件在不断增加。这些条件可以归纳为三大类:(1)国家发展目标有所接近;(2)区域经济规模的扩大和区域内经济依存度的增强;(3)共同安全利益的增加。

1. 国家发展目标的接近

日本的民主改革。明治维新后的日本走上对外扩张道路的原因是复杂的,其中一个重要原因是政治上的封建专制与军国主义化。战后日本进行了

民主改革。战前的明治宪法以天皇主权为根本原则,天皇与议会共同行使立法权。以天皇为最高统帅的军部在日本的政治生活中占据了中心地位。而战后的日本宪法规定主权在国民,国会两院议员由民选产生,立法权归国会。同时,战后日本宪法规定放弃战争、不持有战争力量、不承认国家的交战权。虽然日本的右翼势力企图改变战后日本宪法的和平原则,但2005年4月15日日本众议院宪法调查会出台的最终报告书,根据大多数人的意见,仍然表示要坚持宪法第九条第一项规定的"放弃战争"条款。战后日本的民主改革与和平发展为日本与东亚各国建立平等的多边合作提供了基础。

中国的改革开放。以1978年的中共十一届三中全会为标志,中国走上了改革开放的道路。改革开放的基本要求是,对内:在经济上建立社会主义的市场经济体系,政治上推进社会主义的民主与法制建设。对外:全面进入国际社会,在尊重现行国际秩序的同时,与世界各国一起促使现行国际秩序向着更加公平、合理的方向发展。中国改革开放所追求的目标有三:(1)中国的现代化;(2)中国的统一;(3)世界的和平与繁荣。中国改革开放路线的提出与实行,反映中国改变了原来的对内以无产阶级专政条件下继续革命理论为指导的继续革命、对外以三个世界理论为指导的世界革命,采取了以实现中国现代化为核心要求的、顺应以和平与发展为主题的时代要求的路线与方针。这为中国与东亚各国建立平等的多边合作提供了基础。

越南选择了与中国类似的改革开放道路,社会主义市场经济与民主法制建设都有了明显进步。朝鲜也开始了经济政策的调整,扩大了市场经济原则对朝鲜国民经济体系的影响。

2. 区域经济规模扩大和区域内经济相互依存度日益增强

区域经济规模扩大。根据2003年的统计,中国、日本、韩国、东盟以及中国的香港、台湾地区的国内生产总值之和达到7.7万亿美元,占世界GDP总额的21.2%。[②]

东亚地区的对外贸易也不断发展。据统计,1960年,日本、中国、"亚洲四小"以及马来西亚、泰国、印度尼西亚、菲律宾等国家和地区的进口额与出口额仅分别为128亿美元和117亿美元,分别相当于同期美国进出口额的78.1%和56.89%,但到1997年,上述国家和地区的进口额与出口额便分别上升为13 387亿美元和14 184亿美元,分别相当于同期美国进出口额的1.49倍和2.06倍,分别占同期世界进出口贸易总额的24.3%和26.3%。1990—2003年期间,亚洲经济在世界出口中所占的比重从23.8%上升到29.4%。[③]

区域内经济的相互依存度不断增强。东亚地区的区域内贸易增长速度超过全球贸易增长速度,在1985—2001年期间,东亚地区区域内贸易在世界贸易总量中的比重增长了3倍,达到6.5%。区域内贸易在出口中所占的比重也增加到35%。2004年,中国从亚洲国家的进口额达到2 540.7亿美元,比上年又增长35.7%。

日本在世界贸易中的比重虽然下降,但其区域内的贸易额却在上升。据日本财务省统计,2004年贸易年度,日本对中国贸易总额为22.200 5万亿日元,超过了与美国的20.479 5万亿日元,占日本整个对外贸易额的20.1%。

区域内经济相互依存度的不断增强,不但表现在贸易额的增加上,还表现在区域内大体形成了一个多层次联系的产业分工体系。

3. 共同安全利益的增加

中美、中日建交。冷战初期中苏与美日两大军事同盟的对立,使东亚分裂成两大对立的阵营。20世纪60年代后期,中苏同盟实际破裂。70年代中美、中日关系改善并相继建立外交关系。这使东亚不但有美日这样双边的军事同盟关系,也有了超越双边军事同盟关系的中美日三角关系。相对平衡的中美日三角关系在东亚发挥着重要的稳定作用。这种超越双边军事同盟关系的大国多边关系,使东亚多边合作机制的形成具备了新的可能。

冷战结束,阵营对立消失。1989年柏林墙倒塌,1991年苏联解体。国际格局发生重大变化,苏东市场与美欧日市场的界限有所突破,中国在八十年代即采取了对外开放的方针,国际市场的联系在加强。

反恐、打击海上犯罪、防止大规模杀伤性武器扩散、环境保护等需要东亚乃至世界各国合作的问题增加。

"9·11"事件发生一周年后,美国总统布什在《美国国家安全战略》报告中说:"今天,世界大国发现他们站在一起——恐怖主义暴力和混乱的共同威胁把它们团结了起来。"④

二、东亚区域整合具有了紧迫性

战后特别是冷战后,发展东亚多边合作的有利条件在增加。同时,国际形势的演变,也将这个问题更加紧迫地提到了东亚各国面前。

1. 经济全球化对东亚各国形成发展多边合作的压力

经济全球化发展的直接后果之一是区域经济合作的迅速兴起。造成这种情况的基本原因有二:其一,发展的不平衡,使不同的国家和地区处于经济全球化的不同层次之上,从而产生了不同的合作伙伴需求。其二,经济全球化使得生产要素在世界范围内流动与配置,从而使竞争变得更加激烈。在这种情况下,获得超国界的更大范围内的生产要素流动与配置的优惠条件,便成为在竞争中获得胜利的必要前提。这使区域经济合作迅速兴起,而区域经济合作的不断发展,将使经济全球化不断向着更加密切的方向提升。

在这样的背景下,出现了欧美两大区域经济集团迅猛发展的情况。欧洲在 1957 年签订《罗马条约》后,历经 40 年的努力,终于联合欧洲 15 国 3.8 亿人,建成了单一市场的欧盟(EC)。在这里,货物、劳动力、资金、信息、货币可以自由流动,其占世界总量将近 30%,而且可能进一步扩大为包括东欧与俄罗斯在内的区域统合。美洲则计划在 2005 年前,将北美自由贸易协定(NAFTA)发展为包括西半球 34 个国家、8 亿人口的全美洲自由贸易协定(FTAA)。

欧美两大区域经济集团的发展,给东亚各国造成了相当大的压力。对这种压力感觉最强烈的是与欧美处于同一发展层面上的日本。曾在 1965 年提出"太平洋圈构想"的日本著名经济学家小岛清认为:面对欧美区域经济集团的发展,日本不得不思考 EU 和 FTAA、欧元和美元将建立什么样的后冷战新世界经济货币秩序。⑤他认为:美国在将北美贸易协定扩大为全美自由贸易协定的同时,"以 APEC 为轴心,将亚太地区自由贸易协定加以组织化。从而以 FTAA 和 APEC 这两翼势力圈作为基础",建立一个"压倒于扩大的欧洲的美国所主导的和平"。⑥为此,他主张:"美国在 APEC 的指导作用太强,必须抑制美国出风头的领导"。"要把 APEC 变成由东亚主导的组织","最好的选择是建立一个开放的亚洲经济圈(AEC)","使其发展成为能够与欧洲及西半球对等协商"的一极。⑦

2. 面对恐怖主义及美国单边主义倾向的加强,东亚如不发展多边合作,就有可能出现新的动荡

美国攻打阿富汗、伊拉克后,恐怖主义活动不仅没有销声匿迹,而且还出现了向东亚等地蔓延的趋势,印度尼西亚、菲律宾等地发生的严重爆炸事件和马六甲海峡被袭,就是这种趋势的反映。

当今世界已经形成了反对恐怖主义的联盟,美国在这个联盟中发挥着重要作用。但是,美国对外政策中一直存在的单边主义倾向也有所加强。世界进步舆论担忧美国单边主义倾向的加强导致世界的动荡。这种动荡不仅会发生在美国与阿拉伯世界之间,而且也会波及东亚及世界其他地区。

2000 年 10 月,美国副国务卿阿米蒂奇发表了题为《要建立日美成熟的伙伴关系》的报告,主张:为对付亚洲可能发生的危机,美国与日本应建立类似美英那样的亲密关系。这一主张基本为布什政府所接受,成为美国对日政策的重要指导思想。"9·11"事件后,由于反恐与防止大规模杀伤性武器扩散成为美国的头号战略目标,中美关系有所改善,但美国并没有放弃鼓励日本在东亚乃至世界范围内更加充分地发挥美国军事盟友作用的战略考虑。

伊拉克战争后,美国的主要力量被牵制在了伊拉克和中东地区。据美国有关专家估计,在布什总统第二届任期内,美国也难以实现从伊拉克撤军,而且在10年以内,美国的军事重点可能无法从中东地区转移。而这段时期,正是中国力量发展的关键时期,也是正在兴起的东亚多边合作发展的关键时期。上述形势的发展,有可能导致两个结果:其一,中国军事力量的发展,震慑住台独,中国得以实现和平统一。其二,以东亚多边合作的发展为基础,中日实现和解,奠定东亚共同体的基础。

这两种结果都是美国不愿看到的。为了防止这两种结果的产生,美国更加积极地要求日本在东亚地区扩大军事作用。这样,一则可以利用日本力量,弥补美国在东亚力量的不足;二则日本在东亚地区扩大军事作用,会恶化与中国及东亚其他国家的关系,从而可以达到阻止中日和解以及东亚多边合作发展的目的。

美国出于单边主义目的的上述行为,必然会扩大中日矛盾,加剧东亚多边合作的困难。为了防止与减少上述负面影响,一个有效的办法是在支持美国反对恐怖主义的同时,发展世界以及东亚的多边合作。以多边合作限制美国的单边主义,减少乃至克服世界与东亚因恐怖主义与美国的单边主义而有可能发生的经济与政治动荡。

3. 中日处于发展的重要时期,只有在东亚多边合作中才能谋求中日关系的稳定发展

20世纪80年代,中国获得了近代以来实现现代化的最好的国内外条件,经过20余年的改革开放,现代化程度有了很大提高,中国处在上升的趋势中。

日本是一个发达国家,在今后一个相当长的时间内,经济上日本在东亚仍然会居于领先地位。与此同时,日本提出了成为"正常国家"乃至政治大国的目标。

为此,东亚可能出现两个在政治经济上都具有强大地位的国家。这是东亚前所未有的变局。这种变局可能导致两种后果:其一,中日加强合作,共同推进东亚区域合作,使东亚与欧洲、北美一起,在推进世界多极化和经济全球化的过程中发挥重要的积极作用。其二,中日互相把对方当作争夺东亚主导权的对手,互不信任,互相对立,甚至陷入军备竞赛之中,从而导致东亚新的对立与分裂。

目前来看,导致上述两种后果的因素都存在,导致第一种后果的因素主要存在于经济方面：中日两国的经济依存度大大增强，已到了谁都无法缺少谁的程度。导致第二种后果的因素主要存在于政治安全方面。据统计，日本每天约有300艘船只经过台湾海峡，承担着为日本运送石油等资源和货物的任务，台湾海峡一旦发生战事，日本认为其安全利益将受到重大影响。如果台湾回归祖国，从地缘战略的角度看，日本在东亚的战略地位会受到削弱，这也非日本所愿。此外，中日存在钓鱼岛所属和东海划界等争端，这些争端由于中国由原来的对日本供油国转变为日本在能源领域的竞争国而变得更为严重。因此，日本在安全上对中国抱有日益强烈的戒备心理，加强了对美国制约中国战略意图的配合。

无论对中日两国还是对东亚来说，显然第一种后果是应该争取的，第二种后果是必须避免的。要达到这样的目的，出路就在推进东亚多边合作，发展中日关系。具体表现为：其一，发展东亚多边合作，以淡化中日围绕美日军事同盟产生的对立，增强中日在政治安全上的相互信任感。其二，发展东亚多边合作，有利于为中日关系提供更加广阔而坚实的基础。其三，在发展东亚多边合作的过程中发展中日关系，可以减少东亚其他国家对中日关系发展的戒心，有利于中日两国密切合作，推进东亚多边合作。

三、东亚区域整合面临的主要困难及解决方针

东亚多边合作必须发展，但发展东亚多边合作面临许多困难。目前最大的困难有三个方面：

1. 相互信任的缺乏

东亚地区历史上曾有过华夷秩序、"大东亚共荣圈"、冷战秩序等不平等的或殖民地半殖民地的、对立分裂的国际秩序，从未在整个东亚地区形成过平等的多边合作。这份历史遗产留下了巨大的负面影响，至今尚未彻底清除。这种负面影响又与某些现实因素相结合，阻碍了东亚各国建立起充分的互信，特别是在东亚两个最大的国家中国与日本之间。

为了推进这种相互信任的建立，东亚各国应该记住历史，但更应该超越历史，从现实和未来的根本利益出发，加强各国之间的相互信任。"以史为鉴"是必要的，否则难以正确总结历史教训。但是"以史为鉴"的目的在于"面向未来"，与历史相比，现实与未来应该占有更加重要的地位。

2. 美国的地位

美国不是东亚国家，但美国依靠它在世界首屈一指的综合国力，依靠它在

东亚的驻军,依靠它在东亚的盟国,依靠它与东亚巨大的经济联系,在东亚地区具有重要影响。这就使得东亚各国在考虑东亚的多边合作时,不得不考虑美国的地位。

美国是一个具有两面性的国家,一方面,它在当今的国际经济与安全秩序中发挥着稳定作用,另一方面,美国又是一个单边主义严重的国家。解决美国在东亚多边合作中的地位问题,应该从美国的两面性出发。

首先,应该承认美国在东亚地区的建设性作用。这种建设性作用主要表现在反对恐怖主义,防止核武器及其他大规模杀伤性武器的扩散,以及在资金、技术、市场等方面与东亚经济的相互支持。正是因为美国在东亚地区有这种建设性作用,因此,无论现在还是将来,东亚都应谋求与美国的合作,实行对美国开放的东亚多边合作。

其次,应该看到美国的单边主义在东亚有不可忽视的负面作用。这种负面作用主要表现为在东亚各国之间制造矛盾、干涉他国内政、对东亚实行贸易保护主义等。中日关于钓鱼岛领土争端的形成,就和美国的政策有关。台湾地区与中国大陆的长期分裂,也是因美国插手而形成。1990年马来西亚总统马哈蒂尔提出建立"东亚经济协议体"(EAEC),1996年日本提出建立亚洲货币基金(AMF),都因受到美国的反对而流产。因此,在实行对美国开放的东亚多边合作的同时,对美国的单边主义应该保持警惕和距离,必要的时候应该进行适当的斗争。

东亚各国在对美态度上如能够达成上述共识,那么应该可以限制美国的消极作用,促进美国的建设性作用,推动东亚多边的合作。

3. 朝鲜半岛与台湾问题

朝鲜半岛与中国大陆和台湾地区的分裂问题,是东亚多边合作特别是多边政治安全合作难以回避的问题。日本防卫大学校长西原正曾认为"分裂国家间的未承认问题","成为该地区紧张的原因",影响地区多边安全合作的形成与发展。但实际上,冷战后,朝鲜半岛双方都加入了东亚多边合作的进程。朝鲜继韩国之后参加了ARF的活动,围绕朝鲜半岛核问题,又举行了六方会谈。

中国大陆与台湾地区共同参加多边合作的进程也已开始,台湾地区以独立关税区的名义与中国大陆先后加入了APEC与WTO。这一事实提供了中国大陆与台湾地区共同参加世界或地区多边合作的一种模式。这一模式最重要的前提便是一个中国的原则。一个中国的原则已经成为东亚地区保持和平与稳定的重要基石,只要不动摇这个原则,中国大陆与台湾地区应该可以寻找到在东亚多边合作进程中进一步共同发挥作用的途径。

东亚区域整合的宏观形势表明,东亚峰会的召开,适应了东亚各国的共同需要,反映东亚多边合作的发展将进入一个新阶段。但是,要使东亚峰会的召开,对东亚多边合作特别是东亚共同体的形成发挥实质性作用,还有许多工作要做,不是一两次峰会就能解决问题的,需要东亚各国长期不懈的努力。

(原载《国际观察》2005年第三期)

注释:

① (日)信夫清三郎:《日本外交史》上册,商务印书馆1980年版,第12—13页。
② 《国际经济年鉴》中国统计出版社2004年版。
③ 《国际经济年鉴》中国统计出版社1999年版。
④ (美)《纽约时报》网站,2002年9月20日。
⑤ (日)小岛清:《太平洋经济圈的生成》,日本经济新闻社1995年版,序2。
⑥ 同上,第47、96、97页。
⑦ 同上,第97页、82页及序2。

日本战略选择的结构性矛盾与中日关系

一

近年来,中日关系的"经热政冷"状况越趋明显。

据日本财务省发表的贸易统计,2004年日本对中国的贸易额增长巨大。整个贸易年度,日本对中国(大陆及香港)出口达11.8278万亿日元,增加17.2%进口达10.3727万亿日元,增加16.7%,总额为22.2005万亿日元,超过了与美国的20.4795万亿日元,占日本整个对外贸易额的20.1%。战后,中国首次成为日本最大的贸易对象国。而且日本财务省官员预计,最近几年出现的日本对华贸易逐年上升、对美贸易不断下降的趋势,还将持续下去。这一情况表明,中日在经济上的相互依存关系,正在向着更加广泛而深入的方向发展。

但与经济领域这种热气局面相比,在政治以及安全领域,近年来,中日关系却不断遭遇冷风。

除参拜靖国神社外,最近,比较大的冷风有四股:

其一,日本与美国在2月19日举行的两国外长和国防部长参加的"2+2"会谈后发表的声明中,首次公开将"鼓励通过对话方式和平解决台湾海峡相关问题"列为两国共同的"战略目标"之一。而且,据媒体报道,日本政府拟在明年内完成对《日美防卫合作指针》的修改,其中包括以"台海冲突"为着眼点,研究双方在实施联合作战的情况下各自如何应对等问题。

其二,日本政府新制定的《防卫计划大纲》,显示了对中国军事力量特别是海空力量发展的高度戒备,认为"对地区的安全保障具有重大影响力的中国,在推进核、导弹战力和海空军力量现代化的同时,正谋求扩大在海洋的活动范围。对此动向,今后有必要加以关注。"

其三,2月9日,日本政府宣布将钓鱼岛上的灯塔"收归国有"。而且,据共同社报道,日本防卫厅已对包括中国钓鱼岛以及日本冲绳本岛以西的其他岛屿制定了所谓《西南岛屿有事对应方针》,表示要坚决、彻底地打击"侵犯"西南岛屿的"来犯之敌"。

其四,反对欧盟解除对华武器禁售。对华武器禁售是冷战的产物。近年来,中国要求欧盟取消不平等的对华军售禁令,得到了法、德等国的积极响应和推动。但美国明确表示反对。对美国的反对,日本作了积极呼应。

二

　　上述"经热政冷"的状况是如何形成并明显化的?
　　在本质上,"经热政冷"的状况是由冷战后日本国家利益和战略选择的结构性矛盾造成的。
　　日本国家利益的两大块——经济利益与安全利益,在冷战时期,基本被置于同一框架内,即以美国为中心的西方冷战阵营内。当时,国际市场大致分为三块,以美欧日为主的一块,以苏联东欧为主的一块,中国自成一块。日本的经济利益,主要在以美欧日为主的国际市场内。当时,在安全上,日本则以苏联为假想敌,主要依靠日美同盟保护自己的安全。显然,日本经济利益与安全利益所要求的战略指向,在当时是基本一致的,其战略选择不存在结构性矛盾。
　　冷战结束,世界格局变化,日本的国家利益和战略选择出现结构性矛盾。由于中国实行改革开放,苏联解体,原来分为三大块的国际市场合而为一,战后第一次形成了统一的国际大市场。日本的经济利益,由在以美欧日为主的国际市场内,放大到战后第一次形成的统一的国际大市场内。而且,由于中国经济的迅速发展,如前所述,在2004年,中国已取代美国,成为日本头号贸易对象国。经济利益上的这种根本变化,促使日本将20世纪90年代中叶出现的"中国威胁论"从经济领域排除,公开表示:中国经济发展对日本是机遇而不是威胁,极为重视发展与中国的经济合作。
　　但是在安全上,变化却并不令人乐观,中美日关系虽然不再属于冷战时期的国家关系类型,可是由于冷战后成为唯一超级大国的美国,把防止出现任何可能挑战其地位的国家和力量作为其长远战略目标,这使其将迅速发展的中国作为一种潜在的、必须加以遏制的力量。"9·11"事件前,美国已表示要将战略重点向亚太地区转移,"9·11"事件后,美国虽因主要力量被牵制在中东,放慢甚至停止了这种转移,但始终没有放弃遏制中国的意图。
　　美国的这种安全考虑与日本相符合。据统计,日本每天约有300艘船只经过台湾海峡,承担着为日本运送石油等资源和货物的任务,台湾海峡一旦发生战事,日本认为其安全利益将受到重大影响。如果台湾回归祖国,从地缘战略的角度看,日本认为其在东亚的战略地位会受到削弱,这也非日本所愿意看到的。此外,中日在东海存在钓鱼岛权属和海洋划界等问题,这些争端由于中国由原来的对日本供油国转变为日本在能源领域的竞争国,而变得更为严重。因此,在苏联解体后,中国的迅速发展,便使日本在安全上对中国抱有日益强烈的戒备心理。日本外务省国际情报汇总官组织专门分析员石井正己认为:"尽量削弱日本的政治力量及军事力量符合中国的战略利益。即便是在日美同盟的框架下,日本强化其在安全保障上的作用,也不符合中国的利益。"[①]从而促使日本在安全上加强对美国制约中国的战略意图的配合。

上述情况,构成冷战后日本国家利益与战略选择的结构性矛盾的基本内容。

这种结构性矛盾在冷战后不久便发生了,但当时的日本政府对未来的世界秩序尚抱有一种多极的或相对平等的期待,例如日本外务省有过建立美欧日三极世界的设想,日本防卫厅主张:应由"多数国家发挥它们各自的作用,进行协调,以构筑新的世界和平秩序",并"期待联合国在维护世界和平与安全方面,发挥前所未有的作用"[②]日本前首相中曾根则主张由西方7国首脑会议在构筑新的世界秩序中发挥核心作用[③]。对国际秩序的这种期待,使日本在安全上加强与美国结盟的同时,比较注意与联合国、与东亚各国特别是中国的协调,这对冷战后日本国家利益与战略选择的结构性矛盾发挥了一定程度的弥合作用。

但是"9·11"事件后,日本小泉政府改变了对未来世界秩序曾抱有的多极或相对平等的期待,认为:"国际关系正向着以美国为中心的方向调整"[④],因而将日本的对外战略向着适应并利用美国的一超霸权以谋取日本最大利益的方向调整,加上小泉纯一郎原来依托的森喜朗派的亲美亲台背景的影响,更使小泉政府在安全上加强与美国合作的同时,有意无意地减少了与联合国、与东亚各国特别是中国的协调。这使冷战后日本国家利益与战略选择的结构性矛盾变得突出起来。中日关系的"政冷经热"状况,在小泉政府时期,变得格外明显。

三

中日关系"经热政冷"状况的形成与明显化,与近年来美国对日政策的调整也有着密切关系。

美国对日政策的基本内容是控制与利用。控制,即防止日本脱离美国的战略轨道或成为可以挑战美国地位的力量。利用,即利用日本为巩固和加强自己在东亚乃至世界的战略主导地位服务。

冷战后,由于东亚地区成为世界经济中最具活力的地区,中日力量的上升又使东亚格局面临重要变化,东亚还存在朝鲜半岛与台海局势诸多热点问题等原因,美国加大了对这一地区的关注力度,其战略重心也出现了东移趋势。正是在这样的背景下,美国副国务卿阿米蒂奇在2000年10月发表了题为《要建立日美成熟的伙伴关系》的报告。该报告主张:为对付亚洲可能发生的危机,美国与日本应建立类似美英那样的亲密关系,使日美同盟由"分担负担"向"分担力量"过渡,并要求日本更加积极地参与建立所谓新的国际秩序。这一主张基本为布什政府所接受,成为美国对日政策的重要指导思想。日本外务省国际情报汇总官组织专门分析员石井正己判断"布什政府认为日美同盟是美国东亚战略的立足点","布什政府期待加深日美同盟,这一点充分反映在'阿米蒂奇报告'中。"①因此,布什政府成立初期,将克林顿政府时期所采取的在中日间保持一定程度平衡的政策,改变为抑中扬日的政策,例如宣布钓鱼岛属于日美安保范围等。"9·11"事件后,由于反恐与防止大规模杀伤性武器扩散成为美国的头号战略目标,中美关系有所改善,但美国并没有放弃与日本建立类似美英那样的亲密关系的努力,积极鼓励与推动日本在东亚乃至世界范围内更加充分地发挥美国的军事盟友的作用。石井正己判断:"第一,在短期内美国会把中国作为自己的战略伙伴。现在,中国表明了在美国安全保障上的最优先课题方面与美国合作的姿态,这点有利于美国;第二,从长期来说,因为中国存在不确定性,美国将以同盟关系为基础,力求遏制中国扩大其影响。"①伊拉克战争时,鲍威尔曾对布什说:"军事行动不会有什么难的","问题在于收拾残局"⑤。此话确有预见,伊拉克战争后,美国的主要力量被牵制在了伊拉克和中东地区。据美国有关专家估计,在布什总统第2届任期内,美国也难以实现从伊拉克撤军,而且在10年以内,美国的军事重点可能无法从中东地区转移。这必然使美国在东亚等地区的力量捉襟见肘。而这段时期,正是中国力量发展的关键时期,也是正在兴起的东亚多边合作发展的关键时期。上述形势的发展,有可能导致两个结果:其一,中国军事力量的发展,震慑住了台独,中国得以实现和平统一,中国在东亚的战略地位迅速上升;其二,以东亚多边合作的发展为基础,中日接近,奠定东亚共同体的基础。

  以上两种结果都是美国不愿看到的。今年2月16日,美国中央情报局长戈斯在表示"基地"组织和其他恐怖组织依然是美国国家安全最大威胁的同时,公然宣称:"北京的军事现代化和军事力量的集结可能会打破台湾海峡军事力量的平衡。中国军事能力的增强对该地区的美国军队构成威胁。"去年7月1日,当"10+3"外长会议决定在今年和2007年分别举行第一、第二次东亚峰会,讨论建立东亚共同体问题时,美国作出了强烈反应。7月14日,美国国务卿鲍威尔对日本媒体严厉表示:"主权国家的人民有自由行动的权利。但是他们的行动不应破坏美国同亚洲朋友之间非常好而且牢固的关系。"还说,亚洲已经有不少多边组织,如APEC以及ARF等,"我们至今不相信有必要达成新的协议。"⑥

为了防止这两种结果的产生,美国更加积极地要求日本在东亚地区扩大军事作用。这样,一则可以利用日本力量,弥补美国在东亚力量的不足;二则日本在东亚地区扩大军事作用,会恶化与中国及东亚其他国家的关系,从而可以达到阻滞中日和解以及东亚多边合作发展的目的。

为了达到上述目的,美国要求日本修改宪法,取得集体自卫权。去年7月25日,阿米蒂奇对日本自民党国会对策委员长中川秀直表示:"联合国安理会常任理事国也必须为谋求国际社会的利益而在军事力量方面作出贡献。如果做不到这一点,就难以成为安理会常任理事国。"⑦8月12日,鲍威尔对日本媒体表示:"对于日本宪法第9条对日本国民来说是多么重要这一点可以理解。但是,日本要想履行联合国安理会常任理事国的义务,就必须根据上述观点来考虑修改宪法第9条。"⑦

同时,在东亚军事部署和力量调整中,美国力图向前推进东亚作战指挥位置,加强美日军队的一体化作战能力,强化对台海等热点地区的干预能力,以在事实上提升对日本的控制并扩大日本在东亚地区的军事作用。例如,要求将美陆军第一军司令部从本土迁往日本座间;要求让美军进驻琉球伊江岛基地、九州岛筑城和新田原的两个基地;要求日本航空自卫队进驻横田和冲绳的美空军嘉手纳基地;要求美日空军进驻临近台湾的下地岛基地,作为其"扩大行动范围以及迅速反应的战略平台"等等。

美国对日政策的上述调整,必然扩大冷战后日本国家利益与战略选择的结构性矛盾,加剧中日关系的"政冷经热"状况。

四

当然,中日关系"政冷经热"状况的形成和明显化,离不开日本国内因素的影响。

冷战后,由于国际格局的变化和日本自身力量的增长,日本日益不满战后雅尔塔体系的限制,要求摆脱这种限制,成为"普通国家"。1993年,日本政治家小泽一郎首先在《日本改造计划》一书中公开提出这一要求。这一要求主张日本修改宪法，拥有军队和集体自卫权。但由于历史原因和日本国内外和平要求的压力，小泉内阁以前的历届日本政府尚不敢公开表示日本要拥有军队和集体自卫权，自小泉政府开始，这一要求公开化了。以此为背景，加上美国的推动，日本在军事上显示出较以前明显积极的倾向。例如，去年11月通过的新《防卫计划大纲》规定："在新的安全保障环境下，日本的防卫力建设，一方面要继续继承原来'基础防卫力构想'的有效部分，另一方面必须根据新的威胁和事态的多样化，采取相应的有效措施"；又规定"为了进一步保证日本的和平与安全，必须以主体的姿态，积极参加以改善国际安全保障环境为目的的'国际和平协力活动'"，明确表示日本军事力量的发展将突破原来的"基础防卫力构想"的限制，军事活动范围也将大大扩展。在这种积极的军事倾向下，日本对中国军事力量的发展表现出高度的敏感，将因技术事故而产生的潜艇事件等具体问题，上升为中国扩张战略的反映。例如，新《防卫大纲》确认：中国"正谋求扩大在海洋的活动范围"。日本参议员、自民党"海洋权益工作组"负责人武见敬三更认为："中国的海洋战略可能是把太平洋西侧海域纳入本国的势力范围，把台湾作为本国领土而合并，与此同时，对从波斯湾到东北亚的海上通道进一步施加影响力。"⑧

而由于世代更替等原因，日本在历史认识问题上出现了新的动向。据日本舆论调查，日本老中青三代人中，中年人反对小泉参拜靖国神社的比例最高，因为这一代人既比较了解侵略战争的后果，在当时的历史条件下，又主要接受的是清算侵略战争的教育，而青年一代离战争已很遥远，在冷战后日本政坛严重保守化的条件下，所接受的关于历史问题的教育不如战后初期那样鲜明与积极。这使一部分日本右翼政治家关于历史问题的错误言论和行动较以前容易在社会上得到呼应，而中国等东亚国家对这种错误言论和行动的批判则反而容易引起不满。

上述情况与对中国军事力量发展的夸张性认识相结合，极易形成对中国的反感和恐惧。而少数中国人在日本犯罪和亚足杯少数球迷闹事等问题，经日本媒体放大，更对上述情绪的形成与发展起了推波助澜的作用。

在这样的社会背景下，日本政界一些对中日关系抱积极态度的政治家大多受到排挤，甚至一些为日本的经济利益而要求改善中日关系的经济界人士也受到打压，例如富士施乐公司董事长小林阳太郎因劝说小泉不要继续参拜靖国神社，而遭到右翼分子投掷燃烧瓶等方式的威吓，而对华强硬派则往往占据要津，推动中日关系的"政冷经热"状态，持续地向着消极方向发展。

五

"政冷"的这种发展,日益严重地显示出对"经热"的制约。

"政冷"对"经热"的制约,通过各种形式和途径在进行。其一,由于"政冷"破坏了中日经济合作所需要的友好氛围,使中日间的一些经济合作项目,难以获得广泛的支持。例如,由于小泉参拜靖国神社,引起中国民众的愤怒,一部分人在网上发起了反对采用日本新干线技术改造京沪铁路的呼吁,这不能说不会对这一合作产生影响。其二,由于"政冷"而过度戒备,以至削弱中日间的经济合作。例如,自 1979 年始,日本对中国提供 ODA 援助,这一援助对中国的经济发展和人民生活水平的提高发挥了作用,也扩大了日本对华出口。但近年来,日本却有人在不断渲染中国军事力量的发展,并以此为理由主张停止对中国的 ODA 援助。其三,由于"政冷",导致中日在经济上的恶性竞争。例如,中日作为经济大国,其能源需求都在不断上升,这在中日之间形成了新的竞争。如果有政治上的相互信赖关系,这种竞争可以纳入良性轨道,甚至成为推动合作的动力。但由于中日之间的"政冷",在能源上却出现了恶性竞争的苗头。例如,与俄罗斯设立不同输油管道之争、东海油田开发之争等等。

上述情况必然制约了"经热"的发展。这可以从中日经济关系和中国与其他国家经济关系发展速度的比较中看出。例如中日贸易额在 2002 年突破 1 000 亿美元,从 1972 年中日邦交正常化算起,花费了 30 年时间。而中韩贸易额在 2003 年已超过 632 亿美元,预计明年即可突破 1 000 亿美元,从 1992 年中韩建交算起,花费的时间只有 14 年。还可以从日本在中国的贸易伙伴的地位排名变化中看出。从 1993 年开始,日本曾连续 11 年位居中国头号贸易伙伴地位。但是去年,日本的中国头号贸易伙伴地位被欧盟取代,美国位居第二,日本跌至第三。

而且由于中日关系的"政冷"已由历史认识和外交层面的矛盾,提升到安全领域的摩擦,这使中日的"政冷"更包含了以往所没有的危险性。

例如,今年 2 月 9 日,恰逢中国春节,日本政府却在这个中国最讲究喜庆、和谐的日子里,宣布将钓鱼岛上的灯塔收归"国有",因而引起中国民众更大的愤怒。如果日本政府继续在钓鱼岛等问题上升温,引发中国香港、台湾以及大陆保钓人士登岛,并不幸在冲突中造成伤亡,很可能激起中国广泛的抗议运动。在这种情况下,两国外交上的回旋余地将更为缩小,外交关系可能急剧倒退,甚至造成中日在相关海域的军事对峙乃至冲突。这显然有违于中日根本利益。回顾历史,可以发现,舆情一旦被激发起来,其后果是难以预计的。因此,要避免发生有违于中日根本利益的冲突,必须未雨绸缪。

日本方面应该看到,如果放任现在"政冷"的发展,不但会继续冷却"经热",使日本经济复苏希望化为泡影,还会严重破坏日本的安全环境,陷日本于动荡之境,从而下决心改变现在的靠美限华方针,努力控制乃至缩小日本国家利益和战略选择的结构性矛盾,加强国际协调,改善中日关系。美国著名日本问题专家、哈佛大学教授傅义高认为:"日本在历史上与美国关系较深,因此拥有一种努力与美国一道负责日本与世界安全问题的态度非常重要。"但同时他又指出:"此外,日本还不应该忘记与邻国中国保持良好关系。"⑨听一下这种劝告,对日本不无益处。

中国的和平发展,离开良好的中日关系是难以实现的,而良好的中日关系,离开中日两国民众在感情上的和解与融洽,无法建立起来。因此,中国的对日外交,应该立足于实现中日两国民众在感情上的和解与融洽。如果说,对所有国家我们都应该重视民众工作,那么,由于历史的原因,对日本的民众工作就更需要受到重视。自新中国建立以来,这就是中国对日外交的一个显著特点,而且取得了重大成效。在新的历史条件下,应该继续发扬这一优良传统,做好对日工作。为此,在历史问题上,应该坚持将日本人民与军国主义区别开来;在现实问题上,应该坚持将日本人民与少数右翼政治家特别是与少数极端右翼分子的错误言行或反华政策区别开来,避免不分青红皂白地将斗争矛头针对所有日本人,避免伤害日本人民健康的民族感情,让日本人民真正了解中国政府和人民反对民族复仇主义、反对霸权主义,追求的是和平发展的道路,争取实现中日民众在政治安全上的互信,使新时期的中日关系能有深厚的民众友好基础。只有这样,我们才可能改变日本靠美限华的方针,才可能打破少数日本极端势力在民众中挑动"中国威胁论",扩张军事力量的企图,才可能实现中日关系的长期稳定。

中日两国采取以上态度,不但能使政治、经济相互促进,一起热起来,克服现在的危险局面,还可能以两国的协调,促使中日美三角关系向着相对平衡的良性循环方向发展,为建立东亚共同体,争取东亚的长久和平、稳定与繁荣创造良好的条件。

(载《上海交通大学学报(哲学社会科学版)》第42期)

注释：

① 石井正己.发生变化的美国东北亚安全政策[J].(日)外交论坛,2004,(9)：3.
② 日本防卫厅.防卫白皮书[M].日本东京：大藏省印刷局,1992.4－5.
③ 中曾根.《冷战以后》[M].上海三联书店,1993.8.
④ 日本防卫厅.《防卫白皮书》[M].日本东京：大藏省印刷局,2004.3.
⑤ 鲍威尔.(英)每日电讯报,2004.2.26(3).
⑥ 鲍威尔,武见敬三[N].(日)朝日新闻,2004.7.15(2).
⑦ 阿米蒂奇.今后4年是日本的分水岭[J].(日)《选择》,2004,(10)：16.
⑧ 武见敬三.如何维护日本的海洋权益[N].(日)世界周报,2005.9.9(3).
⑨ 傅义高.20年后中国经济将超越日本[N].(日)富士产经商报,2005.1.4(4).

坚持从战略全局观察与处理中日关系

新时期中国的三大战略目标是现代化、统一与和平。要抓住20年战略机遇期实现三大目标，不能缺少稳定、良好的中日关系。但最近中日关系出现了困难局面，如不能正确应对，则将影响我国总体战略目标实现。本文旨在分析中日关系出现困难局面的原因，并探讨其化解方针。

近年来，中日关系的"经热政冷"状况日趋明显。

据日本财务省发表的贸易统计，2004年日本对中国的贸易额增长巨大。整个贸易年度，日本对中国（大陆及香港地区）出口达11.8278万亿日元，增加17.2%；进口达10.3727万亿日元，增加16.7%，总额为22.2005万亿日元，超过了对美贸易的20.4795万亿日元，占日本整个对外贸易额的20.1%。战后，中国首次成为日本最大的贸易对象。据日本财务省官员预计，近几年出现的日本对华贸易逐年上升、对美贸易不断下降的趋势，还将持续下去。这表明，中日在经济上的相互依存关系正在向着更加广泛而深入的方向发展。

与经济领域这种升温场面相比，在政治以及安全领域，近年来，中日关系却不断遭遇冷风。除日本首相参拜靖国神社外，近年比较大的冷风有：（1）日本与美国在2005年2月19日举行两国外长和国防部长参加的"2+2"会谈。会谈后发表的声明中，首次公开将"鼓励通过对话方式和平解决台湾海峡相关问题"列为两国共同的"战略目标"之一。（2）日本政府新制定的《防卫计划大纲》，显示了对中国军力特别是海空力量发展的高度戒备，认为"对地区的安全保障具有重大影响力的中国，在推进核、导弹战斗力和海空军力量现代化的同时，正谋求扩大在海洋的活动范围。对此动向，今后有必要加以关注"[①]。（3）2005年2月9日，日本政府宣布将钓鱼岛上的灯塔"收归国有"。据共同社报道，日本防卫厅已对包括中国钓鱼岛以及日本冲绳本岛以西的其他岛屿制定了所谓《西南岛屿有事对应方针》表示要坚决、彻底地打击"侵犯"西南岛屿的"来犯之敌"。（4）反对欧盟解除对华武器禁售。对华武器禁售是冷战的产物。近年来，中国要求欧盟取消不平等的对华军售禁令，得到了法、德等国的积极响应和推动，但美国明确表示反对。对美国的反对，日本作了积极呼应。

二

上述"经热政冷"的状况是如何形成并明显扩大的？

从本质上看，"经热政冷"的状况是由冷战后日本国家利益和战略选择的结构性矛盾造成的。

日本国家利益的两大块——经济利益与安全利益，在冷战时期，基本被置于同一框架内，即以美国为中心的西方冷战阵营内。当时的国际市场大致分为三块，以美欧日为主的一块，以苏联东欧为主的一块，中国自成一块。在安全上，日本以苏联为假想敌，主要依靠日美同盟保护自己的安全。显然，日本经济利益与安全利益所要求的战略指向在当时基本一致，其战略选择不存在结构性矛盾。冷战结束后，世界格局发生了变化，日本的国家利益和战略选择出现了结构性矛盾。由于中国实行改革开放，苏联解体，原来分为三大块的国际市场合而为一。由此，日本的经济利益从以美欧日为主的国际市场，放大到战后第一次形成的统一的国际大市场。而且，由于经济迅速发展，中国已取代美国成为日本的头号贸易对象。这就使日本将20世纪90年代中叶出现的"中国威胁论"从经济领域排除，空前重视发展与中国的经济合作。

但是，在安全上，变化却并不令人乐观。中美日关系虽然不再属于冷战时期的国家关系类型，可是冷战后成为唯一超级大国的美国，把防止出现任何可能挑战其地位的国家和力量作为其长远战略对手，使得迅速发展的中国被当作一种潜在的、必须加以防范的力量。美国的这种安全考虑与日本相符合。据统计，日本每天约有300艘船只经过台湾海峡。日本认为，一旦台湾海峡发生战事，它的安全利益必将受到重大影响。此外，中日在东海海域存在着钓鱼岛权属和海洋划界等问题，由于中国由原来的对日供油国转变为日本在能源领域的竞争国，这些争端就变得更为严重。因此，苏联解体后，随着中国的迅速发展，日本在安全上对中国的戒备心理日益强烈。日本外务省国际情报汇总官组织专门分析员石井正己认为："尽量削弱日本的政治力量及军事力量符合中国的战略利益。即便是在日美同盟的框架下，日本强化其在安全保障上的作用，也不符合中国的利益。"②这就促使日本在安全上加强对美国防范中国战略意图的配合。

上述情况，构成了冷战后日本国家利益与战略选择的结构性矛盾的基本内容。

这种结构性矛盾在冷战后不久便发生了。但当时的日本政府对未来的世界秩序尚抱有一种多极的或相对平等的期待。例如,日本防卫厅主张:应由"多数国家发挥它们各自的作用、进行协调,以构筑新的世界和平秩序",并"期待联合国在维护世界和平与安全方面,发挥前所未有的作用"。③日本前首相中曾根康弘则主张,由西方七国首脑会议在构筑新的世界秩序中发挥核心作用④。对国际秩序的这种期待,使日本在安全上加强与美国结盟的同时,比较注意与联合国组织、与东亚各国特别是中国的协调,这对冷战后日本国家利益与战略选择的结构性矛盾发挥了一定程度的弥补作用。

但是"9·11"事件后,日本小泉政府改变了对未来世界秩序曾抱有的多极或相对平等的期待,认为"国际关系正向着以美国为中心的方向调整"⑤,因而将日本的对外战略向着适应并利用美国的一超霸权以谋取日本最大利益的方向调整。这使冷战后日本国家利益与战略选择的结构性矛盾变得突出起来。中日关系的"经热政冷"状况在小泉政府时期,变得格外明显。

三

中日关系"经热政冷"状况的形成与明显化,与近年来美国对日政策的调整也有着密切关系。

冷战后,由于东亚地区成为世界经济中最具活力的地区,中日力量的上升又使东亚格局面临重要变化,东亚还存在朝鲜半岛与台海局势等诸多热点问题,美国加大了对这一地区的关注力度,其战略重心也出现了东移趋势。正是在这样的背景下,美国副国务卿阿米蒂奇在2000年10月发表了题为《要建立日美成熟的伙伴关系》的报告。该报告主张:为对付亚洲可能发生的危机,美国与日本应建立类似美英那样的亲密关系,使日美同盟由"分担负担"向"分担力量"过渡,并要求日本更加积极地参与建立所谓新的国际秩序。这一主张基本为布什政府所接受,成为美国对日政策的重要指导思想。石井正己判断:"布什政府认为日美同盟是美国东亚战略的立足点","布什政府期待加深日美同盟,这一点充分反映在'阿米蒂奇报告'中"。⑥

"9·11"事件后,由于反恐与防止大规模杀伤性武器扩散成为美国的头号战略目标,中美关系有所改善,但美国并没有放弃与日本建立类似美英般亲密关系的努力,积极鼓励与推动日本在东亚乃至世界范围内更加充分地发挥其作为美国军事盟友的作用。石井正己判断:"第一,在短期内美国会把中国作为自己的战略伙伴。现在,中国表明了在美国安全保障上的最优先课题方面与美国合作的姿态,这点有利于美国;第二,从长期来说,因为中国存在不确定性,美国将以同盟关系为基础,力求遏制中国扩大其影响。"[7]伊拉克战争时,美国国务卿鲍威尔曾对布什说:"军事行动不会有什么难的","问题在于收拾残局"。[8]此话确有预见,伊拉克战争后,美国的主要力量被牵制在了伊拉克和中东地区。据美国有关专家估计,在布什第2届总统任期内,美国也难以实现从伊拉克撤军,而且在10年以内,美国的军事重点可能无法从中东地区转移。这必然使美国在东亚等地区的力量捉襟见肘。而这段时期正是中国国力发展的关键时期,也是正在兴起的东亚多边合作发展的关键时期。

上述形势的发展有可能导致两个结果:其一,中国军事力量的发展震慑住了"台独",中国得以实现和平统一;其二,以东亚多边合作的发展为基础,中日接近,奠定东亚共同体的基础。

以上两种结果都是美国所不愿看到的。为了防止这两种结果的产生,美国更加积极地要求日本扩大其在东亚地区的军事作用。这样,一则可以利用日本力量,弥补美国在东亚力量的不足;二则日本在东亚地区扩大其军事作用,会恶化与中国及东亚其他国家的关系,从而可以达到阻滞中日和解以及东亚多边合作发展的目的。

为了达到上述目的,美国要求日本修改宪法,取得集体自卫权。阿米蒂奇对日本自民党国会对策委员长中川秀直表示:"联合国安理会常任理事国也必须为谋求国际社会的利益而在军事力量方面作出贡献。如果做不到这一点,就难以成为安理会常任理事国。"[9]鲍威尔对日本媒体表示:"日本宪法第9条对日本国民来说是多么重要这一点可以理解。但是,日本要想履行联合国安理会常任理事国的义务,就必须根据上述观点来考虑修改宪法第9条。"[10]

美国对日政策的上述调整,必然扩大冷战后日本国家利益与战略选择的结构性矛盾,加剧中日关系的"经热政冷"状况。

四

中日关系"经热政冷"状况的形成和明显化,离不开日本的国内因素影响。

冷战后,由于国际格局的变化和日本自身力量的增长,日本日益不满战后雅尔塔体系的限制,要求摆脱这种限制,拥有军队和集体自卫权,成为"普通国家"。加上美国的推动,日本在军事上显示出较以前积极的倾向。例如,日本新《防卫计划大纲》规定:"在新的安全保障环境下,日本的防卫力建设,一方面要继续继承原来'基础防卫力构想'的有效部分,另一方面必须根据新的威胁和事态的多样化,采取相应的有效措施";又规定,"为了进一步保证日本的和平与安全,必须以主体的姿态,积极参加以改善国际安全保障环境为目的的'国际和平协力活动"。⑪

在这种积极的军事倾向下,日本对中国军事力量的发展表现出高度的敏感。日本参议员、自民党"海洋权益工作组"负责人武见敬三认为:"中国的海洋战略可能是:把太平洋西侧海域纳入本国的势力范围,把台湾作为本国领土而合并,与此同时,对从波斯湾到东北亚的海上通道进一步施加影响力。"⑫

由于历史条件不同,战后日本对其历史上侵略罪行的揭露和批判,本来便与德国存在很大差距。时代的更替,更使日本关于侵华历史的集体记忆变得越来越淡薄。不少青年人感到,"战争是祖父时的传说",对冷战后中国等东亚国家追究日本历史责任的要求增强,表现出不理解甚至反感的情绪。小泉坚持参拜靖国神社,正是企图利用上述情绪,扩大其政权的社会支持率。结果,进一步强化了两国民众的感情对立。

在这样的社会背景下,日本国内对中日关系抱积极态度的政治家受到排挤,甚至一些为了日本的经济利益而要求改善中日关系的经济界人士也受到打压。例如,富士施乐公司董事长小林阳太郎因劝说小泉不要继续参拜靖国神社,而遭到右翼分子投掷燃烧瓶等方式的威吓,而对华强硬派往往占据要津,推动中日关系的"经热政冷"状态持续地向着消极方向发展。

五

"政冷"的这种发展,日益严重地显示出其对"经热"的制约。

"政冷"对"经热"的制约,通过各种形式和途径进行。其一,由于"政冷"破坏了中日经济合作所需要的友好氛围,使中日间的一些重大经济合作项目难以获得广泛的支持。其二,由于"政冷"而过度戒备,以至削弱中日间的经济合作。例如,自1979年始,日本对中国提供"对华政府开发援助"(ODA),这一援助对中国的经济发展和人民生活水平的提高发挥了不可忽视的作用,也扩大了日本对华出口。但近年来,日本却有人在不断渲染中国军事力量和经济形势的发展,并以此为理由主张停止对中国的ODA援助。其三,由于"政冷",导致中日在经济上的恶性竞争。例如,中日作为经济大国,其能源需求都在不断上升,如果有政治上的相互信赖关系,这种竞争可以纳入良性轨道,但由于中日之间的"政冷",在能源上就出现了恶性竞争的苗头。

上述情况必然制约了"经热"的发展。而且由于中日关系的"政冷"已由历史认识和外交层面的矛盾,提升到安全领域的摩擦,这就使中日的"政冷"更包含了以往所没有的危险性。

从目前情况来看,中日关系发展存在着以下三种可能性:

一是小泉及其后任坚持参拜靖国神社,中日安全矛盾与两国国民感情的对立不断加深,钓鱼岛所属以及东海划界等争端可能导致海上局部冲突,经贸关系明显削弱,中日关系持续恶化。二是小泉及其后任继续参拜靖国神社,但由于民间等方面的交流有所发展,中日安全关系虽然继续处于冷淡状态,但受到双方有效控制,海上局部冲突的可能性基本被排除,经贸关系得以相对缓慢的速度增长。三是小泉后任不再参拜靖国神社,中日两国国民感情对立的状态获得较好的改善,两国在东海合作开发问题上有所突破,中日安全矛盾缓解,经贸关系也获得较快发展,中日关系进入相对稳定和改善的状态。对中日两国的国家利益而言,以上三种可能性,第一种损害最大,应该尽量避免;第三种最有利,应该积极争取。

如果放任现在"政冷"局势的发展,不但会继续冷却"经热",影响日本经济复苏,还会严重破坏日本的安全环境。如果日本方面能明智地看到这一点,就应下决心改变现在的"靠美限华"方针,努力控制乃至缩小日本国家利益和战略选择的结构性矛盾,加强国际协调,改善中日关系。著名日本问题专家,哈佛大学教授傅高义认为:"日本在历史上与美国关系较深,因此拥有一种努力与美国一道负责日本与世界安全问题的态度非常重要。"但同时他又指出:"此外,日本还不应该忘记与邻国中国保持良好关系。"[13]这种劝告对日本不无益处。

如今,中国与日本以及与日美同盟安全矛盾虽然有所上升,但仍然存在重要的共同利益。2005年9月21日,美国副国务卿佐利克的对华政策演讲反映了美国的亚洲政策带上了明显的冷战后特点。在当今的经济全球化时代,美国难以在亚洲采取拉拢一个大国,孤立另一个大国的政策。正因如此,美国希望中国成为"利益相关者",在加强对中国防范的同时推进中美日合作。综上所述,中国必须而且可以采取有效措施,推动中美日关系向着相对平衡的方向发展,促使中日关系得到稳定与改善。为了避免中日关系发展的第一种可能性发生,争取第三种可能性出现,我们应该适应中日关系的新变化,及时调整对日工作的重点。

1. 把对日工作的重点转移到改善中日两国国民的感情上来。要克服中日关系目前存在的困难,缓解其危险性,必须改变中日安全关系与两国国民感情同时明显地向着消极方向发展的状态。近年来,日本狭隘民族主义情绪虽然有所增强,但在日本民众中,和平主义仍然具有重要影响,反对参拜靖国神社的声音在增强。继《朝日新闻》等大报之后,作为主流媒体之一的《读卖新闻》主编渡边恒雄,也在去年年底公开发表了反对参拜的言论。改善中日两国国民的感情还是具有客观条件的。

2. 要改善中日两国国民的感情,应注意以下几点:

(1) 在战略上提升对日民间外交的地位。将对日民间外交提升到关系中日关系全局的战略地位上来加以认识与实行,多层次、多侧面地开展对日工作。

(2) 在历史问题上必须坚持原则,要服从中国的整体战略需要。历史问题是中日关系的政治基础之一,必须坚持既有原则,将关于历史问题的斗争放到恰当位置,服从中国的整体战略需要。

(3) 规定或重申必要的政策方向:

一是在历史责任上,把日本人民和军国主义者区别开来。在历史认识问题上,把日本极端民族主义势力以及日本政府少数领导人的错误立场与部分日本民众的模糊认识区别开来。

二是尊重日本民众健康的民族感情。在分析战争责任时,应着重于对军国主义的批判,制止那些以整个日本民族为对象的极端口号与行为,以利改善两国民众的关系。

三是注意时代区别。当今日本人口的绝大多数是在第二次世界大战后出生的,在反对日本极端民族主义势力以及日本少数政府领导人歪曲历史的斗争中,应该肯定新时代的日本民众在战后60年中推动日本走和平发展道路的贡献,帮助新时代的日本民众抵制错误的历史认识。

四是形成对日本的全面认识。在爱国主义教育中:既要宣传我国人民在抗日战争中的英勇事迹,也要适当宣传在我党抗日统一战线政策的感召下,一些日本国际主义战士与中国人民共同反对日本法西斯的事迹;既要宣传我党在抗日战争中的丰功伟绩,也要宣传我党实行改革开放、促成中日等国际合作,对中国现代化发展所发挥的重要作用;既要揭露历史上日本军国主义的罪行,批判日本极端民族主义势力以及少数日本政府领导人对历史的歪曲,也要实事求是地介绍战后日本的进步,以及日本对中国改革开放事业的合作与支持,使人们形成对日本的全面认识。

3. 继续做促使小泉及其后任停止参拜靖国神社的工作。目前小泉在参拜靖国神社问题上进一步陷入孤立,已有8位前日本首相反对参拜。虽然从目前情况看,小泉任内停止参拜的可能性不大,但仍应抓住这一有利时机,多方面开展工作,继续做促使小泉及其后任停止参拜靖国神社的工作。

4. 对美日同盟的加强保持必要戒备的同时,尽可能扩大中国与日本、美国的共同利益与合作。日美同盟的加强包含有针对中国的目的,对此,我们必须保持必要警惕和防范,特别是在台湾问题上。但同时应看到,在当今的历史条件下,不仅在经济上,而且在安全上,中日美之间也存在重要的共同利益,例如反恐、打击海上犯罪、防止大规模杀伤性武器扩散、环境保护等需要东亚乃至世界各国合作的问题。我们应通过加强与日美的交流与沟通,扩大与日美的共同利益,为改善与稳定中日、中日美关系创造条件。

5. 继续大力推动中日经贸关系的发展。中日经贸关系是目前保持中日关系稳定发展的重要的基础,但也受到中日关系困难局面的影响。一部分日本企业对中日关系前景心存疑虑,放缓甚至改变了对华投资的意愿。为了防止这种情况进一步蔓延,应通过各种途径向日本经济界表明,中国发展中日经贸合作的方针不会改变,并采取有力措施保护日商在华合法权益。

总之,中国的和平发展,离开良好的中日关系是难以实现的;而良好的中日关系,离开中日两国民众在感情上的和解与融洽,也无法建立起来。对所有国家我们都应该重视民众工作,对日本的民众工作就更应该予以重视。自中华人民共和国建立以来,这就是中国对日外交的一个显著特点,而且取得了重大成效;在新的历史条件下,应该继续发扬这一优良传统,做好对日工作。只有使新时期的中日关系具有深厚的民众友好基础,才能打破美日极端势力在民众中挑动"中国威胁论"从而扩张军事力量的企图,才有可能实现中日关系的长期稳定,为我国实现现代化、为台湾回归争取到良好的周边和国际条件。

(原载《社会科学》2006年第三期)

注释:

① 日本防卫厅:《防卫白皮书》,(日)大藏省印刷局2005年版,第12页。
② (日)石井正己:《发生变化的美国东北亚安全政策》,(日)《外交论坛》2004年第9期。
③ 日本防卫厅:《防卫白皮书》,日本大藏省印刷局,1992年版,第4—5页。
④ (日)中曾根康弘:《冷战以后》,上海三联书店1993年版,第8页。
⑤ 日本防卫厅:《防卫白皮书》,(日)大藏省印刷局2004年版,第3页。
⑥⑦ (日)石井正己:《发生变化的美国东北亚安全政策》,(日)《外交论坛》2004年第9期。

⑧ (英)《每日电讯报》,2004年2月26日第3版。
⑨ (美)阿米蒂奇:《今后4年是日本的分水岭》。
⑩ (日)《选择》2004年第10期。
⑪ 日本防卫厅:《防卫白皮书》,(日)大藏省印刷局2005年版,第12页。
⑫ (日)武见敬三:《如何维护日本的海洋权益》,(日)《世界周报》2005年9月9日,第3版。
⑬ (美)傅高义:《20年后中国经济将超越日本》,(日)《高士产经商报》2005年1月4日,第4版。

日本社会结构的变化与其内外政策

如果说当今的日本与以往的日本有什么根本的不同,那么可以这样说:以往的日本是以保守意识浓厚的旧中间阶层为重要社会基础的、左右翼对立明显、运行在相对稳定的国际与国内秩序中的国家;现在的日本则是以政治参与及民主要求强烈的新中间阶层为重要社会基础的、左右翼对立模糊、处于国际与国内重要变局中的国家。正因如此,日本进入了一个重要的变革时期。深入把握这个变革时期的特点,对于正确处理中日关系具有重要意义。

一、日本社会阶层中的保守力量在削弱

第二次世界大战后,随着日本经济迅速发展,日本的社会结构发生了重大变化,社会阶层中保守力量明显削弱。

随着工业大生产的发展,日本资本家在战后必须越来越多地把生产过程的组织、管理与生产技术的研究开发等工作交给其他人,于是在资本家与工人之间产生了一个中间阶层,这也就是我们通常所说的白领阶层。为了区别于日本的旧中间阶层(农民、自营业者),日本学者桥本健二先生(静冈大学教养学部教授)将这个白领阶层称之为新中间阶层。据桥本先生的调查,随着日本经济的发展,日本社会结构的最大变化是:新中间阶层和工人的增加,以及旧中间阶层中主要成分农民的减少。详见表1:

表1 日本各年度的阶级构成[①]　　　　　　　　　　　单位:%

项　　目	1955年	1965年	1975年	1985年
资本家阶级	5.5	8.4	6.2	6.3
新中间阶层	17.0	23.1	25.9	29.3
工人阶级	19.5	34.4	36.2	39.9
旧中间阶层	58.0	34.1	31.7	24.5
农民	39.3	18.0	14.3	6.6
自营业者	18.7	16.1	17.4	17.9

上述阶级与阶层的变化与《日本国势图会》所反映的大约相同时期的日本

产业结构的变化是吻合的。据《日本国势图会》反映：1960—1991年日本第一产业的就业人口占总就业人口的比例由30%降到7%；第二产业则由28%升到34%；第三产业由42%升至59%。②

上述不同的阶级和阶层具有不同经济条件和政治倾向。据调查：

资本家阶级的家庭平均年收入超过907万日元。此外，还拥有多数耐久消费品和其他财产，股票和债券的拥有率达到54.4%。学历仅低于新中间阶层。这是一个经济上富裕、生活水平高、对自己的生活与社会具有满足感的阶级。在政治上是保守的，61.9%支持自民党，支持革新政党的不超过10%。

新中间阶层的家庭平均年收入为638万日元，耐久消费品等财产的拥有率低于资本家阶级。学历是各阶级与阶层中最高的。这个阶层的政治意识强，对各种不公平的存在较敏感，反对传统的、权威主义意识的人相当多。因此，这个阶层在经济上虽然比较富裕，但政治上并不很保守，是一个追求现代生活方式和价值观的群体，对自民党的支持率为37%，对革新政党的支持率为18.6%。

工人阶层的家庭平均年收入在468万日元以下。耐久消费品等财产的拥有率很低。学历是各阶级与阶层中最低的。这是一个经济地位低下、对自身的生活与社会具有许多不满的阶级。据统计，对自身收入表示满足的仅占9.1%。对自民党的支持率最低，为34.4%，对革新政党的支持率为19.9%。

旧中间阶层的家庭平均年收入在468万日元，但考虑到日本的税收制度，这个阶层的实际收入超过上述水平。学历也较低。由于其生产方式的特殊性，拥护传统的、权威意识的人相当多。是一个在政治上较保守的阶层。对自民党的支持率达到56.2%，对革新政党的支持率仅为2%。③

根据上述情况，可以看到：由于旧中间阶层人数的大幅度减少，日本社会的传统保守力量明显削弱。具有强烈政治要求的新中间阶层的兴起及其政治态度的复杂性，在很大程度上改变了日本传统的政治构图。日本传统的政治构图是资本家阶级在旧中间阶层的合作下与工人阶级的对立。在政党领域则表现为左翼政党社会党、共产党与右翼政党自民党的对立。在新的政治构图中，阶级对立变得模糊，之所以如此，很大程度上是由于处在资本家阶级与工人阶级之间的新中间阶层力量的扩大，以及资本家阶级与工人阶级中出现的新中间阶层化的倾向。在政党领域则表现为政党要求的相互交叉和多党联合政府的成立。

以此为基本原因，战后日本最大的保守政党自民党和最大的革新政党社会党的社会基础都被动摇。1993年8月6日，日本新生党领袖细川护熙击败自民党总裁河野洋平,当选为日本第79届内阁总理大臣,组成了战后日本第一个"八党联合政府"。其后,自民党虽然几经努力,夺回了总理大臣的宝座,但雄风难再,必须依靠多党联合才能维持政权。同时日本社会党的地位也受到严重削弱,在导致自民党下台的日本第40届众议院选举中自民党未能获得过半数,而社会党则仅获70席,比选举前少64席。社会党与自民党的政治分歧明显减少,1994年6月29日,社会党与自民党甚至组织了联合政府。

在这种情况下,人们已很难再按传统的政治构图,从以资本家阶级和工人阶级的对立为基础的左右两翼的斗争上去认识和解释目前的日本社会与社会现象。否则的话便只能像时下所流行的那样,除因日本自民党某些传统政治要求被社会党等所接受而给日本贴上保守化的标签外,很少深入分析与自民党传统政治要求不同的新的政治主张的形成与提出。

二、日本面临的内外变局

在日本社会阶级与阶层发生重要变化的同时,日本的经济、政治、道德意识和价值观也发生着重要变化。

经济上,原来以追赶欧美为目标的赶超型经济在其任务基本完成后,进入转型期。日本赶超型经济的指导思想属于社会民主主义的经济思想范畴,政府高度介入,实施指导性经济计划,比较重视社会福利,注重团队协作而不是竞争,在金融体制上实行主银行制。它有利于缓和国内矛盾,有利于国家对宏观经济全局的间接控制与调节,从而集中有限力量,实现经济的高速增长。但它也存在弊病,例如由于官僚对经济的强大影响力,由于主银行制度存在内部性、封闭性、不完全竞争性等问题,使得日本经济体制透明性不足,资源配置较易受到市场以外因素的影响。20世纪80年代以后,日本坏账的大规模形成,就与这种弊病有密切关系。

在这种情况下,经济上的自由主义日益抬头,更重视市场竞争原理,主张小政府大社会,主张金融自由化,主张放宽政策、民营化、分权化,等等。日本首相小泉在谈到日本的经济改革时便说:"现在是官营夺民营的工作。因此如果民营不能迅速地进入官营的领域,日本的经济就搞不活。民营一旦进入官营的领域,就会进行设备投资、雇佣人员,服务质量也会提高。另外,官营没有法人税,民间搞得活,就要交税。"④

经济上自由主义的抬头,强化了政治改革主张。例如,要求修改宪法,要求首相直选,要求行政改革,要求加强地方自治,等等。

在道德意识和价值观上,则由重视稳定与公平,转向重视效率与自由,更关注能力和个人的权利。例如终身雇佣制和年功序列制的被批判、女权运动的发展,等等。

在日本国内出现新变局的同时,东亚的国际形势也在发生重要变化。这种变化的主要特点有四:(1)中国的崛起;(2)日本向"普通国家"的转型及经济发展的长期迟滞;(3)美国战略重点由欧洲向亚太地区的转移;(4)地区多边合作要求加强。

面对这种变化,日本的态度是矛盾的。日本大阪大学教授村山裕三相当形象地概括了这种矛盾态度:"从21世纪的东亚形势来看,美国、中国、日本这三国无疑是关键。但是令人担心的是,在这三国当中,日本的影响急剧减弱。好像东亚三角形中的一边在逐渐脱落。中国正在变成'世界的工厂',美国正在推进世界的单极化,日本既把中国当成威胁,又对美国的单独行动日益反感。"⑤

在这种形势下,日本的对外政策出现了两种不同的倾向:(1)寻求在联合国框架下,建立多边协调的国际新秩序。(2)加强日美同盟,增强对所谓"威胁"的防范与制约。

日本前首相细川的咨询委员会"防卫问题恳谈会"1994年8月提出《日本安全保障防卫力的未来——对21世纪的展望》、信息基金国家战略研究会1997年1月提出《日本的国家利益是什么——日本应采取的世界战略》等报告书,认为日本21世纪的战略应该是:寻求在联合国框架下,建立多边协调的国际新秩序,在抑制美国单边主义的同时,要使日美同盟向亚洲多边安全保障的方向转变。这两份报告书代表了第一种倾向。

1996年4月,日本在桥本内阁主持下与美国就日美安保关系作了重新定义,并于1997年9月制定了新日美防卫合作指针。2000年1月,日本前首相小渊的咨询委员会"21世纪的日本构想恳谈会"提出:"21世纪的日本首先应该是重视日美同盟的太平洋国家,其次应该是基于亚洲立场的亚洲太平洋国家。"小泉首相2001年在日本七党党首讨论会上表示:"中国拥有核武器,而且没有放弃武力解放台湾。因此,日本与美国缔结《日美安保条约》来维护安全。我认为大家都理解日美关系的重要性。"⑥小泉内阁先后制定通过了《恐怖对策特别措施法案》《自卫队法修正案》《海上公安厅法修正案》等法案,实现了三大突破:(1)自卫队活动范围的突破。1992年的《PKO法》和1996年的《周边事态法》对自卫队的活动范围有一定限制,前者限定在联合国授权进行维和活动的国家和地区,后者限定在日本的"周边"。新法案则将活动范围扩大到所有的国际公海及其上空和对方国允准的该国领海与领空。(2) 首相对外派兵制约的突破。新法案规定日政府作出向海外派兵的决定后,只需在20天内向国会报告,从而获得了"事后报告权",突破了原向外派维和部队需经国会批准的制约规定。(3) 武器使用限制的突破。新法案规定对可疑船只可以进行武力攻击;对美军事设施和军事基地可以进行武力防卫;派遣到海外的自卫队员有权进行武力防卫。这些反映的则是第二种倾向。

日本一些有识之士认为,第二种倾向与世界发展潮流存在矛盾,对此提出了深刻的批评意见。日本评论家西胁文昭认为:"美国右手举着让亚洲主要国家分崩离析的控制理论,左手擎着在驻留美军的实力背景下保证亚洲市场开放门户的政策,想要尽量长期维持美国'大发慈悲的单极统治'";又认为:21世纪的世界将通过形成三极结构,即"先行一步的泛欧主义和奋起直追的泛亚主义,还有美国的资本主义","向实现世界人性解放的'国际民主主义'迈进"。因而主张日本21世纪的世界战略应该包括三项关键内容,即:(1)"通过多边协调形成亚洲多边安全保障";(2)"建立稳定的日中关系";(3)"旨在建立扁壶状社会体系的泛亚主义"。这种主张是第一种倾向在新条件下的延续和发展,反映了日本的多极化要求和对美国单极化要求的不安,希望通过中日的协调实现亚洲的稳定,通过欧洲、亚洲、美国的合作,实现世界的稳定。[7]

三、日本社会阶级阶层的变化与其内外变局的关系

日本社会阶级阶层的变化与其国内外变局的发生是互为因果的。

日本的新中间阶层是日本知识化程度最高的阶层。据调查,拥有高学历者占整个阶层的51.3%。由于知识化程度高,这个阶层可以说是日本社会各阶层中对竞争适应性最强的。这个阶层的收入虽然比较高,但比资本家阶级要低。据调查,这个阶层中对自身收入满足的仅占12.3%,这使这个阶层又有较强的改变经济现状的要求。这个阶层由于知识化程度高,因而政治意识强;由于不居于统治地位(据调查其62%的人认为自己是工人),他们对社会公平程度较敏感,但由于收入及社会地位较高,有43.2%的人还是认为日本的社会是公平或比较公平的。

日本的工人阶层是日本知识化程度较低的阶层。据调查,中等学历及低学历者在整个阶层中占到93.3%。由于知识化程度低,这个阶层对竞争的适应程度较弱,同时收入较低(据调查,这个阶层对自身收入满足的仅占9.2%)。他们由于收入和社会地位较低,对社会公平程度很敏感。据调查,认为日本社

会不公平或不太公平的人占66.7%。但由于知识化程度低,政治意识较弱。

日本的旧中间阶层(农民、自营业者)的知识化程度也比较低,但其高学历者占15.8%,高于工人阶层。这个阶层的知识化程度较低,对竞争的适应性差,而且由于自己拥有一部分生产资料,经济地位虽然不高,但比较稳定。[8]

根据上述分析可以看到:日本的新中间阶层是当今日本经济改革中最具活力的阶层,也应该是对日本经济改革最具支持倾向的阶层。在政治上,日本的新中间阶层参与要求强,但政治变革意识则较弱。日本工人阶层对当今日本的经济改革则抱有一种矛盾心态,一方面希望改变现状,另一方面又担心打破现状后会陷入更加困难的状况。在政治上,日本的工人阶层政治变革意识强,但政治参与要求较弱。日本的旧中间阶层则无论在经济上还是政治上都比较保守。

日本的新中间阶层和工人阶层的人数占总人数的69.2%。这两个阶层的多数倾向改革,加上日本国内经济、政治等方面确实面临不得不改的局面,在这种情况下,当今的日本主流要求只能是改革而非保守。在2001年11月的国民舆论调查中,有46.4%的人认为即使有痛苦,也应坚持进行改革。有33%的人认为改革会对自己的生活造成重大影响,但就在这部分人中,也有45.1%的人支持改革。

正因如此,改革已成为当今日本政坛上各政党争取选民的主要口号。从宫泽的政治改革、桥本的六大改革,到小泉打破"政官财"铁三角的全面改革,等等,无不如此。特别是小泉上任后更是多次表示:"坚决实行应称为'新世纪维新'的改革,以不怕疼痛,不畏惧既得利益的羁绊,不拘泥于过去的经验,贯彻'不害怕、不畏惧、不拘泥'的姿态,确立适应21世纪的经济社会体系。"他也因此赢得了空前高涨的支持率。

那么,为什么会产生日本保守化的判断呢?其基本原因是因为发生了传统左翼政党如社会党力量的削弱,以及自民党的某些政治主张被社会党等在野党所接受的情况。根据这样的比较,判断当今的日本在政治上发生了保守化或右倾化的变化,当然不无道理。但是,对同一国家在不同历史时期的发展倾向的判断,主要依据的不应该是纵向的比较,而应该强调对不同历史时期不同历史条件的具体分析,并以此为根据判断其发展倾向。否则,我们会流于简单的类比,而忽视大量新鲜的、活生生的、决定其实际发展进程的变化。

从这样的立场出发,笔者不赞成简单地用冷战时期划分左中右力量的标准来套当今日本的社会变化,而主张把认识的重点放在分析当今日本变化的本质和特点上。

围绕日本国内的新变局,可以说在当代日本出现了三种对立:经济上,自由主义与社会民主主义思想的对立;政治上,保守主义与民主主义的对立;道德意识与价值观上,传统思想与个人自由要求的对立。

应该说日本与新兴产业相联系的那一部分资本家阶层、新中间阶层是日本经济按自由主义方向实行改革的主要社会基础;而日本工人阶层的相当一部分特别是制造业的工人则是社会民主主义经济思想的支持者。在政治上,保守主义是以官僚阶层以及资本家阶层、旧中间阶层为主要社会基础的;而新中间阶层和工人阶层则是以民主主义为主要社会基础。在道德意识与价值观上,旧中间阶层是以传统思想为主要社会基础;而新中间阶层则是个人自由要求的主要支持者。

值得注意的是随着新中间阶层和工人阶层数量的增加,日本社会的民主主义要求日益强烈,主张首相直选正是这种要求的反映。有一种流行的说法,认为日本经济的长期不景气导致日本极端民族主义情绪的强化。其实,极端民族主义与经济不景气并没有必然的联系,在经济不景气的条件下,日本民众的关心重点是景气的恢复。2001年11月,《读卖新闻》就"你对小泉首相的结构改革中最关心的项目是什么"的问题进行了调查,回答"不良债权处理"和"特殊法人废止及民营化"的均占37.9%,"医疗制度改革"的占37.5%,"改善财政赤字的占31.2%"。[9]可见民众关心的重点在经济。值得警惕的是为了削弱民主主义对保守主义政治的冲击,为了转移民众对政府失败的或见效不大的经济政策的怨恨,日本部分保守主义政治家和官僚企图通过刺激极端民族主义情绪来转移矛盾、扩大社会支持面。可以说正是在这样的背景下,发生了文部省发行错误的教科书和日本首相参拜靖国神社的事件。日本各阶层在经济政治上的不同地位,不仅决定了他们在国内政治经济改革中的不同态度,对他们的对外态度也有很大影响。

日本的新中间阶层主要是第二次世界大战后成长起来的,可以说是日本经济高速发展的产物。日本资本家阶层的力量在战后也有了很大发展。他们对日本的经济实力有深刻的体会,知识化程度高,政治参与要求强,这种政治参与要求不仅表现在国内政治而且表现在国际政治上。因此,在这两个阶层中容易出现使日本成为"普通国家"的要求。庆应大学教授小林节说:"我国战败后在日本宪法下生活了半个世纪,但如果就自身的人格和世界应有的状态而言,大致成了完全无责任的国家。真的失去了'心'和'品性'。"[10]又有学者说:"在当前世界史的竞争中,日本要始终立于不败之地,自己的国家要自己来保护,有必要由国民自己来建立'国民宪法'。"[11]这种言论在上述两个阶层中容易引起共鸣。正如一位自民党主流派政治家所说的那样:"新的市民社会正在出现,社会中的每个人在追求自己的主体性的同时,也使传统的民族主义开始获得新的活力,并强烈追求国家的主体性,从而形成了一种双重的政治倾向。"[12]由于包括上述因素在内的原因,使近年来日本社会舆论调查中的近半数人出现了赞成修宪的倾向。2005年,日本国会通过小泉内阁的《反恐怖特别措施法》,日本向印度洋派遣海上自卫队后,在民意调查中表示赞成的占47%,表示不赞成的占44%。[13]

日本的工人阶层特别是某些制造行业的工人由于面临着产业结构调整的压力,因而对外来廉价商品的增加和日本对外直接投资的增加非常敏感,因为这会造成日本失业率的增加。日本的农民阶层对外国廉价农产品的进口也非常敏感,因为这会对日本农产品造成冲击。由于实际的利益关系,"中国威胁论"容易对他们产生影响。2001年4月23日,日本政府对中国出口的葱、生蘑菇、灯心草实施临时紧急限制进口措施,很大程度上是一部分政治家为利用农民阶层情绪,争取支持率而采行的。日本前首相海部俊树为此批评说:有必要强调的是,地区内部相互依存度的增强,不是通过地区的闭锁而产生的,而是基于对外完全开放的对外经济关系和高效率的追求和努力。2006年以来,日本对于从中国进口的三种农产品实施紧急进口限制措施,这种不是通过增强自身实力,而是通过限制进口的办法,我认为是错误的,希望早日得到解决。[14]

了解上述情况,对正确处理中日关系具有重要意义。它能使发展中日交流、加深两国民众了解、减少相互关系障碍的工作变得更具针对性,因而也更深入、更有效。

(原载《日本社会政治生态变化与中日关系》,陈锋主编,
世界知识出版社 2007 年版)

注释:

① (日)桥本健二著:《现代日本社会的阶级分析》《社会学评论》1986,第146页。
② (日)矢野恒太纪念会编,《日本国事图会》,日本国势社1992年版,第89页。
③ (日)桥本健二著:《现代日本社会的阶级分析》《社会学评论》1986年,第146页。
④ (日)本泽二郎著:《天皇的官僚》,第184页。
⑤ (日)《经济学人》(周刊)2002年3月26日。
⑥ 《国际政治》2002年第2期,第143页。

⑦（日）《世界周报》2002 年 3 月 12 日。
⑧ NIPPON，1999 年 3 月 16 日，第 12 页。
⑨（日）《读卖新闻》2001 年 11 月 29 日。
⑩（日）《月刊日本》（特辑）第 4 期，1999 年 4 月出版，第 12 页。
⑪ 加藤典洋、松本健一对谈：《日本人是如何改变的？》，见共同社 2001 年 9 月 22 日讯。
⑫（日）转自"日本亚洲论坛"研究报告：《日中两国面向 21 世纪的共同挑战》（2000 年 5 月）中文版，第 4 页。
⑬（日）《每日新闻》2002 年 1 月 4 日。
⑭ 转自《世界经济文汇》2001 年第 1 期，第 39 页。

东亚多边合作中的日本因素

一、日本对亚洲态度的历史回顾

19世纪中叶,伴随着中国在鸦片战争中的失败,以欧美为代表的西方近代工业文明对于以中国为代表的东方古老农业文明表现出明显的优越性。在这样的背景下,1885年日本的福泽谕吉提出了"脱亚入欧论",表示"亲恶友难免共享恶名。我们要在心里谢绝东亚的恶友"。[①] 主张脱离落后的亚洲,"与西洋的文明国共进退"。同时,日本的木尊井藤吉提出了"大东合邦论",主张日本与中国、朝鲜携手,共同对付欧美。但日本政府选择了"脱亚入欧"论。这一主张对近代日本处理与亚洲各国的关系产生了严重的负面影响。继"脱亚入欧"论之后,又出现了"日本盟主论"(大亚洲主义),在这一思想的指导下,日本力图在亚洲建立霸权地位,导致日本走上对外扩张道路,全面破坏了日本与亚洲的关系。

第二次世界大战后,亚洲各国虽然先后摆脱了殖民地半殖民地地位,获得了民族独立,但是,与欧美相比,亚洲仍然是落后的,加上冷战结构的限制,日本重视的仍然是欧美,特别是美国。因此,战后,日本基本遵循美国的意志处理与亚洲各国的关系。可以说,这时"脱亚入欧论"对日本外交仍然具有重要影响。

20世纪70年代以来,由于亚洲各国和地区力量的发展,中国在20世纪60年代拥有了核武器,亚洲四小龙(新加坡、韩国及中国的香港、台湾地区)经济的迅速增长,美苏对立的冷战格局演变成美、苏、中三角格局,使得亚洲在日本外交中的地位明显上升。1972年,日本与亚洲最大的国家中国建交;1980年1月日本首相大平正芳提出了"环太平洋连带构想",主张与亚洲和大洋彼岸的美国等国同时发展多边合作关系。在这一时期,日本还提出或参加了一些在亚洲的跨国的经济圈的设想或实践,例如"环黄渤海经济圈""环日本海经济圈"等。

冷战后,亚洲在日本外交中的地位进一步上升,主要原因是:(1)亚洲的力量有了更大增长。例如据世界银行的统计,1999年欧洲共同市场(EU)的GNP为78 410亿美元,北美自由贸易区(NAFTA)为98 282亿美元,东盟各国加中、日、韩为95 560亿美元。东亚的GNP已超过欧洲共同市场,接近北美自由贸易区。(2)由于苏联解体,加上亚洲经济的迅速发展,美国对亚洲的关心日益增强。例如,克林顿政府提出了建立"太平洋共同体"的设想,布什政府主张美国的战略中心由欧洲向亚太转移。(3)日本的独立性增强。苏联的解体,对日本而言,来自北面的威胁大为减少,日本在安全保障方面对美国的依赖程度有所减弱。同时,日本的经济力量也有了进一步发展。这使日本对美国的独立性有明显增强。20世纪90年代初期,日本出现了建立美、欧、日三极世界的设想。

由于上述原因,冷战后,日本对亚洲更为重视。例如,日本提出了"日中关系与日美关系一样重要"。日本积极推动和参加了东盟地区论坛(ARF)、亚太经济合作组织(APEC)、十(东盟十国)加三(中、日、韩)会议,提出了成立亚洲货币基金(AMF)的建议,该建议因美国的反对而流产后,在2000年又与中、韩及东盟十国达成了货币互换协议。为了克服1997年东亚金融危机,包括宫泽构想在内,日本共支付了880亿美元。这些措施进一步密切了日本与亚洲的关系。上述变化反映日本已基本上摆脱了"脱亚入欧论"的影响,在外交上不仅重视美欧,而且越来越重视亚洲。这种自主性较强的、两条腿走路的外交方针,符合日本自身的利益,也受到亚洲国家的欢迎和关注。

但是,上述情况在小泉内阁成立后有所变化。2001年6月30日,小泉在就任首相后首次访美时表示:"我天生是个亲美派。我们和美国的关系越好就越能维护和促进我们和许多邻国的友好关系。"同时,他却不顾亚洲国家的反对,一再参拜供有甲级战犯的靖国神社,影响了日本与中国和韩国等亚洲国家的关系。因此,有学者批评说:"小泉内阁尽管在经济上努力进行改革,但是在外交上,面对日益变化的世界政治格局,却没有长期的战略,仍然采取追随美国式的外交政策。特别是在对日本日益重要的亚洲的外交政策上,缺少坚定可行的长期战略。"[②]这种情况反映了日本要从根本上克服"脱亚入欧论"的影响,还需要经过一个较长时期的努力。

二、日本对东亚多边合作的现实态度

2003年前后,小泉内阁对东亚多边合作的姿态发生了重要变化。变化的主要原因如下:

首先,东亚区域内的经济联系有了进一步发展。20世纪90年代末,东亚区域内各国和地区的经济发展水平明显提升,对外贸易比例增大,区域内贸易已占东亚贸易总额的50%以上,21世纪初有了更大增长。例如,2001年日本对东亚的贸易额为35%,超过了对美国的25%、对欧盟的14%。到2002年,亚洲接受日本的出口,占日本出口总额的43%,创历史最高纪录,其中绝大部分是东亚地区接受的。日本财务省发表的2004年贸易统计表明,日本对亚洲贸易额大幅上升,特别是对中国的贸易额增长巨大,整个贸易年度,日本对中国(内地及香港地区)出口达11.827 8万亿日元,增加17.2%;进口达10.372 7万亿日元,增加16.7%,总额为22.200 5万亿日元,超过了与美国的20.479 5万亿日元,占日本整个对外贸易额的20.1%。战后,中国首次成为日本最大的贸易对象国。

东亚区域内经济联系的进一步密切化,加强了日本对东亚区域的认同感。

其次,日本原有的二重经济结构变得难以维持。战后的日本经济,是一种二重经济结构,即有国际竞争力的产业和低效率产业同时并存,有国际竞争力的产业获得的利润通过各种再分配,保护了低效率产业的存在。由于当时日本经济处于高速增长时期,低效率产业给日本经济造成的损失被掩盖了。到20世纪90年代初期,日本经济进入长期徘徊时期,加上人口的高龄化,使日本很难期待内需有较大的发展。而此时正值经济全球化迅速发展,各种资源超越国界,在地区甚至全球范围内配置,国际竞争加剧,导致日本的二重经济结构难以维持。在这种情况下,日本唯一的出路是改造经济结构。对内,将竞争机制引入低效率产业,并创造良好的环境,以吸引海外人才和资金;对外,最大限度地利用东亚迅速发展带来的机会,诸如将生产据点设置到近邻诸国并充分利用当地的廉价劳动力和其他资源等,以增强国际竞争力。这使日本必然将眼光进一步转移到东亚。

再次,APEC成立后,由于该组织内部分歧严重,主要起论坛作用,很难发挥整合环太地区经济的机制性作用,在这种情况下,日本对发展东亚合作的要求加强。美国原想将APEC建成由其主导的融政治、安全、经济于一体的共同体,但受到了其他许多成员的抵制,因此,他把重点放到了促进贸易和投资自由化上,而亚洲许多国家和地区关心的是加强区域和全球经济技术合作。如何协调两者之间的矛盾,一直是APEC的难题,这使其除论坛作用外,很难发挥整合环太地区经济的机制性作用。在1997年11月召开的APEC温哥华会议上,发达国家关心的仍然主要是推进贸易自由化问题,开始甚至不准备讨论东亚金融危机问题。这更引起了东亚国家的不满。包括日本在内,东亚国家普遍感到仅有APEC是不够的,需要考虑东亚的地区经济合作。

最后,欧洲共同市场(EU)和北美自由贸易区(NAFTA)的迅速发展,使日本如果不获得东亚地区合作的支撑,那么就可能失去世界经济中三极之一的地位。2004年5月,欧洲共同市场(EU)又增加了东欧10国,扩大为25个国家,今后还将会有国家参加。北美自由贸易区(NAFTA)则将扩大到34个国家,成立美洲自由贸易区(FTAA)。这使世界经济的三极中,唯有日本没有所在地区的合作作为强大支撑。在经济全球化迅速发展的条件下,如果继续单兵作战的局面,那么日本势必难以维持其三极之一的地位。为此,日本前驻联合国大使谷口诚大声疾呼:"培育作为EU、NAFTA、东亚新的三极构造中的一极的东亚经济圈将关系到日本的生存和未来的发展。"③

此外,中国在东亚地区的经济地位和经济影响力的提升,使日本对参与东亚地区经济合作具有了更大的紧迫感。

近年来,随着中国经济的发展,中国在东亚地区的经济地位和经济影响力也在提升。2001年11月6日,第五次中国-东盟领导人会议决定在十年内建立中国-东盟自由贸易区。对此,日本感到震惊,"对于日本而言,东盟是一个特殊地带,如果东盟向其他国家倾斜,日本将无法保持内心的平衡"。④这使得日本对参与东亚地区经济合作有了更大的紧迫感。

由于上述原因,后冷战时期日本区域主义进入一个以东亚一体化为目标的新的发展阶段,日本的东亚认同感加强,在经济和安全上加强了对东亚的关注并力争占据东亚地区的主导地位。

三、日本东亚区域政策的新特点

综上所述,显示了日本的区域主义更多地带上了东亚色彩,它表现出以下新的特点:

1. 明确将东亚共同体确定为日本区域主义的长远目标。1990年,马来西亚总理马哈蒂尔提出成立东亚经济集团,由于美国反对,日本不敢呼应。1997年9月,东亚金融危机后,日本却不顾美国的反对,提出了由日本、新加坡、中国及中国香港和台湾地区共同出资建立亚洲货币基金的建议。

1997年12月15日,在日本的支持和参与下,首次东盟-中日韩领导人非正式会议召开,讨论了21世纪东亚的发展前景、东亚金融危机和如何深化东亚区域联系。翌年,在东盟-中日韩领导人第二次会议上,日本与其他国家一起,接受韩国总统金大中的提议,成立了"东亚展望小组",规划东亚合作的长远蓝图。2001年,"东亚展望小组"提交了研究报告,主张以建立"东亚共同体"作为东亚经济合作的长远目标。

2003年6月,日本"国际论坛"向日本首相小泉提出政策建议"东亚经济共同体构想及日本的作用",主张日本积极行动起来,推动创建"东亚经济共同体",以引起小泉的重视。同年12月,在日本与东盟特别峰会发表的《东京宣言》里,日本与东盟各国一起提出了建立"东亚共同体"的主张,明确将东亚共同体确定为日本区域主义的长远目标。

2. 开始重视自由贸易区(FTA,下同),特别是与东亚有关国家建立自由贸易区(FTA),形成了所谓"多层的经贸政策"概念,即:WTO政策、APEC政策、FTA政策的同时并存。

日本原来一直倾向于以WTO为主的多边贸易政策,但由于北美自由贸易区(NAFTA)等迅速发展带来的压力,加之自由贸易区具有涉及范围小、谈判缔结速度快、持续性强等特点,因此,在东亚金融危机后,日本开始重视这个问题。在确立建立东亚共同体的目标后,日本更从此目标出发,考虑和部署与东亚有关国家建立自由贸易区。

1998年秋,韩国总统金大中访日后,1999年初,日韩两国开始探讨建立FTA问题,并在2002年7月,设立了由两国政府、产业、学校代表参加的共同研讨会。在此基础上,2003年12月,日韩就建立两国间的自由贸易区开始了政府间的正式谈判。

2000年3月,日本与新加坡就建立FTA开始进行磋商。2002年1月,两国签订了包括自由贸易协定在内的《新时代经济合作协定》。同年11月,该协定生效。

2002年11月,日本与东盟签订了《总括性经济合作构想共同宣言》,决定在今后的10年内,日本尽早与东盟的全体成员,在贸易、投资、科学技术、能源、环境等广泛的领域实现包括自由贸易区在内的经济合作。2003年12月,日本与泰国、菲律宾、马来西亚等国达成了就建立自由贸易区开始政府间交涉的意愿,并进行了一轮会谈。

3. 首先同东亚发达国家新加坡和韩国建立FTA;以占据东亚区域经济合作的主导地位,然后逐步扩大,其扩大的顺序大致为:中国的香港、台湾地区,中国东南沿海发达地区,东盟,整个中国。

日本"国际论坛"的主张是:在2005年首先由日、新、韩成立东亚自由贸易区,让该自由贸易区成为"发展的经济共同体——东亚共同体的重要核心"。然后,再考虑分阶段扩大。日本"国际论坛"设计的"东亚共同体"成立的阶段是,在日、韩、新成立自由贸易区后,可以考虑让中国"沿海的经济特区作为经济地区先参加,即分不同的地区先后参加不同领域的经济合作",中国的台湾和香港地区"也应作为独立的经济地区参加东亚经济共同体",⑤其后,才是整个中国。

显然,日本一些学者设计的东亚区域经济合作路径,既不是"10＋3"(东盟自由贸易区＋中、日、韩自由贸易区),也不是三个"10＋1"(东盟＋中国自由贸易区,东盟＋日本自由贸易区,东盟＋韩国自由贸易区)的合并。他们希望的是首先建立以日本为核心的日、新、韩自由贸易区,然后像摊大饼一样,分阶段扩展到整个东亚地区。

日本之所以把东亚的发达国家新加坡和韩国等作为自己建立自由贸易区的首选对象,有技术层面上的原因考虑。例如,新加坡是一个城市国家,与日本农产品贸易比重非常低,因此,双方决定农产品市场开放议题不列入协商范围。这使日本与新加坡建立自由贸易区比较容易。但是日本这样做,更有战略层面上的考虑,反映了日本希望在未来的"东亚共同体"中占据主导地位的意图。

4. 强调建立所谓"质量高"的自由贸易区。日本认为中国拟与东盟建立的自由贸易区(FTA),是发展中国家之间的自由贸易区(FTA),实现的基本上仅是物的贸易的自由化,而日本作为发达国家,在这个问题上,能够提出更高的质量标准,不仅要求实现物的贸易的自由化,还应该包括更深层次的内容,那就是可以以此来掌握在东亚建立自由贸易区和发展共同体的主导权。为此,日本学者建议在建立自由贸易区时应考虑增加以下内容:(1)例外于自由化的品种、项目应尽量少,原产地规则要尽量缓和,实现透明化;(2)降低服务成本;(3)在废除关税的基础上,制定有关贸易投资自由化、顺利化的规则;(4)建立有关知识产权的标准和认证制度;(5)确立解决纷争的方法,这种方法与WTO解决国与国之间纷争的方法不同,应该包含有能够解决民间企业与当地政府间具体问题的内容;(6)在经济和技术合作方面,应考虑在自由贸易制度的基础上,帮助对方中小企业形成和提高能力。⑥

5. 争取中国的合作,同时防止中国在东亚区域经济合作中取得主导地位。在日本推进东亚区域经济合作的指导思想中,包含有防止中国在该区域经济合作中取得主导地位的考虑。2001年11月6日,第五次中国—东盟领导人会议决定在10年内建立中国—东盟自由贸易区。结果,"日本政府也慌忙同意设立日本—东盟加强经济合作专家小组"。⑦

日本虽然担心中国在东亚区域经济合作中取得主导地位,但也很清楚:"从政治(特别是安全)和经济两方面考虑,东亚经济共同体没有中国参加是不行的。中国这个大国参加,可以说是建立东亚经济共同体的前提条件。"⑧ 2002年11月,当中国总理朱镕基提出中、日、韩就三国缔结自由贸易协定问题开展共同研究时,日本首相小泉回应说:"应该从中长期角度进行探讨,我将关注进展情况。"⑨表现出慢慢来但并不拒绝的态度。

6. 对美合作先于东亚区域合作,力争在美国支持下推进东亚区域合作。没有中日两国在战略上的和解与合作,东亚不可能实现一体化。但中日两国在战略上的和解与合作,特别是这种和解与合作同实现东亚一体化的目标相联系,显然不符合美国的战略利益。美国前总统安全顾问布热津斯基早在20世纪90年代便强调:"日本迷失方向,或者走上重新武装道路,或者单独同中国搞妥协,都会导致美国在亚太地区的作用寿终正寝,并将排除美、日、中在地区内稳定的三角安排出现的可能。"⑩日本很清楚美国的战略利益所在。同时,日本的战略利益在目前及今后一个很长的时期内也不允许日本摆脱与美国的同盟关系。因此,日本加强东亚区域合作的主张,虽然基于东亚认同感的加强,并带有与欧洲共同市场和北美自由贸易区竞争的意图,但出于整体战略利益的考虑,对美合作仍然被置于东亚区域合作之上。

2002年1月,小泉访问东盟时提出"总括性经济协作构想",该构想不但包括东盟和中、日、韩,还包括澳大利亚、新西兰,甚至美国。其目的之一,便是为了打消美国对日本加强东亚地区合作的疑虑。日本一些学者建议向美国方面表示,"协助东亚实现经济统合,符合美国的国家利益",其理由是:(1)日本经济的前景是否光明,依赖于日本能否灵活运用亚洲的活力;(2)东亚相互依存度的增强,可以加深相互理解,增强预见性,缓和地区紧张,减轻美国安全保障的负担;(3)如果日本在东亚一体化过程中能够成为被邻国信赖的地区领袖,那么对美国而言,日本将是更有价值的同盟国。⑪显然,对美合作被置于东亚区域合作之上,日本希望在美国支持下推进东亚区域合作。

7. 努力提高日本在东亚地区内的军事地位,同时希望推动东亚地区内的多边安全合作。"9·11"事件后,小泉政府对国际关系的判断与冷战后历届日本政府有所不同。例如,认为以美国"占压倒优势的国力为背景,国际关系正在向着以美国为中心的方向变化",并对中国军事力量的发展表现出高度戒备。2004年11月,日本公布的新《防卫大纲》确认:"对地区的安全保障具有重大影响力的中国,在推进核、导弹战力和海空军力量现代化的同时,正谋求扩大在海洋的活动范围。"日本自民党"海洋权益工作组"负责人武见敬三更认为:"中国的海洋战略可能是:把太平洋西侧海域纳入本国的势力范围,把台湾作为本国领土而合并,与此同时,对从波斯湾到东北亚的海上通道进一步施加影响力。"小泉政府虽然没有公开宣称放弃日本政府一贯标榜的外交方针(以联合国为中心;美日同盟;重视东亚特别是中国),但实际上选择了维持"以美国为中心的现有世界秩序",认为这种"一极秩序"能保障"包括日本在内的世界各国的和平",并想利用对美国"一极秩序"的支持,"靠美限华",对付中国的所谓威胁。同时,为了取得集体自卫权,改自卫队为国防军,成为"正常国家",提升日本的国际地位。

因此,日本在加强东亚区域经济合作的同时,正利用美国进行全球战略调整的机会,进一步加强其东亚军事强国的地位。日本有学者建议日本构建"多重遏制机制":(1)日美同盟的"扩大式遏制机制";(2)以导弹防御体系为基础的"拒绝式遏制机制";(3)突破"专守防卫"概念,建立灵活的防卫力量,实现"独自遏制机制"。[12]同时,日本对推进东亚地区安全合作表现出更大的兴趣。日本和平·安全保障所在主张与美国合作建立导弹防御体系的同时就强调:"我国应要求建立包括中国在内的东亚军备管理体制。为此,将导弹防御体系和地区军备管理政策联系起来,推进核裁军和军备管理是必须的。"[13]

此外,反恐和防止大规模杀伤性武器扩散的要求,也使日本更加积极推进东亚地区安全合作。日本参加了朝核问题的三次六方会谈;与中、韩及东盟达成共识,将"10+3"框架运用于安全领域,共同打击跨国犯罪,以促进东亚地区的和平与发展。

四、争取中、日、美关系相对平衡,促进东亚多边合作

综上所述,可知近年来日本的东亚认同感明显加强,其区域主义正由推动一般的经济合作向推动东亚一体化的方向转变。虽然,在东亚一体化的内容、实现道路上,日本与中国及东亚其他各国还存在许多重要分歧,但对东亚的未来,自明治维新以来,日本毕竟第一次与东亚各国有了基本相同的选择。当然,日本占据东亚主导地位的要求也同时在上升。上述情况将使中日之间产生新的合作与竞争,如何使这种合作与竞争纳入良性发展轨道,这是各方都必须正视的新课题。联系世界及东亚形势的总体变化,似应作以下对策考虑:

1. 努力促使中、日、美关系向相对平衡与合作的方向转化。冷战后,中、日、美关系成为影响东亚多边合作的最重要的三角关系。"9·11"事件后,中、日、美关系出现了重要变化:以经济全球化为背景的世界多极力量的发展,使美国认识到其"领导地位"无法离开国际合作特别是地区大国的支持。因此,

在"9·11"事件特别是伊拉克战争后,美国强调伙伴关系是其对外战略的核心,在东亚加强美日同盟的同时,也"设法与中国建立建设性的关系";中国的崛起,为日本摆脱经济困境提供了巨大的机会,日本大幅度增加了对华投资,两国经济关系中产业内分工的比例迅速增长,其密切程度是空前的;日本现在虽然仍将对美合作置于东亚区域合作之上,但建立东亚共同体的目标,必将使其在越来越大的程度上回归亚洲;中国正以负责任的大国姿态积极参与东亚事务。上述变化,使中、日、美三角关系出现了向着更为平衡与合作的方向转化的可能。

为了使这种转化由可能变为现实,在对美关系上,战略上应支持美国在东亚发挥建设性作用;在对日关系上,应在坚持"前事不忘,后事之师"、批判日本右翼否定侵略历史的原则基础上,以更加主动的姿态促进中日民众之间的相互了解和友好关系,从而推动中、日、美三角关系向着更为平衡与合作的方向发展,为东亚多边合作与中国的和平发展创造条件。

2. 加强对东盟与韩国的工作,推动东亚多边合作在平等互利的原则基础上发展。日本在东亚国家中拥有最强大的经济力量,中国宜支持日本在东亚多边合作中发挥有利于东亚地区发展的作用。中国无意于在东亚多边合作中谋求主导地位,也不赞成日本谋求这样的地位。东亚多边合作的发展,应建立在平等互利的原则基础上。

日本《国际论坛》主张先成立日、新、韩自由贸易区,然后以日、新、韩为中心成立东亚机构,以占东亚共同体之先机。对此我们应保持警惕,以免被置于不利地位。但由于中国分量重,日虽然有联合新、韩,掌控东亚共同体的意图,但难以实现。目前日韩关于自由贸易区的谈判,因日韩领土争端的尖锐化以及小泉参拜供奉甲级战犯的靖国神社等问题而暂时搁浅。我们应加强对东盟与韩国的工作,支持东盟与韩国等中小国家在发展东亚多边合作乃至建立东亚共同体中发挥领先作用,同时创造条件早日与东盟及韩国建立自由贸易区,并以此促进中日在建立东亚共同体问题上的合作。

3. 东亚多边合作的发展应分阶段进行。由于东亚国际关系的复杂性,东亚多边合作的目标应有近期和中远期之分,其发展是多阶段的。在近期,应以加强中国与东盟的多边合作和在六方会谈的框架内以稳定朝鲜半岛为主,并支持东盟和韩国等中小国家在发展东亚多边合作中发挥领头作用。同时,以对东盟与韩国的合作,推动中日乃至中、日、美关系的发展。在中期,应以建立中、日、韩自由贸易区为中心,推动中、日、韩合作关系的发展。在远期,应考虑在"10+3"或东亚峰会的基础上,建立对美国、欧洲开放的东亚共同体。

4. 在一个中国的原则下,考虑台湾地区参加东亚多边经济合作的途径。东亚双边和多边自由贸易区的发展,使台湾地区的贸易环境趋向严峻。出于政治上的考虑以及上述压力,台湾地区会积极要求与日本、韩国及东盟建立自由贸易区。日本等国出于政治、经济利益,也在呼应。我似应考虑参考WTO的做法,在"一个中国"的原则下,同意台湾地区参加东亚经济共同体。

5. 合作开发能源特别是液化煤可成为推动东亚多边合作的重要突破口。能源、环境保护、反恐等正成为东亚地区迫切需要解决的问题,应在多边合作的框架内,以更加积极的态度考虑具体解决方案。据美国橡树岭国家研究室研究报告,中东及北非石油产量在2016年达到高峰后将迅速下跌。乐观的估计,如美国地质调查所也认为至多到2040年,世界石油将基本耗尽。中、日、韩石油供应都严重依赖中东地区,这是一个需要尽快加以调整的格局。中国大陆煤炭储藏量为10 000亿吨,如果利用日本的NEDOL液化煤技术,在煤炭产地生产液化煤,其成本远低于目前石油的国际市场价格,可大大减轻中、日、韩等国对中东石油的依赖。因此,由东北亚国家合作研究与开发液化煤是一个具有现实合作要求与条件的重要课题,应提到议事日程上来,作为推动东亚多边合作的重要突破口。

(原载《世界经济研究》2007年12期)

注释:

① (日)《时事新报》社论,1885年3月16日,见(日)《福泽谕吉全集》,第10卷,岩波书店1960年版,第239—240页。
② (日)谷口诚:《没有自主的、多方位的外交,日本没有未来》,《世界》,2002年7月号。
③ (日)谷口诚:《提倡东亚经济圈》,《世界》,2003年10月号。
④ (日)津上俊哉著,李琳译:《中国崛起,日本该做些什么?》,社会科学文献出版社2006年12月版,第41页。
⑤ (日)《东亚经济共同体构想及日本的作用》,《世界周报》,2003年7月8日。
⑥ (日)木村福成:《日本的FTA战略》,《东亚》,2004年4月号。
⑦ (日)津上俊哉著,李琳译:《中国崛起,日本该做些什么?》,社会科学文献出版社2006年12月版,第41页。
⑧ (日)《东亚经济共同体构想及日本的作用》,《世界周报》,2003年7月8日。
⑨ (日)津上俊哉著,李琳译:《中国崛起,日本该做些什么?》,社会科学文献出版社2006年12月版,第45页。
⑩ (美)布热津斯基:《大棋局》,上海人民出版社1998年版,第249页。

⑪ 日本经济产业研究所高级研究员、美国乔治华盛顿大学西格尔亚洲研究中心访问学者宗象直子:《日本应下定决心加入到东亚经济统合中去》,日本《论座》,2002年8月号。
⑫ (日)神保谦一:《抛开"基础防卫力量"设想,采取"多重遏制机制"》,《世界周报》,2003年8月29日。
⑬ (日)和平与安全保障研究所编:《亚洲的安全保障》(2001—2002),朝日新闻社发行,2001年11月版,第29页。

多极化趋势下的中日美三国关系

在世界多极化与经济全球化浪潮的冲击下,战后以美国为中心的世界秩序正在发生重要变化。此次世界金融与经济危机的发生,使这种趋势变得更加明显,对国际关系产生重要影响,本文将重点探讨其对中美日三国关系的影响。

一、关系人类命运的重大课题强化了三国的合作要求

随着历史的发展,人类对资源的过度开发,使人类与自然界矛盾的积累,达到了爆发的临界点;同时,经济全球化、世界多极化有了进一步的发展。这使人类共同风险与共同利益增加,没有哪个国家可以单独解决人类面临的能源和气候等方面的问题。

经济规模位居世界前三位的美中日三国,在石油消费上也位居世界前三位,在二氧化碳排放量上则居世界一、二、五位。这种状况,不但在三国间产生了诸如在石油价格等问题上的相近要求,更重要的是在这些酝酿着世界性风险的问题上,三国如果不合作,将会给三国以及世界带来巨大的灾难。

在世界发生金融危机与经济危机的情况下,为了克服经济困难,三国都需要调整产业结构,扩大市场,而"节能减排"这一亟待解决的问题中就蕴涵着极大的商机,三国在此问题上有竞争,但三国各自拥有的特点,又使它们的合作变得必要。正如美国总统奥巴马在访问日本时指出:"日本在环保技术等方面,立于高端,在人类必须发展经济而不损坏环境的目标面前,美国乐意成为日本重要的伙伴"[1];奥巴马在访华时表示:"作为能源的最大消费者和生产者,如果没有美国和中国共同努力的话,这个挑战是得不到任何解决的。"[2]

二、在金融上和经济上形成了相互支撑结构的中日美三国,为纠正世界经济的失衡更需要合作

经济全球化使各国间的依赖关系加强,而中日美三国由于经济规模的庞大以及各自经济模式的特殊性,更在经济上和金融上形成了相互支撑的特殊结构。

当代美国的经济模式,主要是指20世纪80年代美国在里根当政期间以"新自由主义"为指导形成的所谓"新美国模式"。该模式主张"国家最小化、市场最大化",强调市场的自发调节作用,主要通过金融市场融资,"这种类型的资本主义,其积累的决策权,主要在私人公司,它们可以自由地追求短期利润目标,通过金融市场获得资本"③。"新美国模式"与美元的霸主地位及美国透支消费的文化传统相结合,形成了美国经济独特的"债务推动型增长模式"。

中国的经济模式基本是出口导向型。改革开放初期,中国为了解决发展资金不足的问题,以各种优惠措施特别是廉价优质的劳动力吸引外资,大量的外国直接投资进入到中国市场。同时,由于国内消费能力的提升与市场的发育需要一定时间,中国经济的外贸依赖度自改革开放以来一直保持着相当高的程度。中美两国互为第二大贸易伙伴,日本是中国位居第三的贸易伙伴,而中国则是日本头号贸易伙伴。

日本是一个居制造业高端的国家,其出口产品呈高附加价值化的特点,与高速发展时期相比,日本内需虽有较大提高,但外贸依赖度仍比较高。为降低生产成本,日本把大批劳动密集型及资本密集型产业转移到中国,将中国作为一个面向全球市场的生产基地。它对中国的直接投资具有鲜明的出口导向性质。依据相关性计算,1994—2005年,日本在华直接投资与中国对美出口额之间的相关度高达0.88。特别是进入21世纪后,日本大幅度扩大了向亚洲出口半成品的数量,而亚洲各国特别是中国则在扩大向美欧出口成品的数量。例如,日本电器、机械与运输设备等制造行业,在世界处于领先地位,这些行业中的企业不断扩大在华投资和生产规模,其最终产品则回销或销往美欧等发达国家和地区,日本对华投资对中美贸易产生明显的贸易创造效应。

因此,日本经济学家若杉隆平指出:"在日本、美国和中国或东亚之间形成了贸易三角。这个贸易三角以美国为最终市场,从日本出口或在当地进行生产。日本向美国的出口虽然没有显著增长,但日本向中国的出口一直增长,中国向美国的出口也有大幅度增长。"④

上述模式使中日特别是中国对美贸易持续保持着相当高的顺差。同时,由于美元所具有的国际储备货币的特殊地位,美国资本市场的吸引力,以及贸易顺差国需将其贸易盈余用以维持出口部门的增长和本国货币对于美元的长期价值稳定,而不得不将相当部分的贸易盈余投资于美国债券。据统计,美国国债于2008年9月超过10万亿美元,2009年11月16日增至12.031万亿美元,外资持有的国债金额中,中国居首,持有7 989亿美元,日本次之,持有7 515亿美元。

上述模式曾支撑了世界经济的高速发展，但是，由于美国政府的监控不力，让美国金融资本的疯狂逐利突破了这一模式应有的平衡限度，从而使世界陷入严重的金融、经济危机。要从根本上摆脱当今的危机，必须重建世界经济的平衡，显然，作为世界现有经济模式主要支撑者的中日美三国，在此重建过程中承担着重要的责任，必须进行合作，目前突出的问题是防止与克服贸易保护主义。

三、支持亚太区域经济一体化的共同立场，使中日美在东亚共同体问题上的分歧有可能得到协调

世界金融危机与经济危机的发生，使东亚共同体进一步成为东亚乃至亚太地区国际关系中的热门话题。这一问题与中日美三国关系有着密切联系。

东亚共同体是一个综合概念，有若干层次。目前讨论的东亚经济共同体，主要指东亚自由贸易区。此次世界金融危机与经济危机为东亚自由贸易区的发展提供了新的动力。

美国在调整经济发展方针，正由原有的债务推动型向出口推动型转变，要求进一步开发迅速崛起的亚洲市场。日本与欧盟相比，市场较为单向，此次危机使日本对美国的直接、间接出口明显下降。为走出经济困境，日本提出"内外一体"，变亚洲的需要为日本的内需等主张。中国对美国出口也有所下降，中美贸易摩擦有所增加，中国对亚洲市场的需求也在增加。加快东亚自由贸易区的进程，显然有利于亚洲市场的扩大。

在此背景下，中日美在东亚共同体问题上的分歧和共同要求都有所发展。中方主张，以"10＋1"（东盟十国分别加中国、日本、韩国等）为基础，以"10＋3"（东盟十国加中国、日本和韩国）为主渠道，以东亚峰会为重要的战略论坛，推进东亚共同体的进程；同时，支持亚太区域经济一体化，欢迎美国作为亚太国家发挥建设性作用。

日方主张，东亚共同体以"10＋6"（"10＋3"＋印度、澳大利亚和新西兰）为主。日本外长冈田表示，美国不应该成为东亚共同体的正式成员。日本首相鸠山虽表示东亚共同体不应排除美国，然而也没有明确否定冈田的意见；同时，日本也支持亚太区域经济一体化，但是主张日美同盟是亚太地区和平稳定与繁荣的基础。

美国则表示，美国是太平洋国家，反对被排除在东亚共同体之外。为此，美国采取了一系列行动，如加入"东南亚友好合作条约"，积极推动环太平洋自

由贸易协议等；同时，主张实现亚太区域经济一体化。

显然，在东亚共同体的问题上，中日美之间既有不同要求也有共同之处。能否协调好三国在此问题上的矛盾，不仅关系到三国的关系，关系到东亚与亚太经济一体化的成功与否，而且关系到东亚乃至亚太的国际格局与国际秩序如何转变。由于三国都支持亚太区域经济一体化，这就使三国的矛盾有了协调的基础。从实际出发，可考虑将三国的主张作为三个不同但又相互联系的阶段性目标：第一阶段，以"10+3"为主渠道，推进东亚共同体建设；第二阶段，可扩大为"10+6"；第三阶段，则可扩大为亚太自由贸易区。总之，既要有所区别，又不能将区别绝对化；既照顾到各区域的特殊利益，又逐步扩大各区域间的共同利益与联系，才能积极稳妥地推进东亚及亚太区域合作。

四、世界多极化的发展，使国家间关系以及各国所面临的外交任务发生了重要变化，中日美关系正向相对"平衡"的方向发展

经济全球化使国家间的关系不再像冷战时期那样敌友分明，而往往既是朋友又是对手；世界多极化的发展，特别是这次世界金融与经济危机的影响，使各国的利益进一步趋向多元。在这种情况下，各国政府能够也必须更多地考虑外交关系的"平衡"。中日美关系的发展，也出现这种趋势。

（一）奥巴马政府的亚洲政策，显示出以日美同盟为基础，以对华外交为重点的方向

奥巴马以访日为起点开始了其亚洲政策的调整。综观奥巴马的亚洲政策，可见以下特点：

其一，奥巴马的亚洲政策在美国的世界战略中占据了冷战后前所未有的地位。世界金融危机的发生，以及中国等亚洲新兴国家的迅速发展，使亚洲的重要性更为凸显，奥巴马与他的前任相比，目光更加集中地投射到了亚洲，他明确表示美国是太平洋国家，主张太平洋不是美国与亚洲间的障碍，而是将双方联系起来的纽带。

其二，在强化同盟关系的同时，要求进一步发展在亚洲的伙伴关系。亚洲在美国世界战略中地位的上升、面临挑战的增加，以及与亚洲国家共同利益的发展，使美国必须也能够在亚洲建立更加广泛的合作关系。因此，奥巴马在表示坚持与深化美日同盟的同时，强调与中国合作的必要性和重要性，

指出中国的快速发展将会有助于全球发展,美国不谋求遏制中国,并欢迎中国在世界上发挥更大的作用。⑤

其三,积极开辟亚洲市场,重视亚太区域的经济合作。美国为了摆脱金融及经济危机,确定了经济发展的新战略。其基本内容是:增加储蓄,减少支出,改革金融体系,削减长期的财政赤字与负债,重视制造业,增加出口。为此,就必须积极开辟亚洲市场,奥巴马主张亚洲国家减少对外贸的依赖,扩大内需,并希望在亚太地区的多边合作中发挥领导作用。

其四,奥巴马政府在显示出较为宽容的文化姿态的同时,继续高举美国价值观的旗帜。坚持美国价值观是美国政治家一贯的基本选择。在美国相对优势减弱,美国模式受到挑战的当今,坚持美国价值观具有了新的现实意义。

从上述亚洲政策出发,奥巴马提出了其对华与对日政策。对华政策基本内容有两个方面,即预防与合作。在坚持建立对华战略预防的同时,对华战略借重的要求增强,特别是在经济上,奥巴马说:"我相信美国的未来维系于向全世界出口美国制造的商品,而中国正在成为美国商品的最大市场之一,亚洲也是,因此美国自己封闭市场也是不正确的。如果我们对亚洲的出口哪怕仅仅是增加一个百分点,那也意味着能够创造出数十万甚至上百万的工作岗位,这是容易做到的。"⑥因此,在合作方面,奥巴马政府表现出更加积极的姿态,要求建立与深化双边战略互信;要求致力于建设21世纪积极合作全面的中美关系,并希望采取实际行动稳步建立应对共同挑战的伙伴关系。对日政策基本内容也有两个方面,即控制与结盟,从此立场出发,奥巴马政府在坚持美日同盟仍然是美国亚洲政策基轴的同时,要求适应形势需要,深化美日同盟,扩大美日合作内容。

美国在克林顿政府时期,曾提出建立以北美为基础向亚太辐射的扇形结构的战略设想,这个扇形结构,以美日同盟为轴心,以美国与韩国、东盟一些国家、澳大利亚、新西兰等国的双边同盟关系为扇骨,以APEC为扇面,其目标则是构建以美国为中心的新太平洋共同体。这一战略设想已考虑到同盟关系与多边合作的联系。而目前地区与世界形势的变化,使奥巴马在这个方向上走得更远一些,奥巴马的亚洲政策显示出在亚洲以美日等同盟关系为基础,以对华合作为重点,以同盟关系与对华合作相互制约,又以多边合作加以联系与整合的方向。

(二)鸠山政府的外交政策,强调在美国与亚洲之间取得平衡

日本民主党政府也提出了对美对华政策的调整主张,主要表现在以下两个方面：

其一，日本政府与美国"对等"的要求加强。

冷战后，苏联解体，日本消除了战后最主要的安全威胁，国内自主意识抬头。在这样的条件下，小泽一郎首先提出了要使日本成为"正常国家"的口号，这一口号虽然主要想摆脱战后雅尔塔体系给予日本的限制，但也包含有改变美日关系主从化的要求。近年来，特别是以美国为源头的世界金融和经济危机的发生，使美国的相对优势减弱，日本的这一要求更加强烈。民主党提出了与美国建立"紧密而对等"关系的主张。所谓"对等"，就是主张更多地从日本利益与民众愿望出发，处理对美关系。鸠山内阁与美国政府在印度洋供油与普天间机场迁移等问题上的分歧之所以难以调和，是因为这些分歧不仅涉及具体利益，更关系到日本能否在与美国"对等"的要求上有所突破。

其二，日本政府开始更多地考虑美国与亚洲外交关系的"平衡"。

美日同盟的限制，使日本外交带上了单向性，当年日本政府不愿加入"东南亚友好合作条约"，原因正在于此。但是，随着中国等国的迅速发展，国际格局发生着前所未有的变化。日本无论在安全上还是经济上，仅仅依靠美国难以获得保障，在世界金融与经济危机发生的今天，尤其如此。例如，经济上，日本的头号贸易对象国虽然已变为中国，但是日本对华投资相当大的部分只是把中国作为生产基地，产品最终还是出口到美国。因此，在美国发生金融危机后，日本经济受到明显影响。同时，美国针对此次危机发生的原因，提出了将"债务推动增长模式"转换为"出口推动增长模式"。由于美日都居制造业高端，美国的这一转换，势必加强与日本在相关领域的竞争。这种情况下，日本提出了"内外一体""将亚洲市场视为内需市场"等口号。

正是基于这种需求，鸠山首相表示，日本"此前有些过于依附美国。虽然日美同盟很重要，但作为亚洲国家，日本将制定更为重视亚洲的政策"，希望与美国建立"紧密而对等的同盟关系"，力图更加自主地谋求日本的利益。因此，在普天间基地迁移问题上，不愿按照原有方案行事。但是，战后日本的特殊发展道路，使日本对美国形成了深刻的依赖，加之美国战略重心向亚太倾斜的压力等原因，鸠山内阁无力迫使美国接受其方案。

鸠山下台后，菅直人内阁消极接受教训，修改了鸠山时期的对美、对华政策，强调："对中国正在增强军力一事必须给予严重关注。有个词叫作'势力均衡'"。并表示："亚洲局势处于高度紧张，美军正在发挥威慑作用。"日本《防卫白皮书》则渲染所谓"中国军力与意图的不透明"，建议强化西南群岛的军事部署和日美防务合作。

（三）中国坚持独立自主的和平外交方针，努力使中日美关系顺应世界潮流，向着平衡、合作、开放的方向发展

美日同盟是冷战时期的产物，在相当长的时间内，将中国作为其主要假想敌之一。冷战结束后，美日同盟的作用有所变化，但是建立与增强对中国的战略预防，仍是其战略目标的重要内容。同时，美国显示了在亚洲以美日同盟为基础，以对华合作为重点，将同盟关系与多边合作加以联系与整合的方向。日本则一度出现了在美国与亚洲之间寻求某种平衡的要求。

针对上述变化，中国的对美对日政策也在发生调整。胡锦涛主席指出：当前，国际形势继续发生深刻复杂的变化。新形势下，中美两国在事关人类和平与发展的一系列重大问题上拥有更加广泛的共同利益和更加广阔的合作前景，肩负着重要的共同责任。新时期中美关系的战略性和全球性日益凸显。[7]对中日关系，胡锦涛主席指出：当前，国际形势正在发生复杂深刻的变化。中日拥有的共同利益和面临的共同挑战都在增多，两国关系面临向更高层次、更广空间发展的重要机遇。中方愿同日方一道，着眼两国人民根本利益，顺应世界发展潮流，推动中日战略互惠关系持续深入向前发展。[8]虽然中美关系与中日关系相比更带全球性质，但是中国将中美关系、中日关系均放在战略层面进行定位和运筹。同时，中国继续坚持独立自主的和平外交方针，"坚定地站在和平力量一边"，不结盟，努力与世界各国搞好关系，对促使中日美关系顺应世界潮流，向着平衡、合作、开放的方向发展，发挥了积极作用。

五、世界多极化趋势的增强，推动中日美合作关系发展；同时，也增加了三国关系和东亚地区的不确定性

中国等新兴国家的迅速发展，使当今世界多极化趋势增强，但并未从根本上改变发展中国家的地位；美国的"领导能力"，虽因此次金融危机的发生有所削弱，但尚未发生根本性动摇。世界秩序进入重大变化的过程之中。处于这一过程中的中日美三国，合作关系有所发展，同时，也增加了三国关系和东亚地区的不确定性。

2010年2月1日，美国国防部向国会提交了新版《四年防务评估报告》。该报告作为奥巴马政府的主要战略报告之一，对未来数年的美国军事和安全

战略具有重要指导意义。值得注意的是，该报告认为，美国面临的安全环境"更加复杂，不断变化，充满不确定性"；当前地缘政治呈现四大趋势——大国崛起、非国家行为体力量日益增强、大规模杀伤性武器扩散、全球性问题，这四大趋势将塑造未来的安全环境。该报告表明，现政府对美国安全利益的界定为"安全、繁荣、普世价值、合作性的国际秩序"。

依据上述判断与界定，该报告在谈及中国时，一方面表示"美国欢迎一个强大、繁荣和成功的中国的崛起"；同时，指责中国发展"反介入"战力、军事透明度"有限"。因此，该报告认为，在中美关系上，美国应将"深化合作"与"管理风险"并重。

日本防卫政务官长岛昭久直白地说明了日本需对华采取双重政策："中国不同于冷战时期的苏联。有的方面可以封锁，但必须作为市场去与之打交道。这是两难选择。"菅直人内阁在把握对美、对华外交的平衡度上更"现实"。日本防卫相北泽俊美在亚洲安全会议上发表演讲称，亚太海域的稳定"无法离开美国来谈此问题，能在这个海域全面铺开的只有美国"，正显示了上述趋势。目前来看，由于海洋权益与未来中日两国国力消长的关系变得越来越密切，海洋权益之争，对中日关系的影响明显上升。上述趋势，在2010年"天安舰"事件发生后，更为明显。

7月22日，美韩两国外长和防长在韩国首都首尔举行了两国历史上首次"2＋2"会谈。会谈后，发表了联合声明，强调将扩大和深化同盟，并称，美韩将"通过在今后数个月内在韩国东部和西部海域进行的一系列联合军演，维持能够抵挡和击退朝鲜的任何一种'威胁'的联合防卫态势"。其后，日本防卫省表示，日本海上自卫队官员将首次以观察员身份，参与美韩联合军事演习。日本《朝日新闻》称，此举标志着三国军事防卫合作的等级提高了。

总之，世界金融与经济危机的发生，使世界多极化的趋势更为明显，这种变化对中日美关系产生了重要影响，形成了新的合作动力，也使中日美关系出现了新的问题。三国的合作要求有所上升，这符合世界潮流与三国利益。三国应该进一步加强沟通，增强互信，努力促成平衡的、合作的、开放的中日美"三边关系"的形成，这对克服当前的世界金融与经济危机，促进东亚以及亚太地区多边合作的发展，实现亚太及世界的和平、稳定与繁荣具有重要意义。对三国关系中出现的新问题，其中包括对朝鲜半岛形势的影响，不能掉以轻心，应立足全局，未雨绸缪，妥善处理。

(载《和平与发展》2010年第2期)

注释：

① 2009年11月14日，美国总统奥巴马在日本东京发表的《亚洲政策演讲》，共同社2009年11月14日。

② 2009年11月17日《中美联合声明》，《人民日报》2009年11月18日。

③ （美）戴维·柯茨：《资本主义的模式》，耿修林等译，江苏人民出版社2001年版，第12页。

④ FROM RIETI NO.76，日本经济产业研究所电子信息第76期。

⑤ 2009年11月14日，美国总统奥巴马在日本东京发表的《亚洲政策演讲》，共同社2009年11月14日。

⑥ 2010年2月3日，奥巴马向参议院民主党政策委员会议员的演讲。

⑦ 2009年11月17日，中国国家主席胡锦涛在北京会见美国总统奥巴马时的讲话，《人民日报》2009年11月18日。

⑧ 2009年9月21日，中国国家主席胡锦涛在纽约会见日本首相鸠山由纪夫时的讲话，《人民日报》2009年9月22日。

野田内阁激化钓鱼岛争端的内外因分析

2012年4月，日本东京都知事石原慎太郎在美国华盛顿宣布将从私人手中购买钓鱼岛。其后，日本首相野田表示，日本政府已着手筹措预算，以正式启动钓鱼岛"国有化"程序。为壮声威，日本不忘拉上美国。日本外相表示，《日美安保条约》适用于钓鱼岛，称此言已得美国国务卿希拉里确认，并宣传美军在日本部署 V-22"鱼鹰"运输机目的是遏制中国。更有甚者，野田公开表示："在包括尖阁诸岛在内的我国领土领海上若发生不法行为，政府将视必要，毅然采取包括动用自卫队在内的应对措施"[①]野田也成为中日外交关系正常化以来，第一个公开扬言要在钓鱼岛动武的日本首相。9月11日，野田内阁又与钓鱼岛所谓的"岛主"栗原家族正式签署了岛屿"买卖合同"，对中国领土钓鱼岛实施所谓"国有化"。本文试从以下几方面来分析野田内阁激化钓鱼岛争端的内外原因。

一、美国亚太再平衡战略的影响

由于美国西部经济地位的上升，以及世界多极化的发展，特别是中国崛起等内外因素为背景，美国近年来开始了重要的战略调整。对美国此次战略调整，有各种定义，例如"重返亚洲""战略重心东移""亚太再平衡"等。这些定义反映了人们对美国战略调整的方向、目标、态势的判断。

"重返亚洲"，使用的不是战略学用语，是一种通俗性口号。它表达了美国战略调整的方向，但对战略调整的目标、态势都缺乏说明和规定。这样的口号，现在显然已不足以用来定义美国的此次战略调整。

"战略重心东移"，是目前使用较多的定义。美国官方也有类似的表达，2011年10月14日，希拉里在关于美国外交的讲话中声称"世界的战略与经济重心正在东移，我们正在更加关注亚太地区"。在2002年1月3日发表的美国新国防战略前言中，奥巴马表示："在我们结束今天的战争之际，我们将会把工作重点放在范围更为广泛的挑战和机遇上面，包括亚太地区的安全和繁荣。"[②]

从这些表述中，可以看出亚太地区在美国世界战略规划中的地位明显上升，美国对亚太的关注和力量投入在增强，但美国对是否将世界战略的重心转移到亚太地区,用语是谨慎的。第二次世界大战以来,美国世界战略的重心一直在欧洲,其间虽然用兵重点发生过转移,例如朝鲜战争、越南战争时期,但其世界战略的重心没有东移,用兵重点和其世界战略重心发生悖逆的态势,是美国在朝鲜被迫停战,在越南被迫撤兵的重要原因。

世界进入后冷战时期后,特别是本世纪以来,美国的目光虽然日益转向太平洋,但要将其世界战略重心转移到亚太地区,需要多方面的酝酿和准备。而且,即使下了决心,何时能实现转移,还有很多不确定性。2010年的美国国家安全报告仍然认为:"美国人民面临的最大威胁莫过于大规模毁灭性武器,特别是暴力极端主义分子谋求核武器以及扩散到其他国家造成的危险";欧洲是美国"在谋求全球范围的经济安全方面"主要的合作伙伴,与欧洲的关系是美国在实行战略转移时必须考虑的问题;俄罗斯的复兴也是美国放心不下的问题,美国共和党总统候选人罗姆尼认为,"如今美国的地缘政治敌人是俄罗斯"。因此,现在就用"战略重心东移"来定义美国的战略调整,难以涵盖美国此次战略调整面临的复杂问题和不确定性。

"亚太再平衡",是较后出现的定义。美国新国防战略认为:"美国的经济与安全利益与从西太平洋和东亚延伸到印度洋地区和南亚的弧形地带有着无法摆脱的联系,从而形成了不断演变的挑战与机遇的混合。因此,虽然美军将继续为全球范围的安全作出贡献,但是我们必须恢复亚太地区的平衡。"③这样一个定义,既显示了美国此次战略调整的方向,又表明了其目标——谋求亚太地区的再平衡,而且由于其目标的相对有限性,比较明确地显示出其现阶段战略调整的态势。因此,笔者主张用"亚太再平衡"战略,来定义美国现阶段的战略调整。"亚太再平衡"战略包含有美国"战略重心东移"的一些重要诉求,但能否或何时导致美国"战略重心东移",仍然需要观察。

考察美国"亚太再平衡"战略的具体内容,可以发现在安全和价值观方面,美国虽没把中国作为唯一平衡对象,但却是主要平衡对象;在经济方面,矛盾有所增加,但相互依存关系仍占主要地位,美国对华政策的结构性矛盾在扩大。美国新国防战略强调:"与亚洲盟国和重要的伙伴国的关系对于该地区今后的稳定与经济增长至为重要。"④其中,特别注意利用日本。

长期以来,为了操控中日矛盾,美国在钓鱼岛问题上虽然偏袒日本,但在主权所属上保持中立;对日美安保条约是否适用于钓鱼岛也保持一定模糊性。20世纪70年代,其立场是"关于钓鱼诸岛最好的办法是不要让它成为大众关注的目标";不要肯定地答复日美安保条约是否适用于钓鱼岛,应该说能够被解释为是安保条约的适用对象。

但是，随着形势的变化，美国政策有所调整。2004年3月，美国国务院副发言人艾瑞里声称，1972年归还冲绳施政权之后，钓鱼岛就处于日本的行政权之下。美日安保条约第5条规定，该条约适用于日本行政下的领域。因此，美日安保条约适用于钓鱼岛。

奥巴马政府前期，重复了艾瑞里表态的前两句，省略了第三句——"美日安保条约适用于钓鱼岛"，引起日本不安。2010年"钓鱼岛撞船事件"后，应日本外相前原诚司要求，美国务卿希拉里表态，《日美安保条约》适用于钓鱼岛。此次钓鱼岛风云又急之时，美国务院高官再度表态《日美安保条约》适用于钓鱼岛。7月11日，美国务院发言人文特雷尔对此立场作了说明，声称虽然美国政府在钓鱼岛的主权归属上不采取立场，但钓鱼岛在1972年作为冲绳县一部分归还日本后，都在日本行政控制之下，因此《日美安保条约》第五条适用于钓鱼岛。

二、日本展开海洋战略的要求

日本是岛国，特殊的地理条件使日本具有强烈的海洋意识。第二次世界大战中，日本的"大陆政策"受到沉重打击。战后，日本总结教训，提出若干战略思路，其中和美国等"海洋国家"结盟，维护和扩展日本海洋权益的战略思路占主导地位。

日本首相野田在其上台前夕发表的《我的政治哲学》一文中便表示："20世纪初期，日本与英国结成同盟，赢得了日俄战争的艰苦胜利，在后来的国际秩序中构筑起稳定的立场。遗憾的是，以后日英同盟关系解除，日本的外交进入漂流状态，这成为日本在第二次世界大战中失败的重要原因之一"。"为了避免重蹈覆辙，在21世纪，理应加强日美同盟"。野田又表示，"认为日本'领土狭窄，资源贫乏'是错误的，日本有海，其排他的经济水域面积位居世界第六，如果加上深度的要素，则位居世界第四"，如能开发利用好日本如此广阔的水域，"日本的前途洋洋可观"。⑤

1994年11月16日，《联合国海洋法公约》生效。根据该公约规定，沿海国可拥有12海里领海、200海里专属经济区和最多不超过350海里或2 500米等深线外推100海里的大陆架。制定该公约的本意，是促进各国对海洋的开发。但某些国家却想以它作为扩大海洋权益的工具，加之该公约某些条款规定得不明确，导致海上权益矛盾增加。

抓住此时机，日本积极行动。2005年11月，日本海洋政策研究财团向日本政府提交了《海洋与日本：21世纪海洋政策建议》，提出"海洋立国"思想，要求加强对包括大陆架和专属经济区在内的海洋国土管理，完善海洋监管与协调机制，制定日本海洋基本法，完善海洋法规体系，积极参与和引领国际事务。

该政策建议强调"当今世界面临诸多海洋问题，例如国家间在管辖海域方面的竞争与对立、海洋资源的滥用以及海洋环境污染等"；认为"近年来随着科学技术的进步，人类进一步积累了海洋这一地球最后空间的科学知识。对于资源匮乏的日本来说，调查日本周边海域，开发、利用、保护及管理海洋资源是多年的愿望，通过不断研究开发，日本已拥有了先进的科学技术能力，应该说，实现这一愿望的时代已经来临"。该政策建议还指出："日本在落实《联合国海洋法公约》、《21世纪议程》等所需的体制建设方面极为迟缓"，"日本在与邻国重叠海域的划界，开发、利用、保护和管理我周边海域等问题上动作迟缓。另外，对于发生在我周边海域的海洋环境恶化问题、邻国的油气开发以及海洋调查、偷渡、间谍船入侵、海上航线安全等问题也不能得到及时有效处理，这不仅有损国家利益，而且也无法履行国际职责"。⑥从以上论述中可以看出该政策建议带有明显的竞争性，对其竞争对象虽然未点名，但十分明确。

其后，日本设立以首相为本部长的"综合海洋政策本部"，通过了《海洋基本法》和《海洋建筑物安全水域设定法》，颁布了第一个《海洋基本计划》，规定了日本政府在维护海洋安全中的义务、责任和规划，显示出扩大海洋权益的明显意图。钓鱼岛虽小，但无论在划定领海、专属经济区、大陆架，在东海划界，在资源开发，在军事上，所具有的战略价值日显重要。占取钓鱼岛，是日本扩大海洋权益的重要步骤。

在上述背景下，日本政府在钓鱼岛问题上的立场趋向强硬。美国亚太再平衡战略的提出和实施，更增强了上述趋向。

2010年日本提出的新《防卫大纲》在分析世界战略态势时，与2006年《防卫大纲》强调美国的优势地位不同，强调的是因中国等新兴国家的崛起，世界战略平衡在发生变化，首次明确表示了对中国崛起的强烈警戒感，决定调整日本防卫方针。主要内容为：第一，将防卫重点"从北方转向南方，着重加强西南诸岛地区的防卫。要以包括南西地域的警戒监视、海上侦察、防空、反弹道导弹等机能为重点"。第二，强调"动态防御"，从"基础防卫力量"建设，转向"动态防卫力量"建设，增强军队机动性。

野田就任首相不久，即在日本航空自卫队基地发表讲话称："由于中国在地区水域活动的加强及迅速的军事扩张，加上朝鲜反复的军国主义挑衅，围绕我国的国家安全环境越来越不明朗。"要求自卫队为应对"不测事态"做好准备。⑦

最近，野田内阁又批准了2012年日本《防卫白皮书》。该白皮书继续用大量篇幅渲染"中国威胁论"，认为中国连续两年对外采取"高压"姿态，试图扩大在日本"近海与南海的活动范围并将活动常态化"。日本共同社认为，野田内阁批准此白皮书，目的在于告知日本国民加强日美同盟的意义和实行"动态防卫合作"的重要性。

同时，日本战略界一些重要人物，露骨地提出了展开日本海洋战略的要求。日本前自卫舰队司令主张日本海上安全有若干重点，其中包括：

第一，"东海防卫"。日本认为随着实力增强，中国必将对"尖阁群岛采取更加露骨的挑衅行动"；"日中之间在东海大陆架划分和油气田开发问题上的矛盾也在不断激化"。因此，"在取得美国政府同意的基础上，日本应向争议海域派遣海上自卫队舰艇，以显示日本专属经济水域不容侵犯的姿态。"

第二，"防止台湾被吞并"。日本认为对日本的海上防线而言，台湾岛具有生死存亡的重要意义。如果两岸统一，日本的安全"必将受到重大威胁"。主张"日美联合制定有关台湾问题的长期战略方针"，日本应该"加快修改有关集体自卫权和专守防卫政策的步伐"，并着手讨论制定"日本版《与台湾关系法》问题"。

第三，"防止南海的内海化"。日本认为，南海海域是连接日本的海上大动脉。保障南海航行自由，既取决于美日澳印等国能否团结起来形成可与中国对抗的势力，更取决于军事实力。

第四，"确保印度洋和龙目海峡的海上通道"。日本认为，该海上通道是日本的海上生命线。中国已开始在该海域构筑被称为"珍珠链"的沿海根据地，日本必须通过与美国、印度的紧密合作，确保印度洋通道的安全。⑧

上述观点虽以个人名义发表，但因发表观点人物的特殊身份和观点的极端性，仍然显示了问题的严重。

三、日本政坛右倾影响和政客争权夺利的需要

日本政坛围绕钓鱼岛出现的强硬姿态，除上述原因外，还与日本政坛失衡和右倾影响增强，以及日本政客争权夺利的需要直接相关。

日本政坛自"55年体制"瓦解后，日益趋向失衡和右倾。所谓"55年体制"，是指1955年日本成立保守主义政党自民党、日本革新政党社会党两派实现合并后，各自占有国会议席的第一、第二位而形成的自民党长期执政、社会

党长期在野的相互制约格局。自民党代表的是社会保守势力，更多地反映日本财阀利益，坚持日美同盟，与社会主义阵营对立。社会党代表的是社会革新力量，更多地反映劳工阶层和中下层知识分子的利益，反对日美同盟，与社会主义阵营接近。由于这两个党代表的社会阶层、对外政策选择等方面均存在重大分歧，因而在当时的日本政治中发挥了相互制约作用，使日本政坛保持了相对平衡的状态。

但是，战后以经济迅速发展为背景的日本中产阶层数量的扩张，以及苏联的解体和冷战的结束，使日本社会党存在的内外条件发生很大变化，社会党被迫修改了其传统政策，放弃"非武装中立"立场，承认自卫队符合宪法，接受日美安保条约，支持在宪法允许的范围内派兵参加联合国维持和平活动，承认"日之丸"为国旗、"君之代"为国歌等，所以，1993年成立的联合政权，虽然打破了自民党自1955年以来的一党执政，但是在执政方针上却是社会党向自民党的靠拢，而在执政方针上缺乏自身鲜明性的政权，很难获得广泛而稳定的支持，不久便被自民党重新夺回了政权，社会党也改名社民党，从对自民党具有相当大制约力量的第二大党，落魄为在众参两院均只有个位数议席的小党。

制约力量的大幅度减弱，使日本政坛日益趋向失衡和右倾，同时也出现了可供争取的选民空间，这促使日本几个由自民党分裂出来、成立较早的反对党合并而成立日本民主党。2009年，民主党赢得政权，鸠山由纪夫成为首任民主党首相，舆论期待日本出现稳定的两党制，轮流坐庄，相互制约。鸠山也想有所作为，针对自民党的执政方针，提出了具有民主党色彩的执政主张，内政上"摆脱官僚，政治主导"；经济上重视民生，承诺育儿补助、高中教育免费、高速公路免费；外交上希望"美亚平衡"，认为美军应撤出冲绳，"东亚共同体"不应包括美国。鸠山的执政方针，遭到美国和日本保守力量的强烈反对，鸠山被迫辞职。有此前车之鉴，鸠山后任的执政方针相继向自民党摆动，特别是野田内阁，其执政方针已经和自民党难分彼此。两党所争，权利而已。失去制约的日本政坛更显右倾。

前日本防卫大学校长、日本神户大学五百旗头真教授曾指出，战后"日本政治分化为三条路线：第一，宪法体制派，其核心理念是民主化和社会主义；第二，日美安保体制派，即吉田路线，其核心理念是经济中心主义、轻军备和通商国家模式；第三，改宪再军备派，其核心理念是传统的国家观"。⑤从目前情况看，坚持第一条路线的力量已经极其式微，而主张第三条路线的力量却甚嚣尘上。

上述情况下，特别是在美国推行亚太再平衡战略的背景下，在对外战略方面,日本政客不可避免地对美一边倒,争相对中国显示强硬姿态,以拉选票。

今年,日本自民党公布了第2次宪法修正案草案,要求允许日本行使"集体自卫权",将日本自卫队改为"保有战力"的"国防军",还赋予首相可宣布国家进入紧急状态的权限,在此期间,日本内阁可以临时颁布同样具有法律效应的政令[10]。日本自民党前政调会长石破茂在其竞选自民党总裁的纲领中明确提出,允许日本行使集体自卫权,以及把自卫队改编成"国防军"。[11]

石原慎太郎是老牌政客,善于以极端言行蛊惑人心,捞取选票,曾以反美吸引人们眼球,当"中国威胁论"盛行于日本之时,又以反华作秀,力掀"购岛"恶浪,舆论认为不能排除他在为其儿子成为自民党党首并领导自民党再取政权准备条件。

目前,野田内阁外则面临民众反对增税和重启核电,内则遭遇大批党员反叛。消费税增税法案虽获众院通过,但舆论调查显示,民众对该法案的支持率仅为36%,反对率则达52%。自小泽一郎率40余名国会议员脱离民主党自立新党后,民主党内又有若干名国会议员出走。据《每日新闻》调查,野田内阁支持率跌到了23%。民主党干事长承认:"民主党进入危机状态,政权可能崩溃。"野田身为首相,承担有维护中日关系大局的责任,却不顾中日在1972年联合声明等政治文件中得到确认,在两国关系中,"用和平手段解决一切争端,而不诉诸武力和武力威胁"的规定,发表要在钓鱼岛动武的言论;并不顾中国一再反对,对中国领土钓鱼岛实行所谓"国有化",这与其急于利用民族主义情绪提升支持率不无关系。

四、日本国内在钓鱼岛问题上的分化

当然,前述动向只是钓鱼岛问题的一个方面,它同时受到另外一些重要因素的制约。中国已成为当今国际秩序极为重要的"利益攸关者"和维护者,要保持当今国际秩序的稳定,缺少不了中国的合作,任何想孤立中国的努力都是徒劳的。

美国新国防战略在表示中国崛起对美国构成挑战的同时,强调中美在建立"合作性的双边关系"方面,有着"很强的共同利益"。[12]美国智库"新美国安全中心"在强调加强美日同盟的同时,主张"维护当前基本秩序,同时逐步适应崛起的中国,符合美日两国的利益"。美国著名亚洲问题专家李侃如认为,虽然美中关系在2012年不太可能取得重大进展,"但是,美国不应忽略提升对华关系对于成功实施地区及全球战略的重要意义,因为其他亚洲国家再怎么成功也不会给该地区带来奥巴马所希望得到的结果"。[13]因此,在日本挑起钓鱼岛事端,遭到中国强硬反制时,因担心事态扩大影响美国利益,美国国务卿希拉里2012年9月28日在与日本外相玄叶光一郎的会谈中,表示希望日本在钓鱼岛问题上,采取"小心、慎重且有效的"行动。日本共同社评论,"美国为牵制中国,多次表示规定对日防卫义务的《日美安保条约》适用于尖阁诸岛,而其高官用强硬口吻对日本也做出提醒的消息则属罕见"。[14]

日本极端势力企图利用美国实施亚太再平衡战略的机会,扩张海上权益,在钓鱼岛问题上一再升级。日本社会对这种冒险的忧虑也在增强,评论家丸山浩行指出,在美国的新国防战略中,"作为最前线国家,日本被期待发挥'盾牌'作用。但是,日本政府和国民并没有认识到自己的这种使命及其带来的重大后果"。[15]

同时,日本极端势力的倒行逆施,已经在影响中日经济合作的发展。据统计,截至今年8月底,共有14 394家日企进入中国市场。其中,制造业5 951家,居首位[16]。这些企业担心中日关系紧张会带来严重的负面影响。据共同社9月19日电,日本东北地区在华企业有不少已经停工停业;关西经济界高层预测日中关系将长期紧张,并担心对经济的影响"今后有所显现"。日本财务省8月27日公布的贸易统计(以通关为准)数据显示,9月上旬(1—10日)日本贸易收支逆差2 577亿日元(约合人民币209亿元),连续第3个月上旬出现逆差,主要是因为海外经济发展减速导致出口大幅减少。9月28日,东京股市日经指数收报8 870.16点,下跌79.71点,跌幅为0.89%。[17]持续恶化的日本经济更感雪上加霜。日本驻华大使丹羽宇一郎指出,石原购岛计划如果实行,"将给日中关系带来极为严重的危机"。丹羽大使曾任伊藤忠商事会长,和经济界有广泛的联系,他的声音反映了经济界相当部分人士的要求。

上述情况正在促使日本国内发生分化。据《朝日新闻》的民意调查,53%的受访者认为"国有化"将"延迟"钓鱼岛争端的解决;72%的人认为应"尽快"解决争端。49%的人认为中日今后"应该深化两国关系",40%的人认为"最好保持距离"。[18]

民意的变化使日本政客和官僚的态度也出现了微妙的变化。最近成立的新党"日本维新会"党首、大阪市长桥下彻一方面表示,日本应在钓鱼岛长期派驻警察,加强实际控制;同时,又表示日本政府应该舍弃关于钓鱼岛不存在领土争端的主张。他认为日本坚持竹岛(韩国称独岛)和钓鱼岛都是日本固有领土,但又要求不承认竹岛存在领土问题的韩国到国际法庭上见,那么日本对钓鱼岛不存在领土问题的主张就站不住脚;他还指出因钓鱼岛和北方领上(俄称南千岛群岛)以及竹岛的海域和地下资源目前还没有利用规则,应该与周边国家建立"共同管理"的规则。[19]日本前驻华大使宫本雄二认为,为预防发生不测,中日双方应尽早展开对话。"如果日本坚持'不存在领土争端,所以无需对话'的立场,拒绝同中国就此进行对话,这样的做法无益于问题的解决。"[20]

新当选自民党总裁的安倍晋三,近日决定起用前外相、现任中日友好议员联盟会长的高村正彦出任自民党副总裁,并强调:"考虑到当前日本所处的国际环境等各种因素,我认为(高村)能够胜任。"媒体认为,安倍意在弱化自己的"鹰派"形象。此举显然包含有利用野田内阁对华政策的失败,扩大民主党败势,以从民主党手中夺权的目的。因此,不能排除自民党夺权成功后,在某种程度上修正民主党对华政策的可能。[21]

但是由于导致钓鱼岛风云又急的三项主要原因,即美国亚太再平衡战略的影响,日本展开海洋战略的要求,日本政坛右倾、政客争权夺利的需要,将长时期存在,因此不能幻想日本政权交替会使钓鱼岛形势发生根本变化。围绕钓鱼岛问题在新阶段的斗争,将是长期的,也会更加尖锐、复杂;同时,这也是道义的较量、实力的较量及斗争艺术的较量。为了牢牢地掌握斗争的主动权,我们必须作好长期的全盘的筹划和准备。我们在坚决反对野田内阁和日本右翼势力的对外扩张政策和行动时,应该努力让日本人民了解中国人民希望和日本人民友好的愿望,这是中国和平发展的要求,也是取得斗争胜利的重要条件。中国有能力有信心赢得这场斗争的胜利。但是,为中日关系大局计,为亚太和平繁荣计,仍然"强烈敦促日方立即停止一切损害中国领土主权的行为,不折不扣地回到双方达成的共识和谅解上来,回到谈判解决争议的轨道上来"。否则,日方必将承受由此造成的一切严重后果。

(原载《国际观察》2012 年 9 月期)

注释:

① 2012 年 7 月 26 日,《野田佳彦首相在日本众议院全体会议上的讲话》,共同社 2012 年 7 月 27 日电。
②《维持美国的全球领导地位》,见 2012 年 1 月 3 日美国国防部网站。
③ 同上。
④ 同上。
⑤(日)PHP 研究所:《Voice》2011 年 9 月 10 日号。
⑥(日)海洋政策研究财团:《海洋与日本:21 世纪海洋政策建议》。
⑦ 2011 年 10 月 16 日,《野田佳彦首相在日本航空自卫队基地的讲话》,共同社 2011 年 10

月17日电。

⑧（日）《军事研究》2012年2月号、3月号。

⑨2001年2月1日，五百旗头真在中国社科院日本研究所的演讲。

⑩（日）《读卖新闻》2012年4月28日。

⑪（美）共同社2012年9月10日电。

⑫《维持美国的全球领导地位》，见2012年1月3日美国国防部网站。

⑬美国《外交政策》杂志网站2011年12月21日文。

⑭共同社纽约9月29日电。

⑮（日）丸山浩行：《美国将加强亚太地区安全之轴，日本也被紧密融于这一战略》，载《经济学人周刊》2012年1月17日。

⑯见日本企业调查机构"帝国数据库"2012年9月26日发布的调查数据。

⑰共同社2012年9月28日电。

⑱（日）《朝日新闻》2012年9月24日。

⑲（日）《读卖新闻》2012年9月27日网讯。

⑳共同社2012年9月25日电。

㉑共同社2012年9月28日电。

警惕安倍内阁的危险倾向

安倍晋三再任日本首相已有半年，与其前一届任期一定程度的务实倾向相比，这半年来，安倍内阁的执政显示出一系列危险倾向，这些危险倾向，不得不让世人联想起军国主义势力统治日本时的政治氛围。安倍所代表的右翼势力及其推动的日本右倾化，对亚太地区的和平与稳定构成了严重威胁。

支持参拜靖国神社，否认侵略战争历史

靖国神社原名东京招魂社，1879年改为现名。二战前，靖国神社一直由日本军方管理，成为国家神道的象征。二战后，根据宪法政教分离的原则，靖国神社成为宗教法人。日本历次对外侵略战争中战死的军人被供奉在这里，1978年，靖国神社将东条英机等14名甲级战犯牌位供奉于此。至此，靖国神社成为美化侵略历史、鼓吹军国主义的大本营。这是亚太各国包括美国和日本的有识之士反对日本领导人参拜靖国神社的根本原因。

2006年，安倍首次组阁后，从实际需要考虑，任内没有参拜靖国神社。但辞职后，安倍每年都去参拜，并为在任时未能参拜而"悔恨不已"。去年底安倍再次上台后，以首相名义向靖国神社供奉了祭品，并为参拜靖国神社辩护。内阁副首相麻生太郎以及168名议员在春祭时先后参拜靖国神社，参拜人数超过了小泉纯一郎内阁时期。

安倍支持参拜靖国神社，是他及其所代表的右翼势力加速推动日本右倾化的体现。在这一趋势影响下，安倍等日本右翼政治人物就历史问题发表了一系列错误言论。再任首相后不久，安倍就表示要修改对日本侵略战争和殖民统治表示反省和道歉的"村山谈话"，公然声称"侵略的定义在学术界乃至国际上都没有定论"。安倍内阁成员和自民党一些高官也应声而动，高调附和。日本右翼政客一系列否认军国主义历史罪责、为侵略战争翻案的错误言行，引起亚洲人民的强烈不满。

意欲修改和平宪法，否定和平发展道路

战后制定的《日本国宪法》于1947年5月3日起实施。这部宪法与二战

前的《明治宪法》相比，有了根本性的进步，其中特别重要的有两点：第一，《日本国宪法》规定，国家主权属于国民。主权由天皇转归于国民，标志着日本的国体发生了根本变化。第二，《日本国宪法》规定，日本放弃战争。《日本国宪法》第九条，也就是人们所称的"和平条款"，规定如下："日本国民衷心谋求基于正义与秩序的国际和平，永远放弃以国家权力发动的战争、武力威胁或使用武力作为解决国际争端的手段。为了达到前项目的，不保持陆海空军及其他战争力量，不承认国家的交战权。"《日本国宪法》剥夺了日本军国主义赖以生存的法律依据，遏制了日本右翼势力重新武装的野心。因此从问世起，便遭到右翼势力的强烈反对。本世纪以来，自民党内的右翼势力加紧将其修宪意图付诸实施。2003年，自民党宪法调查会下属的宪法修改项目小组提出宪法修正案要纲草案，要求在宪法中写明"为保证国家的独立和安全，可以行使个别自卫权和集体自卫权"，"作为行使自卫权的组织，将保持自卫军的存在"。2005年，自民党公布了宪法修改草案，要求将宪法第九条改为"为了确保我国的和平与独立以及国家和国民的安全，保持以内阁总理大臣为最高指挥官的自卫军"。2012年，自民党在此案基础上，出台了更右的草案，要求将"自卫队"改为"国防军"；并主张"日本是以作为国民统一象征天皇为顶点的国家"，要求在宪法中明确规定天皇为"国家元首"。

安倍出任自民党总裁和首相后，多次表示要在任内推动落实自民党的修宪草案。如果安倍的修宪计划得逞，战后日本宪法在民主、和平方向上取得的进步，将发生严重倒退。

激化中日矛盾，挑战国际秩序

安倍在其新内阁成立当天就表示，要战略性地开展综合性外交。在以后的时间里，所谓战略性外交的目标逐步展现，这就是力图建立对华包围圈，挑战战后国际秩序。其基本特点，首先是鼓吹"中国威胁论"，声称中国针对日本"领土、领海、领空及主权的挑衅持续不断"。在将中国树为假想敌的同时，安倍企图背靠美国，拉拢所谓价值观相同或有某种共同利益的国家，形成对华包围态势，从而对中国进行防范、制约，迫使中国作出日本右翼势力所希望的让步。安倍表示："我构想出一种战略，由澳大利亚、印度、日本和美国的夏威夷组成一个菱形，以保卫从印度洋地区到西太平洋地区的公海。我已经准备好向这个安全菱形最大限度地贡献日本的力量。"

安倍否认侵略罪责，意图修改和平宪法，建立对华包围圈，剑锋所指，不仅在中国,更在战后国际秩序。众所周知,二战后亚太地区的国际秩序是以《开罗宣言》《波茨坦公告》为基础建立起来的。1945年8月日本投降时明确承诺:天皇、日本政府及其继续者将切实履行《波茨坦公告》之条款。然而,日本罔顾历史和国际法,宣称日本领土在法律上由《旧金山和约》确定,这种论调是极不负责任的。所有热爱世界和平的人,都应该维护战后和平秩序,不允许破坏、否认这一战后的胜利成果。

悬崖勒马,回头是岸

目前,安倍内阁的严重右倾化趋势已经引起亚洲人民的普遍不安。韩国《中央日报》刊文说:"日本的右倾化正逐渐成为亚洲和平最大的安全隐患。"中国外交部发言人严正指出,如果日本领导人为军国主义的对外侵略扩张和殖民统治而"自豪",日本将永远走不出历史的阴影,同亚洲邻国的关系将没有未来。日本媒体也批评道:"安倍与其在集体自卫权问题上'勇猛突进',不如在与各国合作方面多下功夫,避免日本在世界上孤立。"

安倍内阁危险倾向的出现,是多种内外因素共同起作用的结果。国际上,美国提出亚太再平衡战略,需要在安全方面利用日本防范和制约中国;中国迅速发展并取代日本成为世界第二大经济体,加之日本右翼势力鼓吹"中国威胁论",使部分民众对中国产生疑惧。日本国内经济长期不振,政权频繁更迭,民众普遍失望。日本右倾保守思潮趁机抬头,右翼势力不断膨胀,政坛力量对比向右倾斜,为安倍内阁危险倾向的发展提供了条件。

安倍内阁的一系列危险倾向,如果不被及时扭转,将会产生严重后果。战后的和平发展道路一旦被否定,日本将有可能重新成为战争和侵略的策源地。更为严重的是,安倍政权还力图促成对华包围圈,这将把中日关系和亚太局势引上极为危险的道路。

习近平主席最近指出,"和平是人民的永恒期望","国际社会应该倡导综合安全、共同安全、合作安全的理念,使我们的地球村成为共谋发展的大舞台,而不是相互角力的竞技场,更不能为一己之私把一个地区乃至世界搞乱",阐明了人类历史发展的正道。战后几十年来,包括日本在内的亚太地区许多国家取得的发展成就,正是建立在本地区和平稳定的国际秩序和国际环境基础之上的。安倍内阁如不能正确看待历史,认清和平发展的时代潮流,立即悬崖勒马,改弦更张,尊重战后和平稳定的国际秩序,而是误判形势,一意孤行,把日本重新引向军国主义的邪路,必将受到历史的惩罚,落得个害人害己的下场。

安倍内阁未来究竟作何选择,国际社会正拭目以待。

（载《求是》2013年7月1日期）

围绕《波茨坦公告》展开的历史斗争

今年7月26日,是《波茨坦公告》发表70周年。该公告全称为《中美英三国促令日本投降之波茨坦公告》。其继承开罗会议宗旨,在亚洲太平洋战场的关键时期统一盟国意志,明确日本必须无条件投降,规定了战后处置日本侵略者的基本原则,为战胜日本法西斯,迫使日本接受民主改造,奠定了国际法基础。

一、《波茨坦公告》的产生

《波茨坦公告》问世于1945年,但其基本原则的形成则在1943年前后。此一时期是第二次世界大战发生重要转折的时期。德军在斯大林格勒投降,这使希特勒战胜苏联,打通德日联系,西移主力对付英美,并助日本免除北面之忧,全力西进南下的企图破产;同时,苏英美在德黑兰会议上达成了在欧洲开辟第二战场的协议;美军继中途岛海战胜利后,又取得了瓜达尔卡纳尔岛战斗的胜利,开始了在太平洋战场的反攻;中国战场上,在正面,国民政府军取得了第三次长沙会战的胜利。中国战区盟军统帅部成立,经罗斯福提名,由蒋介石出任盟军统帅部最高统帅,统一指挥在中国的美国军队以及东南亚越南、泰国的军队对日作战。在敌后,八路军总部统一指挥冀鲁豫军区和太行军区等,发起了卫南、林南战役,揭开了对日局部反攻序幕。法西斯轴心国战略上的主动地位开始了重要逆转。

为应对此局面,1943年11月5日,日本召开了有伪满洲国溥仪政府、南京汪精卫汉奸政府,以及东南亚和南亚几个傀儡政府参加的"大东亚会议",通过"共同宣言",以"结束任何形式的种族歧视"为欺骗,喧嚣要在东亚建立"共存共荣"的新秩序。东亚面临新的斗争。

在上述背景下,1943年11月22日至26日,美国总统罗斯福、英国首相丘吉尔和中华民国国民政府军事委员会委员长蒋介石在开罗举行会议,拟定《开罗宣言》,决定了对日协同作战,以及战后处置日本侵略者的基本原则。《开罗宣言》发表前,征询了斯大林意见,他回答完全赞成宣言及其全部内容。

12月1日,中、美、英三国在重庆、华盛顿、伦敦三地同时发表《开罗宣言》,宣布:

"三国军事方面人员关于今后对日作战计划,已获得一致意见,我三大盟国决心以不松弛之压力从海陆空各方面加诸残暴之敌人,此项压力已经在增长之中。

我三大盟国此次进行战争之目的,在于制止及惩罚日本之侵略,三国决不为自己图利,亦无拓展领土之意思。

三国之宗旨,在剥夺日本自从一九一四年第一次世界大战开始后在太平洋上所夺得或占领之一切岛屿;在使日本所窃取于中国之领土,例如东北四省、台湾、澎湖群岛等,归还中华民国;其他日本以武力或贪欲所攫取之土地,亦务将日本驱逐出境;我三大盟国稔知朝鲜人民所受之奴隶待遇,决定在相当时期,使朝鲜自由与独立。

根据以上所认定之各项目标,并与其他对日作战之联合国目标相一致,我三大盟国将坚忍进行其重大而长期之战争,以获得日本之无条件投降。"

《开罗宣言》明确了对日作战目的,巩固了盟国在对日作战中的合作,坚定了亚洲太平洋地区人民夺取抗日战争胜利的决心。

1944年,美军在太平洋的反攻已达到日本所谓"绝对国防圈"的中心,塞班岛、关岛等相继落入美军之手;莱特湾战役歼灭了日本联合舰队的主力,切断了日本和南方的联系;美国的B29轰炸机开始从马里亚纳基地起飞轰炸日本本土。

在欧洲战场,6月至7月,盟军发动诺曼底登陆战役,先后调集36个师,消灭或重创德军40个师,横渡英吉利海峡,返回欧洲大陆,欧洲战场的战略态势随之发生根本变化。

但日军仍在疯狂挣扎,在太平洋的夺岛战斗中,美军付出了重大代价。1944年,日军动员约51万兵力,发起了一场纵贯中国南北的大规模战役,欲摧毁在广西桂林的美空军基地,防止美军利用该基地空袭日本本土,并形成一条纵贯中国南北、连接东南亚的陆上交通线;同时,动摇重庆国民政府的抗战决心。

在上述背景下,美国感到:"前往东京尚有一段艰难与漫长的道路。击败德国并不意味着对日战争的结束。相反地,美国必须准备在太平洋从事长期与代价极大的斗争。"[①]1945年1月23日,美参谋长联席会议主席向罗斯福建议:"苏联进入对日战争是美国的利益所绝对必要的。"[②]经过美苏密议,苏联承诺在欧洲战争结束后2—3个月内参加对日作战。2月4日,罗斯福、丘吉尔、斯大林举行了雅尔塔会议。

1945年5月8日,法西斯德国无条件投降,欧洲战争结束,世界反法西斯战争进入最后阶段,盟军在亚洲各战场对日军发起反攻。7月17日,苏美英三国首脑在柏林近郊波茨坦举行会议。7月26日,中美英三国发表《波茨坦公告》,促令日本立即无条件投降。中国没有参加会议,但会议公告发表前征得了蒋介石同意。苏联于1945年8月8日对日宣战后加入该公告。

二、《波茨坦公告》的历史作用

第一,《波茨坦公告》明确表示:"对日作战,不至其停止抵抗不止",坚定了盟国将对日作战进行到底,不获全胜决不收兵的决心。

公告发表的第二天,日本铃木贯太郎内阁举行会议讨论是否接受《波茨坦公告》。7月28日下午,日本首相铃木贯太郎发表声明:日本"政府不认为公告有何重大价值,只能不予理睬。吾等唯有誓将战争进行到底"。[③]明确拒绝接受《波茨坦公告》,并企图要求苏联出面为日本与盟国举行会谈进行斡旋。

在这种情况下,波茨坦公告签署国履行了"对日作战,不至其停止抵抗不止"的决心。

8月6日和9日,美国先后在日本广岛和长崎各投下一颗原子弹。

8月8日,苏联外交委员莫洛托夫召见日本驻苏大使,向他宣布了苏联加入《波茨坦公告》的通知,通知指出:"在希特勒德国投降后,日本是继续进行战争的唯一大国","考虑到日本拒绝投降,盟国已与苏联政府接洽,提出参与同日本作战的建议,以缩短战争时间,减少伤亡,为尽速恢复和平作出贡献。作为一个盟国,苏联政府恪守其义务,接受盟国的建议,加入盟国7月26日宣言。"[④]9日,苏联出兵中国东北和朝鲜北部,对日本关东军发动凌厉攻势。

同日,中国共产党主席毛泽东发出《对日寇的最后一战》号召,指出:"对日战争已处在最后阶段,最后地战胜日本侵略者及其一切走狗的时间已经到来了","中国人民的一切抗日力量应举行全国规模的反攻"。[⑤]

面对波茨坦公告签署国显示的强大决心,日本天皇不得不表示:"我充分研究了世界的现状和国内的情况,最终认为再继续把战争打下去是自不量力的。"[⑥]1945年8月14日,日本天皇向议会宣布接受《波茨坦公告》,颁布投降诏书。

第二,《波茨坦公告》是设立东京国际军事法庭和该法庭宪章的重要法律依据,有力指导了对日本侵略罪行的正义审判。

《波茨坦公告》明确规定:"欺骗及错误领导日本人民使其妄欲征服世界者之威权及势力,必须永久剔除","对于战罪人犯,包括虐待吾人俘虏在内,将处以法律之裁判"。

日本宣布接受《波茨坦公告》后,1945年9月2日,日本外相重光葵代表日本天皇和政府签署了投降书。苏美英三国外长于当年12月16—26日举行了莫斯科会议,议定并征得中国同意决定"设立盟国管制日本委员会"。依据《波茨坦公告》、日本投降书以及上述英美苏外长莫斯科会议决定,1946年1月19

日,盟军最高统帅麦克阿瑟公布了《东京国际军事法庭宪章》。

东京国际军事法庭设立时就明确地指出:"本法庭之设立,是依据1943年12月1日的《开罗宣言》,1945年7月26日的《波茨坦公告》,1945年9月2日的投降书以及1945年12月26日的莫斯科会议,并将其付诸实施。"[7]

在《波茨坦公告》等重要文件指导下设立的东京国际军事法庭,规模超过了纽伦堡国际军事法庭,堪称人类历史上规模最大的一次审判。参加国有中国、苏联、美国、英国、法国、荷兰、加拿大、澳大利亚、新西兰、印度、菲律宾11个国家;审讯从1946年5月3日开始,至1948年11月12日结束,历时2年半左右;开庭818次;庭审记录48 000多页;出庭证人419名,书面证人779名,受理证据4 336份,判决书长达1 800页,审判长念了一星期。[8]

东京国际军事法庭共审判了28名被告,其中7名甲级战犯因为战争罪和违反人道罪被判处绞刑,并于1948年12月23日在日本池袋的巢鸭监狱执行。

东京国际军事法庭审判,作为第二次世界大战后反法西斯同盟国依据《波茨坦公告》等对日本战犯进行的正义审判,具有重大意义。它是人类历史上的一个创举;它是国际社会向着超越丛林原则方向的重要发展;它以进步的法律观念和确凿的事实根据,将日本军国主义者钉上了历史耻辱柱,有力打击了日本的军国主义势力,为防止日本军国主义的复活,发挥了重大作用。

东京国际军事法庭宪章规定,该法庭"有权审判及惩罚被控以个人身份或团体成员身份犯有各种罪行包括破坏和平罪之远东战争罪犯。下列行为,或其中任何一项,均构成犯罪行为,本法庭有管辖之权,犯罪者个人并应单独负其责任:

(甲)破坏和平罪指策划、准备、发动或执行一种经宣战或不经宣战之侵略战争,或违反国际法、条约、协定或保证之战争,或参与上述任何罪行之共同计划或阴谋。

(乙)普通战争犯罪指违反战争法规或战争惯例之犯罪行为。

(丙)违反人道罪指战争发生前或战争进行中对任何和平人口之杀害、灭种、奴役、强迫迁徙,以及其他不人道行为,或基于政治上的或种族上的理由而进行旨在实现或有关本法庭管辖范围内任何罪行之迫害行为,不论这种行为是否违反行为地国家的国内法。凡参与上述任何罪行之共同计划或阴谋之领导者、组织者、教唆者与共谋者,对于任何人为实现此种计划而作出之一切行为,均应负责"。

上述三项罪名的(甲)(丙)两项是在1907年10月18日"海牙和平公约"(海牙第三公约)等条约基础上的重大发展。

根据纽伦堡国际军事法庭的判决,"破坏和平罪"也即侵略战争罪,"不仅是一个国际性犯罪,而且是最大的国际性犯罪。它与其他犯罪的区别,仅在于它里面蓄积了全部罪恶"。而"海牙和平公约"(第三条约)只规定了"不应在没有预先警告的情况下开始敌对行为是重要的";"战争状态的存在应毫不延迟地通知各中立国是同样重要的",并没有对战争的性质做出规定。因此,"破坏和平罪"也即侵略战争罪之规定的正义性质更加明确。

根据"破坏和平"也即侵略战争罪的规定,东京审判不仅确定发动和执行侵略战争是犯罪,而且确定计划和准备侵略战争也是犯罪;还确立了追究侵略战争中个人应当担负责任的原则,使战犯难以用"战争属国家责任,个人不应负责"的原则庇护而逃脱法律追究。这不仅有利于惩罚日本军国主义者的罪行,而且对今后可能出现的侵略者发挥了强大的警示作用。

根据纽伦堡国际军事法庭的判决,"反人道罪"内涵是"战前或战时犯下杀人、灭绝、奴役、流放和其他非人道行为,或者以政治或人种为由的迫害行为"。这些主要针对平民的犯罪,只要与战争罪行有关联,"在国际法的范围内就可以惩罚"。这就使在1899年海牙第2条约和1907年海牙第4条约附件和违犯战争法规及惯例罪(关于陆地战争的海牙公约,和关于战俘待遇的日内瓦公约)中所不包括的犯罪,都被纳入正义的审判。

第三,《波茨坦公告》继承和发展了《开罗宣言》规定的战后对日处理的基本原则,为战后对日处理奠定了法律基础。

如前所述,《开罗宣言》明确了盟国进行对日战争之目的和宗旨,《波茨坦公告》继承和发展了这些基本原则,奠定了战后对日处理的法律基础。

根据《开罗宣言》和《波茨坦公告》,盟军将日本侵占的中国领土归还了中国。

1945年8月12日,杜鲁门任命麦克阿瑟为驻日盟军最高司令,向其发布命令称:"自投降之时起,统治国家的天皇和日本政府的权限即从属于阁下,为完成投降条款,阁下可采取认为适当的手段。"⑨

8月14日,苏联政府与中华民国政府签订《中苏友好同盟条约》,苏联政府声明,尊重中国在东三省之完全主权及领土的完整。

8月17日,麦克阿瑟以联合国盟军最高统帅第一号命令规定,"在中华民国(东三省除外)台湾与越南北纬十六度以北地区内之日本全部陆海空军与辅助部队应向中国战区统帅蒋委员长投降"。

8月27日,蒋介石任命陈仪为台湾省行政长官兼台湾警备总司令。

10月25日,陈仪向日本台湾总督兼日军第十方面军司令安藤利吉下达第一号手令:本官奉令"接受台湾、澎湖列岛地区日本陆海空军,及其辅助部队之投降,并接收台湾、澎湖列岛之领土、人民、治权、军政设施及资产"。安藤利吉在签具的受领证中表示:对于本命令及以后之一切命令、规定或指示,本官及所属与所代表之各机关部队之全体官兵,均负有完全执行之责任。陈仪随即声明:"从今天起,台湾及澎湖列岛已正式重入中国版图,所有一切土地、人民、政事皆已置于中华民国国民政府主权之下。"

美国以盟军名义占领日本的初期,基本贯彻了《开罗宣言》和《波茨坦公告》所规定的原则。美国先后公布《投降后初期美国对日方针》《投降后初期对盟国最高司令官占领及管理日本的基本指令》,宣称占领日本的基本目标是:"保证日本不再成为对美国或世界和平与安全的威胁","最终建立起一个尊重其他国家的权利,并支持反映在联合国宪章的理想和原则之中的美国的目标的和平和负责任的政府"。

美国通过驻日盟军总部,对日本进行了多方面改造:

其一,逮捕并审判战犯。麦克阿瑟抵达日本的第三天,便下令逮捕了40名首批被指控为战犯的日方人员。其后,成立东京国际军事法庭,对28名日本甲级战犯进行公开审判,判处东条英机等7人绞刑、16人无期徒刑、2人有期徒刑,处死者骨灰被用飞机抛入太平洋。

其二,遣散日本军队。至投降之日,日本总兵力还有693万多人,其中约半数在日本本土。盟军总部将日本原陆军部和海军部改为遣散军事人员局,完成了旧日本军队遣散工作,并销毁了大批日本军事装备。

其三,清洗军国主义分子和组织。1946年1月4日,盟军总部向日本政府提出"清洗计划",要求"罢免和清除"战犯、职业军人和陆海军部特别警察和官吏等七类人,免除他们公职,剥夺他们竞选议员的资格,排除他们对政治的影响。1300个左右政治性或半政治性的组织被解散,被清洗者约20万人。

其四,政治改革。1945年10月4日,盟军总部发出"关于民权自由的指令",并向日本政府提出五项改革要求:授予公民权,解放妇女;成立工会;学校向开明的教育开放;坚持思想自由、言论自由和宗教信仰自由;经济机构民主化。

其五,修改宪法。盟军总部向日本政府提出修宪要求,基本原则有三:(1)天皇依据宪法行使职能要体现国民的基本意志。(2)日本不拥有军队和交战权;放弃以国权发动战争,放弃以战争作为解决争端的手段。(3)废除日本的封建制度。据此完成的日本国宪法草案,带上了民主性与和平性的特点。1946年11月3日,新宪法正式颁布,次年5月3日起施行。

其六,意识形态和教育领域的改革。1945年12月15日,盟军总部下令禁止日本政府对国家神道进行保护、支持和资助。次年元旦,裕仁天皇被迫发表

"凡人宣言",承认自己非神。在教育领域,要求实行民主思想指导下的新教育。

其七,解散财阀和农地改革。日本财阀大多是通过明治政府的殖产兴业政策发达起来的,与日本统治集团有着密切关系。战后,盟军总司令部将"解散财阀"作为日本经济非军事化和民主化的重要措施,发布《禁止垄断法》等,在防止垄断财团复活等方面发挥了一定作用。

日本在明治维新后,领主土地所有制转变为地主土地所有制,构成日本军事封建帝国主义的重要基础,也严重阻碍了日本农业的发展,加剧了战后日本的粮食困难。在盟军总部的推动下,日本政府相继发布两次《农地改革法》,基本废除了地主土地所有制,为战后日本经济的发展和民主改革提供了重要条件。

三、战后围绕《波茨坦公告》落实的斗争

根据《开罗宣言》以及《波茨坦公告》的精神和原则,战后盟国无论在对日本战犯的审判和对战后日本的占领与改造方面,均取得了重要成绩。但由于冷战的酝酿以及开始等复杂原因,在《波茨坦公告》的落实上存在严重分歧和斗争,有的甚至一直延续到现在。

第一,这种情况首先表现在对日本战争罪行的审判,以及处理和清洗军国主义分子的不彻底上。

对731部队的处理是一个典型例子。731部队是战时日本驻在中国哈尔滨的一支以研究和进行细菌战为使命的臭名昭著的部队。据731部队军医少将川岛清说,每年被押进731部队本部监狱用作实验材料的有400至600人,每年因受实验而死亡的至少有600人,最保守估算,6年(1939年至1945年)内至少有3 000人丧生。

全日本民主医疗机构联合会名誉会长莇昭三指出,731部队进行人体试验等医学犯罪不是根据某个人的想法进行的,而是在当时的陆军参谋本部、陆军省医务局等批准后,投入庞大资金实施的举国犯罪。除了石井四郎等军医外,还有以陆军医师身份的研究人员成为部队各领域的研究责任人。他们是京都帝国大学医学部、东京帝国大学医学部、庆应义塾大学医学部、金泽医科大学(现金泽大学医学部)等的细菌学教师和病理学教师出身的知名学者。战后这些与731部队有关的军医和医学家并没有被追究战犯责任,反而很多成了大学教授,占据了战后医学界的重要位置,导致医师的战争犯罪一直没有被追究。

发生上述情况,是因为1947年1月24日,美国国防部联合参谋部发布了

"WX95147"号训令,指示美国驻日盟军司令官麦克阿瑟,要他获取并保守731部队的秘密。麦克阿瑟决定免除日本细菌战部队相关人员的战犯身份,以换取731部队细菌战研究资料。

日本纪实作家青木富贵子指出:"美国早在战时就已经知道日本在从事细菌战的研究,只是出于独吞珍贵的细菌战研究资料和活体标本的目的而一直未敢公布。战后又对日本细菌战犯及其罪行进行包庇和隐匿,让最应受到严惩的战争罪人奇迹般地逃脱了战争审判。"⑩

同时,随着美国在战略上逐步向着冷战方向转变,麦克阿瑟发出了"战犯假释"的指令,一些战犯嫌疑人,甚至包括甲级战犯嫌疑人因此被释放和减刑,之后又撤销了各种"褫夺公职"的法令,部分战犯嫌疑人和曾经被清洗的人再次担任了公职。

例如岸信介,1936年后历任伪满政府实业部总务司司长、产业部次长和总务厅次长等职,被称为操纵伪满的五大头目之一。1939年调回日本,历任阿部信行内阁、米内光政内阁、近卫文麿内阁等的商工省政务次官。1942年4月在"大政翼赞会"支持下首次当选为众议员,同年10月任东条内阁商工大臣。1943年任东条内阁国务大臣兼军需省次官。日本投降后,岸信介被定为甲级战犯嫌疑人关进监狱,1948年获释,1952年解除"整肃",同年组织"日本再建同盟"。1957年出任日本首相。

第二,美国违反《开罗宣言》和《波茨坦公告》,排挤在对日作战中承受最大牺牲、作出重大贡献的中国,与日本签订《旧金山和约》,对日片面媾和。

战后不久,美国即酝酿排除苏联,实现对日片面媾和。1947年3月17日,麦克阿瑟宣布"我们与日本媾和的时刻已经到来",主张不论有无苏联参加,美国都要与日本媾和。苏联政府坚决反对这一企图,明确指出,片面决定召开对日媾和会议是违反《波茨坦公告》等国际协定的。其后,日本共产党发起群众运动,反对片面媾和。

1950年6月,朝鲜战争爆发后,美国政府为把日本纳入其战争体系,更加急于对日片面媾和。朝鲜战争爆发的当月,杜勒斯率美国国务院代表团访日,与日本首相吉田茂达成对日媾和后美军继续留驻日本、日本为美军提供军事基地等协议。1951年3月23日,美国向远东委员会成员国提交所谓对日和约的"临时草案";8月15日正式公布所谓美英《对日和约草案定本》;9月8日美国不顾苏联等国的反对,纠集部分国家,排挤中国,在美国旧金山与日本签订《旧金山和约》。

《旧金山和约》是一个违反国际协定、侵犯中国等国主权、适应美国冷战需要的和约。

《开罗宣言》规定：日本所窃取于中国之领土，例如东北四省、台湾、澎湖群岛等，归还中国。《波茨坦公告》规定：《开罗宣言》之条件必将实施。但《旧金山和约》只规定：日本放弃对台湾、澎湖之所有权利、名器与请求权；只规定：日本放弃对南沙群岛与西沙群岛之所有权利、名器与请求权，却闭口不谈台湾和澎湖列岛，以及南沙群岛与西沙群岛归还中国。企图为"两个中国""一中一台""台湾地位未定"等阴谋制造法律根据。

《旧金山和约》签订后，美国以日本如不与台湾当局议和，《旧金山和约》将得不到美国国会批准，要挟日本与台湾当局签订和约，建立所谓"外交关系"。

为了使日本成为美国在亚洲的前沿基地，《旧金山和约》规定：日本同意美国对北纬29度以南之西南群岛（含琉球群岛与大东群岛）、孀妇岩南方之南方各岛（含小笠原群岛、西之与火山群岛），和冲之鸟岛以及南鸟岛等地送交联合国之信托统治制度提议。在此提案获得通过之前，美国对上述地区、所属居民与所属海域拥有实施行政、立法、司法之权利。

在赔偿问题上，《旧金山和约》只原则性规定日本需进行战争赔偿，但回避具体赔偿数字，使日本获得了很大回旋余地，损害了众多被侵略国家的利益。

《旧金山和约》签订，表面上意味着日本在法律上解除了被占领状态，但实际上日本非但没有获得独立，反而进一步陷入美国的控制之下，被绑上了美国的战车，东亚形成了美日韩三角对苏中朝三角的冷战对峙局面。

中国坚决反对美日的片面媾和。1951年8月15日，中国国务院总理兼外长周恩来发表声明，强烈谴责美国单方面对日媾和的企图。1951年9月18日，周恩来代表中华人民共和国中央人民政府，再一次声明："旧金山和约由于没有中华人民共和国参加准备、拟制和签订，中央人民政府认为是非法的、无效的，因而是绝对不能承认的。"

第三，日本政府无视《开罗宣言》《波茨坦公告》规定，企图强占钓鱼岛。

日本在明治维新以后加快对外侵略扩张。1879年，日本吞并琉球并改称冲绳县。不久，日本便密谋侵占钓鱼岛，并于甲午战争期间将钓鱼岛秘密"编入"版图。随后，日本又迫使中国签订不平等的《马关条约》，割让台湾全岛及包括钓鱼岛在内的所有附属岛屿给日本。第二次世界大战时，《开罗宣言》《波茨坦公告》规定，台湾及其附属岛屿归还中国。但日本战后却违反《开罗宣言》《波茨坦公告》规定，力图强占钓鱼岛，并在2012年不顾中国政府的一再警告，宣布钓鱼岛"国有化"，使中日关系陷入紧张状态，危及了亚太地区的和平与稳定。

四、结　语

综上所述，继《开罗宣言》而产生的《波茨坦公告》，是世界反法西斯力量在反对法西斯过程中形成的伟大胜利成果，是记载国际社会划时代进步的丰碑。同时，由于历史发展的曲折性和时代条件的复杂性，《波茨坦公告》本身有其难以避免的局限性，在落实中又遇到种种障碍，为此留有深刻的教训和警示。

伴随世界多极化和经济全球化的发展，当今的世界特别是亚太地区进入国际秩序的重要调整阶段。在纪念《波茨坦公告》诞生70周年之际，认真梳理和研究《波茨坦公告》的产生、历史作用以及围绕该公告落实而形成的斗争，对于深刻认识当前形势，正确指导我国所面临的新的战略博弈，捍卫第二次世界大战的胜利成果，争取我国以及国际社会与人类的更大进步，具有重要意义。

（原载《国际关系研究》2015年第4期）

注释：

① 世界知识出版社编写组：《第二次世界大战参考文献》，世界知识出版社1955年版。
② （美）约翰·托兰著，郭伟强译：《日本帝国的衰亡》（下），新星出版社2008年版，第703页。
③ （日）服部卓四郎：《大东亚战争全史》，原书房1965年版，第920页。
④ （美）约翰·托兰著，郭伟强译：《日本帝国的衰亡》（下），新星出版社2008年版，第882页。
⑤ 《毛泽东选集》（一卷本），人民出版社1964年版，第1119页。
⑥ （日）升味准之辅：《日本政治史》中译本第三册，商务印书馆1997年版，第819页。
⑦ 张效林译：《远东国际军事法庭判决书》，50年代出版社1953年版，第1页。
⑧ 张效林译：《远东国际军事法庭判决书》，50年代出版社1953年版，第2页。
⑨ （日）信夫清三郎编：《日本外交史》（下），商务印书馆1992年版，第715页。
⑩ （日）青木富贵子著，凌凌译：《731——石井四郎及细菌战部队揭秘》，上海译文出版社2010年版。

第二部分
时　评

中日友好的源头在民间

"渡尽劫波兄弟在，相逢一笑泯恩仇。"这一诗句蕴涵了中日关系跌宕起伏的经历，寄托了中日两国人民反对战争，恢复和发展友好关系的美好愿望，20世纪七八十年代，中日关系处于"蜜月"时曾被广泛引用。但在中日政治关系不断降温的今天，已经很少有人再提起，满怀怨怼的人们甚至质疑"兄弟"一词用以形容中日关系，是否从一开始就是错误。

确实，当前有少数日本政要坚持错误立场，以极不负责的态度对待中日关系，甚至以冻结政府开发援助（ODA）向中国示威，而这也在一定程度上加深了中日民众之间的误解和隔阂。但是，浮云蔽日，相信难以持久。

事实上，就在日本外务省表示要冻结2005财政年度的对华日元贷款之前，高桥浩、木村兴治、松崎君代和深津尚子等37名前日本乒乓国手才宣布将在3月31日启程访华，而加盟中国乒超联赛的日本著名运动员福原爱也将参加活动。

访华团团长木村兴治认为，乒乓交流是中日两国民间体育交流的源头，希望这次访问能够带动日中两国的年轻一代投入到友好交流活动中来，让日中友谊代代相传。另一名访华团成员、日本乒联国际委员会委员杜功凯则指出，日中恢复邦交以来，两国的乒乓交流从未中断，在时而袭来的政治"寒流"中形成了一股永不降温的民间"暖流"。

乒乓球运动在中日两国拥有众多爱好者，1956年，中日关系正常化前16年，中日间就开始了乒乓交流。那时，日本的乒乓球技术领先中国，日本一代国手松崎君代，不但球打得好，球风也非常好，无论输球还是赢球，总是以微笑面对观众。为此，周恩来总理多次要求中国运动员学习松崎的良好球风。而周总理去世时，松崎痛哭失声，悲伤难言。

以后，中国的乒乓球技术逐步领先日本，日本有不少优秀运动员到中国学习，福原爱便是其中的佼佼者。她在中国不但努力提高乒乓球技术，而且与中国人民结下了深厚友谊。去年中日关系出现紧张局面时，福原爱专门去中国驻日大使馆表达了加强中日友好的愿望，被誉为"中日民间小大使"。日本乒乓球运动员能成为中日民间交流的重要纽带，并非偶然，惨痛的历史教训，使和平愿望在日本民间拥有了相当深刻的影响。

最近，日本传媒大佬、读卖新闻集团总裁渡边恒雄，以老迈之躯站出来，批判小泉参拜靖国神社。他披露了自己目击到的战争——一日本青年被军国主义者逼上自杀攻击机:"他们就像是待宰的羔羊,所有人都盯着地全身颤抖。有的甚至腿软到站不起来,是被后勤兵架着推到机舱里去的。"为了防止这种状况再现,渡边强调:日本亟须改变,它不应拒绝面对、正确判断日本当年的战争行为。渡边发自肺腑的呼吁,正是日本人民和平愿望的反映。

在这种和平愿望的推动下,截至2004年,日本民众访华达333万人次,截至2004年,日本在华留学生有1.5万人。20世纪80年代的日本"三千人访华",为中日友好播下了友谊的种子,其中的许多人现在都在为中日未来的"相逢一笑"坚持努力。

在这种和平愿望的推动下,日中友好协会、日本国际贸易促进协会、日中友好议员联盟等与中国民间友好团体的代表,去年在东京联合发表了中日《和平与睦邻友好呼吁书》,指出"经历了战争苦难的中日两国人民渴望持久和平的国际环境",强调"我们要吸取历史教训,继续坚持和平发展道路,世世代代友好下去"。

事实告诉我们,对少数日本政要坚持错误立场、以极不负责的态度对待中日关系、给中日关系造成的严重困难,我们要有充分的估计。但同时,我们还应该看到,战后日本民间形成的和平、反战的主流意识并没有根本改变,多数日本人并不赞同少数政要的错误立场,而希望同中国友好。在任何时候,我们都不应怀疑中日人民友好的基本方针,相信在双方人民坚持不懈的努力下,"渡尽劫波兄弟在,相逢一笑泯恩仇"还会流行起来。

(原载"国际在线",2006年3月28日)

"融冰之旅"的关注与期待

明天,温总理将在结束访韩后,启程赴日开始"融冰之旅"。

笔者最近刚访日归来。在日本时,与大学教授、外务省官员、市民,乃至中学生等较广泛的阶层进行了接触,基本感觉是,温总理的"融冰之旅"深受日本各方关注。

这种关注,表现在对温总理访日的积极建议上。

有人对我们说:温总理的个人风格很温和、亲切,一定会给日本民众留下良好的印象。希望温总理在与日本民众会面时,能够本着他的一贯风格,认真倾听日本民众的意见,即使有些逆耳之言,也能够耐心听完,然后加以实事求是的解释。这样有利于消除日本民众对中国的一些误会与极端看法,改善对中国的感情。

还有人对我们说:听说温总理要去日本农家参观,如果真要去的话,有两种参观方法,一种是了解日本现代农业的生产方法;另一种是能到一家农户家里,和这家人一起在农田劳作,一起吃顿饭。如果有时间的话,最好把两种方法结合起来,如果没有时间的话,可以采取后一种。这样,可以使日本民众产生亲切感,有利于改善中日关系。

这种关注,表现在对中日"战略互惠关系"的理性探讨上。

日本外务省官员对我们说:中日"战略互惠关系"这一概念,是由日本外务省官员根据政府决策层改善中日关系的意图提出,而被安倍首相采纳的。他们还对"战略互惠关系"作了解释,主要有三层意思:其一,"战略互惠关系"应包含有空间与时间的要求。所谓空间,是指涉及范围不仅应包括历史争端、东海划界等双边问题,还要在地区与国际性问题上,在政治、经济、安全保障等多领域内交换意见,进行合作。所谓时间,是指中日不仅要处理好当前面临的问题,还要从长远角度,考虑如何共同处理好上述课题。其二,"战略互惠关系"应包括以"互相谅解"精神作出的共同战略调整。中日两国作为亚洲的大国,现在有、今后仍然会有各种矛盾,这些矛盾大都具有战略性质。同时,双方也有很多共同利益。为此,需要坦诚地交换意见,以"互相谅解"精神,作出共同战略调整。其三,"战略互惠关系"是各自从本国国家利益出发,重新审视对方的重要性,从而在战略层次建立起长期的互惠关系,使中日关系进入一个新的阶段。

这种关注,还表现在对中日关系的某种程度的疑虑上。

有人对我们说:由于近年来中国的武器装备改善得比较快,使一部分日本民众对中国存在担心,他们在与温总理见面时,可能会提到这个问题。希望温总理能以合理的解释,打消他们的担心。

无论是积极建议,是理性探讨,还是某种程度的疑虑,实际都从不同侧面表现出对温总理访日、对中日关系的关注。一国领导人的访问,在访问国引起如此广泛的关注,是并不多见的,它反映出温总理的个人魅力,更反映出温总理作为中国人民的使者,在日本人民心目中的地位。同时,它也表明,在日本,无论是左中右,无论你喜不喜欢中国,都必须面对如何处理中日关系的问题,因为中日的发展已使双方互为最重要的外交对象国之一,这就为重视与制定正确的两国关系政策提供了重要动力。即使仅从这个角度考察,也可以预测,温总理的访日将取得丰硕成果。

(原载《解放日报》2007年4月10日)

解读《中日联合新闻公报》

《中日联合新闻公报》是一个标志着中日关系转入新阶段的文件,有着极为重要的意义。

首先,文件阐明了中日关系新阶段的指导方针与原来阶段指导方针的关系。文件确认将继续遵循《中日联合声明》《中日和平友好条约》和《中日联合宣言》的各项原则,强调正视历史,面向未来;强调在台湾问题上,日方坚持在《中日联合声明》中表明的立场。

其次,文件表明双方就中日"战略互惠关系"的内涵达成了共识。去年10月安倍首相访华时,向中国提出建立"战略互惠关系",中国接受了这一提法,但当时其内涵的规定性未得到充分讨论和确认。如今,中日领导人终于就战略互惠关系的内涵达成了共识。

从文件看,战略互惠关系具有四大特点。

一、原则性。双方明确:中日战略互惠关系的出发点,在于"共同为亚洲以及世界的和平、稳定与发展作出建设性贡献"。

二、全面性。双方同意:"全面发展在双边、地区及国际等各层次的互利合作",合作领域涉及政治、经济、防务、人文交流,以及在应对地区与全球性课题方面的协调与合作。

三、共益性。双方要求:在合作中,相互获得利益并扩大共同利益,借此推动两国关系发展到新的高度。

四、务实性。双方决定:为构筑战略互惠关系开展具体合作,并明确了在"加强对话交流,增进相互理解""加强互利合作""地区和国际事务合作"等三大方面的具体合作内容、合作方法、合作机制。

值得注意的是,文件显示,此次在东海问题上,双方也达成了某种共识。去年1月,两国在这个问题上,达成了"搁置争议,共同开发"的共识,但在具体方案上,仍存在原则分歧。如今,双方确认了"作为最终划界前的临时性安排,在不损害双方关于海洋法诸问题立场的前提下,根据互惠原则进行共同开发"的原则。

《中日联合新闻公报》的发表,是温总理访日的一大成果,为中日关系稳定而顺利地向新阶段转变,规定了方向,奠定了基础,预示着中日关系美好而广阔的发展前景。

(原载《解放日报》2007年4月13日)

"跛脚"安倍怎么走

去年9月,安倍晋三一举夺得日本首相宝座,其支持率曾高达70%以上。但是,当时就有评论指出,安倍能否站稳脚跟,有所作为,还要看今年7月的参院选举。7月12日,为时17天的日本参院选举战拉开了序幕。但是,此时安倍的支持率已跌至30%左右。

于是,安倍将以何种策略应对参院选举?自民党在参院选举中会否失败?参院选举后日本政局的走向如何?就成为人们关注的问题。回答这些问题前,需要先搞清安倍的支持率为何下降?

安倍上任以来,给人们留下的印象是:外强内弱,志大于才。

所谓外强,是指安倍及其内阁更为关注外交、安全问题,在对外战略上提出与采取了一系列重要设想与步骤。

例如,改防卫厅为防卫省,加强与美澳印等所谓具有共同价值观国家的合作,签署"日澳安全保障联合宣言",使自卫队将参与国际安全合作提升为首要任务。日本海上自卫队参谋长甚至表示:"通过国际合作建立全球海上网络以及保证海洋的自由是我们——未来海军的重要任务。为完成这些任务,海上自卫队不仅将在太平洋和印度洋,还将在全世界发挥积极作用。"口气之大,可谓战后之最。对此,当然不乏喝彩者,但也引起不少人的忧虑与反对。

所谓内弱,是指安倍内政乏力。主要表现有:对内阁成员管束不力。安倍内阁先后有5名成员或严重失言,或被丑闻缠身,其中农林水产大臣松冈利胜甚至因涉嫌政治资金丑闻,上吊自杀。丢失养老金交纳记录。日本社会保险厅丢失5000多万份养老金交纳记录的严重问题,今年5月逐步浮出水面,使处于风雨飘摇之中的日本养老金制度更陷困境。执意修宪,经改无策。修宪是安倍家族在岸信介任首相时便立下的宏愿。安倍上任,自觉条件已经成熟,执意将修宪作为内阁首屈一指的任务提上议事日程。

相比之下,安倍的经改却不见良策。去年底,安倍内阁推出的"经济财政政策指导方针",既未明确公共事业费的削减幅度,又将有关消费税的讨论延至秋季以后,一系列结构改革也被推迟,经改方向不明,步履蹒跚。

所谓志大于才,是指安倍及其内阁施政蓝图宏大,但落实能力不强。主要表现为:第一,缺乏吸引民众的具体口号。安倍的施政蓝图,更多体现了其政治理想,而缺少对社会弊病与民众疾苦的具体关切,许多日本人至今搞不懂安倍想要的"美丽国家"是什么样的国家。第二,好谋寡断。例如,去年上任不久,安倍就掌握了养老保险金系列问题的实际状况,但顾虑重重,压而不发,失去了主动解决问题的机会。之后,在对策上又谋出多端,摇摆不定,受到舆论强烈批评。又如,一方面要与中国建立战略互惠关系,另一方面又允许李登辉在日本从事破坏中日关系的活动。第三,不知人善任。其内阁成员丑闻迭出,充分说明了这一点。综合上述情况,可以明了安倍支持率下降的基本原因。

此次参院选举将改选121个议席。为维持过半议席即122席,自民党和公明党组成的执政联盟必须确保64席,如公明党维持住原来的13席,自民党则需要拿下51席。而在上次参院选举中,以小泉人气之旺,自民党也只获49席。局势之严重,不言自明。

为了应对这样的局势,安倍主要对策有三:其一,推迟参院选举。将参院选举推迟7天至7月29日举行,以争取时间,采取措施,尽可能挽回因养老金等问题的失误而造成的民众离心倾向。其二,增加参院选战之"争点"。安倍原定将"修改宪法"作为这次选举的"争点",但由于养老保险记录丢失,引起民众高度关注,不得不将"养老金问题"也作为此次参院选举的"争点",以免被动。最后,调整内阁成员。例如,以外貌俊美、能言善辩的小池百合子取代久间章生任防卫大臣,以期增强人气。

以上措施,会产生一些效果。但是,鉴于安倍面临局势的严重,这些措施难以根本扭转局面。因此,在此次参院选举中,执政联盟议席的减少恐难以避免。对此,安倍已有思想准备,他表示:"即使吃了败仗也不会下台。"

日本宪法规定众议院优越。由于执政联盟在众议院占据多数,因此,日本政局不会因自民党在参院选举失败,发生根本变化。但是,如果此次选举,执政联盟的议席减少,特别是减少到总席位的一半以下,安倍即使不辞职,其内阁也将成跛脚内阁。这时,执政联盟挟其多数在众议院通过的提案,在参议院很可能被否决,而被否决的提案,再回到众议院讨论,则必须获三分之二多数才能通过。安倍内阁及日本政局的不稳定性,显然将增加。

(原载《东方早报》2007年7月27日)

活动安排体现三大特点

冬天的北京独具魅力,昨天又迎来日本首相福田访华。这是继去年前首相安倍访华、今年温总理访日后,中日间又一次重要的外交活动。由中日领导人提出并确认了内涵的"战略互惠关系",正处于承前启后的重要阶段,需要巩固和发展。

自1972年建交以来,以"联合声明"等三个文件为准绳,中日双边关系获得历史性发展。在此基础上,特别是在坚持"一个中国"、正确对待历史问题的原则立场基础上,中日达成了建立"战略互惠关系"的共识。这反映双方认识到,东亚及世界正处于重要转变时期,作为东亚两个国势都处于上升状态的大国,相互间的重要性与依存性以及对于地区的重要性与依存性都空前提高。但是一些潜在的矛盾也在发展,两国如不能从战略高度正确规划和处理两国关系,建立起与新时期历史要求相适应的良性互动机制,将给两国的发展及地区的和平、稳定与繁荣带来巨大困难。为此,福田首相此次来访对于巩固和推进中日战略互惠关系的发展,显然具有重要意义。

也正因为如此,中日双方对福田首相的这次访问的活动安排有三个特点:

其一,高度重视。温家宝总理将同福田首相举行会谈,国家主席胡锦涛、全国人大常委会委员长吴邦国也将分别会见福田。

国家与政府领导人之间的会谈与会见,是国家间最高层次的外交活动。如果没有国家与政府领导人之间的沟通与共识作为主导,国家间的"战略互惠关系"是难以形成的。而且,福田首相对中日关系的发展抱积极态度,公开表示不参拜靖国神社。这种对两国历史与未来的负责任态度,获得中国人民好感。

其二,直接面向民众。如果说国家与政府领导人之间的沟通与共识是国家间关系的主导,那么民众间的相互了解与友好便是国家间关系的基础。中日关系的特殊性,使得民间友好变得更为重要。所以,这次福田首相来访,许多重要活动,例如在北京大学演讲等,都是直接面向民众的。

其三,重视文化交流。这次福田首相来访,特别提出要去山东曲阜儒学发源地参观访问。随着历史的发展,儒学需要吸收时代营养不断更新。但是,儒学的一些优秀传统,仍然在中国及日本等东亚国家发挥着重要影响。通过相近的文化基因为基础进行的文化交流,中日间应该能找到更多的共同语言。

(原载《解放日报》2007年12月28日)

后 WTO 时代的东亚多边合作

林华生教授是出生于马来西亚的华人,先后赴日本、英国留学,现为日本早稻田大学教授。这种经历,使他能熟练地使用中文、马来文、日文、英文,而且几乎都达到了母语的水平。

多种语言能力,使林华生教授的研究,具有了广阔的视野和敏锐性。林教授最近增补出版的新书《东亚经济圈》,就带有这样的明显特点。2000 年到 2007 年,东亚经济处于一个重要的发展阶段,受 1997 年东亚金融危机影响的国家,痛定思痛,进一步提升了加强地区合作的自觉性,以增强在全球化和区域化的条件下,抵御经济危机的能力。同时,中国终于加入了 WTO。在这样的基础上,东亚各国及东亚经济圈的发展,出现了新的要求和趋势。该书收录了作者从 2000 年 6 月到 2007 年 3 月围绕东亚经济圈问题而发表的 54 篇论文。

林华生教授敏锐地把握住了这种新的要求和趋势,2000 年 6 月 13 日,他撰写的评论文章《当前东亚研究的重点是什么?》,强调"中国加入 WTO 及亚洲经济重组方面的研究"应该是当前东亚研究的重点。

同时,林华生教授预见到,美国因素、中日关系、东盟作用,是东亚多边合作能否发展、如何发展的关键问题。他指出:"在亚洲,美国虽然受到俄罗斯和中国等国的牵制,在欧洲虽然也受到法德为主的欧盟的牵制,但是,美国已经名副其实地成为独一无二的'一国中心'主义国家。"这种情况,不利于东亚多边合作的发展。他指出:"中国或日本,谁能先与东盟签订 FTA 或者在'东盟 10 + 3'中,谁能扮演更重要的角色,不仅对当事国,对东亚多边合作机制,甚至对亚太地区的经济合作,都将有深远的影响。"

作为一名长期在日本任教的教授,林华生特别深入地分析了日本对东亚多边合作的态度。战后,日本一直主张自由贸易,不签双边条约和多边条约。同时,日本农林水产业人口是自民党的重要票源。因此,自民党长期对农业采取保护政策。但是,中国在 2000 年提出与东盟建"10 + 1"之后,日本坚持以前的贸易政策,就很难生存,所以要迎头赶上。他并就中日如何在东亚多边合作问题上加强协调,提出了许多建设性意见。

林华生教授的意见是他的个人意见,但也是东亚多边合作人心所向的反映。从这个角度看,他的新著——《东亚经济圈》正是东亚多边合作潮流卷起的一朵绚丽浪花。

(原载《东方早报》2007年7月27日)

"战略互惠"深入人心 "暖春之旅"备受期待

6日,胡主席作为中国国家元首,将开始10年以来、21世纪开始后对日本的首次访问。这几天,日本恰逢艳阳天,碧空如洗,春阳灿烂,绿草似茵,鲜花盛开。

在气候转暖的同时,日本迎接胡主席访问的气氛也在趋热。报纸杂志纷纷撰文,对胡主席访日提出期待。《每日新闻》在"似雾天气正转晴"的社论中写道:"曾遭数年冷风吹袭的日中关系,经安倍首相、温总理、福田首相的相互访问,终于将实现最高层次的首脑访问。作为一系列外交努力的顶点,人们期待着胡主席的到来,启动长期的'战略互惠关系'"。

曾几何时,日本方面在日中关系中,还忌用"战略"两字。而现在,"战略互惠关系"已成为深入人心的概念。日本方面认为,所谓"战略互惠关系"主要有三层意思:

其一,"战略互惠关系",不仅包括双边问题,还要在国际性问题上,在政治、经济、安全保障等多领域,交换意见,进行合作;不仅处理好当前问题,还要做长远考虑。

其二,"战略互惠关系"应包括以"互相谅解"精神作出的共同战略调整。

其三,"战略互惠关系",要求双方从国家利益出发,重新审视对方的重要性,在战略层次,建立起长期的互惠关系。

上述情况,反映日方已不再将战略关系拘泥于同盟关系,而将其视为一种全面的合作关系,与中方对战略关系的定义接近,显示了日本方面对中日关系的积极姿态。

中日经反复磋商,就"战略互惠关系"的内涵达成了基本共识,具有六大特征:

其一,连续性。双方表示,在中日关系新阶段,将继续遵循《中日联合声明》、《中日和平友好条约》和《中日联合宣言》的基本原则。

其二,建设性。双方明确,中日战略互惠关系的出发点,在于"共同为亚洲以及世界的和平、稳定与发展作出建设性贡献"。

其三，全面性。双方同意，"全面发展在双边、地区及国际等各层次的互利合作"，合作领域涉及经济、政治、安全、社会人文等各个方面。

其四，共益性。双方要求，在合作中，相互获得利益并扩大共同利益，借此推动两国关系发展到新的高度。

其五，务实性。双方明确了在双边以及地区和国际事务等若干方面的具体合作内容、方法、机制。

其六，创造性。双方希望成为富有创造性的伙伴，顺应历史潮流，开创中日关系新的发展阶段。

胡主席访日，是为了代表中国人民，向日本人民表示与日本为善、以日本为伴的诚挚心意；是为了立足战略高度，与日方进一步规划中日关系的未来。一定会不负众望，与日方一起正式启动中日"战略互惠关系"，为中日、地区，以及世界人民造福。

（原载《解放日报》2008年5月5日）

不忘旧情，更建新谊

今晚，胡主席应邀在"松本楼"与福田首相共进非正式晚宴。

"松本楼"之著名，不仅因为美丽，更因为它承载着一段中日友好之情。"松本楼"的创始人梅屋庄吉先生，是中国民主革命的伟大先行者孙中山先生的挚友，给过孙中山先生真诚的支持。孙中山先生在这座小楼构思过革命，还给以后成为他革命伴侣的宋庆龄写过情书。

中日两国人民友好历史源远流长。从孙中山到李大钊、周恩来、鲁迅、郭沫若、廖承志、蒋百里、苏步青等等，相当一批以后成为中国政治、军事、外交、文学、科技精英的人物，有过留日经历，与日本人民建立了深厚情谊。鲁迅先生对他的恩师藤野先生作过这样的回忆："不知怎地，我总还时时记起他，在我所认为我师的人之中，他是最使我感激，给我鼓励的一个。"

我想，胡主席选择"松本楼"作为他抵达日本后的第一次晚餐的场所，正是要表达中国人民这样的心意：不忘旧情，永远记住一切支持过中国人民进步事业的朋友。

在去"松本楼"赴宴之前，胡主席还在他下榻的饭店，亲切会见了许多为中日友好作出过贡献的日本友人，以及一些日本友人的后人，希望共同继承先辈的传统,继续为中日友好作出贡献。

同样,日本人民也没有忘记中国人民的深情厚谊。此前,日本创价学会名誉会长池田大作便说:为了亚洲及世界的和平,务必开辟日中友好的历史。而且,日本必须对其文化大恩国——中国报恩。不深刻反省无情侵略中国使之陷入苦难深渊的罪恶,日本就没有正确的未来。

距离日比谷公园15分钟左右的步行路程,是日本首相官邸,一座日本风格的庞大现代化建筑,遮掩在由灌木修剪而成的绿色围墙之后;再往前走,是由护城河蜿蜒环抱,厚墙巨顶,绿树茂密的皇居。明天,胡主席将会见天皇,与福田首相举行会谈,与日本各政党领导人会见,展望并规划中日关系的未来。

中日两国人民不能忘记旧情,但更需要克服各种困难,推动中日关系进入新的发展阶段,建立新谊。这是历史赋予两国人民的重任。

因为,中国与日本及世界的关系发生了历史性变化;因为,中日首次同时作为两个国势强盛的国家出现于东亚,需要达成新的战略谅解;因为,中日必须加强合作的新领域在不断扩大;因为,地区与世界各国都不希望中日交恶,而愿意看到两国建立良好的合作关系。

胡主席访日显示的不忘旧情,更建新谊姿态,顺应历史潮流,符合两国民意,将加深两国人民的传统友谊,对推进两国全面开创"战略互惠关系"的新局面,发挥积极影响。

(原载《解放日报》2008年5月7日)

福田面临抉择

7月的G8会议结束不久,日本政坛便传闻首相福田将改组内阁。今年年初这样的传闻也曾发生过,新内阁的猜测名单甚至已跃然媒体,结果却未行其事。但应该说,此次内阁改组的可能性大得多。

与以往的自民党内阁相比,福田内阁而今所处局面的重要特点在于:日本政坛分裂为二,自民党领先于众议院,民主党拥众于参议院,本已累积如山的难题陈案,因不断遭遇民主党狙击,变得更难以解决。成立时支持率达到60%以上的福田内阁,其后一直在低支持率下运行。这种情况,更刺激了民主党的夺权欲望。

民主党曾想在7月G8会议前要求福田解散议会、举行大选。但其时,希望通过主办 G8 会议提升国际地位，是日本上下的主流要求。加之，民主党在选举经费筹集等方面还没有做好准备。因此，上述要求主要是造势而已。

G8 会议后，情况不同了。福田内阁赖以吸引广大民众视线的话题没有了，而民主党在选举经费筹集等方面已有进展。民主党加强了"逼宫"活动。据日本媒体近期进行的舆论调查，支持建立"以民主党为中心"的政权者，上升 4.9 个百分点，达 45.3%；支持建立"以自民党为中心"的政权者，下降 3.9 个百分点，为 31.2%。

面临这种形势，福田内阁如果不动点真格，不但自身可能下台，自民党也将成为在野党。

福田内阁目前面对的难题主要有：其一，政府形象欠佳。如接二连三发生防卫省前政务次官守屋武昌受贿丑闻、日本海上自卫队宙斯盾舰撞沉渔船、两名财务省官员集体强奸事件等。而且，本届内阁成立时，上届内阁的 17 名成员中，仅有 4 人变动，被视为缺乏"福田色彩"的内阁。其二，社会保障漏洞百出。如约 5 000 万份养老金缴费记录丢失，导致养老金无法准确发放。其三，经济复苏受阻。福田内阁执政基础来自党内派系平衡，他虽然主张继续改革，但受各方力量制约，在排除干扰，推进结构改革，提高经济增长率方面，显得较为乏力。在过去的几年中，日本实际经济增长率达到 2% 以上，但是，近期的增长率却停留在平均超过 1% 的水平。为解决这些难题，福田内阁煞费苦心，制订了不少对应方案。例如，关于退休金、医疗、老年人看护等方面的改革方案，已形成最终报告；公务员制度改革、税制改革正在加速进行。据说，福田希望在秋天临时国会召开时，能给人新体制降临的感觉。

要给人新体制降临的感觉，推出新方案固然重要，但方案毕竟要人实施，内阁改组问题自然浮出水面。改组之利在于，一则可去除若干声名不佳的阁员，改善内阁形象；二则能排除同床异梦者，加强内阁协调；三则有助准备接班者，以在福田后保住自民党执政党地位；四则有利添加"福田色彩"，增强首相魅力。改组之弊主要在于，可能破坏自民党内部乃至自民党与公明党之间形成的平衡，甚至导致福田内阁颠覆。权衡利弊，应该说利大于弊。

鉴于上述原因，自民党内希望福田内阁及时改组的声音在增强。据说，福田有在临时国会召集之前，也即 7 月下旬或 8 月初改组内阁的考虑。

日本宪法规定："内阁总理大臣任命国务大臣。""内阁总理大臣可任意罢免国务大臣"。看上去，日本首相在内阁成员的任免上，生杀予夺，大权独揽。但此权力的使用，受到各种力量制约，特别像福田这样以党内派系平衡为执政基础的首相，受到的制约更大。

因此,福田处理这个问题的态度相当谨慎。他与前首相森喜朗及小泉交换了意见。森喜朗支持福田尽快改组内阁。小泉却表示:"(内阁)改造确实也很难,新的阁僚就一定能够得到国民的支持吗?首相的权力说到底无非是提前选举和人事权,要是失败的话,(福田)就只能下去了。"显示的似乎是牵制的姿态。

改组难,不改组也难。"与其不做而后悔,不如做了再后悔",福田会这样考虑吗?他正面临重要选择。

(原载《解放日报》2008年7月21日)

透视北京奥运与中日关系

"但愿人长久,千里共婵娟"——当年苏东坡笔下美丽、团结、和谐的意境,在北京奥运会开幕式上真实再现。来自世界205个国家与地区的运动员,在巨大的"鸟巢"中,一起仰望苍穹,接受明月银辉的轻抚。他们身后,是通过电视观看开幕式的40亿观众。其中,最进入意境的,可能要数中日两国运动员吧。

一般而言,奥运会入场时,各国都会选身材高大者作旗手,但是,日本却以身材娇小的福原爱为旗手。因为福原爱深受中国人民喜爱。她不仅从小就到中国学习乒乓球技术,会讲流利的汉语,更难能可贵的是,小小年纪,就懂得发展民间友好对于国家利益的极端重要。2005年,当中日两国关系处于建交以来的最低潮时,福原爱拜访了中国驻日大使馆,指着自己身穿的竖着并排印有中日两国国旗的运动服说:"这一半是竖的一半,不是横的一半"。在她心目中,日本与中国同等。对中国怀有如此情谊,怎会不受到中国人民热烈欢迎?

福原爱之后,是欢快的日本代表团。日本这次派出了其史上规模最大的奥运代表团,570人。与其他代表团不同的是,日本运动员入场时,两手同时摇动着中日两国国旗。这两面国旗,曾经代表水火不容的两大力量,尖锐对立;两国关系恢复后,虽然在外交场合,她们和平共处了,但是像北京奥运会入场式这样的和谐相处,是空前的。日本奥委会主席竹田说:"这是日本运动员们自发的,以此来表示中日关系能够继续友好下去的希望。"

日本运动员的善意,得到中国观众的回应。8月15日,在中日女足奥运1/4决赛中,中国队输了,但中国观众仍然把掌声送给了两国队员。感人的场面,反映中日体育道德的升华,反映中日两国人民友谊的升华。

"明月几时有?把酒问青天"。近代以来,中日的有识之士,一直在寻求两国的友好之途,北京奥运会的友好场面,表明这种努力正渐入佳境。促成这种变化的根本原因是:世界、中国、日本在进步。世界正由霸权稳定,经由多极化,向国际关系民主化进步;中国正发展为和平、民主、富强的国家;日本人民希望坚持和平发展道路。在这种背景下,如同"东京财团"发表的《北京奥运后的中日关系》报告书指出的:中日关系得已从"政府主导的友好关系"发展为"民间主导的相互依存关系",并面临新的发展阶段。

但是,"人有悲欢离合,月有阴晴圆缺",中日关系的发展,不会一帆风顺,那位与中国达成了建立"战略互惠关系"协议的日本前首相,不是又去参拜了嘛。警惕挑动仇恨的人,爱护与发展中日历尽艰辛建立的友好关系,是两国人民时刻不能忘记的任务。

(原载日本《新华侨报》2008年8月21日)

竞争、规则与道德

北京奥运会已经闭幕了,但赛场上曾经拨动了五洲四海心弦的竞争,还在人们的回味中。

"鹰击长空,鱼翔浅底,万类霜天竞自由"——竞争是人类以及整个生物界进化、发展的根本动力。人们为什么如此喜爱竞技体育,是因为它能最直接、最痛快淋漓地表现与满足人们的竞争欲望。正是在永无休止的竞争中,人类突破了一个又一个"极限",不断达到新的水平。

但是,人类的竞争,毕竟不同于其他生物的竞争,抹煞了这一区别,弱肉强食的丛林原则便会登堂入室。"人世难逢开口笑,上疆场彼此弯弓月。流遍了,郊原血"。由竞争引发的残酷杀戮,使人类逐步懂得了以规则规范竞争的重要性。而这种规则,随着人类道德水平的提高不断完善。

人类所有的竞争领域中,在竞争、规则与道德的结合方面,进步最快的是竞技体育。

想当年,罗马奴隶主为角斗士规定了你死我活的竞赛规则。因此,逼出了斯巴达克斯,他擎起的火炬,燃成漫天烈火,烧毁了允许以运动员生命取悦达官贵人的规则与道德。

在柏林奥运会上，当美国黑人运动员欧文斯夺得百米赛跑冠军后，希特勒拒绝与他握手。在世界反法西斯阵营的沉重打击下，希特勒以自杀与焚尸扬灰，宣告他在竞技体育领域和世界范围内推行种族歧视与种族灭绝政策的失败。

第一届现代奥运会拒绝女性。如今，女性的矫健身影，已成为奥运会不可缺少的亮丽风景，并以其强大的感染力，在世界范围内，推动着女性地位的改善。

冷战后，伴随全球化与多极化的发展，人类共同利益日趋增长，竞技体育在竞争、规则与道德的结合方面进步更加迅速。北京奥运会以下列精彩表现，将这种结合推向了一个新的高度：

自信开放的文化心态。长期居于亚洲中心地位，曾使古代中国的文化心态带上自傲与保守。孟子说："吾闻用夏变夷者，未闻变于夷者也。"鸦片战争失败，西方文化挟坚船利炮汹涌而来，中国在文化心态上又出现了自卑。新中国成立，中国赢得了独立，也赢得了自信。北京奥运会开幕式展现的中国古代四大发明与一首唱给世界的《我和你》主题歌，集中表达了中国自信开放的文化心态，它标志着一个拥有世界六分之一人口的大国，正更广泛而深入地融入世界，为促进世界和谐作出自己的贡献。

奋勇昂扬的竞争精神。韩国举重运动员李培勇崴了脚，仍坚持比赛，虽倒在场上，决不言败。中国女排周苏红，与丈夫约定"同时出现在北京奥运会赛场上"，丈夫重伤，撕碎了这一梦想，背负巨大痛苦，她仍像红色闪电，飞旋在球场之上。南非"单腿美人鱼"娜塔莉，在奥运会史上，首次与健全运动员同场竞雄，鼓舞人们不断挑战运动能力的极限。

公平合理的执法原则。中国国奥队在与比利时队对阵时，没有因主场获丝毫照顾，谭望嵩与郑智在极为关键的时刻，都遵守了因犯规被红牌罚下的裁定。中国国奥队虽然失败了，公平合理的执法与被遵守，却保证北京奥运留下了辉煌的纪录。

尊重对手的礼仪风貌。竞技体育是在与强大对手拼搏中显现自己水平的，尊重对手，就是尊重"更高、更快、更强"的奥林匹克精神，就是尊重以竞争推动友谊与和平的奥林匹克宗旨。美丽的捷克选手卡特琳娜获得女子10米气步枪冠军后，转身便去安慰失利的对手，这种善解人意，在北京奥运会上蔚然成风。

不以地区、成败论英雄的观赏标准，在北京奥运会中得到突出体现。日本运动员举着中日国旗入场的善意，得到中国观众的热情回应。中日女足奥运

1/4 决赛中,中国队输了,观众仍然把掌声送给了两国队员。刘翔等因伤不得不退出比赛的运动员,感受到观众热泪盈眶的惋念。动人的场面,反映人民友谊和体育道德的升华。

竞争、规则与道德的高水平结合,保证北京奥运会获得高水平成功。

竞争、规则与道德结合水平的不断提高,也将促使中国社会与国际社会各项事业不断达到新的水平。

(原载《解放日报》2008 年 8 月 28 日)

福田辞职:无奈

福田首相突然宣布辞职。这出乎意料,但又在意料之中。

出乎意料,是因为之前在支持率很低的情况下,福田都挺过来了,而且刚改组好内阁,事前没有任何辞职的风声透露,人们估计他的政治寿命可能会长一点。

在意料之中,是因为就日本目前政局的大势而言,福田的辞职是对自民党最有利的选择。

福田是在安倍以身体不适为由突然辞职后就任首相的,可谓受命于危难之时。但是,他的运气不佳,上任之时,正值美国次贷危机愈演愈烈,美元大幅贬值,石油、粮食价格疯狂上涨。日本食品自给率仅为 40%,能源自给率仅为 4%,国际市场石油与粮食价格的飙升,必然推动日本形成成本上涨型的通货膨胀。同时,由于日本已进入高龄化社会,养老受到越来越普遍的关注。但是,日本厚生省的严重失误,使大批养老金交纳记录丢失,加剧了国民对养老金制度的不信任,压抑了国民消费欲望,于是又出现了通货紧缩现象。相克之症,同时缠身,增加了治理困难。小泉时期实行的自由主义的经济政策,虽然在推动景气复苏方面发挥了一定作用,但也带来贫富差距扩大等问题,使福田内阁难以继续原来的经济改革政策。此外,美元大幅贬值,又给日本带来了出口困难。

在这种情况下,福田政府以协调为主的外交政策虽然在亚洲乃至世界为日本争取到了较好的国际环境,在国内也得到好评;但是,其经济政策一直受到强烈批判,构成福田内阁支持率居低不振的主要原因。最近,福田内阁刚提出"综合经济对策",就被民主党批判为"是为了选举的政策"。平心而论,在日本财政连年出现赤字的情况下,提出这样一项包括在本年度减少所得税和居民税的"综合经济对策",确实很难摆脱"为了选举的政策"这样一顶帽子,其对未来日本经济到底能发挥多大积极影响,不能不令人生疑。

除了经济之外,福田内阁还面临政治上的一些复杂问题,例如新反恐法的延长问题、明年10月日本众议院到期选举问题等等。由于在野党在日本参议院占据了多数地位,日本政坛形成了一种"较劲格局",在所有这些问题上,民主党等在野党几乎都与自民党持相反观点。例如,他们反对新反恐法的延长,要求提前解散众议院进行大选,增加了福田内阁解决这些问题的难度。

在各方面的压力下,福田内阁与日本执政两党已决定在今年9月12日召开临时国会,为期70天。可以预计,在临时国会上会发生激烈斗争。如果不能取得这场斗争的胜利,不仅福田内阁会垮台,还很可能导致自民党失去执政党地位。以福田内阁目前的状况,很难说有赢得胜利的把握。

从种种迹象看,上述局面引发了自民党内要求换人的呼声。8月17日,自民党内重要的派阀头领、前首相森喜朗表示:"自民党必须充分运用麻生太郎的人气"。8月23日,自民党前政调会长中川昭一表示:"日本正处在沉没还是不沉没的关键时刻,维持什么信号也不发的政治与什么信号也不发的首相,是不行的"。

可以说,正是在上述内外压力下,福田内阁作出了在临时国会召开前的辞职决定,以便自民党有时间推举出新的内阁首相,尽最大努力争取在临时国会的胜利,挽救自民党危局。

根据现在情况看,新任自民党总裁与内阁首相应该是现任自民党干事长麻生太郎。由于他在自民党和民众中,目前有比福田高的支持率,由他带领自民党赢得本届临时国会胜利的可能大一些。但是,目前日本遇到的困难,大都是一些结构性的或长期积累形成的困难,难以通过换一个首相或经短期努力就能改变。只要寻找不到改变目前日本经济困难的良策,不能协调好与在野党的关系,麻生太郎即使上任也难长久。

福田首相在任时,中日关系获得良好发展。日本之所以会采取同中国建立与全面发展战略互惠关系的政策,根本原因是因为这种政策符合日本的国家利益。因此,新任首相上台后,虽然因为政治背景、立场乃至性格的不同,在对华关系的具体做法上会有所不同,但是根本方针难以改变。

(原载《解放日报》2008年9月2日)

麻生执政与中日关系

日本的麻生太郎赢得了自民党总裁选举的胜利,人们的关注重点,自然转移到了他的执政取向。

麻生政纲的基本目标是通过"保守再生","建设安心与有活力的国家"。具体而言,有两项主要内容:其一,"重新加固国家理念"。他表示:"安倍前政权率先提出的修改宪法、改革公共教育、确立毅然决然的外交和防卫等,即重新加固国家理念部分的工作是时代的要求,是保守再生的坚强支柱"。其二,缩小以新自由主义为指导的改革所带来的社会差距扩大等弊病,消除日本民众对前景的不安。他认为:否则,"就不能成为开拓未来的保守力量"。

在策略上,麻生主张,要将"正确政治"与"高明政治"结合起来。所谓"正确政治",就是"重新加固国家理念";所谓"高明政治",就是满足国民实际需要,将国民吸引到"重新加固国家理念"的方向上来。

麻生胜选后,面临的最紧迫的挑战是众议院选举之战。民主党正积极备战,麻生也不示弱,据有关方面消息,麻生可能乘自民党总裁选举胜势,解散众议院,一鼓作气,再夺众议院选举的胜利。

显然,麻生的当务之急,不在于全面落实其政纲,而是争取众议院选举的胜利。为此,麻生当下的策略重点,在于满足民生要求,争取选票。麻生原主张将消费税提高到10%,重建财政,并使政府有财源解决养老金等问题。但现在他表示,自己的经济政策将分为三个阶段:首先是景气对策;中期考虑财政重建;中长期通过改革谋求经济成长,不再谈及增税之事。他还针对雷曼公司的垮台说,国家对经济过于自由放任,会产生严重后果,表示将采取必要干预,以宽解民众对经济下滑的不安。

同时,麻生着力于强化党内团结。目前自民、民主两党,几近势均力敌。两党为取胜,除争取选民外,便是行反间、挖墙角,力争分化对方营垒。面对惯于纵横捭阖的小泽,麻生不敢掉以轻心,首先对与他竞争自民党总裁的各位同仁释放"善意",表示胜选后,将委他们为阁僚或自民党要员,以稳住阵脚。

麻生外交的主轴,当然是日美关系;但是,其对美外交会受到各种掣肘,美国国会调查局最近发表报告称:估计日本新政权会"要求避开支援美国全球规模活动的风险"。麻生的对美外交,将在"维持主轴"与"避开风险"中谋求平衡。

良好的中日关系,对日本具有重要意义,麻生不会改变双方已经建立的"战略互惠关系"。与政治、安全关系相比,他更重视经济关系,不仅主张中日两国,还主张两国的地方发展经济关系。但是,由于麻生有比较浓厚的国家主义意识,不能排除他的某些具体政策或言行导致双方摩擦的可能。

(原载日本《新华侨报》2008年9月23日)

麻生首相所信演说与中日关系

麻生几经努力,终于作为日本第92任内阁总理大臣,粉墨登场,并发表了所信演说。

麻生是在连续两届自民党首相自动辞职的情况下就任的。其就任后的主要任务,首先是应对民主党的严重挑战,保住自民党的执政党地位。因此,其整个演说,清楚地贯穿战胜民主党的强烈愿望,罕见地采取了以攻为守的姿态,主动向民主党发起质问。

在此演说中,麻生用了一定的篇幅,论述对华外交。因是所信演说,难以具体展开,但是,人们还是能够从中捉摸到其对华外交意图。

首先,可以看到麻生首相非常重视对华外交,将其放在仅次于对美外交的地位。之所以如此,根本原因是中国发生了前所未有的变化。

日本PHP综合研究所"日本对华综合战略研究会"在其所提出的"研究报告"中预测,到2020年,中国最大的可能是成为一个"不成熟的大国",虽然还存在许多国内矛盾与社会问题,经济增长也可能暂时减缓,但将持续增长,无论政治还是经济上,都会在作为世界大国的道路上,继续前进。到那时,中国人均GDP虽然仍属发展中国家水平,但GDP总值将超过日本,位居世界第二。

对这样一个邻国,无论在经济上,还是政治、安全上,显然都是难以忽视的。

其次,麻生首相的对华方针,不仅从双边角度着眼,更从地区角度着眼,谋求与中国加强合作,共同发展。他说:要"和以中国、韩国,以及俄罗斯为首的亚洲太平洋诸国,共建地区的稳定与繁荣,谋求共同发展"。

这是因为,亚太地区特别是东亚地区,位居日本周边,与西欧、北美,构成世界经济的三极之一,随着全球化的发展,国别间竞争特别是经济竞争,已经在越来越大的程度上演变为地区间的竞争；而且，东亚地区各国的共同利益有了空前发展。在这种情况下，中日两国以及东亚地区各国加强合作的愿望，日益强烈。从地区角度着眼，谋求与中国加强合作，共同发展，既是顺应潮流之举，容易得到中国的响应；又考虑到了其他国家的利益，不易引起疑虑。

这是因为，日本相当一部分战略家认为，在多边合作中处理中日关系，对日本会更有利。渡边利夫教授就主张："在民主化问题、人权问题，乃至与军事以及安全保障有关的问题上，中国有必要加强与周边诸国的对话。"

同时，值得注意的是麻生首相坚持其"价值观外交"，表示：要为将日本信奉的价值观，植根于年轻的民主主义国家中而提供帮助。批评者认为，"价值观外交"有在意识形态上牵制中国的考虑。果真如此的话，将对中日关系产生不可忽视的影响。

（原载日本《新华侨报》2008 年 10 月 5 日）

中日韩如何救市？

美国"次贷危机"引发的金融风波，正向全球扩散，越演越烈，不仅给各国造成严重经济困难，而且反映了以美元为中心的世界货币体系，正随着全球经济多极化的发展走向衰败。

在这样的背景下，各国以及地区的救市行动纷纷出现。其中，东亚的做法引人注目。据报道，下周将在华盛顿召开国际货币基金组织（IMF）年会，其间中日韩三国副财长将碰头。届时，设立 800 亿美元的"亚洲外汇储备基金"提案可能被提前讨论。

就目前情况而言，设立共同基金的分歧不大，问题在于为何设立基金，设立后如何使用？

当初的目的，主要在于稳定亚洲地区货币，同时，减少对 IMF 贷款的依赖，有支持东盟的考虑。但是，在今天的情况下，仅有上述考虑，显然不够了，中日韩以及东盟各国在金融合作问题上，应有更深刻与长远的思考。

众所周知，自 1971 年 8 月 15 日，美国宣布美元不再与黄金挂钩后，世界便失去了稳定、合理的货币度量衡，美元的滥发成为必然趋势。今天危机的根源，正在于美国利用美元的世界货币地位，滥发纸币，负债消费；而新兴经济体的出口导向型经济结构，使它们对美国市场有很大依赖性，不得不购买大量美国债券,以维持庞大出口。于是,以美国为源头的流动性过剩,奔涌到世界。

一般情况下,是通过美元有限贬值,减少美国进口,并使新兴经济体外汇储备实际价值缩水的方式,来缓解这种矛盾。这时,新兴经济体往往会付出重大代价。例如,1985年的"广场协议",迫使日元对美元大幅度升值,出口的困难,减少了日本对美国的贸易顺差,却导致大量资金流向房市与股市,促成了经济泡沫及其破裂,使日本经济至今还没有完全缓过气来。

而今天,美国负债消费所促成的自身的经济泡沫也终于破裂,并对其金融机构产生了破坏性影响,世界对美元的信心产生动摇。危机到达这种地步,就不是传统方法能够解决问题的。

这种情况下的救市,必须有短期与中长期的考虑。在短期内,给予美国以必要的合作,防止世界货币体系骤然发生灾难性变故;同时,各国特别是有密切经济联系的区域内国家要加强合作,增强抵御当前金融危机的能力。从中长期看,至少以下三个方面应该考虑:(1)改革当今的世界货币体系,纠正其弊病。其中,形成相对合理、稳定的货币度量衡至关重要。(2)根据实际可能,形成类似于欧元的主要地区货币,例如亚元等,并在此基础上逐步建立起世界的"一揽子货币体系"。(3)发展区域合作,努力扩大内需,减少出口依赖,促使世界贸易体系向更加健康的方向发展。

(原载日本《新华侨报》2008年10月13日)

三大挑战下的日本对华外交

日本新首相麻生太郎政纲的基本目标是通过"保守再生","建设安心与有活力的国家"。显然,麻生要落实其政纲,面临三项挑战:经济复苏的停滞;以美国为源头的金融海啸的汹涌发展;民主党要求提前解散众议院的压力。这三项挑战的出现都有其深刻原因。

首先,看日本经济复苏的停滞。根据战后至八十年代的国际比较,日本经济学家认为,日本经济体系的特点在于其长期持续性的交易。这种性质的交易,在经济技术环境比较稳定、不确定因素较少、预计经济会有高度增长的情况之下能发挥很大作用。然而,当大环境变化,无法预计经济会增长时,其优点就很少,而且还具有阻碍调整交易关系的弊端。去年以来,随着国际经济环境的恶化,日本经济在调整上的迟缓与困难又明显表现出来,成为导致日本经济复苏停滞的重要因素。

其次,看以美国为源头的金融海啸的汹涌发展。以美国为源头的这次金融海啸,之所以会汹涌发展,基本原因在于美元本位制的国际货币制度存在严重缺陷。日本经济学家指出:即使没有此次金融危机,美国的经济力量也相对逐渐衰落。但是,在军事上,美国的霸权还没有动摇。美元作为世界经济的核心货币,其正当性是由美国的巨大军事力量担保的。因此,很难设想在不远的将来,其他国家的货币会成为世界经济的核心货币。这使日本无法对国际金融危机的发生采取主动预防行动,在被迫维持美元本位制的国际货币制度的同时,与美国的矛盾也在发展。

再次,看民主党要求提前解散众议院的压力。这一压力并非一般的在野党压力,而是日本社会结构变化带来的压力。随着日本经济的发展,其社会结构的最大变化是:白领即新中间阶层的增加,以及以农民为主的旧中间阶层的减少。这使日本社会的传统保守力量削弱。新中间阶层的兴起及其政治态度的复杂性,在很大程度上改变了日本的政治构图,阶级对立变得模糊,在政党领域则表现为政党要求的相互交叉和更多反映新中间阶层要求的民主党力量的发展。以前述变化为基础的民主党对自民党的挑战与压力,是深刻而长期的。

从目前情况看,麻生内阁应对上述三大挑战的政策,带有明显应急特点,尚缺乏长期的根本考虑。值得注意的是,在三大挑战的压力下,保持良好的中日关系,对日本已经具有了更为重要的意义。因此,麻生太郎一改以前他给人们留下的印象,以相当积极的态度处理中日关系——与中韩共同出资800亿美元,以稳定东亚金融秩序;希望与中国和其他国家共同努力,促使美元本位制的国际货币制度早日恢复稳定;谨慎处理中日间敏感的历史问题,日本航空自卫队最高指挥官否认侵华历史,即被撤职。当然,这种应急性对待中日关系的做法能否转为长久之策,还有待继续观察。

(原载日本《新华侨报》2008年11月2日)

加强中日战略互惠关系需要研究新形势

目前,国际关系与国际秩序的发展进入一个新阶段,作为这个阶段主要标志的变化有五个方面:

1. 世界经济进入长周期的下降阶段。世界经济发展呈现周期性变化，这种周期性变化的内在动力之一是技术创新频率的起伏。本轮世界经济的长周期，是以信息产业的兴起为开端并进入上升阶段的，但是随着信息产业创新活动的低落，世界经济逐步进入下降阶段。目前，足以带动新一轮世界经济周期性变化的技术创新还未出现，世界经济处于长周期下降阶段的状况将延续相当长的时间。

2. 金融资本过度的投机活动，引发金融危机。因世界经济处于长周期的下降阶段，过剩资本大量转变为金融资本，金融资本特别是美国金融资本，在疯狂的逐利欲求推动下，以大量金融衍生产品，进行过度金融投机，由于美元的国际结算货币地位和国际金融监管的缺失，最终由次贷危机而引发波及世界的金融危机，导致世界货币体系动荡。

3. 新兴经济体与世界主要消费市场的矛盾增强。新兴经济体的发展，吸纳了大量过剩资本，同时成为发达国家中低档消费品的主要提供者，并利用贸易顺差的积累，购买了大量发达国家特别是美国的债券。造成两种情况的发生，其一，发达国家特别是美国的过度消费；其二，新兴经济体对美国等世界主要消费市场的依赖。由于世界经济进入长周期的下降阶段以及金融危机的发生，美国等世界主要消费市场萎缩，导致与新兴经济体的矛盾增强。

4. 美国全球战略出现新的调整。美国布什政府，特别是第一任时期，在新保守主义势力的推动下，追求美国的"绝对安全"，军事战线大规模拉长，军费开支大幅度增长，在此次美国总统竞选中，受到了来自各方面的批评。美国全球战略调整，势在必行。

5. 美俄矛盾有所上升。从地缘政治角度看，控制欧亚大陆，对美国维持世界霸主地位具有极为重要的意义。美国在欧亚大陆的战略展开，呈现两翼包抄，中间突破的态势。俄罗斯作为美国以外唯一的世界军事大国，选择了"威权政治＋私有制"的发展方向，近年来借助能源等优势，摆脱了国力大幅下滑的颓势，走上复兴道路，对欧亚大陆现有战略格局构成挑战。美国通过北约东扩及支持颜色革命，挤压俄罗斯的战略空间。对此，俄罗斯表示了强烈不满和反抗。美俄矛盾有所上升。

在上述变化的影响下，未来3至5年，中日两国面临的机遇与挑战都将呈现增强趋势。这种情况下，中日如何发展两国间的战略互惠关系，是现在就需预为筹谋的。

(原载日本《新华侨报》2008年11月12日)

田母神为什么不认错

11日，日本大报之一《产经新闻》以广告形式，全文刊发了日本前航空幕僚长田母神俊雄的论文——《日本曾是侵略国家吗？》。

同一天，田母神借在日本参议院接受咨询的机会，狂妄声称：日本宪法第九条这种"在保卫国家问题上造成意见如此分歧的东西，还是改了的好"，并有恃无恐地表示：不认为自己的主张会给国民带来不安。

内外呼应，文武结合，未平的逆流，又被掀起一个高潮。事件的严重性，逐步暴露出来：

首先，它反映，日本右翼所主张的错误史观，相当深入地渗透进了日本自卫队。

据日本防卫省调查，在这次由右翼势力推动的所谓"真正近现代史观"征文活动中，投稿者40％为日本自卫队队员，共94人，其中64人来自田母神曾经担任司令的第6航空团，全部是尉、校军官。田母神还表示：如果他指示自卫队队员投稿，"投稿数会上千"。可见其错误史观在自卫队影响之广。

这种影响不仅来自田母神，还来自自卫队的一般教育。据日本民主党议员白真勋揭露，海上自卫队编写的教育资料称："战败后国民忌讳谈及爱国心，甚至成为贱民意识的俘虏。"据日本时事社报道，航空自卫队幕僚监部教育处曾把田母神的应征文章向各地自卫队推荐。

如果自卫队普遍接受了田母神的错误史观，认为日本"是被蒋介石拖入日中战争的受害者"，"日本掉进了罗斯福精心设下的圈套后，才决定攻击珍珠港的"，后果之严重，可想而知。

其次，它反映，日本自卫队中的右翼军人已由错误的历史观，发展到了提出否定和平宪法的政治诉求。

日本和平宪法规定国家主权属于国民，并规定放弃战争和否认战争力量以及国家的交战权。相对于战前的明治宪法，日本和平宪法具有明显的进步性。

田母神对此极为反感，认为："尽管战争已结束63年，但东京审判的精神控制依然困惑着日本人。我们不能行使集体自卫权，也被禁止拥有攻击性武器。如果不摆脱这种精神控制，我国永远都无法建立依靠自身力量来防卫的体系。"

显然，田母神在鼓吹错误历史观的基础上，提出了否定和平宪法的政治诉求。集体自卫权、攻击性武器，一旦被田母神代表的势力所掌握，日本脱离和平道路还会有疑问吗?!

再次，它反映，日本自卫队中的右翼军人在挑战"文官统制"制度，其错误史观和政治诉求正转变为行动。

第二次世界大战前，日本军部成为日本国家政治的中心，这是导致日本走上军国主义道路的重要原因。第二次世界大战后，为了保证日本走和平道路，日本宪法规定"内阁总理大臣及其他国务大臣必须是文职人员"，实行"文官统制"。田母神作为自卫队的现职高级军官，未加请示，公开发表与内阁总理大臣表述的政府立场根本背离的谬论，是对日本"文官统制"制度的挑战，在战后日本是罕见的。鉴于其严重性，日本前防卫大臣石破茂甚至将此事件比喻为战前由日本"皇道派"陆军将校发动的"二二六"军事政变。

又次，它反映，对田母神被撤换后继续发表错误言论，以及日本社会对此的少数支持活动，日本政府缺乏有效管束。

日本政府对田母神在职时的错误言行，反应迅速，严词批驳，即刻换人，反映了广大日本人民的意愿，值得肯定。但对其被撤换后继续发表错误言论，以及《产经新闻》全文刊发其论文等行为，日本有关部门却表示：日本宪法规定言论自由，政府没有干涉或评论的立场。事实上，与其他国家一样，日本法律规定，言论自由，不包括破坏他人的名誉，侮辱他人的自由，否则，将被追究刑事责任。对第二次世界大战责任，公开发表颠倒黑白的言论，嫁祸于被侵略国家，对这样的言论不加批判地广为传播，也属于正当的言论自由吗?! 日本政府应该承担起管束责任，以免混淆视听，干扰日本的和平发展方向，破坏日本与东亚乃至世界各国的良好关系。

(原载《东方早报》2008年11月14日)

中日应加强合作共反海盗

11月17日，"日本海洋政策研究财团"在东京召开了"索马里海域海盗对策紧急会议"。该财团是日本海洋政策最重要的研究咨询机构，在其推动下，日本成立了由首相担任本部长的综合海洋政策本部，制定了"海洋基本法"等法律。由此机构出面讨论打击海盗问题，反映了日本对索马里海盗问题的重视。

索马里海域通过亚丁湾,与苏伊士运河相通,连接欧亚两大洲,年通行船只超过2万艘,其中日本海运公司船舶占到10%。中国也有大量船只通过。

近来,索马里附近海域的海盗活动日见猖獗。海盗使用的装备,已经包括卫星电话和全球卫星定位系统。海盗对过往船只不论国籍,不论船型,有机会便实施抢劫,索要高额赎金。海盗活动的范围不再局限于索马里海域,扩展到了公海,甚至闯入肯尼亚海域实施抢劫。

据国际海事局统计,今年头10个月索马里海域已经发生了87起海盗袭船事件,占全球同期海盗袭击事件总数的40%以上。中日两国也都受到海盗活动的严重威胁。11月13日晚,索马里海盗竟然闯入肯尼亚海域劫持了一艘中国天津市远洋渔业公司的渔船;15日晚,一艘日本籍的巴拿马货船在索马里以东海域遭劫持。索马里海域与马六甲海峡及尼日利亚沿海,成为全球三大危险海域。

海盗的袭击不仅数量增加,范围扩大,而且变得更加凶狠。日本防止海难协会伦敦事务所所长若林邦芳在"紧急会议"上指出:过去"海盗一般只勒取赎金,而不危害人质,但在最近的案例中,海盗向护卫船只的英国军舰开炮了,表明其行为已发生质变,变成危害人质了"。

海盗的猖獗,引起国际社会的高度关注。今年6月初,联合国安理会通过决议,授权各国军舰在经索马里过渡政府同意后,进入索马里海域打击海盗。10月初,再次通过决议,呼吁关心海上安全的国家与索马里过渡政府合作,积极参与打击索马里沿海的海盗。决议还呼吁各国和各区域组织继续采取行动,确保向索马里境内运送人道主义救援物资的海上通道畅通。11月20日,又通过决议,要对所有破坏索马里和平与稳定的个人和实体进行制裁。

中日两国应积极响应上述呼吁,在联合国的主导和尊重索马里等国主权的前提下,加强合作,共反海盗,确保连接亚洲、中东、欧洲的海上航线安全,维护世界自由贸易体制的正常运行,促使索马里早日恢复正常秩序与稳定,努力保护中日两国、地区以及世界各国的共同利益。

(原载日本《新华侨报》2008年11月23日)

值得期待的中日韩第一次首脑会议

12月13日,中日韩首脑会议将在日本福冈县太宰府市召开。在此之前,利用出席其他国际会议的机会,三国首脑举行过8次会谈,而此次是三国首脑的第一次专门会晤。中日韩三国相邻相近,是东亚地区最具经济实力的三个国家,人口总和占世界总人口23%,国民生产总值占全球的18%。在这样三个国家之间,建立起高峰会议机制,无论对三国还是东亚而言,都具有重要意义。

首先,它有利于三个国家进一步发展经济合作。目前,中国是日韩头号贸易对象国,日韩则分别是中国第3位、第6位的贸易对象国,三国间形成了密切的经济合作关系。但是,仍然存在很大的发展余地。据研究,如果建立中、日、韩自由贸易区,中日韩GDP增长率最多将分别提升2.9、0.5、3.1个百分点。然而,因为各种原因,中日、中韩、日韩之间都还未能建立自由贸易区。在目前世界性经济萧条的情况下,三国在经济方面的合作,显然有待于通过高峰会议加强。

其次,它有利于东亚多边合作的发展。中日韩三国积极参与东亚共同体蓝图的制定;与东盟各国一起建立"10+3"框架;在因美国次贷问题引发的危机中,三国除同意加强针对《清迈倡议》所作的努力、解决地区短期流动性问题、继续努力推进《亚洲债券市场倡议》外,并通过建立"外汇储备库"、筹集800亿美元基金、达成稳定韩元的协议等,努力加强地区抵御与克服金融危机的能力;并有学者建议,可以考虑建立东北亚地区单独的货币变化浮动率体系,以稳定东北亚地区的汇率波动幅度,同时为东亚国家货币的统一作准备。在首届中日韩高峰会议上,"如何应对当前金融危机及其对实体经济的影响毫无疑问将是讨论的中心议题"。

再次,它有利于东亚的和平与稳定。美国前国务卿基辛格指出:"亚欧在地区机制的性质上存在很大区别。在欧洲,无法想象还有哪个国家会对其他国家发动战争,而在亚洲,几乎所有大国之间都仍然存在着战略层面的竞争。"欧洲并非像基辛格先生所说的那样平静,冷战后,欧洲战火未曾平息过。但是,他对亚洲的判断是有依据的。亚洲在冷战后,和平与稳定有了长足的进步,然而,要从根本上消除"战略层面的竞争",还有很长的距离。中日韩在近代与冷战时期曾处于尖锐对立的状态,目前关系虽有很大改善,还不能说已经建立起充分的信赖,特别是在安全上,例如在双边军事同盟与地区多边安全机制的关系问题上、在海上权益问题上、在各自军事力量的发展问题上等,都还存在矛盾与疑虑。除了三国之间,在与三国利益紧密相连的地区热点问题上,三国之间也存在进一步协调的必要。三国高峰会议机制,显然有利于加强这方面的沟通。

首届中日韩高峰会议,是三国关系史上的大事,也是东亚国际关系史上的大事,人们有理由期待着它的召开,更期待着它取得积极的成果。

(原载日本《新华侨报》2008年12月1日)

东亚多边合作进步有利中日关系发展

12月13日,中日韩高峰会议,首次在福冈召开;此前,在北京召开的六方会谈团长会议,讨论了建立东北亚和平安全机制问题。这是东亚多边合作进步的表现,对中日关系而言,也是利好消息。因为,东亚多边合作的进步,有利于中日战略互惠关系的发展。

发展东亚多边合作,能淡化中日围绕美日同盟产生的不信任,增强中日在安全上的相互信赖。对中国来说,作为一个被美国视为可能成为潜在对手的国家、一个在军事力量上弱于美日同盟的国家、一个在统一问题上受到美日同盟制约的国家,当然会将美日同盟的存在视为中日安全上互不信任的重要原因。对日本来说,作为一个有世界规模经济的国家,一个在能源、资源上大部分依靠外来进口的国家,同时又是一个必须把军事力量限制在自卫范围内的国家,在没有一种更确定的安全环境以前,难以放弃美日同盟。这使得中日围绕美日同盟产生的不信任,几乎变成死结。

要解开这个死结,只有在东亚更加密切的多边经济合作基础上,建立东亚多边安全合作机制。有了这样的机制,才可能在根本上增强中日在安全上的相互信赖,淡化甚至最终解决中日围绕这一问题产生的不信任。

发展东亚多边合作,有利于为中日关系提供更加广阔而坚实的基础。中日关系以前主要在双边领域内发展,很少在多边领域内合作。非但如此,中日两国对对方的多边活动还表示出戒备心。1996年,日本提出建立亚洲货币基金,美国反对,中国也不赞成。2001年11月,中国与东盟领导人商定在10年内建立自由贸易区,日本便有舆论认为这是为了与日本竞争。但实践证明,发展东亚多边合作,有利于中日关系。因众所周知的原因,中日关系曾陷于"政冷经热"的局面,由于东亚多边合作已成为东亚越来越多国家的共同要求,对中日关系这种局面,许多国家表示不安。应该说,安倍内阁成立后,做出与中国建立战略互惠关系的决策,与东亚各国的推动不无关系。将中日双边合作与东亚多边合作相联系,在推进东亚多边合作的过程中发展中日关系,中日关系将获得更加广阔而坚实的基础。

发展东亚多边合作,可以减少东亚其他国家对中日关系发展的戒心,有利于中日两国密切合作,推进东亚多边合作。中日两国是东亚综合国力最强的国家,周边的有些国家希望中日两国关系保持一定程度的紧张,以利于它们获得外交空间和平衡手段。这是在东亚多边合作不发展情况下形成的外交观念和策略。这种情况的存在,对中日关系的进一步发展无疑会产生负面影响。如果东亚多边合作能够得到充分发展,上述外交观念和策略显然会改变。那时,中日的密切合作将因有利于东亚多边合作而受到东亚各国的欢迎与支持。

(原载《日本新华侨报》2008年12月12日)

日本今年会怎么"变"

去年,日本民众选择"变"字来概括日本局势的特点。今年,日本局势仍脱不了"变"字,而且变的幅度可能更大。

首先,"变"字会体现在日本对美关系乃至整个对外政策的调整上。1月20日,奥巴马将入主白宫。美国此任总统换届发生在非常形势下:其一,以美国为源头的世界金融危机方兴未艾;其二,小布什的伊拉克政策使美国不堪重负,美国安全战略迫切需要调整。

在此非常形势下,"多极化世界"这一用语,在日本战略界的使用频率明显增加,有人甚至预言:"至少在未来10年到20年的时间里,美国难以重回超级大国地位"。而当年美国攻打伊拉克得手时,日本《防卫白皮书》曾断定:国际关系正向以美国为中心的方向发展。两相比较,可以看出,日本对美国地位及世界战略态势的判断在发生重要变化。这势必会影响日本对美关系乃至其整个对外政策的调整。

其次,"变"字会体现在日本政局的动荡上。今年9月,日本本届众议院将到达法定任期,日本政局更趋动荡。民主党党首小泽号召民众"支持政权更迭以改变目前政治"。同时,自民党内离心倾向加剧。自民党众议员、前行政改革担当大臣渡边喜美,公开对民主党的提前选举议案投赞成票。最近又有消息说,自民党前副总裁山崎拓、前干事长加藤纮一正策划离党,另组新党。

笔者不久前去日本访问,与自民党部分议员座谈,他们似乎很有信心,认为自民党能够控制住局面,在有利时机举行大选。但有不少媒体预测,民主党可能取得政权。也有部分专家认为,自民党甚至民主党都可能分裂,政坛力量将重新组合,产生新的联合政权。

最后,"变"字会体现在日本对经济新挑战的应对上。

近几十年来,世界经济发生重要变化,日本面对"未曾遇见过的资源价格高涨,以及由新兴国家与资源拥有国崛起而形成的世界经济多极化局面",竞争压力大增。同时,其国内经济环境也发生重要变化。据预测,未来10年内,日本劳动人口将减少约400万。内外因素使日本经济体制与现状的不适应有所发展,经济活力减弱。1994年,日本GDP占世界GDP的17.9%,到2007年已下降至8.1%。

对上述形势应对不力,成为日本历届内阁短命的基本原因。去年,汹涌而来的世界金融危机,使麻生内阁承受更大压力,已数易经济方案。

变局之中的日本,将向何处去?就其主要应变取向而言,大致如下:在日美关系与对外政策的调整上,日本仍会坚持以日美同盟为主轴。但是,考虑到美国相对优势的减弱,"多极化世界"的发展,日本可能在两个方向上有所加强:其一,在不刺激美国的情况下,广泛寻找新伙伴。其二,加快成为"正常国家"的进程,增强独立性。

在对待日本政局的动荡上,麻生会高举"保障民生"的旗帜,笼络民意;同时,力求巩固党内团结,首先争取在国会通过2009财年政府预算案。这一预算案被称为"保障民生的大胆预算",预计会有积极影响。届时,麻生内阁将抓住有利时机,举行大选。否则,可能拖延到9月选举。民主党则会在政府预算案、公海给油,以及反恐等问题上,进行狙击,迫使麻生提早解散众院,举行大选。

在对经济新挑战的应对上,短期内,将继续以扩张财政政策为主,增加投入,刺激经济。2009财年的日本政府预算总额达9 806亿美元左右,创历史新高。长期内,则会以"新经济成长战略"为指导,力求恢复日本经济活力。

(原载《解放日报》2009年1月15日)

加强中日文化交流　　促进两国关系转型

如果把山川河流绿原沃土,比喻为国家与民族的肉体,那么文化传统便是国家与民族的灵魂。而这种灵魂的铸就,除了源自各个国家与民族自身的独特努力与奋斗经历外,离不开各个国家与民族之间的文化交流。

中日作为两个近邻国家与民族,其文化交流犹如不尽长河,悠久广泛,在世界史上是不多见的。这种交流,为中日两个国家与民族铸就自己的文化传统,提供了丰富的营养,也在中日人民之间形成了割舍不断的联系。

最近共同社的两则新闻,形象地将中日文化交流的不尽长河,呈现到人们面前。

一则是:据日本广岛大学中国文学名誉教授古田敬一等学者的研究调查发现,约640年前,禅僧以亨得谦从中国留学归国时,曾从书法家好友处获赠书法诗文,该墨宝被做成书法挂轴,为日本茶道上田宗箇流掌门人世代相传。撰写该幅书法的是活跃在元末明初的书法家杨彝。以亨得谦曾为在中国留学时的恩师见心来复画过一幅肖像,该画被定为日本重要文化财产。在这幅画中,杨彝曾留有笔迹。此次发现的书法作品中的笔迹及年号,与之相吻合,"落款清晰,保存良好,是研究日中文化交流史的宝贵资料"。

另一则是:日本神户市的绘画教室"太阳之子画室"的约200名学生,将各自画的向日葵,贴在长约12米、宽约3米的巨幅纸张上,形成一幅充满勇气和希望的巨型向日葵画。此画将被送给中国四川地震灾区的孩子们。参加此次活动的该市东滩区小学4年级10岁学生福永佑衣说"能传达'在给你们加油'的信息就好了"。主办者中岛洋子表示:"画能超越语言,具有连心的力量。希望用艺术向孩子们传达防灾和互相帮助的信息。"

上述书法挂轴,作为新发掘出来的中日文化交流史实,与以往发掘出来的史实一起,构成了中日文化交流长河的源头;而那幅将送给中国四川地震灾区孩子们的巨型向日葵画,恰似美丽的浪花,与其他正在卷起的同样浪花,汇成滚滚波涛,推动来自历史深处的中日文化交流长河,向着希望的远方,奔涌而去。

源头是重要的,它开启了中日文化交流长河的渊源;正在奔涌的滚滚波涛是重要的,它使中日文化交流长河,充满活力,流长无尽。

中日关系的发展正处在重要转型时期,历来的中日关系结构基本是一强一弱型,而现在的中日关系正向着两强结构转变。在这样的关键时刻,更需继承中日文化交流的优秀传统,光大像"太阳之子画室"发起的那样的现实文化交流,以加强双方的相互信任,促使中日关系向着更加平等与稳定的方向转变。

(原载《日本新华侨报》2009年2月12日)

中日两国应积极扩大共同利益

据报道,日本政府3月5日基本决定,在打击索马里海盗的问题上,日本海上自卫队将与中国海军以信息交换为主进行合作。日本防卫相滨田靖一访华时将在3月21日与中国国防部长梁光烈会谈时就此进行确认。应该说,这一决定,顺应中日双方发展战略互惠关系的要求。

何谓战略互惠关系？就是承认双方在战略上存在重要的共同利益,而且通过扩大共同利益的方式,使双方战略互惠不断增加,从而推动中日关系持续进步。离开这一基本要求,中日关系难以得到发展。当然,中日两国要扩大共同利益,也并非易事。但目前至少应做到以下三点。

其一,克服狭隘民族主义。民族主义有狭隘与健康之分。只顾本国利益,排斥甚至企图通过占有他国利益而满足自己利益要求的民族主义,是狭隘民族主义;而既有决心维护本国正当利益,又尊重他国正当利益,积极参与和推进国际间平等合作的民族主义才是健康的民族主义。狭隘民族主义导致的是仇恨与孤立,健康的民族主义才能带来相互尊重与朋友。以钓鱼岛问题论,当年邓小平先生主张,这样的问题放一下不要紧,等10年也没有关系。将来总会找到一个大家都能接受的方式来解决这个问题。这一主张,体现了健康的民族主义。有良知者都能看到,这是中日两国应循的正途,舍此正途,只会带来双损的结局。

其二,相互信任。相互信任的重要性与必要性容易理解。问题在于如何做到？对这个问题有各种回答。其实,建立相互信任最根本的在于讲信用,"言必信,行必果"。同样以钓鱼岛问题论,当年对邓小平先生的主张,中日双方是达成共识的,如果这样的共识能被遵守,钓鱼岛海域不会出现现今的紧张局面。

其三,顺应历史潮流。民族主义与诚信,在不同的历史条件下有不同的具体内容与要求。"世界潮流,浩浩荡荡,顺之者昌,逆之者亡",要从根本上克服狭隘民族主义,建立相互信任,前提还在于认清历史潮流。当今的历史潮流,从长远言,是和平、发展与合作;就目前言,是共御世界金融危机。不明大势,囿于党争之需,老拿别国说事,甚至不惜以军事同盟相威胁,是愚蠢的也是危险的。日本前首相中曾根先生在总结日本第二次世界大战教训时曾说,不能基于内政需要处理外交问题。这一总结,值得那些热衷于此道的人深思。

关于打击索马里海盗问题的合作要求提出来了,无疑有利于深化中日两国在安全问题上的合作。而更重要的还是在观念与利益追求上,应注意克服狭隘民族主义,讲信用,顺应历史潮流,这将为中日两国扩大共同利益,发展互惠关系,提供重要保证。

(原载《日本新华侨报》2009年3月12日)

中日政界不妨互从哲学角度认识对方

3月20日,日本防卫大臣浜田靖一访华,与中国国防部长梁光烈会谈,双方同意年内将在东京举行防务安全磋商;而且,在防务安全磋商基础上,加强政策部门间的沟通,就国际维和、抵御自然灾害、反海盗等两国间的共同课题交换意见,特别是在亚丁湾、索马里海域进行的反海盗行动中,推动情报信息交换等方面的合作。

在反海盗行动中进行合作,对中日两国而言是首次。它标志着两国防务交流与合作,出现了新的发展势头。这不是偶然的,是中日战略互惠关系发展的需要,是时代的要求。早在去年11月23日,笔者即提出:中日两国应"在联合国的主导和尊重索马里等国主权的前提下,加强合作,共反海盗,确保连接亚洲、中东、欧洲的海上航线安全,维护世界自由贸易体制的正常运行,促使索马里早日恢复正常秩序与稳定,努力保护中日两国、地区以及世界各国的共同利益"。

新的发展势头出现了,要保证其健康地发展下去,需要各种因素配合。人们比较多地注意到加强交流、扩大共同利益等。这些意见无疑是正确的,但主要是务实层面上的。这也难怪,经济全球化几乎把整个世界都卷入到激烈的经济竞争之中,人们变得越来越"务实",像毛泽东当年会见尼克松时那种只谈哲学的姿态,几乎成为绝唱。但是,不谈哲学不等于可以避开哲学。就安全而言,不仅有安全战略、安全战术等,在其之上还应该有安全哲学,也就是说如何以正确的哲学思想,指导与制定安全战略、安全计划,以及防务交流与合作等。

最近,美国夏威夷东西方研究中心高级研究员丹尼·罗伊在日本以《中国崛起及对地区安全的影响》为题发表演讲,谈的是安全问题,却反映这位学者有较深的哲学修养。例如,他能实事求是地判断中国发展军事力量的目的,指出:中国希望成为大国,也在悄悄为将来发挥领导力作准备,但中国主张走和平发展道路,不会给世界造成威胁。他认为中国想拥有强大的军事力量,主要为了保护自身在全球的利益。又如,他愿意以发展的眼光看待中美关系与日美同盟的变化,针对日方有人担心将来的世界秩序会由中美两国来管理,罗伊表示,只要中国按照国际规则履行自己的责任,美国欢迎中国变得强大;日美同盟的作用可能会有所下降,但这对日本也没有什么不利。

由于历史的原因,中日两国要客观、真实地认识对方,相当不易。而离开对对方的正确认识,双方的合作难以顺利发展。因此,在中日两国的防务交流与合作出现新的发展势头之际,两国战略家在务实的同时,讨论一下哲学,特别是认识论,对于保证这种新的势头健康地发展下去,具有不可替代的作用。

(原载《日本新华侨报》2009年3月22日)

扩大人的交流是联系中日两国的重要纽带

鲲鹏大鸟,水击三千里,扶摇直上九万里。在古人看来,大海、长空,只有此神物方能超越。但即使在古代那样困难的条件下,中日之间的人员交流,也曾留下许多佳话。在今天的交通条件下,无垠碧波、万里蓝天,均成坦途,转瞬可达,中日人员交流更是迅速发展。最近,就有两则消息,反映了中日人员交流的盛况。

一则是日本学生支援机构公布的调查结果。根据此调查结果,截至去年5月1日,该年度在日留学生的数量比前年增加5 331人,达到了123 829人,创历史新高。其中,中国大陆留学生数量以72 766人高居国别地区榜首,其次为韩国、中国台湾、越南。

另一则是日本法务省入国管理局的统计。根据此统计,2007年,自日本大学或研究生院毕业后在日本就职的外国留学生达10 262人,同比增24%,创历年新高,首次突破万人大关。其中,中国大陆以7 539人位居首位,同比增26%;韩国以1 109人排名第二,同比增18%;中国台湾以282人列第三,同比增41%;孟加拉国以138人排名第四,同比增16%;越南以131人列第五,同比增42％。来自亚洲地区的留学生占总人数的97％。

中日人员交流出现这样的盛况，除地理接近、交通便利的原因外，根本原因还在于中日两国顺应经济全球化和两国关系发展的需要，对人员交流采取了积极的态度与政策。

日本在进入21世纪后，其人口构成日益显示少子高龄化的趋势。据预测，未来10年内，日本的劳动人口将减少约400万，导致日本经济活力减弱。1994年，日本GDP占世界GDP的17.9％，2007年下降到8.1％。可以说，正是这种情况，促使日本政府下决心加大吸引外来人才的力度，制订了近年内"吸收30万留学生"的计划。而中国政府自改革开放以来，一直对青年学子出国留学采取积极鼓励的态度。

在这样的背景下，中国青年赴日留学与学成后在日就业的数量出现了明显的增长。人的交流越来越成为增进中日关系的重要纽带。

中日两国虽然在地理上"一衣带水"，但是由于历史原因，在民族感情上存在隔阂。一定数量的中国留学生在日本较长期生活，有的甚至留在日本工作，对促进两国民众的相互了解，起到了重要作用。同时，他们用他们所学得的各种专门知识，加强了他们所在领域与中国方面的联系，使中日交流变得更加具体、深入。笔者有不少华人朋友，在日本或任教授，或当企业家，或办报纸，如果缺少了他们实实在在的努力，中日关系要发展成现在这样的局面，是难以想象的。因此，我们都应该祝中日两国间人的交流进一步发展。

（原载《日本新华侨报》2009年4月4日）

日本判断中日美大三角关系的实和误

不久前，日本外务省举行了一个专题座谈会，展望2009年日本外交，谈的核心问题是日美关系、日中关系。事实上，这两组关系日本政府机构已经谈过多次，为何需再谈呢？答案应是这样的，因为这是冷战后日本必须处理好的最重要的外交关系，对日本外交具有全局性的影响；又因为国际环境发生了新的变化，美国选出了新总统、发生了世界性的金融危机、危机下的中日美及其相互关系也在发生变化，需要日本政府作出新的判断，采取新的对策。

这次座谈会对形势有以下重要判断：

1. 对于美元——从长远来看，美国的实力将相对下降。但目前及今后的长时间内，美国仍是综合国力最强的国家，以这种综合国力为基础的美元，作为世界基础货币的地位还难以被取代。

2. 对于奥巴马的亚洲政策——奥巴马政权目前首先考虑的是金融危机问题，其次是反恐战争问题，对亚洲问题，投入精力有限，其"亚洲政策不具体，如同一张草图"。

3. 对于奥巴马的"日本观"——奥巴马政权在观察日本能对美国建立世界秩序提供多大帮助，期待日本分担与大国能力相符的责任。

在分析形势的基础上，这次座谈会提出了对策思路，主要有：

1. 日本为确保自身的基本利益和生存，需要尽量延长美国主导的世界秩序存在的时间，并长期利用日美同盟。

2. 日本要改变与美国不对称的同盟关系，防止美国在与其他国家协调时，忘记日本的利益。为此，需要推进中日战略互惠关系，加强与俄罗斯的关系。更为本质的是，日本要成为强有力的盟国，以确保自己的发言权。

3. 保持日美安全保障合作关系，与此同时，与中国举行对话，并建立中美日对话制度。

上述判断与对策思路，不乏客观与积极的内容。例如，对美国实力的判断，对美元作用的判断，对亚洲在美国世界战略中地位的判断，都比较接近实际；其对策思路，特别是与小泉政府时期相比，比较注意日本外交关系的平衡，例如中美日关系的平衡、日美俄关系的平衡等，这显然有利于东亚，乃至亚太地区的和平与稳定。

但是，令人感到遗憾的是，与会专家除个别人外，基本还是在揣摩、投合与利用美国战略意图的前提下，考虑日本在新形势下的外交思路。因此，座谈会更多担心的是以美国为主导的世界秩序的动摇，却很少考虑美国霸权后世界应该建立怎样的秩序，而这个问题是美国的战略家也已经在思考的问题。

中日美大三角关系，不仅决定于眼前利益，更决定于长远利益，如果中美日能够对世界的长远发展趋势，对各自的长远利益更多一些责任感与共识的话，相处得一定会更好一些。

（原载《日本新华侨报》2009 年 4 月 13 日）

日本为何提议签订新《日美安保宣言》?

众所周知,《日美安保条约》签订于1951年,修订于1960年,再定义于1996年。1996年的《日美安保共同宣言》,将冷战时代以"防卫日本"为主要目的的日美同盟功能,扩展到亚太地区,日美防卫合作指针按此要求作了修改,并制定了《周边事态法》等。

明年是《日美安保条约》修改生效50周年,据日本媒体最近透露,日本防卫省正在考虑与美国签订新的《日美安保共同宣言》。今年2月,日本防卫相滨田靖一与访日的美国国务卿希拉里举行会谈时,曾提议就签订新的《日美安保共同宣言》进行协商。据了解,新的《日美安保共同宣言》除了共同反恐、打击海盗等新的威胁以外,包括台海问题在内的对华战略也可能在探讨范围之内。一旦日本随时派遣自卫队赴海外成为可能,日本防卫省为在全球范围内展开日美合作,将具体考虑与美军的合作内容。

结合日本官方及各权威方面近来关于日美关系的意见,上述消息应该是真实的。

日本为何要这样做?主要原因不外乎如下几点:

一、以美国为源头的世界金融危机,显示美国的实力将相对下降。日本为确保自身的基本利益和生存,需要延长美国主导的世界秩序存在的时间。因而,希望签订新的《日美安保共同宣言》,支持美国在当今世界中的主导地位。

二、鉴于奥巴马政权正在观察日本能对美国建立世界秩序提供多大帮助,期待日本分担与大国能力相符的责任,日本希望通过签订新的《日美安保共同宣言》,适应"9·11"事件及奥巴马政权建立以来美国国家安全战略的调整,加强与美国的合作,防止日美同盟漂流。

三、加强对中国崛起可能给日本造成的"安全威胁"的战略预防。

四、通过签订新的《日美安保共同宣言》,推动国内制定允许日本随时派遣自卫队赴海外的法律,甚至修改宪法。

五、自民党正与民主党处于对政权的激烈争夺之际,放出此风,不排除以此争取美国及国内舆论的支持,以增胜算。

对此,日本媒体也认为,日本主张签订新的《日美安保共同宣言》,目的在于加强日美合作,应对反恐等全球事务及日益崛起的中国。

在对外关系中,要不要结盟,以及与谁结盟,日本有选择的自由。但是,这种选择不应违背联合国宪章,不应违背日本承担的其他条约义务,更不应违背时代进步的潮流。在经济全球化、世界多极化的大背景下,中日美关系出现了向相对平衡的方向发展的重要趋势。在这样的条件下,处理对美、对华关系时,如果继续从旧思维出发,拉一个,打一个,不但于事无补,反而可能使自己变得更不安全。

(原载《日本新华侨报》2009年4月22日)

自民党大势已去

7月12日,笔者刚到东京,便感受到自民与民主两党的政治决战气氛。这天恰好是日本东京都议会选举的投票日,电视、广告、媒体、网络,到处是对选举的报道、分析、预测、期待。

东京都议会选举的重要性,虽然高于其他地方选举,但毕竟不是国会选举,为什么会让人感受到如此浓烈的政治决战气氛?

首先,这来自两党对垒的总体态势影响。民主党自成立以来,从未如今天般得势,虽小有挫折,支持率仍扶摇直上,已在名古屋市等4个大型地方选举中连续获胜,咄咄逼人。自民党如不能在都议会选举中遏制住民主党,必成兵临城下之势。其次,9月本届众议院将到期。东京都议会选举后,无论执政党是否愿意,都会面临大选,东京都议会选举实际上揭开了两党政治决战的序幕。

在这场重要竞争中,民主党赢了,而且是大赢。为什么会出现如此结果?

从根本上说,是因为日本目前正处于重要变局之中。日本的一些战略家甚至认为,冷战以后,日本进入了继明治维新、战后改革的第三个重要变革时期。这一时期,就国内而言,日本正由工业化社会向后工业化社会转变,社会及人口结构都在发生重要变化;就国际而言,新兴国家的迅速发展,使地区及世界格局出现了多极化的复杂趋势,日本的国际地位及其原来所依托的重要的双边或多边体系也出现了变化可能。

面对这样的变局,日本自民党作了应变努力,但其历届首相都没提出特别是没有实施适应上述变局的长期而系统的变革计划,大多"头疼医头,脚疼医脚",难以胜任全局性的变革要求。原官房长官盐崎恭久便指出:在即将到来的大选中,麻生首相没有明确举何种旗帜,以怎样的战略与民主党战斗,自民党引导国家的方针、这个国家应有的前进道路也没有明确,是目前自民党失利的根本原因。而且,面对困境,自民党斗志日减,其两任首相都是自动辞职;政策又缺乏连贯性,前任的"邮政民营化"、"财金分开"等所谓改革措施,到后任时,或日见消极,或变相复旧;有的政策还带来贫富分化、对外关系紧张的后果。这必然导致自民党影响力下降。难怪东京都议会选举结束后,民主党的一位重要智囊人物会说:不是我们做得好,而是自民党做得差。

序幕已开,正剧必得出场。据媒体透露,麻生已被迫决定在7月21日解散众议院,8月30日进行大选。此前,关于以何种方式应对挑战,自民党内部及其伙伴公明党大致有四种意见:1. 不以首相辞职方式应对,麻生即表示"东京都议会选举结果与国政无关";2. 公明党为做好选举准备,希望尽量推迟众议院解散日期;3. 主张麻生辞职,自民党更换总裁后再战;4. 听凭麻生决定。目前的决定,应该是上述意见相互妥协的结果。就解散众议院举行选举的时间而言,已基本推迟到了最后时间段。选择解散众议院的方式,而不以首相辞职的方式应对,既反映了麻生个人维护体面的愿望,也表达了自民党不愿因首相再度自动辞职而在国民面前又示软弱。

自民党以上述方式应对挑战,前景如何?

虽然不能说自民党已绝对没有机会,但总体而言,自民党目前的状况,可用四个字概括——大势已去。造成这种状况的基本原因如前所述,此外,自民党还有许多重要的不利因素,例如,金融危机加剧了日本的经济困难;党内人才缺乏,麻生的支持率如此之低,自民党却提不出更有竞争力的人物取代;又如,严重危机之下,自民党内以及与公明党之间的矛盾及裂痕进一步扩大;更重要的是东京都议会选举的失败,加剧了人心思变的政治氛围。日本文化的重要特点之一是人们心理的强烈趋众,本次东京都议会选举投票率达到54.49%,超过2005年10个百分点以上,其中的多数选择了民主党,这对大选时民众的心理必然产生重要的引导作用。显然,如不发生奇迹,鹿死谁手应该已成定局。

(原载《解放日报》2009年7月14日)

中日友好之根还是在民间

据报道,为悼念战争期间被强掳至日本后死亡的6 830名中国劳工,8月8日,在日本东京墨田区寺院内,举行了首次中日联合慰灵活动,中日双方约有

300人参加了悼念活动。第二天上午,在东京芝公园的广场上,密密麻麻地排放出6 830双中国传统的圆口黑布鞋,象征着被剥夺了生命的6 830位中国劳工。在那黑压压的只见鞋不见人的长队、方阵之上,受害者的冤魂仿佛在泣诉、在怒号。其情其景,令人震撼。

战后,日本各地曾分别举行过悼念被掳中国劳工的活动。今年是在花岗矿山发现中国劳工遗骨60周年,日方友好人士邀请中方有关人士共同进行悼念。于是,有了上述感人至深的悼念活动。

同时,据报道,日前在东京台东区,在华遗留孤儿创设的"中国归国者·日中友好之会"成立了活动中心——"在华遗留孤儿之家",以支援遗留孤儿和遗留妇女。同时,"中国归国者·日中友好之会"理事长表示:"我们在战后得到中国人的热情帮助,如今得以回到日本。如果能为两国交流尽力那将是报恩。"

已经铸成的历史是不能改写的,但是如何对待历史,今后走怎样的道路,却是可以选择的。在这选择中,起决定作用的是民众的力量。当然,民众也可能被蒙骗,也可能作出错误的选择,但是,就整体看,就长远看,民众终究会作出符合历史潮流的正确选择。

这是因为,任何企图依靠侵略战争获取利益的阶层、集团、个人,首先需要建立对本国人民的专制统治,对本国民众的压迫,是压迫他国民众的先决条件。这是因为,一旦侵略战争失败,侵略国的民众往往成为其后果的主要承担者。这是因为,人类文明的进步,是以大多数人良知的提升为基础的,至今,人类文明有了数千年的发展,伴随人类良知的积累,民众辨别善恶的能力日益增强。

正因为如此,在面临"8·15"终战纪念日之时,虽然有少数政客又表示要去参拜,但更多民众却选择了悼念在战争中被掳而死的中国劳工,选择了感恩宽恕并帮助过他们的中国人。

民众的选择终究是难以违背的,中日友好之根还是在民间。

(原载《日本新华侨报》2009年8月13日)

日本民主党胜利与中国对日外交

日本民主党如所预期,夺取了大选胜利。民主党国内政策的指导思想,受日本"论语加算盘"的义利合一思想影响较深,比较明确地摈弃了"市场原教旨主义";对外政策的指导思想是:顺应经济全球化与世界多极化的潮流,建立自立外交,对世界作出贡献,比较明确地改变了冷战后自民党特别是小泉政权维护与依赖美国单极秩序的方针。

因此,民主党在对华关系上显示出更为积极的姿态。这种姿态,在如何对待历史认识、东亚一体化、中日美关系等问题上,有比较明显的反映。

在历史认识问题上,民主党多次表示自己"是能够正确看待历史的政党"。据日本著名政论家松本健一称:民主党认为要构筑面向未来的中日关系,必须正确认识过去,因此,民主党正准备重新思考近代日本的历史认识问题。

在东亚一体化问题上,民主党主张以中日韩合作为中心,全力构筑亚洲各国的信赖关系。据松本健一介绍,民主党感到"光从经济观点出发推进'自由贸易协定'并不现实",要思考如何超越"容易陷入'本国中心主义'和'排外主义'的民族主义",建立新理念。

在中日美关系问题上,民主党仍然重视日美同盟,但同时认为,中美日三国的合作是未来亚洲与世界安全与繁荣的保证,也是日本能够在地区以及世界发挥更重要作用的条件。

上述对华政策方向,如果能够落实,对中日关系将发挥积极作用,中国应作出有针对性的回应:

1. 在历史认识问题上,加强交流,推动两国进一步增强共识。中方应密切关注民主党及相关学者对近代日本历史认识的重新思考,对其观点,向中国国民给予介绍与评价;并可由中日双方学者为主,组建历史认识交流机构,进行有关历史认识问题的研究、讨论、交流,推动正面舆论的形成。

2. 本届中日韩峰会,应将讨论中日韩在推进东亚一体化问题上如何加强合作提到重要议程上来;并建议在中日韩峰会框架、"10+3"会议框架、APEC框架中,设立讨论如何建立适应地区合作的新理念的机构。

3. 冷静处理中日美关系。民主党对美关系的调整,对中日美三边关系会产生一定影响,中国在三边关系中的地位出现进一步的改善趋势。但我们应看到民主党虽然有在对美关系中提升自主性的要求,但仍然将日美同盟视为外交基石,而美国与日本建立同盟关系有双重目的。因此,在可预见的未来,特别是有效的地区多边安全机制形成前,我们要做的是促使中日美三边关系向着相对平衡与稳定的方向、向着有利于地区及世界和平与合作的方向发展,而不是谋求日美同盟关系的根本解除。

(原载《日本新华侨报》2000年9月14日)

认识未来中日关系发展中的不确定因素

日本新任首相鸠山与中国国家主席胡锦涛在纽约举行了首次会谈。利用这次机会，鸠山首相向胡主席阐述了新政权的对华方针，表示既要坚持"中日战略互惠关系"的框架，又要进一步丰富其内涵。这一积极姿态，带上了明显的鸠山色彩。例如，强调"友爱"，"能够超越双方立场差异的外交、能够认同相互差异的关系是'友爱'"。

鸠山首相的上述姿态，为其与胡主席的首次会见，营造了亲热气氛，显示了良好开端。但是，要使这一良好开端延续与扩展开去，还需付出很大努力。因为，中日关系的发展仍然有许多不确定因素。

首先，这种不确定因素来自民主党内部派系势力的牵制。民主党内有若干势力集团。这些集团的历史渊源、人脉关系、代表的阶层利益有所不同，在对华态度上也有所区别。有些所谓少壮派的代表人物，曾大力宣传"中国威胁论"。这种强硬态度，在一定条件下，可能对新政府的对华政策发生牵制作用。

其次，这种不确定因素来自民主党外部势力的牵制。一个是自民党，该党虽然在这次选举中失败，但其广泛的社会影响还在，正在谋求东山再起，对民主党的对外政策构成较大的牵制。最近，麻生在与鸠山会面时，特别提醒鸠山"在外交和安保等问题上不要弄错日本的前进方向"。另一个是各种社会利益集团的牵制。最近，经团联递交民主党一份请愿书，在表示合作态度的同时，显示了在全球变暖对策等问题上和民主党的分歧，要求政府做决定之前，进行国民性的讨论，以求国际公平性和国民负担的妥当性。

第三，这种不确定因素来自日本对美国的深刻依赖。战后日本选择了一条在美国保护下谋求发展的道路。因此，日美安保条约的意义，绝不限于安全领域，实际上构成了战后日本国家发展战略的基础。日本的这条特殊发展道路，使日本形成了对美国的深刻依赖。虽然民主党判断"美国的影响力在不可避免地下降"，而要求扩大自己的行动自主性，但是美国在今后二三十年里还会是世界上最强大的国家，日本不会从根本上摆脱对美国的深刻依赖，与美国一起，建立与保持对中国的战略预防，仍是日美同盟的基本要求之一。

第四，这种不确定因素来自中日关系之间的结构性矛盾。战后日本坚持了和平发展道路，中国选择了和平崛起道路，两国都成为 WTO 的成员。在此基础上,中日两国以经济上的相互依赖为基础,不断扩大共同利益。但是,中日之间矛盾并没有完全消失,例如,历史认识问题上的分歧,对台湾地位的不同看法,对国际秩序的不同构建要求,海洋权益之争,政治制度与价值观的区别,对联合国改革的不同主张,等等,这些矛盾如果处理得不好,会严重影响中日关系的发展。

因此,鸠山新政权对华外交有了良好的开端以后,重要的问题便是切实地保持中日关系的稳定,以及有效地推进其向着积极方向发展。

(原载《日本新华侨报》2009年9月26日)

推动东亚合作将成峰会亮点

中日韩三国外长会议昨天在上海召开,主要任务是准备第二次三国首脑会议。

中日韩三国相邻相近,是东亚地区最具经济实力的三个国家,人口占世界总人口23%,国民生产总值占全球的18%。在这样三个国家之间,定期举行首脑会议,无论对三国还是东亚而言,都具有重要意义。

有利于发展三国合作。目前,中国是日韩头号贸易伙伴国,日韩则分别是中国第3位、第6位的贸易伙伴国,三国形成了密切的经济合作关系。目前仍存在很大发展余地。早在2002年11月4日,时任中国总理的朱镕基便在中日韩领导人会晤中,提出了适时启动中日韩三国自由贸易区的研究。然而,因为各种原因,三国间至今都还未能建立自由贸易区。据研究,如果建立中日韩自由贸易区,中日韩GDP增长率最多将分别提升2.9、0.5、3.1个百分点。在目前美国次贷危机引发的世界性经济衰退的情况下,扩大与深化三国合作,落实《中日韩合作行动计划》,共同抵御危机,必然成为会议讨论的重要内容,这对于发展三国合作,具有重要作用。

有利于东亚多边合作的发展。中日韩三国积极参与"10+3"、东亚峰会框架内的合作,中日韩合作就是在"10+3"框架中启动的。去年开始的中日韩首脑会议,标志着中日韩三国合作发展到一个新的阶段。此次三国外长会议强调,三国首脑会议是在中日韩合作10周年之际召开的,也就是表明,现在的三国首脑会议,是原有的中日韩合作的继续,而不是另起炉灶。2001年,由东亚13个国家的26位专家组成的"东亚展望小组"向领导人提出了关于建立"东亚共同体"的报告,得到东亚各国的响应。世界性金融危机发生后,东亚各国对东亚合作的必要性、紧迫性,有了进一步认识。但是,由于各种原因,中日韩三国在东亚多边合作中的作用,未能充分发挥。危机之中,这个缺陷显得更为突出。此次三国外长会议,在强调与东盟各国合作的同时,应该为三国首脑会议准备更具体的推进东亚多边合作的方案,特别是金融方面的合作方案。

有利于东亚的和平与稳定。美国前国务卿基辛格指出:"亚欧在地区机制的性质上存在很大区别。在欧洲,无法想象还有哪个国家会对其他国家发动战争,而在亚洲,几乎所有大国之间都存在着战略层面的竞争。"他对亚洲的判断是有依据的。亚洲在冷战后,和平与稳定有了长足的进步,然而,距离从根本上消除"战略层面的竞争",还有很长的路要走。特别是在安全上,例如在双边军事同盟与地区多边安全机制的关系问题上、在海上权益问题上、在各自军事力量的发展问题上,中日韩还存在矛盾与疑虑。鉴于这种情况,10年来,三国将加强彼此睦邻友好置于各自对外关系的重要位置。此次会议又表明,希望进一步构筑稳定的战略互信,推动更深层次和更高水平的合作。除了三国之间,在与三国利益紧密相连的地区热点问题上,三国之间也存在进一步协调的必要。三国首脑会议,显然有利于加强这方面的沟通。

(原载《文汇报》2009 年 10 月 10 日)

鸠山演讲透露日外交政策新意图:顺流而出　架桥求信

昨天,日本首相鸠山在国会作了长篇施政演讲,激情洋溢、口若悬河,全面描绘了"不流血的平成维新"蓝图,表示将进行"由依靠官僚向大政还民、由中央集权向地区主权、由岛国向开放的海洋国家"转变的改革。

从其阐明的外交方针看,有两个特点值得注意:

其一,力图在适应甚至引领地区乃至世界潮流中发挥与显示日本的作用。

伴随经济全球化与世界多极化的深入发展,关系人类共同利益的课题日益增加。这种情况,一方面,使合作成为当今国际关系的重要内容;同时,围绕这些课题的竞争也在加剧,能否在解决这些课题中发挥重要作用,关系到各国在现今及未来国际秩序中的地位、关系到各国在为解决这些课题而形成的机制,乃至知识产权等方面的重大利益。

鸠山内阁敏锐地看到了上述潮流的出现,看到了在当今历史条件下,一国,特别是大国,仅强调本国利益是狭隘性与落后性的表现,认识到日本必须在适应甚至引领地区乃至世界潮流中发挥与显示日本的作用,谋取日本的利益。因此,他为日本提出了一个在世界"架桥"的任务,他认为,日本不仅在经济上,而且是在环境、文化、科技等多方面兼有经验与实力的国家。因此,日本可以在解决气候问题、核扩散、贫困问题等全球规模的课题上发挥积极作用,在东西方之间,在发达国家与发展中国家之间,在多种文明之间,架设桥梁。他认为,在世界"架桥",应该是日本成为国际社会信赖国家的第一步。

鸠山关于日本必须在适应甚至引领地区乃至世界潮流中发挥与显示日本作用的主张,还表现在他主张从这样的立场出发理解日美同盟问题。他认为,为了不让日本所在的太平洋再度成为"争议之海",就不仅要考虑日本的利益,而且考虑太平洋地区,乃至全世界的利益,其基础则是紧密而对等的日美同盟。所谓"对等"是指在维护世界和平与安全的责任、具体行动指针方面,日本能积极建言,提供合作的关系;在全球性课题上,能深化相互合作的多层次日美同盟。

其二,外交方针与克服经济困难的要求密切相联。

鸠山在其演说中明确表示,要使日本经济走上以民需为主的恢复轨道,并强调这是本届内阁最重要的课题。这一任务也给鸠山内阁的外交政策打上了深刻的烙印。

鸠山在主张实现以内需为中心的稳定的增长的同时,强调要留意国际政策的协调;在主张日本积极参与解决全球变暖等问题时,鸠山便指出"这对日本经济发展而言,也是一个很大的机会";并主张以环保产业为首的新兴产业,应该以亚洲新兴产业的发展为强大后盾,促成包括日本在内的亚洲整体活力的提升。

从这一政策阐述中,人们可以找到鸠山内阁重视东亚多边合作、重视东亚共同体建设的重要原因,也可以找到其主张加强中日韩合作的重要原因。它反映了日本为了克服经济困难,在扩大国内需求的同时,进一步向崛起的亚洲寻找市场的要求。

如果有人认为,鸠山外交方针的上述特点仅是建立于理想主义者对世界的希望之上,那是低估了鸠山与民主党把握现实政治的能力,上述主张不排除有理想主义的成分,但更是现实主义的要求,它抓的是顺应地区及世界潮流的旗帜,有利于日本在当今的国际竞争中获得总体上的主动地位;它还力图在新的历史条件下,增加日美同盟的合法性,同时限制美国利己主义,谋求日本在美国与亚洲间更具平衡地位的要求;它又将日本的经济政策与在亚洲与世界有广泛需求的节能减排等新兴产业联系起来,可能给日本带来切切实实的具体利益。

(原载《文汇报》2009 年 10 月 27 日)

"三边关系"的兴起与中日韩峰会

"三边关系"的兴起,是冷战后国际关系的重要特点之一。

"三边关系"这种三国间关系形态,不但决定于发自三国的力量,还受制于三对双边关系间的密切联系及平衡要求。因此,相对于以往的三国角逐关系、两国结盟对另一国关系等"三角关系",可喻称为"三边关系"。造成这种现象的基本原因,在于冷战后经济全球化与世界多极化的迅速发展。经济全球化,使各国间的依赖关系加强,在相当部分三国间关系中,许多矛盾虽然仍不同程度地存在,但共同利益明显扩大,三国间三对双边关系间的联系呈密切化趋势;世界多极化,则使霸权稳定结构趋向动摇,三国间关系的平衡要求明显增强。上述变化,必然地导致相当部分三国角逐关系、两国结盟对另一国关系,逐步向着三国间亦合作亦竞争关系转变。这种三国间关系,在总体上显示出相对稳定与平衡,而又富于竞争弹性的态势。2009 年 10 月 10 日,第二次中日韩首脑会议在北京成功召开,正是这种特点的表现。

中日韩三国相邻相近,是东亚地区最具经济实力的三个国家。在这样三个国家之间,定期举行首脑会议,无论对三国还是东亚而言,都具有重要意义。

首先,它有利于发展三国合作。早在 2002 年 11 月 4 日,时任中国总理朱镕基便提出了适时启动中日韩三国自由贸易区的研究。在目前美国次贷危机引发的世界性经济萧条的情况下,在世界与地区处于共同应对国际金融危机、促进经济复苏的背景下,扩大、深化并部署三国的长期合作,显得尤为重要。因此,会议强调:"今后十年将是中日韩合作面临众多机遇的十年。我们将从战略视角审视和把握三国合作关系,不断推动三国合作迈上新台阶。"

其次,它有利于东亚多边合作的发展。三国对推进东亚共同体的建设表示出更大的积极性。2001 年,"东亚展望小组"提出了关于建立"东亚共同体"的报告,得到东亚各国的响应。但是,由于各种原因,中日韩三国在东亚多边合作中的作用,尚未能充分发挥,第一次峰会未提及东亚共同体,而此次峰会则明确表示"三国致力于在开放、透明、包容原则基础上建设东亚共同体的长远目标"。

再次,它有利于东亚的和平与稳定。亚洲在冷战后,和平与稳定有了长足的进步,然而,在安全上,离从根本上消除"战略层面的竞争",还有很长的距离。中日韩在近代与冷战时期曾处于尖锐对立的状态,目前关系虽有很大改善,还不能说已经建立起充分的信赖,特别是在安全上。鉴于这种情况,此次会议强调"增进政治互信。加强高层交往和战略对话,增进了解,扩大共识,构筑稳定的战略互信"。除了三国之间,在与三国利益紧密相连的地区热点问题上,三国之间也存在进一步协调的必要。三国首脑会议,显然有利于加强这方面的沟通。

(原载《日本新华侨报》2009年10月29日)

早稻田大学与中国文化的渊源与走向

日本早稻田大学与中国交往的两则消息引起笔者的注意。一则是,为纪念中华人民共和国成立60周年,最近早稻田大学举办了介绍新中国首任总理周恩来与日本交流的摄影展;另一则是,去年日本早稻田大学为中国赠送给早稻田大学的孔子像举行揭幕仪式。

摄影展的一幅幅定格历史的照片,将人们的思绪,拉回到往昔的峥嵘岁月。曾经的泱泱大国,遭受了前所未有的欺凌与屈辱。眼见母亲受难而无奈——世上还有比这更痛苦的事情吗?!为了拯母于危难之中,中国的志士仁人到处寻找真理,年轻的周恩来就是在这股潮流中来到日本的,"大江歌罢掉头东,邃密群科济世穷"。

在此前后,中国还有大批青年进入日本学习。早稻田大学在接受中国留学生方面,起了领风气之先的作用。1905年,早稻田大学成立清国留学生部,第一年即招收中国留学生762名,规模之大在日本各大学居于首位。胡锦涛主席在访问早稻田大学时,不无感激地表示:"早在上世纪初,早稻田大学就招收了数以千计的中国留学生。在中国近代史上有着重要影响的廖仲恺、李大钊、陈独秀、彭湃等曾在这里负笈求学。"

留学生没有留恋国外的生活,"面壁十年图破壁,难酬蹈海亦英雄",年轻的周恩来就是这样义无返顾地回到烽火连天的祖国,与无数革命者一起,进行了艰苦卓绝的斗争，终于让新中国屹立于世界的东方。

如果要问，在这凤凰涅槃的过程中，发生的最深刻的变化是什么？笔者想说，是文化变化。古老的中国文化，在西方近代文化的冲击下，发生了裂变。鲁迅说：我出世的时候是清朝的末年，"正是圣道支配了全国的时代"，"和四书上并无记载的法兰西和英吉利对仗而失败了"，"我的渴望到日本去留学，也就在那时候"。在日本等当时已步入工业化阶段的国家，这些莘莘学子接触到了与中国传统文化不同的新的异质文化，打开了眼界，加深了对世界的了解，成为中国文化更新的重要力量。新文化的发展，召唤出社会革命的大潮，而社会革命的大潮又为新文化的发展提供了更丰富的营养。如果用一个更学术些的讲法，则可以说，中华民族的"文化自觉"是中国崛起的前提，而中华民族在现代化道路上的迅速发展，又将中华民族的"文化自觉"不断推向新的高度。

今天，中国人已经有能力站在这种"文化自觉"的高度上，审视与改造中国的传统文化，并积极参加全球性现代文化的重构，中国文化正成为汇成世界新文化大潮的强大支流。于是，早稻田大学出现了中国赠送的孔子像。当然，今天的孔子像，代表的已不是旧礼教，而是中国传统文化历经否定之否定后的结晶。

（原载《日本新华侨报》2009年11月4日）

日美关系进入转型期

昨天，奥巴马开始了首次访日旅程，但气氛有点别扭，在普天间机场迁移等问题上，日本都与美国较着劲；而奥巴马似乎也在冷落日本，日媒体认为，奥巴马访日推迟，象征着正"闹矛盾的日美关系现状"。

日美目前矛盾，仅缘于一些具体利益呢？还是另有深层原因？答案应该是后者——这是日美关系进入转型期的反映。

日美关系是以《日美安保条约》为基础的关系。这一签订于冷战初期的条约，有两个明显的特征，其一，日本的安全由美国保护；其二，两国有明确的共同假想敌。冷战结束后，日美对安保关系作了再定义，但这两个特点并未发生本质的变化，它们给两国带来利益的同时，也引发棘手的问题。第一个特点使两国关系实际上成为主从关系，日本不甘于从属地位，美国则埋怨这种关系使日本难以为美国的安全提供更多帮助。第二个特点则限制了两国的外交选

择。近年来,上述情况变得更为严重,两国希望双边关系转型的要求都有所加强,而日本更为明显,主要表现在以下两个方面:

其一,在国内自主意识的推动下,日本政府与美国"对等"的要求加强。冷战后,苏联解体,日本消除了战后最主要的安全威胁,国内自主意识抬头。在这样的条件下,小泽一郎首先提出了要使日本成为"正常国家"的口号,这一口号虽然主要想摆脱战后雅尔塔体系给予日本的限制,但也包含有改变美日关系主从化的要求。近年来,美国的相对优势减弱,日本的这一要求更加强烈。民主党提出了与美国建立"紧密而对等"关系的主张。所谓"对等",就是主张更多地从日本利益与民众愿望出发,处理对美关系。鸠山内阁与美国政府在印度洋供油与普天间机场迁移等问题上的分歧难以调和,因为这些分歧不仅涉及具体利益,更关系到日本能否在与美国"对等"的要求上有所突破。

其二,经济全球化、世界多极化的发展,使国家间关系以及各国所面临的外交任务,发生了重要变化。日本政府必须更多地考虑外交关系的"平衡"。经济全球化,使国家间的关系,不再像冷战时期那样敌友分明;世界多极化的发展,则使各国利益趋向多元。在这种情况下,各国政府能够也必须更多地考虑外交关系的"平衡"。日本更是如此。日美同盟的限制,使日本外交带上了单向性。但是,随着中国等国的迅速发展,国际格局发生着前所未有的变化。日本无论在安全上还是经济上,仅仅依靠美国难以获得保障,在世界性金融危机发生的今天,尤其如此。例如,经济上,日本的头号贸易对象国虽然已变为中国,但是日本对华投资相当大的部分只是把中国作为生产基地,产品最终还是出口到美国。因此,在美国发生金融危机后,日本经济受到明显影响。同时,美国针对此次危机发生的原因,提出了将"债务推动增长模式"转换为"出口推动增长模式"。由于美日都居制造业高端,美国的这一转换,势必加强与日本在相关领域的竞争。这种情况下,日本提出了"内外一体"、"将亚洲市场视为内需市场"等口号。据有关机构对日本制造业未来投资方向的统计,居第一、二、三位的是中国、印度、越南。这必然促使日本外交由以美为中心,转向更多地追求在美国与亚洲之间寻求平衡。正是基于这种需求,鸠山首相会在中日韩三国首脑会议上表示"日本过于依赖美国了",冈田外长会主张美国不应成为东亚共同体的成员。

当然,同时应看到,日美在当今的世界中,仍具有重要的共同利益,维护两国同盟关系,仍是两国外交方针的基本内容。因此,日本民主党对日美关系的转型要求虽然比自民党强烈,但是不会超越"对等"与"平衡"的范围,而且会有程度的控制,以免损坏两国关系的基础。因此,奥巴马与鸠山见面,会有几分尴尬,但仍有不少共同感兴趣的话题。

(原载《东方早报》2009 年 11 月 14 日)

2009 年中日关系的新气象

"流水落花拦不住,几多春色在人间",中日关系亦然如此,今年又出现了新气象。

以麻生为首相的自民党政府的基本施政方向是"保守再生"。麻生外交的主轴,当然是日美关系,但也认识到良好的中日关系,对日本具有重大意义,因此麻生首相坚持与中国构筑"战略互惠关系",并对其内涵有所发展。4 月,麻生首次以首相身份访华,就两国共同合作应对金融危机、加强政治互信、推进青少年交流等达成一致,建立了中日两国领导人每年互访的机制。

9 月,以鸠山为首相的日本民主党政府成立。外交政策的调整,是鸠山改革的重要内容,具有以下主要特点:1. 以"友爱"为号召,力图引领合作及竞争潮流;2. 对美关系仍为第一,但要求在美亚间建立平衡;3. 对外政策与克服经济危机密切相联。

在上述方针指导下,鸠山政府在对华外交上,显示出比自民党政府更积极的姿态。主要表现为:

其一,以明确态度,对待历史问题。鸠山首相一改自民党政府的暧昧态度,明确表示不去参拜靖国神社,并要求阁僚自我约束。10 月,鸠山作为首相首次访华,郑重表示:日本政府正视历史问题,面向未来,致力于在四个共同文件的基础上全面构筑两国战略互惠关系。

其二,更为重视对华关系。战后日本外交一直以日美关系为中心。但是,冷战后,随着中国等国的迅速发展,国际格局发生前所未有的变化,日本无论在安全上还是经济上,仅靠美国已难保障,在世界金融危机发生的今天,更是如此。这必然促使日本外交由以美为中心,转向更多地追求在美国与亚洲之间寻求平衡。正是基于这种需求,鸠山首相表示,日本"此前有些过于依附美国。虽然日美同盟很重要,但作为亚洲国家,日本将制定更为重视亚洲的政策",中国在日本外交中的地位进一步上升。美国虽仍是日本最重要的外交对象,但中日美关系趋向相对平衡。

其三,主张加强中日韩合作,推进东亚共同体建设。2001 年,东亚展望小组提出建立"东亚共同体"的长远目标。次年,"10+3"领导人会议认可此目标,中国领导人并建议进行中日韩自由贸易区的可行性研究。但是,由于众所周知的原因,中日韩合作未取得重要的实际进展。鸠山内阁成立后,对加强中日韩合作推进东亚共同体进程,表现出很大热情。在中日韩第二次首脑会议上,鸠山首相表示非常期待三国首脑会议"成为具有更大行动能力的峰会",并就"东亚共同体"构想表示,"三国将成为共同体的核心。希望首先从加强经济合作做起"。在三国努力下,中日韩首脑会议取得重要成果,三国自由贸易区的可行性研究也提上了日程。

中日关系尽管还存在不少问题,但以共同利益扩展为基础的合作日益发展,两国处理双方关系的经验也日益丰富,相信在新的一年,中日关系的新气象将更为光大。

(原载《日本新华侨报》2009年12月29日)

亚元主张与中日长远合作

日本首相鸠山由纪夫提出建立亚洲统一货币的主张,增强了将亚元作为东亚货币合作长远目标的呼声。

蒙代尔"最优货币区"理论认为,经济同质的地区实行统一货币,有利于微观经济效率提高,也有利于宏观经济政策对外部冲击做出灵活反应。亚元主张的出现,本质上是由于亚洲特别是东亚区域内贸易大幅增长及各国(地区)所承受经济冲击力明显趋同;东亚和目前的世界金融危机、欧元的建立,则产生了重要的促进作用。

1997年,东亚金融危机发生时,日本提出建立"亚洲货币基金"的主张。为了应对可能再次发生的"流动性紧缺型金融危机","清迈货币互换倡议"于2000年启动。1999年1月欧元诞生,4月日本即提出"日元国际化战略"。目前的世界金融危机,使美元地位更趋动荡,亚洲很多国家的货币挂钩美元,外贸主要以美元结算,金融、汇率风险大为增加。这种情况下,东亚货币合作的要求必然增强,今年10月,"10+3"领导人会议决定力争年底前签署清迈倡议多边化协议,建成区域外汇储备库,中国与日本同样承担384亿美元的份额,发挥了重要作用。鸠山关于建立亚洲统一货币的主张,虽包含提升日本金融地位的要求,主要还是上述背景的产物。

虽然形成统一而独立的亚元区难度很大，但并非没有可能。例如，无论是东亚各国财政赤字和外债占其GDP的百分比，以及东亚区内贸易占其外贸总额的百分比，还是东亚各国所承受经济冲击力的趋同度上，如果以今天东亚的情况与当年欧盟的情况相比，前者都不亚于后者。

　　现在，最大的问题是东亚各国之间的战略互信度不够。而且，如蒙代尔所言，要形成统一而独立的亚元区，有很大难度，因为区内主要货币存在均势，尚未出现一个绝对强势的货币。换句话说，由于区内没有一个绝对强势的货币，要形成统一而独立的亚元区，就更需要各国合作。这就使得战略互信度的问题，在东亚变得更为突出。

　　应该说，鸠山首相对此是清楚的，他指出"经济一体化无法在短期内实现。然而，我们应该有迈向区域性货币一体化的追求，使区域性货币一体化作为快速经济增长的自然延伸"；又强调："我们必须不遗余力地建立对巩固货币一体化至关重要的永久性安全框架。"但是，从认识上明白到落实于行动，还有很大距离。因而，在东亚货币合作等多边合作的发展过程中，经常会出现不必要的猜忌等情况，迟滞了合作的发展。自今年元旦始，中国与东盟自由贸易区正式启动，这对促进东亚一体化进程无疑将发挥重要作用。但是，却有日本官员表示，日本可以通过更高质量的EPA，"向东盟展示日本与中国的不同"，牵制之意，溢于言表。这与鸠山首相的追求，显然背道而驰。

　　真想要亚元，真想要东亚一体化吗？那就应该努力维护与加强中日合作，努力维护与加强中日与东亚、与亚洲各国的合作。

（原载《日本新华侨报》2010年1月4日）

中日关系十大新闻与民众的"好感度"

　　日本媒体不久前评选出2009年中日关系十大新闻，依次为：日本政权更迭后，两国首脑频繁会面；日本对华出口超过对美，经济依存度上升；日本天皇破例与中国国家副主席习近平会见；日本要求中国取消实施信息产品认证制度；日本向中国游客开放个人旅游签证；日中防长互访，两国在反索马里海盗问题上合作；日本企业"西松建设"与中国就二战劳工问题达成和解；两国民众认为中日关系改善，但好感度依旧不高；热比娅两次访问日本，中国提出抗议。

　　应该说，评选出来的事件是有代表性的，反映了中日关系在2009年的发展以及存在的问题。其中双方民众的"好感度"问题,更发人深思,为什么两国民众认为中日关系改善,但好感度依旧不高?

首先,应该承认,两国关系能否改善,与两国民众好感度是否提升有直接关系。从去年所评选出的代表性事件看,中日关系确实在各个不同的侧面取得了重要发展。这些积极面,对提升两国民众的好感度发挥了促进作用。例如,由于民间交流更加广泛、深入,双方国民的相互了解明显进步。参加第三批中国高中生访日交流后的中国师生表示:"短暂的交流访问,我们只能是浮光掠影,不可能深入全面,但所见所闻给团员们留下了深刻的印象。""今天的日本确实不一般,与我们来之前的想法相差很大。在日本我们深深地感受到大部分日本人都真诚地希望与中国友好相处,共同进步。"

另据日本内阁府去年12月12日公布的"外交舆论调查"显示,认为中日关系"良好"的日本人比去年增加了14.8个百分点,达到38.5%,"对中国有好感"的日本人同为38.5%,比去年增加了6.7个百分点。

事实表明,两国国民印象的好坏,离不开两国关系的好坏。可以说,两国国民的好感,是两国良好关系的基础;而两国良好的关系,能促进两国国民的好感。因此,要增加两国国民的好感,为两国关系提供更加良好的基础,两国政府必须以积极、慎重的态度对待与处理两国关系。

但是,同时也应看到,两国关系的改善与两国民众好感度的提升,并非完全的正比例关系。其中至少有两项因素,可能导致两者逆向而行:其一,随着两国国民交流的加深,在对相互长处了解增多的同时,短处也会更多暴露;其二,国家关系的改善,主要基于国家利益,而国民好感度虽与国家利益有密切关系,但在很大程度上又决定于各自的价值观念、道德判断、民族感情等。因此,注意全面地看待与评价对方,尊重对方健康的民族感情,应该是提升两国民众好感度的题中应有之义。

(原载《日本新华侨报》2010年1月14日)

日美同盟深化与对华关系走向

1月19日是《日美安保条约》修订50周年。在此前后,日美政要与相关人员,围绕日美关系与亚太安全等问题,又是发表讲话和共同声明,又是举行纪念活动与讨论会,表达出"深化"日美同盟的愿望。综观其透露的信息,可以看到,日美同盟的"深化",与对华关系密切相关。

首先,双方再次肯定了日美同盟的重要性,包含有建立对华战略预防的考虑。

美国国务卿希拉里指出,美国与日本等国的同盟关系是历史上最成功的双边关系,是亚太地区稳定的"基石"。日本首相鸠山则强调:"在可以预见的将来,基于《日美安保条约》的美军威慑力在确保不持有核武器、不做军事大国的我国的和平与安全方面,将和我国自身的防卫力一同继续发挥重大作用。"并认为,"基于《日美安保条约》的美军的存在给本地区各国带来很大的安心,作为一种公共财富今后也将发挥作用",表示出双方对日美同盟的肯定主要基于安全要求。

小布什时期,在安全上,美国曾提出4个需解决的"核心问题":与他国建立伙伴关系,打击恐怖主义及其他国内威胁;保护美国国土安全;阻止大规模杀伤性武器的使用和扩散;影响中、俄这样处在"战略十字路口"国家的选择。没有理由认为美国已放弃了这样的主张。显然,日美同盟的深化包含有建立对华战略预防的考虑。

其次,在重视日美同盟关系的同时,要求加强与中国的合作。希拉里表示,美国今后将加强与中国、印度等地区重要国家的双边关系。日本外相冈田克也和希拉里等联名发表的共同声明,则希望中国"在国际社会上发挥有责任的建设性作用"。

本届美国政府是在金融危机时期登场的,上述要求体现了其对形势的重要判断,如奥巴马所说:"美国无法单独应对本世纪存在的种种威胁"。因此,无论在安全上还是经济上,在美国的亚太战略中,中国等亚洲新兴大国的地位都进一步提升,美必然要求建立更加广泛的合作关系。鸠山内阁同样如此,要求顺应多极化趋势,获得更多外交选择余地,以维护与发展日本利益,因而在对美与对华关系上表现出一定程度的平衡意图。

日本防卫政务官长岛昭久对于中国的评价,相当直白地表达了日美对华态度的两重性:"中国不同于冷战时期的苏联。有的方面可以封锁,但必须作为市场去与之打交道。这是两难选择。"

上述情况显示,经济全球化,使国家间的关系,不再像冷战时期那样敌友分明,而往往是既有竞争又有合作;世界多极化的发展,则使各国重要的外交对象增加,利益趋向多元,各国政府能够也必须考虑外交关系的"平衡"。在此背景下谋求"深化"的日美同盟,带上了新的特点,特别是在对华关系上。

(原载《日本新华侨报》2010年1月26日)

日本对华贸易的现状与前景

在金融危机余威未息,世界经济有所复苏,但尚存诸多障碍之时,日本对华贸易也出现了新的情况。

据日本财务省公布的去年12月日本贸易统计初值,日本对华出口猛增42.8%,带动日本出口整体回暖,总额达54 128亿日元,自国际金融危机全面爆发以来,同比首次增长,达12.1%。各类出口商品中以芯片等电子零部件和汽车配件的增长最为显著。全年贸易盈余为28 078亿日元,比上年增长36.1%,但全年出口总额和进口总额分别减少33.1%和34.9%。

上述情况值得关注,反映日本对华贸易的一些新的变化:其一,中国正成为日本最大的出口市场。统计显示,去年12月,第二次世界大战后日本对华出口,首次超过对美出口,中国成为日本最大出口市场。其二,日本对华出口中,高附加价值零部件的比例进一步增加。其三,日本对华贸易总额虽然有所上升,但较之最好时期,仍然较为低落。

仔细分析,发生这种变化的基本原因在于:中国及时采取的大规模经济刺激政策,确保需求增长,是日本经济复苏不可或缺的重要因素。据日本主要上市公司2009财年前3季度收支预估,其营业利益大约有5 000亿日元来自国内,来自美洲的不到2 000亿日元,欧洲为亏损,而亚太区(主要是中国)带来的营业利益近8 000亿日元。

为了减少美国经济危机的冲击,日本加强了市场多元化,特别是开拓亚洲市场的努力,其中包括原来较为保守的高新技术的输出。据调查,日本制造业未来投资对象的前三位,依次是中国、印度、越南。最近,新日本制铁公司宣布,将收购钢管制造商"梯斯迪"的在华公司,扩充在当地的生产设备,计划2年内月产量增加一倍达到1 000吨;住友钢管公司则表示,将向在中国的钢管制造分公司投资6亿日元,使产能倍增至每月3 000吨;今年2月,夏普公司将在中国推出采用太阳能充电板的手机,要求把对中国市场的手机出货量提升到每年500万部,为目前的5倍。

世界经济的复苏还存在不确定因素,日本国内需求仍然不振;日本贸易壁垒限制作用还相当明显。例如,近年来,日本不断对蔬菜、禽肉、水海产品等农产品进口设置"肯定列表制度"等技术壁垒,导致中国出口日本农产品数量减少。

显然,日本对华贸易,在两国的努力下,正逐步走向复苏,两国在经济上的相互依赖与支撑作用,更为紧密与有力。这对两国市场的多元化与东亚多边合作的发展,都是利好消息。但是利好中也隐含着隐忧,为两国经济发展大局计,日本应该在高新技术出口、减少贸易壁垒等方面作出更加积极的努力,特别要防止贸易保护主义的抬头。

(原载《日本新华侨报》2010年2月2日)

中日春节风俗相联　两国乐见睦邻友好

爆竹一声除旧岁,万紫千红迎新春。春节,普天同庆,万众共乐;烟花礼炮,伴梅盛开。男女老少,情意融融;花枝绿芽,春色楚楚。这种令人心醉的春节气氛,不但见之于中国,东亚的许多国家也被笼罩。

日本虽然在明治维新后,采用新历,不再以春节,而以每年的元旦,作为新年的庆祝日,但是,原来春节的许多庆祝活动,仍然保留下来。例如,12月31日晚为"除夜",各家团圆,吃代表长寿、平安的荞麦面条,等待午夜12点的到来。这与中国以"大年三十"为"除夕"、全家在"除夕"夜吃"团圆饭"、"守夜"等待新年钟声一样。12点一到,日本各地寺院,同时敲响一百零八下钟,悠远的钟声,在列岛上空久久回荡。翌日,也与中国类似,拜佛,参拜神社或到亲戚朋友家拜年;烹制各种美味佳肴,以酒助兴;孩子们则玩纸牌、放风筝、拍羽毛毽子等,尽情玩乐。1月1日至7日,各家在门上拉稻草绳、插上翠绿的松枝,"迎接神灵降临"。

新年风俗的相联,反映了文化的相联。英国文化人类学家泰勒曾定义"文化"为:"复杂的整体,它包括知识、信仰、艺术、道德、法律、风俗以及作为社会成员的人所具有的其他一切能力和习惯。"而这一切,是人类之间及人类与自然界之间互动的结果。因此,从广泛的意义上说,文化实际上是人类的一切活动及其结果。生活于不同区域的人,由于人种素质、地理条件、气候情况、食品衣被、生产方式等基本要素的区别,在文化发源时,便各自带上了自身区域文化的特殊性。这种特殊性,如同DNA,代代遗传,难以更改。中日两国均为黄色人种,地处东亚,温带气候,农耕为主,文化可谓自发源时,便互相影响,其性相近,风俗自然相联。

这种文化上的共同特点、密切联系,对同一区域的人们来说,是一种宝贵资源,有利于不同族群与国家民众,形成睦邻友好关系,但是,并不是所有的人都懂得珍惜这种宝贵资源。当年,想通过欺压亚洲穷邻居而求发达的日本领导者,便主张"脱亚入欧",结果使亚洲遭了大难,也使日本吃了大亏。历史的教训值得注意,时尚需要追求,但也不能忘记本原。当今世界,全球化潮流、多极化趋势,更见汹涌。与此同时,区域合作迅速发展,区域文化上的共同特点、密切联系,对同一区域的人们来说,更成为一种宝贵资源,可以说,没有这种共同特点、密切联系,就难以形成各具特点的区域合作。

近年来,东亚区域联系更见密切。在日本,访日的中国两岸三地华人成为人数最多、消费力最强的外国游客;在日华人也成为在日外国人中最大族群。顺应这种潮流,日本出现了"春节热"。据媒体报道,今年在日本各地,无论是华人还是日本人,都有更多的人举行或参加各种形式的庆祝春节活动。春节又在成为中日民众同乐共庆的节日。

中日文化上的共同特点、密切联系,在新的历史条件下,将进一步发挥其纽带作用,促进中日睦邻友好关系的发展。

(原载《日本新华侨报》2010年2月24日)

丰田召回背后的日美竞争博弈

丰田召回事件在日美激起轩然大波。其直接原因,在于汽车质量问题给客户造成的损害。但是,美国政府的态度也引起关注。

丰田汽车质量问题暴露后,遭到美国消费者强烈声讨,矛头所向兼及美国政府。有消息说,经丰田公司公关,美国安全监管部门曾同意仅"有限召回"问题汽车,以使公司减少损失。为此,在国会听证会上,议员们尖锐指责美国安全监管部门辜负了纳税人。

因政绩不显,奥巴马政府的支持率正节节下降,现又面临秋季中期选举,更是马虎不得。为撇清干系,美国政府迅速拉下面孔,交通部长甚至号召美国人"别开丰田车",安全监管部门则扬言要对丰田处以巨额罚金。

世界经济曾以中日生产、美国消费的方式建立平衡,这种平衡因美国金融寡头的疯狂逐利而打破。目前,日美两国都将促进出口作为经济复苏的重要方针。由于两国都居制造业高端,出口竞争更多地表现在汽车等技术含量高的产业领域。在汽车出口的竞争中,节能减排车又成为重点。以丰田公司为例,2008年丰田在美国销量已超过福特、通用汽车,而去年其又宣布,要继混合动力车和纯电动车后,力争在2015年前推出人们"用得起"的燃料电池,这更将成为美国汽车业的强劲对手。这种情况下,美国有关政府部门对丰田事件采取严厉态度,就不难理解了。美国密西西比州州长便指出,过分指责丰田有可能被理解为美国转向保护主义的征兆。据统计,丰田事发后,1月份的美国汽车销售中,福特和通用分别上升了24%和15%,丰田锐减了16%。这不仅是美国汽车业,应该也是美国政府乐见的结果。

日本民主党政府上台后,主张与美国建立"紧密而对等"的关系,在处理普天间机场迁移等问题上与美国产生矛盾。其实,问题涉及的不仅是机场选址等,在深层次上,它反映日本对目前"发生紧急事态时美国承担风险,平时日本负担费用"的模式不满,要求改变一方负担过重的情况。为此,双方处于艰难的讨价还价之中。

在普天间机场迁移问题上,美国如果依了日本,既会损害其在西太平洋的战略利益,又可能动摇其在日美同盟中的领导地位,因此美国坚不松口。而日本民主党政府由于许诺在前,又受制于冲绳民意及执政伙伴的执着,也难以让步。美国的政界、军界,乃至一般舆论,对此颇有怨言。最近,美国参院外交关系委员会重要成员、太平洋海军陆战队司令等接连访问日本,发表演讲,强调美国在冲绳驻军的重要性。这种状况,很难不影响美国对待丰田公司的态度。日本自民党干事长大岛理森便认为,"不能把这单纯视为丰田的问题。其根本在于日美纽带的危机"。

上述因素,不但对丰田召回事件本身的发展起了推波助澜的作用,而且可能超越事件本身,影响日美关系。日本高层已敏感到此,表示不希望事件发展成"大的日美经济问题"。

丰田召回事件主要发生于日美之间,但其反映的是后危机时代市场竞争的加剧,以及国家对市场竞争影响的扩大。这值得我们关注。

(原载《解放日报》2010年3月5日)

日美密约曝光与东亚政治互信

3月9日,在接受专家委员会提交的日美密约问题报告后,日本外相冈田克也召开记者会,正式承认密约存在。这是日本民主党政府采取的富于政治勇气的措施。

此次被曝光的密约,达成于20世纪60年代,是美日冷战战略的产物。战后初期,美国远东战略方针的变化,大致可分为4个阶段:(1) 1945—1949年,重点在于改造与监视日本,防止其再度成为美国的威胁;(2) 1950—1956年,中华人民共和国成立、朝鲜战争爆发,美国远东战略转变为所谓"周边战略",强调在中苏朝等国家周围部署战略轰炸机,以对这些国家进行封锁、堵遏;(3) 1957—1960年,强调采用战术核武器在远东抑制类似朝鲜战争的局部战争爆发;(4) 1961—1967年,实行所谓柔软反应战略,以美国本土的战略核导弹和部署于太平洋的北极星潜艇为威慑力量,在亚洲大陆配置前进基地,准备对付"从核战争到游击战争的任何阶段的战争"。

美国的远东战略方针,附属于其整个冷战战略,所维护的美国战略利益,与日本战略利益比较,有一致也有差异之处。美国当时的战略利益在于,全面增强对以苏联为首的东方阵营的遏制力量,建立美国在世界的霸权地位。日本当时的战略利益在于,依靠美国保护,争取稳定安全的国内外环境,保障日本经济继复兴之后,持续高速增长,以赶上欧美发达国家。

这种战略利益的差异,在1960年《日美安保条约》第一次修订时,导致美日之间产生一定矛盾。矛盾的重要内容之一是:美军及其装备在日部署的重要改变,以及美军在日本领土外作战而使用在日基地时,是否必须与日本政府事前协商,并征得日本政府同意。日本认为需要,美国则认为应视当时情况决定。

日本民众强烈反对日本政府屈从美国要求,反对牺牲日本的利益与民族尊严。在这一压力下,修订后的《日美安保条约》,确定了"事前协商"原则。

"事前协商"原则的确定,虽然使当时的日本政府保住了几分颜面,但实际运用时,特别是在美日当局的做法违反日本宪法与重大外交原则时,日本政府往往陷于两难境地,一方面,要维护与加强日美同盟;另一方面,又要避免招致国内国际舆论的强烈谴责。于是,签订密约,变成了弥合上述矛盾的必要手段。

借助这种手段,矛盾虽得以暂时弥合,但付出的代价是巨大的,因密约曝光,日美政府在国内、国际的可信度严重跌落。孔子曰:"人而无信,不知其可也。"国家何尝不是如此!当然,任何国家在安全等事关国家根本利益的问题上,都不可能有百分之百的透明度,但是,对"事前协商"原则、"无核三原则"这样对本国公民与国际社会公开宣布的重大原则,以密约手段有意违反,是无法以安全需要来解释的。

应该看到,上述密约损害了包括中国在内的东亚安全环境;同时,导致日美签订上述密约的矛盾并没有消失。因此,民主党在揭露了自民党政府的错误做法后,人们更关注的是,日本今后能否杜绝这种错误做法?这是关系到日本与包括中国在内的整个东亚,能否进一步加强政治互信的重大问题。

(原载《日本新华侨报》2010年3月21日)

分散搬迁能否夹缝求生?

关于冲绳美军普天间基地的迁移问题,日本政府日前终于有了较为统一的方案,即分散搬迁。这是一个夹缝中求活路的方案。

冲绳面临西太平洋,地处战略要冲,太平洋战争中,是日美间的重要战场;战后,以"琉球"之名被美国"托管";1972年施政权返还日本,但仍是美军在西太平洋重要的军事基地。特殊的历史与现状,使冲绳方面与美国当局的矛盾不断。冲绳方面要求的主线,一直与"和平"、"自治"等密切相关。此前,围绕这一主线,有过两场重要斗争。首先是复归运动,发生在20世纪中叶前后,反映了冲绳民众摆脱美军占领,追求和平的强烈愿望。这场运动成为冲绳返还的强大推动力。

然而,由于各种复杂原因,战后日本对美国形成了深刻依赖。因此,在名义上,冲绳虽然摆脱了美军占领,但实际上不仅原有的军事基地仍在,日本本土的美军基地,也更多集中到了冲绳;而且,上述情况还影响到经济的正常发展,冲绳在相当大程度上依靠"基地经济"维持。凡此种种,导致双方摩擦不断,积怨日深。冲绳地方政府拒绝续签美军基地有关合约,并提出20年内归还冲绳全部美军基地的要求。

目前,方兴未艾的要求美军普天间基地迁出冲绳的运动,延续的仍然是上述主线。在冲绳不少人士看来,允许美军普天间基地搬迁至该县名护市,是日美达成的《在日美军再编最终报告》的重要组成部分,该报告本身则是"9·11"事件后,适应小布什政府新的国家安全战略需要而形成的。因此,如果该报告得以实施,不仅冲绳,整个日本都可能被置于美国远东军事战略中心地位。而且,为落实与普天间基地迁移相联系的美国海军陆战队迁至关岛计划,日本需要承担大部分经费。新基地的建立,还会增加污染等。因此,去年2月,在日美就美国海军陆战队迁至关岛签署正式协定前一天,便有14位冲绳知识界人士联名发表声明:"美军基地夺去了冲绳表明自己意志的机会。基地的存在,不仅是经济和政治问题,而且扭曲了社会与人类的自豪"。在这样的背景下,"和平、环境、自治"等口号被提了出来。

美方深知冲绳方面的要求。因此,普天间基地迁移等决定,在相当程度上是迫于冲绳方面的压力以及顾虑有事时在基地的使用上会遇到障碍而作出的。当然,美国不允许"再编"损害其在东亚战略部署的有效性。今年2月,美国太平洋海军陆战队司令在东京发表演讲,反对将普天间基地迁至冲绳县外。

然而,鉴于日美同盟的重要性,以及冲绳问题的复杂性,美国政府在此问题上并未绝对关门,总统奥巴马与国防部长盖茨都曾表示:再编协议需要落实,但"可就部分悬而未决的细节进行调整",也就是说,微调可以,大动不行。

对立双方留给鸠山内阁的基本就是上述空间。可以说,分散搬迁方案正是考虑这种情况出笼的。但该方案能否被冲绳方面与美国政府接受,仍是个颇具悬念的问题。

从历史看,作出更大妥协的往往是冲绳方面,美军基地若真正迁出冲绳,日本政府将撤销几乎占冲绳收入一半的基地补偿金,冲绳会面临严峻局面。但是,冲绳部分知识界人士认为,当今形势下,冲绳可以借助新政,选择建立安全、健康的福利社会的道路,而避免建立新基地、依靠"基地经济"的道路。看来,鸠山内阁要使自己的新方案行得通,需在适当满足美军的战略要求与冲绳的和平、自治愿望方面寻求平衡。

(原载《解放日报》2010年3月30日)

推进东亚共同体与中日构建信赖关系

最近,以鸠山首相为首,日本有关方面对推进东亚共同体建设,发表了一些积极言论,并设想采取一些积极行动。这些言论与设想,主要涉及以下方面:

首先,希望明确中日两国在东亚共同体中的地位与作用。鸠山首相在出席核安全会议,同中国国家主席胡锦涛举行会谈时表示,日本将积极推进东亚共同体构想,并强调"日中两国将成为(东亚共同体的)核心"。

其次,酝酿建立亚洲共同货币与体系。鸠山首相在出席核安全会议,同欧盟主席范龙佩举行会谈时,介绍了自己提出的东亚共同体构想,并表示"愿学习欧盟构筑共同货币和体系的历史经验"。

再次，准备对亚洲输出先进技术，并进行人才培养方面的合作。在中国海南开幕的"博鳌亚洲论坛"上，日本内阁府政务官津村启介表示，日本将在新干线、水务、原子能发电等方面向亚洲其他国家输出先进技术，为亚洲的环保基建作出贡献；并强调，为应对全球变暖，中日两国有必要在培养科技人才等方面进行合作，希望这种合作能成为鸠山首相倡导的"东亚共同体"的基础。

上述积极言论与设想，在一定程度上反映了东亚的实际情况与需要。但是，东亚与欧洲相比，有自己的特殊性，欧洲的经验只能借鉴，无法照搬。例如，欧洲经验表明，充当一体化核心的国家，必须具备为整个地区提供从市场到制度等"公共产品"的能力。从这样的标准出发，在东亚，应该由中日或中日韩等经济力量较强的国家充当一体化的核心。但是，中日韩，在政治安全上尚未建立起必要程度的信任；而且，在东亚具有重要影响的美国，对由东亚的主要国家主导东亚一体化进程，也心存疑虑。于是，在东亚，一体化的进程是由东盟在发挥主导作用。东亚的"10＋3"合作机制就是由东盟发起并主导的。最近，东盟锋会再次强调了东盟在东亚一体化进程中的主导作用和地位。中国从东亚的实际情况出发，一直主张并且支持东盟在东亚区域合作方面起主导作用，支持他们的主导地位。

当然，确实应该看到，东盟与中日韩三国相比，在综合实力上存在较大差距，要独自担当起主导东亚共同体建设的重担是困难的。在这样的情况下，目前，比较理想的做法是，一方面，从东亚的实际情况出发，继续支持东盟在东亚一体化的进程中发挥主导作用；同时，中日韩等国应该对于这种主导，给予积极的协助。现在的"清迈协议"多边化，就体现了这种精神，多边化仍然在"10＋3"的框架内进行，但是所需的1 200亿美元，中日韩承担了绝大部分。

上述做法，既是积极进取的，又比较符合东亚的实际情况，有利于推进东亚共同体的发展。而要使这一做法得以落实，中日相互信赖的提升，合作的加强是不可或缺的。

（原载《日本新华侨报》2010年4月16日）

中日关系令人关注的发展趋势

最近，关于中日关系，有两方面的报道，令人关注。

其一，是日本方面对于中国青海玉树地震的慰问与援助。报载，除日本政府向灾区提供了1亿日元的紧急无偿援助,日本民间捐向中国驻日大使馆的青海地震赈灾捐款已达4 876万日元。日本遇到地震,中国也曾积极给以援助。

其二,是日本政府与企业界对中国市场的重视。去年12月底,日本临时内阁会议通过了"发展战略"基本方针,要求力争到2020年名义GDP年均增长率超过3%。会议认为:"在人口减少的情况下实现经济增长,则应促进国家与地区之间的人员往来",提出以观光为新产业支柱,深入推进观光立国,并希望到2019年,来自境外的游客,能从2009年的679万人次,增加到2 500万人次。经济迅速发展的中国,已成为日本观光业的重要瞄准对象。日本政府正在考虑进一步放宽对华旅游签证发放条件,日本各地也在考虑如何进一步吸引中国游客。报载,日本福岛县计划正式推出"医疗观光游",除安排参观该县名胜外,还为游客体检,以吸引日渐重视健康的中国人前往该县旅游。

中国飞速扩大的汽车市场,是日本又一个重要的瞄准对象。最近,在北京,正举办亚洲最大规模的车展"北京国际车展",约有2 100家汽车和零部件厂商参展。报载,日本主要汽车厂商的高层都陆续到场,大力宣传低燃耗的环保车和电动汽车,开拓全球最大的汽车市场。丰田展出电动概念车"FT-EVII",日产展示电动汽车"Leaf",马自达推出超低燃耗概念车"清"。中国也积极参加了汽车市场的竞争,此次车展有89辆车为全球首次亮相,其中包括中国厂商研发的75辆。

上述报道,反映了中日关系的重要发展趋势,即两国间人道主义关切的提升,以及高新技术产品等市场开发努力的加强。

人道思想随着人类进入文明时期而萌发,是人类自动物界提升而出的重要标志,尽管在其发展为"主义"后,对其内涵有各种解释与限定,但是,在当代,关怀人、爱护人、尊重人,以人为本,是人道主义的中心,应该已成共识。历史的进步,正使当代的国际关系逐步脱离"丛林法则",与以往的国际关系相比,在本质上,更具有了人与人关系的性质。中日两国间人道主义关切的提升,不但能造福于两国人民,而且有利于整个国际社会的进步,是值得肯定与发扬的。

此次世界性金融与经济危机的发生,是以世界经济进入大周期下降阶段为背景的,因此,调整与提升产业及经济结构,寻找新的产业革命的突破口,便成为从根本上克服危机所必须解决的任务。在经济全球化达到前所未有程度的今天,上述任务的完成,更需要国际国内条件的配合。中日高新技术产品等市场开发努力的加强,对此将产生重要的促进作用。

(原载《日本新华侨报》2010年4月29日)

上海世博会提升中日文化交流热

5月初的春阳,也许为上海世博会开幕的盛况所吸引,露出了难得的灿烂笑容。阳光下,以"城市,让生活更美好"为主题,世界各国的文化,争奇斗妍,展现出一幅幅人类历史、现实,特别是未来美好生活的美景。

开幕前,笔者曾去世博会作了走马观花的游览,虽然笔者也曾去过不少国家与地区,但在如此小的范围内,如此短的时间里,感受数量如此之多的异国文化,仍然深深地为人类文化的多样性所震撼。正是因为有了这种多样性,人类的生活才可能有更适合自己情况的选择;正是因为有了这种多样性,人类才可能互相启迪,取长补短;正是因为有了这种多样性,人类才能生发出无限的创造性,生机勃勃;正是因为有了这种多样性,世界才变得多姿多彩,美艳无比。否定这种多样性,无异于将鲜花遍野的绿原,变成枯干死寂的沙漠。正因如此,虽然人类历史上屡屡发生企图灭绝异文化的行为,但是,人类文化的多样性始终在不屈不挠地发展,人类也在多样性文化的交流中得益,并变得更为成熟与聪明,更懂得善待不同文化。这是人类的重大进步。

作为一个中国人,我在观摩中国馆与日本馆时,上述感受特别深。巍峨的中国馆与秀丽的、因外观独特而被称作"紫蚕岛"的日本馆,相距不远,10几分钟内,人们就能交相进入两种文化。但是,近代以来,为了使中日两国能获得这种平等的文化交流地位,人们付出了百多年艰苦卓绝的努力。

据报载,上海世博会开幕,日本馆和日本产业馆非常受欢迎,甚至出现了需要排队4个小时进馆的壮观场面。很多观众在9点开园后,就直奔日本馆。日本馆因为"很像动漫的卡通画面",受到了年轻人的好评。日本馆以"心之和、技之和"为主题,展示了拍摄视频的同时能识别笑容后自动抓拍的"万能相机",展示了为看护及医疗援助开发的"伙伴机器人"等。该机器人以小提琴演奏中国名曲《茉莉花》,娴熟的演奏功夫,倾倒了在场的观众。日本产业馆配备有巨型屏幕,介绍日本时尚潮流文化;用3D画像介绍最先进的医疗技术,吸引了包括许多年轻人在内的众多观众。日本产业馆还设置了只需站在前面就会自动开盖,使用完毕即自动冲水的"世界第一卫生间",不少观众听完身穿白色制服的"卫生间博士"的说明后,亲身尝试了该卫生间的最新功能,笑着表示"非常舒服"。

同时,据报载,世博会门票,在日本已经售出10万张以上。有位日本女性携全家早已抵达上海,在世博会附近租了房,准备全程观看世博会。据预测,来上海观看世博会的外国人,最多的可能是日本人,估计能达百万之多。他们也一定能通过参观中国馆,获得独特的感受。

上海世博会为中日文化交流提供了绝好的机会。相信上海世博会后,中日文化交流将伴随世界文化多样性的进步,获得更加广阔深入的发展。

(原载《日本新华侨报》2010年5月4日)

鸠山的困境

近来有评论认为,"民主党资金丑闻已淡化"。但是,话音未落,东京第五检察审查会即对民主党干事长小泽涉嫌违反《政治资金规正法》,作出了"应当起诉"的决定。这一决定,加剧了鸠山内阁面临的危机。据日本共同社舆论调查显示,其支持率已跌至20.7%。从日本政治经验看,支持率跌入30%内,政权即面临危机。

不但小泽,就连鸠山的资金丑闻也没有淡化。这固然因为自民党穷追不舍,更由于民众对资金丑闻的强烈不满。当年,民主党夺权时高调反腐,提出一些深得民心的口号。但获权伊始,其主要领导人便相继曝出资金丑闻,令民众大失所望,严重伤害了民主党原有的清明形象。

鸠山内阁面临危机,还源于普天间基地迁移问题。鸠山不愿按照原有方案处理,希望通过满足冲绳民众要求来提升支持率,但要实现并不容易。鸠山内阁成立之初有高支持率,如提适当要求,可能迫使美政府作某种程度让步;在支持率大幅跌落,要求难成时,则应体面退却,争取尽量少流失支持者。然而,起初其调子太高;之后又乱了阵脚,甚至面对美媒体嘲弄,自认是"愚蠢的首相"。新方案转个圈,回到了与原方案接近的程度,被日本媒体讥为"面子方案"。于是,鸠山匆匆检讨,"当初对这个问题认识不足,经过学习才明白",给世人留下了缺乏领导与决断能力的印象。如果该"面子方案"也不能被双方接受,鸠山内阁将面对更严重危机。

鸠山内阁面临危机,还因为被日本经济的老问题缠上了身。日本泡沫经济破裂后,长期处于通货紧缩状态。鸠山内阁为解决民生和争取支持率,提出了国民生活第一的口号,大幅提升社会保障事业投入;同时力图通过扩大支出、减税等手段摆脱萧条。结果,使日本历届政府常面临的积极财政政策与财政赤字的矛盾进一步扩大。据日本有关机构研究,日本全国债务将在2011年达到GDP的200%,有可能陷入"国家破产"的境地。这种情况加深了国民不安,使鸠山内阁在执行其经济政策时举步维艰。例如,在要不要实行高速公路限价等问题上左右摇摆,给人以轻诺寡信的感觉。

民主党内外政治生态的变化,则使鸠山内阁面临的危机更趋严重。民主党外,不像某些评论认为的那样,几乎很难有"第三极"的存在空间,而是"小党乱立"。它们主要从自民党分离而成,但民主党未见得因此得分。这些小党都对民主党采取批判态度;而且,日本的选举制度是小选举区比例代表并立制,政党越多,民主党被分流的票数可能越多。民主党内,也不像某些评论所想像的那样,"胜利时分享果实,艰难时抱团取暖",而是裂痕日深。民主党副干事长生方幸夫曾公开要求小泽下台,并斥鸠山庇护,差点被免职。最近,他又发表文章,强调"民主党内,弥漫着被'强权政治'压抑的无声声音",要求小泽"向国会说明自己的责任"。同时,民主党内也有人认为,"是党内的反党分子与媒体联手攻击鸠山小泽体制,才使民主党支持率下降"。有评论说,"与强者为伍是政界的铁定法则",所以民主党不会分裂,此说更属臆测。如果有此"法则"且"铁定",何来当年小泽、鸠山的反出自民党?小泽若是被强制起诉,鸠山小泽体制瓦解,不能排除民主党发生分裂的可能。

目前,日本政局变得更为扑朔迷离。但有一点是清楚的,鸠山内阁面临严峻形势。允诺解决基地迁移问题的5月底,以及7月参院选举,是鸠山内阁及民主党的重要节点,也是日本政局变动的关键时期,需要密切关注。

(原载《解放日报》2010年5月6日)

菅直人内阁经济政策与中日关系

日本新首相菅直人近日公布了民主党参院选竞选纲领,表示将制定消费税率改革方案,"把10%作为参考税率之一"。其后,日本内阁会议通过了"财政运营战略",提出要在2020年度实现政府和地方基础财政收支盈余。据估算,要实现这一目标,必须在2020年度增加税收或削减支出超过21.7万亿日元。如果上述缺口全部通过增加消费税来弥补,税率要超过13%,比现行5%的消费税率要上调8个以上百分点。

日本泡沫经济破裂后,长期处于通货紧缩状态。鸠山内阁为解决民生和争取支持率,提出了国民生活第一的口号,大幅提升社会保障事业投入;同时力图通过扩大支出、减税等手段摆脱萧条,结果,使日本历届政府常面临的积极财政政策与财政赤字的矛盾进一步扩大。在鸠山内阁主持制定的日本2010财政年度预算案中,税收收入为373 960亿日元,而新发国债额高达443 030亿日元,创历史新高。战后日本,首次出现了在预算阶段国债额就超过税收的情况,财政状况可谓雪上加霜。据日本有关机构研究,日本全国债务将在2011年达到GDP的200%,有可能陷入"国家破产"的境地。

显然,扭转巨额财政亏空,是日本经济必须解决的问题。菅直人首相"把10%作为参考税率之一"的方针,反映了日本的实际需要。但是,这又是一步险棋。险之所在,涉及政治与经济两大领域,政治上,可能得罪消费者,造成支持率的下降,当年,桥本龙太郎首相就曾因为提高消费税率,导致支持率下降,被迫下台。经济上,可能压抑消费欲望,减弱日本经济的复苏动力。正因如此,虽然之前的多届内阁,都看到了增税的必要性,却无人敢实行。菅直人内阁摆出了更为强烈的增税姿态,但关于新税率的实施时期,菅直人也称"现阶段很难说从哪一年度开始",表示"我认为实施大规模税制改革前应问信于民"。

不少专家认为,日本大规模税制改革,应选择在经济复苏,增长率达到较为理想的时期。日本的当务之急,还在于摆脱通货紧缩,提升经济增长率。

6月18日,日本内阁会议批准了今后10年的经济增长战略,增长战略由7个领域组成,分别为环境与能源、健康、亚洲、观光立国与搞活地方经济、科学与技术立国、就业与人才、金融。强调要在环境与能源、健康、亚洲和观光立国与搞活地方经济4个领域创造总计500万人就业机会与123万亿日元的需求,力争最早于2011年摆脱通货紧缩。该战略的指导思想在于,扩大国内外需求,实现经济增长。

上述情况表明,对华经济合作的重要性,将更为凸显。从历史经验看,防止"政冷经热",全面推进战略互惠关系,应是提升中日经济合作水平的必要条件。

(原载《日本新华侨报》2010年6月25日)

日式民主正渐渐沦为民粹

执政的日本民主党昨天在国会参议院选举中失利,自民党等在野党占据了参议院超过半数的议席。结果当然须重视,但是,从孕育结果的过程中,把握当今日本政治特点，同样具有不可忽视的意义。

日本今次参院选举特点主要有三：政见分歧弱化、政坛分裂扩大、民主渐趋民粹。

政见分歧弱化。冷战后，这一特点即已出现。主要原因在于以美苏为首的东西对立基本消失，以及日本中间阶层大幅增长。这种情况下，日本各党与自民党政策距离缩小。此外，也有制度上原因。日本的议会内阁制由国会选出首相，由议员出任大臣，因而政权产生实际由各党派阀决定。派阀利益密切联系于夺取与保住政权，政见分歧则成其次。

民主党成立后，为夺取政权，曾尽力张扬与自民党的政策区别，鸠山成为首相，外交上，强调"美亚平衡"；内政上，"国民生活第一"，给人耳目一新的感觉。但此景不长，鸠山被迫下台后，人们在民主党新任首相菅直人的参院竞选活动中，看到了其政策向自民党摆动的趋向。

在对外政策方面，民主党参院竞选纲领虽然提出要与以中国和韩国为主的亚洲国家构筑信赖关系，但同时强调，通过在安全保障、经济和文化等领域加强关系以深化日美同盟，民主党还主张，将与澳大利亚、韩国以及印度推进防务合作，这令人联想到自民党主张的"价值观同盟"。菅直人甚至强调："对中国正在增强军力一事必须给予严重关注。有个词叫作'势力均衡'"，并表示："亚洲局势处于高度紧张，美军正在发挥威慑作用。"在国内政策方面，菅直人主张：要"把自民党的消费税'暂定为10％'的想法作为参考"。

政坛分裂扩大。政见分歧弱化的后果之一，便是各党内部凝聚力减弱。由于各党多以夺取政权为号召，夺取政权后的所作所为，又多以保住政权为动力，眼前利益成为主要追逐目标，导致党内难有较为稳固的合作基础，政治带上了明显的投机性，日本前首相中曾根批判说："国会成了争夺政权，争夺首相位子的场所。"政见分歧很大的派别，为了夺权，可以合成一党或执政联盟；聚于一面旗帜下的人物，同林鸟而已，政权丧失之日，便多作各自飞了。这种缘于投机性的政坛分裂，在此次参院竞选中，有了进一步表现，致使党际、党内矛盾交叉，政坛更趋复杂，竞争变得更为激烈也更为无序。

民主渐趋民粹。民粹主义是个复杂概念，可从多个角度使用。笔者是从迁就与利用民众眼前所好，谋取政党利益的角度使用这一概念的。与欧美等国不同，出于政治信任等原因，在"1955年体制"下，日本选民对政府的"业绩评价"意识并不强，但冷战后，鉴于政见分歧弱化，选民将目光更多投向了对政府的"业绩评价"上，从而推动各党派更加注意迁就与利用民众眼前所好，以谋政党利益。以此次参院竞选中的焦点——增税问题为例，便可见此倾向之一斑。

民主党在野时，反对自民党增税主张，掌权之初通过的财政预算，首次使国债在预算阶段就超过税收，财政困境雪上加霜。菅直人表示"如果继续增加债务，发展成为希腊那样的财政危机，国民生活将遭到严重破坏"，不得不取消了鸠山政权原来承诺的"育儿补贴"等，明确主张增税。但此一主张刚出炉，各小党几乎蜂拥而上地反对。日本媒体认为，菅直人任首相后，政府支持率曾呈V字形回升，但其发表增税言论后，再次下降。于是，参院选举前夜，菅直人又强调"下次选举前，消费税不会上涨一块钱"。

冷战后，由于国内外形势的重大变化，日本进入需实行重大变革的时期。日本产业革新，积十余年努力，取得较大进步，但此次参院选举表明，日本政坛除发生权力更替外，并未出现实质性变革。变革之需与变革之滞，导致日本政坛动荡不已。这种动荡，在政坛确立顺应潮流的方向并获得实行力量之前，难以停止。

（原载《东方早报》2010年7月12日）

从丹宇大使的"爱国亲华"精神说起

历来，中日两国的外交官很忌讳被人认为是亲日派或亲华派，他们最多承认是知日派或知华派。究其根源，还在于上个世纪日本对中国发动的侵略战争，以及其后的冷战对立在两大民族之间造成的感情伤痕。这种伤痕是以国家利益的尖锐对立为基础的。

冷战后期，因为共同对付前苏联扩张等需要，中日关系发生重要改善，实现了关系正常化。但是，这种以对付第三国为主要基础的改善，是不稳定的。国际关系史告诉我们，世界上没有永远的朋友，也没有永远的敌人。因此，当代国家间稳定的关系，主要不再应该依靠纵横捭阖建成，而应该依靠推进国际秩序的良性化，以及发展两国间内在的非排他的相互需求建成。因为，只有国际秩序能获得良性化发展，两国间才可能形成内在的非排他的相互需求；而只有两国间形成内在的非排他的相互需求，才能有效避免外来干扰，独立自主地根据自身的国家利益，处理好与对方的关系。

冷战后，由于世界和平、发展、合作的要求日益增强，由于中国的改革开放，以及日本对中国改革开放的理解与支持，中日两国间在经济上的相互需求不断增长，已经形成一种相互依存的关系。在此次世界性金融危机与经济危机中,这种关系变得更为明显。据日本媒体报道,日本企业2010财年二季报(4—6月)显示,税前利润猛增至去年同期的约4.3倍。而其主要原因在于"汽车、电机等主力企业依靠对中国等新兴市场国的出口带动了整体产业的复苏","因2008年9月金融危机爆发而陷入低迷的国内企业业绩明显出现了好转势头"。

试想一下,在没有了前苏联扩张威胁的条件下,如果中日之间没有经济上相互依存这样一种内在的非排他的相互需求,能保证两国关系不发生漂流吗?因此,可以说,正是因为中日关系之船有了经济上相互依存这块压舱石,冷战后20年左右的岁月中,虽然历经波澜,才仍然保持了基本平稳。

中日之间上述内在的非排他的相互需求关系的出现与加强,反映历史上中日国家利益尖锐对立的状况正在发生具有重要意义的变化。正是以此为基础,日本新任驻华大使丹宇先生在赴任履新时,敢于公开表示:为了中日两国国民的和平和生活稳定,"希望秉承爱国亲华的精神开始工作"。

"爱国"与"亲华",这两个在历史上曾经尖锐对立的概念,现在在丹宇大使的表态中,已经是可以并列、可以结合的概念了。这反映了中日关系的进步。当然,要将这种表态化为能为两国所接受的实际行动,仍然是不容易的,需要付出艰巨的努力。

(原载《日本新华侨报》2010年8月4日)

日本对华经济合作的新动向

最近,日本政界从中央到地方的一些重要人物相继访华,主要使命是促进中日经济合作。当然,对以贸易立国的日本而言,可谓一贯如此。但从目前情况看,在原有基础上,日本对华经济合作出现了值得注意的新动向。

紧迫性加强。日本今后10年的经济增长战略,以扩大国内外需求,实现经济增长,创造就业机会为指导思想,希望尽早摆脱通货紧缩。为此,确定了七大重点领域,将扩大亚洲需求单独列为一大领域,其他领域如环境、能源、观光等,与扩大亚洲需求,存在密切关系。这些政策产生了积极影响。但是,从日本第二季度的统计数据看,由于日元升值等因素的影响,经济复苏势头又放缓,增幅为三个季度以来最低,折合成GDP年增长率,仅为0.4%。其中,国内需求较上季度略有改善,但外部需求对GDP增幅的贡献比上季度少0.3个百分点。这使日本对复苏进程中断的担忧加剧。同时,中国大陆与台湾两岸

ECFA 的签订,美国实体经济的恢复与发展以及扩大亚洲市场的努力等,都对日本构成了竞争压力。这种背景下,日本对华经济合作的紧迫性在加强。

合作水平提高。随着经济的发展,中国的消费能力在增强;同时,中国转变经济增长方式、提升产业结构,以及国际竞争的加剧等诸种因素,促使日本在提升其对华经济合作水平。这种努力表现在经济合作中技术含量的增大。日本前首相鸠山由纪夫访华时,向温总理表示希望通过向中国提供削减温室气体的技术以扩大双方合作。这种努力还表现在双方合作领域的进一步扩大,特别是在第三产业方面。例如,旅游业,日本国土交通相前原诚司此次访华,主要任务就是推进中日韩在旅游业方面的合作。日本冲绳县知事等地方领导人也相继访华,与中国商谈新开航线及增加游客数量等事宜。又如,金融业,三菱东京日联银行、瑞穗实业银行等相继在上海等地成立新部门,开展投资银行业务和协调贷款,以及加强人才培养等。

直接投资增加。目前的重要推动原因,是日元的持续升值。自金融危机发生以来,美国等发达国家的货币大都贬值,而日元却升值逾 40%,近期对美元汇率更攀升至 15 年来新高。其原因,主要在于美元疲软,以及国际社会为分散风险而增持日本国债等,如英国去年购入 26.3 万亿日元日本国债,今年又购入 18.3 万亿日元。这种情况,短期内难以改变,给日本出口带来一定困难。日本不少经济专家认为,"在日本国内经济收益环境严峻的情况下,向有发展前景的市场投入经营资源是正确的战略"。今年 1 至 7 月,日本对华直接投资,实际达到 24.65 亿美元。

以上动向,对中日关系而言,是利好。双方应该抓住时机,正确应对,在实现经济互赢的同时,进一步夯实中日关系的基础,防止在地区乃至世界秩序发生重大变动时期,中日关系发生漂移。

(原载《日本新华侨报》2010 年 8 月 22 日)

日本的改革与对华外交走向

在冷战结束以后,"改革"可谓是日本政坛上使用频率最高的词汇,没有政党在竞选纲领中不以改革为号召的。这并非日本人特别爱变,而是日本正面临变局。

在国内,日本正由工业化社会向后工业化社会转变,人口及社会结构等方面都在发生重要变化,突出表现有三：一是中间阶层特别是新中间阶层增加,日本社会的传统保守力量削弱,对"政官财三位一体"的不满情绪更为发展。二是"少子高龄化"程度居世界第一,经济活力减弱,日本民众对社会保险特别是养老保险感到不安。三是日本经济长期陷入通货紧缩状态,积极财政政策与巨额国债之间的矛盾,越演越烈。

在国际,新兴国家迅速崛起,地区及世界的多极化趋势更见明朗,日本的国际地位及其原来所依托的重要的双边或多边体系出现了变化可能。

面对这种变局,日本的政治家纷纷提出自己的改革主张。观察这些主张,可以发现,虽然在具体方案上存在重要区别,但基本要求比较接近,针对的主要是冷战后国内的变化,以及地区与世界秩序的变动。

中国是日本最大的邻国,又是其头号贸易对象国,对华关系,无论对日本的经济还是安全,都具有重大意义。日本的改革必然要涉及对华外交,其方向,是将"友好关系",转变为"战略互惠关系"。

20世纪80年代,可谓中日关系的黄金时代,安全上,有着基本相同的防御方向;经济上,中国的高速发展刚开始,日本尚无戒心,正通过日元贷款(ODA)等支持中国的改革开放;国民感情上,日本参加过战争的一代人还在,加之对中国放弃战争赔款等做法的感激,国民中对华内疚感普遍。在这样的基础上,"友好"成为中日关系的基本要求与主要特征。但是,随着苏联的解体,中国的迅速发展,世代的更替,以及中日关系对地区乃至世界秩序影响力的提升,中日关系变得更加重要、更加广阔、更加深入,也更加复杂。这种条件下,中日关系显然难再简单以"友好"两字代表与概括。于是,"战略互惠关系"的概念应运而生,反映了从更加全面、更加长远的角度处理中日关系的要求;也反映了主要从"互惠"而非"友好"的角度处理中日关系的要求。在这种观念的指导下,日本对华政策变得更加重要、更加全面,也更加现实。两重性随之增强,在经济上,中日合作的步伐以前所未有的速度在迈进;在安全领域,合作有所扩大,戒心也在增强,特别是海洋权益矛盾上升。最近,第三次中日经济高层对话获得重要成果;几乎同时,菅直人首相的咨询组织"新时代安全保障与防卫力量恳谈会"提出以中国为重要防范对象之一的研究报告,正是上述情况的反映。

显然,能否防止"经热政冷",促使中日关系全面而平衡地发展,已成为日本外交的重要问题。在日本改革与对华政策进入新的调整期之时,这一问题,更值得密切关注。

(原载《日本新华侨报》2010年9月2日)

日本需克服战略选择的结构性矛盾

5年前,笔者曾就中日关系作过以下分析与呼吁:"与经济领域的热气局面相比,在政治以及安全领域,近年来,中日关系却不断遭遇冷风","而且由于中日关系的'政冷'已由历史认识和外交层面的矛盾,提升到安全领域的摩擦,这使中日的'政冷'更包含了以往所没有的危险性。为了避免发生有违于中日根本利益的冲突,必须未雨绸缪"。9月7日,日本海上保安厅巡逻船在钓鱼岛海域抓扣中国渔民事件的发生,验证了笔者的判断。

上述状况,从根本上说,是由冷战后日本战略选择的结构性矛盾造成的。近年来,此矛盾有所扩大,日本在发展对华经济合作的同时,在安全与领土争端等问题上,态度更趋强硬。以钓鱼岛争端为例,由背弃1978年搁置争议的共识,到拒不承认在东海与中国有领土争端,直至在钓鱼岛海域公然抓扣中国大陆渔民,可谓完成了三联跳。

1978年,中日和平友好条约生效之际,邓小平对福田说:中日对"一些问题有不同的看法","比如你们叫尖阁列岛,我们叫钓鱼岛的问题,就是有一些看法不同,可不在会议中谈。我同园田外相讲过,我们这一代人不够聪明,找不到解决的合理的办法,我们下一代会比较聪明,大局为重。"在坚持维护中国主权与领土完整的同时,表示为了中日关系以及地区和平与稳定的大局,可以暂时搁置争议。日本方面实际接受了这一主张。因为双方达成了这样的共识,中日关系才可能有了当时较为顺利的发展。

但是,其后,日本背弃了上述共识,甚至不承认在钓鱼岛问题上与中国有争端。日本前任首相鸠山表示要就钓鱼岛问题与中国方面讨论时,受到其外相的指责;菅直人内阁现任大臣表示:"在东海,我国不存在任何领土问题,今后将继续坚决加以应对。"实际主张关闭沟通与谈判的大门。这是一种罔顾事实的态度,一种极端危险的态度,也是对中日两国人民、对地区的和平与稳定极不负责任的态度。

这种态度不但受到中国人民的坚决反对,在日本人民中肯定也会受到质疑。2004年,日本横滨国立大学村田教授著书《怎样看尖阁列岛·钓鱼岛问题》,高度评价了邓小平提出的搁置争议的主张,他指出:在该岛的主权问题上,因双方各有主张,"而形成领土争端。但是,领土问题容易作为刺激国民感情、煽动对立的手段被利用。在构筑面向未来的日中关系之时,围绕无人小岛的主权之争,无益于两国关系的发展和亚洲的和平。正是从这样的大局出发,提出了搁置争议的主张。这成了两国首脑间共同了解的事项。这应该被称为贤明的对应。"

将中国对待钓鱼岛问题的立场,与日本政府现在的所作所为对比一下,谁对中日两国人民以及地区和平与稳定负责任;谁想以此煽动舆情,谋一己一派之私利,昭然若揭! 子曰:"人而无信,不知其可也。"人尚如此,国更何论。

(原载《日本新华侨报》2010 年 9 月 13 日)

日本汇率政策与对美关系

9 月 22 日,日本首相菅直人发表讲话,声称日本政府出手干预汇率,是因"处急剧变化之时,不得不干预",并针对国际社会的担心,表示"G20 首脑会议等也不希望(汇率)发生急剧变化。因此,政府某种程度的介入是能够得到理解的吧"。

对日本政府干预汇率,菅直人作如此郑重其事的解释,是因为此事招致美国与欧盟的反对与抗议。美国众议院筹款委员会主席桑德·莱文表示,"美国对日本单方面介入汇市的做法深感困扰";欧元集团主席、卢森堡首相容克警告"日本政府介入有失妥当",并指出:"日元兑欧元汇率并非过高。"

美国与欧盟,特别是美国的态度,必定会影响日本政府干预政策的有效性。日本政府进行干预前,在纽约汇市,日元对美元的汇率,曾涨至 83.3 日元∶1 美元,创 15 年来日元兑美元最高纪录。日本政府进行干预的当天,日元对美元的汇率降至 85.44 日元∶1 美元的水平。但是,到 9 月 22 日,又升至 84.88 日元∶1 美元的水平。

其实,这种情况不难预见。在民主党政府入市干预前,经验老到的自民党便曾警告说:"没有日美关系的协调,就不可能有汇率的稳定。"因为,他们吃过很多亏。20 世纪 80 年代中期,日元对美元汇率发生了两次大幅度调整,从 1985 年 9 月的广场协议,到 1987 年 2 月的卢浮宫协议,都是在美国主导下进行的。前者导致日元对美元大幅升值,迫使日本减少对美贸易黑字,缓解了日美贸易争端;后者使日元对美元短暂性大幅贬值,同时迫使日本下调利率,使美国在执行宽松货币政策的同时,仍能够保持甚至扩大与日本的利差,吸引国际资本流入,消减了美元过度贬值的负面影响。在这两次调整中,日本都付出了重大代价。

　　此次日本政府干预汇率,背后仍隐藏有日美矛盾与斗法。日元汇率大幅上涨的基本原因,在于美国和欧洲经济的疲软,在于美元和欧元特别是美元的大幅贬值。美国是日本的主要市场之一,美元大幅贬值,导致日本出口困难,甚至可能中断日本经济复苏进程。日本政府不得不冒天下之不韪,入市干预,结果,势必强化日美在经济方面的矛盾。美国自金融危机以来,在加强金融监管的同时,力求复兴制造业,扩大出口,增加就业,复苏经济,亚洲市场是其主要目标;日本也把扩大亚洲市场,作为促使经济增长的主要动力之一;日美又都居制造业高端,竞争性相当强。上述情况,必然直接、间接反映到汇率政策。在日本政府干预汇率后不久,美国联邦公开市场委员会发布利率政策声明,将把联邦基金利率维持0到0.25%的目标区间不变,显示将坚持宽松的货币政策,不少人认为这将缩小日本与美国的利率差,于是,购买日元者开始增加。日元对美元汇率再次上升。

(原载《日本新华侨报》2010年9月23日)

从《源氏物语》谈中日相邻之道

　　最近,重翻《源氏物语》,这部创作于11世纪的日本著名长篇小说,可谓紫式部蘸着泪水写成,伤春悲秋,清丽典雅,沁溢着日本文化的独特美,同时,显示了日本文化与中国文化深久的历史渊源。

　　紫式部好白居易诗,串联《源氏物语》全书的古体诗,诉离恨别怨,叹身世飘零,"相逢方知时日短,生生世世别恨多","露草蛛丝萦萦绕,风吹丝断飘零零",从中可以感受到《长恨歌》《琵琶行》的神韵。诗歌之外,《礼记》《战国策》《史记》《汉书》等中国典籍的影响,更为深入。

　　日本吸收和融合中国文化的表现,绝不限于《源氏物语》,汉字、儒学、律令制度,等等,举凡皆是。3世纪末,中国儒家典籍《论语》便传至日本。其后,日本建立五经(易、诗、书、礼、春秋)博士交代制度。日本的大化改新,是以中国的律令制度为样板的。日本多次向中国派遣遣隋使、遣唐使,随行的有许多留学生和求法僧。吉备真备、阿倍仲麻吕是日本留学生中最著名的代表。吉备真备在中国留学多年,回国后,在太学教授中国律令、典章制度,广泛传播了中国文化。奈良时代,日本仿照中国创立了自己的教育制度,中央设太学,地方设国学,置博士、教授、助教,教授中国律令、经学、音韵、文学、书法等,促进了日本文化的繁荣。

在这悠远的文化交流之中,中日文化人建立了深厚的情谊。中国文化人对日本文化人横渡苍海,不惧艰难的探索精神,给予了高度同情与评价,唐诗人钱起诗作《送僧归日本》便表现了这种感情:"上国随缘住,来途若梦行,浮天沧海远,去世法舟轻。水月通禅寂,鱼龙听梵声。唯怜一灯影,万里眼中明。"

明治维新以后,中日国势发生了重要转变,文化交流由中国向日本传播,转为日本更多地向中国传播。一部《日本变政考》,成为促成戊戌变法的重要因素。许多从日本留学归来的青年学子,成为中国政治、军事、文学等方面革新的领导者与骨干,其中不乏秋瑾、鲁迅、周恩来、蒋百里等佼佼者。周恩来的名作"大江歌罢掉头东,邃密群科济世穷,面壁十年图破壁,难酬蹈海亦英雄",正是上述过程的反映。

中日作为近邻,历史上有过摩擦与冲突,甚至有过日本发动侵华战争这样两国关系史上最黑暗的一页,但是存在于中日之间更长期、影响更深远的是两国文化上的相互滋养,其深度与广度,在世界各国的相邻史中都是不多见的。

遗憾的是,日本有所谓政治家,无视历史,竟然辱中国为"恶邻"。"种瓜得瓜,种豆得豆",以邻为恶者,必被邻所恶。相信日本民众也会为此人感到耻辱!中日应珍视两国间特殊的文化交流史,它为当今中日关系的发展,为中日建立现代意义的互相尊重,提供了基础与借鉴。

(原载《日本新华侨报》2010年10月14日)

入TPP?日本陷两难

11月9日,日本将召开泛太平洋战略经济伙伴关系协定(TPP)工作磋商。去年,奥巴马宣布美国将加入TPP,显示出经此渠道促成亚太共同体的可能,TPP的重要性骤然上升。美国期待日本加入,菅直人政府面临艰难的选择。

其艰难,源于"如何兼顾增强日本农业活力与贸易自由化"上。

对于日本是否应加入TPP,其国内存在尖锐对立的意见。日本内阁府认为,加入TPP最多可使GDP提高0.65个百分点,产生3.2万亿日元的经济效果。经济产业省认为,不参加TPP将使出口减少1.53%,损失10.5万亿日元。但农林水产省认为,加入TPP、取消关税等将使农业遭受打击,使GDP减少

7.9万亿日元,缩水1.6%。

上述评估,使菅直人政府陷入两难选择之中。而且,由于大批农民直接走上街头反对,是否加入TPP,对处于风雨飘摇之中的菅直人政府而言,不但是经济选择,更成为政治选择。虽然菅直人明白"重要的是如何兼顾增强日本农业活力与贸易自由化",但要实现这一目标,谈何容易! 日本政府近年来都以此为目标,但收效不大。日本的农业保护政策,长期停留于价格支持,国内价格大幅高于国际价格。为此,需要实行高关税,这致使农业问题一直成为日本缔结自由贸易协定(FTA)等的重要障碍。民主党曾提出降低价格、对受影响的专业农户限定对象直接支付补助的政策,但迫于争取选票的压力而最终放弃。

为突破上述局面,菅直人政府决定近期设立农业改革推进总部。据说,将主要讨论如何提高农户的生产意愿,研究完善按户所得补偿制度等。但对面临高额赤字的日本政府而言,筹措满足上述要求的巨款不易,说服"较劲国会"将这笔开支纳入预算更不易。因此,短期内难以奏效。

其艰难,还源于日本与美国在经济领域的深层矛盾上。

这种矛盾,表现为美国农产品出口对日本农业的强大压力。日本农林水产省指出,由于美国等主要农产品出口国将加入TPP,一旦撤销关税,日本农业将面临沉重打击,相关行业也将受到影响。

这种矛盾,还表现为美国利用金融霸权,占据对日本经济竞争的有利地位。20世纪80年代中期,日元对美元汇率发生过两次大幅度调整——1985年9月的广场协议和1987年2月的卢浮宫协议。前者导致日元对美元大幅升值,迫使日本减少对美贸易顺差;后者使日元对美元短暂性大幅贬值,同时迫使日本下调利率。在这两次美国主导下的调整中,日本都付出了重大代价。

美国自去年金融危机以来,力求复兴制造业,扩大出口,复苏经济,亚洲市场是其主要目标;日本也把扩大亚洲市场作为促使经济增长的主要动力之一;日美又都居制造业高端,竞争性相当强。上述情况,必然反映到汇率政策。目前,日元汇率大幅上涨的基本原因,在于美元的大幅贬值,日本政府干预汇率,背后隐藏有日美斗法。正因此,日本一直钟情于东亚地区货币的形成,先有亚洲货币基金的建议,后有东亚金融合作的积极参与。而加入TPP,很可能削弱日本从东亚获得的地区依托力量。

为此,日本部分执政党议员组成的"慎重思考TPP之会"表示,有关TPP将给农业、金融及服务业造成的影响,"产生了众多未知的、尚未推敲的论点和疑点",强烈反对日本政府在APEC横滨峰会上宣布参加TPP的事前磋商。

日本外相前原诚司对加入TPP的肯定言论是日本呼应美国亚太战略调整的外交表态；日本经济产业大臣大畠章宏对加入TPP的慎重态度则反映出日本在经济上尚未做好准备。

(原载《解放日报》2010年11月9日)

两大热点如何影响东亚

最近，中东北非风波迭起，日本发生大地震，这些似乎风马牛不相及的事件，其波澜却交汇于东亚，对东亚局势产生重要影响。

去年以来，奥巴马政府高调表示重返亚洲，要求"保持和加强美国在亚洲太平洋地区的领导能力"，显示出其世界战略重点东移的意图。但是要集中力量，看来容易，实行颇难。美国要维护"一超"地位，本来就面临战线过长的困难，当今条件下，力量更易分散。就在美国注意力转向亚洲之时，中东北非若干国家相继兴起"民主浪潮"。始料不及的美国，为防止这些国家出现与美国疏离的政权，转而支持反对派。但奥巴马政府对参与对利比亚军事行动时的踌躇谨慎，与当年小布什政府攻阿打伊时的大胆勇猛，恰成对照，反映美国战线过长的困难更为严峻。而且，历史经验告诉人们，由外部势力支撑起的政权，大多没有威信；以外部势力强行排除当地社会力量，往往造成内乱不断。美国及其盟友面临陷入新泥沼的可能。这会牵制美国对亚洲的关注，特别是安全上。

上述形势下，美国对亚洲最主要盟友日本的合作期待增强。日本地震前夕，前美国国家情报总监、美军太平洋司令部司令布莱尔重申了近年来美国一些战略家的主张：日本应该修改宪法第9条，获得"集体自卫权"，以使日美同盟变为更趋平衡的"普通同盟"。日本地震发生后，美军投入救援，自卫队和美军首次就日本国内灾害展开大规模联合行动，对日美同盟的深化起到了促进作用。但这也带来一些困难。首先，力量受到牵制。这次救灾，日本出动10万名自卫队员，将近总兵力的一半，灾后恢复仍会占用部分力量，日美联合军事演习等都将受到影响。其次，救灾和灾后重建都需要巨额资金，日美因军费负担而产生的矛盾恐会有所加强。日本已有在野党要求削减日本负担的驻日美军军费。此外，本来就对核问题极为敏感的日本社会，在这次地震造成核泄漏后，反核、和平主义的诉求在上升，通过修宪加强日美同盟的主张，将更难得到支持。

也因此,东亚围绕核问题的对立可能日趋严重化。在反核诉求上升的同时,利比亚遭空袭后,朝鲜强调推行"先军政治",以确保不被外敌侵略。这种矛盾,可能使朝鲜半岛实现无核化变得更困难。

日本地震后,民众表现出的镇静、有序、坚韧,赢得中国人民的尊敬;中国政府和人民在第一时间对日本表示慰问,进行救助。据统计,在3月12日至25日的最初的各种援日物资中,中国最多。两国人民相互好感的上升,为中日关系的改善提供了重要契机。同时,地震虽给中日经济带来一定困难,但也会给中日贸易增加机会,深化两国经济的相互依存关系。

同时,这次地震给日本农林水产业的打击不小,日本加入TPP("跨太平洋伙伴协议")之事会在国内遇到更强烈的反对,但是由于日本与周边国家贸易、投资关系的发展,东亚多边经济合作的势头可能有所加强。

中东动荡和日本地震,对东亚局势产生了重要影响。这些影响呈现出一些趋势性的内容。例如,人类共同利益扩大,人道主义要求增强;又如,各国利益交错,可能推动外交政策中的平衡要求增强,有针对性的战略防范或者围堵更难组织和实施等。这些都预示着,中东动荡、日本地震虽然会给东亚带来困难,但前景不容悲观。

(原载《解放日报》2011年4月6日)

日本对华贷款终结背后

1992年6月,宫泽内阁制定了《政治开发援助大纲》,重点阐述了四项援助原则:其一,环境与发展两者不可偏废;其二,避免用于军事目的及助长国际纠纷;其三,对发展中国家的军事开支、大规模破坏性武器、导弹的开发和制造,以及武器的进出口等动向给予充分的关注;其四,充分关注发展中国家的民主化进展情况、引入市场经济的努力程度及基本人权的保障状况。1995年,日本便曾针对中国进行核试验,而冻结过对华无偿援助。

随着中国的迅速发展,日本国内出现"中国威胁论"。这种论调影响了中日关系的顺利发展,也不可避免地对日本政府对华贷款产生影响。

在以上复杂因素的作用下,从2000年以后,日本对中国的日元贷款每年以20%以上的幅度削减。2003年度已经减少到1 080亿日元,这一数字不到高峰时期的一半。2005年,日本政府还曾因中日关系的紧张,冻结过该财政年度的对华日元贷款。2005年2月底,在中日事务级(处长级)磋商中,日本政府向中国方面正式提出了停止日元贷款的时间表。日本方面计划每年以100亿至200亿日元的数额递减,到2008年度,全面终止对中国新的日元贷款。但是,关于日本政府开发援助中的无偿援助和技术合作部分,日本将在人才培养和环境保护领域,继续给予中国合作。

特殊背景下的互惠合作

事实上,日本对华贷款是在特殊政治和历史背景下的中日间的互惠资金合作。

追溯到30年前,中国拉开改革开放的序幕。当时资金缺乏,邓小平同志打破了中国原来将既无外债又无内债视为理想财政状况的思想,指示要"下决心向国外借点钱搞建设"。

此时,中国政府通过日本经济界一些人士,包括日中经济协会会长稻山嘉宽、日本经济团体联合会会长土光敏夫等人了解到,日本政府有开发援助贷款可以运用。1978年10月25日,邓小平在访日记者招待会上,表示要对日本政府贷款予以研究。

日本政府开发援助贷款主要面向人均国民生产总值低于800美元的低收入国家,贷款利率仅为0.75%—1.5%,贷款期限30年,头10年只付利息不还款,还有10年宽限期。贷款主要用于港口、铁路、电站等国家经济基础设施建设。当时,中国人均GDP约为350美元,急需建设基础设施,符合接受日本政府开发援助贷款的标准。

为此,中方进行了受援项目的设计。当时中国需要出口煤炭等换取硬通货,以进口四个现代化建设必需的技术和物品,但铁路运输和港口吞吐能力有限,限制了中国的煤炭出口。因此,中国政府把解决上述问题列为当务之急。

最初,曾提出6个受援项目,由于日方规定只能以贷款方式给各项目提供部分资金,而国内又缺乏足够的配套资金,于是将6个项目削减为4个,即秦皇岛港、石臼所港、北京—秦皇岛铁路和兖州—石臼所铁路。1979年9月,由谷牧率团访问日本,向日方表示了借贷的愿望。

1972年,中日邦交实现正常化时,中国决定不向日本索取战争赔偿。邓小平曾指出:"从历史的角度来看,日本应该为中国发展做更多的事情。坦率地说,日本是世界上欠中国的账最多的国家。中日建交时,中国并没有因此提出战争赔偿的要求。中日是两个伟大的国家,又是近邻,从两国人民的长远利益考虑,我们作出了不要赔偿的决策。"当时,日本普遍存在着对侵华战争的负疚感和对中国放弃战争赔款的补偿心理。

在上述背景下,中日双方比较顺利地达成了贷款共识。1979年12月上旬,日本首相大平正芳来华访问时,正式宣布对中国实施援助开发贷款。随即,双方签订了第一份贷款协议:中国接受日本政府500亿日元贷款(按当时汇率,约合3.3亿元人民币、2.2亿美元)。这笔贷款,是改革开放以来中国接受的最早、最大的一笔外国政府贷款。

根据中国财政部的数据,截至今年3月底,日元贷款协议额达到了3万亿日元。根据日本驻华大使馆提供的数据,日本政府对华开发援助,到今年10月已达3.3万亿日元,按不同时期的汇率折算,约合1 726亿元人民币。这些资金广泛用于中国的铁路、公路、港口、机场等基础设施,以及农村开发、环境保护、医疗、教育等领域,援助项目遍布中国各个省、自治区和直辖市。

这些贷款对中国基础设施的改善、企业技术的升级改造与出口创汇能力的提高及国民经济的恢复与发展都起了很大的作用。而日本通过贷款援助中国的建设,大大增加了中国对日本的进口,扩大了中国市场,也有助于日本从中国进口其所需要的能源和其他矿产等资源,进一步促进了中日贸易关系的发展。显然,这是一件互惠双赢的好事。

因此,笔者认为,日本减少和终止对华政府贷款,会对中日关系发生一定的负面影响。

例如,它不利于促进两国经贸关系的发展。中日两国经贸关系的迅速发展,与中国得到优惠的日元贷款有密切关系,其促进了中国经济的发展,提升了中国企业的实力,使中国既可以向日本出口日本所需要的产品,又可以进口更多的日本产品。另外,中国劳动力价格低,日元贷款带动了日本企业来华投资,也带动了日本对中国的产品出口。日本政府减少和终止对华贷款,显然对上述良性互动关系会产生不利影响。

日本一些有识之士也认识到这一点。在日本外务省曾举行的"政府开发援助战略会议"上,与会的专家学者和有关政府部门的相当一部分人都认为,应从日中关系的大局考虑,分阶段地逐步减少贷款数额,实现日元贷款的"软着陆"。目前的减少和终止对华政府贷款的做法,看来是各种意见妥协的结果。

而对中国而言,从政府到民间,对日本方面给予的贷款等援助,都通过各种方式表示了感谢。现在,日本贷款在中国经济建设中的地位和作用,虽然已不能与当年相比，但中国方面仍然很珍惜这种援助，主要不是出于经济原因，而是因为这种援助，对增进中日友好发挥了重要作用。

笔者认为，对华援助可以停止，但是由当年领导人和两国人民共同努力而树立的中日友好精神不能丢。那些从"中国威胁论"角度看待和处理日本对华贷款的思想和做法是要不得的，它不仅会危害中国的利益，也会伤及日本的利益。

（原载《新民周刊》2011年7月14日）

菅直人的窘境

"3·11"大地震引发海啸、核泄漏等事故，日本遭受严重灾难。但震前摇摇欲坠的菅直人首相，却获得一线生机。他更是抓住此生机，将政治生命延续到了今天。与此前一些日本政治家相比，菅直人的政治意志可谓坚韧。

综观其政治生命得以延续的主要原因有：一、大灾当前，日本各政党及各党派阀不得不把政治争斗降至救灾之下。二、菅直人善于投合民意，争取支持。例如，日本发生核泄漏事故后，民众反核要求更为强烈。菅直人即宣布，今后的能源政策"应以不依赖核电的社会为目标"。朝野不少人认为，其许此难以实现的诺言，是为了"延长执政期"。三、不断向国会提交救灾及复兴法案，以推迟辞职时间。例如，要求在公债发行特例法案、本年度第2次补充预算案以及再生能源特别措施法案通过后再辞职。四、以解散众议院提前举行大选威胁党内反对派。覆巢之下难有完卵，民主党多数成员当然不愿因内斗而失去政权。7月15日，民主党部分议员集会要求菅直人下台，但参加者仅30人左右。五、开除小泽党籍，使党内反对派失去重要领袖。六、改善对美关系的需要。与鸠山相比，美国放心的还是菅直人。

菅直人走到今天的艰难，显示了其政治意志的坚韧，但这种艰难同时也显示出菅直人和其政府的窘境。主要表现大致有以下几点：

灾难渐远，政争又趋激烈。自民党主张再次提交对菅直人内阁的不信任案。众人党则要求解散众院举行大选。日本的"国会扭曲"变得更为严重。日本学者批评说，"在政府、执政党和在野党的政治家们的动向中，可以看出与局势的要求相比层次低得多的企图，使人深感失望"。

对选民过多许诺，导致被动。民主党当初为夺取政权，在福利上对选民作出不少许诺。但日本严峻的财政状况使得这些许诺难以兑现,地震后这种矛盾显得更为尖锐。最近,日本政府为筹措重建资金,拟临时增税 10.3 万亿日元。为此,菅直人不得不修改民主党竞选纲领,表示过去"对财源的预想略过于乐观,存在不足之处,就此向国民道歉"。在野党认为:"既然已认定竞选纲领的欺骗性,按道理就应该重新选择政权。"

政权运营生疏。民主党上台至今不足两年,缺乏执政经验;又主张"政治家主导",与官僚貌合神离。日本学者指出:"民主党政权的运营能力非常不成熟,而具有长年执政党经验的自民党,几乎看不到作为在野党支撑日本政治过渡期的志向。"因此,救灾、复兴颇多失策,近者如玄海核电站重启问题上的混乱,就令人诟病。

对灾后重建缺乏慎重考虑。例如,轻率宣布放弃核电,导致其重要内阁成员都表示"该问题不宜急着下定论,政府今后应认真讨论"。民主党内的反对派认为:"首相心血来潮般的政策,可能会让日本经济面临崩溃。"

缺乏成熟的外交方针。日本有学者指出:"当今的世界正处于从冷战结束后的美国单极体制向多极秩序转变的初级阶段","对于日本来说,国际形势变得相对严峻,相对国力也在走下坡路。但是尤其是通过加强日本在东亚及太平洋地区的作用,就可以在国际社会保持一定的发言权,参与国际秩序的构筑与运营"。但菅直人的外交方针,较少适应上述变化的思考,摇摆性大,虽然多次表示要发展日中战略互惠关系,对华政策的结构性矛盾却有所扩大。

政权缺乏稳定性,重大外交活动几陷停顿。菅直人的支持率最近跌至 17%,执政前景不被看好,难以与各国开展重大外交活动。前外相前原诚司也表示,美军普天间机场搬迁问题"必须在新首相的领导下致力解决"。

菅直人及其政府窘境的形成,其个人和政府都有责任。但是,深层次原因还是灾后日本面临的内外矛盾有所加剧。日本正处在重要的调整时期,菅直人及其政府的所作所为,在一定程度上折射出这一时期日本政治的特点。

(原载《解放日报》2011 年 7 月 28 日)

日本为何选择了 TPP?

虽然推迟了一天,野田首相还是于 11 日晚宣布了日本加入《跨太平洋战略经济伙伴关系协定》(TPP)谈判的决定。TPP 原是由新加坡等 4 国签署于

2005年的小型多边贸易协定,但门槛高,涵盖面广。美国2009年年底宣布加入这一协定,进而掌握谈判进程主导权,同时期待日本跟进。

美国有多重战略考量

美国加入并主导TPP谈判,是其重返亚太的重要步骤,包含有经济和地缘政治等多方面利益的考虑。

经济上,有利于美国制定和推行于己有利的标准。在TPP涵盖的知识产权、服务贸易、劳工及环境标准等领域,美国占优势。美国贸易代表柯克表示,TPP谈判主要关注两个领域的问题,一是谋求贸易伙伴国政策规则的统一,一是制定知识产权保护措施。据透露,美国正试图将自身知识产权立法输出到尽可能多的国家,在劳工和环保标准方面也要求各方提高,从而增强美国的竞争力,摆脱长期的贸易逆差局面。

地缘政治上,有利于美国掌控亚太多边合作的主导权。中国的崛起是美国重返亚太的主要动因。美国前副国务卿阿米蒂奇指出:21世纪被称为"太平洋世纪","最重要的原因是中国的崛起。为了让中国在世界舞台上和平地获得与之相称的地位,崛起国家的周边有必要由强有力并且活跃的民主国家构成"。但是,在美国加入TPP谈判前,在东亚形成了以"10+3"为主渠道的多边合作局面,日本鸠山内阁甚至表示,美国不应成为东亚共同体的成员,这将导致美国在东亚的"大权旁落",是美国不能允许的。正是在这样的背景下,美国对TPP表现出了异常的兴趣。

日国内对此激烈争论

美国的要求与日本的利益有吻合也有矛盾。因此,围绕日本是否要加入TPP的问题,在日本引发了激烈的争论和对立。

据对不同行业的舆论调查,在是否加入TPP的问题上,行业间差距明显,工商业及个体经营者支持加入的达52.9%,反对的仅25.6%;农林渔业从业者支持加入的仅16.5%,反对的达44.7%。据不分行业的舆论调查,在是否加入TPP的问题上,38.7%的受访者表示支持,36.1%的表示反对。但是,78.2%的受访者认为日本政府未对加入TPP将带来的影响作充分说明,17.1%的认为已作充分说明。

主张加入者认为,受农业等个别国内产业的影响,日本在全球经济和贸易自由化进程中明显滞后。例如,近邻韩国今年先后与欧盟、美国签署自由贸易协定,在日本传统优势产业领域,显示出对日本的强劲追赶势头。加入TPP,有利于改变这种情况,也有利于防止日本产业空洞化。虽然,加入TPP,废除各种关税,广泛开放国内市场,日本农业将遭受严重打击,但可以通过直接给农户发放补助金,以及要求TPP设定缓冲期等办法,促使农业改革,提升竞争力。如继续通过高关税(如大米的进口关税高达780%)加以保护,不但日本农业将衰落,还会阻滞日本经济的开放和再造。

反对者认为,加入TPP会给日本农业带来毁灭性打击。野田内阁主张加入TPP,更多考虑的是以此加强对美关系,如何补偿农户损失却语焉不详,并对美国期待日本加入TPP,抱有高度警惕。据日本媒体报道:今年2月,美国"日美经济对话"中向日本提出了约70条要求,其中包括改革邮政、重审比民间保险更为优惠的互助制度、改革NTT集团以确保其与民营企业的平等竞争等内容。美国还敦促日本尽早承认美医药品及食品添加剂的安全。

中日经济合作也很重要

这种胶着状态下,需要首相作最后的政治决断。野田最终作出了参加谈判的决断。重压之下,野田仍作出此决断的动机何在?其中当然包括顺应自由贸易潮流,提升日本经济竞争力,以及防止产业空洞化的要求。在民主党及其内阁支持率日益走低的背景下,野田更需要的是产业界、财界和美国的支持。推迟宣布是为了国内缓和矛盾,也有利于在谈判中与美国讨价还价。这可以理解,但是也有令人不安的要求。此前,野田的助理曾宣称,日本有必要从抗衡中国这一外交战略角度考虑加入TPP谈判,他说,日本"要营造出在中国看来'日本不可轻视'的战略环境",同时强调,"我们要有'亚太地区秩序由日美来构筑'这种积极的视点"。

此番论调不知是否反映了野田的立场?这里只想提请注意两点:一、美国重返亚太的根本目标,是加强在该地区的领导地位,要实现这样的目标,没有中国这样的大国合作,是难以想像的。因此,美国的对华政策只能是预防加合作,不会也不能将中国排斥于亚太秩序的构筑之外。二、日本在加入TPP的同时,不要忘记中日经济合作的重要性,日本野村资本市场研究所关志雄先生提供的数据显示,2008年中国已经取代美国成为日本最大的出口市场,2010年,日本对华出口上升到日本出口总额的19.4%,美国则下降到15.4%。

此时此刻,重温"过犹不及"这句充满智慧的格言,对各方都是有利的。

(原载《解放日报》2011年11月12日)

沟口雄三访谈:如何重新审视中国

王少普: 沟口雄三教授,您好。您与小岛教授主编的《中国的思维世界》被翻译成中文,去年在中国出版。此前,先生的《作为方法的中国》等专著,已先后在中国出版,引起中国学术界的关注。先生的视野很开阔,研究涉及多个学科,例如您为《中国的思维世界》所写的序,就不仅涉及历史领域,也涉及国际关系领域。我今天受《文汇报》委托,想就以下问题,向您请教:

您提出了"中国的近代既不是超越欧洲的,也并不落后于欧洲,它从开始就历史性地走了一条与欧洲和日本都不相同的独特道路"的重要观点,您能否说明一下中国近代道路的独特性?

沟口雄三: 例如,我提出了以16—17世纪作为中国近代史基本立足点的看法。因为,16—17世纪,在中国发生了大的历史变化,而且,这种变化,在其后不久,为中国带来了辛亥革命。但是,我所说的变化,不是侯外庐先生曾提出过的、早期启蒙思想等那样的资本主义萌芽论之类西洋型的近代化变动。我所说的变动,是指以黄宗羲为代表的"乡里公论",即"地方的公事地方办"的所谓民间主导的"乡治空间"的成立、成长过程所显示的东西。

这个过程,一再被用"地方自治"的词汇说明,但是我不使用这个词汇,而使用"乡治"这一词汇,因为"地方自治"这样的词汇充满西洋风味,我想避开。在西方,如果说到"地方自治",包含有民间的通行自由等城市市民的政治自由,指的是作为权利被获得的东西。而"乡治空间",是绅、民交错的空间,其由来也不是权利的获得,而是来自以相互扶助为主轴的、道德性的公共活动。这种活动,产生于16—17世纪,即明末,最初是作为救济饥民、弃儿,扶养老人、病人等个人的善行开始的。到了清代,扩大到修路、架桥、疏浚运河等公共事业,活动范围涉及经济、社会、政治等各个领域。这样的民间公共活动,是中国的特殊的东西。其后,经过白莲教、太平天国等变动,达到了蓄积武装力量(团练)的程度,势力增强。"乡治空间"蓄积的力量,以镇压太平天国为契机,支撑起了"为了地方的军队"(即湘军等),以后发展为军事上的"省的力量"。不久,带来了辛亥革命。

辛亥革命的特点有三：(1)终止了延续2000多年的封建王朝制度；(2)各省各自发扬"省的力量"，形成独立状态；(3)中央集权制崩坏，国内陷入分裂割据状态。

从以上的分析可以明白，辛亥革命走的是分权化的道路。中国的这种分权化道路，与当时欧洲和日本所经历的"由分权到集权"的道路是不同的。但是，欧洲与日本等国的历史学家，把"由分权到集权"的道路，视为普遍的近代化道路，而认为"从集权到分权"的中国辛亥革命则是落后的。

王少普：您认为，迄今为止的世界认识是"以欧洲标准为世界标准而建立起来的"，但存在"以欧洲标准无法衡量的世界"，"中国正是这样一个基本上不能套用欧洲标准加以把握的世界"，那么，您认为应该以怎样的标准把握中国？也就是说请您介绍一下您研究中国的方法。

沟口雄三：其实，上述中国与欧洲和日本在近代化道路上的区别，显示的是近代化过程与结构的区别，不应被理解为先进与落后的区别。当然，两者间的社会结构和历史脉络的区别是必须注意的。欧洲与日本，在近代以前实行的是封建领主制，在这种制度下，封建领地的划分使通行不自由，还有不平等的世袭身份制。因此，其近代革命主张废止领地制，主张四民（士农工商）平等。由此产生了自由与权利等主张。而在中国，从宋代开始，便没有世袭的士农工商的身份差别，形成了以实力为本位的社会，通行与商业是自由的，因此也就没有类似欧洲与日本那样的争取自由与权利的斗争。

如果我们着眼于以上历史脉络的区别，就可以明白，以欧洲基准，即按照欧洲的历史脉络制定的标准，来观察中国历史，是多么的没有意义。那么，应该以怎样的标准观察中国历史呢？简单地说，应该以中国的历史和社会结构与欧洲不同为前提，以中国的历史与社会结构为标准，观察中国的历史。例如，从探索中国历史中为争取自由和权利的斗争，进一步探索善堂、善会等，探索实行公共事业的集团与商业网络组织的行会，探索作为自卫组织的保甲组织和团练组织，探索作为由血缘联系的相互扶助组织的宗族制度，探索充实"乡治空间"的各组织的历史足迹。

在这里，我有一句话要说，那就是我不希望将我的工作简单化为"与西洋对抗"的东西，要感觉到中国历史的脉动，必须与封闭的"文化本质主义"诀别。但是，在"普遍化"的名义下，将中国的历史嵌入出自欧美的框架，也是我反对的。说到今天我们以怎样的框架观察中国，就会直面思维方法上的问题。历史分析，不能成为原封不动地解释现实的工具，但是思考历史的思维方法，是会影响到面向现实的应有的思考的。

王少普：您认为，从整体上把握"用欧洲标准无法衡量的、溢出这种标准之外的中国世界"，"也就意味着它反过来使得欧洲的标准相对化了"，"以中国为媒介而将欧洲的标准相对化，是为了使世界认识多元化"。显然，您说的"世界认识多元化"是来自对客观实际重新认识而产生的理念变化，这种理念变化，除了对学术界发生影响外，会对当今及未来的国际秩序发生影响吗？

沟口雄三：现今，亚洲特别是进入21世纪的中国，发生了巨大的变化。中国脱离了鸦片战争以来的混乱时期，这意味着中国开始发挥其本来拥有的潜在力量。但是，这种潜在力量的应有状态（完全不是就理想而言），恐怕包括中国人在内，我们的基本认识都是不完全的。

我们还没有从欧美主导的认识论中获得自由。所作的仅是以欧美标准为主轴的议论，虽然对此也有批判，但是还没有能够形成多元的认识论吧。"世界多元化"的认识论，也许与国际秩序没有直接的联系，但是，如果承认不存在没有认识的行动，那么要产生根据多元认识而形成的新的社会的一致合意，"世界多元化"的认识论，对于改变以欧美为主导的旧模式的国际关系，也能发挥间接的作用吧。

重新审视中国的研究态度和方法

《中国的思维世界》这本论文集，收集了包括沟口雄三本人的论文在内的20篇关于中国思想史、关于中国礼治与政教的某些重要概念、重要侧面的论文。笔者认为，沟口雄三在序言中概括出来的重新审视中国的研究态度、研究方法，应该引起我们的重视：

1. 联系历史的发展潮流，重新审视中国

沟口雄三认为："今天，亚洲的现实发生了巨大变化，先进的日本与落后的中国这样的图式正在失去现实依据。亚洲的近代问题，正在从抵抗和苦恼或者殖民地和歧视偏见的问题逐渐向着协调和发展、国民国家秩序的重新思考、亚洲的新秩序、与欧美的结构关系、建立新的视角等问题转化。"

与上述历史的发展潮流相联系，沟口雄三主张："与中国的当下正面相向，既非观察中国的现在状况，也非进行传媒式的评论，更不是累积关于现代中国的知识，乃至竞赛知识的新鲜度"，"它对于我们来说意味着重新思考东亚的历史，""重新追问亚洲近代的含义。"

2. 突破欧洲标准，从整体上把握真实的中国

沟口雄三认为，迄今为止的世界认识是"以欧洲标准为世界标准而建立起

来的",但存在"以欧洲标准无法衡量的世界","中国正是这样一个基本上不能套用欧洲标准加以把握的世界",为了从整体上把握真实的中国,必须"放弃欧洲标准等既定的判断依据,放弃历史框架或意识形态等,尽可能深入中国的历史文献"。

3. 从整体上把握真实的中国,可以促使世界认识多元化

沟口雄三认为,从整体上把握"用欧洲标准无法衡量的、溢出这种标准之外的中国世界","也就意味着它反过来使得欧洲的标准相对化了","以中国为媒介而将欧洲的标准相对化,是为了使世界认识多元化。"

沟口雄三极力提倡上述重新审视中国的研究态度、研究方法,基本动因是他通过对中国迅速发展的观察,预感到亚洲的近代化正在并将继续突破欧洲标准,走出一条新的路子,曾通过效法欧洲而成为亚洲近代化"优等生"的日本,如不能充分认识这一点,会落后于现实的发展。

沟口雄三指出,在最近的一个半世纪里,亚洲经历了巨大的变动。"我们姑且在亚洲现在也处在近代过程中这样一个前提下,把1850—2050年这200年假定为亚洲的近代时期(也即欧化时期),那么,从1850—1950年这前100年,对于亚洲来说是苦难的时期。众多的国家被殖民地化或半殖民地化,被暴力逼迫着欧化。而在1950—2050年这后100年,亚洲恢复了独立,开始积极地接受了欧化,利用欧化自我更新,从而培养出了与欧美比肩的经济实力,逐渐树立起新的国际秩序观念。"沟口雄三认为:"日本人把自己视为近代的模范、近代的'优等生'的一般社会观念,是以前100年的某些被视为现实根据的要素作为背景的。而在后100年也即现在,根据正在丧失。中国经济的发展就是一个例证。但是,日本人丧失了依据的'先进'、'优等生'观念……仍然在持续着。欧洲的标准还没有被完全相对化,观念远远赶不上不断变化的现实。多数日本人并没有注意到这个观念与现实的乖离,正如清末中国多数知识分子并没有意识到自己落后、还在沉迷于中华之梦一样。""这是作为日本人的我,最感到忧虑的,也是我最希望日本人了解欧洲的标准已不能充分解释亚洲这一事实的原因所在。"

沟口雄三的上述看法有其客观依据,历史上,日本虽然曾经以中国为主要学习对象,但是,在前近代,中日两国的社会结构存在重要区别,日本的社会结构更接近于前近代欧洲的社会结构。日本以欧洲为样板的明治维新成功了,而中国以日本与欧美为样板的戊戌维新和辛亥革命却失败了。中国的近代化道路显示了与欧美和日本的明显区别。

沟口雄三从上述动因出发,提倡的重新审视中国的研究态度、研究方法,

要求完整把握中国的独特性以及以这种独特性为依据的在特定条件下的独特发展趋势,以揭示真实的中国,揭示其他真实的文明实体。这些文明实体,各自有自己的标准,但是,由于承认他者的存在,各自的标准便被相对化了。以各自标准的相对化为基础,人们对世界的认识才能突破单一文明的限制,达到多元化的境界,从而把握世界的真实发展。

(原载《文汇报》2011 年 11 月 21 日)

整编风波与日美关系

最近,驻日美军整编计划的修改成为日美关系的热点,显示出新形势下美国战略意图与冲绳民众矛盾的扩大。

伴随美国战略重心东移,美国国防战略也作出相应调整,奥巴马总统强调"我们将加强在亚太地区的战略部署",力图巩固和扩大美国在亚太地区的制海、制空权。在此背景下,位居第一、第二岛链中枢位置的冲绳、关岛的战略地位更显重要。为此,美国要求日本尽快落实 2006 年"日美安保磋商委员会会议"达成的驻日美军整编计划,即将普天间机场自冲绳县宜野湾市迁移至冲绳县名护市边野古地区;将驻冲绳的 1.8 万名美国海军陆战队士兵中的 8 000 人迁往关岛,返还嘉手纳以南等处设施,并将两者捆绑,以前者的实现为后者的先决条件。

但是,冲绳民众却不乐意。位于冲绳的美军基地,无论在经济、环境、还是社会秩序上,都给当地民众带来很大困扰。前首相鸠山当年主张美军机场迁出冲绳乃顺民意。无奈日本总体仍需仰仗美国,鸠山的后任转而促名护市就范,但却难以如愿。这令美方对日本政府的协调能力大为失望,提出"松绑",将机场搬迁与海军陆战队移师关岛分别处理,同时要求将原定移师关岛的部分美军转移至山口县岩国市等美军基地。此举用意主要有二:其一,顺水推舟,维持普天间机场现状;其二,配合美国战略重心东移的需要,尽快实现冲绳部分海军陆战队移师关岛等地,从地理上分散美军部署,使作战运用更加灵活。然而,上述方案一经透露,立刻招致日本相关地区的强烈反对。

此外,美战略意图与冲绳民众矛盾的扩大还表现在整编计划的经费分担问题上。美国战略重心东移,是在财政赤字飚升,军事预算被迫削减情况下展开的,这使美国更为迫切地要求日本为其分担经费。为落实整编计划,原商定日本负担约3万亿日元的费用。但据美国国防部2013财年预算案,美国负担的驻冲绳海军陆战队移师关岛的相关费用,由2012财年的1.56亿美元大幅缩减为2600万美元。这种情况下,若要落实该计划,日本必会增负。日本官房长官藤村修清楚此事的敏感性,只能含糊表示"为减轻冲绳负担,努力实现美海军陆战队移师关岛的方针没有改变",相关预算中日方负担的部分"将视情况在适当时期作出判断"。如此做法,当然难以取信于民,名护市市长稻岭便指出,想以替冲绳减负的姿态赢得对普天间搬迁的支持,"冲绳县民不会上当"。

新形势下美国战略意图与冲绳民众矛盾的扩大,一定程度上反映出当前日美关系,以及美国与其他亚洲盟国关系变化的特点。舆论认为,美国战略重心东移,针对的是对其构成"威胁"的国家,但实际首先感到压力的却是日本等美国的盟国。这种情况的出现并非偶然,日本明治大学一位教授指出,"美国维持在亚洲优势的战略是寻找各种理由割裂亚洲",给一些国家贴上"扩张"标签,然后以防范共同"威胁"为理由,重返、扩大,甚至新建在盟国的军事基地,加强对盟国的控制,是"割裂战略"的常用范式。这种战略虽有效,但效果却有限,还往往会适得其反,特别是在亚洲各国共同利益和相互依存关系日益发展的今天更是如此。执意而行,最后孤立的是自己。

(原载《解放日报》2012年2月24日)

明治维新何以仿德国不学英国

近代以来,日本有过两次崛起,首先是明治维新实现的崛起。这次崛起使日本从一个封建闭关的岛屿小国走上了资本主义发展道路,成为亚洲强国。但是看过这段历史的人往往会产生两个疑惑:当时的日本在思想界盛行儒学,为何能迅速接纳西学?日本国体构制更接近于英国,为何最终效仿的是德国?或许,在文化因素中可以找到答案。

儒学,特别是朱子学,是日本德川幕府和各藩的官学,曾在思想界高居统治地位。朱子学即朱熹理学,是儒学在中国封建社会后期的重要发展,它吸收释道宇宙论、认识论的理论成果,重建孔孟传统,把"三纲五常"提高到"天理"高度,要求人们"存天理,灭人欲",使自己的思想和行为适合封建等级关系。德川幕府第一代将军德川家康声称:"凡欲主天下者,必当通四书之理,苟不能全知,也当熟知孟子一书。"朱子学在日本的道德和社会建设中发挥过重要作用，但在封建时代末期，朱子学的保守作用日益彰显。此外，作为一种外来文化，朱子学在日本的地位不如在中国牢固，较易被维新思想突破。

德川幕府时期的日本政体为双轨制，名义上的最高统治者是天皇，实际上的最高统治权则由德川幕府掌握。这导致日本朱子学内部产生出尊王主义朱子学派与尊幕府朱子学派的激烈纷争。后者力图用朱子学为以德川将军为中心的封建统治秩序辩护，主张"天下非一人之天下，乃天下之天下"，有德者居之，认为朱子学倡导的"三纲五常"应归结为对幕府的忠诚。但因天皇与幕府在名分上有君臣之分，这使重大义名分的儒者和幕府政治上的反对派强调尊王，反对幕府居于天皇之上。因此，尊王主义朱子学派虽遭幕府排斥，却始终有相当大的影响。明治维新以前的倒幕派，便很注意利用尊王主义朱子学派的广泛影响，动员和组织倒幕力量。

朱子学对日本而言是外来文化，容易受到"异端"思想挑战。日本"国学"的倡导便是一例。18世纪初，随着商品经济的发展，工商业者及豪农力量增长，他们对封建等级秩序表现出强烈不满。以他们为基础的部分城市知识分子起而倡导"国学"，号召追求"大和心"（日本精神），反对"唐心"（儒家思想）和"佛心"（佛教思想），主张通过对日本古典文献的研究，恢复儒教和佛教传入前日本人的思想和性格。这对朱子学的统治地位产生了较大冲击。朱子学作为外来文化，不仅很难压制以"国学"形式出现的"异端"思想，对西方文化的排斥力量也较弱。鸦片战争期间，日本顽固派反对效法西方枪炮之利，要求坚持"以日汉之智谋而获胜之兵法"，遭到当时有识之士的批驳，他们的重要论据便是朱子学也是外来文化，既然采用朱子学不能算"好奇"，那么学习西方文化也不能称为"好奇"。

在日本，朱子学与加官晋爵没有直接关系，这使日本知识阶层更重视实学。日本实行固定身份制，没有科举制，幕府及各藩所需官员均由武士充任，基本世袭。日本知识阶层特别是下级武士出身者，受世袭制和门阀观念的限制，很难通过正常途径脱颖而出，往往转向追求实学。这种风气，使日本较易向接受西方自然科学和技术的方向转变。

由于上述文化原因以及其他方面因素的影响，明治维新前后，西学在日本得到了较为广泛的传播。鸦片战争发生后的3个月，长崎町的高岛秋帆即上书主张"防蛮夷而熟悉其术，乃至关紧要之事"，要求"普遍改革全国火炮，充实防务"。此后，德川幕府也不得不向外订购军舰，翻译介绍欧美科学技术，并向欧美派出留学生等。随着开放程度的加大，加之攘夷受挫，与幕府对立的尊王攘夷派发生分化，一部分人认识到，盲目攘夷无法挽救日本，只有积极学习西方长处，才能有所成就，于是确立了开国进取的方针，并突破"东洋道德，西洋艺术"的局限，将对西方的学习由技术层面提升到制度层面，主张实行"公议"，建立议会制，最终以下级改革派武士为核心，以豪农和工商业者的支持为基础，推翻了幕府统治，实行明治维新，为日本开辟了有利于资本主义发展的道路。

需要指出的是，日本明治维新时期正值世界进入帝国主义时代。当时，社会达尔文主义成为替帝国主义辩护的重要理论而流行，加上日本文化中固有的傍强传统，明治维新时期开眼看世界的重要人物，都不同程度地受到该思潮的影响。明治维新先驱者吉田松荫即主张，"当前应同欧美各国增进信义，在此期间养蓄国力，要分割易于夺取的朝鲜、满洲（东北三省）、中国，使之服从"；维新政权派出岩仓使团历访欧美等国，俾斯麦介绍的德国如何在弱肉强食的国际社会中奋斗为大国的经历，给他们留下了深刻印象。同时，明治维新的不彻底性，使封建势力和传统被基本保存，为日本建立以天皇为中心的绝对主义政权作了思想铺垫。

在上述文化背景下，后成为日本首任内阁首相的伊藤博文赴欧洲考察宪政，认为英国宪法中国王虽有王位而无统治权，与日本国体不相符；而德国政府虽采众议，君主却亲掌立法行政大权，主张日本应效法德国。日本按此方向，制定了《明治宪法》，在此宪法下，虽设议会，但以天皇主权为根本原则，以天皇为神，将神道国教化，规定陆军参谋本部和海军军令部直属于天皇，赋予军人以特权，从而使维新政权带上了封建帝国主义的严重烙印，为军国主义的兴起埋下了伏笔。

（原载《解放日报》2012年3月26日）

解析日美在钓鱼岛问题上新动向

—— 访学者王少普

近来，钓鱼岛风云又急。

日本政府在钓鱼岛问题上动作不断，先是上演"购岛"闹剧，为壮声威，不忘拉上美国，宣称钓鱼岛属于《日美安保条约》的保护对象。美军在日本部署MV-22"鱼鹰"运输机，企图遏制中国。野田佳彦还成为中日外交关系正常化以来，第一个公开扬言要在钓鱼岛动武的日本首相。7月31日公布的日本

2012年度《防卫白皮书》，又将中国作为防卫重点，再炒所谓"中国威胁论"。

日美为何在钓鱼岛问题上的举动频频，它们希望达到什么目的？我们请专家为您分析。——编者

一、美实行亚太再平衡战略，试图利用日本牵制中国

问：日本外相近日宣称，钓鱼岛属于《日美安保条约》的保护对象，得到美国国务卿希拉里的确认。日本还表示，美军在日本部署 MV-22"鱼鹰"运输机是为了遏制中国。如何看待美日在钓鱼岛问题上的最新表态？

答：以世界多极化的发展，特别是中国崛起为背景，美国正在实行所谓亚太再平衡战略。希拉里曾明确阐述美国亚太再平衡战略的总体目标，"保持和加强美国在亚洲太平洋地区的领导能力，改善安全，扩大繁荣，促进我们的价值观"。

根据该目标，美国制定了新军事战略。该战略认为："美国的经济与安全利益与从西太平洋和东亚延伸到印度洋地区和南亚的弧形地带有着无法摆脱的联系。我们必须恢复亚太地区的平衡。"

"为避免在该地区造成摩擦，中国的军力增长和军事意图必须更加透明和清晰。"美方认为，中国等国发展的"反介入和区域拒阻等非对称能力"，对美国的"军力投射能力"产生了重大挑战。美国要在投射能力上加强投入，以保证"通行自由"。为此，美国提出"空海一体战"的新作战构想，并决定"将实现在地理上更加分散、运作上更加抗打击的兵力态势"。

长期以来，为了操控中日矛盾，美国在钓鱼岛问题上虽然偏袒日本，但在主权所属上保持中立，《对日美安保条约》是否适用于钓鱼岛也保持一定模糊性。

20世纪70年代，美国的立场是"关于钓鱼诸岛最好的办法是不要让它成为大众关注的目标"，不要肯定地答复《日美安保条约》是否适用于钓鱼岛。

但随着形势的变化，美国政策有所调整。2004年3月，美国国务院副发言人艾瑞里声称，1972年归还冲绳施政权之后，钓鱼岛就处于日本的行政权之下。《美日安保条约》第5条规定，该条约适用于日本行政下的领域。因此，《美日安保条约》适用于钓鱼岛。

奥巴马政府前期，重复了艾瑞里表态的前两句，省略了第三句——"《美日安保条约》适用于钓鱼岛"，引起日本不安。2010年，应日本外相前原诚司要求，美国务卿希拉里表态，《日美安保条约》适用于钓鱼岛。此次钓鱼岛风云又急之时，美国务院高官再度表态，《日美安保条约》适用于钓鱼岛。

7月11日,美国务院发言人文特雷尔声称,虽然美国政府在钓鱼岛的主权归属上不采取立场,但钓鱼岛在1972年作为冲绳县一部分归还日本后,都在日本行政控制之下,因此《日美安保条约》第五条适用于钓鱼岛。

在美国相对实力减弱,军费支出削减的条件下,美国要实现亚太再平衡战略,更注意动员和运用盟国以及"新兴伙伴国"的力量。其中,特别注意利用日本。

美国智库"新美国安全中心"认为:"美国可能无法单独应付中国,所以日本的未来作用将更为重要。"这种背景下,奥巴马政府在钓鱼岛问题上的立场趋向清晰。

二、日本海洋战略防范中国,军界高官发表露骨言论

问:东京都知事石原曾扬言从私人手中购买钓鱼岛。日本首相野田佳彦近日表示,日本政府已着手筹措预算,以正式启动钓鱼岛"国有化"程序。日本目前在钓鱼岛问题上采取什么策略?想达到什么目的?

答:石原"购岛"之旗祭起,刺激得日本极端言行汹涌,为石原购岛捐款者有之,拟上岛作"实地调查"者有之,欲以悼念遇难人员为由,登岛寻衅的议员有之。

日本是岛国,特殊的地理条件使日本具有强烈的海洋意识。战后,依赖美国,维护和扩展日本海洋权益的战略思路影响较大。

1994年11月16日,《联合国海洋法公约》生效。根据该公约规定,沿海国可拥有12海里领海、200海里专属经济区和最多不超过350海里或2500米等深线外推100海里的大陆架。制定该公约的本意,是促进各国对海洋的开发。但某些国家却想以它作为扩大海洋权益的工具,加之该公约某些条款规定得不明确,导致海上权益矛盾增加。

抓住此时机,日本积极行动,制定并实施了《海洋基本法》,设立以首相为本部长的"综合海洋政策本部",颁布了第一个《海洋基本计划》,规定了日本政府在维护海洋安全中的义务、责任和规划。其中,有一些合理部分,也显示出加强海上军事力量,以扩大海洋权益的意图。

钓鱼岛虽小,但无论在划定领海、专属经济区、大陆架,在东海划界,在资源开发,在军事上,都具有重要的战略价值。

上述背景下,日本政府在钓鱼岛问题上的立场趋向强硬。2010年日本提出的新《防卫大纲》,与2006年《防卫大纲》强调美国的优势地位不同,首次明确表示了对中国崛起的强烈警戒感,决定调整日本防卫方针。

（1）将防卫重点"从北方转向南方，着重加强西南诸岛地区的防卫。""以警戒监视、海上侦察、防空、反弹道导弹等机能为重点"。（2）强调"动态防御"，从"基础防卫力量"建设，转向"动态防卫力量"建设，增强军队机动性。

野田就任首相不久就发表讲话称："由于中国在地区水域活动的加强及迅速的军事扩张，加上朝鲜反复挑衅，围绕我国的国家安全环境越来越不明朗。"要求自卫队为应对"不测事态"做好准备。

最近，野田内阁又批准了2012年日本《防卫白皮书》。该白皮书继续用大量篇幅渲染"中国威胁论"，特别举出中国军舰穿越冲绳本岛与宫古岛之间进入太平洋实施训练、中国渔政船在钓鱼岛海域执行公务等事例，认为中国连续两年对外采取"高压"姿态，试图扩大在日本"近海与南海的活动范围并将活动常态化"。日本共同社认为，野田内阁批准此白皮书，目的在于告知日本国民加强日美同盟的意义和实行"动态防卫合作"的重要性。

同时，日本战略界和自卫队一些重要人物，露骨地提出了展开日本海洋战略的要求。

日本自卫舰队司令主张日本海上安全有若干重点，其中包括：

1．"东海防卫"。认为随着实力增强，中国必将对"尖阁群岛（钓鱼岛）采取更加露骨的挑衅行动"，"日中之间在东海大陆架划分和油气田开发问题上的矛盾也在不断激化"，因此，"在取得美国政府同意的基础上，日本应向争议海域派遣海上自卫队舰艇，以显示日本专属经济水域不容侵犯的姿态"。

2．"防止南海的内海化"。认为南海海域是连接日本的海上大动脉。保障南海航行自由，既取决于美日澳印等国能否团结起来形成可与中国对抗的势力，更取决于军事实力。

3．"确保印度洋和龙目海峡的海上通道"。认为该海上通道，是日本的海上生命线。中国已开始在该海域构筑被称为"珍珠链"的沿海根据地，日本必须通过与美国、印度的紧密合作，确保印度洋通道的安全。

上述观点虽然是以个人名义发表的，但特殊身份和观点的极端性，已经显示了问题的严重。

三、欲借强硬姿态拉升人气，野田内阁应听理性声音

问：日本首相野田佳彦上周公开表示："在包括尖阁诸岛在内的我国领土领海上若发生不法行为，政府将视必要，采取包括动用自卫队在内的应对措

施。"野田公开扬言要在钓鱼岛动武,背后的原因有哪些?

答：日本政坛围绕钓鱼岛出现的强硬姿态,除上述原因外,还与日本政客争权夺利的需要直接相关。

石原是老牌政客,善于以极端言行蛊惑人心,捞取选票。此次故技重演,舆论认为不能排除其在为建新党准备条件。

目前,野田内阁外则面临民众反对增税和重启核电,内则遭遇大批党员反叛。消费税增税法案虽获众院通过,但舆论调查显示,民众对该法案的支持率仅为36%,反对率则达52%。自小泽一郎率40余名国会议员脱离民主党自立新党后,民主党内又有若干名国会议员出走。据《每日新闻》调查,野田内阁支持率跌到了23%。民主党干事长承认:"民主党进入危机状态,政权可能崩溃。"野田身为首相,承担有维护中日关系大局的责任,却发表要在钓鱼岛动武的言论,与其急于利用民族主义情绪提升支持率不无关系。

当然这只是问题的一个方面,它同时受到另外一些重要因素的制约。中国已成为当今国际秩序极为重要的"利益攸关者"和维护者,要保持当今国际秩序的稳定,缺少不了中国的合作,任何想孤立中国的努力都是徒劳的。

因此,美国智库"新美国安全中心"在强调加强美日同盟的同时,主张"维护当前基本秩序,同时逐步适应崛起的中国,符合美日两国的利益"。美国新军事战略在表示中国崛起对美国构成挑战的同时,强调中美在建立"合作性的双边关系"方面,有着"很强的共同利益"。

日本极端势力企图利用美国实施亚太再平衡战略的机会,扩张海上权益,日本社会对这种冒险的忧虑也在增强,评论家丸山浩行指出,在美国的新军事战略中,"日本被期待发挥'盾牌'作用。但是,日本政府并没有认识到可能产生的重大后果"。

日本有识之士,包括一些外交官,以各种方式反对日本极端势力的危险行经。日本驻华大使丹羽宇一郎指出,石原购岛计划如果实行,"将给日中关系带来极为严重的危机"。日本外务省国际情报局前局长孙琦亨指出,钓鱼岛及其附属岛屿并非日本固有领土,日本应改变不承认钓鱼岛存在争端的立场,通过谈判解决问题。

中国不怕威胁,也做好了应对威胁的准备。但是,为中日关系大局计,为亚太和平繁荣计,仍然愿意奉劝野田内阁认真听一听上述理性的声音。

(原载《新民晚报》2012年8月3日)

美国战略调整带来中日美关系新变化
——博弈：平衡、不平衡、再平衡

中美日三国，是亚太地区最重要的经济大国，军事实力、文化影响力也都名列前茅，三国关系对亚太具有全局性的重大影响。随着美国战略调整的开始，中美日三国关系也在变化。

对美国此次战略调整，有各种定义，例如，"重返亚洲""战略重心东移""亚太再平衡"等。

"重返亚洲"，不是战略学用语，而是通俗性口号。它表达了美国战略调整的方向，但对战略调整的目标、态势都缺乏规定，反映出重大战略思考在初期阶段常带有的不成熟性。这样的口号，现在已不足以用来定义美国的战略调整。

"战略重心东移"，是目前使用较多的定义。美国官方有类似的表达，2011年10月，希拉里在关于美国外交的讲话中称："世界的战略与经济重心正在东移，我们正在更加关注亚太地区。"2012年1月发表的美国新国防战略报告中，奥巴马表示："在我们结束今天的战争之际，我们将会把工作重点放在范围更为广泛的挑战和机遇上面，包括亚太地区的安全和繁荣。"

从这些表达中，可看出亚太地区在美国世界战略中的地位明显上升，美国对亚太的关注和投入在增强，但在是否将其世界战略的重心转移到亚太地区，美国的用语是谨慎的。第二次世界大战以来，美国世界战略的重心一直在欧洲，其间虽然用兵重点发生过转移，例如朝鲜战争、越南战争，但其世界战略的重心没有东移，用兵重点和其世界战略重心发生悖逆的态势，是美国在朝鲜被迫停战、在越南被迫撤兵的重要原因。

现今，美国的目光虽然日益转向太平洋，但要将其世界战略重心转移到亚太地区，还需要多方面的酝酿和准备。而且即使下了决心，何时能实现转移，还有很多不确定性。2010年的美国国家安全报告仍然认为："美国人民面临的最大威胁莫过于大规模毁灭性武器，特别是暴力极端主义分子谋求核武器以及扩散到其他国家造成的危险"；欧洲是美国"在谋求全球范围的经济安全方面"主要的合作伙伴，与欧洲的关系是美国实行战略转移时必须考虑的问题。俄罗斯的复兴也是美国放心不下的问题。美国共和党总统候选人罗姆尼认为，"如今，美国的地缘政治敌人是俄罗斯"。因此，现在就用

"战略重心东移"来定义美国的战略调整,难以概括美国此次战略调整的复杂性和不确定性。

"亚太再平衡",是较后出现的定义。美国新国防战略认为:"美国的经济与安全利益与从西太平洋和东亚延伸到印度洋地区和南亚的弧形地带有着无法摆脱的联系,从而形成了不断演变的挑战与机遇的混合。因此,虽然美军将继续为全球范围的安全作出贡献,但是我们必须恢复亚太地区的平衡"。这样一个定义既显示了美国此次战略调整的方向,又表明了其目标——谋求亚太地区的再平衡。而且由于其目标的相对有限性,比较明确地显示出其现阶段战略调整的态势。因此,笔者主张用"亚太再平衡"战略,来定义美国现阶段的战略调整。"亚太再平衡"战略包含有美国"战略重心东移"的可能,但能否或何时导致美国"战略重心东移",仍然需要观察。

美国"亚太再平衡"战略的提出和实施,对中美日关系发生重要影响。分析美国"亚太再平衡"战略的具体内容,可以发现在安全和价值观方面,美国虽没把中国作为唯一平衡对象,但却是主要平衡对象;在经济方面,矛盾有所增加,但相互依存关系仍占主要地位,美国对华政策的结构性矛盾在扩大。美国新国防战略强调:"与亚洲盟国和重要的伙伴国的关系对于该地区今后的稳定与经济增长至为重要。"其中,特别注意利用日本。为此,奥巴马政府在钓鱼岛问题上的清晰度有所提升。这成为野田内阁在此问题上一再向中国发难的重要原因。而美日虽然因平衡中国力量的共同需要,同盟关系趋向加强,但其基地迁移等问题受到冲绳地方力量的坚决反对;而且由于担心被美国推向与中国对立的第一线,损害日本的安全和经济利益,日本社会对美国的疑虑有所上升;美国在亚太地区扩大市场的努力,也使美日经济上的竞争加剧,围绕是否加入TPP问题,日本不同利益集团激烈争论,尖锐对立。

显然,美国"亚太再平衡"战略,给亚太,也给中美日三国关系带来了不太平因素。人类社会、国际秩序,就是在平衡、不平衡、再平衡的过程中发展起来的。因此,问题不在于再平衡的提出,而在于如何认识旧平衡的打破,追求怎样的新平衡,如何进行合理的再平衡。历史上因不能正确处理此三阶段的关系,导致重大灾难的事例并不少见。现今,亚太地区又站到了历史的新关口,中美日三国作为亚太区的三个大国,更有责任认真思考上述问题,并作出正确选择。

(原载《文汇报》2012年9月13日)

失衡的日本政坛

日本从中央到地方的一些政客在钓鱼岛问题上接连示强,原因复杂,除美国亚太再平衡战略的鼓舞、日本展开海洋战略的需要外,与日本政坛的失衡和右倾直接相关。

日本政坛自"55年体制"瓦解后,日益趋向失衡和右倾。

所谓"55年体制",是指1955年日本成立自民党,与社会党各占国会议席的第一、第二位,而形成的自民党长期执政,社会党长期在野的相互制约格局。自民党代表社会保守势力,坚持日美同盟、与东方阵营对立。社会党代表社会革新力量,反对日美同盟,与东方阵营接近。这两个党在当时的日本政治中发挥了一定的相互制约作用,使日本政坛保持了某种程度的平衡。

但是,战后以经济迅速发展为背景的日本中产阶层数量的扩张,以及苏联的解体和冷战的结束,使社会党被迫修改了其传统政策,放弃"非武装中立"立场,接受日美安保条约等,所以,1993年成立的由社会党与新党等组成的联合政权,虽打破自民党一党执政,但在执政方针上却是向自民党靠拢,不久便被自民党夺回政权,社会党也改名社民党,成为在众参两院均只有个位数议席的小党。

制约力量大幅度减弱,日本政坛日益趋向失衡和右倾,同时出现了可供争取的选民空间。这促使几个由自民党分裂出来的反对党合并成立民主党。2009年,鸠山由纪夫成为首任民主党首相,舆论期待日本出现稳定的两党制,轮流坐庄,相互制约。鸠山也想有所作为,提出了具有民主党色彩的执政主张,内政上"摆脱官僚,政治主导",经济上重视民生,外交上"美亚平衡"。此方针,遭到美国和日本保守力量的强烈反对,鸠山被迫辞职。有此前车之鉴,鸠山后任的执政方针相继向自民党摆动,特别是野田内阁,两党所争,权、利而已。失去制约的日本政坛更显右倾。

前日本防卫大学校长五百旗头真指出:战后"日本政治分化为三条路线:(1)宪法体制派,核心理念是民主化和社会主义;(2)日美安保体制派,即吉田路线,核心理念是经济中心主义、轻军备和通商国家模式;(3)改宪再军备派,核心理念是传统的国家观"。目前,坚持第一条路线的力量已极其式微,而主张第三条路线的力量却甚嚣尘上。

上述情况下,日本政客大多对美一边倒,争相在钓鱼岛问题上对中国显示强硬,以拉选票。

但是,物极必反。日本极端势力的倒行逆施,已经在影响中日经济合作的发展。至今年8月底,共有14 394家日企进入中国市场。但目前日本东北地区(日本的一个大区域概念,位于日本本州岛北部,包括青森、岩手等六县)在华企业有不少停工停业。9月份,日系车在华销量较去年同期暴跌48.9%。日本财务省公布的统计数据显示,9月上旬日本贸易收支逆差2 577亿日元(约合人民币209亿元),连续3个月上旬出现逆差,主要因为海外经济发展减速,导致出口大幅减少。

上述情况,正在促使日本内部发生分化。自民党的重要支持者日本经团联会长米仓弘昌指出,"与中国关系的恶化已对企业活动造成重大影响",要求野田尽快解散国会,实行大选,期待自民党为改善中日关系作出努力。据《朝日新闻》民意调查,53%的受访者认为"国有化"将"延迟"钓鱼岛争端的解决;72%的人认为应"尽快"解决争端。

民意的变化,使日本政客的态度也出现了微妙变化。新当选自民党总裁的安倍晋三,在表示夺取政权后要增加海保和防卫预算,加强与中国对抗能力的同时,对米仓弘昌改善中日关系的要求回应称"政界和经济界密切沟通统一思想对于对外交涉是至关重要的";此前还决定起用前外相、现任中日友好议员联盟会长的高村正彦出任自民党副总裁,并强调:"考虑到当前日本所处的国际环境等各种因素,我认为(高村)能够胜任。"这些举动显示了他在继续示强的同时,力图利用野田内阁对华政策的失败,扩大其颓势,实现夺回政权的目的。因此,不排除自民党夺权后,在某种程度上调整民主党对华政策的可能。

面对内外压力,日本媒体透露,野田内阁正酝酿妥协方案,拟在坚持钓鱼岛"不存在主权问题"这一原则的同时,采取"认识到"中方主权主张的立场。

但由于导致野田内阁激化钓鱼岛争端的主要原因会长期存在,因此,日本无论是民主党还是自民党掌权,关于钓鱼岛问题的立场和政策难有根本变化。目前日方显示出的趋势是,在加强防卫力量,提升非法控制钓鱼岛能力的同时,寻求可资缓和的策略上的调整。

围绕钓鱼岛的斗争,将是长期而复杂的,是道义的较量、实力的较量,也是斗争艺术的较量。孙子曰:"夫未战而庙算胜者,得算多也;未战而庙算不胜者,得算少也。"谋定而后动,有理有利有节,是这场斗争的基本要求。我们在坚决反对野田内阁和日本极端势力的错误立场和政策的同时,应该让日本人民了解中国人民希望和日本人民友好的愿望,这是中国和平发展的要求,也是取得斗争胜利的重要条件。

(原载《东方早报》2012年10月11日)

安倍首相请三思而后言

日本内阁官房长官近日宣布,安倍内阁在继承1995年"村山谈话"的同时,将发表面向21世纪的"安倍谈话"。这一宣布,引起国际社会特别是东亚各国广泛关注。

为什么?因为当年日本军国主义政府发动的侵略战争,给世界特别是东亚各国造成了巨大灾难,能否正确对待这段历史,关系到战争遗留问题能否得到妥善处理,关系到日本政府是选择战争还是和平道路,关系到东亚乃至世界和平能否维持。

"村山谈话"试图回答的正是上述问题。谈话就该段历史的性质和责任指出:"我国在不久的过去一段时期,国策有错误,走了战争的道路,使国民陷入存亡的危机,殖民统治和侵略给许多国家,特别是亚洲各国人民带来了巨大的损害和痛苦",并"表示深刻的反省和由衷的歉意",对战后问题"继续要诚恳地处理"。谈话并强调:"我们应该铭记在心的是回顾过去,从中学习历史教训,展望未来,不要走错人类社会向和平繁荣的道路。"

应该说"村山谈话"是战后日本历届政府就该段历史所发表的最具正面意义的讲话,但与当年被侵略国家以及日本秉持和平主义之民众的要求仍然存在距离。村山就回忆道,他准备这一谈话时遇到很大阻碍,例如在"侵略行为""侵略性行为",还是"侵略战争"的措辞上就有过多次争论,因为用"侵略战争"所遇抵触太大,最后只好折中用了"侵略"。

但就是这样一个讲话,也为日本右翼所不容,被攻击为"自虐史观"。安倍曾就慰安妇问题称"不存在狭义上的强制性",当选本届首相前曾表示"为先前担任首相时没能参拜靖国神社,感到极度痛心和遗憾",并于去年10月17日参拜了靖国神社。自民党原副总裁山崎拓评价安倍说,他"属于战后世代,在其主张的政策中,总是在强调'力学',主张强势"。这样一位右翼鹰派首相,要就"村山谈话"发表新的谈话,理所当然会引起人们的警惕。

日本内阁官房长官声称安倍发表的新谈话是"将思考符合21世纪的、新的面向未来的谈话"。此话作为抽象原则，各方都不会否认，问题在于真实内涵，其中有三大问题是安倍必须认真思考并作出回答的。

其一，如何将对现实和未来的思考，与对历史的正确认识和总结联系起来。现实及未来是历史的继续，要把握好现实和未来的发展方向，没有对历史的正确认识和总结是不可能的，"前事不忘，后事之师"，是做人立国的普世原则。如果一方面罔顾强征"慰安妇"，罔顾屠城的侵略暴行，一方面又表示要引领日本走上"符合21世纪"的道路，有人会信吗？

其二，如何正确认识和把握21世纪的时代潮流。21世纪是伴随人类的巨大进步降临的，人类的共同利益有了前所未有的扩大，和平、发展、合作，成为国际社会的主要要求。在这样的时代背景下，力主修改日本的和平宪法，符合时代潮流吗？

其三，如何处理中日关系。21世纪因世界多极化的发展，地区乃至世界的旧有平衡，正在发生新的变动。在这样的情况下，中日间更应注意，"在相互关系中，用和平手段解决一切争端，而不诉诸武力和武力威胁"。如果非但在领土问题上拒不承认争端，还"大胆开展战略外交"，力图形成对中国的战略优势，对改善中日关系会有益吗？

（原载中国网2013年1月6日）

日本政要接连访华和中日关系发展前景
——访学者王少普

日本公明党党首山口那津男1月22日至25日访华，受到了习近平总书记的接见，并递交了安倍首相的亲笔信。1月28日起，日本政坛元老村山富市访华。据悉，安倍考虑派自民党副总裁高村正彦作为特使访华。日本政要接连访华，透露了日方怎样的信息？习总书记会见山口时称"两国间四个政治文件是中日关系的压舱石"有什么重要意义？中日关系下一步的走势会怎样？本版编辑特请专家做一番解读。

一、有识之士担忧明显增加，通过访问表达友好意愿

问：日本政要接连访华，透露了日方什么样的信息？

答：近来，日本一些政要以及著名的友好人士和有识之士接连访华，他们

的立场以及他们所代表的力量有同也有异,准确地分析和认识他们所透露的信息,对于正确处理目前中日关系中的矛盾,具有重要意义。

此次钓鱼岛争端的激化,近因起于时任东京都知事的石原宣布要购买钓鱼岛。日本宪法规定"处理外交关系"是日本内阁的职责,石原的言行显然逾越了地方自治的法律界限,而且严重威胁到中日关系以及地区的和平与稳定。面对这种情况,负责任的政府,理应对石原严加管束,但是,野田内阁非但没有这样做,反而表示要将钓鱼岛"国有化"。

对这种严重损害中国领土与主权完整的言行,中国外交部作出了强烈回应。中国国家主席胡锦涛在会见野田时,再次表示日方以任何方式"购买钓鱼岛"都无效的严正立场,要求日方充分认识钓鱼岛事态的严重性。但是,野田内阁对此置若罔闻,两天后便决定"购买"钓鱼岛本岛、北小岛、南小岛,正式将三岛"收归国有"。

面对石原和野田内阁的严重挑衅,中国政府宣布了中国钓鱼岛及其附属岛屿的领海基线,并对钓鱼岛及其附属岛屿开展常态化监视监测,坚定而稳步地实施对钓鱼岛及其附属岛屿的实际管辖。但是,即使在这样的情况下,中国政府仍然保持了极大克制,维权动用的是海监和渔政的船只和飞机,而日本方面却一再出动战斗机拦截我海监飞机,美日出动空中预警机,在东海上空巡航,日本还出动战机,对进行例行巡逻的中国军队飞机近距离跟踪,中国不得不派出战机前去"查证和监视"。钓鱼岛争端进入新的紧张状态,"擦枪走火"的可能大为增加。

上述局面,使日本的友好人士和有识之士对中日关系因钓鱼岛争端而陷入危局的担忧明显增强,同时,也认识到中国保卫领土与主权完整的决心是不可动摇的,因而,应中国之邀,接连访华,或者希望通过他们的访问,表明与日本国内右翼鹰派势力的不同主张,传达日本和平力量与中国人民友好的意愿,或者希望通过他们的访问,加强两国的沟通和相互了解,寻找到解决危机的路径。

在上述访华活动中,最引人注目的是山口党首向习总书记递交了日本首相安倍的亲笔信。应该说这封亲笔信所展现的姿态是积极的,反映出安倍依然愿意从大局上把握两国关系,不希望彼此之间的局部矛盾上升为影响全局的问题,表示出与中国方面相近的期待。上述情况,反映因钓鱼岛争端而陷于困境的中日关系,出现了转机。

二、四个文件精神一以贯之,成为中日关系"压舱石"

问:习总书记会见山口时提到的中日间四个政治文件主要内容是什么?

为什么称它们是"压舱石"?

答：中日间四个政治文件根据达成的时间顺序依次为：《中日联合声明》《中日和平友好条约》《中日关于建立致力于和平与发展的友好合作伙伴关系的联合宣言》《中日关于全面推进战略互惠关系的联合声明》。

这四个政治文件的原则精神一以贯之，但由于达成的时间和历史条件不同，具体内容各具特色。《中日联合声明》实现了中日关系的正常化。《中日和平友好条约》奠定了中日关系的法律基础。《中日关于建立致力于和平与发展的友好合作伙伴关系的联合宣言》阐明了中日关系在新时期的发展方向。《中日关于全面推进战略互惠关系的联合声明》对中日关系作了新的定位。

这四个政治文件的原则精神，包括以下主要内容：

1. 台湾是中华人民共和国领土不可分割的一部分。日本政府充分理解和尊重中国政府的这一立场，并坚持遵循波茨坦公告第八条的立场。

2. 正视过去以及正确认识历史，是发展中日关系的重要基础。

3. 中日两国尽管社会制度不同，应该而且可以建立和平友好关系。

4. 双方同意在互相尊重主权和领土完整、互不侵犯、互不干涉内政、平等互利、和平共处各项原则的基础上，建立两国间持久的和平友好关系。根据上述原则和联合国宪章的原则，双方确认，在相互关系中，用和平手段解决一切争端，而不诉诸武力和武力威胁。坚持通过协商和谈判解决两国间的问题。

5. 双方都不在亚太地区或其他任何地区谋求霸权，并反对任何其他国家或国家集团建立这种霸权的努力。

6. 双方决心全面推进中日战略互惠关系，实现中日两国和平共处、世代友好、互利合作、共同发展的崇高目标。

上述四个政治文件的原则精神，首先奠定了中日关系的政治基础。在台湾问题上，日本必须承认台湾是中国不可分割的领土，必须遵循波茨坦公告第八条的立场。《波茨坦公告》第八条规定"《开罗宣言》之条件必将实施，日本之主权必将限于本州、北海道、九州、四国及吾人所决定其他小岛之内"。而《开罗宣言》规定："三国之宗旨在剥夺日本自1914年第一次世界大战开始以后在太平洋所夺得的或占领之一切岛屿，在使日本所窃取于中国之领土，例如满洲、台湾、澎湖群岛等，归还中华民国"。在中华人民共和国政府取代中华民国政府后，《开罗宣言》所称中华民国理所当然应顺变为中华人民共和国。在历史问题上，以史为鉴，面向未来，这不是为了记住仇恨，而是只有遵循了这一原则,才能正确总结历史教训,才能将中日关系导入和平发展的正确轨道,共同创造美好的未来。

上述四个政治文件,还规定了中日作为两个不同社会制度的国家可以和平相处的原则。这是对所谓"价值观外交"等错误理念的批判和纠正。在经济全球化,世界多极化日益发展的今天,文化的多样性空前显现。各国越来越清晰地认识到,在学习别国文化先进内容的同时,选择符合自己情况的发展道路的重要性。在这样的时代潮流下,以某些国家的价值观作为外交关系的亲疏原则,不仅是荒谬的,而且是危险的。

四个政治文件,还依据"和平共处五项原则"和联合国宪章,规定了处理两国间问题的原则,强调了用和平手段解决一切争端,而不诉诸武力和武力威胁,强调了通过协商和谈判解决两国间的问题。坚持这一原则,在亚太地区秩序进入重大变动时期,在中日关系进入重要调整时期的今天,显得格外重要。

四个政治文件,还明确了中日对待亚太地区乃至世界秩序的基本立场,那就是自身不谋求霸权,也反对任何其他国家或国家集团建立这种霸权的努力。迅速发展的中国,坚持和平发展的方向,这不是策略原则,而是战略选择,这不仅取决于中国的历史传统,更取决于中国的国情和中国对世界历史教训的深刻认识,超越美国不是中国和平发展的基本目标,中国和平发展的基本目标是在给本国人民创造更美好生活的同时,加强和世界各国的合作,促使世界秩序变得更合理,为人类作出与中国的大国地位相称的贡献。当然,中国也很清楚,中国的发展不会一帆风顺,世界上确有想阻止中国发展的力量。因此,建设足以保卫中国和平发展的威慑力量,是中国和平发展战略的题中应有之义。

在前三个政治文件的原则基础上,第四个政治文件,规定了以"全面推进中日战略互惠关系",作为中日关系在新时期的发展定位。这一发展定位是中日双方顺应和平、发展、合作的世界主流要求而确认的,对中日关系在新的历史条件下的全面发展具有重要意义。

历史事实证明,遵循了四个政治文件,中日关系就稳定,就发展,违背了四个政治文件,中日关系就动荡,就倒退。四个政治文件是中日关系名副其实的"压舱石"。

三、安倍对华实行两套方略,主动"造势"被动"改善"

问:中日关系下一步走势如何?

答:关键还要看安倍将采取怎样的具体措施改善中日关系。安倍向中国传达了从大局上把握两国关系的立场,与中国的立场有了接近。但这并不是安倍对华方针的全部,其对华方针的全部,包括"造势"与"改善"两方面。

所谓"造势",就是依据安倍提出的"战略性外交",力图建立起对中国的"战略优势"。其主要内容是强化日美关系,并"同与日本有共同价值观的国家及越南等战略地位重要的国家构建信赖关系",以"给日中关系带来新的转变"。安倍还"构想出一种战略,由澳大利亚、印度、日本和美国的夏威夷组成一个菱形,以保卫从印度洋地区到西太平洋地区的公海"。

因此,日本《读卖新闻》诠释安倍的"战略性外交"说:"最重要的是,要在强化日美同盟的同时,加强与东南亚各国以及印度、澳大利亚等国的合作,以使中国有所收敛。"安倍的"战略性外交",还包括有以此在国内显示对华"强硬之势",为争取7月参议院选举胜利创造条件之目的。

为此,安倍上台前后一段时间,在外交与安全上倾力"造势",急于首访美国,遣特使赴韩,派副相至缅,亲自去越菲泰,风尘仆仆,不辞辛劳。此"造势"虽不能说完全无用,却与其预期效果相差甚远。而且,日本民众目前最关心的是如何实现日本经济复兴,改善民生,安倍胜选后决定实施大胆的货币宽松政策、灵活的财政政策和经济增长战略。但此方针导致日元贬值,德国总理默克尔点名批评。这种情况下,维持与中国的经济合作对日本显得更为重要,日本国内特别是经济界要求改善对华关系的呼声在上升。

日本的国家利益不允许安倍将中日关系推向破裂,不允许其只"造势",不"改善",而且安倍虽在政治立场上属右翼鹰派,但其执政经历表明他有较强的务实性。在此背景下,安倍开始"改善"中日关系,托山口带信是重要一步,今后会由"先造势,后改善",转为"边造势,边改善"。虽然有时"造势"的调子高一些,有时"改善"的调子高一些,但这两面都是真实的存在。正因如此,中日关系会有"改善",总体上看对峙之局或许会在一定条件下出现某种缓和,但"改善"之途决不会平坦。

习总书记指出:要保持中日关系长期健康稳定发展,必须着眼大局,把握方向,及时妥善处理好两国间存在的敏感问题。中方在钓鱼岛问题上的立场是一贯和明确的,日方应正视历史和现实,以实际行动,同中方共同努力,通过对话磋商找到妥善管控和解决问题的有效办法。这是改善中日关系,防止中日关系陷入危局的无可替代的道路。只要安倍不想破裂中日关系,早晚必须走上这条道路。

(原载《新民晚报》2013年2月1日)

美日关系不稳定性将增强

伴随战略思考的逐步成熟，美国更注意从全球大趋势出发，从塑造新的国际体制出发，要求增强对华政策弹性的呼声在上升。

美国将中国视为新国际体制的主要竞争对手与合作伙伴，而日本是美国展开上述战略的借助力量，美日关系不稳定性将增强。

奥巴马总统第二任期，美国以"亚太再平衡战略"为核心的全球战略调整，出现新特点。

其一，在保证战略重点的同时，更注意全盘战略部署。原来，美国更多关注的是对亚太力量的投入；而现在，则在保证重点的同时，注意联系各主要战略区的地位、作用和发展前景，联系各主要战略区的相互影响和支持，做全盘战略部署。突出的表现是，更注意发挥泛大西洋伙伴关系的作用。美国重要智库大西洋理事会强调，"美国的泛大西洋联盟继续成为其对外政策和经济政策的核心"，应以其作为"美国朝向欧亚大陆以及更广泛区域战略的关键支柱"。

其二，更注意重塑国际经济秩序。经济全球化，造成超越西方控制的经济实力变得分散。世界的多极化，正是在此基础上形成的。国际经济秩序的主导地位，是美国在外交、安全等领域主导地位的基础，要重塑国际体制，必须重塑国际经济秩序。因此，美国力促日本加入《跨太平洋战略经济伙伴关系协定》；同时，美国还将与欧盟正式启动关于《跨大西洋贸易与投资伙伴关系协议》的谈判。美国力图通过以上举措，提升其经济活力和竞争力，并帮助美国与其他发达国家，在新的起点重建国际经济秩序的主导地位。

其三，对华政策的弹性增大。美国"亚太再平衡战略"形成的基本动因，是担心中国崛起打破亚太战略平衡，导致美国丧失在亚太地区的主导地位。因此，该战略在刚提出时，对华遏制意图跃然纸上。这种做法，遭到中国的强烈反对，"对于华盛顿和北京来说，战略上互不信任以及相互指责已经提高到令人不安的程度"。同时，伴随着战略思考的逐步成熟，美国更注意从全球大趋势出发，从塑造新的国际体制出发，重新考虑"亚太再平衡战略"以及对华政策。在上述背景下，美国上下要求增强对华政策弹性的呼声在上升。美国新任国务卿克里访华时表示，"美国期待着一个强健正常并特殊的中美关系。特殊是因为中国是一个大国,对世界有强大的影响力,我们需要共同的合作以实现这一目标"。

在美国世界战略调整新特点的影响下,美日关系也显示出新特点,主要为:

其一,如果说,此前美国主要是从在亚太地区平衡中国力量出发,利用日本力量;那么现在则会从更广阔的视野,也即从塑造新的国际体制出发,利用日本力量。

其二,美国将更加关注日本的经济复苏和日本在重塑国际经济秩序方面与美国的合作程度。

其三,由于美国将中国视为其塑造新的国际体制的主要竞争对手与合作伙伴,而日本在很大程度上是美国展开上述战略的借助力量,美日关系的不稳定性将增强。

认识和把握上述特点,对处理中日关系具有重要意义。

(原载《解放日报》2013年4月25日)

走近日本养老服务

中国老龄化进程正在加速,上海更是中国第一个进入老龄化社会的城市。与此同时,由于经济发展、养老服务体系的滞后,提前进入老龄化社会又让中国面临"未富先老""未备先老"的窘境。

和中国一样,日本当初也是迅速跨入老龄社会,目前已成为世界上老龄化程度最高的国家。这个"长寿大国""古稀之乡"是如何面对老龄化课题的呢?本文作者有幸访问过日本一些养老院,了解日本养老服务的一些情况,录之以飨读者。

细致入微的介护士

当前,在发达国家中,65岁以上老龄人口占总人口比率超过20%的只有日本。为应对老龄化问题,日本很早就构建了老年人福利保障体系。它主要由三项法律支撑:一是1959年颁布的《国民年金法》,采取国家、行业、个人共同分担的办法,强制20岁到60岁的日本人都参加国民年金体系。国民年金也是日本养老金制度的基础。二是1963年推出的《老人福利法》，推行社会化养老。三是1982年出台的《老人保健法》，全面推广老人保健设施，日本老人福利政策的重心由此开始转移到居家养老、看护的方向。

我有位相识已久的朋友在日本任大学教授，一次闲谈时，他说起有位学生在日本从事推广身心机能活性运动疗法工作，该疗法适合帮助老年人在患中风等疾病后的康复锻炼，并说希望把这一疗法介绍到中国。不久，这位学生果然来找我，经向有关部门介绍，在该运动疗法指导士会理事长小川先生的帮助下，上海一些养老院开始推广这一运动疗法。由此机缘，我访问了日本宫崎、福冈等地的养老院。可以说，与日本养老服务体系有了一个零距离接触。其中，令我至今记忆犹新的是养老院里"介护士"对老人们细致入微的服务。

所谓"介护士"，其职能大致介于中国养老院的护士与护工之间。二十几年前，随着老年人口增加，日本建立了介护士培养制度，开始培养专职护理老人的介护士。介护士的良好服务对提升日本养老院的服务质量和老人的生活质量都发挥了重要作用。

记得那次去养老院，观摩小川先生推广身心机能活性运动疗法。一进门，只见老人们已喜气洋洋地坐在活动室等候。活动室内，没有穿蓝制服的护工，也没有穿白制服的护士，只看到几位穿家居服装的年轻女性，带着亲切微笑在和老人说话。见我们进来了，她们便和老人一起热情地鼓掌欢迎。小川先生告诉我，那几位年轻女性就是介护士。

在小川先生介绍和演示时，老人们高兴地模仿小川先生各种动作，有的学得像模像样，有的则颤颤巍巍，依着葫芦就是画不了瓢，引得旁边的介护士忍俊不禁，只能上去手把手地指导。整个过程，既是学习，又是运动，也是娱乐，气氛融洽就像一个大家庭。

练完身心机能活性运动疗法后，几位对太极拳感兴趣的介护士和老人听说我在练太极拳，就一定要我演示。盛情难却，我只得勉为其难练了一遍。没想到，一旁的介护士还录了像，表示留作日后参考。看来，她们不会放过任何一个可以帮助老人提高生活质量的学习机会。

推广课结束后，养老院留我们和老人一起吃饭，长桌排开，一人一份。我注意到，介护士似乎总是在不经意间关注着老人的坐姿和吃饭情况，能自理的绝不帮助，有困难的才悄悄相助。这让我想起小川先生所说，日本老人一般不服老，不太愿意人家把他们当老人看。介护士对老人的态度，真可谓细微之处见精心。

介护士也不是想做就能做的。在成为介护士之前，必须先进卫生学校进行两年正规学习,并通过资格考试,才能获得执照。日本还于1997年通过《介护保险法》,2000年开始实施。《介护保险法》规定,日本公民从40岁开始,必须参加该保险。这样,到老年后,就可以接受介护士护理。有了介护士和《介护保险法》,不但能使老人受到精心照顾,还能使一些有中风老人或老年痴呆患者的家庭减轻不少负担。

穿"变老"服体验老境

赵朴初先生有诗云:"生固欣然,死亦无憾;花落还开,水流不断。"正如诗句所言,生命是个自然过程。每一个个体生命都会经历婴儿、儿童、少年、青年、中年、老年,而在年轻力壮时,对今后尚未经历的阶段特别是年老体衰很难有切身体会。谚语云:"养儿方知父母恩。"说的就是这个道理。因此,虽然很多人都懂得尊老敬老,但因缺乏切身体会,对老人的关心还是常有不到位的情况。

为了让年轻人更好地体会老人的生活和感受,日本非常注意日常的宣传和教育。一些学校和高龄化进程快的社区会彼此建立联系,订立计划,组织学生去养老院或者孤老家,与老人沟通,了解老人的要求,帮助照顾老人。

值得一提的是,日本还通过一些特殊方法,使人们能早临"老境",感受"老态"。去养老机构参观时,我曾见过一套特殊服装,包括鞋子、手套、耳塞、眼镜等。穿上这套服装后,感觉自己的四肢和腰都难以伸直,仿佛立刻变成一个弯腰驼背、步履蹒跚、耳聋眼花的老人,使我深深体会到老人的无奈和艰难。据了解,有不少学校、社区购置了这种特殊服装,帮助人们体会老人的难处,增强帮助老人的观念。

老人产品人性化设计

为了让老人能够充分享受生活,日本还为老人度身定制各类服务产品。尽管近几年经济不景气,但日本的老龄市场可谓商机无限,更成为日本经济的重要出路之一。

根据日本老年服务振兴会的分类,已有的老年人产品可划分为17个门类,包括家庭护理、家庭洗浴、送餐服务、老人搬运、老人用品的租借和销售、老人临时寄养、养老培训、投诉和信息提供、紧急呼叫服务、收费老人院、老人公寓、老年住宅建设与装修、金融保险商品、老年读物、老年教育、旅游等。

以电子产品为例,一些企业会根据老年人需要设计专门的手机和电脑。

比如，老人手机只保留拨打和接听功能，省去其他复杂功能。考虑到老人听力衰退，手机的听筒、扬声器也采用比普通手机尺寸更大的型号，打开就能听到清晰的声音。由于功能简化，手机的零售价也大大降低。又如，针对老年人使用电脑主要是上网浏览、收发电子邮件以及整理存储照片并制作影集这三大需要，"轻松上网电脑"产品相继问世，深受老人欢迎。

还有公司将电暖瓶加以改造，在上面附加了可与手机相连的探测装置。当老人的儿女外出时，可通过与手机相连的探测装置了解老人的情况，具备"守护老人的功能"。

如今，日本更是把开发护理老人的机器人提上日程。虽然目前因价格昂贵还难以推广，但预计到 2015 年，护理老人的机器人市场将达到 1.67 亿美元的规模，2035 年将增至 40.4 亿美元。

在日本，不仅会为老人开发好用的高科技产品，就连日常用品的设计也非常人性化，尽量适应老人特点。

访问养老院时，我发现老人所用的浴缸设计十分巧妙。设计者在浴缸边上开个门，泡澡时，老人就打开边门进去。由于边门密闭性能很好，洗澡时不会漏水。洗完后，把浴缸中的水放干净，再打开边门出来。浴缸内外还都铺有防滑的橡皮垫子，防止老人泡澡时因跨越浴缸而摔跤。

中国在经济总量上已超越日本，但人均 GDP 与日本仍有很大差距，照搬日本的养老做法不现实。而且，日本在养老方面也还存在不少问题。比如，近 10 年来，仅在东京，最多的时候，一年就有 5 000 例左右独居老人孤死家中的事件。然而，子曰："多闻，择其善而从之"，认真研究率先进入少子高龄化社会的日本的养老经验和教训，对于建立和发展适合我国国情的养老体系，具有重要借鉴意义。

（原载《解放日报》2013 年 8 月 12 日）

安倍内阁须正视民意

2012 年 9 月 10 日，野田内阁不顾中国政府的一再劝告与抗议，对中国领土钓鱼岛实施所谓"国有化"。这是对中国领土与主权的公然侵犯，导致中日关系陷入困难与紧张的状态。野田内阁置中日关系大局于不顾，采取上述危险行动，与美国亚太再平衡战略有关，也缘于野田内阁结盟海洋强国，扩张海上权益的战略选择。

安倍内阁成立后,因安倍初任首相时的表现,人们曾对其以务实态度处理中日关系抱有期待,但他的所作所为,很快打破了人们的期待。

安倍不仅坚持了野田在钓鱼岛问题上的错误立场,而且显示出更为全面的危险倾向。他支持参拜靖国神社,否认历史罪责,公开提出"国际上对于侵略的定义尚无定论""侵略在学术上没有绝对的定义";他主张日本修改和平宪法第九条,为自卫队改名并赋予其集体自卫权;他认为"东中国海和南中国海上仍在持续的争端意味着,日本外交政策的当务之急必须是扩大本国的战略范围。日本是一个'成熟、民主'的海洋国家,它对亲密伙伴的选择应当反映这一事实",又称"我构想出一种战略,由澳大利亚、印度、日本和美国的夏威夷组成一个菱形,以保卫从印度洋地区到西太平洋地区的公海。我已经准备好向这个安全菱形最大限度地贡献日本的力量"。安倍所谓的"战略范围"与"安全菱形",实际就是针对中国的包围态势。

显然,安倍内阁的战略考虑,已不仅限于野田内阁结盟海洋强国,扩张海上权益的战略选择,而是一种全面的关系日本前途的右倾化设计。对此,不少日本有识之士已经察觉到了。日本外务省前外务审议官田中均指出:安倍的言行"让人感觉到右倾化的发展";日本前首相村山富士则指出:"最近安倍的一些言行,导致日本右倾化潮流有所增强。这是无法否认的。"

由于安倍内阁的战略考虑向着错误方向进一步发展,在钓鱼岛问题上坚持侵犯中国领土与主权的立场,就不仅是安倍内阁扩张海上权益的重要支点,还成为安倍内阁鼓吹"中国威胁论",推动修改"和平宪法",促成对华包围态势的借口。安倍宣称:"中国试图把它对争议岛屿周边水域的管辖变成既成事实","很快,人民解放军海军新建造的航空母舰就会成为司空见惯的景象——用来吓唬中国的邻居绰绰有余",并强调针对日本"领土、领海、领空及主权的挑衅持续不断"。正因如此,安倍内阁在否认钓鱼岛存在争端的态度上,表现得更为顽固。

在上述情况下,虽然安倍内阁还时不时会做点改善中日关系的姿态,但这已在很大程度上变成争取舆论支持的策略手段,很少会有人相信其真实性了。但是,国之交在于民,安倍内阁可以影响中日关系于一时,却不能阻挠中日关系改善于永远。日本前首相村山富士将改善中日关系的希望寄托于日本人民,他最近呼吁:"日本国民有必要提高反对的呼声,阻止安倍政权进一步走向右倾。安倍不能无视国民的声音"。一位日本前驻沪外交官离任时,充满感情地回忆了日本发生"3·11"大地震时,"上海百姓天天在领馆门口排队捐款献花的情景"。中日两国人民是希望友好相处的,特别在和平、发展与合作成为当今主流要求的时代,更是如此。罔顾民意者,必跌大跟斗。

2012年9月10日,最终将成为中日关系史上一个怎样的日子,取决于安倍内阁能否正视民意。

(原载《文汇报》2013年9月11日)

安倍参拜,美国为何失望

安倍参拜靖国神社当天,美国官方即声明:对日本领导人的行动"感到失望"。安倍参拜,美国为何失望?

首先,在于安倍此举蓄意为日本军国主义翻案招魂。

靖国神社不仅供奉14个甲级战犯灵位,更露骨地为日本军国主义翻案招魂,所设"游就馆"的相关解说与纪录片声称"卢沟桥事变是中国首先开枪"、"珍珠港事件是美国将日本拉入战争"、"远东国际军事法庭对东条英机等甲级战犯的指控是战胜国强加的"。该馆正门,竖有当年以自杀方式袭击美国舰队的"神风突击队"队员的青铜像,称他们"至纯崇高的殉国精神,应该受到国民一致的敬仰、追悼并永远传颂下去"。

如果美国赞同安倍参拜靖国神社,就等于赞同为日本军国主义翻案招魂,美国在第二次世界大战后获得的巨大道义声誉将严重受损,并动摇其在战后国际秩序中发挥领导作用的基础。

因此,美国国内对于日本领导人参拜靖国神社,一直保持有警惕和反对。当年,因小泉参拜,美国众院外交委员会主席海德就反对让他在美国国会演讲,认为那实在有损美国国会的颜面;对于那些依然对偷袭珍珠港记忆犹新的人来说,将是莫大的侮辱。

美国对安倍参拜表示失望,还有其他原因。

美国亚太再平衡战略的重要方针之一,是加强与亚太盟国的合作。东北亚地区,存在美日、美韩两个双边军事同盟,美国希望加强两者间的联系,甚至形成美日韩三边军事同盟。但由于日本军国主义当年对朝鲜半岛进行了残酷的殖民统治,战后日本右翼又一再否认罪责,使日韩关系难获根本改善。朴槿惠任总统后,因安倍在历史问题上大开倒车而拒绝与其作双边会晤。此次安倍参拜,韩国极为愤怒,日韩关系更见疏远。此外,美国的亚太再平衡战略虽想利用日本防范、制约中国,但由于中美有着广泛共同利益,而且与中国全面对抗存在巨大风险,因此美国并不希望中日矛盾尖锐到爆发战争,更不愿意被卷入。安倍参拜加剧了韩日、中日关系和东亚局势的紧张,干扰了美国的战略意图,必然令美国失望。

安倍参拜,是国际秩序在重要调整时期出现的危险征兆,给世界各国包括美国敲响了警钟,美国必须认真对待。

由于经济全球化与世界多极化的发展,世界特别是亚太地区原有平衡被打破,反映出世界在进步。世界银行统计报告指出,1981—2001年间,发展中国家的绝对贫困人口从全球人口的40%减少到21%,之后逐年减少;未来7年中,极端贫困人口将再减少一半。美国与中国等新兴国家综合国力的差距有所缩小,根据世界银行发布的数据,美国的GDP从1980年的27 895亿美元增长到2010年的146 241.8亿美元,如没有新兴国家的迅速发展,世界市场的迅速扩大,美国经济能以此规模增长吗?如果说新兴国家是经济全球化、世界多极化的受益者,美国同样如此。

因此,如何对待原有平衡的打破,美国有两种选择:一种是因担心中国等取代其地位,发生传统性质的权力转移,因而通过加强美日同盟等冷战遗留的关系对其加以制约;另一种是认识到经济全球化与世界多极化的发展也是美国繁荣进步的基础,时代不同了,不可能再发生传统性质的权力转移,应发展新型大国关系,推动多边合作,特别是以多边安全合作取代军事同盟,逐步形成和经济全球化与世界多极化潮流相适应的地区与全球治理,推动国际秩序在第二次世界大战胜利成果的基础上产生更大进步。

美国选择第一条道路,将严重阻碍世界的发展和进步,也将为安倍等开历史倒车的危险势力提供可乘之机,乃至养虎为患。美国选择第二条道路,于己于世界都利大于弊。

(原载《东方早报》2013年12月30日)

日本推诿归还核材料意欲何为

——访专家王少普[①]

美日媒体近日披露,美国近来持续对日本施压,要求归还300多公斤武器级钚,日本政府虽答应归还,但一再推诿不还,对此,中方也表示严重关注。那

---

① 本文副标题由采访媒体所加。

么,当年美国为何要将这批核材料交由日本保管,又为何从2010年起要求日本归还?日本政府推诿归还的真实原因是什么?本版编辑特请专家做详细解读。

一、冷战时期美日核合作密切,事件真相有待进一步披露

问:美国当初为何要将这批核材料交日本使用?

答:今年元月26日,日本共同社披露:美国政府要求日本政府归还美国供给日本使用的钚。钚是放射性超铀元素,其最重要的同位素为钚-239,常被用于制造核武器。按国际原子能机构规定,纯度达92%—93%的钚239,为武器级钚。通常认为,6—9千克武器级钚,能制造出核爆炸装置;如用高技术手段,1—3千克钚,就可制造出核爆炸装置。美国供给日本使用的钚总数为331千克,大部分为武器级钚。这批武器级钚可制造40枚至50枚核弹,由日本原子能研究开发机构控制。该机构总部设在日本茨城县东海村,东海村的核设施内,有日本唯一快中子临界装置,此装置于1967年正式达到临界状态。

目前,关于美国将钚供给日本使用的真实原因尚未被全部揭开。鉴于核问题的极度敏感,美日在核问题上的合作,大多处于秘密状态。因此,现在还只能根据直观或宏观的分析,接近事件的真相。例如,"因为日本需要这批钚用于快中子反应堆研究"、"在20世纪七十年代,美国曾发生核电站事故,导致民众非常反对核电,强大压力之下,美国决定将多余和闲置的核原料交给盟友日本处理"等看法,都一定程度地说明了美国将钚供日本使用的原因。特别是后一说,点明该事件发生在"上世纪七十年代",也即冷战时期。当时,美国与前苏联各以大批战略核导弹瞄准对方,实行"确保相互摧毁"的恐怖平衡。此背景下,美日在核问题上的合作较为密切,控制相当松懈。

20世纪60年代,美日修改两国安保条约时便达成密约,默许载有核武器的美军舰艇停靠日本港口。日本防卫部门与美方制定的《三矢作战计划》,甚至考虑到"使用战术核武器"的必要性。

在资料基本缺如,各种分析还未深入揭示事件真相情况下,人们会继续问:除了用于快中子反应堆研究以及美国减轻国内反核电压力等目的外,美日当时还有无更深层次的考虑?日本从美国取得这批钚时有无承诺一定的条件?是否遵守了这些条件?日本以这批钚从事研究获得了怎样的成果?这些成果是否与美国分享?美国以转移钚减轻国内反对核电的压力,而对核更敏感的日本为何不怕接受这批钚?问题的全部真相,相信会随着相关资料的进一步披露,逐步浮出水面。

二、美国核战略作出重大调整，不放心武器级钚被日掌握

问：美国出于什么考虑，从2010年起要求日本归还这批核材料？

答：据媒体披露，美国于2010年举办第一届核安全峰会时，首次要求日本归还其供给日本使用的钚。

美国向日本提出归还钚的要求，原因首在美国核战略的调整。苏联解体后，以美苏争霸为主要特征的两极格局终结，世界进入后冷战时期，恐怖主义威胁上升；加之化石能源日趋紧缺，许多国家加速发展核电，核材料的需求和研发更为广泛，国际安全环境发生重大变化，核恐怖主义成为现实威胁。据国际原子能机构的情报，1993年至2010年前，发生核走私事件800余起，恐怖分子和跨国犯罪组织获取和非法贩运核材料，乃至制造核恐怖事件的风险日益增强，"9·11"事件的发生，更提示了风险的严重性。

这种情况下，美国对核战略作了重大调整。2010年4月6日，美国国防部发布《核态势评估报告》认为："核威胁环境的变化已经改变了我国核担忧和战略目标的优先考虑顺序。未来几年，我国应该将阻止其他国家获得核武器和恐怖组织获得核炸弹或制造核炸弹的原料置于优先考虑的地位。"

美国宣布其核战略重大调整后，4月13日在华盛顿召开了由奥巴马倡议的首届核安全峰会，与会者有47个国家的元首或代表，主题只有一个：加强国际合作应对核恐怖主义威胁。中国国家主席胡锦涛出席会议并发表《携手应对核安全挑战共同促进和平与发展》的重要讲话。会议决定将修订后的《核材料实物保护公约》和《制止核恐怖主义行为国际公约》等国际核安全文书所确立的目标，作为全球核安全体系的实质准则。

日本确曾发生过恐怖主义势力谋取核武器的犯罪活动。奥姆真理教首领便计划控制国家核设施或获得核武器，将"日本拖入和美国、俄罗斯的核战争中"，以乘乱控制日本。

美国如继续容忍日本保留其所提供的钚，不但背离美国新的核战略，也背离美国倡议的首届核安全峰会所达成的共识。美国政府向日本提出归还钚的要求，是其新战略要求的题中应有之义。

促使美国政府要求日本归还钚的另一重要原因，是日本令美国日益生疑的右倾表现。这种表现，到安倍内阁时期，可谓达到登峰造极的地步。安倍代表的右翼势力鼓吹的皇国史观，很可能在日本煽动起针对美国的核报复情绪。安倍坚持参拜靖国神社，而众所周知，靖国神社宣扬的皇国史观，矛头直指美国。神社所设"游就馆"的解说词谈到美国第二次世界大战战略时说，"留给罗

斯福的最后一条路是切断日本的石油命脉,向日本宣战,并借此恢复美国的经济"。因此,对日本而言,太平洋战争是"自卫战争"、是"民族解放战争"。对此,美驻日大使表示:"我无法认同那里错误的历史观。"在美国压力下,上述文字被迫删除,但认为日本发动的侵略战争是"自卫战争"、是"民族解放战争"的基本立场丝毫未变。正因如此,去年底安倍参拜靖国神社后,美驻日大使馆立刻表示"失望",安倍的助理卫藤竟然对此谴责,称"应该说是我们感到失望";内阁官房参事本田则称赞安倍参拜"勇气可嘉";更有甚者,日本 NHK 经营委员百田竟称:"根本不存在南京大屠杀",美军实施的东京大轰炸和向广岛长崎投放原子弹才是"大屠杀",并称战后的"东京审判就是为了对此加以掩盖"。这些在日本决策层或主要媒体负责人中出现的极为危险的言行,在美国引起相当强烈的反应,美国主流媒体要求"日本首相安倍晋三应该就日本改变历史认识做出解释";美国著名的东北亚问题专家卜睿哲指出:"美国政府的严厉反应指向了包括安倍首相在内的日本方面"。武器级钚被这样的势力掌握,美国不会安心。

三、日本一再推诿归还核材料,意欲提升核武器开发潜力

问:日本政府为何口头答应,却一直推诿,至今没全部交还这批核材料?有什么借口?其真实意图是什么?

答:据日本媒体报道,对于美国政府归还钚的要求,日本政府起先强烈反对,不肯归还,理由是这批钚对于日本在快中子反应堆研究中研究数据的生成至关重要。而后,在美国政府坚持下,日本政府虽答应归还,但还在推诿。日本是否能如美国所愿,在今年3月荷兰核安全峰会期间与美国达成归还协议,尚存疑问。

日本政府采取如此态度,不排斥有和平利用核能的研究需要。但是,国际原子能机构颁布的《钚材料管理导则》明确要求各国尽量做到核材料的供需平衡,而日本现在所拥有的钚远远超过其和平利用核能的需要。据日本政府提交国际原子能机构的报告,至2012年年底,除向美国借得的钚外,日本自身的钚保有量为44.2吨,其中约有35吨存在英国和法国,9.3吨存在国内。而且日本的后处理厂已可正式运行,启动后每年还可以处理8吨钚。奥巴马的前科学顾问费特指出,日本仅在本土存放的钚就有10吨,足以制造1500枚核弹头。邻国怀疑日本这样做是想在必要时制造核武。日本应停止处理核燃料,至少要清楚交代钚的用途及减低储存量。

日本的上述表现,实际主要反映了战后日本"核门槛"政策的需要。

第二次世界大战时,日本军国主义势力曾着手研制原子弹。1941年,以日本原子物理学博士任科芳雄为所长的日本理化研究所开始研究原子能。1943年春天,日本首相兼陆军大臣东条英机表示,"研制开发原子弹也许是决定这次战争胜负的关键",并命令,"要以航空本部为中心,促进原子弹的研究"。只是后来日本理化研究所被美国空军炸毁,日本才未能搞出原子弹。

战后,日本右翼势力并没有放弃掌握核武的要求,日本首相岸信介就表示:为了自卫不排除拥有核武器。但由于国际社会和日本国内和平力量的反对,以及"无核三原则"的限制,日本难以公开发展核武器,实施的是"核门槛"政策,即在核材料储备、核武制造以及核武运载与投送等方面,最大限度地接近核武国家,一旦需要,能在最短时间内成为核武国家。

最近,一位前日本自卫队少将发文呼吁进一步加强核武开发潜力,他认为日本拥有制造起爆装置所需技术,获得必要数量的武器级核材料后,不需核试验,用计算机模拟的方式,一年左右就可拥有核武器。日本还拥有固体火箭以及很高的制导技术,具有潜在的投射手段,只需研制相应的反应堆,日本也能制造核潜艇。但是,如日本研究机构表示的,日本目前自有钚的品质尚不符合研究要求,必须继续使用美国借给的钚。因此,最大限度地拖延钚的归还,加以充分利用,进一步提升日本的核武开发潜力,应该是日本政府目前持推诿态度的重要原因。

同时,因国际国内条件的变化,日本政坛的右倾化在加剧,主张拥有核武的喧嚣也在加强。

现任首相安倍在日本内阁官房副长官任上时就表示:"日本将会拥有小型原子弹。"所谓"第三极"势力代表人物石原慎太郎公开声称日本应具有"核威慑力"。2012年,日本国会通过《原子能基本法》修正案,添加了"为安全保障服务"的要求,实际放宽了对核能应用于军事目的的限制。在这样的政治氛围下,日本政府不可能不做纠缠,不讨价还价就顺从地将钚归还美国。

四、日本"暧昧核政策"受批评,陆续归还核材料可能性大

问:这一事件的发展前景如何?日本最终会不会归还?

答:这一事件的前景,主要取决于美国政府的态度。美国提出亚太再平衡战略,对日政策两重性有所增强,放宽了对日本军事力量的限制,但仍有防止其过于膨胀的要求;而且在核扩散与核恐怖主义继续发展、日本右翼势力将否认侵略历史的矛头指向美国的背景下,日本政府对借来的钚久占不还,直接影响美国的安全。在这种情况下,美国要求日本归还钚的要求很难动摇,更不

会放弃。

随着右翼势力拥核喧嚣的加强,日本和平力量的反对声音也在提升。当年日本军国主义势力发动侵略战争,失败时企图强迫民众作"一亿人玉碎"的抵抗,招致原子弹轰炸。

笔者去过原爆实地,惨状甚于地狱。日本人民决不会允许右翼势力重新置他们于这样的灾难之中。去年8月9日,在日本广岛、长崎举行的原子弹爆炸68周年和平祈祷仪式上,两市市长强烈批评了安倍内阁的核政策,认为其将使《不扩散核武器条约》"徒有其名",还会"妨碍朝鲜半岛无核化"。

同时,日本政府极为暧昧的核政策也引起周边国家的警惕和谴责。韩国曾表示要阻止装载从英法运来核燃料的日本船只经过釜山近海;并表示,日本防御态势的调整应该公开进行,日本拥有核武器"不利于地区安全"。

中国外交部发言人表示,日本在很长时间内没有将其存储的武器级核材料还给有关国家,引发了国际社会的关切,要求日方就此做出说明。

上述情况下,日本如对钚的归还继续推诿,将招致国内外的反对,特别是加剧与美国的矛盾,因此归还的可能性大,但不排斥以分期分批陆续归还的方式加以拖延。

(原载《新民晚报》2014年2月27日)

安倍推行右翼政策遭遇挫折

据日本媒体19日报道,关于修改宪法解释、解禁集体自卫权的问题,日本自民党与公明党"就放弃在本届国会期间实现内阁决定达成一致",换句大白话就是:自民党与公明党认为,在截至6月22日的本届国会期间,日本内阁不可能作出同意修改宪法解释、解禁集体自卫权的决定。

这是安倍推行右翼振兴方针的重要挫折。

公明党有限反制安倍

造成这一挫折的直接原因是公明党与自民党的分歧。公明党具有一定社会基础,现拥有40多万党员、21名众议院议员、31名参议院议员。1999年曾与自民党组成联合政府,2012年再度与自民党组成联合政府。但公明党的政纲与自民党有所不同，其标榜"中道主义"，对内要求尊重人性，保障经济活动自由和公正分配，建立社会繁荣、个人幸福的福利社会；对外主张自主和平外交，维护和平宪法，反对暴力主义。

因此，在安倍提出修改宪法解释，获取集体自卫权的主张后，公明党为维护本党政纲和防止失去支持者，不断地从各种角度对安倍的主张提出异议，主要有慎重论、区别论、反对暧昧论等。例如，安倍政府和自民党要求允许日本在战斗状态下扫雷，而公明党认为，"在停战生效或实际已进入停战状态的情况下，根据现行《自卫队法》可进行扫雷"，但"如果在战斗持续的阶段，海上自卫队的扫雷艇出去扫雷，将被视为敌对行为受到攻击，有必要慎重讨论"。再如，安倍政府和自民党提出了行使自卫权的新三大条件，其中包括"他国"遭到攻击，公明党则表示，"他国"不能是任何国家，应改为"关系密切的国家"。又如，安倍政府和自民党主张"在国民的生命及追求幸福的权利可能被彻底剥夺的情况下"，可行使集体自卫权，而公明党认为此"表述暧昧，可因当权政府的解释扩大行使范围"，要求去掉此表述中的"可能"两字，改为"被彻底剥夺的事态逼近的情况下"。

日本国内存在和平愿望

公明党能有上述作为，从根本上说，还是因为在日本国内与亚太存在广泛的和平要求。战后，在世界反法西斯力量的支持下，在日本人民的努力下，日本制定了一部和平宪法，这部宪法成为日本战后走和平发展道路的法律保证。日本右翼势力自这部宪法问世之日起，就想否定它，但是日本人民需要它，地区的和平稳定需要它。日本军国主义发动的侵略战争，给亚太各国造成巨大损失，也使日本人民蒙受灾难。因此，战后在地区各国人民和日本人民中，形成了相当强烈的反战与反对日本军国主义复活的要求，这使日本右翼势力否定日本和平宪法的企图一直难以得逞。

此次安倍提出修改宪法解释、解禁集体自卫权的主张后，日本共同社在全国范围内对合法选民家庭进行电话调查，结果有53.8%的日本人反对行使集体自卫权。5月13日，约2500名日本民众组成1公里长的"人链"，高呼"反对战争、保护宪法第9条"，在国会议事堂前示威。5月28日，日本原内阁法制局长官以及宪法、外交和安全保障专家等12人成立了"国民安保法制恳谈会"，严厉批判安倍御用咨询机构"安保法制恳谈会"的修宪主张，认为"已深入国民内心的宪法解释，若被政府轻易篡改，将是对立宪主义的否定"。

安倍的所作所为,在亚太地区也遭到反对。韩国执政党新国家党表示:"日本在没有对历史问题进行彻底的道歉和反省的情况下,试图解禁集体自卫权,这是不能也不该有的事情。我们决不能容忍日本没有征求韩国的同意就在朝鲜半岛发生情况时介入。"总部位于悉尼的民间国际研究机构"经济与和平研究所"发布的2014年版全球和平指数排行榜,将日本下降了2个位次。

解禁彻底被否的可能性小

但是,安倍推行右翼振兴方针,试图解禁集体自卫权的活动,虽然遇到了重要挫折,还不能说已经失败。这是因为安倍政府利用与中国的领土争端,大肆渲染"中国威胁论",刺激国内极端民族主义,并以"正常国家"为号召,极力煽动人们对和平宪法限制日本拥有和使用军事力量的不满;美国政府出于维护其在亚太领导地位的需要,"欢迎和支持"安倍政府"审核关于行使集体自卫权的事项";而且,公明党虽然为维护本党党纲和防止失去本党支持者,不断地从各种角度对安倍的主张提出异议,但同时为避免失去执政党地位,也不愿从根本上反对安倍的主张。在这样的情况下,安倍解禁集体自卫权的主张,可以被推延,可以被象征性地做些修改,但被根本否定的可能性小。日本和平宪法面临日益严峻的挑战。

(原载《文汇报》2014年6月20日)

安倍政府解禁集体自卫权的危险性

如所预料,在自民党对公明党做了更多是文字表述上的有限让步后,两党就"解禁集体自卫权"达成共识,通过了内阁决议案。

战后,在世界反法西斯力量和日本人民共同努力下,日本确立了和平体制。支撑该体制最主要的法律支柱即《日本国宪法》,因其第九条明确规定"日本国民衷心谋求基于正义与秩序的国际和平,永远放弃作为国家权力发动的战争、武力威胁或使用武力作为解决国际争端的手段。为了达到前款的目的,不保持陆海空军及其他战争力量,不承认国家的交战权",而被称为"和平宪法"。

在如何理解"和平宪法"第九条上,吉田与鸠山内阁先后发表的"统一见解"具有代表性。1952年,吉田内阁发表"统一见解"认为,"和平宪法"第九条不管是出于侵略还是自卫目的,均禁止保持"战争力量","战争力量"是指"具备能够完成现代战争程度的装备和编制而言",而保持没有达到"战争力量"程度的实力,把它直接用于防止侵略不违宪。1954年,鸠山内阁发表的"统一见解"表示,自卫权是国家固有的权力,"和平宪法"没有放弃为了自卫的交战权,因此保持"为了自卫所必要的最低限度的实力"不违宪。上述见解与日本和平力量的见解仍存在分歧,但成为以后日本历届政府统一见解的基础。

因此,日本前内阁法制局长官秋山收指出:"一直以来政府的见解是只有在我国受到武力攻击时才能行使必要的最低限度的自卫权。集体自卫权则是在本国未受到攻击的情况下对他国的攻击进行反击,不符合上述条件,因而受到禁止。"

日本右翼势力一直将"和平宪法"第九条视为眼中钉、肉中刺,必欲除之而后快,安倍表现得更为亢奋,与美国政府对日政策调整有关。战后,美国的对日政策基本是利用与控制两手交替。2008年以来,由于经济全球化、世界多极化的进一步发展,亚太地区原有的战略平衡被打破,国际秩序进入重要调整阶段。在此背景下,美国加强了对日利用,力图以美日同盟为轴心,进一步巩固和扩大其在亚太地区的同盟体系,主导亚太地区国际秩序的调整。今年4月发表的美日"联合声明"表示要"强化以及现代化日美安全同盟","欢迎和支持"安倍政府"审核关于行使集体自卫权的事项"。

但安倍政府修改和平宪法的企图,受到日本和平力量的强烈反对。为此,安倍不得不变换手法,由原来想通过修改宪法第96条,降低修宪门槛达到修宪目的,变换为以内阁决议的方式修改宪法解释,解禁集体自卫权。显然,后者欲以行政权凌驾于立法权,以便不经修宪而达到阉割"和平宪法"的目的。

安倍的做法使日本人民面临两大危险。其一,日本宪法的严肃性和议会民主制将被破坏。由日本宪法、外交和安全保障专家等组成的"国民安保法制恳谈会"指出:"已深入国民内心的宪法解释,若被政府轻易篡改,将是对立宪主义的否定";日本前内阁法制局长官秋山收指出:"严格制约宪法解释及运用的规范将不复存在。一旦开创先例,将很可能波及其他条文。这将给权力介入言论自由及政教分离等开路,是危险的。"其二,将打开日本向海外派兵的大门。这种情况下,日本人民将被右翼集团驱赶上战场。正因此,在反对安倍修宪的民众示威游行中,最响亮的口号是:"保护宪法""不要战争"。

安倍的副手麻生太郎去年曾讲过:"德国魏玛宪法不知不觉就发生变化,在谁都没注意的时候发生了变化,我们学习这种方式怎么样?"联系安倍政府目前的所作所为,可以清楚地看到,此非大嘴误言,实乃玄机泄露。

然而,日本的前途要由日本人民选择,亚太各国也决不允许日本右翼集团在地区重温旧梦,逆历史潮流而动者终将被识破与抛弃。

(原载《解放日报》2014 年 7 月 1 日)

前事不忘,后事之师

以 1937 年的"七七事变"为标志,日本军国主义势力继"九一八事变"侵占中国东北等地区后,发动了全面侵华战争,几乎将整个中国浸入血泊之中。空前严重的民族危机惊醒了中国睡狮,国共合作,举国抗战,在世界反法西斯力量支持下,经过持久战,付出巨大牺牲,遏制住了日本军国主义势力的疯狂步伐,并转入反攻,最终取得了抗日战争的伟大胜利。

因此,"七七事变"成为中日近代关系史上一个极为重要的节点。能否正确评价其性质,总结其教训,关系到在历史问题上,能否做到"前事不忘,后事之师"。

日本右翼势力极力否认日本军国主义势力挑起"七七事变"。《大东亚战争的总结》一书具有代表性,此书称"七七事变"是"共产系统的过激分子所为",是"潜藏在中国军队中的共产党员张克侠,他当时竟然担任了副参谋长,张克侠曾积极筹划与日本进行战争",并称"在卢沟桥事件问题上,日本方面非常隐忍自重,努力避免使该事件扩大"。在日本右翼势力看来,当时的中国军队中有了主张抗日的中国共产党党员,就是大逆不道;在中国的土地上反抗日本侵略属于"过激",这完全是侵略者的逻辑。

对"在卢沟桥事件问题上,日本方面非常隐忍自重,努力避免使该事件扩大",日本的民主力量早已给过驳斥。日本著名史学家依田熹家在其所著《日本帝国主义研究》中指出:"曾任关东军参谋长、策划过'九一八事变'的石原莞尔,于 1935 年 8 月担任参谋本部作战课长。他在同年末所写的《目前国策的重点》中称:'皇国的经济要求期待于中国及南洋甚多,但特别是期待满洲国能成为对付苏联的军事上和政治上的据点。目前国策的重点是在健全满洲,使苏联放弃进攻远东的念头。''北方的威胁消除后,要以实力对南洋及中国积极推行我国国策。'"显然,在这样的战略指导下,挑起"七七事变"便只是一个时机选择问题了。

另一位著名史学家信夫清三郎在其所著《日本外交史》中指出,事件发生后,"在陆军内部","乘机给中国一次打击,一举打开华北政策僵局"的主张占了上风,"还有随着卢沟桥事变发生而迅速抬头的政府、政党、财界和新闻界中的强硬的'对华膺惩论'"。例如,在内阁会议中,铁道大臣和邮电大臣等政党而非军人出身的大臣竟也提出:"趁着这个时候,把中国军队彻底打垮了算了。""内阁会议不费什么周折就决定了派兵,也是有了这种背景之故。"

日本的民主力量虽然为反对日本右翼势力的错误史观作过长期斗争,但是由于日本结束战争的方式与德国不同,以及战后美国出于冷战需要调整了对日政策,使得战后的日本政坛与战前的日本政坛有着千丝万缕的联系,曾经被作为甲级战犯嫌犯的岸信介,居然也能出任日本首相。在这种情况下,日本右翼势力的错误史观一直阴魂不散,严重干扰了日本的历史教育,相当一部分日本历史教科书,对"七七事变"采取了不作侵略与非侵略区分的记述,如扶桑社2001年出版的《新历史教科书》关于"七七事变"这样记述:"根据义和团事件后日本与各列强和中国签订的条约,日本在北京周边配置有4 000人的驻屯军。1937年7月7日夜,在北京郊外的卢沟桥,发生了不知何人向在演习的日本军队开枪的事件。第二天早晨,日本军队和国民党军队之间进入战争状态。谋求过就地解决,但是不久日本方面命令大规模派兵,国民党政府也立即发布了动员令。此后,日中战争继续了8年。"

安倍政府登台后,利用美国推行"亚太再平衡"战略的机会,急于摆脱《开罗宣言》《波茨坦公告》、东京国际法庭判决以及日本和平宪法的约束,实现右翼振兴目标,为此,更大肆鼓吹错误史观。安倍再任首相不久,就表示要修改对日本过去的侵略战争和殖民统治表示反省和道歉的"村山谈话",甚至提出"侵略的定义学术上和国际上都没定论,这是国与国的关系从哪个角度来看的不同",并公然参拜靖国神社。其内阁和自民党一些高官也高调附和安倍错误的历史观,自民党政调会长高市早苗声称"战时日本在经济上与他国断交,生存受到威胁,很多人认为当时的国家意志是自存自卫,所以参与了战争。我个人对包含'侵略'一词的'村山谈话'有抵触"。其否定历史罪责,为侵略战争翻案的言行,达到了令人发指的地步。

事实表明历史问题并没有成为历史。当年,周恩来总理在欢迎田中角荣首相的宴会上郑重提出:"前事不忘,后事之师"。面对今天的复杂形势,中日与东亚各国人民更需大声疾呼:"前事不忘,后事之师"。

(原载《文汇报》2014年7月8日)

"8·15"谈日本战后发展道路

　　日本战后发展道路呈复杂情况。如五百旗头真教授所言：战后日本政治大致分化为三条路线，宪法体制派、日美安保体制派、改宪再军备派。

　　由于日本结束战争的方式与德国不同，由于美国在第二次世界大战后出于冷战需要，调整了其肃清日本军国主义势力的政策等原因，使"改宪再军备派"在日本不绝如缕。

　　在德国，盟军攻占柏林后，苏美英法四国驻德占领军总司令发布了《关于击败德国和接管德国最高权力的宣言》，在占领期间，对德国实行了直接统治。

　　同时，苏美英法等盟国组成纽伦堡国际军事法庭，不仅对德国战犯而且对犯罪组织进行了审判和惩处。纳粹党领导集团、党卫队和盖世太保被宣判为犯罪组织。

　　波茨坦会议还要求在德国实行"非纳粹化"。例如，美占区甄别出93万犯有各种罪行的人，分别给予10年和10年以下徒刑、强迫劳动等惩罚。

　　在上述基础上，以反纳粹而被迫转入地下的民主力量为主，组建了战后德国政府。联邦德国首任总理阿登纳，就曾被盖世太保逮捕监押过。

　　由于德国纳粹力量受到比较彻底的清洗，战后的德国政府与纳粹没有瓜葛。因此，能坚决清算和防止纳粹罪行再犯。德国法律规定，不仅在公共场合行纳粹礼、使用纳粹口号等违法，而且否认或为纳粹党执政期间的暴行辩护也要被处以监禁或罚金。德国教育法规定，历史教科书必须包含足以揭露纳粹罪恶的内容。联邦德国总理勃兰特、联邦德国总理科尔分别在华沙犹太隔离区起义纪念碑和以色列犹太人殉难者纪念碑前下跪，向受害者道歉。

　　而在东亚，当日本军国主义势力败相日呈，犹作困兽斗时，美国中央情报局委托文化人类学家本尼迪克特撰写了《日本人的行动方式》研究报告。该报告认为，日本的文化模式与德国不同，美国应利用日本政府实行间接统治。其后，美国副国务卿格鲁向杜鲁门总统递交备忘录，认为如果能暗示日本由他们自己决定是否保留天皇，有利于日本投降。

　　为减少美军伤亡，美国政府接受了上述意见，保留了天皇和日本政府，在占领期间，对日本实行间接统治。东京国际法庭审判了日本战犯，但没有审判犯罪组织。加之，美国从冷战需要出发，决定加强对日本的利用，使对日本战争势力的清算，更不如战后德国。曾被关押的甲级战犯嫌犯岸信介，居然也能成为首相。

岸信介是典型的"改宪再军备派",出狱不久,便组"日本重建联盟",提出"修改宪法,健全作为独立国家的体制",要求扩张军备;任首相后,成立"内阁宪法调查会",推行修宪方针。日本和平力量针锋相对地成立了"拥护宪法国民联合"等组织,与岸信介坚决斗争。斗争的核心问题,就是维护还是否定日本和平宪法第九条,就是走和平道路还是走战争道路。这场斗争,一直延续到今天。

安倍晋三继承其外祖父岸信介衣钵,利用美国推行"亚太再平衡战略"的机会,力主"改宪再军备"。2003年,自民党提出宪法修正要纲草案,要求在宪法中写明"可以行使个别自卫权和集体自卫权"。2012年,自民党在此案基础上,要求将自卫队改为"国防军"。安倍出任自民党总裁和首相后,多次表示要在任内推动自民党修宪草案落实,并在今年7月以内阁决议的方法强行解禁集体自卫权。

安倍的行径遭到日本和平力量强烈反对,"国民安保法制恳谈会"指出:"深入国民内心的宪法解释,若被政府轻易篡改,将是对立宪主义的否定"。万余人包围安倍官邸抗议。据日本共同社调查,54.4%的受访者反对解禁集体自卫权。

日本和平力量与战争势力的斗争,进入新的阶段。后者可能张狂一个时期,甚至给地区和日本人民再次造成灾难,但逆潮流而动者的失败是不可避免的。

(原载《解放日报》2014年8月8日)

安倍内阁"换血"有四重用意

昨日,安倍完成了内阁改组。日本宪法规定"内阁总理大臣可任意罢免国务大臣"。因此,日本首相常通过改组内阁,巩固政治地位。安倍初次任首相时,因受养老金案等问题影响,导致自民党参院选举失利而改组内阁。现在,安倍又遇上难过的坎,支持率由盛时的70%跌进50%。于是,再次玩起改组。其主要目的如下:

其一,满足党内具备"入阁适龄期"者的官瘾。

日本议员的普遍政治目标是成为首相,至少也要当一次内阁大臣。自民党议员中当选众议员5次以上、参议员3次以上者,被视为具备"入阁适龄期"。目前有60人左右,因久候而不能入阁,或明怨或腹诽,不乏其人。安倍希望通过大幅度更替内阁成员,扩大入阁人数,以稳定人心,增加党内支持率。

其二，使内阁职位的设立和成员的安排，更有利于推行其路线。

安倍的右翼复兴路线中有四项至关重要的内容：一是处理好日美关系；二是改变和平宪法指导下的专守防卫体制；三是振兴经济；四是有效应对关系民意的重大棘手问题。因此，此次新内阁留任6名核心阁僚，除太田昭宏更多是考虑到维持与公明党的执政联盟外，另5人则是为了确保安倍执政路线的连续性。例如：麻生太郎与美国有良好关系，甘利明在与美国的TPP谈判上富有经验，菅义伟在处理核电站重启和提高消费税税率等棘手问题上善于应对等。

同时，安倍还在新内阁中设立"安保法制大臣"和"地方创生大臣"，专司改变防卫体制和振兴地方经济问题。安保法制大臣由防卫大臣江渡聪德兼任，江渡是负责修改原《防卫计划大纲》和《中期防卫力量整备计划》的"防卫力研究委员会"负责人，也是日本超党派国会议员团体"大家一起来参拜靖国神社国会议员之会"的成员。

其三，改变权力构成，为未来的权力斗争预作部署。

首先，新内阁的关键位置仍然由他的亲信人物占据，如麻生太郎。另外，让自民党干事长石破茂出任地方创生大臣引人关注。舆论认为，石破茂可能继续问津自民党总裁的位置，在明年秋天的自民党总裁选举中威胁到安倍的地位。安倍先前以授石破茂安保法制大臣为价码，要求石破茂让出自民党干事长的职位，但被石破茂拒绝，后改授地方创生大臣，迫其就范。

其四，增加女性阁僚推动社会支持女性就业。

对安倍改组内阁，褒贬之声皆有。一般而言，人们对新开之局，多会抱有期待，短期内支持率可能有所回升。但安倍如不能认识到其支持率下降的根本原因，在于背离战后日本人民所选择的和平道路，其支持率只能再次下跌。

（原载《解放日报》2014年9月4日）

安倍解散众院的中日关系因素析

——访专家王少普

1月21日，安倍宣布解散众议院提前举行大选，安倍为何敢于做出这样的决定？他的把握有多大？此举对中日关系发展有何影响？本版编辑特请专家做详细解读。

一、安倍经济学弱点暴露难以为继　利用尚存优势以实现长掌相印

问：安倍为何做出解散众议院提前大选的决定？这与"安倍经济学"受挫有无关系？

答：原因是复杂的。安倍内阁成立以来，内政外交上多有倒行逆施之举，例如，发表一系列否认侵略历史的讲话，制定"特别秘密保护法"，解禁集体自卫权等，钳制言论自由，挑战和平宪法，激起日本人民反对，甚至出现成千上万市民包围安倍官邸和以自焚方式抗议的情况，导致安倍支持率跌破50%。安倍进行内阁改组后，数名阁僚又被曝有"政治资金"问题。为巩固日美同盟，安倍坚持将美军普天间机场从冲绳县宜野湾市迁往该县名护市边野古地区，但新当选的冲绳县知事明确反对，这使安倍的搬迁方案，又陷风雨飘摇之境。

更令安倍头疼的是"安倍经济学"——安倍用以赢取支持率的主要纲领，逐步暴露出根本弱点，难以为继。

"安倍经济学"的基本目标，是通过一系列刺激政策，增强经济活力，扩大内需，促使日本摆脱长期以来的通货紧缩和经济疲软状态。为此，采取三项基本方针，又称安倍三支箭：大胆的金融政策、机动的财政政策、唤起民间投资的成长策略。

这三项的前两项并不新鲜，基本指导思想来源于凯恩斯主义，通过增发货币，扩大公共投资，克服经济萧条。但与以往相比，由于日本各界期盼经济复苏殷切，加上美国出于"亚太再平衡战略"的需要，希望日本尽快结束经济萧条，对日本的金融政策采取了容忍态度，这使安倍能更放手地推行这两项政策，甚至敢于做"同时抓两只兔子"的事，在推行大胆的金融政策、机动的财政政策的同时，提高消费税；甚至敢于改变日本货币政策的权限在日本银行的惯例，将一直对政府保持相对独立性的日本央行行长换成对他俯首听命的人。

这种情况下，"安倍经济学"实行初期，颇显大刀阔斧之势，经济出现升势，但随时间推移，内在矛盾加剧。今年4月，日本消费税从5%增至8%后，第二季度日本经济环比便下降1.8%，换算成年率下降7.1%；9月，日本家庭消费支出同比下降5.6%。由于日元汇率大幅下跌，进口原材料等价格上涨，为降低成本，不少工厂不得不转至海外，削弱了日元贬值对出口的推动作用，今年第三季度，日本货物出口仅增长1.9%。日本名义工资增速虽然从负数变成正数，但联系物价上涨因素，实际工资的增速还是负值。

在安倍三项经济政策中，最具实际意义的是唤起民间投资的成长策略，但是由于日本经济和社会深层次的矛盾，短期内很难看到实效。

11月17日，日本政府公布了今年第三季度主要经济数据，GDP比上一季度减少0.4%，折算成年率则减少1.6%；如果算上物价实际影响，比上季度减少0.8%，折成年率则下降了3.0%。预计今年日本GDP增幅要远低于原先预测的2%。

显然，如不对"安倍经济学"作重要调整，设法转圜，而继续强力推行，很可能导致自民党翻船。据日本媒体报道，11月4日参院预算委员会集中审议时，对安倍内阁作了严厉追究，使安倍意识到"这样下去将撑不到明年的例行国会结束"，"如果走投无路时再解散，将无法实现长期执政"。

综上所述，可知安倍决定解散众议院，举行大选，是在颓势渐露的情况下，企图利用在野党缺乏准备，自民党优势尚存的时机，以迅雷不及掩耳之势，应对在野党的发难，力争转被动为主动；同时，以问信于民的姿态，争取选民支持，通过延后一年半增加消费税的决定，减轻"安倍经济主义"遭受严重挫折的负面影响；如果大选取胜，则可借胜势扭转支持率下降趋势，实现长掌相印的目的。

二、安倍错误对华政策影响日经济　日经济界冀重建中日经贸关系

问：中日关系的现状是否与日本经济负增长有关？

答：是考虑因素之一。日本GDP增幅连续两个季度负增长，萧条难去，与安倍错误的对华政策存在密切关系。

安倍再次出任首相后，中国经济规模已超过日本，世界多极化进一步发展，美国实行所谓"亚太再平衡战略"，地区秩序进入重要调整阶段。

安倍再次出任首相前，中日关系因野田内阁将钓鱼岛"国有化"，已陷入紧张状态。安倍再次出任首相后，中日关系不但继续趋向紧张，而且出现了由局部问题的对峙演变为全局性抗衡的可能。发生这种情况的基本原因，在于安倍的对华政策发生了上述根本性偏差。这种根本性偏差，明显影响到中日经济关系的发展。

据中国社会科学院日本研究所统计，近10年来，中日贸易增速远低于中国外贸总额的增长，特别是2012年和2013年连续两年出现负增长，受中日政治关系恶化的影响十分明显。中日贸易总额与中欧贸易总额、中美贸易总额的差距越来越大，2013年中日贸易总额为3 125.5亿美元，中欧贸易总额为5 590.4亿美元，两者相差2 464.9亿美元，而2010年两者相差1 819亿美元；

2013年中美贸易总额为5 210亿美元,与中日贸易之差为2 084.5亿美元,而2010年两者相差875亿美元。韩国GDP总量不足日本的1/5,但去年中韩贸易额已达到2 742.5亿美元。按目前状况,中韩贸易额可能在不长的时间里超过中日贸易额。

据日本贸易振兴机构今年2月18日公布的统计数据,2013年中日贸易额同比减少了6.5%,下降至3 119.951 8亿美元,连续2年出现减少。日本对中国的出口额同比减少了10.2%,下降至1 298.832 8亿美元;日本从中国的进口额减少了3.7%,下降至1 821.119 0亿美元。

中日经济关系的这种状况,引起日本各界,特别是经济界的担忧,他们通过多种途径,力图减轻安倍错误政策对日本经济的负面影响。2013年11月18日,日本经济界组织近180人的大型代表团访华,希望重建中日经贸关系。此次APEC会议期间,习近平主席应约会见安倍首相,日本经济界很快对此做出高度评价,关西经济联合会会长称,"关西经济联合会也愿从民间的立场谋求关系改善"。

三、解散众院后局部调整对华政策 但中日关系将长期处较低水平

问:安倍举行大选的前景如何?大选结果对中日关系发展有何影响?

答:大选前景存在一定程度的不确定性。

目前,在野党及其支持者主要从以下方面对自民党进行质疑、批判。

其一,质疑安倍解散众议院,提前举行大选的必要性。日本共同社11月19日和20日实施的关于安倍解散众议院举行大选的民意调查显示,对安倍宣布解散众院表示"无法理解"的占63.1%,表示"可以理解"者只占30.5%。日本法政大学教授山口二郎指出:"日本国民大多质疑这次大选的必要性,他们都明白,这只是为了安倍自己的权力。"

其二,批判"安倍经济主义"。民主党指出:安倍经济学的"三支箭"导致日元急速贬值、物价走高、拉大社会贫富差距等不良后果,"远远超过半数的民众完全没有实际感受到经济的复苏"。维新党则针对自民党关于安倍内阁成立后就业人数"增加了约100万"等宣传,尖锐反驳称"(非正式员工)与正式员工的待遇完全不平等",就业增加的是非正式员工,这使贫富差距进一步扩大。

其三,反对消费税增税。维新党党首称,日本今年第2、3季度的经济负增长"最大的因素是消费税增税,造成占GDP六成的消费萎靡不振"。

其四,反对以内阁决议方式解禁集体自卫权。民主党以国会讨论不充分

为理由，要求安倍撤回今年7月批准解禁集体自卫权的内阁决议。

同时，在野党紧锣密鼓地进行力量组合，以增强竞争力量。民主党党首海江田表示，必须通过与维新党统一政策及协调候选人，阻止安倍的野心。

应该说，在野党的质疑、批判，击到了自民党的疼处，具有一定杀伤力。但是，首先，在野党的力量薄弱且分散。对于民主党和维新党的力量组合，日本媒体认为，"距离大选时间紧迫，决战已拉开帷幕，此两党全面合作的希望渺茫"。而且"安倍经济主义"虽然破绽百出，但民主党执政时的经济政策也乏善可陈。消费税增税遭普遍反对，但这项政策是民主党执政时留下的，民主党难以就此对自民党猛烈攻击。此外，在国际条件上，美国固然对安倍的历史修正主义抱有警惕，但相对民主党而言，对自民党要信任得多，当年民主党首相鸠山由纪夫下台，就有美国的影响。

上述情况下，日本大选前景虽存在一定程度的不确定性，但自民党胜算大得多。据日本媒体最新民调，自民党仍有37％的支持率，民主党的支持率为11％，维新党、共产党等支持率在5％左右。

安倍错误的对华政策，严重影响中日经济关系的发展，是"安倍经济主义"受挫的重要原因之一，安倍难以忽视日本民众要求改善中日关系的压力。此前与中国政府达成了改善中日关系的四点共识；11月17日，自民党干事长又与中国相关机构就重启双方政党交流机制达成一致。21日，安倍内阁通过一份答辩书，承认中日达成的四点共识中"包括靖国神社参拜问题在内的中日间所有政治问题"。这些迹象显示，安倍有利用解散众议院举行大选的机会，局部调整对华政策，以挽颓势的考虑。但其对华政策不会发生根本变化，这是安倍的战略选择，上述答辩书便同时声称，关于首相参拜靖国神社，"作为政府不应当禁止""日中两国之间必须解决的主权问题是不存在的"。安倍掌权期间，中日关系将长期在较低水平上运行。

（原载《新民晚报》2014年11月27日）

日本自民党胜选维持独大局面评论称或非吉兆

日本14日举行的众议院选举，首相安倍晋三率领的自民党赢得半数以上议席，自民党与公明党执政联盟合计议席超过众议院475个议席的三分之二。

大选结果强化了日本政坛"一强多弱"格局,为安倍打造长期政权奠定了基础。

这次选举论战主要围绕如何处理消费税和财政整顿、"安倍经济学"的成败、核能政策、解禁集体自卫权等展开。在这些问题上,在野党对自民党的批判,一定程度上揭示了自民党政策的弊病所在,但为什么自民党仍能取得多数议席?

"上流社会"的胜利

一方面,安倍突然宣布解散众议院,让在野党措手不及,无力反击;"安倍经济学"虽遭重大挫折,但有相当部分群体特别是大企业主得利;日本民众再次选择自民党,更多基于求稳倾向和"消极"选择。但最根本的原因是日本"上流社会"(中上阶层)的力量超过日本"下流社会"(中下阶层),保守势力强过革新势力。

战后日本经过高速增长,曾自诩出现了所谓"一亿总中流",也即成为中产阶级占主流的社会。但随着税收制度向高收入者倾斜、泡沫经济破灭、雇佣环境的恶化,日本贫富分化加剧,沦入"下流社会"的人数增加,"政(政治家)官(官僚)企(企业界)"勾结,把持政权的状况进一步发展。这曾使日本社会以中下层为主的改革要求迅速增强。民主党以这种要求为背景,提出"国民生活第一"、打破"政官企勾结"等激进口号,一举夺取政权。但民主党内部组成复杂,其口号破旧有余,立新不足,又在外交上提出排除美国的口号,结果在内外保守力量联合压制下,内部迅速分化,首任首相鸠山被迫下台,其后两任政府的政策急剧向自民党靠拢。自民党在安倍带领下夺回了政权。海江田万里任民主党党首后,虽然对民主党政策做了一定程度的修复,但民主党的大幅度摇摆和内部的四分五裂,使原有支持者的信任基本丧失。在这次选举中,海江田万里落选。

安倍更多代表了"上流社会"的利益,由于经历了被"下流社会"政治代表夺取政权的变故,同时恰遇亚太地区秩序进入重要调整阶段,安倍的保守色彩变得更加鲜明。其政策取向,使日本重新回到了战后在美国支持下、经长期经营而形成的由日本保守力量主导的运行轨道上,而且在新的历史条件下,表现得更右。

如此观之,安倍的胜利,是"上流社会"对"下流社会"的胜利,是保守势力对革新势力的胜利。通过这次胜利,安倍赢得的不仅是自民党内部某一派别的支持,而是几乎整个保守势力的支持。这使安倍在社会基础上大于一般自民党首相。

中下层希望变革

值得注意的是，日本社会的矛盾仍然通过选举顽强地显示出来。此次选举中，共产党由原来的 8 席增加为 21 席，反映了中下层选民在民主党衰落和动摇的情况下，希望能有新的替代力量制约和监督安倍政权。此外，此次选举投票率创下新低，某种程度上也折射出日本选民对政治现状的失望，以及对安倍政权的疑虑。

不过，目前日本政坛还难以形成足以承担此任务的政党。从目前情况看，日本政坛"一党独大"的局面可能长期维持，这对日本和东亚都未见得是吉兆。

（原载《解放日报》、中国青年网 2014 年 12 月 16 日）

国家神道　靖国参拜：日本走上歪道

自日本神道转变为国家神道，靖国神社便成为国家神道的重要载体，两者表里相呼应，构成日本军国主义对军队和民众进行精神控制的重要工具。

现今的日本右翼势力和部分领导人坚持参拜靖国神社。这使得战后几乎被取缔的靖国神社，又呈峥嵘之势，国家神道则欲借此还魂。

本文拟从神道、靖国神社与日本政治的关系，剖析出现上述情况的原因与影响。

皇室神道成为神道中心

神道是日本本土宗教，经过跌宕起伏的发展，形成若干流派，在现今的日本政治生活中，仍发挥着不可忽视的作用。

日本神道的发展，大致可划为四个时期，即原始神道时期、律令制国家形成时期、明治天皇至第二次世界大战时期、战后时期。

日本原始神道起源于早期人类对自然变化、生老病死等现象的产生原因不了解而生发的敬畏，神秘主义色彩浓厚，信仰多神，以崇拜自然神或祖先神为中心。众神中有天照大神，实为太阳神。在古代，日本民族以渔猎农耕为生，靠天吃饭，对太阳的崇拜很普遍。因此，天照大神位居众神之上。

日本古时的统治者称"大王",据传,到圣德太子颁布的十七条宪法改称天皇。该宪法规定,"国非二君,民无二主,率土兆民,以王为主",确立天皇为日本最高统治者。圣德太子还下令编纂《天皇记》和《国纪》,记载天皇家世和各氏族谱系,以天照大神为天皇家的祖神,收录以天照大神为中心的各氏族贵族神祖活动的传说,使天皇具备了神的崇高地位。

"大化革新"建立中央集权制国家,其后以唐朝制度为蓝本开始的律令制国家建设,使皇室神道在理论和制度建设上进一步发展,在中央机构设置神祇官,管理神祇、祭祀及祝部、神户的名籍,在神祇官处建立登记神社名称的"官社帐",对神道的祭祀、斋宫制度、神社等级等作了进一步的规定,原始神道临时性的祭祀场所变成了社、宫、祠等固定的祭祀场所,伊势神宫的斋宫制、"式年迁宫"制等开始完备,祭祀逐步国家化、定式化。神道的发展进入律令制国家形成时期后,天皇成为在人间的"现人神"。皇室神道成为神社神道的中心。

倒幕以后走向国家神道

日本进入幕府时代后,世俗权力逐步转移到由将军掌握实权的幕府,以天皇为代表的朝廷,名义上仍是日本的最高统治者和精神领袖。在这种二元化的体制下,日本在尊王(天皇)还是尊幕(将军)问题上产生长期斗争。这在意识形态领域有明显反映。在神道的发展中,对佛儒内容的态度上,有一个从吸取到排斥的激烈过程。

德川幕府时期,在1664年制定"寺访制度",规定百姓要取得合法身份,必须持有佛教寺院出具之"寺请状",证明自己为某佛教宗派施主。这使佛教的地位近乎国教,削弱了神道以及天皇的地位和影响。

德川幕府时期,极为推崇朱子学(朱熹理学)。这是因为朱子学与日本神道主张的天皇万世一系不同,它提倡"民惟邦本,本固邦宁""得众则得国,失众则失国"的儒家思想,这为幕府掌控与扩展实权提供了理论和道义依据。

因此,在革新派发动以"尊王攘夷"为号召的倒幕运动中,必然高倡神道,以对抗佛教和儒学对其权威地位的不利影响。

作为"尊王攘夷"运动思想先驱的复古神道,在这方面发挥了重要作用。复古神道的倡导者以所谓实证方法研究日本古典,努力排除儒、佛影响,探求所谓"古道";强调日本是神国,天皇即神,皇统万世一系,无与伦比;声称日本的神道出自神灵,只有这种道才是"真心之道",惟日本有之。如平田笃胤宣称:"古学之徒,最重要的是坚定大倭心",为此应"充分明白日本是万国之本国、万事万物皆优于万国的缘由和威严的天皇是万国之君的真理,如此方能探明灵魂的归宿","天皇不仅是天照大神的子孙,并且有着天照大神的神敕,因此(天皇)是全权统治大地万国的君主"。复古神道宣扬的唯神为上,皇权神授、天皇至尊,成为倒幕运动的重要思想和理论武器,也为近代天皇制的形成和皇室神道转变为国家神道准备了条件。

倒幕成功后,1868年(明治元年),明治天皇下诏宣布太政复古,亲祭冰川神社并下诏宣布祭政一致。1870年,明治天皇作大教宣布诏书:"朕恭惟天神天祖,立极垂统;列皇相承,继之述之,祭政一致,亿兆同心","今也,天运循环,百度维新,宜明治教,以宣扬惟神大道也。因新命宣教使,以布教天下。汝群臣众庶,其体斯旨。"

至此,日本神道的发展进入第三个时期,祭政一致,政教合一,形成了国家神道。

国家神道形成后,即成为日本统治集团维护天皇至高无上地位和对军队、民众进行思想控制的强有力工具。明治天皇在"宪法发布敕语"中开宗明义便以国家神道论证其统治的合法性:"惟我神我宗赖我臣民神先之协力辅翼,肇造我帝国以垂于无穷,此乃我神圣神宗之德威并臣民之忠诚武勇、爱国殉公,以贻此光辉国史之成迹。"《明治宪法》规定日本"由万世一系之天皇统治""天皇神圣不可侵犯"。

"靖国"是国家神道之载体

靖国神社作为国家神道的重要载体,在宣扬唯神为上、皇权神授、天皇至尊方面,发挥了无可替代的作用,以其为中心,强力提升和发扬了无条件效忠天皇,以为天皇赴死为荣光的价值取向。

靖国神社的前身是东京招魂社,该社根据明治天皇旨意,设立于1868年6月28日,用以祭奠戊辰战争中阵亡的军人。所谓戊辰战争,是明治天皇平定德川幕府反叛的战争。1879年,东京招魂社改名为靖国神社,其地位仅次于祭祀天皇、皇族的神社。"靖国"之名源于《左传》僖公二十三年"吾以靖国"之语,寓安定国家之意。

其后,在甲午战争、日俄战争等侵略战争中战死的日本军人相继被祭祀于此,获得靖卫国家之神的神格,接受包括天皇在内的祭拜。举行祭祀活动时,战死者亲属会被邀至靖国神社,受到无比荣耀的尊崇和无微不至的款待,可谓一人成神全家荣光。

在这种思想控制下,旧日本军人以为天皇赴死为荣,上战场之际,常相互勉励"靖国神社见"。正如日本学者高桥哲哉所指出的:"靖国神社就是一个动员国民趋向战争的思想性、宗教性的装置。它主张'为国家捐躯,为天皇战死',再将战死的军人当成靖国之神祭祀在这里,然后由天皇前往参拜。这样,战争就无正邪之分,成了高尚的'圣战';遗族悲痛的心情也被这种'情感炼金术'转为了自豪和喜悦。"

政教虽分离思想未肃清

日本战败后,1945年12月15日,盟国占领军指令神道与国家分离,禁止天皇神格化。1946年1月1日,昭和天皇被迫发表"人间宣言",表示:"说朕是神,日本民族有比其他民族更优越的素质,拥有能扩张统治世界的命运,这种架空事实的观念,也是无根据的",否认了天皇所具有的神格。1947年5月3日,日本新宪法生效,规定天皇不是神,没有实际权力,只是国家统一的象征。日本著名宪法学家宫泽俊义指出:"明治宪法以天皇主权或神敕主权为其根本原则,天皇的地位是依据天皇祖先神的意志确立的,而日本国宪法是以国民主权为其根本原则的,天皇的地位也以主权者国民的意志为依据。"主权由天皇转归于国民,标志着日本的国体发生了根本变化,政教由法律规定分离,国家神道被取消。日本神道的发展进入第四个时期,即战后时期。

由于美国在第二次世界大战后出于冷战需要,调整了其初期比较彻底地肃清日本战争势力的政策等原因,使得"帝国时代的政治势力"被保存下来,"帝国时代的思想"在日本不绝如缕。岸信介这种曾被关押的甲级战犯嫌犯,居然能堂而皇之地成为首相,并组织"日本重建联盟""内阁宪法调查会",主张修改战后日本和平宪法。

日本政坛的右翼势力继承了上述方针。2003年,自民党宪法调查会提出宪法修正要纲草案,要求在宪法中写明"为保证国家的独立和安全,可以行使个别自卫权和集团自卫权"。2012年,自民党在此案基础上,出台了更右的草案,要求将自卫队改为"国防军",并主张"日本是以作为国民统一象征——天皇为顶点的国家"。

日本现任领导人多次表示要在任内推动自民党修宪草案落实;在日本政府举办的纪念"主权恢复"典礼上,对天皇和皇后带头三呼"万岁",日本《东京新闻》批评此举"激起了冲绳居民对战争的噩梦般回忆"。日本前内阁法制局长官秋山指出:如果解禁集体自卫权得逞,"严格制约宪法解释及运用的规范将不复存在。一旦开创先例,将很可能波及其他条文。这将给权力介入言论自由及政教分离等开路,是危险的"。

右翼坚持参拜靖国神社

与这股修宪逆流相呼应的是日本右翼势力围绕靖国神社掀起的浊浪。1952年9月,根据日本宪法政教分离的原则,靖国神社改为独立的宗教法人。但日本右翼势力利用靖国神社为其政治目的服务的活动却一直没有中断,靖国神社内所设"游就馆",陈列了日军在历次侵略战争中战死官兵的遗照、遗物等,例如偷袭美国珍珠港的战役组织与指挥者山本五十六亲笔题写的"不自惜生命"之"豪言",并冠以"殉国""殉难"等褒词加以表彰,1978年10月,将东条英机等14名甲级战犯置于靖国神社合祭,馆内纪录片声称"甲午战争是日本帮助朝鲜实现独立""卢沟桥事变是中国首先开枪""珍珠港事件是美国将日本拉入战争""远东国际军事法庭对东条英机等甲级战犯的指控是战胜国强加的",还在该馆正门右面,竖立当年受军国主义毒害和逼迫而以自杀方式袭击美国舰队的"神风突击队"队员的青铜像,称这些队员"是今日和平与繁荣的日本的基础,他们的至纯崇高的殉国精神,应该受到国民一致的敬仰、追悼并永远传颂下去"。

参拜图谋复活国家神道

日本部分领导人不顾日本和平力量以及中韩美等国家的反对,以内阁大臣甚至内阁首相的身份参拜靖国神社,实际上给予神道以超越其他宗教的特殊地位,还为此制造了各种借口。例如,把参拜靖国神社说成日本的传统,"一个国家尊重自己的历史传统,别的国家不应说三道四";又如,把参拜靖国神社的原因归结为生死观的不同:"在日本,无论一个人活着的时候做过什么,死了之后是一样的。"

这些观点似是而非。即使日本文化中有重视"与死者的共生感"这样的传统存在,上述的所谓理由也是站不住脚的。正如日本学者所质问的:"第一,与战死者之间的共生感为什么必须以参拜靖国神社的方式才能获得?两者之间没有必然性。如果不参拜靖国神社,就不能在盂兰盆节、在新年的'初诣'时怀念死者吗?"很清楚,"对士兵的祭奠和追悼可以采取各种方式。无论是战前、战争期间,还是战后,之所以采取参拜靖国神社的方式,都是国家政治意志的结果"。

说到生死观的特殊性,在日本的中世纪和近世,受佛教"怨亲平等"思想的影响,确有祭奠敌我双方战死者的习惯;神道思想中也有"摈弃善恶之上之争论,唯诚恐诚惶应对而已"的主张。但靖国神社的祭奠恰与上述观念不同,靖国神社不祭奠"敌"方死者,不仅外国人,即使是本国人,如果属于"敌"方,也不予以祭奠。靖国神社祭奠的内战阵亡者只有"官军",即明治政府军的死者,而没有"贼军",即前幕府军和反政府军的死者。靖国神社合祭总数在250万人左右,其中绝大部分与侵华战争有关。总之,靖国神社依国家神道标准所选择的被祭祀者,即是在天皇的旗帜下,或因国内战争或因对外侵略扩张而战死者。

日本神道以民间避祸求福的美好愿望而兴起,经国家神道而被异化为驱使民众为军国主义赴死的工具。道义的缺失导致国家神道走向反面,在战后被取缔。但国家神道的形成,经过长期的酝酿,与日本神道的各个流派,特别是有着广泛影响的神社神道存在密切的联系,其影响绝非法律上宣布取消而旋即消失的;而且,战后的日本仍然存在着恢复国家神道影响的势力,特别反映在部分日本领导人坚持参拜靖国神社上。他们力图在事实上复活国家神道,以为日本实现右翼振兴提供精神支柱,这将对日本政治产生极为危险的影响。因此,警惕国家神道影响的复活,警惕靖国神社复辟为国家神道事实上的载体,是日本及国际社会和平民主力量必须重视的任务。

(原载《新民晚报》2015年4月1日)

安倍访美考验日美战略磨合3.0

26日起,日本首相安倍晋三开始为期8天的访美之旅。这是后冷战时期,美日进行战略磨合的又一次重要活动。

冷战后,美日战略磨合经历了两个阶段。第一阶段始自1991年苏联解体,1996年完成美日安保关系再定义,明确了新条件下,美日同盟仍然是美国世界战略的重要基石,但其矛头所向,有所调整。第二阶段,始自2001年"9·11"事件,美国事后发动伊拉克、阿富汗战争。当时,日本政府认为,国际关系正朝着以美国为中心的方向发展,只要搞好日美关系,中日关系、日韩关系都不成问题。但因那时反恐是美国国家安全战略的头号任务,美日的战略磨合对中日关系影响不是很大。

当下,美日战略磨合进入冷战后第三阶段。经济全球化、世界多极化迅猛发展,新兴国家崛起,美国相对优势减弱,导致国际秩序进入重要调整阶段。为继续占据世界主导地位,2010年美国提出"亚太再平衡",美日同盟的重要性有了进一步提升。但在此阶段,美日战略目标变得更为广泛与多重,涉及经济、安全、意识形态等各个领域,这使美日战略磨合变得更为复杂。

在经济领域,美日重要的共同利益,是防止亚太经济重心向中国倾斜。亚太各国与中国在经济上相互依赖加深,这不仅导致亚太以美日为主导的经济秩序在转变,而且对亚太的安全秩序也发生重要影响,在中美之间选边站的国家越来越少。"一带一路"及亚投行等配套措施的提出,使美国更急于建立TPP。但美日在亚太存在难以忽视的经济竞争,这使日本国内在加入TPP问题上分成了"战略派"与实际利益派,前者更倾向从与美国合作掌握亚太主导权的立场处理问题,后者更注意保护日本农业、汽车制造业等方面的实际利益。两派相持不下,导致美日TPP谈判虽有进展,但至今难以完成。安倍此次访美,应会就此问题与美方再度讨价还价。

在安全领域,以解禁集体自卫权为先导的日本安保法制修改,取得重大进展。11部相关法律完成修改,得到联合执政的自民、公明两党同意,只待在两党占据多数的国会上通过。这将使日本自卫队海外活动范围全面扩大。最近,美国海军、海军陆战队、海岸警卫队等联合提出"21世纪海上力量合作战略",要求美国海上力量在原有的"威慑、海上控制、力量投射和海上保安"四项职能之外,增加"所有领域的进入能力"。日本安保法制的修改适应了这种需要。以此为基础,原来被拖延的《日美防卫合作指针》修改将在安倍访美期间完成。这将对东亚乃至亚太的战略态势发生重要影响。

目前,安倍的软肋在意识形态领域。安倍对价值观外交一直表现出极大兴趣,但他的价值观外交与一般西方国家不同,包含了否认侵略历史的要求,他主张建立"尊重文化、传统、自然和历史的"国家。如果此要求建立在对历史的正确认识上,无可非议,但安倍以往的言行却表明他想通过否认侵略历史来证明日本一贯正确,从而将青年一代对日本传统的继承,引上错误的道路。对美国而言,这种危险倾向,一则可能鼓动起对美国的仇恨,二则会破坏美国建立美日韩三边军事同盟等计划。因此,美国对安倍价值观外交中所包含的错误内容,保持一定程度的警惕。此次,安倍赴美访问前,美国各界要求安倍澄清历史认识的呼声很高。安倍在美国将如何谈论历史,会得到何种评价,是国际社会所关心的。

(原载《新闻晨报》2015年4月27日)

不调整国策，安倍重组
内阁也无法摆脱困境

　　东京都议会选举后，安倍的支持率进一步下跌。据《每日新闻》的民意调查已跌落至26%。处此风雨飘摇之中，安倍不得不再行内阁改组，以求摆脱困境。其改组之招大致有三：其一，去负，即要求声名狼藉者辞职，首当其冲的便是爱将稻田朋美。其二，稳内，即稳定党内各派系，防止有人趁机出头，扩势争权。其三引新，即在改组内阁中引进具有影响力的新成员。

　　以上改组之招，可能收一时之效，但难保长期稳定。因安倍内阁的问题出在稻田朋美等阁僚，根子却在安倍。

　　稻田朋美是个右翼政客，曾作为律师替在南京制造竞杀百人惨案的两个凶手辩护。2005年，又在自民党总部以"南京大屠杀'百人斩'纯属虚构"为题作演讲，时任自民党代理干事长的安倍大为赏识，收罗于麾下，精心培植，直至吸收入阁，担任防相，甚至准备培育为首相。稻田因此视安倍为恩人，称"没有安倍首相就没有今日从政的自己"，心中有安倍之喜恶，而无对法规之敬畏。日本《公职选举法》明文禁止公务员利用自身地位参与选举活动。东京都议会选举之际，稻田为表忠心，却公然在自民党候选人声援集会上号召："作为防卫省自卫队、防卫大臣、自民党也拜托大家（投票给自民党候选人）"，理所当然地受到在野党追究。

　　稻田瞒报军情，安倍更有难以推脱的责任。去年10月，日本防卫省以相关材料已销毁为由，拒绝公开陆上自卫队记录驻南苏丹维和部队每日活动的日报，但日本媒体今年3月揭露，自卫队内部实际上保存有此日报，稻田知道此事，却在防卫省2月15日举行的内部会议上同意维持"已经销毁"的说法。直到7月25日，稻田在接受国会质询时，依然否认收到过自卫队仍存有日报的报告，否认自己同意不公开这些文件。

　　稻田为何咬紧牙关，拒绝公布事实呢？据日美等媒体透露，那些被隐瞒的维和日报中的一份日报显示，去年7月，南苏丹首都发生激烈战斗，日本"自卫队在南苏丹执行维和任务时面临危险"。防卫省掩盖这一事实，是为了避免造成不利的舆论环境，妨碍安倍政府继续让自卫队走出国门，影响新安保法案的推行。

　　显然，安倍内阁丑闻迭出，支持率大跌，与安倍自身有着密切关系。而其根源在于安倍坚持的是逆世界大势而行的国策方针。

以20世纪最后10年为开端,世界大势接连发生重要变化,两极对立格局解体,经济全球化、世界多极化强劲发展。中国、俄罗斯等大国先后加入世界贸易组织,原来被分割为美日欧、苏联东欧、中国等几大块的世界市场,结合为统一的世界市场。中国GDP总量超越日本,成为全球第二大经济体。俄罗斯走上了复兴之路。一部分发展中国家,相继成为进步显著的新兴国家。上海合作组织、金砖国家组织等以发展中国家和新兴国家为主的组织相继问世。G7之外,成立了包括发展中国家和新兴国家的G20,而且后者的影响远大于前者。在此基础上,要求地区秩序、世界秩序向着更加合理方向调整的呼声更为强烈。

面对这样的世界大势,出现了两种倾向:其一,顺应在经济全球化、世界多极化强劲发展条件下,各国以及人类共同利益扩大的趋势,坚持合作共赢,推动建立以合作共赢为核心的新型国际关系。其二,力图保持乃至扩大冷战时期形成的军事同盟关系,拉帮结派,逆潮流而行,以维持甚至扩大原有的霸权地位和利益。

安倍选择的是第二种。其再次出任首相伊始,便抛出了题为《安全钻石构想》的论文,主张"连结澳大利亚、印度、日本、美国的环带,形成一个钻石,保卫印度洋到西太平洋海洋权益"。

其后,策划制订《国家安全保障战略》,提出所谓"积极的和平主义"概念,要求从整体上强化日本防卫能力,深化日美同盟,发展同东盟、澳大利亚及韩国的战略合作关系,并要求"每个国民都应把安保问题作为个人的责任来对待",紧接着,宣布修改宪法解释,正式解禁集体自卫权。

在经济合作上,日本因国内存在不愿对外放开农产品市场等强烈要求,对加入TPP长时间犹豫不决,因美国推动,终于决心加入。舆论普遍认为,日本加入TPP的政治考虑大于经济算计。亚洲开发银行研究院经济学家邢予青表示,"日本加入TPP的主要战略意图是加强和美国的联盟关系"。马来西亚前总理政治秘书胡逸山认为,日本希望借TPP在大型区域经济整合中分一杯羹,和中国分庭抗礼。

但因逆世界大势而动,安倍的"安全钻石构想"、借TPP施压中国等策,接二连三受挫。

被日本视为"安全钻石构想"核心的美国,与中国有重要矛盾,但共同利益也在迅速发展,据统计,改革开放以来,中美贸易额从1979年的25亿美元增长到2016年的5 196亿美元,38年间增长了211倍;中美双向投资已累计超过1 700亿美元。2015年,美中双边贸易和双向投资为美国创造了约260万个就业岗位,为美经济增长贡献了2 160亿美元,相当于美国内生产总值的1.2%。随着中国民众购买力提升,预计到2026年,美对华货物和服务出口将增至3 690亿美元,到2050年将增至5 200亿美元。而被日本视为"安全钻石构想"重要环节的澳大利亚,2015年6月17日,与中国正式签署自由贸易协定。中澳自贸协定在内容上涵盖货物、服务、投资等十几个领域,是中国与其他国家迄今已商签的贸易投资自由化整体水准最高的自贸协定之一。

在上述背景下,美日同盟、日澳关系是否会沿着安倍所期望的方向发展,大可存疑。

更令安倍措手不及的是,美国现任总统特朗普上台不久,便宣布美国退出当年曾极力主张的TPP。有评论认为,这是特朗普与前任总统奥巴马对着干的表现,实际上这是美国金融资本以及大企业海外投资过度发展,造成国内制造业空洞化而导致美国社会分裂加剧的结果。特朗普是由此分裂中受损一方推拥上台的,当然不会允许其支持者利益进一步受损,退出TPP对特朗普而言,便成为题中应有之义。这对参加多边经济合作,却不以扩大合作为主要目标,而心存叵测的安倍是一个不小的教训。

目前,还没有迹象显示安倍会从根本上修正其逆世界大势而行的国策。这种情况下,很难想象安倍内阁的困境会因调换几个阁僚而解脱。但现在无论日本自民党内,还是在野党中,尚未出现明于世界大势又具有广泛影响力的政治力量。因此,在可预见的时间内,日本会在支持率低落的政府领导之下运转,内斗亦将因此而频繁。

中日邦交正常化45周年之际,安倍应想清楚这三点

今年9月29日,中日邦交正常化45周年。

45年前,以中国为重要成员的第三世界在国际舞台上崛起;苏联军事力量扩展,对美国构成日益增强的压力;美国在越南战场久陷不拔导致战略失调,这促使尼克松萌发并实施了改善中美关系的计划。长期敌视新中国、缺乏战略远见的佐藤首相,遭遇"越顶外交"打击,被迫下台。田中出任首相后,顶住内外压力,成功访华。1972年9月29日,中日两国政府签署《中日联合声明》,

实现邦交正常化。

今天,国际秩序处于新的重大变动中,世界多极化、经济全球化进一步深入,要求国际秩序向着更加公正合理方向发展的呼声日益强烈。

45年来,中日关系有了重要发展。1972年到2016年间,双方贸易额从11亿美元增长到3 016亿美元,增长约270倍。展望未来,中日可以进一步推进诸多领域的合作,例如:资源、能源和环境合作,生产效率提高带来的高成本社会的应对,老龄化社会、人口减少社会的应对,等等。中日关系有着广阔的发展空间。

令人遗憾的是在出现上述积极变动的今天,现任日本首相安倍却在相当程度上推行起逆潮流而动的政策:历史认识上倒退,力主修改和平宪法;安全上以中国为假想敌,提升军事力量,强化日美同盟,以维持在亚太区域的主导权。

安倍首次执政时,曾与中国达成建立"战略互惠关系"协议,打破前任小泉与中国形成的外交僵局。为何再次执政其政策会发生重大倒退?就内因而言,在于安倍的保守史观;就外因而言,可谓时势使然。安倍再次出任首相时,东亚形势发生了两大变化:中国GDP总量超过日本,成为世界第二大经济实体;美国将亚太作为战略重点,宣布实行亚太再平衡战略。

在上述内外因素作用下,安倍原来有所压抑的要求出现,给中日关系带来很大负面影响。

要使中日关系克服目前困难,取得顺应历史潮流的发展,安倍应正确认识和处理好三个问题:其一,如何端正历史认识;其二,如何对待中国的发展;其三,如何对待与美国的军事同盟关系。

关于第一点,日本有识之士早在给安倍上课。日本前首相村山富市针对安倍在历史认识问题上的倒退,尖锐指出:"日本对韩国和中国进行的殖民统治和侵略是不可否认的历史事实","日本要想获得亚洲人民的信赖,必须进行历史清算"。

具有村山这样认识的人,在日本并非个别。今年8月13日晚日本战败日前夕,NHK电视台播出了专题节目《731部队的真相:精英医学者与人体实验》,有力揭露了日本法西斯当年的侵略罪行。日本前国会议员户冢进也表示:"近一段时间以来日本国内出现的动向,让人担心战争会重演,NHK选择在这个时候播放这部纪录片可以说非常有勇气"。

关于第二点,简单回顾一下中国与亚洲的变化历程,不难得出正确答案。中国幅员辽阔,历史悠久,创造了灿烂的文化,为人类文明进步作出重要贡献。

但在近代落伍了,不但陷入悲惨境地,也使亚洲陷入长期动荡与战乱之中。1949年中国获得新生,经过半个多世纪努力,走上崛起道路。曾经饱受帝国主义侵略之苦的中国,坚持和平共处五项原则,推动建立以合作共赢为核心的新型国际关系,为亚洲乃至世界的和平与发展作出重要贡献。在中国与亚洲各国共同努力下,亚洲GDP跃居世界第一,其中中国占比近50%。

面对中国与亚洲的变化历程,安倍如果能听一下日本政治家的明智劝告,不无益处。

日本前内阁官房副长官柳泽协二指出:"如果与中国搞军备竞赛,日本迟早会吃不消。""日本应该将与亚洲各国的政治合作当作基本问题来考虑。行使集体自卫权的想法是以存在敌人为前提的,反而会加剧敌对关系。这对亚洲对日本都不是好事。"

关于第三点,要建立正确的认识,必须对日美军事同盟的作用和变化作出正确的判断。

日美军事同盟关系并非平等的互助关系。在战胜日本法西斯以及推动日本制定和平宪法的过程中,美国发挥了重要作用。但其后不久,世界进入冷战时期,美国力求将日本纳入其冷战轨道。在签订《日美安全条约》前,美国军方负责人表示:美国安全利益要求"授权美国利用日本为在远东的作战基地",还提出,发生敌对时,日军应置于美指定的最高统帅统一指挥下等。这些要求虽未完全写入条约,但实际贯彻于日美安保关系。日本是作为一枚棋子,被置于美国的战略棋盘。

当今世界潮流和国际秩序的变化,使美国的战略谋划、外交方针在发生重要变化。中国提出建立"中美新型大国关系"的要求,并将这种关系归结为"不冲突不对抗、相互尊重、合作共赢"。中国的要求曾受到质疑,但由于中美共同利益的扩大、中国保卫和平力量的增强,美国方面的态度在转变。基辛格在其《世界秩序》一书中表示:美中建立"新型大国关系","是避免重蹈昔日历史悲剧覆辙的唯一出路"。今年初,美国新任国务卿蒂勒森访华时表示:中美关系是以"不冲突不对抗、相互尊重、合作共赢"的原则为指导的。

安倍以中国为假想敌,努力加强日美同盟关系时,应该认真想一想这种做法会给日本带来什么。

20世纪90年代,日本的"55年体制"瓦解,在野党对自民党的监督能力削弱。民主党曾取得日本政权,但开始时过于激进,后又倒向自民党立场,失去选民信任而垮台,强化了自民党独大的局面。但这不等于民众就完全支持自民党。安倍内阁最近改组后,据媒体调查,受访者中45.5%"予以肯定",

39.6%"不予肯定"。不予肯定的理由,56%因"首相不可信赖";予以肯定的理由,44%因"没有其他合适的人"。反映了选民对目前日本政局的不满但又无奈的态度。

据说日本前首相中曾根康弘不久前约见小泽一郎,对其说:"安倍君虽然很努力,但是任他这样下去,日本的民主体制将会崩溃,你应该重新站出来拯救日本。"中曾根的号召,在短期内难以发生重要影响。但是,其观点确实击中了日本政坛目前的要害。安倍如不改弦易辙,上述观点不仅会在日本逐步扩大影响,在美欧也会唤起对日本目前政坛状况的相应警惕。

中日两国人民历经艰难曲折,终于在45年前将中日关系引上了正途,给中日两国带来巨大的战略利益,也有力促进了亚太地区的和平与发展。今天,我们有信心说,开历史倒车的行为终将被中日两国人民所拒绝。

(原载《上观新闻》2017年9月28日)

世界战略态势发生变化 日本寻求改善对华关系

8月12日是《中日和平友好条约》缔结40周年纪念日。去年9月28日,日本首相安倍晋三参加了中国驻日大使馆庆祝国庆和中日邦交正常化45周年的活动。这是日本首相时隔15年出席这样的活动。以此为标志,安倍政府做出了改善中日关系的姿态。安倍政府及自民党对华政策的调整,可以从许多方面寻找原因,但其根本原因在于世界战略态势的变化。

美国著名战略家布热津斯基曾指出,当代美国的基本地缘战略任务在于"阻止一个占主导地位和敌对的欧亚大陆大国的出现"。

2001年"9·11"事件的发生,使美国地缘政治战略的调整开始得晚些。2009年11月,美国总统奥巴马宣布美国将参加TPP(跨太平洋伙伴关系协定),开始其地缘经济战略调整。TPP被称为有明确针对性的"经济北约"。2012年,美国开始调整地缘政治战略,提出"亚太再平衡",计划在2020年前将60%的战舰部署到太平洋。

2015年,美国国防部进一步提出"印太战略"。但是,由于在经济全球化过程中,美国资本为追逐利润大量流出,造成国内制造业空洞化;同时,美国为维持世界霸权驻军各地,代盟国承担了相当高额的安全费用。因此,特朗普在胜选后的就职演说中即宣布:"从今天开始,美国优先。"于是,美国退出 TPP、大规模驱逐移民,对包括日本、欧盟等盟国在内的不少国家征收高额进口税等措施连续出台。

显然,在新的历史条件下,美国已经无力使其地缘经济战略全面适应地缘政治战略的需要。这种分裂的局面对美日关系产生重要影响。

在地缘政治战略上,安倍政府一直与美国保持相当程度的一致。但在地缘经济战略上,日本与美国出现了相当严重的摩擦。特朗普主张以双边贸易协定取代 TPP,要求日本纠正美日双边贸易不平衡问题。美国著名学者弗朗西斯·福山认为:这使"日本以及其他深信自己是美国紧密盟国的国家,现在将不得不追求自身狭窄的国家利益,重新思考与美国的合作"。

正是在上述背景下,安倍政府提出将"印太战略"与"一带一路"对接的主张。据日本共同社报道,安倍认为:从长远的安全保障和经济利益考虑,与中国改善关系是当务之急。这一主张在日本受到多方面的支持。日本 NPO 法人国际地缘政治学研究所理事长柳泽协二先生表示:近 40 年来随着中国经济实力的不断壮大,日本国人对中国的印象发生着潜移默化的变化,由俯视转而正面客观地评价中国的发展进程。在谈到"一带一路"倡议时,他表示,日本可能在中国不断完善基建的前提下进行精准投资。

(原载《解放日报》2018 年 8 月 13 日)

安倍为何改口称"印太战略"为"构想"?

11 月 12 日,日本首相安倍晋三在政府与执政党联络会议上表示,"为实现自由开放的印度太平洋构想,希望与参加国携手向国际社会释放强有力的信号"。此讲话出现了一个重要变化,即将"印度太平洋战略"改称为"印度太平洋构想"。此前,在 11 月 6 日安倍与马来西亚总理马哈蒂尔会谈时已发生过这样的用语变化。

这一变化引起日本国内外关注。之所以引起关注,是因为"印度太平洋战略"可谓安倍谋划已久的战略。早在 2012 年,安倍第二次出任日本首相时,便曾提出由美日印澳构成"菱形包围圈"之说,这其实便是"印度太平洋战略"的雏形。

2013 年,中国先后提出共建"丝绸之路经济带"和"21 世纪海上丝绸之路"

简称"一带一路"的重大倡议,其影响经由太平洋、印度洋、中近东,远及非洲、欧洲等地。2015年,美国国防部正式提出了"印度太平洋战略"。对此,安倍紧跟而上。2016年,安倍在与印度总理莫迪会谈后的公报中,首次使用了"自由开放的印太战略"概念。

特朗普上台伊始,便在其2017年11月的亚洲五国之行时声称:"我们将寻求新的合作伙伴以及与盟友之间的合作机会,力争建立一个本着自由、公正与互惠的印度——太平洋地区。"其后,美国将美军"太平洋司令部"改名为"印太司令部"。美国约翰霍普金斯大学东亚研究中心主任肯特·考尔德指出:"特朗普政府要推进的'印太战略'是对中国的全球性经济构想'一带一路'计划的战略性反应。"

显然,"印度太平洋战略"是美日谋划已久的战略,而且美日存在密切呼应与配合。为何安倍政府现在却要去"战略"而称"构想"呢?主要原因有三:

其一,在地缘经济战略上,日本与美国出现了相当严重的摩擦。特朗普主张以更容易反映美国主张的双边贸易协定取代TPP,要求日本纠正美日双边贸易不平衡问题,进一步开放市场,削减美对日贸易逆差。美在决定对世界上多个对美出口钢铝制品的国家和地区征收关税时,日本作为美国的重要盟国却赫然被列为征收对象。安倍访美,希望特朗普重新考虑加入TPP问题,重新考虑对进口日本钢铝制品征收高额关税问题,均被特朗普拒绝。这迫使安倍去"战略"称"构想",以与特朗普的"美国第一"拉开些距离。

其二,在上述背景下,安倍政府迈开了改善对华关系的步伐。10月25日,在日本首相时隔7年,《中日和平友好条约》签订40周年之际,安倍首相首次正式访华,双方就中日关系的发展,就坚持多边主义、坚持自由贸易体系,就拓展第三方合作市场等达成了重要共识。在这种氛围下,继续使用印太"战略",显然不利于中日关系的改善。

其三,印太"战略"之称难以为东盟国家接受。东盟国家是日本传统的也是当今极为重视并花大力气争取的对象。同时,东盟国家是中国山水相连、关系密切的合作伙伴。日本在印太"战略"名义下推进与东盟国家的合作,很容易引起东盟国家的警惕与反感。使用"构想"这种中性名词,则易于和东盟国家接近。

无怪乎日本政府相关人士会表示"'战略'这个说法有可能令人产生'战胜对方的感觉'"。"如果成为中国警惕的框架,亚洲各国将顾忌中国,难以表示赞同。日本政府讨论了更为稳妥的表述,结果选择了'构想'"。

在使用概念时,考虑到东盟及中国等国的感受,似乎比不考虑显得友好一些。但如不从根本上改变视中国的发展为威胁的立场,力图建立起围堵中国的包围圈,或者搞二元化的对华政策,在经济上与中国"对接",在安全上坚持以中国为防范对象,即使去"战略",改"构想",也不可能让"印太战略"如日本政府所期望的那样"更为稳妥"地为东盟国家和中国所接受。

(原载《上观新闻》2018年11月20日)

2019年,日本怎么"变"?

当今世界处于百年未有之大变局,国际秩序在重塑。我国近邻日本以及中日关系的变化与前景值得关注。面对2019年,安倍首相指出:今年日本经济最大的挑战是在2018年的基础上,减缓"少子高龄化"以及消费税上调带来的冲击。

"少子高龄化"是日本社会目前面临的最为严重的问题。自2011年以来,日本人口一直负增长,2018年人口增长率仅为-0.12%。虽然日本政府多年来极为重视这一问题,却难见改善。

2019年,日本政府不得不把消费税从8%提高至10%。据调查,92%的日本人认为消费税上涨对日常购物和消费有影响,其中58%的人认为会有相当的影响。

此外,根据IMF(国际货币基金组织)以及世界银行等多方数据,日本国家债务与其GDP之比约为240%,日本是世界上最大的债务负担国。所幸的是日本庞大的海外资产构成其国家债务的后援力量,不但为日本带来巨大收益,还给日本国内输送了债券购买力,一定程度上稳定了国内投资者的信心。

日本面临上述困难之时,又遇美国总统特朗普鼓吹"美国第一",在世界范围内挑起贸易战。特朗普上台时,美对日贸易逆差约达690亿美元,特朗普指责说:近几十年来,日本在与美国的贸易中一直是赢家。美国"许多、许多年来一直遭受日本的大规模贸易逆差"。"我们希望自由和互惠的贸易,但目前我们与日本的贸易不是自由的,它不是互惠的"。因此,美国决定对世界上多个对美出口钢铝制品的国家和地区征收关税时,日本赫然被列为征收对象。同时,特朗普决定退出TPP,要求以更容易反映美国主张的双边贸易协定取代TPP。

美国退出后,在日本等11国坚持下,去年12月30日,CPTPP("全面与进步跨太平洋伙伴关系协定")正式生效。CPTPP在整体规则标准上弱于TPP,但仍是目前全球标准规格最高的自由贸易协定。据称,该协定生效,日本出口工业品的99.9%、农林水产品的98.5%将最终被取消关税。同时,日本在自由贸易方面将获得更大的战略主动权与规则主导权。日本共同社认为,今后此自由贸易区将增加成员,日本希望把CPTPP规则打造为世界标准。

新的一年里,日本的安全政策将发生重要调整。日本政府已经正式确定了新一期《防卫计划大纲》和《中期防卫力整备计划》,明显表达了以"安全自主"和"战略自主",取代战后"专守防卫"原则的要求。该文件认为,日本面临的"现实威胁"日趋复杂和紧迫。日本必须通过加强自主能力、日美同盟、国际合作来保卫安全。而三者中,最重要的应该是加强自主能力。

在防卫力的具体建设上,日本新一期《防卫计划大纲》确定了新的概念、框架和内容,要求以"多次元统合防卫力"取代原有的"统合机动防卫力",即在原有的陆海空传统作战力量基础上,取得在太空、网络、电子战等领域的作战能力,构建起更为广泛的综合防卫、战斗能力,要求建设大型化、尖端化,具备进攻性战斗能力的作战平台,要求建立"太空领域专门部队"以及网络战部队等,以在"战略新边疆"建立优势,争取主导权。

为了落实新的防卫力建设计划,日本的国防预算总额大幅增长,2019年将增加到5.26万亿日元,2019—2023年将达到27.47万亿日元。

安倍首相在新年致辞中说,今年日本在外交领域的大事不少。他首先提到了中日关系,表示要在今年强化与中国的双边关系、开启"日中关系新时代"。

去年,安倍首相访华,今年习近平主席将访日,中日关系重回正轨,重现积极势头。安倍首相访华期间,中日两国领导人举行会晤,在政治、经济、安全、人文交流等领域达成一系列共识,不仅实现了中日关系氛围的改善,也为中日两国关系指明了新的发展方向。

所谓"日中关系新时代",不仅意味着两国应在原有的基础上,进一步推进中日友好互利关系,而且在某些大国领导人置现行国际规则于不顾,以牺牲别国和世界整体利益为代价,拓展自身利益的情况下,中日应该加强两国之间以及与世界多数国家的合作,防止世界陷入失序状态,并通过补充、修改和变革措施,积极完善现有国际秩序和全球治理机制。

日本外交大臣河野在评价2018年安倍首相访华动因时曾指出,"当前全球问题日益突出,中日需共同携手处理"。维护和发展亚太乃至世界的和平稳定,维护和发展亚太乃至全球自由贸易,应该成为中日的共同目标,当前更具迫切性。

(原载《上观新闻》2019年1月8日)

第三部分
诗词、散文

《中　秋》
（七律）

星繁月朗满天青，
似水莹辉洗岸瀛；
淼淼烟波鱼缱绻，
萧萧落木雁徊应；
遥思赴义嫦娥去，
倍念别离后羿惊；
遍野层林枫叶火，
红霞璀璨见情凌。

（中秋月圆，传说纷纭。最感人者是嫦娥为防长生药落于小人蓬蒙之手，吞药升天，夫君后羿得知，舍命紧追，深情溢于天地。民众感于此，制月饼祝福，中秋成象征团圆的节日。）

(2018年9月24日《新民晚报》)

《镇江金山游》
（七律）

长江浩荡远风飏，
画卷舒张写意飞；
雪浪刷清一览刻，[①]
秋霜染亮百菊绯；
千难不惧仙芝盗，
万险无折法海卑；
爱彻白蛇天动俨；
情集许子地歌违。[②]

(2018年12月18日《新民晚报》)

注释：
① 金山顶峰有后人摹康熙笔意书"江天一览"，并刻石立碑。
② "违"指叛逆。

《迎　春　曲》
（七律）

风云漫卷舞琼瑶，
任起呼嚣号凛哗；
雪伴金梅舒蕊俏，
花压冽飑报春达；
情融锦绣凌霜暖，
志烁群芳映世遐；
斗转星移风雅茂，
春辉暖意育新葩。

（2019 年 2 月 12 日《新民晚报》）

《贺新中国成立七十周年》
（满江红）

大浪滔滔,回眸瞰,激流荡恶。抬眼望,灏波澎拜,远风帆悦。万众七十华诞庆,诗词贺喜山河乐。奋进捷,理想贯云霄,豪情越。

统一志,昭日月；经纬善,强国跃。展红旗猎猎、壮怀激烈。继往无弗慷慨史,开来勇探虹霓略,巨龙腾,任雀噪鹰嚣,凌云赫。

（2019 年 9 月 24 日《新民晚报》）

《迎元旦》
（蝶恋花）

世纪风云期远聚。
雪里香梅，
喜报春来煦。
浩愿蓝图新世予。
长帆巨帜催波举。

战退艰难千百拒。
似火红旗，
笑舞东风与。
忆旧年情怀似炬。
迎元旦志豪如旭。

（2020年1月1日《新民晚报》）

《白衣天使颂》
（渔家傲）

汉水波惊瘟疫恶，
风霜伴怵寒光冽。
绿水青山无兴涉。
群嶂侧，
英雄抖擞精神赫。
不计酬劳洁似雪，
难关勇叩强如铁。
万丈风波鹏笑掠。
无畏越，
一腔正气风流写。

（2020年1月28日《新民晚报》）

旅途诗抄

《观壶口瀑布》

黄河激流奔壶口,翻腾咆哮跃龙潭;
雷鸣电闪大地颤,浪漩涛飞水连天;
遥思当年东征军,背水抗敌碧血溅;
豪歌一曲《黄河颂》,汇成今日无敌澜。

(2012 年 4 月 3 日)

《莫斯科红场游》

六月绿深花繁艳,硝烟忽遮半天黑;
姑娘唱响"喀秋莎",红场携手勉军威;
万千围困仍昂然,金戈铁马敌寇摧;
爱终战胜强盗欲,纳粹黑旗脚下卑。

(2013 年 6 月)

《阳澄湖游》

银苇金菊寒凝霜,青天白鹭秋送爽;
阳澄湖畔持螯饮,亲朋好友欢聚畅;
风云舒卷史在心,回首血雨不堪腥;
英雄仗剑启鹰扬,沙家浜里驱寇强。

(2014 年 12 月 20 日)

《葵 园 游》

小桥流水江南地,白墙灰瓦人家寥;
藤牵蔓绕长廊深,绿叶翻浪葫芦俏;
满地青翠瓜如蜜,遍野葵花向阳灿;
田野风情知己伴,葵园更比桃源娇。

(2015 年 7 月 21 日)

《滴 水 湖 游》

湖天一色苍穹远,白云深处源头涌;
清风掠起涟漪泛,碧波万顷映日红;
众友携手滴水湖,欢声笑语逐浪高;
极目舒得胸襟阔,凭栏豪情更似虹。

(2015 年 7 月 21 日)

心　路

历史所怀旧

　　我不愿逛商场，拥挤的人流、混浊的空气，带来的多是疲惫。有点空闲，愿意到郊外或者公园，对一池绿水、满坡野花，享受宁静。特别在黄昏时，夕阳在树梢轻柔地铺洒余辉，除鸟鹊归巢的啁啾声，仿佛整个宇宙都别无声息。处此情此景中，整个心灵都沉浸于静远之中。

　　但也有例外，每每路过位于上海繁华西南的东方商厦，有事无事都想进去看一看。不是钟情于商厦伟岸的建筑，不是留连于商厦精美的商品，而是因为现在耸立商厦的这块土地，曾经承载我进入社科研究领域的第一个单位——上海社科院历史研究所。在这块土地上，我度过了难以忘怀的8年时光。

　　我是1979年进入历史所的。那时，历史所所在地徐家汇还带有浓重的城郊接合部痕迹。除了教堂昂首指天的升腾式建筑外，没有其他高楼大厦，多的是江南风味的砖瓦平房。历史所便处于几排砖瓦平房的拱卫之中。这是一幢建于20世纪初叶的欧式4层小楼，据说原来是修女院。可证此说的是这幢小楼各层的洗手间中都无男式小便器。小楼和拱卫于它周围的几排砖瓦平房位于由藏书楼和徐汇中学校舍围成的一葫芦形地块之间。地块边高墙俨立，墙面被岁月剥蚀得斑斑驳驳，大片绿苔如翠眉绿须般悬附于上。地块内冬青成排、瓜豆满架，更有两棵高大挺拔的银杏比肩而立，树龄总在百年以上，春夏时将凤尾似的碧叶亭亭撑开，送遮天绿荫给世间，秋冬际把碎金般的黄叶款款洒地，赠一地暖意于众人。进此地块，颇有入世外桃源之感。对需坐冷板凳、耐得寂寞的史学家来说，这实在是做学问的好地方。

　　但究其实，世外桃源并不平静。我进历史所，正值拨乱反正之际。历史所接二连三为在特殊时期受冲击乃至自杀的人员召开平反或追悼会。家属泣不成声的回忆，同事扼腕垂泪的叹息，将昔日惊心动魄的斗争一一展现在人们眼前。那时，人们既为我党纠错和前辈追求真理的勇气所振奋，同时也深感中国传统中负面影响之顽强和残酷。心有余悸者甚至表示，今后只整理资料，而不写文章，以免被深文周纳、无辜挨整。

　　这种沉重的气氛，随着改革开放的深入，逐渐淡薄。学者们在日趋宽松的学术环境中，以极大的热忱投入研究。与其他社科研究一样，历史研究中的禁区也一个个被打破,不少实事求是地总结历史经验的好成果问世。在此潮流推动下,我第一次在中国史学界权威杂志《历史研究》上发表了论文——《论曾国藩的洋务思想》,全文1万多字。为了这1万多字,我看完了曾国藩的全部文集、日记,做了大量卡片。曾国藩是中国封建社会最后一个集大成者,对诸子百家未涉猎者少,特别是儒、法、道更成其安身立命之本。难得的是,他已顺应时代变化,开始关注西方文化。民风强悍的湖南乡间生活、翰林院晨诵夜修的苦读、屡败屡起的血战、领兵于野防忌于朝的遭际、曲折的外事交涉、领风气之先的洋务活动,构成了曾国藩极为复杂的阅历,也造成了他极为复杂的性格。这是一个以"打掉牙和血吞"的超人毅力维护封建统治的卫道者,又是一个敏锐主张并实际引进西方工业技术、以求缩小中西方差距的先行人。如果说范文澜先生当年在延安因斗争的需要,而主要从某一侧面对曾国藩作了简单概括;那么,到了80年代,历史已使我们具备了更全面地研究曾国藩的条件,我们便不能再简单,而应全面对此人物作出分析评价。唯有如此,我们才能真实地揭示中国在鸦片战争之后的转变,科学地总结中国近代化的规律,从而为当代中国的发展提供正确的借鉴。论文发表后,在史学界引起较大反响。《新华文摘》全文转载,人民出版社将其收入《洋务运动论文集》。

虽然以现在的眼光看,此论文还有值得修改之处。但这毕竟是我较早的学步之作,所谓敝帚自珍,书此只想略表我对历史所及我的历史研究生涯的怀念。

其实,这种怀念并非仅系于学术。8年时光中,在历史所我感受过纯洁而真挚的友情。湖心亭内品新茶,银锄湖中荡木舟,书生意气,纵论五千年,评判环球事,至今历历在目。

而今,历史所将迁去新大楼。宏伟建筑、现代化设备,是我们当年在曾供修女悟道的小楼内做梦都未曾想过的。这是历史所的进步,上海社科院的进步,不也是我国整个社科研究进步的一种表征吗!遗憾的是,历史所旧楼已荡然不存,后人无法再从直观上感受这种巨大的变化。在这个意义上讲,我们这代人是幸福的,因为我们亲身体验了这种巨大变化。

亚太所迎新

从日本回国,我调入了上海社科院亚洲太平洋研究所。这是一个因亚洲太平洋地区在全球日益重要而成立的专门研究亚洲太平洋问题的新所。因此,毫不夸张地说,这个所是被亚洲太平洋呼啸前进的巨浪推涌出来的。

在日本、在美国，在其他一些国家，我都感受到了这巨浪势不可挡的力量。

1995年，离别两年后，我重访东京。东京似乎没有什么大的变化，高楼林立、地铁纵横，男的仍然西装领带、服装谨严，女的还是一步短裙妆束出优美的曲线。但深入接触，便会发现，日本人的眼光是不同了，正由原来的专注美欧，转向整个亚太和更广泛的地区，太平洋西岸也成为他们重要的关注对象。

在早稻田大学典雅古朴的钟楼旁，排列着饱经风霜的银杏古树，一棵棵舒张开绿叶森森的树冠，初秋的阳光透过叶隙，斑斑点点地洒落在地坪上。我和日本从事中日比较研究的著名专家依田憙家教授坐在绿荫下的长凳上，听先生娓娓讲述中日文化的异同，讲述早大创始人大隈先生提出的"东西方文明调合论"，讲述中国不仅应早日成为世界经济大国，更应早日恢复世界文化大国的地位……。讲着讲着，先生突然提高声音告诉我：由于亚太地区日益重要，早大决定以先生所在的科研所为基础，建立亚洲太平洋研究中心，专门从事亚洲太平洋问题研究。为此，先生殷切地希望加强与社科院和亚太所的联系。在先生的推动下，1998年早大教务长及国际交流中心所长白井先生访沪时，与我院领导会晤，提出了双方正式建立合作交流关系的建议。

学者在关注亚太地区，政治家更是如此。曾任新进党党首的日本著名政治家小泽一郎在其所著《日本改造计划》一书中指出："太平洋的亚洲地区，是世界上最富活力的经济发展地区。""日本应该持有的立场是填平欧美和亚洲之间的沟，调和世界经济。"这本书由我和另一先生译成了中文。为了对小泽先生支持在中国翻译出版该书表示感谢，在东京时，我访问了他。小泽一郎和他政治上的主要对手日本首相桥本龙太郎不仅在政治上观点不同，在形象上也迥异。小泽高身材、方脸盘、皮肤粗黑，桥本则身材五短、椭圆脸、皮肤白净。素称严峻的小泽，春风满面地接待了我们，对我们重申了他的前述观点。不管其潜台词是什么，日本日益重视亚太区域，将太平洋东西两岸同时作为其外贸格局的重要支持加以考虑，则已是不争的事实。

1998年，我访问了洛杉矶。这个偎依在太平洋怀抱中的美丽城市，水天一色、风和日丽、绿树婆娑、风情万种。我们在兰德公司和美国学者开完了讨论东北亚安全问题的会后，晚上在海滨的露天酒吧里漫谈世界局势。加利福尼亚大学的著名亚洲问题专家斯卡拉庇诺教授遥望大海，仿佛透过太平洋东岸的夜幕，看到在太平洋西岸冉冉升起的太阳，他若有所思地说："东亚，特别是中国经济的迅速发展，使整个亚太地区的重要性日渐增长。美国要处理好亚太事务，应该和中国合作。"其实，持这种意见的何止斯卡拉庇诺教授一人，这已成为美国对华政策的主流看法。克林顿总统预定1998年6月的中国之行，正是在这种意见推动下,采取的顺应潮流之举。

亚太地区战略地位的提升,使亚太所应运而生即面临良好的机遇。而党和国家又为我们创造了前所未有的良好研究条件,其中最重要的是政治上的信任,这更使我们如鱼得水。

周总理曾有一句名言:外交无小事。在他的严格要求下,我国建立了一支纪律严明、令行禁止的高素质外交队伍,出色地实现了党和国家的外交目标。但外交无小事,并不意味着排斥学者对外交和国际关系问题的研究。然而,在极"左"思想影响下,学者对于外交和国际关系问题是无由置喙的。改革开放以来,随着国内外事务的日益复杂,党和国家的决策层鼓励学者研究事关党和国家前途的重大现实问题,包括外贸和国际关系问题,并通过各种渠道吸收学者的建设性意见,以为决策参考。这使我们这些从事外交和国际关系问题研究的学者受到很大的鼓舞。我们亚太所的研究人员几年来就亚太问题发表了不少有价值的论文和研究报告,并在国际上建立了广泛的学术联系。

可以说亚洲太平洋呼啸前进的巨浪推涌出了我们亚太所,而我们亚太所也为这巨浪的奔涌贡献了绵薄的力量。滴水窥阳,从我们亚太所在改革开放后得以发挥的作用,可以看到我们上海社科院乃至整个中国社会科学界的巨大进步。中国的社会科学学者们不仅在中国舞台,而且正在世界舞台上发挥自己日益重要的作用。目睹此景,心潮怎能不随太平洋之浪澎湃高扬!

(原载《跨越不惑》("我与上海社科院"征文选)一书)

母亲的心愿

眼前常会浮现出故乡一望无际的高粱,红得发亮的穗子,沉浮在绿缎子似的叶片间,随风,哗啦啦地欢唱着,一波一波涌入清澈的天际。

红色是忠诚,绿色是纯洁。在这顶天立地的色彩中,我看见两位姑娘,俊俏眉宇拧成结,凝聚着恨意无限。这时,母亲的声音会在耳边响起:"儿子,写写她们。"

母亲1989年4月中风,变得半身不遂,说话也困难。突如其来的打击,给性格开朗的她带来极大痛苦。母亲一辈子勤劳,她在企业当党委书记时,还常抽空给我们缝缝补补。离休后,在老干部大学学做纸花。她做的纸花,水灵灵的,迎风就能舞蹈。但中风后,却不得不"饭来张口,衣来伸手"。这使母亲烦躁难眠,常发脾气,甚至抓东西就摔。但不久,我们发现母亲渐渐平静下来,枕边多了一个本子一支笔,一天几次用那只尚能动的手,艰难地写着。

一天,我好奇地问母亲:"你写什么?"母亲把本子推给我说:"你看!"我看着,母亲断断续续地说着,渐渐地在我眼前展现了一个惊心动魄的故事。

那是抗日战争时期,胶东许多城市和交通线被日寇占领,八路军和游击队在敌后坚持斗争,母亲故乡也建立了抗日政权。外婆李华春深明大义,她虽然只有母亲这一个孩子,俩人相依为命,但在民族危亡之际,她坚决支持母亲参加抗日活动。1941年春,母亲17岁时加入共产党,不久又介绍她的邻居两位各16、18岁的姑娘也加入共产党,一起从事抗日活动。

当年秋天,组织上派这两位姑娘去处于敌我拉锯状态的村子,宣传抗日,发动群众,不幸被伪军密探发现。伪军派出一个骑兵排,包围了村子。两位姑娘只有几颗手榴弹,但她们进行了坚决抵抗。手榴弹惊天动地的炸裂声,吓得伪军在村外徘徊良久,不敢进村。当嘶腾咆哮的高头大马,终于把两位姑娘逼入绝境时,伪军发现他们的对手只是两个手无寸铁的姑娘。两位姑娘被带到伪军区队部,伪军头目以为从这样年轻的姑娘嘴里,共产党的情报唾手可得。不料,他们碰到的是铜墙铁壁,无论怎样威逼利诱,得到的不是鄙夷的冷笑,便是喷火的怒骂。伪军无奈,将两位姑娘送到了莱阳城日寇据点。

母亲说,两位姑娘在那里被关押了4个月,由于是在戒备森严的日寇据点,具体怎么受折磨的难知究竟。母亲说,她们长得很俊,但1942年大年初一早晨,当日寇把她们拉到莱阳城一个操场时,两人已被折磨得不成人样。日寇将她们绑到电线杆子上,一声呼哨,唤上来几条张着血盆大口的狼狗。为行刑,这些畜生可能已被饿了几天,听到口令,红着眼睛扑到两位姑娘身上。伴随着"哧啦哧啦"的撕咬声,姑娘身上的皮肉大块大块地被撕裂下来,血喷泉似地向外涌。顷刻间,白羽般圣洁的雪花,化为满地血红的泥泞。母亲说,后来听当时在场的人说,咬成这个样,没见两位姑娘掉一滴眼泪,只听见她们把牙咬得"咯嘣咯嘣"响,她们留给人世间最后的话是"打倒日本帝国主义"。

母亲个性刚强,但说到这里,眼泪止不住往下淌。突然,她拉住我的手说:"儿子,你写写她们。我活不太久了,不能把她们的事带走。"望着母亲满怀期盼的眼光,我点了点头。

以后,几次想动笔,但做不完的课题,忙不完的事,于是一次次拖延。母亲的身体却越来越差,已经完全不能说话。我去医院陪她,一边给她按摩一边对她说:"妈,认识我吗?认识的话,闭闭眼睛。"这时,她会用力闭一下眼睛,然后凝视着我。我知道,母亲的头脑仍然清楚,她在问:"答应我的文章写了吗?"我没有任何理由再拖,用母亲留下的资料,写了这篇文章。写完后,在母亲耳畔,一字一句念给她听。念了三遍,两颗豆大的泪珠,顺着母亲的眼角慢慢滚落下来,母亲那已浑浊的眸子闪射出一线光芒。我知道,母亲听懂了。

母亲姜黎明,她那两位英勇姐妹,名叫姜英珊、姜文珊,当年山东省莱阳县第三区北薛格庄人。

(原载《新民晚报》2016年5月9日)

观潮东瀛十五年

巨大的喷气客机轰鸣着冲上天空，穿过云层之后，头顶便是深远湛蓝的苍穹。苍穹下，白云轻移，仿佛无垠碧波上漂流的浮冰。

透过这无垠碧波，带状的日本，犹如美丽的海底世界，似隐似现地展现在眼前。最壮观的是列岛四周的大海，白浪像巨涌，从海底深处奔来，呼啸着撞向巍巍礁岩，刚柔相接，迸发出弥天碎沫。碎沫之中，东瀛越发显得朦胧神秘。

1990年，我首次赴日本，在早稻田大学，师从著名史学家依田憙家先生，做中日近代化比较研究。1992年归国，进上海社会科学院亚洲太平洋研究所，从事日本问题研究。其后，任亚太所副所长并主持上海社科院日本研究中心工作，同时任中华日本学会常务理事、上海日本学会副会长。

从归国研究日本问题起，观潮东瀛也有15年，但初次去日本留下的朦胧神秘感并未褪尽，还未将日本看透。以下只是我的一些片断经历和肤浅体会，书之以从一个侧面表达纪念上海社科院成立五十周年之意。

一

苏联解体后，世界进入了一个由冷战时代向后冷战时代转变的过渡阶段，这个过渡阶段大致延续到1993年。其后，便是后冷战时代的初步展开阶段，这个阶段大致可以划定到2001年"9·11"事件发生。

过渡阶段的结束，初步阶段的开始，在亚太地区的标志是美日对两国安保条约新定义的酝酿和形成。1995年，时任日本首相村山富士访美，与时任美国总统克林顿签署了美日安保条约新定义的草约。1996年，克林顿访日，与时任日本首相桥本龙太郎发表了确认日美安保条约新定义的共同宣言。

我恰是在这样的时期，进入日本问题研究领域的，如何认识处于上述重大转变时期的日本外交、安全政策，是当时日本学界和国际战略学界极为关注的问题。

为了回答这一问题，我几乎查阅了冷战结束前后日本公开发表的所有关于外交安全政策的主要文件，还在汪道涵老的建议与鼓励下，将曾任日本自民党干事长小泽一郎所著的《日本改造计划》译成了中文出版，并尽可能广泛地与日本有关方面交换意见。

在此基础上，我比较早地提出了以下观点：

1. 调整后的日美关系，虽然进入了一个更加全面的合作时期，但是日本没有也不会像当年脱亚入欧一样，搞脱亚入美。因为，首先，亚洲不再是当年的亚洲，它的迅速发展已成为支撑日本经济繁荣的重要因素。其次，日美经济上虽然有着密切联系，但同时也存在贸易摩擦严重以及争夺亚太特别是东亚地区经济主导权的重要矛盾。在这样的情况下，日本的外交方针一定会是两条腿走路的方针，以美国为重点，但同时会兼顾亚洲。

2. 新定义后的日美同盟，其主要任务已不再限于保卫日本本土，而扩大至对整个亚太特别是东亚地区日美利益的保护。中国成为日美同盟的重要防范对象。但是，日美同盟的作用，绝不仅是为了防范中国，通过日美同盟继续控制日本，仍然是美国的重要目标。

3. 随着国际格局及日本外交、安全政策的变化，中日两国在经济上的交往与合作会迅速发展，但是安全上的摩擦与矛盾也会有所扩大。

4. 小泽一郎首先提出的"普通国家"口号，正成为日本国家战略的指导方针。

这一时期，我还进行了其他一些学术研究，并参与或见证了一些重要活动。

1995年，我出版了学术著作《东方文化圈内的不同趋向》，打破了以往将中国的洋务运动与日本的明治维新进行比较的传统研究方法，在全面比较中日社会结构之区别的基础上，以性质相近的日本幕藩改革与中国洋务运动为主要比较对象，对19世纪60年代前后中日两国发展道路的规律性，进行了深入探讨。

我参加了1997年至1999年的中日学者论坛，这是日本国际交流基金资助的跨年度的大型国际学术交流活动，与日本以及中国的数十位著名学者毛里和子、天儿慧、五百旗头真、田中明彦、藤原归一、加藤千洋、张蕴岭、陆忠伟、王逸舟、金熙德、俞新天、黄仁伟等，就世界大势、历史风云、中日关系等广泛议题，或聚会于静冈，或议论于香山，或激辩于伊豆，或畅言于太湖，连续进行了3年的深入讨论，不仅提出了许多具体见解，更重要的是加深了双方的了解，拓宽了双方的视野，使双方能从更高、更全面的角度看待中日关系。有道是"春江水暖鸭先知"，学者的认识往往是引领潮流的，这样大规模长时间的学术交流活动，对维护和发展中日关系，发挥了积极影响。

1998年，时任中国国家主席江泽民访问日本时，我正在早稻田大学任客座研究员，得以在早稻田大学大隈讲堂，听了他的报告，亲历了当时的场面。

学校较早就告知江主席将来早大作报告，愿意听报告的师生可以在各自的学部报名，名额有限，按报名的先后顺序，决定参加者名单。我当即报了名。随着时间的临近，报名者日益增多，名额却满，于是不少极欲参加者高价索票，愿出5万甚至10万日元求得参加名额的转让，但未听说有愿转让者。

报告会那天，我由居所"奉仕园"去早稻田大学大隈讲堂。早稻田大学没有围墙，大隈讲堂前的广场任人自由来往。但那天情况不同，在通往讲堂的路上与广场边，日本警察三步一岗、五步一哨，部署了严密的警戒。讲堂的入口处设置了安检门，与会者都须从此安检门进入。与会教师在讲堂底层，学生则在二楼，此前，美国总统克林顿也曾来大隈讲堂做过报告，但仅有日本外相陪同。此时的日本首相为小渊，早大是他的母校，他陪同江主席来早大。

早大校长首先在报告会上致欢迎词。早大是最早接受中国留学生的日本高等学府，中国共产党的早期创始人之一李大钊曾经在早大留学，早大与中国的历史渊源颇深。早大校长的致辞热情洋溢，相当友好。其后，由江主席演讲。江主席在演讲中，介绍了中国改革开放的情况，忆述了中日关系的历史与现实，阐明了中国处理对日关系的原则，慷慨激昂，声情并茂。在江主席忆述中日关系历史时，二楼学生席上发生骚动，有两人呼喊挑衅性口号，楼上的警察当即扯手抬脚，将此两人架离会场。面对此骚动，江主席面色转愠，巨大黑框眼镜后射出颇为犀利的眼神，提高嗓音强调：不利于中日关系的话不应说，不利于中日关系的事不应做！第二天，东京各大报几乎都在头版发表了江主席此时的特写镜头，不知是支持江主席的义正词严，还是想说中日关系处在困难之中。这次访日，江主席与小渊首相发表了联合宣言，宣布中日两国建立友好合作伙伴关系。这是继1972年中日联合声明、1978年中日友好和平条约之后，关于中日关系的又一重要文件。

我还参加了1999年至2000年，上海学者与日本学者就历史问题进行的对话。除我之外，上海学者还有原上海国际问题研究所副所长郭焰烈教授、复旦大学历史系赵建民教授、华东师范大学历史系盛邦和教授，日本学者为庆应大学原法学部部长山田辰雄教授、小岛朋之教授，早稻田大学天儿慧教授等。双方的讨论重点在近代史部分，分别就中日双方在历史问题上的主要分歧、对这些主要分歧的基本看法、如何正确处理历史问题等交换了意见。在讨论会上，双方有理智的分析，有引经据典的辩驳，也不乏颇动感情的唇枪舌剑，虽然达成了一些共识，但在不少关键点上，仍然存在重要分歧。会议在东京召开时，日本众议院议员、外务副大臣植竹繁雄曾设宴招待双方代表。会议在上海结束时，汪道涵老又与植竹繁雄副大臣一起会见了中日双方的代表。为了彰显以史为鉴，面向未来的精神，汪道涵老与植竹繁雄副大臣还相约带来了他们的幼子。这次对话，可能是冷战后中日学者以历史问题为专题而进行的第一次较高层次的非正式对话吧。对话取得的一些成果，对中日在此领域进一步展开对话，不无裨益。

二

"9·11"事件发生后，美国对国家安全战略进行了重要调整，反恐与防止大规模杀伤性武器的扩散，成为美国国家安全战略的头号任务，这一调整，对世界主要地区乃至全球战略关系，发生了重要影响。

小泉政府恰在这一时期成立，日本前首相中曾根康弘曾批评小泉政府缺乏战略眼光，此话不无道理。这从小泉政府的外交政策上可以明显看出。小泉外交在战略层面上至少犯了两项错误：其一，根本忽视了美国新保守主义势力推行单边主义外交的受挫可能。因此，在"9·11"事件后，面对美国打阿富汗、攻伊拉克，所向披靡的一时之势，日本《防卫白皮书》即判断：国际关系正向着以美国为中心的方向发展。正是基于这种判断，小泉政府基本抛弃了兼顾美欧、亚洲的外交方针，转向对美一边倒。小泉甚至公开表示：只要处理好日美关系，日中关系、日韩关系不会有大问题。其二，严重低估中国在历史问题上坚持原则的决心，坚持参拜靖国神社。

小泉外交的上述错误，致使中日关系在小泉政府时期跌至中日外交关系正常化以来的最低谷。

在此时期，我提出了以下主要学术观点：

1. "9·11"事件特别是伊拉克战争后，美国的国家安全战略与地区战略发生了重要调整，反恐与防止大规模杀伤性武器的扩散，成为美国国家安全战略的头号任务；美国的欧洲战略以分化为主，中东战略以改造为主，东亚战略以稳定为主；美国的主要力量将在相当长的时间内被吸引在中东，中美战略关系呈现缓和趋势，我应力争中日美三角关系向着相对平衡的方向发展。

2. 小泉坚持参拜靖国神社，给中日关系造成严重困难，必须对其进行坚决斗争，斗争应该有理有利有节，政策要反映区别，要有利于团结多数，孤立少数。

3. 应从战略高度，认识加强对日民间外交，广泛开展对各个阶层民众的友好工作，以从根本上维护中日关系大局，为中日关系的好转创造条件。

在此期间，我参与或见证了以下一些活动。

为报纸杂志撰文，说明小泉坚持参拜靖国神社的错误本质，指出：这一做法是对战后远东国际法庭判决的挑战，严重伤害了中国等被侵略国家人民的感情，而且小泉以首相身份参拜靖国神社，使神道教具有了超越其他宗教的特殊地位，违犯了日本宪法信仰自由的精神，也破坏了日本的民主制。如果不加制止，不仅会给中韩等国人民，也会给日本人民造成重大损失。

接待日本各界人士，以学者的身份，阐明对小泉坚持参拜靖国神社问题的看法和我对日政策主张。例如参与接待了前日本自民党干事长山崎拓率领的日本代表团、前日本外务大臣时任小泉首相外交辅佐官的川口顺子一行等。

在东方网、上海交通大学、同济大学等处，为大学生或市民作有关中日关系问题的报告，积极宣传我国外交方针与对日政策，引导全面认识日本，正确掌握政策，理性处理问题。

自2000年起，以上海社会科学院亚太所及日本研究中心的名义，每年召开一次有关中日关系的国际学术讨论会。邀请了日本早稻田大学教授依田憙家、毛里和子、天儿慧，日本前驻联合国大使谷口诚，日本东京都大学名誉教授中日21世纪委员会日方首席委员冈部达味、日本国际问题研究所代所长宫川真喜雄、日本外务省东南亚课课长垂秀夫、日本独协大学教授石康吾、日本法政大学教授前日本中国问题研究所所长太田胜洪、日本野村资本市场研究所高级研究员关志雄、日本庆应大学教授安田淳、日本英和女子大学教授望月敏弘、日本北海道大学教授周方一幸、日本防卫研究所主任研究员松田康博、日本世界和平研究所主任研究员八木直人等许多日本学者与官员，就双方感兴趣的问题，进行坦率而深入的交流。由于会议紧扣热点，准备精心，讨论认真，成果较为显著，已成为在中日有一定影响的品牌会议。

2002年，主持完成了国家社科基金课题"冷战后日本防卫战略的调整"。该课题报告被评定为优秀。在该课题报告的基础上，写成我为第一作者的专著《战后日本防卫研究》。这是国内第一本系统研究战后至今日本防卫的专著，获上海市马克思主义学术著作出版基金资助，由上海人民出版社出版，2003年获上海市哲学社会科学著作类成果奖。

三

2006年上半年，小泉在连任两届首相后，进入了任期的尾声，小泉坚持参拜参靖国神社，不仅激起中国的强烈反对，在美国等国也出现了反对声音，同时，日本国内的反对声浪日益高涨。小泉外交已到了难以为继的地步。

在这种情况下，日本执政的自民党开始考虑小泉后外交，特别是考虑如何打破因小泉坚持参拜靖国神社而形成的中日关系僵局。最有可能成为小泉接班人的安倍，不再像小泉那样公开承诺在当选后去参拜，而是采取不说去也不说不去的暧昧态度。9月26日，安倍当选新一任首相，其后不久，他即表示愿意首选中国，作为他当选后的出访地。

要不要抓住这一转机，突破中日关系僵局，成为当时我国对日外交首先要考虑的问题。

2006年8月，我向政府部门建议抓住时机改善中日关系。

我指出："小泉的继任者很可能是安倍晋三，他对靖国神社的态度与小泉接近，不能排除其去参拜的可能，但目前在各种压力下，安倍对参拜靖国神社改取了暧昧态度"，"安倍在竞选时不承诺去参拜靖国神社，我方就应抓住小泉9月下台的机会，特别在新首相上任的最初几个月时间，果断提升对话级别，努力推动中日关系改善。"中方这样做了，如果安倍"与中方配合不再去参拜，中日关系转向正常的方向发展；如果"安倍在保持一段时间的暧昧态度后，突然效法小泉，坚持参拜，中方被迫再次降低对话级别，中日关系继续陷入困境"，但即使出现了这种情况，"我方所做的努力也不会白费，因为这可以向日本和东亚乃至世界宣示，中国是诚心诚意希望改善中日关系的，中日关系继续恶化的责任不在中方，而在坚持参拜靖国神社的日本当局，这有利于我方争取日本国内和国际舆论的同情"。2006年9月8日，我在《新民晚报》撰文指出，因安倍未像小泉那样公开承诺参拜，安倍政府成立后，中日存在恢复高峰会谈的可能，9月26日安倍内阁成立。9月27日，我在《文汇报》撰文指出：安倍内阁"对改善中日关系作出了某种程度的积极姿态"，"但这种积极姿态，带有很大的局限性，他以不向外界透露参拜或不参拜的方式处理参拜问题，显然不意味着在参拜问题上根本立场的转变，而仅仅是一种策略性调整。以一种策略调整，处理作为中日政治关系僵局症结的参拜问题，可以缓解于一时，却难以从根本上解决问题。而在处理中日关系时，将'政经分离'虽然可能在某种程度上防止以政治关系上的矛盾影响经济合作，但也有可能因忽视了政治经济的相互影响关系，而导致日本在政治问题上采取更加强硬的立场"。

2006年10月，安倍访华，作"破冰之旅"，其时，日本的"政经分离"原则，改变为政治经济两个轮子一起转。

2007年4月，温总理访日作"融冰之旅"，经"破冰之旅"与"融冰之旅"，中日建立"战略互惠关系"，并确定其内涵，中日关系打破因小泉坚持参拜靖国神社而形成的僵局，走上了改善与发展的正确途径。

庄子曰:"北冥有鱼,其名为鲲。鲲之大不知其几千里也;化而为鸟,其名为鹏。鹏之背,不知其几千里;怒而飞,其翼若垂天之云。"鲲鹏大鸟,水击三千里,扶摇直上九万里。在古人看来,大海、长空,只有此神物方能超越。但在今天的交通条件下,则成"一衣带水"。然而,空间距离的缩短,并不意味着心的接近,要使中日两大民族实现心的接近,有许多障碍需要克服,有相当漫长的路要走。当今的世界潮流是和平、发展与合作。推进与世界所有国家包括日本的友好合作关系,是中国和平崛起的需要,也是人类共同利益的需要。我与我院日本研究中心,当继续尽绵薄之力。

(原载《往事撷英:上海社会科学院五十周年回忆录》,
上海社会科学院出版社 2008 年版)

危机意识、学习能力、敬业精神

日本与世界上许多复杂事物一样,越接近它,越了解它,越难以给它以简约的概括。而且世界上可能很少有国家像日本那样,能够让传统与摩登、固有与拿来、人工与自然、忍耐与冲动、重文与尚武等等对立面结合在一起,这就更增加了日本的复杂性。要在一篇几千字的文章里说清我的日本观是困难的。能够做的只是截取几个侧面加以说明。在此,我想说的是危机意识、学习能力、敬业精神是日本重要的文化底蕴,要了解日本,不能不了解这几个侧面。

一、日本人有强烈的危机意识

每年4月的日本是最美丽的,灿烂如浮云的樱花一直延伸到晴空丽日,日本便海市蜃楼一样升起在樱花的浮云之间。但面对这美景,日本人看到的却是不久后樱花的如雨飘落,因此生出人生无常、薄命朝露的感觉。其实,何止对樱花如此,如身处日本,一定会感受到报纸、杂志、电视等新闻媒体几乎每天都在揭露、渲染各种各样的问题和危机。走在路上,随处可见指向避难处的标志。在商店里,陈列着各种避难用品。日本的治安状况在世界上是较好的,但在地铁和轻轨车站,却经常可以看到打击痴汉(性骚扰者)的标语和追捕逃犯的通缉令,时刻在提醒人们:当心犯罪。

日本人强烈的危机意识首先来自于其自然环境。日本列岛位于太平洋上两个相互挤压的板块之上,多火山地震。秀美壮丽的富士山曾经是腾腾的活火山,北海道的有珠火山最近连续喷发,遍布各地的清澈温泉利用的是奔突的地下岩浆从地壳裂缝中传出的热量。大地不经意地抖动,经常使日本人从睡梦中惊惧地醒来。1924年的关东大地震仿佛将地狱搬到了人间,死亡人数超过了15万人。有人预测,近年关东地区可能再次发生强烈地震。此外,经常光临日本列岛的还有台风海啸。天灾频繁,日本人自然不敢稍有松懈。

日本人强烈的危机意识还来自于其自然资源的缺乏。日本的可耕地仅占其面积的13.3%,这使日本成为世界上最大的农产品进口国之一。日本的森林覆盖率占其总面积的68%,但由于木材消耗量大,日本政府对森林又有特殊保护政策,这使日本所需木材的76.4%依靠进口。渔业虽然是日本的主要产业之一,但由于日本人鱼类的消耗量很大,这使其需求的40%要从国外进口。

更重要的是日本的能源自给率只有18.1%,特别是原油进口率达到99.7%。资源缺乏,日本人常感如坐针毡。"油断"这个被日本人借用的汉字词汇,按照中文解释为断油,日文则解释为粗心大意,于是作为一个双关语,经常出现在日本的小说、报纸、杂志上,提醒着日本人:如果粗心大意,就会断油。

日本人强烈的危机感还来自其争当第一的民族心理。日本人有争当第一的民族心理,一直以日出之国自诩。历史上日本就不断地瞄准一流强国追赶,战后更以欧美为明确的赶超对象。终于成为世界最大的债权国,仅次于美国的第二号经济强国。这种争当第一的民族心理使日本时时唯恐落后。

强烈的危机意识使日本能比较及时地发现存在的问题。战后日本曾经一度实行财政扩张政策,但在经济有所好转的情况下,为了防止通货膨胀进一步发展,停止了财政扩张政策,使国家的财政预算实现了前所未有的黑字,被称为超均衡预算。但这种财政收缩政策,又造成了消费和投资不振,出现了所谓安定恐慌。针对这种情况,日本扩大设备投资,造成新的投资和消费景气。正是这种及时发现和及时调整,使日本经济获得较顺利的发展。20世纪90年代以来,日本政治动荡、经济发展持续低迷,这使日本的危机意识大为膨胀。"21世纪日本的构想恳谈会"认为日本从明治以来的那种"赶超欧美"模式,因一部分人已经获得既得权益和社会普遍观念的变化而僵化了,它在扼杀日本的活力。因而强烈呼吁变革,要求通过变革,充分发挥先驱性,培养多样性,建立协同治理体制,寻求开放的国家利益,引导日本走出低谷。有的人则认为日本现在面临明治维新、战后改革以来的第三次革命,如不过好这一关,日本难免"陆沉"。不管这些议论是否完全符合实情,但它正促使日本上上下下警觉起来、动员起来。这种精神状况显然比浑浑噩噩有利于克服困难。

二、日本人有善于取他国之长的学习能力

鸦片战争以前,特别是隋唐时期,中国居东亚乃至世界文明之先,这时日本的眼睛主要注视着中国,以中国为其学习对象。公元57年,即东汉光武帝建武中元二年,日本邪马台国大倭王正式派遣使者到东汉首都洛阳"奉贡朝贺"。公元238年,即三国曹魏明帝景初二年,倭国女王卑弥呼遣大夫难升米等"献男生口4人,女生口6人,班布2匹2丈"。在此期间,中国的锦绣、毛织物和一般生活用品不断传入日本。《魏志》"倭人传"载:公元三世纪初,中国蚕业已传入北九州,当地居民把茧含在口中抽丝。到隋唐时,日本开始向中国大批派遣留学生。遣隋使、遣唐使不畏风大浪高、远航艰难,前赴后继,一批又

一批地来到中国,学习中国的典章制度、儒释道教、文字诗赋、医药建筑,等等,使华夏文明源源不断地进入东瀛,对推动日本发展起了重要作用。例如吉备真备取汉字偏旁,制成片假名,空海仿汉字草书,制成平假名,从而使日本产生了完备的文字。高向玄理和南渊请安等人把唐朝的政治法律和社会制度介绍回国,中大兄皇子曾"手把黄卷,自学周礼之教于南渊先生所",以隋唐法律制度为蓝本,发动大化改新。

到近代前后,日本敏锐地感到中国封建文化已经落后,于是开始转移目光,18世纪初在日本形成了最早研究西方近代先进文化的学派——兰学。1788年,大规玄泽在《兰学阶梯》一书中说,"腐儒庸医,罔知天地世界之大,妄惑于支那之说","或以支那之外皆蛮夷而不屑一论,何其学之粗且陋也",主张向西方学习。鸦片战争发生后3个月,日本长崎町年寄高岛秋帆即上书长崎奉行,指出小小的英国之所以能战胜中华大国,乃是炮术进步的缘故,主张"防御蛮夷而熟悉其术,乃至关紧要之事",要求以英国火炮为样本,"普遍改革全国火炮,充实防务"。顺应世界潮流的变化,日本逐步将西方资本主义文化当作了学习重点。

日本人之所以有善于取他国之长的学习能力,首先因为日本在历史上是个落后小国,文化发展很迟缓,不向先进的大陆文化学习,则无以进步。这使日本自古便形成了学习他国之长的传统。日本历史上曾实行过闭关锁国政策,但这种政策不是以对异国文化的矜持心理为基础的,而是幕府制定的一项由幕府独占对外交流利益的政策,以防止外样大名通过对外交流强大起来。这项政策的前提恰恰是承认对外交流的巨大好处。正因如此,即使在闭关锁国时期,日本那种崇尚和学习外来先进文化的传统观念并没有改变,日本仍然盛行模仿中国之风。如宽文至宽政年间的儒者中,除少数人外,大多数人均仿中国除有名外还有字,如服部南郭称服子迁,安藤东野称藤东壁,平野华称平子和等。写诗仍以得中国人和为光荣。能接待东渡日本的中国人是值得炫耀的光荣。当时与中国有密切联系的朝鲜每有通信使至日本,日本文化人即纷纷来到沿途旅馆,设宴招待。使团在日逗留期间,日本文化人更竞相会见,或以汉诗唱和而尽其欢,或挥毫作书画,或通过笔谈探询中国、朝鲜之政治情况以及历史、风俗,或就经史诸学交换意见,蜂拥而至,每成盛况。

日本人善于取他国之长的学习能力的形成,还得益于日本是个岛国,海上交通发达,容易接触外来文化。早在公元前二三世纪,中国文化便以原始的交通工具通过日本海左旋回流的自然航路传入日本,日本山阴北路等地曾发现很多形状酷似先秦古钟的日本制造的铜器。到了近代,从1800年原美国商船

"伊利萨"号船长斯图尔特率领"日本天皇"号至日本,到1853年美国海军准将培里率领七艘船舰扣关,西方文化伴随着坚船利炮,波涛汹涌地涌向日本。

善于取他国之长,使日本获益匪浅。即以战后技术引进为例,五十年代引进1 000件、六十年代引进6 000件、七十年代引进16 000件,经过消化,迅速缩短了日本与欧美国家的技术差距,有力地支持了日本经济的发展。可以说没有日本自古代以来对世界先进文明不倦的追求,便不会有今天日本的高度发达。

当今的地球,因交通工具和通信手段的发展变小了,经济进一步一体化。在这种情况下,国与国的相互依赖程度加强,但竞争也变得更加激烈。为在竞争中不至于落后,"21世纪日本的构想恳谈会"在其所主张的变革中,首屈一指的是教育改革,呼吁进一步提高日本人的学习能力,其中包括增强国际交往能力,甚至主张考虑规定在政府的刊物中和因特网的主页上使用英语和日语两种语言,逐步把英语变成第二个公共语言,从而使日本人能更好地对外交流和学习世界长处。应该说,这是一项立足于日本传统长处的有远见的考虑。

三、日本人有兢兢业业的敬业精神

在日本生活过的不少人可能都有这样的感觉:日本各行各业的人都想把自己的工作搞得精益求精。即使冬日晚上在街头卖烤白薯的小贩,也总是将他的小车打理得干干净净,车上用来烤白薯的鹅卵石排列得整整齐齐,那温热的香气伴随着小贩独特的吆喝声,在静谧的街头悠悠地传向远方。到公共浴室洗澡,更衣室一尘不染,池水光洁照人。一次,我到一个街头小店去买西瓜,挑了一个标价2 000日元的西瓜,店主老太太接过去轻轻敲了几下,说这个西瓜过熟了,只能削价出售,结果以300日元卖给我,我回去切开一看,并没有明显过熟。普通人如此敬业,大学和大公司职员们更见严谨。我在早稻田大学当客约研究员,每次去国际交流课办手续,课内的小姐总带着亲切的微笑,不厌其烦地解答各种问题,是她们职务范围内的事情,一定会帮你办好。大公司的职员们几乎每晚都自动加班,这种加班大多是义务性质。一次,去一家大公司看望一位朋友,晚上9点多了,公司内还是灯火通明。这位朋友告诉我,不到晚上十一、二点,他们不会回家。这种狂热的工作劲头,使日本人在世界上赢得了"工蜂"的称号。这种狂热的工作劲头,也使日语中增加了一个特殊词汇——过劳死,不少人英年早逝,有的人就死在工作岗位上。

日本人这种敬业精神的形成,是有历史原因的。历史上,日本曾有过较严格的身份制，士农工商不准逾越，各阶层除了搞好自己的分内工作外，没有别的出路，武士阶层更提倡舍身尚武。许仪在其《报国书》中说：日本武士"以病终为辱，以阵亡为荣"。同时幕府与藩王极力提倡忠义精神，据统计从1600—1711年的百余年间，为德川将军殉死者达353人。从1562—1711年的百余年间，仙台藩等27个藩中为各代藩主殉死者共有316人，平均各藩为其藩主殉死者为12人左右。这种忠义精神延续到近代，便成为对企业和公司的忠诚。战后，日本各企业和公司通过终身雇佣制以及年功序列制，进一步强化了这种精神。

日本人敬业精神的形成，与其强烈的危机精神也有密切联系。日本国土狭窄，资源稀少，人口众多，内外竞争都很激烈。在这种环境中，如不兢兢业业做好工作，便很难有立足之地。"21世纪日本的构想恳谈会"在其关于改革的设想中，便要求进一步提高人的竞争能力，为达此目的，主张加强高等教育的国际竞争力，力求挖掘人的潜力，将日本人的敬业精神提到一个新的高度。

危机意识、学习能力、敬业精神是日本支撑其经济大厦不可或缺的精神支柱，它赋予日本以强劲的发展动力。但它仅是民族的素质，不能代替发展方向。这种素质与正确的发展方向相结合，能使日本产生巨大的建设力量，创造出震惊世界的奇迹；这种素质与错误的发展方向相结合，则会产生可怕的破坏力量，给日本和其他各国人民带来深重的灾难。日本现在又面临着重要的发展关头。在这发展关头，日本各党都主张改革，但除了注意通过改革，使日本人能充分地发挥自己的潜力外，更应注意为日本选择正确的发展方向，只有让这两者相结合，才能为日本赢得美好的未来，为世界作出积极的贡献。

（原载上海教育出版社出版《体验日本》一书2001年版）

Afterword

后 记

  本文集《书斋风云录——对日关系、地区秩序及中国史论集》终于编成，它集中了我在国际关系和历史研究领域的大部分研究成果，以及少量诗词散文。

  因时间跨度长，有的作品距今数十年了，且发表在国内外多种刊物及新闻纸上，收集不易，编辑出版更不易。幸得我所在单位上海社会科学院国际问题研究所、兼职单位上海交通大学国际与公共事务学院领导的支持，以及谢琼、俞丹娇、祁成林等热心同仁和若干学生的帮助，才得以将我发表的大部分文论诗词寻到，并在上海社会科学院出版社杨国主任指导下，编成本文集。

  在此特别要感谢的是中华日本学会前常务副会长、中国社会科学院日本研究所前代所长，现全国政协委员高洪教授；上海国际问题研究院前院长，现上海国际问题研究院咨询委员会主任、上海台湾研究会会长俞新天教授。他们两位是国际关系、日本研究等领域的著名领军人物，历史学、哲学修养精湛，百忙中拨冗为我的文集作序，甚多鼓励之言，拜读之下，王勃名句"海内存知己，天涯若比邻"在胸内油然升发。为不辜负他们的鼓励，有生之年，当殚精竭虑，继续努力。

  此外，还需感谢我的爱人金秋英，她不但帮助我收集整理文稿，还几乎承担了全部家务，使我得以心无旁骛地集中精力从事研究工作。

2020 年 7 月 1 日

图书在版编目(CIP)数据

书斋风云录：对日关系、地区秩序及中国史论集 / 王少普著 . — 上海：上海社会科学院出版社，2019
ISBN 978 - 7 - 5520 - 1504 - 1

Ⅰ.①书… Ⅱ.①王… Ⅲ.①中日关系—国际关系史—文集 ②中国历史—近代史—文集 Ⅳ.①D829.313 - 53 ②K250.7 - 53

中国版本图书馆 CIP 数据核字(2019)第 219189 号

书斋风云录——对日关系、地区秩序及中国史论集

著　　者：王少普
责任编辑：杨　国
封面设计：周清华
出版发行：上海社会科学院出版社
　　　　　上海顺昌路 622 号　邮编 200025
　　　　　电话总机 021 - 63315947　销售热线 021 - 53063735
　　　　　http://www.sassp.cn　E-mail：sassp@sassp.cn
排　　版：南京展望文化发展有限公司
印　　刷：上海信老印刷厂
开　　本：710 毫米×1010 毫米　1/16
印　　张：33.75
插　　页：6
字　　数：535 千字
版　　次：2020 年 10 月第 1 版　2020 年 10 月第 1 次印刷

ISBN 978 - 7 - 5520 - 1504 - 1/D · 553　　　　定价：168.00 元

版权所有　翻印必究